ボディントン家と
イギリス近代

ロンドン貿易商 1580–1941

川分圭子

口絵1 ウェストミンスタ・アセンブリ（フィリップ・ナイが長老派に反対意見を述べているところの19世紀の想像画）（本文96頁）

口絵3 フーバー家の墓（1630年代）（クランボーン教区教会）（本文253頁）

口絵2 エドマンド・ダンチとジョージ・ボディントン2世の徒弟奉公契約書（本文165頁）

口絵4　トマス・ボディントン6世がビザンツ風に改築したイーリングの教区教会
（ステンド・グラスは彼のデザイン）（本文 395 頁）

口絵5　ハーン・コート
（ハンプシャア・フーバー
家邸宅）（本文 255 頁）

口絵6　ブリムストン・ヒル要塞から眺める砂糖プランテーショ
ンのあった丘陵地（アンティグア）（本文 423 頁）

口絵 7　セント・キッツ島からネヴィス島方面を望む（本文 429 頁）

口絵 8　マシュウ家の人々（本文 432 頁）

口絵 9　ウィリアム・ヤングとその家族（本文 464 頁）

口絵 10　ウィリアム・ヤングが描いたトバゴ島，クィーンズ・ヴァレー領地の奴隷居住区（本文 471 頁）

口絵11 セント・キッツ中央製糖所の廃屋（本文571頁）

口絵12 セント・キッツ首府バセテールの町中に残る砂糖運搬用軌道の跡（本文574頁）

口絵13 セント・キッツ島観光鉄道（砂糖運搬用軌道の観光への転用）（本文574頁）

口絵14 セント・ヘレンズ・プレイスの現在（本文584頁）

シティ・オヴ・ロンドンの街区

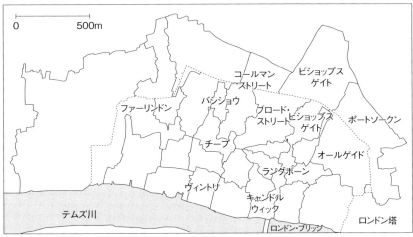

----- ロンドン・ウォール（市壁およびその跡につくられた道路）
上記の街区の区割りは1870年のもの．テムズ対岸にあったブリッジ・ウィズアウト街区は示していない．当時は26区あったが
跳び地などがあり，区割りの数と区の数は一致していない．原図はOrdnance Survey Town Plan of London (1871-76)
にもとづくWikipedia Commonsの図で，それを以下のLiuのものと同じ縮尺にした．

シティ・オヴ・ロンドンの教区

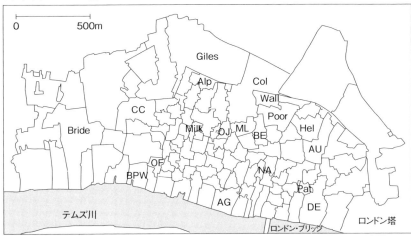

原図はLiu (1986)による．Liuでは全教区名が示されているので，詳しくはそれを参照のこと．

AG: Allhallows the Great　　Alp: St. Alphage　　AU: St. Andrew Undershaft (St. Mary Axe)
BE: St. Bartholomew by the Exchange　　BPW: St. Benet Paul's Wharf　　Bride: St. Bride (Fleet Street)
CC: Christ Church　Col: St .Stephen Coleman Street　　DE: St. Dunstan in the East
Giles: St. Giles without Cripplegate　　Hel: St. Helen　　Milk : St. Mary Magdalen Milk Street
ML: St. Margaret Lothbury　　NA: St. Nicholas Acons　　OF: St. Mary Magdalen Old Fish Street
OJ: St. Olave Old Jewry　　Pat: St. Margaret Pattens　　Poor: St. Peter le Poor　　Wall: Allhallows London Wall

地図 1

地図2 ロンドン周辺の地域

地図3　旧イングランド州地図（本書に出てくる州名のみ記載）

オスマン帝国領土(国境は18世紀中葉)とイギリスの主な拠点,寄港地

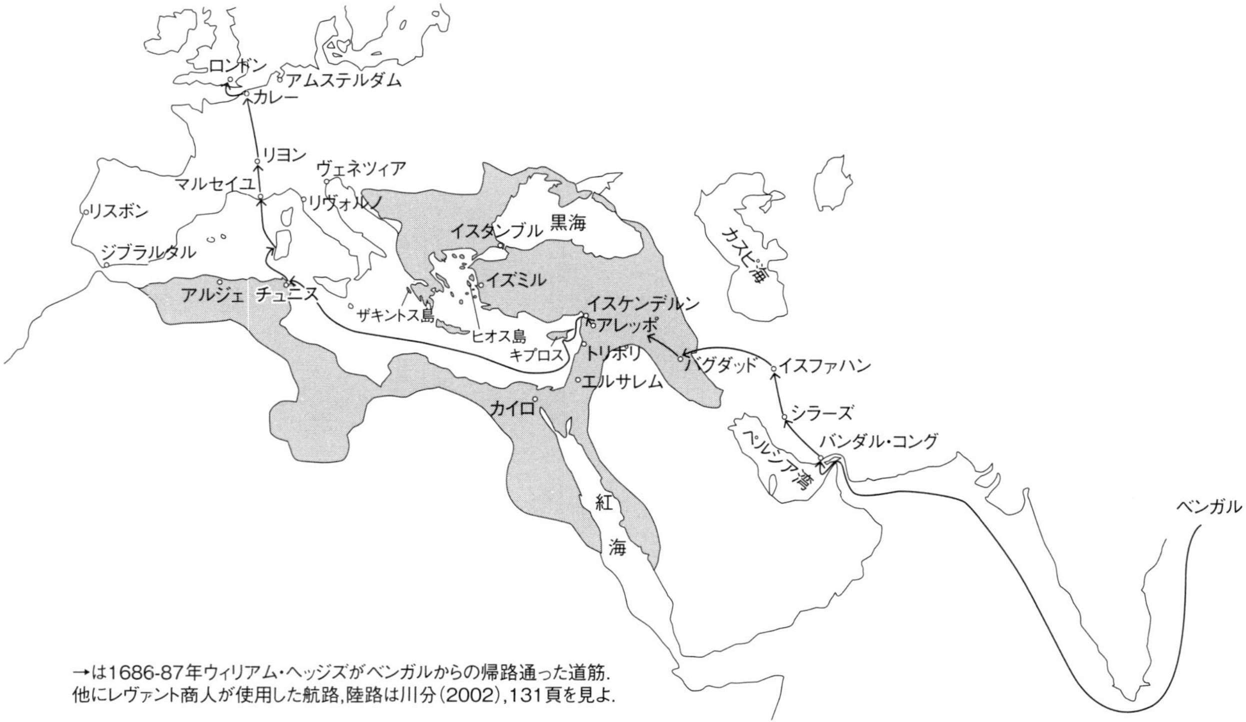
ロンドン
アムステルダム
カレー
リヨン
ヴェネツィア
マルセイユ
リヴォルノ
リスボン
ジブラルタル
アルジェ
チュニス
ザキントス島
イスタンブル
黒海
イズミル
ヒオス島
キプロス
イスケンデルン
アレッポ
トリポリ
エルサレム
カイロ
紅
海
カスピ海
バグダッド
イスファハン
シラーズ
バンダル・コング
ペルシア湾
ベンガル

→は1686-87年ウィリアム・ヘッジズがベンガルからの帰路通った道筋.
他にレヴァント商人が使用した航路,陸路は川分(2002),131頁を見よ.

地図 4

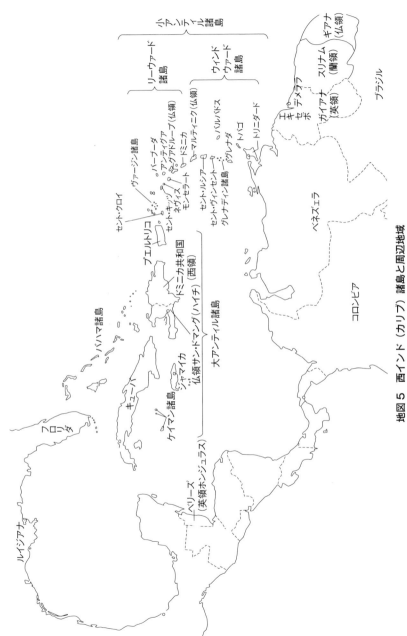

地図5 西インド（カリブ）諸島と周辺地域

目　　次

地　図　i

表目次／本文図版一覧／用語・暦・生没年について　xv

序　章　1

第 1 節　本書のねらいと構成 …………………………………………………… 1
第 2 節　政治史・中産階級史・非国教史に関わる先行研究………… 10
第 3 節　レヴァント貿易，西インド貿易に関わる先行研究………… 13
第 4 節　ボディントン家史の先行研究と家族史・個人史の方法論…… 19

第 1 部　信仰と民主主義と資本主義
　　　　　──17 世紀の市民層

第 *1* 章　17 世紀のロンドン商人　31

第 1 節　発端 ………………………………………………………………… 31
第 2 節　ジョージ・ボディントン 1 世の兄弟姉妹とその子孫たち …… 36
第 3 節　地主から商人へ ………………………………………………… 40
第 4 節　ボディントン家第二世代──ジョージ 1 世の子供たち …… 44
第 5 節　大商人と中小商人 ……………………………………………… 50
第 6 節　リヴァリ・カンパニと国内商 ………………………………… 53
第 7 節　海外貿易商 ……………………………………………………… 57
第 8 節　非国教信仰 ……………………………………………………… 60

第 *2* 章　ロンドンと革命　65

第 1 節　革命前夜のシティ・オヴ・ロンドン ……………………… 65

vii

第2節	新興大西洋商人の台頭	72
第3節	革命開始と市政の変化　1641-43年	76
第4節	ピューリタニズム・長老派・会衆派	81
第5節	革命期における国教改革の試みと挫折	91
第6節	会衆派の隆盛とサヴォイ・カンファレンス（アセンブリ）	100
第7節	革命期のボディントン家とロスベリ教区	107

第3章　ピューリタニズムの敗北　117

第1節	ボディントン家と王政復古	118
第2節	王政復古の宗教的解決	120
第3節	1662年信仰統一法	123
第4節	ボディントン家の宗教的選択	125
第5節	包含か寛容か	131
第6節	寛容体制の最終的確立	137
第7節	第三世代――ジョージ・ボディントン1世の孫たち	139

第2部　特許貿易会社の活動とロンドン商人

第4章　レヴァント貿易　149

第1節	最盛期のレヴァント貿易	149
第2節	ジョージ・ボディントン2世と貿易商教育	154
第3節	レヴァント会社の組織	157
第4節	貿易拠点の集中化 　　――イスタンブル，イズミル，アレッポ，キプロス	160
第5節	メンバーシップ	164

第6節　代理商 …………………………………………………… 170
　　第7節　もぐりの代理商？
　　　　　　──ボディントン家レヴァント貿易参入をめぐる問題 …… 172

第5章　代理商と領事──レヴァント現地のイギリス人　177

　　第1節　ジョージ2世と徒弟の雇用 ……………………………… 177
　　第2節　航海の危険 ………………………………………………… 185
　　第3節　代理商の生活 ……………………………………………… 189
　　第4節　レヴァントと東インド
　　　　　　──ロバート・ウェイクマンとウィリアム・ヘッジズ …… 195
　　第5節　代理商の海上保険業 ……………………………………… 200
　　第6節　領事 ………………………………………………………… 202
　　第7節　レヴァンティンたち ……………………………………… 209
　　第8節　末子ベンジャミン1世の経験 …………………………… 215

コラム1　金融革命とボディントン家 ……………………………… 227

第3部　非国教徒たちの18世紀

第6章　敗者の結束──共和政政治家・非国教聖職者・
　　　　　　信徒による巨大親族網形成　235

　　第1節　非国教徒の親族網 ………………………………………… 236
　　第2節　スキナー家と初代ニコラス・スキナー（d.1670） ……… 237
　　第3節　ニコラス・スキナー（d.1670）の妻と子供たち
　　　　　　──第一，第二世代 ……………………………………… 244
　　第4節　第三世代以降と親族網・信仰の再生産 ………………… 283

第7章　名誉革命後の新教非国教徒たち　297

- 第1節　宗教審査と便宜的国教遵奉 …………………………………… 298
- 第2節　アン女王時代最初の選挙とジョージ・ボディントン2世の出馬の顛末 …………………………………………………… 303
- 第3節　名誉革命後の長老派と会衆派 ………………………………… 307
- 第4節　非国教礼拝所 …………………………………………………… 313
- 第5節　市民的自由の制限 ……………………………………………… 322
- 第6節　ボディントン家第四世代――ハクニ非国教徒コミュニティ …… 326

第8章　ピューリタニズムの退潮と浮動する信者たち　337

- 第1節　長老派の変容とソルターズ・ホール合同会議の生んだ亀裂 … 337
- 第2節　非国教徒地域社会への影響 …………………………………… 344
- 第3節　ボディントン家とハクニ，エンフィールドの礼拝所 ……… 349
- 第4節　ハクニ・ニュー・カレッジとボディントン家のユニテリアニズムへの接近 …………… 351
- 第5節　新教非国教徒代表団（PDD）とボディントン家 …………… 362
- 第6節　フォックス家＝ホランド卿一族とボディントン家 ………… 367

第9章　ピューリタニズムの消滅と歴史的記憶の形成　375

- 第1節　長老派の消滅と会衆派の再生 ………………………………… 375
- 第2節　国教への転向 …………………………………………………… 388
- 第3節　語り継がれる記憶 ……………………………………………… 396

コラム2　公益活動と文化活動 ……………………………………………… 409

第4部　西インド貿易
──近代資本主義最大の暗部とボディントン家

第10章　西インド貿易への参入　417

- 第1節　初期の西インド貿易
  ──ジョージ・ボディントン2世とジェイムズ・ヴォーン……　418
- 第2節　ボール家と18世紀前半の西インド……………………………　425
- 第3節　リチャード・メイトランドと
  メイトランド＆ボディントン社　1750-70年代……………　432
- 第4節　ボディントン商会と
  ブリストルのピニー商会　1770-80年代………………………　443
- 第5節　公私の中間的ビジネス
  ──プランターの遺言執行者としての本国貿易商…………　451

第11章　七年戦争後の新英領ウィンドウァード諸島の土地販売とボディントン商会　457

- 第1節　七年戦争後の新領土における土地販売事業………………　458
- 第2節　植民地土地の売上金未納問題………………………………　463
- 第3節　未納金発生のメカニズム……………………………………　465
- 第4節　植民地官僚による植民地資産形成の内実…………………　470
- 第5節　未納金弁済の過程……………………………………………　473
- 第6節　イギリス政府の債権放棄……………………………………　477

第12章　奴隷貿易廃止時代の西インドとボディントン商会　483

- 第1節　リチャード・シャープとジョージ・フィリップス………　484
- 第2節　ジョージ・フィリップス商会の営業………………………　487
- 第3節　西インド委員会とボディントン商会………………………　492
- 第4節　奴隷貿易廃止問題とボディントン家………………………　500

第5節　ロンドン港問題とボディントン家 …………………………………… 512

第13章　奴隷解放時代の西インドとボディントン商会　521

　　第1節　ボディントン商会と奴隷賠償金 ……………………………………… 522
　　第2節　サミュエル・ボディントンの遺書と
　　　　　　そこに見る奴隷解放後の経営の方向性 ………………………………… 524
　　第3節　プランテーション取得の過程 ………………………………………… 531
　　第4節　多重債務領地裁判所の時代 …………………………………………… 534
　　第5節　ガイアナのリュニオン領地とボディントン商会 …………………… 541
　　第6節　ボディントン商会のその後 …………………………………………… 543

第14章　終焉──19-20世紀転換期の西インド砂糖生産　547

　　第1節　19世紀世界における砂糖生産と英領西インドの経済情勢 … 548
　　第2節　甜菜糖輸出奨励金の問題化と国際商品協定への歩み ……… 556
　　第3節　ノーマン委員会とボディントン商会 ………………………………… 561
　　第4節　アンティグア中央製糖所の設立とボディントン商会 ……… 566

　コラム3　遺書の中の奴隷解放 …………………………………………………… 577

終　章　583

　関連系図　目次／凡例および略号／系図本文／系図の出典と解説 …… 589
　巻末付表　ボディントン商会所在地／非国教礼拝所一覧／ボディン
　　　　　　トン＝スキナー親族網に関係を持つ非国教牧師 ……………… 625
　遺書リスト ……………………………………………………………………………… 643
　参考文献 ………………………………………………………………………………… 653

初出一覧	692
あとがき	695
索引（人名／事項／地名）	701

表 目 次

表 4–1　レヴァント貿易とそのイギリス貿易に占める割合　150 頁
表 4–2　レヴァントへの毛織物輸出　151 頁
表 4–3　レヴァントからの輸入　152 頁
表 5–1　ボディントン商会の代理商派遣　178 頁
表 5–2　アレッポにおける海上保険と引受（1）　220 頁
表 5–3　アレッポにおける海上保険と引受（2）　224 頁
表 6–1　清教徒革命期におけるスキナー家親族網メンバーの活動　248 頁
表 6–1　補足　清教徒革命中の行動についての追加情報　252 頁
表 6–2　オリヴァ・クロムウェル葬儀に参列したボディントン＝スキナー家関係者・聖職者　255 頁
表 6–3　ボディントン＝スキナー家親族網に属する下院議員の議席　258 頁
表 7–1　ボディントン＝スキナー家親族・姻族のシティ役職への選出と辞任の状況　300 頁
表 7–2　ボディントン家の子供たちの洗礼　316 頁
表 8–1　1719 年 3 月ソルターズ・ホール合同会議の投票結果　340 頁
表 8–2　ボディントン＝スキナー家関係者の PDD 代表，1786–90 年審査法・自治体法廃止委員会委員，ハクニ・ニュー・カレッジ出資者　356 頁
表 9–1　ロンドン長老派礼拝所の消滅の状況　376 頁
表 9–2　ロンドン会衆派礼拝所の消長の状況　380 頁
表 9–3　ロンドン（シティ，ウェストミンスタ，サザック）の非国教礼拝所　17 世紀半ば～1804–14 年　384 頁
表 9–4　宗派別非国教徒人口と各宗派の占める割合　388 頁
表 10–1　ダヴェンポート商会との取引においてボディントン商会が引き受けた手形　438 頁
表 10–2　西インド領地の取引と取引の当事者　440 頁
表 10–3　ネヴィス島プランター，ピニー家からロンドンへの生産物の販売委託　444 頁
表 10–4　ピニー家からロンドンへの注文　445 頁
表 10–5　西インドプランターからピニー商会（ブリストル）とロンドンの商会へ行われた販売委託　1784–88 年　447 頁
表 10–6　西インドプランターからピニー商会（ブリストル）とロンドンの商会へ行われた販売委託　1789 年　448 頁
表 11–1　割譲諸島で販売された土地の面積，金額　460 頁
表 11–2　ウィリアム・ヤングが財務省に請求した経費　1774, 1777 年　468 頁
表 11–3　ウィリアム・ヤングの債務返済計画　472 頁
表 12–1　西インド委員会に出席したボディントン商会・ボディントン家関係者　496 頁

表 12-2　ロンドン奴隷貿易廃止委員会メンバー　501 頁
表 12-3　奴隷貿易廃止に一定の理解を示した西インド利害を持つ下院議員　508 頁
表 13-1　サミュエル・ボディントン，リチャード・デイヴィス，トマス・ボディントン 6 世が受け取った奴隷賠償金　523 頁
表 13-2　サミュエル・ボディントン遺書にあるプランテーション　526 頁
表 14-1　世界の甘蔗糖・甜菜糖の生産量　549 頁
表 14-2　19-20 世紀アメリカ世界（イギリス領以外）の砂糖生産量　549 頁
表 14-3　19-20 世紀インド洋・太平洋地域の砂糖生産量　550 頁
表 14-4　18 世紀西インド諸島とブラジルの砂糖生産量　550 頁
表 14-5　19 世紀イギリス領西インド諸島の砂糖生産量　550 頁
表 14-6　18-19 世紀のロンドンでの粗糖価格　553 頁
表 14-7　イギリスの砂糖輸入　554 頁
表 14-8　アンティグアに融資しているイギリスの貿易商　567 頁
巻末付表 1　ボディントン商会所在地　625 頁
巻末付表 2　非国教礼拝所一覧　627 頁
巻末付表 3　ボディントン＝スキナー親族網に関係を持つ非国教牧師　639 頁

本文図版一覧

図1　クロスワーカーズ・ホール（1857 年）　33 頁
　Girtin（1958），p. 222.
図2　大火前のブラックウェル・ホール（19 世紀に描かれたもの）　33 頁
　James Lawson Stewart 画，(c.1880)，Museum of London
図3　セント・マーガレット・ロスベリ教区教会（1677 年）　35 頁
　Freshfield（1887）
図4　セント・マーガレット・ロスベリ教会の現在　35 頁
　Google Street View
図5　ラルフ・ヴェニング　46 頁
　トロント大学，ヴェンツェスラウス・ホラー・コレクション
図6（口絵 1）　ウェストミンスタ・アセンブリ（19 世紀の想像画）　96 頁
　John Rogers Herbert 画，1847 年
　http://www.parliament.uk/about/art-in-parliament/
図7　聖者議会の強制解散（同時代のオランダ銅版画）　104 頁
　Innes（1912），p. 453.
図8　ジョン・オーウェン　106 頁
　ナショナル・ポートレイト・ギャラリ
図9　ロスベリ教区（1677 年　囲みは現イングランド銀行敷地）　110 頁
　Freshfield（1887）
図10　セント・ヘレン教区教会の現在　115 頁
　Wikimedia Commons
図11　1660 年 5 月 23 日イギリスに向かうためスヘフェニンゲンを出港するチャールズ 2 世　119 頁
　ヴィクトリア＆アルバート・ミュージアム　http://collections.vam.ac.uk/item/O923015/view-of-scheveningen-with-the-drawing-jan-de-bisschop/
図12　追放牧師の告別説教集（ヴェニング，コリンズ，カラミの名が見える）　122 頁
　ナショナル・ポートレイト・ギャラリ
図13　ヘンリ・ヴォーゲル（フレデリックの従兄弟）　140 頁
　Beerbühl（2015），p. 91.
図14　トルコ風の装いをしたデイビッド・ボウズンキット（1735 年頃）　159 頁
　Lee（1966）.
図15（口絵 2）　エドマンド・ダンチとジョージ・ボディントン 2 世の徒弟奉公契約書　165 頁
　LMA

図16　トマス・ヴォーンのトルコ語文法書（上方にジョージ・ボディントン2世への献辞がある）　195頁
　The Saleroom.com（古書販売）のオークション用写真
図17　ヘンリ・ペリガル・ボレルと夫人アメリア　213頁
　Malleson（2012）, p. 137.
図18　デュウリッシュ・ハウス（1702年にニコラス・スキナーが建設）　246頁
　An Inventory of the Historical Monuments in Dorset, Volume 3, Central（London, 1970）, pp. 54, 84–89.
図19　デュウリッシュ・ハウスの間取り（一部）　246頁
　An Inventory of the Historical Monuments in Dorset, Volume 3, Central（London, 1970）, pp. 54, 84–89.
図20　フーパー家の墓（1600年頃のもの）（クランボーン教区教会）　253頁
　http://www.churchmonumentssociety.org/Dorset.html#DORSET
図21（口絵3）　フーパー家の墓（1630年代）（クランボーン教区教会）　253頁
　http://www.churchmonumentssociety.org/Dorset.html#DORSET
図22（口絵5）　ハーン・コートの現在（ハンプシャ・フーパー家邸宅）　255頁
　mitula社（不動産）販売ページ
図23　プリントン・ハウス（ジョージ・トレビが建設を開始したもの）　265頁
　出典不明
図24　ビンガムズ・メルクーム（ビンガム家領地）　276頁
　Bingham's Association Official Website
図25　ファーベック・ホール（スタニフォース家邸宅）　292頁
　http://www.greyhoundderby.com/Firbeck%20Hall.html
図26　アブニ・パーク墓地（トマス・アブニの邸宅を1841年宗派不問の墓地としたもの）　301頁
　出典不明
図27　ビナーズ・ホール　308頁
　出典不明
図28　現在のビナーズ・ホール　308頁
　出典不明
図29　ソルターズ・ホール　310頁
　Thornbury（1878）, vol. 1, p. 546.
図30　現在のソルターズ・ホール　310頁
　出典不明
図31　エリザベス・ボディントン（婚前姓ボール）　327頁
　Wright（1908）, p. 166.

図32　ニュウイントン・グリーン礼拝所　345 頁
Wikipedia
図33　メア・ストリート礼拝所　346 頁
Mander（1998），p. 37.
図34　グラヴェル・ピット礼拝所　348 頁
Mander（1998），p. 39.
図35　ハクニ・ニュー・カレッジ　354 頁
ロンドン，ウェルカム・ライブラリ
図36　サミュエル・ロジャーズ「イタリア紀行詩集」のターナーによる挿絵（ローマ）　358 頁
カリフォルニア大学蔵
図37　朝食の席に着くサミュエル・ロジャーズ　369 頁
テイト・ギャラリ蔵
図38　ホランド・ハウス（ケンジントンのホランド・パーク．建物は第 2 次世界大戦の爆撃で焼失）　371 頁
Thornbury（1878），vol. 5, p. 174.
図39　ホランド・ハウス庭園にあったサミュエル・ロジャーズの指定席　371 頁
Thornbury（1878），vol. 5, p. 168.
図40　ホランド・ハウス邸内の大階段　373 頁
Thornbury（1878），vol. 5, p. 168.
図41　ロンドン都心（グリーン・パーク）にあったサミュエル・ロジャーズのタウンハウス　373 頁
Thornbury（1878），vol. 4, p. 171.
図42　ガナズバリ・ロッジ（1908 年）　395 頁
Allen（no date），p. 22, 24.
図43　ガナズバリ・ロッジ書斎　395 頁
Allen（no date），p. 22, 24.
図44（口絵 4）　トマス・ボディントン 6 世がビザンツ風に改築したイーリングの教区教会（ステンド・グラスは彼のデザイン）　395 頁
Smith（1994）
図45　クライスト・ホスピタルの夕食風景　413 頁
Thornbury（1878），vol. 2, p. 373.
図46（口絵 6）　ブリムストン・ヒル要塞から眺める砂糖プランテーションのあった丘陵地（アンティグア）　423 頁
筆者撮影
図47（口絵 7）　セント・キッツ島からネヴィス島方面を望む　429 頁

図48（口絵8）　マシュウ家の人々　432頁
　　筆者撮影
　　Johann Zoffany画．ナショナル・トラスト，クランドン・パーク蔵
図49　フェリックス・ホール（1900年頃，マシュウ家邸宅）　432頁
　　http://www.lostheritage.org.uk/
図50（口絵9）　ウィリアム・ヤングとその家族　464頁
　　Johann Zoffany画．ナショナル・トラスト，クランドン・パーク蔵
図51（口絵10）　ウィリアム・ヤングが描いたトバゴ島，クィーンズ・ヴァレー領地の奴隷居
　　住区　471頁
　　Clowley（2011），p. 132.
図52　サミュエル・ボディントン　485頁
　　ナショナル・ポートレイト・ギャラリ
図53　西インド委員会コモン・ルーム（20世紀初頭）　495頁
　　West India Committee Circular, August 7th, 1903, No. 103.
図54　西インド委員会宴会（1905年）　495頁
　　West India Committee Circular, July 3rd, 1905, No. 155.
図55　テムズ川とシティ，ロンドン・ドック，西インド・ドック　514頁
　　J. Bingley, *London Docks*, (New York; Harper), 1844.
図56　プランテーション動力の風車の土台跡（ブラザソン領地とキャンプ領地があったあた
　　りと推定される）　533頁
　　筆者撮影
図57　セント・キッツ島，ホテル・マリオットのゴルフ場（このあたりにニーズマスト領地
　　があったと推定される）　539頁
図58　アンティグア中央製糖所　569頁
　　West India Committee Circular, 1905, No. 155.
図59　アンティグア中央製糖所の現在（使用されていないが博物館化の計画がある）　569頁
　　筆者撮影
図60（口絵11）　セント・キッツ中央製糖所の廃屋　571頁
　　筆者撮影
図61　ムーディ・スチュアート（アンティグア中央製糖所廃屋壁面に描かれている）　572頁
　　筆者撮影
図62　アンティグア中央製糖所廃屋壁画の一部　572頁
　　筆者撮影
図63（口絵12）　セント・キッツ首府バセテールの町中に残る砂糖運搬用軌道の跡　574頁
　　筆者撮影
図64（口絵13）　セント・キッツ島観光鉄道（砂糖運搬用軌道の観光への転用）　574頁

St. Kitts Scenic Railway 公式ホームページ

図65（口絵14）　セント・ヘレンズ・プレイスの現在　584頁
　Leatherseller Company

用語・暦・生没年について

・イングランドはイングランド＆ウェールズを指す場合，イギリスはスコットランド，アイルランド（19世紀以降）を含む場合に使用している．
・信条を書いた公式文書の呼称については，宗派や文書の内容によって呼称を変える必要があると思われるが，本書では信仰告白に統一した．（宇田（1991）「信仰の告白」「信仰基準」「信条」の項目を見よ．）
・Congregational Church については，独立派，組合派という用語は用いず，会衆派に統一した．
・セント・クリストファー島はセント・キッツ島で統一した．
・地名，人名については，日本の一般的カタカナ表記を採用している．
・暦は，1752年以前に関しても原則として新暦に直している．
・生没年は不明な場合が多い．ODNB，HPHC などで評伝がある場合はそれにあわせるようにしたが，それら同士で食い違っている場合がある．また没年は，特に証拠のない場合，遺書検認の年にしているが，死亡よりだいぶ後に検認される場合もあり，必ずしも没年と遺書検認の年は一致しない．

略語について

CGPLA： *Calendar of the Grants of Probate and Letters of Administration made in the Probate Registries of the High Court of Justice in England.* London, England

CSPD： *Calendar of State Papers Domestic*

FMG： *Familiae Minorum Gentium*

GGE： *Genealogical Gleanings in England*

HCJ： *House of Commons Journal / Journal of House of Commons*

HLJ： *House of Lords Journal / Journal of House of Lords*

HPHC： *History of Parliament. House of Commons*

JCTP： *Journal of Commissioners for Trade and Plantations（Board of*

Trade Journals)
LMA: London Metropolitan Archives
MGH: *Miscellanea Genealogica Heraldica*
NEHGR: *New England Historical and Genealogical Register*
ODNB: *Oxford Dictionary of National Biography*
RCHME: Royal Commission on the Historical Monuments of England
TNA: The National Archives

イギリス州名略語と，生没年など個人情報に関わる略語については，「関連系図　凡例および略号」(pp. 592–93) を見よ．

序章

第1節　本書のねらいと構成

　本書は，ボディントン家というロンドン貿易商の一族を取り上げ，その一族の17世紀から20世紀初頭までの思想や信仰，通婚関係，政治行動，事業活動などを調査して，彼らの家族史を総合的にたどるものである．はじめに，本書はどのような意図で，一つの家族をこれほど長期的に，また多面的に取り上げるのかを，説明しておきたい．

　ボディントン家は，もともとピューリタンで，王政復古後非国教徒となり，その後2世紀にわたってその信仰を維持し，19世紀後半になって国教に改宗した．他方で彼らは，1630年代ロンドン商人となって以降，20世紀前半までロンドン商人であり，最後までパートナーシップの企業形態を維持していた．彼らがなぜ国教徒になったのか，なぜ事業を辞めたのかは，結局はっきりとは解らない．しかしそれらは間違いなく，19世紀の自由主義改革，特に1828年非国教徒解放と，19世紀後半の株式会社の増大とに関わっている．前者は彼らに非国教徒であり続けることの意味を失わせ，後者は徐々にパートナーシップで貿易商社を営むことを困難にしていった．しかし逆に言えば，そうなるまでの時間，17世紀から19世紀は，ボディントン家が同じ精神構造と同じ経済行動を維持した時間である．彼らにとって，この間は，途切れのない一つの時代であった．本書は，その時代――ボディントン家が非国教徒であり，個人貿易商であった時代――を描くことを目的としている．

　この時代を描くことで見えてくるのは，現在の私たちが見知っているのとは別の民主主義と資本主義の姿である．私たち日本人が19世紀末に採用し

たのは，すでに大衆民主主義と株式会社資本主義になりつつあった両制度であった．しかしすでにこのとき，民主主義と資本主義は 2,300 年の歴史を持っていた．これらの制度は，近代ではなく，近世に生まれた制度であり，おそらくはもっと古いヨーロッパの過去に起源を持つ．近世の民主主義と資本主義には，大衆参加も，現代的意味での株式会社も存在しない[1]．近世の民主主義は，大衆ではなく，自立した生産手段と私有財産を持つ階層としての中産階級が参加するものであり，資本主義はそうした人々の経済活動の結果であるとともに彼らの存立基盤であった．自立した生産手段と私有財産をもつこと，それを再生産し維持していくことこそが，中産階級の中産階級たるゆえんであり，そのような中産階級が参加するものとして民主主義と資本主義が存在した．そうした意味で，両制度の参加者は，現在のように社会構成員全員ではなく，一部に過ぎなかった．しかしその一方で，両制度に参加したこの一部の人々は，現在の大衆参加者よりも，はるかに主体的に自分の政治的意見を持ち，またはるかに自己責任で経済行動を行った．主体性をもつ中産階級，これが近世の民主主義と資本主義の最も重要な要素であり，現在の両制度においては，理念型としては残っているが，実際には大衆参加と株式会社化の進展の中で喪失されたものである．

　筆者は，ボディントン家の歴史を 3 世紀にわたって示すことにより，過去の民主主義と資本主義，そしてそこにおいて活躍した中産階級の姿を示したいと思う．次に，本書が示したいのは，ボディントン家の人々にとっての民主主義の意味と，彼らの存在がイギリス政治構造に与えた意味である．彼らにとっての民主主義は，17 世紀から 19 世紀にいたるまで連続して良心（信仰）の自由の問題であった．17 世紀前半にピューリタンとなり，1662 年信仰統一法によってその信仰を否定された彼らは，19 世紀前半の自由主義改革の時代まで，一貫して非国教徒の信仰活動の自由と万全な市民権を求めて，政府と交渉を繰り返していく．このことは二つのことを意味している．まず，彼らにとって宗教問題は政治的に解決されなければならないものであり，そ

---

[1] 近世には東インド会社に代表される Joint Stock Company が存在したが，これは現在の株式会社とは，所有と経営の分離，所有者（株主）の責任の有り様，その他事業運営方法や従業員の立場などにおいてだいぶ異なるものである．「訳者前書」，ハリス (2013)，4-5 頁．

のため宗教問題は政治問題と同じであった．次に，彼らの政治的意識や行動は，清教徒革命以来19世紀の自由主義改革まで不変であった．イングランド国教と政府の一致，それに対する非国教徒とホィッグからの良心の自由の主張，これがイギリスのアンシャン・レジーム（旧体制，イギリス史の場合19世紀自由主義改革以前を指す）の政治的基本構造だったとは，J・C・D・クラークによって1980年代に提唱されたが[2]，ボディントン家史はその議論を実証する．ボディントン家のような新教非国教徒は，清教徒革命から19世紀前半まで同じ精神構造を維持し，政治的には必ずホィッグを支持した．本書は，このような人々が相当な人数で存在したこと，しかもこの2世紀にわたって団結していたことを実証し，その上で彼らの存在はこの間のイギリスに安定したホィッグ支持基盤を提供していたと推論する．

　本書がボディントン家の歴史を通じて，第三に示したいのは，民主主義と資本主義は表裏一体のものであるにもかかわらず矛盾しており，両制度の参加者はこの矛盾を不問に付して生き続けることである．ボディントン家の生きた時代は，イギリス本国では自由・平等・公正を基本理念とする民主主義が発達する一方で，海外では暴力的な領土の獲得，環境や原住民を無視した経済開発，奴隷制という極端な強制労働が反省なく行われ続けていた．本国で民主主義を主張する者と，海外で問題を含む経済活動を行っていた者は，しばしば同じ人々であり，ボディントン家の人々はその中に含まれていた．これは不思議ではない．本国で民主主義的主張を行う中産階級が中産階級であり続けるための存立基盤は，海外での経済活動であり，中産階級として存立し続けるために時に問題ある経済活動を行いながら，中産階級として民主主義的主張を行う．近世近代のイギリスの中産階級はそのような矛盾を持っていた．彼らは，国内の民主主義においては是々非々であたる一方，経済活動に関しては得失主義であたった．ボディントン家も，長く奴隷制の問題性について無自覚であった．彼らは1800年代，すでに反奴隷貿易・反奴隷制の世論が主流になった時期になって，自分たちの政治行動と経済行動の二律背反を自覚する．

2　Clark（1985），pp. 6-7；ポーター（1996），xv 頁．

もうひとつ本書が強調しておきたいのは，ボディントン家の人々が，この3世紀の間一貫して中産階級であったことである．落ちぶれた地方地主の子弟であった彼らは，ロンドン商人として3世紀間にわたって活動し，富を蓄積し維持し続けるが，めざましい身分上昇はとげなかった．19世紀後半には彼らは国教徒になり，また貿易活動をやめて事務弁護士，国教牧師，軍人などになっていくが，これも中産階級のプロフェッションである．筆者は，ボディントン家の人々は身分上昇をしようとしてできなかったのではなく，そうする意志をほとんどもっていなかったと理解している．ボディントン家の人々にとって課題だったのは，中産階級であり続けることだった．中産階級であり続けるための苦闘，これこそが彼らの歴史である．近代史では，歴史を動かす原動力として階級闘争や労働者階級の社会的上昇が重視されるが，実際にはボディントン家のような近世からの中産階級が近代を通して中産階級であり続けようとする苦闘も，同じくらい重要な近代史の原動力であったと筆者は考える．

　以下，本書の構成を示しながら，本書が事実としては何を解明したのか，その結果何を主張しようとしているのかを，説明しておく．
　まず本書の時間枠は，ボディントン家でたどれるもっとも古いメンバー，ウィリアム・ボディントンが生まれた1580年を起点とし，ロンドン商工住所録でボディントン商会の名前が最後に確認できる1941年を終点としているが，詳しい事実が扱えるのは1630年代以降から1910年頃までである．また本書は4部構成になっており，第1部，第2部は17世紀，第3部，第4部は17世紀末から20世紀初頭までを扱っている．そのうち奇数の部，第1部「信仰と民主主義と資本主義——17世紀の市民層」，第3部「非国教徒たちの18世紀」は，ボディントン家の信仰と政治活動を主に扱い，偶数の部，第2部「特許貿易会社の活動とロンドン商人」，第4部「西インド貿易——近代資本主義最大の暗部とボディントン家」は，同家の事業活動を主に扱っている．
　まず第1部と第3部について説明する．第1章「17世紀のロンドン商人」では，この時期のロンドン商人の出自・社会階層・所得格差などについて先

行研究の議論を示し，ボディントン家の位置づけを検討している．その結果，ボディントン家は，上層市民ではあるが新興の家柄であり，トップ・エリート層ではなく，上層商人の中・下層部に位置する家と結論している．第2章「ロンドンと革命」は，清教徒革命前夜から革命の進行過程をとりあげ，ロンドン市政の構造，革命直前における市政の変化，革命前半期におけるピューリタン最大の宗派である長老派による国教改革の試みと会衆派の離脱，革命後半期における長老派・政治的穏健派の失墜と軍・会衆派の隆盛について述べる．この章は，ボディントン家が所属した宗派である長老派と会衆派が何であるのかを説明するために設けられた章である．革命期のボディントンについてはほとんど情報がないが，彼等が在住していた教区やその動向，姻族に関する情報などを取り上げ，彼らは受動的に革命を支持した穏健なピューリタン系市民であったという結論を出している．第3章「ピューリタニズムの敗北」は王政復古期から名誉革命までを取り上げ，結局イングランド国教がピューリタニズムによって改革されることなく元のかたちで復活し，その一方で新教非国教の信仰が容認される寛容体制が樹立されていく過程を見る．この政府の宗教政策の結果，ボディントン家は非国教徒になることを選択し，また彼らと同様非国教徒となった元清教徒革命期政治家や非国教聖職者と積極的に通婚して，精神的・経済的に助け合う．また非国教徒たちは非国教徒の信仰活動を支える基金を設置し，ボディントン家はこうした組織の中心となって活動した．

　続いて第3部第6章「敗者の結束」では，ボディントン家の重要な姻戚であるスキナー家というロンドン商人の一族を調査する．王政復古後スキナー家は，ボディントン家よりもさらに積極的に，元革命期政治家・軍人，非国教聖職者と通婚を行った．スキナー家は，ピューリタン系ロンドン商人だけでなく，ピューリタン系地主とも強い姻戚関係を持ち，19世紀前半まで200年にわたって続く巨大な非国教徒親族網を形成する．この中には，オリヴァ・クロムウェルの一族さえ含まれる．ボディントン家は，この200年の間に4回スキナー家と通婚し，この非国教親族網に接続した．次に第7章「名誉革命後の新教非国教徒たち」では，宗教的寛容が確立する一方で非国教徒の市民権の制限が残存した名誉革命体制下の非国教徒の生き様を描く．彼らが寛

容体制の中でどのような非国教礼拝所をつくり維持したか，また便宜的国教遵奉という手段によってどのようにロンドン市政や国政に進出しようとしたかなどを扱う．

　以上第7章までは，非国教徒が抑圧されながらも自己肯定的に生きた時代を扱っている．それに対して，第8章と第9章は，非国教信仰の停滞・変容，信者の減少，旧非国教宗派の消滅を扱っている．第8章「ピューリタニズムの退潮と浮動する信者たち」では，非国教の主流宗派，長老派と会衆派の対立が激しくなる様子，長老派が変容し予定説や三位一体さえも否定する理性主義的なユニテリアニズムに移行する過程，ボディントン家が会衆派から長老派，そして最終的にはユニテリアンになっていく過程を明らかにする．ただ，この一方で，彼らはまだ清教徒革命以来の非国教礼拝所に所属し，コミュニティとしては非国教徒社会の中にしっかりと所属していた．また彼らは，非国教のための政治組織・公益団体にも主導的人物として参加し，法律改正のための政府への働きかけや非国教教育機関設立のため尽力した．しかし，第9章「ピューリタニズムの消滅と歴史的記憶の形成」では，19世紀には長老派が信者・礼拝所ともにほぼ消滅し，他方で会衆派はカルヴァン派メソディズムに転化して，旧非国教はほとんど存在しなくなることを明らかにする．このような状況下でボディントン家やスキナー家の子孫たちは国教徒に転向し，非国教コミュニティやその党派行動からも離脱していった．ただその一方で，元非国教徒やその子孫たちは，18世紀以降，非国教史，清教徒革命史，革命期政治家・聖職者を肯定的に描く歴史的著作や評伝，史料編纂を熱心に行うようになった．このようなピューリタンを先祖とする歴史家の歴史解釈は，イギリス史研究の一つの潮流を形成し，現在にも影響を残している．

　次に，第2部と第4部について述べる．第2部の二つの章は，どちらも17世紀後半から18世紀前半頃のレヴァント貿易と，それに参加していたボディントン家の活動について記述している．第4章「レヴァント貿易」では，イギリスのレヴァント貿易の全体像，とくに会社の組織的仕組みやメンバーシップ，貿易拠点などについて解説した後，ボディントン家が新興商人らしく，かなり強引な手法でレヴァント会社メンバーとなっていく過程を明らか

にする．第 5 章「代理商と領事」では，ボディントン家の代理商派遣の過程，代理商の現地での活動や私生活，領事職とそれに就任した者達，レヴァント現地に定着した人々について，多様な情報を提供する．

これに対して第 4 部は，ボディントン家が 18 世紀中葉以降 20 世紀初頭まで主に関与した西インド貿易について記述する．第 10 章「西インド貿易への参入」では，ボディントン家が 17 世紀後半から，レヴァント貿易を行うかたわら，単発的に西インド貿易を行っていた事実を示す．また 18 世紀以降ボディントン家の西インド貿易のパートナーとなるボール家，メイトランド家について解説し，彼らがどのように西インド貿易に関与していたかを調査する．その後，ボディントン家が本格的に西インド貿易に参入した 1750 年代以降の同家の活動を，さまざまな史料から再構成する．第 11 章「七年戦争後の新英領ウィンドウァード諸島の土地販売とボディントン商会」は，七年戦争後イギリス政府が植民地の土地販売によって公的収入を増大させる方針をとった時代を扱い，この事業の担当官であった植民地官僚が販売代金の回収に失敗したとき，この官僚の取引先であったボディントン商会がどのようにこの問題に関わったかを論じる．

第 12 章「奴隷貿易廃止時代の西インドとボディントン商会」は，1800 年代のボディントン商会の活動を，事業活動だけでなく政治的態度にも対象を広げて検討する．この時期には，ボディントン商会は，マンチェスタ製造業者の商社活動と合流するかたちで貿易商社業を展開した．また当時西インド貿易業者の中で大きな問題となっていたロンドン港改修問題においては，ボディントン家は，西インド貿易専用の西インド・ドックではなく，広くさまざまな外国貿易が利用できるロンドン・ドックの建設の方を支持し，その運営会社の総裁などを歴任した．他方で 1800 年代は奴隷貿易が廃止に向かう時代であったが，この問題に対しては，ボディントン家の人々は，西インド利害関係者の業界団体においては廃止に反対し，その一方で廃止支持派の政治家の支援を受けて下院に出馬するという矛盾した行動をとる．ただ廃止支持派のリーダーの政治家ホランド卿自身西インド・インタレストであり，西インドに利害を持ちつつ奴隷貿易廃止に賛成することは，廃止前夜の 1800 年代にはよく見られたことも，ここで論証する．

第13章「奴隷解放時代の西インドとボディントン商会」では，1833年奴隷制廃止以降の時代を取り上げる．イギリス政府は，奴隷制廃止において，奴隷所有者たちに奴隷の価値の半額程度の賠償金を与えたが，ボディントン商会も奴隷制廃止によって賠償金を得ている．この章は，ボディントン家が貿易商社活動を通してプランテーション（これには土地家屋・家畜のほか奴隷が含まれる）の所有者や抵当権者となっていたこと，それがゆえに彼らは奴隷所有者となり奴隷賠償金も相当額受給していることを見た上で，彼らが，奴隷制廃止後の西インド経済衰退期において，どのようにプランテーションの多重債務の整理や経営立て直しに関わったかを調査する．

最後に第14章「終焉――19-20世紀転換期の西インド砂糖生産」では，19世紀後半以降イギリス領西インドの砂糖生産が深刻に衰退に向かう時期を取り上げる．この時期においては，イギリスは自由貿易主義を標榜し，安価で輸送距離も短いヨーロッパ産の甜菜糖を輸入し，自領西インドの砂糖をほとんど輸入しなくなる．本章では統計値を使って，この間の状況を明らかにする．しかし1890年代になると，イギリス政府は保守党政権のもとで帝国を重視し植民地の保護を本国の義務と考える態度をとるようになり，甜菜糖生産国や砂糖輸入国間の多国間交渉によって利害調整をする仕組みを作り，また植民地砂糖生産に対して積極的な財政支援を行うようになった．この結果，20世紀に入ると一部のイギリス領西インドでは砂糖生産は息を吹き返す．実は，このような政府の姿勢の転換の背景には，政府が植民地保護に乗り出さなければ，植民地から完全に資本を引き上げるというロンドン商社の圧力が存在しており，この商社の中にはボディントン商会も含まれていた．この後のボディントン商会については，全くわからなくなる．しかしここでは，わずかな証拠から，ボディントン商会は，政府支援により西インド経済が回復したのを好機として，所有のプランテーションを売却し，西インドから撤退したのではないかという見方を示している．

以上のボディントン家の商社としての活動は，同家がそれぞれの時代のイギリス商業活動の重要分野に参加し，そこから着実に利益を得ていたことを示している．また彼らの行動は，ロンドンという外国貿易が圧倒的に集中していた港湾都市の貿易商社は，事業活動を一分野に限定していたのではなく，

機会があれば他分野・他地域の貿易に投機を行う用意のある総合商社的存在であったことも示している．また，本書ではコラムで簡単に取り上げるのみにとどまったが，ボディントン家は，自己の貿易商社活動の他，イングランド銀行取締役やレヴァント会社取締役，ミリオン・バンク，南海会社，ロイヤル・エクスチェインジ・アシュアランスなどの初期の金融保険会社の取締役となり，19世紀にはロンドン・ドック会社の総裁にも就任し，投資家としてだけでなく経営陣としてこれらの会社に関与した．また彼らや彼らのパートナーは，時には商務省や下院委員会に証人として召喚されて，貿易や西インド植民地の状況についての知識を政府に提供することもあった．彼らのこれらの活動は，イギリス近代の経済活動がどのような構造で成り立っていたかを示すものでもある．パートナーシップとして個人で事業を行う商人を単位に，彼らの同業者団体としての特許貿易会社，彼らの余剰資金の運用と政府への貸付のための諸金融会社，保険や港湾整備など彼らが単独では行い得ない事業のために彼らが共同出資する株式会社が成り立っていた．

なお，以上のような諸会社の議事録のつけ方や議論の進め方，会社メンバーの下院議員を通して議会内外で政府閣僚と交渉する手法は，非国教徒の政治団体や公益団体がそれらを行うのと全く同じ方法であった．近世近代の市民階級の人々は，政治課題に関しても経済課題に関しても，自発的にこのような合議制の団体組織を作り，それを通して政府への請願，あるいは閣僚との交渉を行い，政治に意見を反映していったのである．ボディントン家の人々は，政治に関しても経済に関しても，また公益慈善活動に関してもこうした諸団体に所属し，これらの会議出席に膨大な時間を費している．

以上からわかるように，ボディントン家の人々は，17，18，19世紀のイギリスの政治過程においては，非国教徒として少数勢力に身を置き政府批判勢力として生きたが，経済活動においてはむしろ主役級で活躍した．逆に言えば，この間のイギリス経済活動の主役には，かなりの政府批判的勢力がいたということである．これは，近世のイギリス政府は，非国教徒に対して，国内での政治的宗教的エスタブリッシュメントの地位は与えなかったが，経済的チャンスは制限しなかったからである．この結果近世から近代前半のイギリスには，真の政治的宗教的エリートとその支持者のほかに，経済活動に

よって富を得た政府批判的中産階級が常に供給され，それぞれに富を持った二大党派が安定して成立することになったと筆者は考える．

ただこれらの17世紀に起源を持つ批判的中産階級は，19世紀自由主義改革以後は保守化し，通常のエスタブリッシュメントに完全に包摂される．ボディントン家の人々も，19世紀後半には国教牧師，軍人，弁護士など，全くほかの中産階級と変わりのない存在となった．こうして清教徒革命以来の国教護持者と良心の自由支持者の間に引かれた対立軸は消滅し，代わってこれら上層中産階級以上の人々全体と労働者階級の間に対立軸が引かれることになる．そして近世の時代は終わり，近現代が幕開ける．

第2節　政治史・中産階級史・非国教史に関わる先行研究

本書は，政治宗教史，中産階級史，経済史それぞれにバックグラウンドを持っているが，本節では政治宗教史と中産階級史に関わる先行研究について説明する．清教徒革命から名誉革命にかけてのイギリスの政治史研究はきわめて豊富である．そのうち本書が中心的に依拠したのは，特にロンドンを扱った研究である．清教徒革命期のロンドンを扱ったものとしてはパール，アシュトン，リュウ，トルミー，ブレナーの研究があるが[3]，パール，アシュトンは革命勃発まで，ブレナー，トルミーも革命前半期のみを扱っている．革命後半に関しては全体として研究が少なく，ロンドンのみを扱ったものはないが，近年2007年のリトル＆スミスの護国卿議会の分析，2001年のダーストンの軍政官統治の研究が発表された[4]．このうちパールとブレナーの研究は，ピューリタン系新興商人が1642-3年にロンドン市政で台頭し，ロンドン選出下院議員ともなっていくこと，王党派の市政トップ・エリート層を駆逐していくことを論じている．またブレナーは，新興商人層を特許貿易会社がなく自由に貿易できた大西洋方面で活動していた商人と位置づけ，彼らは革命勃発後に東インド会社やレヴァント会社など特権会社にも入り込んでいくと

3　Pearl (1961); Tolmie (1977); Ashton (1979); Liu (1986); Brenner (1993).
4　Little & Smith (2007); Durston (2001).

している[5]．リュウやトルミーは，教区・礼拝所レヴェルでロンドンを分析し，革命前夜から革命期にかけてのロンドンでのピューリタニズムの強固さを明らかにしている．リトル＆スミスとダーストンの研究もまた，1650年代以降の政治過程における宗教問題の重要性を承認するものとなっている[6]．

　王政復古期，名誉革命からアン女王時代の研究においても，ロンドンあるいはイングランド全体における非国教勢力の強固さ，非国教徒の党派的団結性，政治的党派と宗教的態度の相関性の強さを主張する研究が多い．1969年のレイシィの研究は，王政復古期の非国教徒下院議員の多さと，非国教徒が実際に下院議員選挙において積極的な活動を行っていたことを明らかにするが，2005年のド・クレイの研究も同様のことを確認している[7]．また，ド・クレイとホルムズは，王政復古期からアン女王時代を二極化した党派性の極めて強かった時代であると考えているが，こうした政治的党派対立には非国教徒の存在やカトリック王位継承排除の問題などが深く関わっていたことを考察している[8]．このほかより個別的な研究としては，J・R・ジョーンズの王位継承排除法問題とホィッグ党発生史の研究[9]，ピーター・アールのモンマス公反乱分析[10]，ズークの1680年代のライ・ハウス陰謀事件などの分析などがあるが[11]，いずれも大半の非国教徒やホィッグが真に過激な行動を支持したわけではないとしつつ，この時期の政治的党派対立が宗教をバックグランドにしたものであったことを論証している．

　非国教徒と社会階層の問題，商人や都市民における非国教の支持率などを調査しているのは，ピーター・アールのロンドンの中産階級研究，リチャード・グラスビの商人研究である．両者はともに17世紀後半に力点をおいた研究であるが，この時期には都市部では非国教信仰が非常に強かったことを主張している．また両研究は，商人自体をトップ・エリートの大商人と，一

5　本書第2章第2節．
6　Little & Smith（2007），pp. 36, 45, 49；Durston（2001），p. 64.
7　第7章第1節．
8　第7章第2節．
9　Jones（1970）．
10　Earle（1977）．
11　Zook（1999）．

般の海外貿易商および富裕な国内商，その下の階層に分類し，さらに商人の出自（徒弟のリクルート），資産規模，事業や投資活動，結婚，消費行動を分析して，上層商人の地主階級との親和性・流動性の高さを強調している．アールもグラスビもボディントン家を認識しており，ボディントン家をトップ・エリートではない上層商人として位置づける[12]．

　以上に対して，18世紀以降，特にハノーヴァ朝以降の政治史，中産階級研究は，その時期を17世紀とは別個な時間として扱っているために，17世紀との思想的・家族的連続性を見ないものが多い[13]．18世紀の非国教徒の政治史的研究としては，1990年のトマス・ブラドリの研究が大きな成果であるが，彼は17世紀の非国教徒との連続関係はほとんど論じず，アメリカ独立革命期の非国教徒のアメリカ支持の分析に力点をおいている[14]．

　17世紀と18世紀の政府批判思想の思想的・人的連続性を論証しようとした研究は，筆者の見る限りでは，1961年のカロライン・ロビンスの研究と，1985年のJ・C・D・クラークの研究のみである[15]．ロビンスは，名誉革命からアメリカ独立期までの三世代にわたる自称「真のホィッグ」またはコモンウェルスマンと呼ばれた人々を調査し，18世紀ホィッグの一部が，君主制には全面的恭順を示しながらも，清教徒革命期に生まれた権力の制限，思想・宗教の自由，政治参加や教育における平等といった考え方を保持し，継承し続けていたことを論じた．またロビンスは，人物評伝も書いており，それによって，清教徒革命期から18世紀の思想的連続性の背景に人的・家族的連続性があることを検証している．また，これらコモンウェルスマンの重要な一部に非国教徒がいたことも明らかにしている[16]．他方で，クラークは，名誉革命から第1次選挙法改正までを一つの時代ととらえ，その間の選挙・政党・エリート統治・国王大権をめぐる議論がどのように変遷し，また過去から継承されてきたかを明らかにする．彼はまた，イギリスの急進主義が17

12　第1章第3節．
13　ポーター (1996) においても，旧非国教，非国教アカデミなどの問題を扱う際でさえ，17世紀との連続性はほとんど議論されていない．236-66頁など．
14　Bradley (1990).
15　Robbins (1961)；Clark (1985).
16　本書第6章第1節．

世紀以来の反三位一体宗教思想と強い関連性を持って発達してきたことを考察し，19世紀政治改革以前の社会と政治が宗教的思考に強く規定されていたと主張している[17].

次に宗教史専門の研究者に目を向けると，彼らにとっては清教徒革命期から19世紀初頭までの思想の連続性は論ずるまでもない事実である．これらの宗教史家は，彼らの調査対象の宗派の後継宗派に属しており，非国教の営みが過去から現在まで連続していることを体験的に知っていた．中でも，19世紀初頭にロンドンの非国教礼拝所を調査したウォルタ・ウィルソン，1889年に発表されたイングランド長老派についてのドライズデイル，会衆派について調査した1962年のジョーンズの研究が重要である[18]．これらに匹敵する現代の歴史家の非国教史研究としては，ワッツの2巻本の大著があり，それを越える研究はまだ出ていない[19]．以上の研究は，いずれも清教徒革命期に発生した長老派，会衆派，洗礼派の旧非国教3宗派が，思想的には徐々に変容しながらも，人的・信者団体的には清教徒革命起源のまま19世紀まで連続したことを，明らかにしている．他方でこれらの研究は，旧非国教が19世紀に近づくにつれて廃れていくこと，福音主義の興隆により新たな非国教が登場し，また旧非国教の一部も福音主義の影響を強く受けることもまた，共通して考察している．ボディントン家史は，実例として，これらの宗教史家の主張を裏書するものである．

第3節　レヴァント貿易，西インド貿易に関わる先行研究

レヴァント貿易については，史料的限界もあり，先行研究は多くない．レヴァント会社の通史は1935年にウッドがまとめたもののみであるが[20]，筆者が国立公文書館所蔵の国務文書（State Papers）内に残っている会社の議事

17　Clark (1985), pp. 277f.
18　Wilson (1808-14); Drysdale (1889); Jones (1962).
19　Watts (1978); Watts (1995).
20　Wood (1935).

録と書簡を確認した限りでは，ウッドはこれらの史料を使ってできるほとんどのことをすでに行っている．レヴァント商人の個別研究は，17世紀についてはダドリ・ノース，ヴァーニィ家，イズミル領事でもあったポール・リコーについて研究があり[21]，また18世紀についてはラトクリフ家についてのデイヴィスの研究がある[22]．また近年は，レイドローによる医者や聖職者も含めたレヴァントに居留したイギリス人の群像を扱った研究があり[23]，書籍では発表されていないがインターネット上に公開されているデイヴィッド・ウィルソンによるレヴァント在住のイギリス人領事のリストがある[24]．また近年ガニングが，19世紀のレヴァントにおけるイギリス人領事の美術品収集活動を取り上げた著書を発表している[25]．

しかし以上にあげた先行研究からわかるように，レヴァント商人については，長期間にわたってまばらにしか研究がない状態にあり，彼らの事業や資産，ステイタスなどについて総合的な見解を打ち出すことは難しい状態にある．ブレナーは，清教徒革命史を論じる中で，1640年までのレヴァント貿易商が非常に富裕であり国王支持のトップ・エリートに属したと述べているが，17世紀前半のレヴァント商人についての個別研究はほとんどなく[26]，実態は不明瞭である．また革命勃発以降のレヴァント貿易には，大西洋商人などの新興商人層が多数参入し，レヴァント商人の質は大きく変化したと考えられるが，それについても十分議論する材料がない．本書でのボディントン家のレヴァント貿易についての調査は，先述の国務文書とボディントン家家族史料に依存したものであり，史料的に可能な範囲で彼らが会社メンバーになるまでの経緯，事業活動の一部，領事や現地在留者としての生活について情報を提供したにとどまる．

他方西インドに関しては，先行研究ははるかに豊富であり，議論も多岐に

---

21 Grassby (1994); Tinniswood (2007); Anderson (1989).
22 Davis (1967).
23 Laidlaw (2010).
24 http://www.levantineheritage.com/pdf/List_of_British_Consular_Officials_Turkey (1581-1860) -D_Wilson.pdf
25 Gunning (2009).
26 17世紀初頭のオスマン帝国大使Thomas Roeについては以下の2つの研究があるが，外交官としての活動の記述が中心である．Foster (1899); Brown (1970); Strachan (1989).

わたっている．西インド経済は，植民地における砂糖生産，アフリカから西インドへの奴隷貿易，砂糖の本国への輸送と販売の3段階に分けて考えなければならないが，ロンドン貿易商が基本的に従事していたのは3番目の段階である．この3番目の段階は，コミッション・ビジネス（委託代理商業）というやり方で営まれていたが，これは貿易商側が砂糖を買い取らずに販売だけ代行し，最後までプランターの勘定で取引が行われ，その売上げがロンドンのプランターの預金口座に蓄積されるものだった．またこの預金口座の預金残額に対して，プランターは為替手形をロンドン貿易商宛に振り出すことができたが，預金残額が十分なくても，砂糖の出荷を確認できる船荷証券があれば，砂糖の販売前にプランターはロンドン商人に宛てて為替手形を一定限度額まで振り出すことができた．これはイギリス地方生産者やアメリカ本土の生産者とロンドン商人の間でも行われた前近代には一般的なビジネスのやり方であり[27]，貨幣・紙幣が不足している時代においてロンドンに決済を集中させることでそれら流通手段を節約することができるものだった．また，ロンドンでは，船舶の手配や帰り荷の購入の他，海上保険の仲介を行うことができたため，プランターはそれら全てをロンドンの貿易商に依存した．このロンドン貿易商，あるいはブリストルなどの貿易商の西インドとのコミッション・ビジネスの個別研究は，ペアーズ，チェックランド，トムズ，シェリダンなどによって行われてきた[28]．

　ただこうした貿易商がコミッション・ビジネスのみにとどまっていたかというとそうではない．ボディントン家はそうではないが，多くの西インド貿易商はプランター出身者であり，貿易商となってからもプランテーションを保持していた．また，ボディントン家がまさにそうなったように，多くの貿易商はプランターに砂糖の売上げを上回る融資を行い，その際プランテーションを担保にとったため，債権回収の結果としてプランテーション（および奴隷）の所有者となった．貿易商とプランターの関係はしばしば家族的な

27　イギリス地方生産者とロンドン商人の取引の方法については，ロジャース（2011），第5章第3節を見よ．
28　Checkland (1957); Checkland (1958); Pares (1950); Pares (1956a); Pares (1956b); Thoms (1969); Sheridan (1960); Sheridan (1961); Sheridan (1973).

付き合いに発展し，通婚も行われた．従って，西インド貿易商とプランターは人的に重複しており，貿易商研究にはプランターのプロソポグラフィックな研究も欠かせない[29]．

 また貿易商とプランター（しばしば不在地主としてイギリスに在住した）は，イギリスでは政治行動もともにし，両者合わせて西インド・インタレスト（利害関係者）として西インド委員会なる団体を結成し，政治に働きかけていた．彼らが政府と交渉していた内容は，護衛艦手配，軍隊派遣や要塞建設，天災・戦災被害への救済，アメリカ・カナダとの交易や関税など多岐にわたる．つまり，西インド貿易商の研究は，イギリスの政治過程とも深く関係している．それゆえに，ピットマンとラガツを先達として，ウィリアムズ，ダン，モーガンなどの研究は，貿易商とプランター，本国と植民地，流通と生産，経済活動と政治行動，全てを含む総合史となっている[30]．

 一方奴隷貿易は，特殊な技術やアフリカでの貿易拠点を必要とするもので，西インド貿易商でも奴隷貿易を全く行っていなかった者は多数存在したと思われる．ボディントン家も，直接には奴隷貿易はほとんど行っていない．ただ彼らは，奴隷貿易のために振り出される手形の引き受けは行っている[31]．また従来は，王立アフリカ会社の奴隷貿易の独占権が廃止された1689年以降，奴隷貿易の拠点はブリストルとリヴァプールに移り，ロンドンでは奴隷貿易は余り行われなくなったというように考えられがちであったが，近年そうではないことを証明する研究が多く出ている．デイヴィッド・ハンコックは，18世紀のロンドンに基盤を置いた商人たちの奴隷貿易活動を描いた個別研究を発表し[32]，17世紀についても西インド・プランターの息子が1660-80年代にロンドンで開業して砂糖のコミッション・ビジネスとともに奴隷貿易を行い書き残した書簡を編纂している[33]．またローリは，デイヴィッド・リチャードソンの作成した統計値を用いて，18世紀のロンドンがリヴァプー

---

29 プランター，プランター兼商人の研究としてはCheckland（1971）; Smith（2006）; Walvin（2005）; Clayton & Walvin（1970）; Bennet（1958）．
30 Pittman（1917）; Ragatz（1928）; Williams（1944）; Morgan（1993）; Morgan（2007）．
31 第10章第3節．
32 Hancock（1995）．
33 Hancock（2002）．

ルよりは下だがブリストルを上回る奴隷貿易港だったことを示し，またロンドンの奴隷貿易商を例を挙げて検証している[34]．

　西インド貿易商の先行研究でもう一つ無視できない流れは，奴隷貿易・奴隷制廃止運動，および奴隷制廃止に伴う奴隷所有者に対する賠償に関わる研究である．廃止運動の研究史は膨大で詳述することはできないが，全体的流れとしては1980年代までは廃止運動をイギリス人の栄光の歴史としてとらえる傾向が残っていたが，1990年代後半からはイギリス人の奴隷貿易・奴隷制への関与に対する反省が強くなってくる．またその流れの中で，キャスリーン・バトラーとニコラス・ドレイパーにより，1930年代にワステルによって詳細な研究が行われていたにもかかわらず忘れ去られていた問題，奴隷制廃止時点において奴隷所有者がイギリス政府によってふんだんに賠償されたという問題が，クローズ・アップされるようになった[35]．現在は，ロンドン大学がこれら奴隷所有者のデータベースを完全なオープンアクセスで運営しており，奴隷所有者の評伝，受給した賠償額，受給対象のプランテーションなどが一目でわかるようになっている[36]．

　英領西インド研究の最大の問題点は，奴隷制以降の研究が極端に少ないことである．奴隷解放後の英領西インドは，安価な労働力の喪失，甜菜糖に代表される世界的砂糖の生産拡大と砂糖価格の下落，イギリスの自由貿易主義によるイギリス市場の喪失という3つの不利な条件が重なったにもかかわらず，新しい商品作物を見いだせないまま，20世紀まで砂糖生産を持続した．西インドの19世紀については，ダグラス・ホールのいくつかの研究のほか[37]，特に19世紀後半の砂糖生産に特化した研究としてビーチィのものがある[38]．このほかには世界規模の砂糖生産を研究したものではあるが，ディアの研究，そして甘蔗糖生産の歴史をまとめたギャロウェイの研究が，西インドにも有用である[39]．また1980年代以降は，アルバート＆グレイヴズの国際砂糖貿易

34　Rawley（2003），pp. 39, 40f.
35　Wastell（1933）；Butler（1995）；Draper（2010）．
36　https://www.ucl.ac.uk/lbs/
37　Hall（1964）；Hall（1971a）．
38　Beachey（1957）．

に関する論文集に，デルソン，シュナッケンバーグ，ハラクシンハの19世紀後半の英領西インド砂糖生産に関する論文が収められ，そこではブラジル産砂糖の影響，大型中央製糖所の設置などの技術革新の効果が論じられている[40]．1994年には，スーザン・ローズが19世紀後半から20世紀前半のアンティグアについての博士論文を発表し，この間の砂糖経済の崩壊と再生がアンティグア中産層に与えた影響を分析している[41]．

その他には，砂糖商社として活動するテイト＆ライル社についてのシャルマンによる社史も出ており，そこでもジャマイカ，ガイアナ，トリニダードでの砂糖生産とその集約化の過程が描かれている[42]．また2014年にはファクリが，現在の多国間貿易協定の起源としての国際砂糖協定を取り上げた研究書を出し，19世紀末から1900年代に行われた甜菜糖への輸出生産奨励金と相殺関税をめぐる議論の背景にあった歴史的事実を明らかにしている[43]．

以上のように，19世紀後半以降の英領西インド及び砂糖生産についてはまだ十分な研究がなく，今後の研究が待たれる．特に，航海法体制から自由貿易主義への転換が西インド社会にどれほどの影響を与えたのか，旧植民地体制のもとで利益を得てきたイギリス貿易商は19世紀後半にどのような行動をするのか，それらが20世紀以降の大砂糖商社の発生や活動とどのように連動しているのかを，今後明らかにしていく必要がある．本書の第4部の研究は，近現代に関してはまだかなり荒削りであるが，近世期からの貿易商が近現代においてどのように西インド砂糖生産とその社会にコミットしていたかを示したものとして，西インド史研究上一つの貢献となっている．

39　Deerr（1949-50）; Galloway（1989）.
40　Delson（1984）; Schnakenbourg（1984）; Haraksingh（1984）; Albert & Graves（1984）.
41　Lowes（1994）.
42　Chalmin（1990）.
43　Fakhri（2014）.

第 4 節　ボディントン家史の先行研究と家族史・個人史の方法論

　イギリス全国人名辞典（*Dictionary of National Biography*, DNB, 現在のODNB）や下院史（*History of Parliament. House of Commons*），上院史（*History of Parliament. House of Lords*），何種類もの貴族要覧・准男爵ナイト爵要覧などの存在からわかるように，イギリス史には家族史・個人史の長い伝統がある．イギリス人は，著名人だけでなく普通の個人や家族の歴史に対しても強い情熱を持っており，各地方の文書館や大英図書館は古くからこうした無名の家族の家族史料や，無名の個人が調査したノートなどを保管してきた．筆者は以下で，イギリスにおいてどのように個人・家族に関わる史料が残され，その一部がどのように編纂されたのか，それらが家族史家によってどのように活用されているのかなどについて説明し，イギリス史における家族史研究の蓄積と方法論についてまとめておきたい[44]．また，ボディントン家史はこれまでどのように調査されてきたのか，それに対して筆者が何をなそうとしているのかも，説明しておきたい．

　個人に関わる史料として最も重要なのは，遺書である．イギリスの国立公文書館（The National Archives, 元 Public Record Office）は，PROBというシリーズで14世紀後半から1857年に遺書検認業務が世俗化されるまでの遺書を保管している．これらの遺書は，カンタベリ大主教とヨーク大主教のもとにある大主教特権裁判所という機関が持っていたものである．この裁判所は，複数主教区および海外に個人資産・債権債務を5ポンド以上持つ人物の遺言の検認と遺産管理の業務を行っており，そのためこのもとに遺書が蓄積されるようになった[45]．

　財産が単一の主教区にとどまっておりなおかつ少額の場合は，その遺書は主（司）教裁判所（Consistory Court），主（司）教代理裁判所（Commissary Court），大執事裁判所（Archdeaconry Court）によって検認・管理が行われ

44　以下の記述は，川分（2014）をまとめたものに，少し新しい情報を追加している．
45　川分（2014），108–09 頁．

序　章　| 19

た．その財産が通常の教会裁治権者（ordinary，大主教，主教など）の及ばない特別教区（peculiar）に位置していた場合は，特別教区裁判所（Peculiar Court）で検認・管理された．ロンドンに関しては，ノルマン征服以前に起源を持つハスティング裁判所（Court of Hustings）でも遺書の検認をすることができた[46]．

現在PROBとロンドン首都文書館保管の遺書の一部は，電子画像化されている．またこれらの遺書には古くから遺言者名のインデックスが作成されており，現在ではコンピュータで一括検索でき，そこから各遺書の電子画像に移動できるようになっている．このサーヴィスは，それぞれの所蔵文書館においてだけでなく，民間企業が運営している家族史研究者のためのサーヴィス（有料）を用いれば日本からも利用が可能である[47]．

以上の遺書は，職人などの下層中産階級のものもかなり含み，広い社会層にわたっている．また遺言者によって記述内容がまちまちであるが，遺言者が熱心に作成した場合だと，遺贈を受ける家族，親戚，友人，所属教会・礼拝所の聖職者，関係諸団体などが詳しく書かれ，詳細な人間関係がわかる場合がある．これら遺贈相手に何をどれだけ残すのかは詳しく書かれていることが多いが，その一方で書かれていないのは遺産総額である．たいていの遺書は，少額の遺贈を細々と記述した後，残余資産全てを主要相続人に贈与することを言明する形になっており，この残余資産の額・内容はほとんど明らかにされない．また妻のために結婚時に設定した寡婦給与産も，遺書で遺贈

---

[46] 詳しくは *Wills for London, Middlesex and Surrey before 1858. London Metropolitan Archives Research Guide 6* https://www.cityoflondon.gov.uk/things-to-do/london-metropolitan-archives/visitor-information/Documents/06-wills-for-london.pdf を見よ．

[47] 両方ともancestry.comという出版社の運営している会費ベースのオンライン・データベースから見られる．PROBはAncestry.com. *England & Wales, Prerogative Court of Canterbury Wills, 1384-1858* [database on-line]. Provo, UT, USA： Ancestry.com Operations, Inc., 2013. http://search.ancestry.com/search/db.aspx?dbid=5111　ロンドンのものはAncestry.com. *London, England, Wills and Probate, 1507-1858* [database on-line]. Provo, UT, USA： Ancestry.com Operations, Inc., 2011 http://search.ancestry.co.uk/search/db.aspx?dbid=1704　後者に入っているロンドンの遺書は以下の裁判所史料のみ．Consistory Court of London； Commissary Court of London； Archdeaconry Court of London； Archdeaconry Court of Middlesex； Peculiar Court of the Dean and Chapter of St Paul's； Archdeaconry Court of Surrey； Commissary Court of Bishop of Winchester.

するものとは別なので，遺書で詳しく書かれていることは少ない．

次に家族史の史料として重要なのは，身分改めである．身分改めは，リチャード3世が設立した紋章院（College of Arms）の官吏である紋章官が全国を巡回して行うもので，ヘンリ8世期から名誉革命まで何度か行われた．これは各州の州長官や都市市長に要請して，その土地の紋章使用者や騎士身分主張者を出頭させ，その身元を調査し，系図を作成して，紋章と系図を再登録する手続きで，かなり厳格に実施された．

身分改めは，上層中産階級以上の家族史にしか利用できないが，生没年や家族・結婚などの家系的情報のほか，職業・収入についても記載がある場合もあり，重要な史料である．

紋章院は現在も存続している組織であり，そこが収集・作成している家系図はそこに集中して保管されている．また，1869年に設立されたハーレイアン・ソサイエティという民間の歴史研究団体が，各州・各都市で16-17世紀に行われた身分改めの調査結果を活字として出版し続けており，版権の切れたものは現在インターネットで見ることができる[48]．

紋章官たちは，17世紀以降になると，紋章院の史料を活用して，各貴族の家系について詳述した貴族要覧を出版するようになった．貴族要覧は人気があり，18世紀になると，准男爵・ナイト爵要覧，無爵位の地主の要覧，スコットランドやアイルランド貴族の要覧，休眠・廃絶爵位の要覧などさまざまなジャンルが現れ，複数の出版物が競合する状態となった．19世紀以降はジョン・バークが作成したものが主流となり，現在も豪華な装丁の書籍や有料オンライン・データベースで発行が続いている[49]．

次に重要な家族史の史料としては，教区教会の教区簿（Parish Register）と教区会議事録（Vestry Minute Book）がある．イギリスでは宗教改革の直後から各教区教会で主任牧師が洗礼・埋葬・結婚を記録することが義務化さ

48　http://harleian.org.uk/
49　バークの貴族要覧は縮約版など版型や年代ごとに何版もあり，複雑である．とりあえずは以下のサイトを見よ．http://www.burkespeerage.com/　バーク以外では，以下が重要．Edward George Cockayne ed., *Complete Peerage of England, Scotland, Ireland, Great Britain and the United Kingdom, Extant, Extinct or Dormant*, 8 vols, 1887-98. これは20世紀に入ってから増補されたが，現在は絶版のようである．

れ，十分この義務は遂行されなかったものの，各地でこれらを記録した教区簿が作成された．1837年の戸籍の世俗化の後も，古い教区簿は教区教会が保管していたが，現在は地方文書館に移されている．先述のハーレイアン・ソサイエティは，ロンドンのものを中心に教区簿の活字化・出版事業を進めてきた．また1990年代以降は，イギリスの民間団体が運営するウェブサイトであるジェネオロジストが各州文書館と協力して教区簿の電子画像化を進め，同ウェブサイトと各州文書館において，教区簿の情報は無料で検索，調査できるようになっている[50]．教区会議事録の方は，電子画像化はほとんど進んでいないが，ロンドンのいくつかの教区に関してはハーレイアン・ソサイエティから出版されている．

　このほか都市に関しては，徒弟奉公契約書や市民権許可証が重要な史料となる．ロンドンに関しては，首都文書館に14世紀から20世紀後半までのものが保管されているが，かなり欠落部分がある．ただこれらも現在電子画像として首都文書館および民間企業の家族史同好サイトから利用できる．

　17世紀末以降は，ディレクトリと呼ばれる商工住所録が出版されるようになった．ロンドンではもっとも古いものは1677年，これにはジョージ・ボディントン2世が載っている（巻末付表1）．ロンドンに関しては，1732年以降ヘンリ・ケントによってケント・ディレクトリが毎年出版されるようになり，競合誌も出るようになった．1799年以降は，郵政公社郵便集配人検査官が郵政長官の許可の下にポスト・オフィス・ディレクトリを出版するようになり，これは1830年代以降はケリー・ディレクトリの名称で出版された．1880年代以降は電話帳が出版されるようになり，ポスト・オフィス・ディレクトリは徐々に廃れる[51]．

　ほかにも重要な家族史関係の一次史料・編纂史料・刊行文献は多々あるが，紙面がないので，以下本書に関わって特に重要なものを5つあげておく．一つは，本書第3章にも登場するダニエル・ウィリアムズ（c. 1643–1716）と

50　https://www.thegenealogist.co.uk/
51　ディレクトリについては川分（2014），114-15頁．現在多くのディレクトリは，ジェネオロジストの運営会社S&N Genealogy社がCD-ROMで発売している．ただし，地域ごと，単年度ごとの発売である．

いう非国教聖職者の遺言と遺贈により設立されたウィリアムズ博士図書室で記録された非国教徒の誕生・結婚・死亡の記録である．これは，非国教徒が教区教会に通わないために教区簿にこうした戸籍情報が残りにくくなったため，ここでそうした情報を集めようとしたもので，17世紀末から1838年の戸籍の世俗化までの記録が残っている．ただこれらの記録は，あくまでこの図書室に登録に来た者についての記録にとどまる．この戸籍情報は，現在はほかの非国教教会記録などと統合されてイギリス国立公文書館に保管され，また電子画像として読めるようになっている[52]．

非国教聖職者に関するものとしては，本書第7章でも説明するが，エドマンド・カラミが収集した1662年信仰統一法による追放牧師のリスト・評伝が重要である．現在は，1962年にマシュウズによって修正されたものが，広く使用されている[53]．また，20世紀の非国教聖職者チャールズ・サーマンが作成した会衆派牧師3万人のデータは，1960年にウィリアムズ博士図書室に寄贈され，現在オンラインで無料で誰でも検索できるようになっている[54]．

一方19世紀の非国教聖職者で地方史家であったジョセフ・ハンター（1783-1861）は，貴族要覧等が扱わない中小地主や商人，製造業者の家系図の収集と作成に努めた．彼の原稿は，大英博物館に寄贈されていたが，1890年代ハーレイアン・ソサイエティから4巻本で出版された[55]．非常に興味深いのは，この中にボディントン家とその姻戚の多数の系図が含まれているだけでなく，かなりまとまって取り上げられていることである[56]．ハンターは，ボディントン家と同様，長老派からユニテリアンに転化した宗教グループに属しており，ボディントン家やその関係者に直接の知己があったのではないかと推測される．

18世紀から19世紀には，ハンターのような地方史家・家族史家が多数出

---

52 RG4という史料番号でまとめられている．
53 Matthews（1934）．
54 http://www.qmulreligionandliterature.co.uk/research/surman-index-online/
55 Hunter（1894-96）．
56 Hunter（1894-96）のパート1にはMorgan, Price, SkinnerやLambとRaymond, Warrenが並んで掲載されている．パート3にはBoddington, Rigbyが並んで掲載されている．

たが，その中でもっとも網羅的な仕事は，ハッチンスがドーセット州について行ったものである[57]．ハッチンスはドーセット州を各教区ごとに順を追って取り上げ，その教区に領地を持つ地主の家族史や家系図を詳述した．彼の系図は，紋章院から17世紀の身分改めの家系図を持ってきたままのものもあるが，その後の情報が追加されているものも多数ある．本書にとっては，ボディントン家の姻戚スキナー家がドーセット州に領地を持ち，周辺地主と姻戚関係を持ったので，このハッチンスの仕事が重要となっている．

最後に，本書に関わって特に重要な仕事は，ヴェア・ラングフォード・オリヴァーという西インド地主出身の家族史家が20世紀初頭に著した『アンティグア史』と『カリビアーナ』という書物である[58]．以上の2冊は，英領西インドに関わる歴史史料の種々雑多な集成であり，遺書や墓碑，契約書，証書類，教区簿などからの史料の転写からなっている．全体として家族史的関心が強く，家系図なども多数載せられている．

以上イギリス家族史・個人史は，こうしたさまざまな個人情報に関わる一次史料や，それらを調査した家族史家の手稿原稿をもとに，紋章官，アマチュアの個人歴史家，それらが集まる民間研究団体，営利事業化を計った出版社などによって，編纂と出版が進められてきた．本節冒頭で述べたイギリス全国人名辞典，下院史なども，こうした史料・文献の調査の上で，作成されたものである．

家族史研究は，少なくとも19世紀末には一般市民階層が参加し楽しむものとなってきており，家族史研究の団体が各地にできたほか，同好誌のようなものも多数発行された．また，イギリス人以上にこれに関心を持ったのがアメリカ人である．アメリカの家族史研究は彼らの祖先の多くがピューリタンであるだけに，本書には非常に有益なものとなっている．これらの雑誌には，『家系紋章史雑録』[59]『ペディグリ・レジスタ』[60]『イングランド家族史補

57　Hutchins (1861-70).
58　Oliver (1894); Oliver (1914).
59　*Miscellanea Genealogica Heraldica.*
60　*The Pedigree Register.*

遺』[61]『ニューイングランド歴史家族史記録』[62] などがあり，本書も活用している．

　現在家族史研究は愛好家がますます増えてきており，これらの人々に対する史料閲覧サーヴィスはもはや営利ビジネスとして完全に成り立つようになっている．公的文書館や図書館などもこれら営利企業と連携して，所蔵史料の電子化を進め，利用権をそれらの会員に提供しているのが現状である．こうした営利企業の中でもっとも成功しているのは，末日聖徒教会（モルモン教）系の出版社アンセストリ・コムである．末日聖徒教会は教義上の理由から，家族史史料を世界中から膨大に収集しユタ州ソルトレイク・シティに家族史図書館を設立している．アンセストリ・コムはこれらのデータのほかさまざまな家族史のデータの利用権を，電子化と交換で世界各国の公文書館から取得している．

　最後になったが，筆者が調査するまでにボディントン家史がどの程度調査されていたのかを，述べておきたい．ボディントン家およびその姻戚の家系については，同家の子孫で事務弁護士であったレジナルド・ステュアート・ボディントン（1841–c. 1907）が非常に多岐にわたって調査している．彼は，1890年にボディントン家史をまとめ，完成したボディントン家系図は巨大な版に豪華な装丁を施して，ギルドホール・ライブラリにおさめられている．また彼は，ボディントン家の親族・姻戚・パートナーについても非常に熱心に調査しており，ブラッシー家，ヴォーン家，コリヤ家，姻戚のメイトランド家，パートナーのメイトランド家などについても家系図を作成したり，そのための史料集めなどを行っている[63]．彼は，先述したたくさんの19世紀末の家族史雑誌の寄稿者であり，またアンティグア史を書いたヴェア・ラングフォード・オリヴァーとも連絡があり，彼にヴォーン家系図を提供している[64]．

　ただ，レジナルド・ステュアート・ボディントンは，基本的に家系図作成

61　*Genealogical Gleanings in England.*
62　*New England Historical and Genealogical Register.*
63　Collier家，Gould家，Brassey家，Townsend家，Hawkins-Browne家系図を出版している．
64　MGH, Second series, vol. 4, 5. に掲載．また Oliver (1894), vol. 1, pp. 168-172 は，ヴォーン家の歴史にさかれており，ここにレジナルド・ボディントンの作成した系図も転載されている．

序　章　25

のみに関心があり，叙述らしい叙述は行わなかった．また彼は，ボディントン家の非国教徒としての過去にも，貿易商としての過去にも強い関心がなかった．これは，彼の家族的バックグラウンドに大きな原因があると思われる．ボディントン家系図 No. 3 を見ればわかるように，レジナルド・ステュアートの祖父はベンジャミン・ボディントン 3 世で，この家系は早期に国教化し，レジナルド・ステュアートの周囲には国教牧師や軍人などしかいなくなっていた．このような家族の中で生きた彼は，非国教徒と商人に親近感を持たず，自己の家族の過去においてもこれらの要素を重視しなかった．

　2012 年になって，もう一人のボディントン家の末裔が，ボディントン家史について調査している．それは，アンドリュウ・マルソンという人物で，彼のねらいは，ボディントン家史そのものではなく，彼の祖父に当たるマイルズ・マルソンというイギリスの著名なコメディアンの先祖をたどることであった[65]．このマイルズ・マルソンの祖先は，第 5 章で扱うレヴァント地域に永住したボディントン家の家系である．このマルソンの著作により，筆者もレヴァント在住のボディントン家について新しい情報を得ることができた．

　これら末裔によるボディントン家史以外では，レヴァント在住イギリス人調査の中でジャン・ワービがイングランド銀行取締役でレヴァントに関係を持つ人物として，ジョージ・ボディントン 2 世とトマス・ボディントン 4 世について書いた短編があるきりである[66]．

　以上 3 点は歴史家の著作ではない．歴史家によるボディントン家の個別研究はないが，ただボディントン家の家族史料，特にジョージ・ボディントン 2 世の手記は，歴史家の間ではかなり知られており，何人かの歴史研究者がこの手記を重要史料として調査対象としている．先述したようにアールとグラスビは地主と商人の身分的関係を検証する上で，またマーガレット・ハントとオタウェイ＆テイグは心性史的観点からこの史料を使っている[67]．もっとも詳しく扱っているのはド・クレイであるが，彼は王政復古期に政府批判的政治行動を行ったピューリタン系商人の代表的な人物としてジョージ・ボ

65　Malleson (2012). Miles Malleson はボディントン系図 No. 2.
66　Wahby (2010).
67　Hunt (1996), pp. 38, 46–47, 53, 59–60；Ottaway & Tague (2009), pp. 147–156.

ディントン2世をとりあげている[68].

　レヴァント貿易商としてのボディントン家については，アンダーソンは存在を認識しているが，詳しいことは書いていない[69]．他方で，西インド貿易商としてのボディントン家については，ペアーズが自己の調査したピニー家の重要な取引先として注目していた．近年では，奴隷賠償金研究者のドレイパーが高額の賠償金を受けとった一族のひとつとしてとりあげている[70]．

　以上がボディントン家に関わる現在までの研究状況である．ボディントン家の家系調査は，レジナルド・ステュアート・ボディントンによって非常に完成度の高いところまで明らかにされたが，彼はスキナー家については注目せず，モーガン＝プライス家のような重要な非国教聖職者家系との関係や，パートナーのボール家，シャープ＝デイヴィス家についても調査していない．他方で，歴史研究者においては，非国教中産階級として取り上げられるボディントン家と，レヴァント商人としてのボディントン家，西インド貿易商としてのボディントン家それぞれについて少しずつ調査はあるが，それらは全く相互に関連づけられていない．

　本書は，非国教中産階級，レヴァント商人，西インド貿易商としてのボディントン家を同時に語ることにより，近世近代を通して政治・経済・社会の多方面からこの一族の生き方を見る初めての試みである．筆者は，この総合的家族史を通して，イギリス近世近代の中産階級について新しい理解を提供しうると考えている．

68　De Krey（1978），pp. 135-37.
69　Anderson（1989），p. 67.
70　Draper（2008），pp. 438-50；Draper（2010），pp. 159, 219, 250-51..

第 1 部

信仰と民主主義と資本主義

17 世紀の市民層

第 1 章

17 世紀のロンドン商人

　本章では，ボディントン家がイングランド中南部のウォリックシャアから出てきてロンドン商人となる経緯を示すとともに，17 世紀のロンドン商人について全般的な解説を行う．その上で，ロンドン商人とは何か，ロンドン市民とは何か，その出自はどのようなものか，商人の中の階層分化はどのように理解するべきか，宗教性やエスニシティの実情はどうだったのかを考察し，ロンドン商人全体においてボディントン家をどこに位置づけるべきかを考えたい．

第 1 節　発端

　「私の祖父ウィリアム・ボディントンはキャサリン・タウンゼンドと結婚し，ウォリックシャアのブリンクロウで暮らしていた．そこで彼は，よい財産をギャンブルで失い，そのため仕方なく彼の負債を支払うために全てを売却し，卑しい境遇に陥った．彼には 6 人の子供がおり，ジョージ，ウィリアム，アイザックはロンドンに徒弟奉公に出され，エリザベス，アン，サラの方は，1660 年にはウォリックシャアのブリンクロウで暮らしていた．私の父であるジョージは，ブリンクロウに家を買い，祖父，祖母，叔母 3 人はそこで私の父により扶養され，また叔父達も父が支援していた．私の父と叔父達はロンドンで死亡し，祖父母と叔母エリザベスとアンはブリンクロウで死亡，叔母のサラはコヴェントリで貧しい境遇で死亡した．（彼らは）父の死後は私からの幾分かの支援で暮らしていた．」

ボディントン一族最初の物語は，ジョージ・ボディントン2世（1646-1719）の手記[1]によって，以上のように描かれる．これ以前の同家については，19世紀末のボディントン家の末裔レジナルド・ステュアート・ボディントンも調査しているが，不明なままである．16世紀ウォリックシャアのブリンクロウの教区簿にはボディントン姓は見あたらないし[2]，1619年に実施されたウォリックシャアの身分改めにおいてもボディントン姓の登録はない[3]．隣接州のノーサンプトンシャアやグロスタシャアにあるボディントンという地名との関連も解らない．

　手記の著者ジョージ2世の祖父である財産蕩尽者のウィリアムについても，冒頭の引用以外のことは解らない．そこで本書では，ウィリアムの3人の息子ジョージ1世（1612-71），ウィリアム（b. 1619），アイザック（fl. 1705）をボディントン家第一世代として，以下世代を数えていくこととする．ボディントン家の系図は，巻末にNo. 1, 2, 3に分けて掲載する．

　この第一世代は清教徒革命期に壮年期を過ごした世代で，「清教徒革命世代」と定義できる世代でもある．本書では，他の非国教家族についても，この清教徒革命世代を第一世代とする．本書のテーマの一つは，清教徒革命の経験がその後2世紀にわたってボディントン家のような非国教徒家族によって記憶され，そのことがイギリス人とイギリス史に大きな影響を与えていくことを，家族を代々たどりながら考察するものだからである．

　ボディントン家第一世代は，それぞれロンドンの商人の徒弟に入った．長

---

[1] Boddington Family, Personal Papers. CLC/426/MS10823/001. LMA.
[2] Brinklow Parish Registers. Warwickshire, England, Baptisms, Marriages, and Burials, 1535-1812, Warwickshire County Record Office.（Ancestry com. の電子ファイルによる検索．）これによると，財産蕩尽者ウィリアムの祖先や彼の洗礼・結婚の記録は見つからない．彼の長男ジョージ，三男アイザック，娘のエリザベスとアンの洗礼の記録も見つからない．しかし次男ウィリアムと妹サラの洗礼は確認できる．このほかに，レジナルド・ステュアート・ボディントンは，同州の別な教区チャールコートの教区簿で17世紀前半にボディントン姓があることを調査しているが，これと彼の祖先である本書のボディントンに関係があるかどうかは彼にも解らなかった．MGH, 2nd ser., vol. 3, 1890, pp. 203-04.
[3] *Visitation of Warwickshire 1619*にはボディントン家系図はなく，また，ボディントン姓はFransisca Hanslapと結婚した同州Harborough MagnaのNici. Bodingtonのみしかなく，これも本書のボディントンとの関係はないと思われる．Fetherston (1877), p. 257. また1682-3年の同州の身分改めにはボディントン姓は存在しない．Rylands (1911).

32 ｜ 第1部　信仰と民主主義と資本主義

男ジョージ1世は，息子ジョージ2世の手記から，1629年17才でシティ・オヴ・ロンドンのロスベリのジョン・モウズリ[4]のもとに徒弟に入ったことが解っている．モウズリの職業は，ジョージ2世の手記の中でパッカーともクロスワーカーとも呼ばれている．パッカーは，輸出向け毛織物の梱包やその監督をするものだったが[5]，次第に地方の未仕上げ毛織物の生産者とロンドンの仕上げ業者や卸売商を仲介する役割を担う職業となった[6]．一方，クロスワーカーは，縮絨などの毛織物仕上げ業者であったが，これも次第に地方生産者とロンドンの卸売商を仲介する業務に移行し，パッカーとクロスワーカーはほぼ同じ職業集団を指す言葉として用いられるようになった．16世紀を通して全国の未仕上げ毛織物の取引はシティのブラックウェル・ホールに集中していくが[7]，クロスワーカー

図1　クロスワーカーズ・ホール（1857年）

図2　大火前のブラックウェル・ホール
19世紀の復元画　Museum of London

の活動の場も同ホールに集中し，彼らはブラックウェル・ホール・ファクターとも呼ばれるようになる．パッカーないしクロスワーカー，またはブラックウェル・ホール・ファクターは，次第に生産者に前貸しするような強い立場に立つようになり，17世紀後半には少数化，富裕化し，40名程度になっていた[8]．1528年に設立された彼らの同職組合であるクロスワーカーズ・カ

4　この John Moseley が，1589-1602年ロンドンのオルダーマンを務め，その後ロンドン市長となったクロスワーカーの Sir Nicholas Mosley の血縁であるかどうかは不明．
5　Unwin（1904），p. 122.
6　Westerfield（1915），pp. 312f.
7　Westerfield（1915），p. 302.

第1章　17世紀のロンドン商人　33

ンパニは，ロンドンの同職組合の最有力グループ，十二大リヴァリ・カンパニの 12 番目，つまり最新で最末席のものである．つまり十二大リヴァリ・カンパニとしては最もステイタスは低いが，他の同職組合と比べればステイタスの非常に高いものであり，他の十二大カンパニと同様に，シティ・オヴ・ロンドン市長，オルダーマン（alderman，市参事会員），市会議員も輩出している[9]．

ジョージ 1 世は，7 年間の徒弟奉公が修了した 1636 年，24 才でクロスワーカーズ・カンパニのメンバーシップを奉仕（servitude）の資格で獲得している[10]．リヴァリ・カンパニ（ロンドンの同職組合）のメンバーシップ獲得はシティの市民権獲得をも意味しているので，彼はこれによりロンドン市民にもなった．同職組合と市民権の関係については，本章第 6 節で詳説する．彼は 39 年には妻ハンナ（婚前姓アダムズ，父トマス・アダムズはフィリポット・レイン在住の市民）を迎え，母方の叔父の援助でロスベリ通りの北側に家を購入した[11]．

現在シティのロスベリ通りは，南側全面に巨大なイングランド銀行社屋の背面がそびえ立っていることですぐ識別できる．ここは 1694 年同銀行が設立されたとき以来の同銀行の敷地であるが，実はその敷地の一部はもともとボディントン家もリースホールドとして保有していた．手記の著者ジョージ・ボディントン 2 世は，イングランド銀行最初の取締役 24 名の一人でもあった．シティの地図は，巻頭に掲載しているので参照されたい．

ロスベリ通りの北側の東半分には，セント・マーガレット・ロスベリ教会が建っている．同教会の建物は 1666 年大火後クリストファ・レンの設計によって再建されたものであり，現在はロンドンに残る数少ないレンの教会として文化財に指定されている．このあたりは，この教会を中心としたセント・マーガレット・ロスベリという教区（以下ロスベリ教区）であり，シティの教区の中では比較的小さく，人口は 150 名前後で，それほど富裕でない教区

---

8 Westerfield (1915), pp. 296; Davis (1967), pp. 67, 107-09, 113-14; Ramsey (1943), p. 131.
9 クロワーカーズ・カンパニの社史は Girtin (1958)．各リヴァリ・カンパニがどれほどオルダーマンを輩出していたかについては以下に詳しいリストがある．Beaven (1908), pp. 379f.
10 徒弟期間は，ロンドン慣習と議会制定法（Statute of Artificers）により，基本的に 7 年と定められていた．Grassby (1995), pp. 70-71.

図3 セント・マーガレット・ロスベリ教区教会(1677年)

図4 セント・マーガレット・ロスベリ教会の現在(左が教会,中央がロスベリ通り,右はイングランド銀行)

であった．同教区については，第2章第7節で詳述する．

　同教区の教区会議事録(vestry book)をみると，ジョージ・ボディントン1世は1642年6月1日の救貧税査定において，初出する．彼はこの時，週2ペンス(通年8シリング4ペンス)というかなり高額の査定を受けている．しかし翌年には週1ペンスという査定になっている．これは救貧税査定額としては最低だが最多の査定額だった．この後彼は，だいたいこれらの金額程度の査定を受けながら，死亡するまで毎年救貧税を査定され，支払い続けている．この他，国王や議会から要求された貸付や課税の割り当て分，教会の聖餐式で用いるパン・ワインの代金など，教区では様々な支払いの査定が行われているが，彼の名前はどの支払いにも登場する[12]．またその後彼は教区の

11　Dale ed., *The Inhabitants of London in 1638* にはボディントンの姓はない．
12　Freshfield (1887), pp. XXVI, XXIX, 27, 31, 37. なおこの教区には1592–1603年にウィリアム・ボディントンという戸主がいた．このウィリアム・ボディントンは1593年と1603年に流行ったペストで妻と娘3人および息子2人，奉公人1人を失っており，その後彼についての記述はみられなくなる．このウィリアム・ボディントンについては本書のボディントン家との関係を疑いたくなるが，ジョージ2世の手記には彼の父がここに住む前にロスベリ教区に親族がいたといった記述は全くない．レジナルド・ステュアート・ボディントンもこれについては言及していない．

第1章　17世紀のロンドン商人　｜　35

役職も歴任するようになる．

　ジョージ・ボディントン１世は，彼自身の遺書[13]やジョージ２世の手記によると，全てリースホールド（leasehold 定期不動産権）ではあるが，ロスベリ通りの南側だけでなく北側にも，また他の教区にも複数の不動産を保有して倉庫などに使っていた．さらに冒頭の手記の引用から解るように，ジョージ１世は，故郷のウォリックシャア，ブリンクロウでも家屋を用意して父母と姉妹を住まわせ扶養し，ロンドン在住の弟達のことも支援していた．つまり彼は，晩年にはかなり豊かになっていた．

　しかし1666年のロンドン大火は，彼の命取りになった．ロスベリ教区は最も被害の大きかった地区で，その教区教会は全焼した．ジョージ２世の手記によると，ジョージ１世は，数年前に建設した７軒の家を全て失い，他教区のマーク・レインに一時商会を移したが，70年にロスベリ通り南側に屋敷を再建してもどってくる．だが彼は，大火直後の引っ越しの重労働で体を壊しており，それがもとで1671年死亡した．享年59才であった．

　彼自身は主として国内商であったが，ジョージ・ボディントン１世の始めたロンドンのボディントン商会は次の世代から貿易商会となり，18世紀半ばまでは主にレヴァント（東地中海海域）地方，それ以降は西インド貿易を中心に行い，第２次世界大戦期まで存在の確認できる商社となる．この間300年のボディントン商会の所在地については，巻末付表１に示す．

第２節　ジョージ・ボディントン１世の兄弟姉妹とその子孫たち

　ここで他の第１世代，つまりジョージ１世の兄弟と姉妹である，1. ウィリアム（b. 1619），2. アイザック（fl. 1705），3. エリザベス，アン，サラについても確認しておこう．彼等については今後言及するスペースがほとんどないので，彼等の子孫についてもここで一緒に述べておきたい．巻末のボディ

13　遺書については，今後全て巻末リストを参照されたい．

ントン家系図 No. 1 を参照されたい.

1. 次男ウィリアム (b. 1619) については,ジョージ2世の手記や彼の子孫の遺書から断片的な情報を集めることができ,この家系がある程度裕福で,また国教徒であったらしいことが解っている.ウィリアム (b. 1619) の職業は解らないが,彼はメアリという妻をめとり,セント・マーティン・イン・ザ・フィールド教区(ウエストミンスタ)[14]でメアリ (b. 1645) とウィリアム (1647-1719) の二人の子供をもうけた.この息子ウィリアム (1647-1719) は,自分の遺書で「ロンドン及びサリー州クロイドンのマーチャント」と自称している.彼はフランセス (d. 1727) という妻を持ち,彼女との間にウィリアム (c. 1677-1703),メアリ(生没年不明,14才で死亡),フランセス(d. 1747),アン (生没年不明) という4人の子供をもうけた.彼の妻フランセス (d. 1727) も遺書を残しているが,それによると彼女は晩年にはクロイドンからバークシャアのウォーフィールド (Warfield) に移り住んでおり,合計1700ポンドの遺贈を親戚友人に残した上で,残余遺産を生き残っていた二人の娘に残している.残余資産の総額は書かれていないが,親戚友人への1700ポンドの遺贈は未亡人としては大きな金額であり,彼女はかなり富裕であったと考えられる.

第二世代ウィリアム&フランセス・ボディントン夫妻の息子である第三世代のウィリアム (c. 1677-1703) は,26才の若さで死亡しているが,死亡時には大法官府裁判所書記 (cursitor) という職業に就き,セント・ダンスタン・イン・ザ・イースト教区に住んでいた.また彼の姉妹フランセス (d. 1747) は,このセント・ダンスタン教区の教区牧師 (rector) ウィリアム・ストリングフェロウ師と結婚している.ストリングフェロウ夫妻には子孫はなかったようである.またもう一人の妹アン (生没年不明) は,ジョージ・ボディントン1世の孫,つまり彼女にとっては又従兄弟にあたるトマス・ヴォーンと結婚した.トマス&アン・ヴォーン夫妻とその子供たちについては,第3章第7節と第5章第3節でも取り上げる.

ストリングフェロウ家もまたかなり富裕であったと推測される.夫亡き後,

---

[14] 残念ながらこの教区は1550-1636年しか教区簿を残しておらず,そちらからこの一族についての情報は得られなかった.Mason (1898); Kitto (1936).

未亡人フランセス・ストリングフェロウは，晩年には妹アンの娘フランセスの夫フレデリック・ヴォーゲルに 15700 ポンドもの金額を預け，管理を委託している[15]．ヴォーゲル一族はドイツ系ロンドン商人で，ヘルフォルトからブレーメンに来て，17 世紀後半にはブレーメン＝ロンドン間の貿易に関与していた．1720 年代のロンドン・アシュアランスの記録には，フレデリック・ヴォーゲルは保険引受人として登場する．また 18 世紀末には同家はレヴァント会社にも参加している[16]．

　2．三男アイザック（fl. 1705）は，ロンドンのリヴァリ・カンパニ 42 位に位置する織工組合のメンバー（weaver）となって 1651 年に市民権を得，セント・ジャイルズ・ウィズアウト・クリップルゲイト教区に住んでいたことが解っている[17]．彼はアニーという妻をめとり，ジョージ(d. 1705)，アイザック（1668-1712），トマス（d. 1741），キャサリン（fl. 1723）の 4 人をもうけた．長男ジョージ（d. 1705）は，1685 年徒弟に入ってワイン商組合メンバー（vintner）になり[18]，メイベル・パーカーを妻として，セント・ブライド・フリート・ストリート教区に住んだ．ワイン商組合は，十二大リヴァリ・カンパニの 11 番目に位置するステイタスの高いカンパニである．彼は落馬が原因で若死にしたが，ダニエル（1703-25），ジョージ（1705-13）の二人の息子をもうけた．ただこの二人も早く亡くなっている．ダニエルはノッティンガムの外科医の徒弟となったが年季が明けないうちに死亡し，母方の甥を相続人としている．

　アイザックの次男アイザック（1668-1712）は遺書で仕立工（taylor）と自称しているが，遺書から見て彼は富裕でないので，これは十二大リヴァリ・カンパニ順位 7 位のマーチャント・テイラーズ・カンパニのメンバーという意味ではなく，実際に仕立業を行っていたと考えられる．彼はミドルセクス州のセント・クレメント・デインズに住んだが，独身で生涯を過ごし，弟の

15　Oliver（1894), vol. 3, p. 169.
16　Beerbühl（2015), pp. 37, 88-91, 144, 185-86.
17　息子のトマス（d. 1741）の徒弟契約書からの情報．COL/CHD/FR/02/0279-0285. LMA.
18　彼の徒弟奉公契約書は発見されている．COL/CHD/FR/02/0071-0076. LMA.

三男トマス（d. 1741）に遺産を贈っている．三男トマス（d. 1741）は，父アイザックを継ぐ形で家督の資格で織工組合員となり，アン・ローランドと1722年に結婚した．彼らの間には子供はいなかったようである[19]．なお妻アンの姉妹サラは，絹撚糸工（throwster/silk thrower）[20]のトマス・レイヴンズと結婚している．
　アイザックの娘キャサリン（fl. 1723)は，セント・アルフェイジ教区のジョン・セジリ（Sedgely）という人物と結婚しメイベルという娘が生まれたことだけが解っているが，セジリについては不明である[21]．

　はっきりしない点も多いが，以上3人兄弟においては，長男，次男はマーチャントと自称しうる商工業界の中では高いステイタスに位置することができたが，三男アイザックの家系はどちらかと言えば職人的な手労働を伴うやや地位の低い仕事についたように感じられる．彼らは破産した地主の息子たちであり，三男には十分な徒弟奉公料を準備できなかったのかもしれない．
　また注目すべきことは，長男ジョージ1世の家系は熱心な非国教徒になるのに対し，次男ウィリアムや三男アイザック，そして彼らの子孫は国教徒であったらしいことである．彼等の遺書には非国教牧師への遺贈は見られないし，次男ウィリアムの孫フランセス（d. 1747）は国教牧師の妻となっている．ただ信仰の違いにもかかわらず，彼等は少なくとも18世紀前半くらいまでは親戚づきあいを続けている．長男ジョージ1世の孫と次男ウィリアムの孫は結婚もしている．つまり，非国教徒と国教徒は完全に分断されたものではなく，特に同一家族内に国教に留まった者と非国教徒になった者が混在した場合親戚づきあいは続くこともあった．同様の現象は他の研究者も他の家族において指摘している[22]．

19　脚注17の契約書．トマス（d. 1741）の1723年に書かれた遺書には子はいない．
20　この職業名のリヴァリ・カンパニはない．Records of London's Livery Companies Online（http://www.londonroll.org/home）で検索すると，この職業の者の多くはリヴァリ・カンパニとしてはクロスワーカーズ・カンパニに入っている．
21　P69/ALP/A/001/MS05746. LMA.
22　たとえばプライスは，ロンドン商人Perry家が王政復古後国教徒と非国教徒に分かれたが事業上，また私的にも接触を保っていた状況を考察している．Price（1992), pp. 17-18.

第1章　17世紀のロンドン商人

3．ジョージ１世の姉妹，エリザベスとアン，サラについて述べておく．エリザベスは生涯独身で両親とともに暮らしたようである．アンはコヴェントリのウィリアム・リー，サラはバーンという人物と結婚したが，ジョージ２世はこの二人が非常に貧しい暮らしをしていたと書いている．彼らも夫の死後は故郷のブリンクロウに戻り，姉や両親と暮らしていた．ジョージ１世は彼らのために家屋敷を用意し，彼らの生前は彼らに居住することを許可し，彼らの死後は長男ジョージ２世がそれを相続するように遺書で書き残している．

第３節　地主から商人へ

次に本章冒頭で見たエピソード，零落地主の息子達が叔父を頼ってロンドンで商人となるという発祥譚について検討を加えておきたい．地主の息子が商人になるというのは，当時どれくらい一般的なことだったのだろうか．

これは長らく研究者間で議論されてきた問題であり，代表的17世紀史家であったローレンス・ストーンは，『開かれたエリート？』において地主の子弟が商人になることは稀と結論した[23]．しかし近年は，地主子弟にとって商人が普通の職業選択の一つであったことはほぼ証明されつつある．以下何人かの研究者の見解を紹介しよう．

ピーター・アールは，親の職業の記載が必要だった徒弟登録を分析した先行研究などを参照して，ロンドンの大リヴァリ・カンパニの徒弟は４分の１が自分の親をジェントルマン，エスカイヤ，あるいはナイトと記載しており，さらにその割合は時代が下るにつれて増えたとしている[24]．ローレンス・ストーンは，このような記載はスノバリ（上流気どり）であって実際にはこうした徒弟の親は都市商人であったと推量していたが，アールは父親の住所地が商業都市でなく農村部であることを根拠にストーンに反論している[25]．

23　Stone（1984），pp. 233–34.
24　Earle(1989), p. 7. ロンドンの徒弟は，リヴァリ・カンパニ(同職組合)の組合長と理事(warden)の付き添いの元に，市収入役（chamberlain）に正式登録する必要があった．

他方グラスビは，地方の主要な商業都市の徒弟の出自を調べ，近隣の地主出身者が高い比率を占め，場所によっては半数近くが地主出身であったことを確認している．地方都市の場合，貴族（Peer，公侯伯子男爵）出身者はまれで，準男爵やナイト爵，エスカイヤ，ヨーマンなどから商人になるケースが多い．ロンドンではさらに徒弟の家族はステイタスが高く，上層の地主貴族がむしろ普通で，小地主や自作農は少ない[26]．また地主子弟の徒弟先は，海外貿易（独占，自由地域どちらも）が最も多く，次に国内卸・沿岸貿易で，小売・手工業は少ない．全体として，18世紀になり知的専門職が増大するとジェントリ階層から商人徒弟になる者は若干減るが，17世紀にはジェントリ出身者はマーチャント出身者と同じくらい多かった[27]．

　清教徒革命史家であるロバート・ブレナーは，17世紀前半のロンドンの海外貿易商を調査して，彼等に地方地主出身者が多かったことを確認している．ブレナーは，ロンドン海外貿易商を2つのステイタスに大別し，経済的にも政治的にもシティの最上層エリートだったのは冒険組合商人（マーチャント・アドヴェンチャラーズ）およびレヴァント商人であり，それに対抗する新興商人としてアメリカ・西インドなどの自由貿易地域で交易していた商人がいたとしているが，前者のシティ・エリート層においてはかなり世襲が進んでおり地方出身者の比率は40-60％くらいになっていたのに対し，アメリカ方面の新興商人においては地方出身者が75-80％に達していたという調査結果を出している．ブレナーは，こうした新興商人は地方の小ジェントリか富裕なヨーマンの出身であったと考えている．さらにブレナーは，ロンドンの1633-35年の身分改めを分析して，レヴァント商人の59％，冒険商人の39％，新興商人においてもおよそ3，4割が紋章保有者—生まれの良い者として紋章と家系図を紋章院に登録した一族—であったと述べる[28]．

　18世紀が対象になるが，ヨークシャアの中心都市リーズの毛織物輸出商の出自を分析したR・G・ウィルソンも，毛織物輸出商の出自は，織り元や

25　Earle（1989），pp. 86-89.
26　Grassby（1995），pp. 144-54.
27　Grassby（1995），pp. 161-63, 169-70.
28　Brenner（1993），p. 183.

仕上げ工,染色業者といった毛織物製造工程従事者よりも,むしろ近隣の中小地主の子弟が多かったという調査結果を出している[29].

地主子弟がロンドン商人の徒弟に多く入るようになった原因については,アールは徒弟奉公料の上昇や,事業開始に必要だった資本の多額さを挙げている[30]. 18世紀中葉の職業手引書によれば,ロンドンの徒弟奉公料は,貿易商では数百ポンド,国内商人では数十ポンドが相場であった[31]. ウィルソンの18世紀リーズの研究でも,毛織物輸出商の徒弟奉公料は130–400, 500ポンドであった[32]. 第2部で見るように,ボディントン家も,17世紀後半の段階でレヴァント貿易商の徒弟奉公料として数百ポンドから1000ポンドを徴収している. これらの金額は,弁護士や聖職者などの知的専門職の所得などと比べてみても相当高額であり,上層中産階級にさえ簡単に支払える金額ではない[33].

地主子弟が商人になったことを否定する意見として,ヨーロッパでは身分的混淆を避けるために貴族が商業を行うことに法的規制があったことがよく指摘されてきた[34]. もちろんイングランドにおいてもそうした法的規制はあり,16世紀中葉のヘンリ8世,エドワード6世期においても貴族や聖職者が商業を行うこと,逆に商人が土地を購入することを禁止する法令が出されている[35]. ただし他方で,誰が貴族かということ自体がかなり曖昧であった[36].

---

29 Wilson (1971), pp. 14, 30–31.
30 Earle (1989), pp. 106.
31 Campbell (1747), pp. 331–340. アールは,徒弟奉公料を貿易商200–500ポンド,国内卸売100,洋品雑貨関係30–40,職人10程度としている. Earle (1989), p. 94.
32 Earle (1989), pp. 23–25.
33 アールは,中産階級の年収は500から5000ポンドとしている. また,法曹職のトップレベルにおいては年収3千–4千ポンドで通常は数百ポンド,聖職者は教区の主任牧師で150ポンド程度,初等・中等教育の教師は50ポンド程度の年収だったとしている. Earle (1989), pp. 15, 61–64. 1670年頃のロンドン教区牧師の10分の1税収入 (tithe) は,年100–200ポンド. Cox (1876), pp. 387–89.
34 ローマ法,ユスティニアヌス法は統治階級に商業を禁止した. 近世フランスでは古くからの貴族身分失墜 (derogation) の慣習を成文法化していた. Grassby (1995), p. 49.
35 Grassby (1995), p. 41.
36 ジェンティリティ(血統の正しさ)を示す紋章は,相続の他,購入や下賜で常に獲得可能だった. Grassby (1995), p. 42. また紋章や身分の詐称を防ぐための身分改め (visitation) は,17世紀末までは比較的定期的に行われていたが,紋章官が処罰権を持たなかったためなし崩しとなり,18世紀にはほとんど行われなくなった. Earle (1989), p. 6.

また，海外貿易に軍事活動と同等の高い評価を与える考え方も古くからあった[37]．そもそも地主社会の存続は長子相続制を徹底させることによってのみ確保されるが，そのことは，地主の次三男のために高収入の職業を確保することの高い必要性を意味していた．少なくとも 17 世紀には，商業は，彼らの重要な職業選択肢の一つとなっていたのである．

　アールやグラスビは，商人に地主出身者が多いと主張する当時の言説もいくつか紹介している．1621 年には下院で，サー・トマス・ロウ（Thomas Low）は「商人はほとんどがジェントルマンの息子達や次三男である」と述べていた．また 17 世紀後半の著述家ブレスウェイト（Braithwaite）とチェンバレン（Chamberlayne）は，準男爵や騎士，地主の次三男，伯爵の息子でさえ，商業に参入することを汚点や零落などと考えるべきではないと述べていた[38]．

　留意しておきたいのは，アールとグラスビは冒頭で紹介したボディントン家の話を知っており，それを地主出身の商人が多いという彼らの主張の根拠の一つとしているということである．だが，本書第 6 章で筆者が分析するスキナー家の親族網は，イングランド西部地方のたくさんの地主家系とロンドン商人の長期にわたる通婚関係を明らかにするものであり，そこには地主から商人になった者，その逆に商人から地主になった者のたくさんの例がある．商人と地方地主との距離は，我々が想像する以上に近いものだったのである．

　また筆者が本書を執筆するにあたって読んだ商人たちの遺書では，多くの者が「エスカイヤ」または「ジェントルマン」と自称している．「マーチャント」あるいは「ロンドン市民にして〇〇組合員」と自称している場合もあるが，若くて死亡したおそらく現役の商人はこのように自称し，老齢の引退後の商人は「エスカイヤ」「ジェントルマン」を好んで使ったように感じられる．これらの自称は，自分たちを地主階級と同一視しようとする都市商人の晩年の自意識をよくあらわしているのではないかと思う．

37　アングロサクソン法には，3 回海外貿易した商人はセイン（thane 武士身分）に値するとした規定があり，17 世紀にはこれについて何度も言及されていた．Grassby（1995），p. 42.
38　Grassby（1995），p. 40.

第4節　ボディントン家第二世代——ジョージ1世の子供たち

　ここで，ふたたびボディントン家史に話をもどし，ジョージ・ボディントン1世がどのような子供たちを残したか，見ておこう．巻末のボディントン家系図No. 1を参照されたい．ジョージ1世と妻ハンナとの間には11人の子供が生まれたが，成人したのは，1．ジョージ（2世）(1646-1719)，2．トマス (1648-1680)，3．ジェイムズ (1653-1732)，4．エリザベス (1641-1700)，5．サラ (1658-1741) である．

　この第二世代は，清教徒革命期に生まれ，王政復古期に成人し，その後名誉改革による改革派の勢力回復とアン女王時代の保守反動を経験した世代である．この世代の生き方は，清教徒革命の大義を肯定したか否定したかで大きく分かれた．ジョージ・ボディントン1世の子供たちの場合は，熱心なピューリタンであった父の考え方を受け継いで，全員が非国教徒となって生きていく．

　1．長男ジョージ（2世）(1646-1719) は，本章冒頭の手記の著者であり，また20世紀までたどることができるボディントン一族の家系を築いた人物である．彼は，父ジョージ1世の家督によりクロスワーカーズ・カンパニのメンバーとなったが，国内卸売商のみに留まることなく，特権的な独占的貿易会社レヴァント・カンパニのメンバーシップを取得して，正式に海外貿易商となった．その他に彼は，北海方面への毛織物輸出や西インド貿易も経験している．彼のビジネスについては，第2部と第4部第10章において詳述する．

　ジョージ2世は，家族に対する思い入れが非常に強く，自分の子供・孫のほか叔父叔母，姉妹や弟，甥姪までも経済的に支援し，職業や結婚相手の選択においても助言や援助を行った．彼が詳しい手記を書き残したのは，こうした家族への思い入れの深さゆえであっただろう．彼の手記には，家族の生没・洗礼・結婚の記録のほか，家族の略歴や家庭内の事件，それぞれの家族に彼が抱いていた心情などが縷々書き記されている．この手記は，家族に代々引き継がれ，19世紀初頭まで何人かの家族メンバーによって加筆されてい

く.

　ジョージ2世は王政復古時には14才であった．第2章などに引用する手記の記述は，彼が王政復古による宗教的反動に強い怒りを覚えていたことを物語る．彼は，この後非国教徒となって最初は長老派，次に会衆派の礼拝所に通い，1690年代にはロンドン会衆派の俗人信徒の中心人物として活動し，1702年には非国教利害を代表して下院にも出馬する．彼の思想と行動は本書の重要なテーマであるので，今後詳しく見ていく．

　彼の結婚もまた彼の思想を物語る．彼の最初の結婚は1671年で，妻は革命期に活躍した政治家・法律家であるウィリアム・スティール（1610–80）の娘メアリ（d. 1673）であった．（以下系図 No. 2参照）ウィリアム・スティールについては，第6章の表6-1「補足」にも経歴をまとめてある．彼はグレイズ・イン法学院をでた後，革命政権の元でロンドン・ウェストミンスタ地区軍事法廷受託裁判官，ロンドン市裁判官（recorder），財務府裁判所首席裁判官，ロンドン選出下院議員，「クロムウェルの上院」[39]議員，アイルランド国務評議会メンバー，アイルランド大法官を歴任した人物である．また彼は「良心（信仰）の自由」の熱心な支持者で，洗礼派であったともいわれている．彼がアイルランド大法官に任命されたのは，軍の中の洗礼派をなだめるためであり，実際アイルランドにおける牧師選任において，洗礼派を含めたピューリタン聖職者を積極的に登用した[40]．彼はオリヴァ・クロムウェルの葬儀にも参列している[41]．また彼は，チャールズ1世裁判においては議会側弁護団の団長となっている．つまり彼は本来なら国王処刑に賛成の署名を行い，王政復古後は国王処刑者（Regicide）として極刑の対象になったはずの人物であったが，病気のため裁判を欠席して処刑執行令状に署名せず，それがゆえに最悪の処罰を免れた．彼は王政復古後しばらくオランダに亡命していたが，帰国してイングランドで死亡した[42]．

　メアリが最初の産褥で死亡すると，ジョージ2世は1674年にロンドン洋

39　革命期，国王処刑後上院は廃止されるが，1658年に上院が復活され，60年まで存在した．この上院を「クロムウェルの上院」と呼ぶ．招集された議員は全62名．その完全なリストと各人の評伝が以下にある．Cockayne（1910–16），vol. 4, pp. 585–653.
40　NEHGR, vol. 36, p. 158; Barnard（1975），pp. 144–47; Liu（1973），p. 139.
41　Rutt（1828），vol. 2, p. 527. また本書第6章表6-2を見よ．

図5　ラルフ・ヴェニング

品雑貨商組合メンバー（haberdasher）ジョン・コウプの娘であったハンナ（1656-1699）と結婚した．ハンナの母は，ラルフ・ヴェニング（c. 1621-1674）という会衆派の非国教牧師と再婚していた[43]．ヴェニングは，革命期には国教牧師であり，ケンブリッジ大学をでた後サザックのセント・オレイヴ教区教会の牧師となったが，王政復古後制定された1662年信仰統一法でこの地位から追放されていた．その後ヴェニングは，会衆派のロバート・ブラッジ師がシティのライム・ストリート（後ピューターラーズ・ホールに移転）に開設していた非国教礼拝所の聖職者として活動した．（巻末付表2「非国教礼拝所一覧」参照）

以上2回の結婚が物語ることは明白である．つまりジョージ2世は，王政復古後不遇に陥っていた元革命期の政治家や聖職者の子女と敢えて結婚するほど，革命の大義を強く支持していたのである．実はこのような行動をしたのは彼だけではない．本書第3部第6章では，ボディントン家の姻戚でもあったロンドン商人スキナー家がもっと大規模，長期的に元革命期政治家や非国教聖職者と通婚していく過程を扱う．

ジョージ2世は，海外貿易商と非国教徒になるという一族にとって重要な二つの選択を行ったボディントン家史の鍵となる人物である．彼の子孫は，実に19世紀後半になるまで，貿易商でありかつ非国教徒でありつづける．

2．次男トマス（1世）（1648-1680）は，兄ジョージ2世と同じくレヴァント商人となるが，ロンドンにずっと留まった兄に対し，彼はアレッポに赴任

42　Cockayne (1910-16), vol. 4, pp. 637-38; "William Steele" ODNB. なおスティール家は，1663年チェシャ身分改めで紋章と系図を登録している．ただしそれほど古い家ではなく，系図はウィリアム・スティールの祖父の代から始まっており，また祖父はヨーマンとされている．ジョージ・ボディントン2世の祖父もヨーマンであったので，その意味では同じ身分である．またウィリアム・スティールの孫は高名な文筆家リチャード・スティール（1672-1729）である．

43　以下ではハンナを単にコウプの娘とのみしているが，ラルフ・ヴェニングの遺書を読むと関係が解る．"George Boddington", HPHC1690-1715, vol. 3, p. 251. ヴェニングの説教は現在でも出版され読まれている．Kistler (1997), pp. 2-47.

して長く兄の代理商を務めた．彼と兄がレヴァント会社のメンバーになった経緯や，彼のレヴァントでの活動・生活については，第2部で詳しく見る．トマスは，レヴァントから帰国することなく現地で32才にて死亡した．彼の遺産は，彼の甥でレヴァント商人となったトマス・ヴォーンに贈られた．

　3．ジェイムズ（1653-1732）は，長兄ジョージ2世と同じくクロスワーカーとなり，イギリスに留まってジョージ2世の仕事を補助していたようである．また彼は，長兄ジョージ2世が結婚して家を出，次兄トマスがレヴァントに赴き，父が死亡した後，ロスベリ教区の実家に留まり，母や5才年下の妹サラの面倒を見ていたと思われる．ロスベリ教区の教区会議事録からは，ジョージ1世の死後の1670年代以降，ジェイムズが教区委員や救貧税の徴収吏を担当していたことが解る（第2章補論参照）．ジェイムズは，その遺書によるとロスベリの教区教会に一族の納体堂（family vault）を作っており，教区にかなりの勢力を持っていたと思われる．またジェイムズは兄ジョージ2世，そして妹サラの夫ロバート・フォード（後述）とともにロンドンの砲兵組合（Artillery Company）のメンバーでもあった[44]．砲兵組合はロンドン市民の武装訓練のための組合の一つで，清教徒革命時には議会派を支持してロンドン修練部隊（London Trained Band）に合流し，国王軍と戦ったことでも知られる[45]．ジェイムズは，1673年同組合に入会して中佐となっている．また1709-10年，14-32年には有給のポストだった兵員簿管理官（muster-master）を務めた．

　以上のように，ジェイムズは王政復古後の時期にロスベリ教区教会の役員を務めているが，その一方で非国教信仰を持っていたと思われる．彼は，1675年にはソルター（塩商）のヘンリ・グレイ（d. 1683）の娘サラと結婚しているが，このグレイ家は第2章第7節で後述するようにピューリタンで非国教

44　Bennett（2013）．同書には創立以来17000人の同組合のメンバーの伝記的記述がある．マーク・レインのGeorge Boddingtonは1668年10月13日，James Boddingtonは1673年6月20日，ジョージ2世とジェイムズの妹サラの夫であったペッカムのRobert Fordは1711年3月9日入隊している．だいぶ後だが，1803年8月3日にはジョージ・ボディントン3世の子孫Joseph William Boddingtonも入隊している．

45　Walker（1926），p. 54．パールも，革命前に砲兵組合に多くのピューリタン市民が参加しており，後に市民軍委員会で中心的に活動したと述べる．Pearl（1961），pp. 170-72．

親族ネットワークの中に位置する一族であった．また第7章第3節に取り上げるように，ジェイムズは非国教聖職志望者支援のために作られた共同基金の管理人にもなっていた．

ジェイムズ＆サラ・ボディントン夫妻は，妻の父ヘンリ・グレイも住んでいた郊外のエンフィールドにも家を構えていたようである．しかしジェイムズは，1702年49才にして破産し，債務監獄へ投獄された．長兄ジョージ2世は，この弟の保釈金を支払い，またエンフィールドの弟の家を購入するなど援助の手をさしのべなくてはならなくなった．

大法官府裁判所史料には，破産直後のジェイムズ・ボディントンについての訴訟史料が一つ残っている．これによると，ジェイムズは，事業の過程でロンドンの配管業者（plumber）ジョン・ウィルクス，ベルト製造業ウィリアム・ハドック，毛織物商（draper）リチャード・マント3名に1万ポンド以上の債務を負い，支払い不能となって破産手続きをとったが，そのとき彼はエンフィールドの庭師ジェイムズ・レリックに頼んで馬車と馬2頭，その他家財を彼に売ったという偽の契約を行い，この庭師は彼のため家を借りて家財を隠していた[46]．このようにジェイムズは，壮年期の終盤にさしかかった時に，大きな経済的困難と不面目の状況に陥った．兄ジョージ2世は，手記の中で弟のことを激しく嘆いている．

ジェイムズは1732年に死亡するが，遺書の中でこの災難の結果自分に十分な遺贈ができないことを嘆き，早世した長男ヘンリの妻ルースへの感謝とねぎらいの言葉を述べ，また次男ジョージに兄の子供たちへの助言と支援を頼んでいる．

4．エリザベス（1641-1700）は，1666年ロンドン郊外ハクニ在住の西インド商人ジェイムズ・ヴォーン（d. 1681）の後妻となった．ヴォーンは遺書の記述から見てグロスタシャア，テュウクスベリの出身であり，近郊の西インド貿易港ブリストルの商人であったとも推測される．ジョージ・ボディントン2世の手記によれば，彼はバルバドスで商人として活動した後，大量の砂

46　C6/341/36. TNA.

糖を持って帰国し製糖業に着手し，エリザベス・ボディントンと結婚した．しかし，イギリスでの製糖業経営はうまくいかず[47]，彼は再びバルバドスに赴き，アンティグア総督となり，プランテーション 450 エーカーと黒人奴隷 20 名，原住民 3 名を保有するプランターにもなった（本人の遺書の記述）．しかし彼は帰国の途につく際に死亡した．西インドでの彼については，第 3 部第 10 章でもふれることとする．

ジェイムズ＆エリザベス・ヴォーン夫妻には，トマス・ヴォーンという息子がただ一人生まれており，彼は海の向こうで死亡した父ではなく，叔父ジョージ・ボディントン 2 世の影響下に育ち，レヴァント商人となる．また第 3 節でみたように彼は，ジョージ・ボディントン 1 世の弟ウィリアムの孫娘にあたるアン・ボディントンと結婚している．

ジェイムズ・ヴォーンは，国教徒であったと思われる．彼は，遺書の中で，もし全ての血縁の相続予定者が死亡した場合には，遺産はグロスタシャー州テュウクスベリ大聖堂（国教教区教会）とその牧師，その慈善学校と貧困者のために同市の行政官にゆだねると書いているが，その一方で非国教礼拝所や非国教牧師へは遺贈していないからである[48]．

エリザベスは，ヴォーンの死後は大工組合メンバー（carpenter）のウィリアム・ウィリアムソンと再婚したが，こちらには子供は生まれなかった．

5. サラ（1653–1741）は，ロバート・フォード（d. 1727）と結婚した．フォードは，遺書では「エスカイヤ，ロンドン市民，および刺繍業者組合（Broderers Company）メンバー（embroiderer）」と自称している．彼については，それ以外のことは解らない．この夫婦は，サラと年の近い兄ジェイムズ・ボディントン（1653–1732）と親しかったようである．先述したようにジェイムズは破産し彼の子供達は経済的に苦しい状態に陥ったが，後継ぎのいなかったロバート＆サラ・フォード夫妻は自分たちの資産の大半をジェイムズとそ

47　CLC/426/MS10823/001.
48　テュウクスベリ・アビーは，修道院として修道院解散の時に破壊されることになっていたが，住民が教区教会として使用していると主張して破壊を免れ，その後も国教教区教会として使用された．1710 年代以降は，サミュエル・ジョーンズによる長老派の非国教徒学校があったことで知られるが，ヴォーンが遺書を残した時期にはこれはまだなかった．

の家族に遺贈した.

　フォード夫妻は熱心な非国教徒であった．ロバートは居住していたサリー州カンバーウェル教区の貧民に少額を遺贈したほかは，シティ，オールド・ジュウリの長老派礼拝所牧師サミュエル・チャンドラーに10ポンド遺贈し，彼に自分の葬儀の説教を依頼している．サラは，遺書作成時に住んでいたサリー州ペッカムの長老派牧師トマス・ハトフィールド博士[49]に10ポンド遺贈し，また「彼がペッカムで説教を続ける限り」毎年2ポンドの年金を残し，さらには同礼拝所会衆の貧しい未亡人の間で配分するよう50ポンドを遺言執行者に託した．またその他に彼女は，「独立派（independent 会衆派と同義）または長老派信仰を持つ貧しいプロテスタント非国教牧師」の間で配分するように，別に50ポンドを遺言執行者に託している．非国教礼拝所については，第7章で詳述する．またボディントン家に関係する非国教礼拝所とその聖職者については，巻末付表2「非国教礼拝所一覧」にまとめている．ボディントン家関係者個々人と非国教牧師の関係についても，巻末付表3にまとめている．

第5節　大商人と中小商人

　ボディントン家は，第1世代のジョージ1世は主に国内卸売をやっていたと思われるが，次の世代には海外貿易商となる．また同家の人々は，リヴァリ・カンパニとしては，十二大カンパニ順位12位のクロスワーカーズ・カンパニや11位のワイン商組合，あるいは十二大カンパニ以外の織工組合や刺繍業者組合などに加入していた．このようなボディントン家は，ロンドン商人の中ではどのようなステイタスにあったのだろうか．

　まずロンドンとロンドン市民および商人全体について概観しておこう．ヴァレリ・パールは，17世紀前半のロンドンの人口は，周辺部をいれると30万人程度で，シティ・オヴ・ロンドンのみでは10万人程度だったとしてい

49　Thomas Hatfield については Cleal & Crippen (1908), pp. 20-21.

る[50]．ド・クレイは，1660年頃の人口は，周辺部をいれると37万5千人で，シティのみでは13万5千人だったとする[51]．

　ド・クレイはさらに，シティの市民権保有者は2万人くらいで，海外貿易商は実際に活動をしている者は800-1000人程度だったとしている．

　一方ピーター・アールは，ロンドン住民を，①地主貴族，②大富豪および金融業者，③富裕者，④小店主・小製造業者・職人，⑤無産者・貧困者に分類し，②③④を中産階級としている．アールは，17世紀後半のロンドンの中産階級は2万から2.5万世帯くらいであったとする[52]．

　アールの分類で言うと，海外貿易商および国内卸売商は②③である．アールは，海外貿易を専業としていた貿易商は600-1000人で，国内取引をベースに時々海外貿易を行った商人も同じくらいいたとする．アールは，貿易商の中でも数万ポンド以上の資産を持つ大商人は10-20人くらいで，それ以外の貿易商のうちほぼ半数は5千から1万5千ポンド程度の資産で，大手製造業者や卸売商と余り変わらない社会層であったとも述べている[53]．おそらくアールは前者を②，後者を③と考えており，②は海外貿易商のごく一部で十数人程度，③は大半の海外貿易商と国内卸売商や大手製造業者としている．つまりアールは，例外的大富豪を除いて，ほとんどの海外貿易商は国内卸売商などと同等であったと見ている．

　グラスビは，シティの正式な市民権を持つロンドン市民は2万人くらい，そのうち市会などで投票権をもつリヴァリマン（リヴァリ・カンパニの上級メンバー）は8000人くらいであったとしている．彼はフルタイムの貿易商は1000人くらいで，時々海外貿易を行う商人がやはり1000人くらいいたと考えており，海外貿易商と国内商の比は1対4程度であったとしている[54]．

　以上の研究者の意見はだいたい一致している．ここでボディントン家がど

50　Pearl (1961), pp. 14-15.
51　De Krey (2005), pp. 6-7. ロンドンの人口については以下も見よ．Jones & Judges (1935), pp. 45-63.
52　Earle (1989), p. 80.
53　Earle (1989), pp. 34, 80-81.
54　*Little London Directory of 1677* の主要商人・銀行家について，グラスビはそのうち2/3は外国貿易従事者であったとしている．Grassby (1995), pp. 56-57.

こに位置するか考えてみよう．ジョージ・ボディントン1世はパッカー（クロスワーカー）であり，国内商である．しかし彼は，第2章第1節冒頭の引用や第4章第2節などから解るように，ハンブルクやアントウェルペン商人とつきあいがあり，毛織物を海外に向けても出荷していたようである．つまり，ジョージ1世は，アールやグラスビが言うところの国内取引をベースに時々海外貿易を行うようなタイプの商人1000人くらいの中に位置した．

ボディントン家のステイタスは資産からも推量できる．グラスビは，17世紀のロンドンでは，ロンドン市民の5％が動産5千ポンド以上をもっていたこと，大富豪と言えるのは動産10万ポンド以上であること，としている[55]．またボウェンも，ロンドンや地方の貿易商は死亡時に1万－3万ポンド残しているとしている[56]．先述したように，アールも数万ポンド以上が②大富豪のカテゴリに入ると考えている．

一方，先述したように死亡時ジョージ1世はリースホールドしか持っていなかった．息子ジョージ2世も，死亡時にはロスベリ，セント・ヘレン教区にリースホールドを保有し，ニュー・フィッシュ・ストリートにサン・タバーンというパブももっていた．さらに不動産以外では，5千ポンドを遺贈している[57]．この資産規模から見て，ボディントン親子は明らかにグラスビやアールの大富豪のカテゴリには入らず，アールの分類の③と見てよさそうである．

次に17世紀のロンドンの身分改めを確認してみよう．身分改め（visitation）とは，地主貴族身分の僭称を防止するために16，17世紀を中心に行われた全国的制度で，国家機関である紋章院から派遣された紋章官が各地でエスカイヤ以上の身分を名乗ったり紋章などを使用している者を出頭させ，家系図を提出させて血統を確認し，由緒が確認された一族については紋章・家系図を紋章院に登録させたものである．ロンドンでは，1633-5年と1687年に行われている．ボディントン家はこのどちらにも掲載がないが，ジョージ・ボ

---

55 Grassby (1995), pp. 240-60.
56 Bowen (1996), p. 57.
57 この他に，彼は生前に13000ポンド以上の贈与を子どもたちに行った．以上の数値は，"George Boddington", HPHC 1690-1715 の数値とは少し異なる．

ディントン2世の長女の夫の実家ウェイクマン家は87年に掲載があり，彼の姻戚のヘッジズ家も掲載されている[58]．ウェイクマンとヘッジズについては第2部で詳述する．

さらに，1694年に対フランス戦争戦費調達のため行われた全国的課税の査定では，ジョージ・ボディントン2世は「動産600ポンド以上，または年50ポンドの価値がある不動産」と査定されている[59]．

以上ボディントン家は，大商人ではなく，紋章院へ登録を認められるような家柄でもなかったことがはっきりした．ただ同家は，中小貿易商・国内卸売商・大手製造業者のカテゴリの中では上層部に位置し，由緒ある家系とも姻戚関係に入ることがあったような家であったと言えよう．

第6節　リヴァリ・カンパニと国内商

次にリヴァリ・カンパニ（同職組合）とは何か，そのメンバーになることの意味，海外貿易，特に特許貿易会社のメンバーシップとの関係などについて，整理しておきたい．

最も重要なことは，ロンドンでは市民権とリヴァリ・カンパニのメンバーシップは同義だったことである．これは，自治都市においては，国王特許状によって法人格と営業特権を付与された同職組合のメンバーとなりその職業の営業の自由を得ることこそが，その都市の市民の特権＝市民権であったということから来ている．シティ・オヴ・ロンドンでは，1319年の自治特許状により，シティの市民となろうとする者は，彼が所属するシティの同職組合メンバー6名が市長とオルダーマン（市参事会員）に対し身元保証をすることによってのみ市民になれるという規則が確立していた[60]．

ロンドンの同職組合は1370年代には少なくとも50ほど，また1423年に

58　Howard & Chester (1880-83); Wales & Hartley (2004), Part. 1, pp. 319-22, 334-36.
59　Kellaway (1966), p. 33. この査定のランクは「ジェントルマンまたはそうみなしうる者」をわずかに下回るランクで，平民の裕福な世帯主が相当した．シティの城壁内の教区においては，全世帯主のうち27％程度を占めた．Glass (1966), pp. XX-XXI.

は 111 にまで増加する[60]．14 世紀中葉にはこの中の 13 ほどの組合が特に有力化し，ほとんどの市長やオルダーマンはこれらから選出されるようになっていった[61]．こうした有力組合の内部では，上層部がマーチャント，中核が富裕な小売商，下層が職人という階層分化が進む．またこうした有力組合が関連業種の弱小組合を支配したり，郊外や全国にも独占権を及ぼすようなことが生じる[62]．これらの有力組合は一部が入れかわったりしたのち十二大リヴァリ・カンパニとして固定化し，そのメンバーがシティ市政の重要な役職をほぼ独占するようになった．

各組合は 14-15 世紀には組合会館（Hall）を建て，祝宴などの行事を設け，葬儀用の棺衣などもつくって，華美さを競い合うようになった．各組合の上級メンバーは式典のおりにはそろいのお仕着せ（livery）を着用し，リヴァリマンと呼ばれて，ヨーマンリと呼ばれる下位グループとは区別された．またこの言葉から，ロンドンの同職組合はリヴァリ・カンパニと呼称されるようになった．

リヴァリ・カンパニのメンバーシップの取得方法は，14 世紀にほぼ完成する．それは，①メンバーの下で徒弟奉公を満了する（奉仕 servitude），②親がその子供の生誕前にメンバーである（家督 patrimony），③一定の入会金を納める（購入 redemption）の 3 つの方法からなる[64]．収入とステイタスが高いリヴァリ・カンパニほど徒弟奉公料や入会金は高額であったため，ほとんど費用のかからない家督は有利であった．つまり，有力カンパニのメンバーの子弟は，非常に恵まれた立場にあったと言える．

ただ，この家督の制度やメンバーが途中で職業を替えたりすることの結果，近世のリヴァリ・カンパニでは，カンパニの名称と異なる職業を行うメン

60　Unwin (1908), pp. 69-71. ハーヴァートは，エドワード 2 世期にロンドン市民が市政規程として提出し国王が承認したものの中で，何らかの「トレイドまたはミステリ」のメンバーでなければ市民権を認めないという条項が挿入され，以後これが遵守されたと述べている．Hervert (1834), p. 27. 近年サットンは 1230 年の法令にロンドン市民権とロンドンの営業権の関係を規定したものがあるのを見つけている．Sutton (2005), pp. 19-20.
61　Unwin (1908), pp. 77, 166-67.
62　Unwin (1908), pp. 76-77.
63　Uniwin (1908), p. 80.
64　Grassby (1995), pp. 53, 194. Bohun (1723), p. 183.

バーが増加する．たとえば，父親が魚商組合メンバーであり，息子が家督で魚商組合メンバーになったとしても，息子が魚商を営まず全く別の商品取引を行うようなことが増加したのである．ロンドン市当局もこの傾向を追認し，早くも 1614 年には，どのカンパニで市民権を得ても何の職業を営んでも良いという決定が出されている[65]．以後，カンパニ名称とメンバーの職業の不一致は，特に有力カンパニにおいて急速に進展し，矯正不可能なものになっていく．

また富裕なカンパニでは，問屋や仲買的機能を持つ者がリヴァリマン，製造や小売に携わる者がヨーマンリになるという内部格差が進展した．同職組合の最も重要な仕事であった製品品質検査はヨーマンリに一任されるようになる一方で，リヴァリマンは別な職業に就いたり別な商品を扱う傾向が強くなった．17 世紀後半から 18 世紀初頭には，多くの大カンパニがヨーマンリを解散して品質検査を放棄するようになり，同職組合としての機能を果たさなくなる[66]．

中世自治都市シティの圏外での産業活動の拡大も，リヴァリ・カンパニの製品品質や製造工程の管理統制を困難にした．17 世紀には法廷においても，リヴァリ・カンパニの調査権を否定する判決が相次ぐようになった．1620 年代から清教徒革命期においては，各カンパニは国王と議会両方からの度重なる資金供出の要求に苦しみ，さらには 1666 年ロンドン大火で不動産資産を大幅に失い家賃収入なども激減した．また大火後は，どのカンパニのメンバーシップも持たない人々が大量にシティ内部で建設業などの職種につき，カンパニによる営業権の統制も無意味化した．

こうしてリヴァリ・カンパニは本来の機能を喪失して，上級市民の名誉クラブ的な性格になる．たとえば十二大カンパニの一つ魚商組合では，すでに

---

65 Kellett（1958），p. 384；Bohun（1723），pp. 178-80.
66 マーチャント・テイラーの場合は 1623 年品質検査をヨーマンリにゆだね，61 年にはヨーマンリを解散した．毛織物商（draper）は 1657 年にヨーマンリを解散，その後 1718 年までサザック・フェアとセント・バーソロミュウ・フェアにおける短幅織物の調査のみを継続した．その他，クロスワーカーも 18 世紀初頭には品質検査を放棄（正式には 1754 年），食糧雑貨商（grocer）も 17 世紀中に検査を放棄，金匠も 1723 年頃を最後として品質検査をしなくなった．十二大カンパニの中で最後まで品質検査権を維持したのは魚商であったが，この場合も 18 世紀前半には無免許者との激しい競争にさらされていた．Kahl（1960），pp. 25-26.

17世紀の議事録には魚についての記述は一切なくなり，組合資産の運用や公益事業，学校経営，行事などばかりが議題となっていた[67]．

すでに清教徒革命期には，ロンドン在住者のエリートの中にもリヴァリ・カンパニのメンバーシップをとらない者が現れ始める[68]．特に貿易など流通のみに従事し，製造や小売をしない者にこの傾向が強く表れた．1712年にはシティ市会は，卸売商と海外貿易商についてはリヴァリ・カンパニのメンバーシップ及び市民権の取得を強制しないとする法を制定した[69]．18世紀半ばにはこの傾向はさらに強くなった．個別の事例であるが，ハンコックが調査した地方出身の商人グループは，ロンドンを基盤としてアフリカ奴隷貿易や西インド貿易を営んでいたが，誰一人シティのリヴァリ・カンパニのメンバーになっていない[70]．

ただ中小の製造・小売のカンパニでは，18世紀の間もずっとシティとその近郊での営業権と品質検査権を維持する努力が続けられ，しかもかなり成功していた．先述した1712年のシティ市会制定の法律は，卸売商，海外貿易商に対しては市民権要件を免除した一方で，小売業・製造業に関しては市民権要件を固守した．また製造・小売のカンパニの多くは，1750-78年の間に市会からそれぞれの職業従事者にメンバーシップを強制する法律を個別に獲得した[71]．これらのカンパニでは，18世紀中葉になってもカンパニの名称とメンバーが実際に営んでいる職業はほとんど一致していた[72]．これらのカンパニでは，18世紀後半になっても組合登録者は増加し続け，19世紀初頭まで品質検査権や営業監督権を維持した．

1835年になってようやく，シティの市民権とリヴァリ・カンパニのメンバーシップは分離され，また1856年には市会はシティ市民権保持者以外にも，シティ内で製造業・小売業を営む権利を開放した[73]．

67　Earle (1989), pp. 250-260.
68　Coleman (1963), p. 9.
69　Grassby (1995), pp. 143-44 ; Kahl (1960), p. 28.
70　Hancock (1995), pp. 43-44.
71　Kahl (1960), pp. 28-29 ; Kellett (1958), pp. 388-90.
72　1756年において革靴製造業者 (cordwainer)，染色業者 (dyer)，左官 (plaisterer) は75％，理髪師，フェルト製造業者，宿泊業者の80％，肉屋 (butcher)，塗装業者 (painter-stainer) は85％，ビール醸造業者93％が所属組合と同じ職業を営んでいた．Kahl (1960), p. 28.

以上のような事情があるので，あるリヴァリ・カンパニのメンバーであることは，必ずしもその職業に従事していることを意味しない．それゆえ，各商人の所属組合と本当の職業については，その都度検討していく必要がある．

　上記では，18世紀以降はロンドン商人の中にもリヴァリ・カンパニのメンバーにならない者が増えたことを見た．しかしボディントン家の場合は19世紀後半まで何らかのリヴァリ・カンパニのメンバーとなっている[74]．彼らは，最後まで旧きロンドンの慣習を重んじたようである．

第7節　海外貿易商

　以上見てきたように，リヴァリ・カンパニはロンドンと周辺地域での営業権を規制する枠組みであり，海外貿易の交易権とは関係がない．海外貿易は，古くは冒険商人組合，16世紀中葉以降はロシア会社やイーストランド会社，レヴァント会社，東インド会社など，国王勅許状により個別の貿易相手地域との貿易の独占権を付与される特許会社のメンバーになることによって，その営業権を得られた．ただ特にイギリスに近い地域との貿易は貿易独占の対象にされにくく，自由に貿易できることが多かった．フランスやスペイン，イタリアとの貿易や西インドやアメリカ方面は，独占貿易会社が設立されることもあったが，強い抵抗にあってほとんど長続きしなかった[75]．

　特許貿易会社の独占対象となっている地域で交易を望むロンドン商人は，リヴァリ・カンパニのメンバーと特許貿易会社のメンバーの両方になる必要があった．海外貿易参入を考えるロンドンの若者は，希望の貿易地域の特許会社メンバーの商人の徒弟となり，そこでその海外貿易の修業をする．ただ正式には，彼はこの親方の商人が所属するリヴァリ・カンパニの徒弟にもな

73　Kahl（1960），p. 30.
74　サミュエル・ボディントン（1766-1843），トマス・ボディントン（1807-81）は魚商組合メンバーで，後者は組合長（Prime Warden）となっている．COL/CHD/FR/02/1604-1609；Allen, http：//www.academia.edu.
75　スペイン会社の自由貿易をめぐる議論はRamsey（1957），pp. 41-42, 138-39, 154. フランス会社についてはCarr（1913），pp. XXIII-XV.

るのであり，市の徒弟奉公登録の書類にはその旨が記入され，各リヴァリ・カンパニの人間が立会人になる．年季が明け成人すると，彼はそのリヴァリ・カンパニのメンバーかつロンドン市民となる．市の徒弟奉公登録書には，「レヴァント貿易の修業をするためクロスワーカーの徒弟となる」と併記される[76]．

特定のリヴァリ・カンパニと特許貿易会社に特に強いつながりがある場合もあったが，たいていはそうではなかった．高級呉服商組合（Mercers Company）と冒険商人組合の場合はほぼ同一の組織と言えるほど強いつながりがあり，ほとんどの冒険商人組合メンバーが高級呉服商であったばかりでなく，議事録さえ共有されている[77]．しかしこれほど強いつながりが見られるケースは他にない．

ただ貿易商の多くは，メンバーが卸売商中心となっていた十二大リヴァリ・カンパニに属していた．それは，多くの特許貿易会社が，メンバーシップを「純粋な商人 mere merchant」に限定していたからである．「純粋な商人」の意味内容は曖昧だが，貿易商かせいぜい卸売商のことをさしていた[78]．特許貿易会社は，すでに海外貿易をしている商人か富裕な卸売商にメンバーシップを限り，小売商や製造業者，船舶輸送業者などを排除しようとしていた．第2部でレヴァント会社の事例を見るが，同社は非常に厳格に「純粋な商人」既定を守ろうとしている．

海外貿易商と国内卸売商は活動上も重複していた．卸売商は貿易商と常に直接交渉を持っており，遠隔地間の流通に必要な金融の技術や情報，資産も持っていた[79]．同時代人も両者を身分的に近いものとみなしていた．本章第

---

76 Samnel Lannoy の William Hedges への徒弟奉公契約書（1670年），Edmund Dunch の George Boddington 2世への契約（1673年），Robert Wakeman の William Hedges への契約（1677年），Alexander Ackhurst の George Boddington 2世への契約（1681年）には，すべてリヴァリ・カンパニの他に「レヴァント（トルコ）会社のため」などの文言がある．COL/CHD/FR/02/0114-0121；0014-0020；0151-0156；0157-0164. LMA.

77 Lingelbach (1902), pp. xxxiii-xxxiv.

78 Sacks は，中世においては自治都市内部で小売を行う権利こそ重要な特権であり，Merchant の語も小売・卸売・貿易区別なく含んでいたが，ブリストルでは1500年ころから織り元を貿易から排除しようとする動きが始まり，16世紀半ばに Society of Merchant Venturers が設立され，Mere Merchant に輸出活動を制限するようになったとしている．Sacks (1991), pp. 125-26.

79 Earle (1989), pp. 51.

3節でも引用したチェンバレンは，1670年時点で小売商のことを「卸売商よりも下で，外国貿易の商人とは全く異なった社会にいる」と説明した[80]．彼のこの言葉は，小売商のステイタスの低さと，海外貿易商と国内貿易商の身分的近さの両方をあらわしている．

　ただし地方では，海外貿易商，国内卸売商，小売商の職業の分離やステイタスの懸隔は，ロンドンほど明確ではなかった．ラティマは，16世紀半ばのブリストルの冒険商人組合が小売商・職人排除のために国王に働きかけ，1566年にマーチャントに徒弟奉公した者だけにメンバーシップを限定するための法律を獲得したこと，しかしブリストル市自治体はこれに強く不満を持ち，国王に働きかけて1571年には66年法を覆し，小売商の海外貿易への参加を認めさせた過程について述べている[81]．ブリストルだけでなく地方のほとんどの貿易会社は，メンバーに小売り活動を許可している[82]．

　特許貿易会社の会社組織形態は，株式会社（joint-stock company）と制規会社（regulated company）の2種類があり，メンバーになる方法も別々であった．株式会社では株式の購入によって株主＝会社所有者＝メンバーになることができたが，制規会社は実際に交易する者の同職組合のような形態をとっていた．その結果制規会社のメンバーシップの取得は，リヴァリ・カンパニのメンバーシップ取得と同じ方法となり，①徒弟奉公をするか，②家督（誕生前に父がメンバーシップを持つ），③購入（高額の入会金を支払う）の3つの方法によった．これに加えて，多くの特許貿易会社では「純粋な商人」規定があったので，店舗を持っていないか，製造に従事していないかなどが入会希望時に厳密にチェックされた[83]．

　リヴァリ・カンパニが特定自治都市に関わるものなのに対し，特許貿易会社は全国的な性格であり，そのメンバーシップは原始的には全国民に開かれていた．ロンドン近郊に在住する者の場合のみ，シティ自治体の強い要請によって，ロンドン市民権を取得することが義務化されていただけである．し

80　Earle (1989), pp. 45.
81　Latimer (1903), pp. 46-57.
82　Cox (1876), pp. 188-9.
83　制規会社と株式会社の企業組織形態の違い，それぞれのメンバーシップの考え方については以下を参照．Harris (2013), 54-56頁．

かし実際には，ロンドンに貿易活動や会社の議事運営が集中していたため，特許貿易会社のメンバーはほとんどがロンドン商人であった．

　つまり特許貿易会社のメンバーシップは，事実上ロンドンの富裕な卸売商に限定されていた．そのため地方商人や小売商などからの反発は強かった．特に比較的近距離の海外貿易が独占化された場合には抵抗は激しく，独占廃止のための政治活動や，無免許操業（interloping）が盛んに行われた．17世紀初頭にはフランス貿易やスペイン貿易も一時独占会社が設立されたが，議会での激しい批判によりごく短期間で廃止された．また冒険商人組合の独占対象の北海方面における毛織物輸出や，レヴァント会社の独占対象のイタリア・地中海島嶼部での干しぶどう貿易も，最も強い批判の対象になった．冒険商人組合は1688年に廃止されるまで独占権を維持するが，1634-5年にロンドン卸売商に対しては年50ポンドの支払いで，また地方商人に対しては年25ポンドの支払いで，同組合独占領域での交易活動を許可するようになっている[84]．

第8節　非国教信仰

　貿易商の分析では，エスニシティ（民族性）の問題が常に話題となる．グラスビによると，17世紀ロンドンのビジネス・コミュニティの中では，外国人はほぼ10％を占めていた．外国人の中でも特別な差別を受けていたのはユダヤ人で，彼らは1697年までロンドン市民やリヴァリ・カンパニのメンバーになることはできず，また1718年まで土地を所有できなかった[85]．

　一方ハンコックは，18世紀中葉においては，ロンドン商人の5分の4がイングランド人であり，外国人に対しては強い敵意があったこと，スコットランド人は5％，ユダヤ人も5％，ユグノーが4％，アイルランド人は1％を下回っていたとしている[86]．

84　Lingelbach (1902), pp. xxxiii-xxxiv.
85　Grassby (1995), pp. 158.
86　Hancock (1995), p. 45.

ボディントン家は，純然たるイングランド人であり，彼らの姻戚や事業上のパートナーもほとんどがイングランドの地主出身者や地方商人であった．ただし遠縁の者やパートナーには，数家族のスコットランド人とユグノー，ワロン系が含まれる[87]．これはおそらくボディントン家やその姻戚がピューリタンであったことと関係がある．ピューリタンはカルヴァン主義でイングランド国教の改革をめざしたものであり，長老派や会衆派がその代表的宗派であり，同じカルヴァン派であるスコットランド長老派やユグノーの改革派教会とも交流を持つことがあった．

　ボディントン家の歴史において重要なのは，信仰の問題である．グラスビは，ロンドンの実業界は特に非国教徒率が高かったと述べている．彼によると，1715年において非国教徒は全国的にみれば人口の約5％を占めていたが，ロンドンの主要会社重役においては実に35％を占めていた．その一方でグラスビは「ビジネスマンはたいてい極端なことを嫌う」と述べ，彼らの政治行動や社会活動は総じて中庸で穏健的であったとみている[88]．ロンドン商人たちは市の公的な役職につき，地域社会に対しても経済的支援や経営手腕を提供しなければならなかった．そのため，宗教的には非国教の長老派の人物が，その一方でオルダーマンとなって市政を担ったり，自己の居住する教区の国教教会の様々な活動を支援している場合も多かった[89]．第2章補論でも，ボディントン家が非国教徒にもかかわらず，国教の教区教会に関わり続けていることを確認している．

　政治史家ジョフリ・ホームズは，1714, 15年頃には，イングランド＆ウェールズ総人口約600万人において新教非国教徒人口はその1割弱の50万人くらいであったとみている[90]．また有権者は全国で約25万人で，そのうち15-20％が非国教徒であったという[91]．つまり，非国教徒の選挙権保有率のほうが，非国教徒以外よりも高かったことになる．また彼は，ロンドンの非国教徒人口は10万人程度で，それは全国の非国教徒の2割を占めており，周辺

87　ユグノーは英政府と国教からも支援を受けており，国教との関係も強い．西川（2006）．
88　Grassby（1995），pp. 273, 278.
89　Grassby（1995），pp. 283.
90　Holmes（1986），p. 194.
91　Holmes（1986），pp. 14, 201；Holmes（1985），p. 21.

部を含めたロンドン全体の人口の 15-20％であったとみている[92]．ホームズは地方都市についても言及しており，大地方都市のうち少なくとも 4 都市，ノリッジ，ブリストル，バーミンガム，エクセタではロンドンよりも非国教人口率は高くさえあり，ほぼ 3 分の 1 に達していたとしている[93]．

　ド・クレイは，王政復古期のロンドンの非国教徒の実力を表すものとして，1670 年の非国教徒独自の国王への貸付と，1660-83 年の市会議員における非国教徒の割合を調査している．前者は，国王からシティへの 6 万ポンドの借り入れ要求に対し，シティが 2 万ポンドしか用意できなかった時に，非国教徒が残り 4 万ポンドの貸付を独自に行ったものであり，155 名が参加している．一方市会議員は，当時 234 議席中 20-60 名ほどを非国教徒が占めていた[94]．ド・クレイは 1670 年非国教徒貸付者 155 名と 1669-70 年市会議員の名簿を作成しているが，前者にはボディントン家の者はいないながら，ジョージ・ボディントン 2 世の娘婿ロバート・ウェイクマンの従兄弟ウィリアム・ヘッジズの名前が挙がっている．

　リーズについては，ウィルソンは，17 世紀末までは非国教徒貿易商の勢力は強く，すでに 1690 年代には会衆派礼拝所が存在したと述べている．ただ 18 世紀には貿易商は非国教から離脱する傾向が強く，変わって織り元など製造業者が非国教の中心になったとしている．18 世紀には，非国教徒の貿易商は 6 家族しかいなかった[95]．ただ非国教徒は教会活動だけでなく商業活動においても団結・協力する傾向が強く，18 世紀にも強固な求心力を保っていたとしている[96]．

　17 世紀から 18 世紀初頭に関して先行研究をまとめておくならば，王政復古による非国教化，その後の迫害という歴史があったにもかかわらず，この時期にはピューリタン信仰は都市の商工業関係者の中に根強く，特にロンドンの実業界では強固で，2-3 割の者が非国教信仰を持つこともあった．また非国教は，中産階級においてはむしろ富裕層に多かったといえるだろう．中

92　Holmes (1985), p. 14 ; De Krey (1978), p. 103.
93　Holmes (1986), p. 194.
94　De Krey (2005), pp. 76, 99, 140, 185.
95　Wilson (1971), p. 17.
96　Wilson (1971), P. 189.

産階級の富裕層に非国教が多かったことは，経済的自立が精神的自立に強く関係していたことをあらわしている．国家が否認する信仰を保持するという反抗的な態度を彼らが堅持し得た理由は，なにより彼らの経済力にあったのである．

第 2 章

ロンドンと革命

　前章で見たように，ボディントン家の第 1 世代は 1630 年前後にロンドンにやってくるが，そのあと清教徒革命に遭遇し，王政復古後は非国教徒となることを選択してその後 200 年にわたってその信仰を守り続ける．また第 6 章に見るように，ボディントン家の姻戚であったいくつかの家族も同様に王政復古後非国教化し，その信仰を 19 世紀まで維持した．こうしたボディントン家やスキナー家といった一族は，単に非国教信仰を守り続けただけでなく，非国教徒同士で婚姻を繰り返すが，その中には清教徒革命期の政治家や軍人，非国教聖職者が含まれ，19 世紀にいたるまで彼らはこうした者達の末裔同士で交流と通婚を繰り返している．

　本章は，こうした強固な非国教家族と非国教コミュニティが生み出される契機となった革命期のロンドン，ピューリタニズムを支持した社会層，ピューリタニズムそのものについての概観にさきたい．また最終節で清教徒革命期をボディントン家とその姻戚がどのようにすごしていたかについて述べたい．

第 1 節　革命前夜のシティ・オヴ・ロンドン

　11 世紀以来近代にいたるまでロンドンの自治都市であった部分は，現在金融街として知られているシティ・オヴ・ロンドンである．そこはごく狭い 3 平方 km 以下の面積しかなく，西端は現在は暗渠となっているフリート川，東端はロンドン塔で，ローマ時代の城壁が囲んでいた範囲ともだいたい一致する．この区域の東側，ロンドン塔からロンドン橋までの間のテムズ川北岸

が1800年頃までロンドン港として使用されていた埠頭である．これ以外の現在ロンドンと考えられている領域のほとんどは，テムズ川北岸は王宮のあるウェストミンスタなども含めてミドルセックス州，テムズ南岸はサリー州の一部であった．（巻頭地図参照）

シティの範囲や区割りは中世以来ほとんど変更されていない．ただシティは，最初は24の街区（ward）に分けられていたが，14世紀以降は古代の城壁の外やテムズ南岸へも経済活動が拡大し人口も増加したため，分割されたり新設されたりして26街区に増加している[1]．また16世紀の修道院解散以降シティ内部や周辺に多数存在した特権領（liberties）が廃止され，そこにシティの行政・裁判権が及ぶようになった．

シティの政治力は，周辺地域にも及んだ．シティ市政の上層部は，ミドルセックス州や，テムズ南岸サリー州内にある自治都市サザックなど隣接州・都市の裁判官や行政官に就任した．シティの有力リヴァリ・カンパニも，市域外や地方に監督権を及ぼした．しかし，周辺地域を制度的にシティ自治都市法人（corporation）に統合することは，何度か試みられたが，実現しなかった[2]．結果として17，18世紀においても，シティは地理的にも制度的にも中世以来の枠組みにとどまっていた．

シティの自治の単位は，26の街区（ward）とそれが催す街区会（wardmote）であった．またシティは街区とは全く別に110教区（parish）[3]に区分けされており，ここでも教区会（vestry）が開催され，税の査定や徴収，教区役員の選出，教区貧民の世話や教会修理などが行われており，街区よりもこちらのほうが日常的な自治の基盤となっていた．17世紀当時のシティは現在よりもはるかに人口が多く10万人以上が住んでいたが[4]，各教区は数十軒から200軒程度の世帯を含む狭いコミュニティとなっており，完全な顔見知りの世界であったと想像される．人口の増加とともにどの教区でも貧困層が増大しており，富裕層がシティから脱出し，ハクニやニュウィントンといったシ

---

1 最初は24区だったが，1394年にファーリンドン街区がFarringdon WithinとFarringdon Withoutに分割され，1550年にBridge Withoutが新設され，26となった．現在は25区．
2 Pearl (1961), p. 30.
3 教区のリストや地図についてはLiu (1986), pp. 17-19; Glass (1966), pp. XXII-XXIII.
4 現在はシティ居住者は7000人程度である．

ティ北方の郊外に住居を構える傾向はすでに顕著だった．しかし17世紀のシティは，基本的にはどの街区や教区でもまだ富裕な大商人と小商人や職人，貧民が隣り合って暮らしていた．

革命前夜から革命期のシティの政治の状態については，ヴァレリ・パールやタイ・リュウが生き生きと描き出している．シティの政治は，各街区から一人選出されるオルダーマン26名からなる市参事会（Court of Aldermen）と，200人前後の議員からなるコモン・カウンシル（市会）の2つの合議制機関からなる民主政だった．シティの市民はこれを国政における議会の構造になぞらえ，市参事会を上院，市会を下院と見なしていた．ただしシティの市政においては，圧倒的に市参事会に権限が集中し，ステイタスもはるかに高かったため，シティの民主政治は非常に寡頭的なものであった．

オルダーマンは終身であり，会合を週2回開催し，その会合は市長が統率する．オルダーマンに欠員が出たときは，該当の街区が候補者を4名提出できるが，実際には市長や市裁判所主任裁判官が欠員を自由に補充できる．さらには，オルダーマンは，シティ市民権をもっていなければならないが，必ずしも居住者である必要はなく，その一方で1万ポンド以上という非常にハードルの高い財産資格が要件になっていた．市参事会は，140にも渡る市役職の任命・罷免権を持ち，また市有地の貸与などの重要案件の決定権も掌握していた[5]．

他方，コモン・カウンシル・マン（市会議員）は任期1年で，コモン・カウンシルも年に数回しか開催されず，その招集・解散権は全面的に市長が持っていた．コモン・カウンシル・マンは1つの街区から5-10名程度選出されるもので，街区をさらに細分した単位であるプレシンクト（precinct）という地区ごとに一人選出されることになっていた．プレシンクトと教区は全く別の区分であったが，近隣教区がプレシンクトに強い影響を持っている場合も多く，教区会でコモン・カウンシル・マンが選出されるのが慣例になっていた地域もあった．プレシンクトとコモン・カウンシル・マンの数は増加傾向にあり，1646年には237名であった[6]．

5　Pearl (1961), pp. 59-61.
6　Pearl (1961), pp. 53-58.

コモン・カウンシル・マンの選挙権は市民全員にあったが，実際にはオルダーマンが人選に強い影響力を持っていた．またコモン・カウンシル・マンの被選挙権は，市民で市民税（scot & lot）を支払っている世帯主であったが，実際にはリヴァリマン（各リヴァリ・カンパニの上級メンバー）のみがなるという暗黙の了解があった．こうして市政上層部の強い影響力のもとに選出されたコモン・カウンシル・マンは，任期が1年にもかかわらず，さらに上級のポストに就くまで多年にわたって続投することが普通だった．コモン・カウンシルの議論に対しても，市参事会が強い影響力を持っており，オルダーマンはコモン・カウンシルに職責で参加する上に，その議決に対し拒否権も持っていた．16-17世紀には，コモン・カウンシル開催の前に市参事会が開催され，コモン・カウンシルに提出される議事が議論され結論も出されていることが，慣行にさえなっていた[7]．

　またパールによると，チャールズ1世はコモン・カウンシルの開催を嫌っていた．そのため，オルダーマンや市長は，特に借り入れなどの不人気な案件の場合には，コモン・カウンシルの開催を避け，かわりにごく富裕な市民やリヴァリマンだけを集めて別に会議を行っていた[8]．

　市参事会とコモン・カウンシルの他に，シティには，全リヴァリマンに参加権があるコモン・ホール（公的にはコングレゲイションと呼ばれた）と呼ばれる総会的な集会があった．17世紀半ば当時のリヴァリマンは4000人程度で，市長候補者2名の選出とシェリフの選出，そしてシティ選挙区の下院議員4名の選挙が主な機能だった．コモン・ホールは，コモン・カウンシルよりもさらに民衆的な性格を帯びていた．コモン・ホールの招集・解散権は市長が握っていたが，人数が多いため参加者をチェックする方法はなく，その上投票は挙手で行われたため，投票権のない者がしばしば参加していた．市長選挙については，コモン・ホールの機能はあくまで候補者2名を選出し市参事会に提出するのみで，最終決定は市参事会で行われ，しかも候補者に市参事会議長のシニア・オルダーマンを含めることが慣例であったので，コモン・ホールにはほとんど決定権がないといってよかった．しかし，国政選挙

7　Pearl（1961），p. 58.
8　Pearl（1961），p. 58.

(下院議員選出)については，16世紀以降はコモン・ホールが完全に選出権を握っていた．パールは，コモン・ホールがこれほど民衆的であったからこそ，シティは1640年の短期議会と長期議会のための国政選挙で国王に敵対的な議会派ピューリタン4名を下院議員に選出できたと述べている[9]．この4名については，第3節でふれる．

シティの重要な上級職としては，市長の他，シェリフ，収入役(City Chamberlain)，市裁判官（Recorder），備忘役（Remembrancer）があった．シェリフは，もともとは国王が任命する代官であったが，12世紀末市長職ができてからはその次席的なポストとなった．シェリフは2名で毎年コモン・ホールで選出されたが，実際には1名を市長が指名し，1名をコモン・ホールが選出することが慣例となっていた．シェリフは，シェリフ裁判所を率いるほか，コモン・ホールでの市長候補・シェリフ・中下級役職の選挙を管理し，また市から下院への請願などを提出する役割を担った．収入役も毎年選出されたが，実際にはほぼ終身に近く，市の孤児用財産や市収入事務室(Chamber)の会計を担当した．収入役は，大特許貿易会社の収入役が就任することが多かった．市裁判官は，市の首席法律顧問で，市参事会によって選出され，終身であった．市裁判官は17世紀前半には国王・枢密院と市の間の交渉役であったので，国王はこの人選に強い関心を持ち，自ら候補を示す場合もあった．備忘役は，市裁判官の補佐的業務を担っており，また市長の随行係でもあって，枢密院や宮廷において市の代理人の役割も果たした．国王はこの備忘役の人選に対しても強い関心を持っており，しばしば介入した[10]．

清教徒革命前夜のシティ市政は，以上のように市長とオルダーマンに権限が集中する寡頭的なものであった．1628年課税をめぐって議会と決裂して以降1640年まで議会の開催を避けていた国王チャールズ1世は，シティに課税や借り入れの要求を行う際にも，親しい市裁判官などを通して，あるいはオルダーマン，市長と交渉して彼らから各街区の富裕者のリストなどを出させるなどして，できるだけコモン・カウンシルの開催を避けた．他方，シティ上層部は，財政や貿易会社に関する問題などで政府の顧問として活動す

---

9 Pearl (1961), p. 53.
10 Pearl (1961), pp. 64-67, 70-71.

るほか，徴税請負などの有利なポストやナイト爵位を付与されるといった見返りを受けて，国王と良好な関係を保っていた[11]．

この寡頭的なシティ市政の担い手だったのは，どのような人々だったのだろうか．パールは，1642 年に市政の担い手は大きく変わったとし，それ以前は関税請負人や特許貿易会社の取締役などが中心であったと見ている[12]．この見方をより発展させたのが，ロバート・ブレナーである．彼は，17 世紀前半のシティで経済力・政治力ともに最上層部に位置したのは，最初は冒険商人組合商人，1630 年代以降はレヴァント会社と東インド会社商人であったとし，彼らが市長・オルダーマン職をほぼ独占していたとしている．

冒険商人組合は北ドイツ，フランドル方面へのイングランド製の未仕上げ毛織物輸出の独占を承認された最古の独占的特許貿易会社であり，16 世紀にはアントウェルペン向けの毛織物輸出が伸びるとともに勢力を拡大した．17 世紀初めにおいても彼らの活動はイギリスの全輸出の半分を占めており，ロンドンで最も高い政治的地位を維持していた．ブレナーの調査によると，1600-25 年の間に選出されたオルダーマン 140 名のうち約 50 名が，冒険商人組合の独占地域で貿易をしたことのあるものだった[13]．

だが 17 世紀前半には北ヨーロッパ向けの毛織物輸出は不況を迎え，代わって重要になったのはイタリア東岸・島嶼部の干しぶどう貿易とオスマン帝国貿易の独占権を握るレヴァント会社商人であった．レヴァント会社は非常に閉鎖的で，1620-30 年代の中心的メンバーのほとんどは会社設立後 25 年間 (1581-1605 年) にメンバーとなった一族の子孫であった[14]．つまりレヴァント会社のメンバーシップは，設立後半世紀のうちに顕著に世襲化していたのである．第 1 章第 7 節では特許貿易会社が「純粋な商人 mere merchant」規定により小売商や職人を排除しようとしていたことを見たが，レヴァント

11　Pearl (1961), pp. 58, 72, 73, 78-79, 80, 291.
12　Pearl (1961), p. 282. ただパールは，1642 年以降市政に食い込んできた新人たちも，結局市政をラディカルに変更することは避け，むしろ自分たちが新たに獲得した特権を維持するために革命期を通して保守的に行動したと考えている．パールは彼らを議会長老派の支持母体と見ている．Pearl (1961), pp. 283-4.
13　Brenner (1993), pp. 3, 82.
14　Brenner (1993), p. 72.

会社はこの規定を非常に厳格に施行した．同会社の独占対象のうち干しぶどう貿易は，距離が近く参入しやすい分野で，イギリス国内で干しぶどう販売に関わっていた食糧雑貨商（grocer）などが参入を強く要求していたからである[15]．またレヴァント地域はタバコ市場として急成長しており，アメリカ植民地でのタバコ生産・輸入に従事していた新興商人グループからの圧力にもさらされていた．小売商として同社のメンバーシップ取得を拒否されながらも無免許でレヴァント貿易を行った者としては，ウィリアム・ペノイヤなど政治的・宗教的にもラディカルな大西洋商人などがいた[16]．

　レヴァント商人は，自分たちの活動がインド洋経由のアジア貿易と競合することをよく理解しており，東インド会社設立に積極的に関与した．このため17世紀前半には両会社は人的に非常に重複しており，1630年代においては東インド会社の取締役の4分の3近くがレヴァント会社のメンバーであった．この時期にはレヴァント＝東インド会社商人はロシア会社の支配権も握り，その貿易もほとんど担っていた[17]．1630年前後になると，冒険商人組合商人よりもレヴァント＝東インド会社商人の方がより多くオルダーマンに選出されるようになっていた．レヴァント＝東インド商人は，ワインや干しぶどうの徴税請負も担っており，国王と密接な関係にあった[18]．

　ブレナーは，冒険商人組合の商人はほとんどレヴァント方面の貿易には参入せず，またレヴァント商人もほとんど冒険商人組合の活動には参入しなかったとしているが[19]，その一方でより開放的だった[20]東インド会社の取締役会議での同席などを通して両者は接触を深め，さらには婚姻を重ねて結束したシティ・エリートの集団を形成していたとしている．ブレナーは，以上の冒険商人組合からレヴァント＝東インド会社商人等を独占会社商人（company merchant）と総称し，これを革命前夜までの市政エリート層とする[21]．

15　Brenner（1993），p. 87.
16　Brenner（1993），pp. 137, 169. Penoyer は後に小売商をやめレヴァント会社の正式メンバーになったが，その他の大西洋商人の多くはもぐりでレヴァント会社の独占対象の海域で操業していたという．
17　Brenner（1993），pp. 78-79.
18　Brenner（1993），p. 82.
19　Brenner（1993），pp. 73, 75-77.
20　2000ポンドの株式の購入で取締役になることができた．

彼らは，国王から度重なる借り入れの要求を受けたり，あるいは会社の特許状の取得・更新時に多額の上納金を求められたりしたが，その一方で有利な貿易の独占や徴税請負，国政での役職などを提供され，国王と持ちつ持たれつの関係にあった．この親国王派のロンドンの独占会社商人と対立していたのは，独占から事実上排除された地方商人や彼らの代弁者であった地方選出下院議員，ロンドンの小売商・製造業者・船舶輸送業関係者である．ブレナーは，この対立が清教徒革命期の政治的思想的抗争の基本構造であったと考えている[22]．独占会社商人は，チャールズ1世即位直後の1620年代後半にはその恣意的な政策—強制借り入れや干しぶどう税増税—に激しく抵抗することもあったが，1630年代以降はふたたび国王との依存関係を回復し，革命勃発後も王党派として国王への忠誠を守った．

第2節　新興大西洋商人の台頭

　パールは，1642年以降市政に入って来た新人たちは，ビール醸造業や造船など製造業に関与していた商人兼製造業者，独占会社メンバーだが取締役ではない中層の貿易商，そして独占会社の貿易領域を侵害して活動していた無免許貿易業者（interloper）だったと総括している[23]．これに加えてブレナーは，彼らの多くが大西洋貿易やそれに近い西地中海での貿易に関与していたことを強調する．大西洋や西地中海は，特権貿易会社が長期にわたって貿易独占権を保持することがなく，誰でも貿易が可能な貿易地域であった[24]．またパールもブレナーも，これらの新興商人が強いピューリタン信仰の持ち主で，その宗教的傾向が国内での革命支持や大西洋でのピューリタン植民地形成の原動力になったことを考察している．1641年末の市会選挙を皮切りに42, 3年にかけて，市会議員，オルダーマン，市長・シェリフ・市裁判官な

21　Brenner（1993），p. 90.
22　Brenner（1993），p. 89. ブレナーは，革命前夜には独占会社商人を国王に敵対していたというAshton（1979）の見方を否定する．
23　Pearl（1961），p. 282.
24　Brenner（1993），pp. 92f.

どの市政トップの役職において，新旧エリート層の交代が進む[25]．また1642年1月国王のロンドン脱出を受けて設置され，以降市政権力の中枢となった安全委員会（Committee of Safetyまたは市民軍委員会 Militia Committee）では，新興商人が委員を独占する．

パールやブレナーはたくさんのこうした人物の実例を挙げ，中流商人・製造業者としての出自，無免許貿易や大西洋貿易への従事，ピューリタン礼拝所への出入り，革命支持と革命期の政治的活躍，これらの商人同士の密接な通婚・事業上のパートナーの関係を明らかにしているが，ここではそれら全てを紹介している余裕がない．ただこうした新興商人の相貌を示すために，2, 3の例のみ揚げておこう．

モーリス・トムソン（d. 1676）．彼は1600年頃にハートフォードシャアの紋章を保有する地主の長男として生まれたが，おそらくほとんど相続すべき財産がなく，1617年にはヴァージニア植民地にわたり，大西洋交易の船長として活動した．1620-30年頃には彼の4人の弟たちや姉妹の夫であるウィリアム・タッカー，エリアス・ロバーツ，そしてタッカーの姉妹の夫ウィリアム・フェルゲイト等は，ヴァージニア植民地評議会メンバーとして，あるいは毛皮貿易やタバコ貿易，植民地への必需品供給の貿易の商人として，あるいはヴァージニアの土地所有者として，同植民地の政治と経済に深く関与していた．またトムソンは，東インドでの無免許貿易業者としても悪名高かった．また上記の彼の姻族タッカーは船長，フェルゲイトは長年ヴァージニアに在住し食糧貿易など小規模事業に従事してきた者で，いずれもロンドンのエリート商人ではなかった[26]．

トムソン家は熱心な革命支持者となり，モーリスや弟ウィリアム（1614-81），

---

25 実際には，独占会社商人と新興大西洋商人を明確に分けることは難しく，ブレナーも苦慮している．両方の領域で貿易をした商人が多いからである．ただブレナーは，親や祖父の代からの独占会社商人で大西洋に進出した商人は少なく，逆に大西洋商人やインターローパーとして成功したのち独占会社メンバーとなった者はかなりいたと考えている．Brenner(1993), p. 103 n．例外的な存在である前者の例としてはマシュウ・クラドックがいるが，パールは彼がもともと造船業に従事していたとして伝統的シティ・エリートとは見ていない．

26 Brenner (1993), pp. 115-20; Pearl (1961), pp. 327, 331.

ウィリアム・タッカー等はシティの各街区で国王との戦争のために馬や資金を調達する委員会の委員になっている．モーリスの弟ジョージは1645年にはサザック選出の下院議員となり，徴税委員や陸海軍委員としても活動した．また弟ウィリアムは，1653年以降市参事会員やシェリフ，シティ選出下院議員を歴任した[27]．

　モーリス・トムソンは，会衆派牧師ウィリアム・グリーンヒル（1591-1671）の会衆であった．グリーンヒルの会衆には，前節に言及したレヴァント貿易の無免許営業者であったウィリアム・ペノイヤもいた．モーリスと彼の弟ジョージは，1642年にはセント・ダンスタン・イン・ザ・イースト教区教会牧師に会衆派のジョン・シンプソンを就任させるための請願を行っている．また彼のもう一人の弟ロバートは1630年代マサチューセッツに渡り，コネティカットに会衆派の植民地を設立するのを支援している[28]．

　もう一つの例として，トマス・アンドリュウズ（d. 1659）をあげる．彼は麻織物商を営む一方，プリマス会社，マサチューセッツ植民地や西インド遠征にも関与した．彼はすでに革命前に関税請負人にもなっているが，独占会社との関係はなく市政にも参加していない．彼が市政に関与し出すのは，旧来のエリート層が駆逐される時期で，1642年にオルダーマンとなり，市の安全委員会メンバーともなり，息子を1640年以降シティ選出下院議員となったマシュウ・クラドックの娘と結婚させている．1640年代には，彼はモーリス・トムソンらとともに西アフリカのアサダに植民地を作る計画にも関わり，また東インドでの無免許貿易にも大きな投資をし，その後東インド会社のメンバーとなって1657年には東インド会社の副総裁になっている．彼はまた1648年12月にはプライドのパージを支持し，49年1月のチャールズ1世裁判の委員となって国王の処刑を支持した．また1650年にはロンドン市長となっている．

　アンドリュウズのピューリタン信仰は，彼が著名な会衆派牧師シドラク・シンプソン（c.1600-55）を支持していたことで知られており，シンプソンがロッテルダムに亡命したときに付き添っていたことも有名である．彼は，

27　"Sir William Thompson", HPHC1660-90.
28　Brenner (1993), pp. 304, 414, 417, 423.

ピューリタンの神学校であったハーヴァード・カレッジ（大学の前身）へ多大な寄付をしたことでも知られている．王政復古の1年前に彼は死亡するが，しかし復古政府は彼を国王処刑者（regicide）の1人として認定し，大赦の対象外者とした[29]．

次に大西洋交易船船長であったジェレミア・ブラックマンをあげる．彼は，ケント島プロジェクト[30]の頃からトムソン一族と関わり，タバコ貿易や食料輸入，乗客輸送業などで活躍した．また1640年には，トムソンとマシュウ・クラドックのヴァージニア代理商であった人物と協力して，ヴァージニアから西インドに初めて馬を輸出するビジネスもおこなった．その他彼は東インドでの無免許貿易においてもトムソンと協力関係にあった．ブレナーは，1630年代には彼はトムソンやタッカー，後述のサミュエル・ヴァサル等と並んで税支払いの拒否者として何度も政府の記録に名前が登場していると述べている．また彼はその遺書から，1647年に人民協約を議会に提出したことで知られるレヴェラーズの一人であったトマス・プリンスの義兄弟であったことが解っている．

このブラックマンは，会衆派牧師のラルフ・ヴェニングの会衆であり，ヴェニングに遺書で遺贈を行っている[31]．ヴェニングは，第1章第4節で説明したように，ジョージ・ボディントン2世の2度目の妻の義父である．

ブレナーやパールはこのほかにも様々な新興商人の例を挙げている．個々人の履歴には違いがあり統一的な見解を下すのは難しいが，これらの人物は確かに従来のシティ・エリート層ではなく，地方地主またはロンドンの小売商・製造業・国内卸売商の出身者で，大西洋商人や東インド・レヴァントの無免許貿易業者として富を蓄積し，ピューリタン信仰を持ち，革命後に市政の中心に浸透してきた．また彼らは互いに通婚し密接な親族網を形成し，事業上も協力し合った．清教徒革命は，旧来のエリート層に代わって，こうし

---

29 "Thomas Andrewes", ODNB; Brenner (1993), p. 422; Pearl (1961), pp. 309–11.
30 チェサピーク湾北部の島をヴァージニア貿易の拠点とする計画．ヴァージニア評議会の強い支持を受けた．William Craiborne と William Cloberry が中心となり，Thomson や Tucker らが加わった．Brenner (1993), pp. 120–24, 130–32.
31 Brenner (1993), pp. 139–40, 146–47, 179, 328, 424.

た新たな，しかしやはり特定少数の家族からなる新興エリートを生み出した．

ブレナーは統計的な数値も揚げていて，地方出身者の割合は，レヴァント会社や冒険商人組合商人では 40-60%，新興商人（アメリカ植民地商人やタバコ商人）の場合は 75-80% としている．また，革命後に王党派，議会派のどちらになったかについても調査して，1640-41 年に東インド会社取締役であった者や 1630 年代後半にレヴァント会社の干しぶどう貿易に従事していた者のほとんどが王党派となり，それに対して新興商人は圧倒的に議会派となっているという数字も出している[32]．いずれの調査も，ロンドン商人の網羅的なデータを収集した上での分析ではないが，地方出身者＝アメリカ商人＝議会派という一定の傾向は指し示されている．

第 3 節　革命開始と市政の変化　1641-43 年

チャールズ 1 世が 1639 年，スコットランドに監督制やイングランド国教の一般祈祷書の使用などを強制した結果，スコットランドとの戦争（主教戦争）を開始すると，国政とロンドン市政ははっきりと行き詰まりを見せるようになる．当初国王は，1629 年以来開催していなかった議会の開催を回避するため，戦争の資金や兵員をシティのエリート層に度々要求した．しかしこの国王の余りに頻繁な要求に対して，これまで国王に従順だったオルダーマンの中にも抵抗する者も現れ，投獄される者も出た．またロンドンの市会は資金調達や兵員徴募に抵抗する請願を国王に提出し，ロンドンの街頭ではデモや刑務所襲撃が繰り返され，騒然たる様相を呈するようになった．

この結果チャールズ 1 世は，1640 年 4 月 11 年ぶりに議会（短期議会）を招集する．シティ・オヴ・ロンドンの下院議員 4 名の選出権を有していたコモン・ホールは，戦費調達のためのロンドン富裕者リストの国王への提出を拒否して投獄されていたオルダーマンのトマス・ソウムズと，ピューリタンで国王に敵対的な市民として知られていたアイザック・ペニントン，サミュ

32　Brenner（1993），pp. 183, 388.

エル・ヴァサル，マシュウ・クラドック[33] を選出した．ソウムズは，1605 年以来のレヴァント会社メンバーで東インド会社，ロシア会社にも関わり，シティの名門家族とも姻戚関係にあったトップ・エリート層に位置づけられる人物であるが，彼は 1620 年代には強制借り入れに抵抗したことでも知られ，国王反対派市民として認識されていた[34]．ヴァサルとクラドックは，ブレナーとパールによって新興商人と位置づけられており，大西洋貿易に深くコミットしており，またピューリタンであった．ペニントンは，大西洋には関係しておらず，レヴァント会社メンバーで東インド会社にも若干株を持っていたが，市政エリート層には属しておらず，醸造業や宿屋業にも携わっており，明らかに中流商人であった[35]．ペニントンは，セント・スティーヴン・コールマン・ストリート教区の住民であり，そこの会衆派牧師ジョン・ゴドウィンの会衆の熱心なピューリタンだった[36]．彼は革命後は議会派の中心人物になり，1643 年にはロンドン市長となる．

短期議会はすぐに国王と決裂して解散され，40 年 9 月にはもう一度選挙が行われるが，ロンドンはこの新議会に対しても短期議会と同じ 4 名を再選した．この議会は長期議会と呼ばれ，40 年 11 月から 1648 年 12 月のプライドのパージで穏健派の議員が追放されるまで革命を主導していくこととなる[37]．

41 年 5 月マシュウ・クラドックが死亡し，後任の下院議員としてジョン・ヴェンが選出される．ヴェンは，冒険商人組合やレヴァント会社などの独占貿易会社には全く関係を持たない一方，大西洋貿易に関わりマサチューセッツ湾会社の創立メンバーでもある典型的な新興大西洋商人であった[38]．

長期議会は 1641 年 11 月激しい国王批判と急進的な改革内容を含んだ大諫奏（大抗議文）を可決し，12 月には議会へ陸海軍指揮官任命権を委譲するこ

---

33 クラドックはこの後すぐ死亡し，John Venn に代わった．
34 Pearl (1961), pp. 191-92.
35 Pearl (1961), pp. 176-80.
36 Liu (1986), p. 116.
37 長期議会は 507 議席で，プライドのパージにより 300 人近くが追放され，残ったのは 209 名である．これを残部議会という．残部議会議員のリストは，Brunton & Pennington (1954), Appendix. I; Worden (1974), pp. 389-91.
38 Pearl (1961), pp. 186-87.

とを求めた軍事法案を提出する.

41年は,シティ市政においても旧エリート層に対する抵抗の動きが明確した年でもあった. 41年7月コモン・ホールは, シェリフの1人を市長が選ぶという慣例に抵抗し, シェリフ2名を選出しようと試みた. 9月には, シニア・オルダーマンが自動的に市長となるという慣例にも抵抗した[39]. 41年11月25日には, シティは北部のスコットランド戦線から帰還した国王を, 4000ポンドの費用をかけて豪勢に歓待し, さらに国王に2万ポンド, 王妃にも5000ポンドを進呈した. 国王はこれに対して, アイルランドのロンドンデリー領地をロンドンに返還することを約束し, 市長らには準男爵やナイト爵を授けた[40]. しかし下院議員ヴェンを含めて, この国王歓待を批判する意見もシティの中では強かった.

1641年12月21日に行われた市会議員選挙は, 新旧エリート交代の転機となる. パールによると, この選挙の実施前から市会議員選出の方法自体をめぐっていくつかの街区で議論が起こっていた. 従来の各街区のオルダーマンに従順な人物が市会議員として続投し続けるというやり方は, もはや通用しなくなっていた[41]. 21日の選挙では, 現職の市会議員は,「貸付(要求)に対してすぐに宮廷に従う」,「監督(主教)制と一般祈祷書を支持した請願を, 熱心に提出した[42]」, 不公平に税を査定した[43] などと糾弾され, かわりに大量の新人が選出された.

この市会議員選挙を境として, 市・議会・国王3者の関係も大きく転換する[44]. この日から42年1月10日の国王首都脱出までの2週間の間に, 議会と市の新エリート層が結びつき, 国王と敵対する構図が急速に固まる. まずこの選挙前日の12月20日には, シティ選出議員ヴェンは, ロンドンのピューリタン聖職者にその良心に背いて祈祷書の使用を強制しないことと, 自由な全国宗教会議を開催することを求めた請願を, 議会に提出した[45]. これに対

---

39 Pearl (1961), pp. 122, 124.
40 Pearl (1961), pp. 127-29.
41 Pearl (1961), pp. 135-36.
42 Pearl (1961), p. 133.
43 Pearl (1961), p. 134.
44 Pearl (1961), p. 132.

し国王は翌21日,市民からの支持が厚かったバルフォアをロンドン塔軍司令官から罷免し王党派のランズフォードに交代させるが,これは市民に対する一種の宣戦布告と受け取られるような行動だった.23日下院はこの人事に激しい抗議を行い,また二日前に選出されたばかりのコモン・カウンシル(ロンドン市会)もまた抗議の請願を下院に送った[46].さらにこの日,シティ選出議員ペニントンは,教会の徹底的改革を求めたロンドン徒弟からの3万筆の署名をのせた請願を提出した[47].一方,国王は同日,11月に議会から突き付けられた「大抗議文」の拒否を宣言する[48].翌24日下院は民兵法案の第2読会の席でランズフォードはロンドン塔司令官に不適任であるという決議を行い,コモン・カウンシルは議決を先延ばしにする上院を批判する請願を提出した[49].27日にはジョン・リルバーンが武装グループを引き連れランズフォードと衝突し,28,29日には群衆がウェストミンスタに殺到した.31日下院はこれ以上の審議をシティのギルド・ホールで行うことを決定して閉会した[50].

国王はこれらの下院の議決を拒否し,42年1月3日には「大抗議文」を提出したジョン・ピム[51]等5名を大逆罪として糾弾し,翌日4日にはこの5名逮捕のため自ら兵を引き連れて下院議場に乗り込むが,下院は危険を察知して先にシティのギルド・ホールに移動していた.下院はシティに「安全委員会」設置を求め,コモン・カウンシルはただちにそれを設立した.翌5日国王はシティへ入り,議会の権利を声高に叫ぶ声に囲まれながらコモン・カウンシル議場へ乗り込み,5名の引き渡しを要求するが,5名はコールマン・ストリートのアイザック・ペニントン宅にかくまわれており,国王の要求に応じるものはなかった.国王は,市長およびオルダーマンに保護される形でかろうじてシティから脱出,ウェストミンスタに帰還し,1月10日夜半に

---

45 Brenner (1993), p. 366.
46 Brenner (1993), pp. 363–64.
47 Brenner (1993), p. 366.
48 Brenner (1993), p. 363.
49 Brenner (1993), pp. 366–67.
50 Brenner (1993), p. 368.
51 プロヴィデンス島会社などに関係した大西洋商人.Brenner (1993), pp. 156–57.

は家族とともにロンドンを脱出した[52]．この翌日隠れていた5議員は，民衆歓呼の中でテムズ河上を小艦隊に付き添われてシティからウェストミンスタまで帰還した[53]．国王が不在となったウェストミンスタで議会は，今後は議会が可決した命令を国王裁可なしで法とすると定め，議会がシティ市民軍指揮官を任命することとした．以後シティは選択の余地のなく議会を支持することとなり，度重なる議会からの徴兵や資金徴収の要請に応じ続けなければならなくなった．

　この後シティの市政は，安全委員会とコモン・カウンシルに掌握されていく．1642年1月13日には議会は，市長に安全委員会の要求があればコモン・カウンシルを招集するよう命じた．また19日には，従来市参事会がやっていたコモン・カウンシル選挙についての紛争解決を安全委員会が担当すること，コモン・カウンシル・マン（市会議員）は各街区会で市民全員参加で選出するべきことが定められた．22日には，安全委員会に市民軍の指揮権がゆだねられた．以後安全委員会は市民軍委員会とも呼ばれるようになる[54]．

　市長リチャード・ガーニー（Gurney）とオルダーマンとして残っていた旧エリート層は，最後の抵抗として1642年2月16日に上院に安全委員会が非合法組織であるとする請願を行うが，この請願は下院にも示されて，非難され，請願の作成者とされた人物2名は投獄，罰金，略奪などの憂き目を見た．3月13日市長は，安全委員会の要求に応じてコモン・カウンシルを招集することを拒絶した．これに対しコモン・カウンシルは翌日に議会に市長を批判する請願を行い，議会は直ちに調査委員会を設置した．7月22日には上下両院により市長弾劾裁判が行われ，市長は投獄され，新市長としてアイザック・ペニントンが選出された[55]．

　この後王党派のオルダーマンは市参事会への出席を放棄したり，議会が要求する分担金の支払いを拒絶して，投獄されたり，役職から追放されていった．新市長ペニントンは，市参事会をほとんど無視し，コモン・カウンシル

52　Pearl（1961），pp. 141-42；Brenner（1993），pp. 370-71.
53　Pearl（1961），p. 145.
54　Pearl（1961），pp. 146-47；Brenner（1993），pp. 370, 372.
55　Pearl（1961），pp. 151-59；Brenner（1993），pp. 371-72.

と安全委員会に基盤をおいて市政を運営した[56]．以上のような動きにより，1643年夏頃までに，シティ市政における旧エリートと新興層の交替はほぼ完成する．

第4節　ピューリタニズム・長老派・会衆派

　清教徒革命前半期1643-48年頃に，スコットランドとの軍事協力の必要性を背景として目指されるのが，国教の長老制による改革である．これを議論した会議ウェストミンスタ・アセンブリでは，現在でも使用されている長老派信条「ウェストミンスタ信仰告白」が制定され，長老制の施行が各地で試みられる．しかし，1648年12月のプライドのパージによる議会における長老派の追放は，この改革を頓挫させた．その後1650年代後半には，今度は会衆派による信仰告白や祈祷書を制定する試みが行われるが，これもクロムウェルの死などによって中断された．結果として，従来のイングランド国教に取って代わる国定の教会制度が十分に成立しないままに革命は終了し，王政復古によってエリザベス1世時代のイングランド国教がそのままに復活し，現在に至っている．

　このように結果的には，ピューリタニズムは全く国教を改正することなく終わってしまうのであるが，国教改革をはたせなかったがゆえに，王政復古期以降に新教非国教徒を大量に生みだし，イギリス社会に大きな特色をもたらすこととなった．そこで，本節では，そもそもピューリタニズムや長老派，会衆派と呼ばれる宗派は何なのか，どのようにして清教徒革命期にピューリタニズムによる国教改革が頓挫し，王政復古以後の非国教徒大量発生という事態にいたるのかという問題を明らかにしておきたい．

　イギリスの宗教史において，宗教改革から名誉革命までの時代は連続したひとつの時代である．この時代は，イングランド国教を，カルヴァン主義(改

56　Pearl (1961), p. 239.

革派）で改革しようとし，結局は挫折に終わった時代ということができる．イングランド国教は，カトリックと同じ教会統治体制（polity/church government）である監督制（episcopacy）をとっており，カトリックに近い礼拝の式次第や儀礼を保持している．その一方で，16世紀後半から17世紀にかけてのイングランドの聖職者には，カルヴァン主義の影響を受けていた者が多かった．そのため，国教内部から国教を改革しようとする動きや，国教から離脱して独自の礼拝活動を行う分離派などが，何度も繰り返し現れ，そのたびに多数の新教非国教宗派が発生した．こうしたカルヴァン派が国教改革を断念するのは，名誉革命によってエリザベス１世時代の教義の堅持とその一方での新教非国教の礼拝活動に対する寛容体制が確立してからである．18世紀以降はピューリタニズムは思想的に変容して廃れ，宗教的には別な時代に入る．それ以降の国教刷新運動は，福音主義など新しい宗教的思潮によって担われていく．

　ここで少し長くなるが，教会統治体制について解説しておく．キリスト教会の教会統治体制は，監督制（司教制／主教制, episcopal polity），長老制（presbyterian polity），会衆制（congregational polity）の３種類に大別される．このうち監督制は，大司教（主教）・大執事，司教（主教）・執事の高位聖職者が配置され，高位聖職者の監督権が強力で明確な上意下達の階層構造を持つ体制である．カトリックやイングランド国教のほか，ルター派の多くも監督制をとる．こうした監督制では，高位聖職者の権威や霊的な力をあらわすために，礼拝の文言や姿勢・身振り，聖職者の衣服，教会の建築様式や内装などに，神秘的，象徴的な演出が行われる．

　長老制は，カルヴァンと，カルヴァン派とツヴィングリ派が合同したスイス改革派教会が形成した長老による合議制の会議を核とした教会統治体制である．長老や長老会をあらわす言葉はいろいろあり，presbyteryという言葉は特にスコットランドやイングランドで用いられる[57]．長老制は，大会（general assemblyやsynodなどと呼ばれる，全国長老会議），中会（presbyteryやclassisなど，地方会議），小会（sessionやconsistoryなど，各教区の長老会）という三層の長老の合議体から構成される[58]．長老は各局区や地域で選ばれた聖俗の代表であり，聖職の長老は司教（主教）と同一の身分であって，長老の上

に立つものとしての司教，大司教などの高位聖職者身分を認めない．聖職者の霊力を演出するような礼拝の様式も拒絶する．一方で，会衆（各教会の俗人信者）全員が参加して教会の重要事項を決定することには反対し，あくまで主導的人物からなる長老会を意志の決定主体とする．また長老制は，全国の全住民を対象とする教区教会に基づく全国的教会制度（national church）を支持し，それから分離して独自に礼拝活動を行うことを強く非難する．

会衆制は，各教会が自立して会衆の合議制により教会運営を行う体制である．地方や全国的な教会会議が開催されることもあるが，こうした会議の結論よりも各教会の自主的判断のほうが尊重される．各教会の会衆の合議制で聖職者を選任するため，全国的な聖職叙任の制度に対しては否定的である．また会衆制は，教区教会において会衆制的な教会運営をする場合と，教区教会から分離して独自の礼拝集会を作る場合の二つに大別され，後者は分離派（セクト）などと呼ばれる．会衆制をとる宗派は第一には会衆派（congregationalist，独立派 independent とも呼ばれる）であるが，このほかにも既存宗派に属さない様々な信仰集団は全て会衆制をとっているといえる．

国教改革の気運が最も高まったのはエドワード6世時代であり，国家自体によってカルヴァン主義改革が進められる．カンタベリ大主教クランマーは，大陸ヨーロッパからマルティン・ブツァー，ヤン・ラスキ，ジョン・ノックスなどの高名なカルヴァン派の神学者を次々と招致した．当時イングランドでは新たな祈祷書（第一祈祷書）づくりが行われていたが，ブツァーはこれをさらに改めて1552年に第二祈祷書を制作した．たとえば，第一祈祷書にはあった聖餐台（altar）を机（table）に置き換える，聖書上に記述のない大主教（archbishop）と大執事（archdeacon）の役職についての言及を消去する，

---

57 改革派という呼称は，1529-30年のツウィングリとルターの聖餐論争により両者が決裂した後，ルター派以外のプロテスタントの総称として用いられるようになった．ツウィングリ，ブツァー，ファレル，カルヴァン，ブリンガー等を指導者として，チューリヒ，シュトラスブールから南ドイツ，フランス，オランダ，トランシルヴァニア，そしてイギリスに普及した．長老派，カルヴァン派とも呼称される．ルター派よりもさらに聖書中心主義であり，神秘主義を嫌い合理主義的である．マクグラス（2002），100-102頁；宇田（1991），117-18頁．
58 Watts (1978), p. 58-59.

といった改正が行われている．またブツァーは『初期キリスト教会についての草稿』をエドワード6世に献じるなどして，国王に大きな影響を与えた．ヤン・ラスキは1550年に来英し，エドワード6世が特許状を付与して設立されたロンドン在住の改革派プロテスタント外国人のための「外国人教会」の主任司祭に任命され，現行のイングランド国教の形式にとらわれず自由に礼拝活動をすることを認められた．エドワード6世は，この外国人教会が国教改革のモデルとなることを意図していたという．ラスキの外国人教会はドイツ系信者とフランス系信者のための2分会を持ち，全体としては長老制の教会組織をとっていたが，ドイツ系信者の分会は会衆制的な性格を帯びており，フランス系分会は厳密にジュネーブ型の長老制に則っていた．このほか，ラスキはロンドンに学校を作るなどし，第二祈祷書にも影響を及ぼした[59]．ジョン・ノックスは1549年に来英し，ブツァーの指導のもとクランマーが地方に派遣した説教師80名の一人として活動した．51年には彼は国王付き司祭6名のうち一人に選ばれ，第二祈祷書の制定や42箇条信仰告白制定に影響を及ぼした．彼は，第二祈祷書で聖餐における聖餅（wafer）を普通の発酵させたパン（loaf）に替えたほか，パンとワインを拝領するとき跪くのではなく単に座るように提唱したりした[60]．

　1553年エドワード6世が死亡しメアリ1世が即位してカトリックを復活させると，ラスキ，ノックスなどの改革派はイングランドを脱出して大陸のプロテスタント諸都市に亡命し，特にジュネーヴでは暖かく受け入れられた．19世紀イギリスの長老派の聖職者であり研究者であったドライズデイルは，ジュネーヴでノックス，クリストファ・グッドマン，アンソニ・ギルビ，ウィリアム・ホワイティンガムらによって設立された教会を「最初の真の長老派＝ピューリタンのイングランド教会」であったと述べている．彼らとカルヴァンの関係は非常に良好で，ホワイティンガムはカルヴァンの姉妹と結婚しているほどである．また彼らは，カルヴァンの賛同のもとに『一般規則書 Book of Common Order（ジュネーヴ書 Book of Geneva)』を作成するなど，祈祷の式文や形式の整備，教義や規則の制定などを進めた．ホワイティンガムは，

59　Drysdale（1889), pp. 40–49.
60　Drysdale（1889), pp. 31–36, 40–48, 62–70, 80, 83；宇田（1991), 467頁.

エリザベス女王の即位後帰国してダラム主教区の主席司祭となった.『ジュネーヴ書』は,ジョン・ノックスの指示のもとでスコットランドで採用され,現在一般にはノックスの賛美歌・典礼書などとして知られている.

エリザベス1世が即位すると,カルヴァン主義者の大いなる期待が寄せられたが,女王はこの期待を裏切る.

エリザベス1世が目指したのは,全国的統一と国家(政治)が宗教を管理する体制であった.エリザベス最初の議会で可決された国王至上法(Act of Supremacy)と信仰統一法(Act of Uniformity)は,宗教問題における国王と議会の主導権を確定する.前者は国王が授与する以外の聖職者の全権力を廃止,後者は議会の承認なしにはいかなる典礼・教会法則・礼拝式の変更も認めないことを定めた.さらにこの2つの法の下に国王委員が任命され,高等宗務裁判所(Court of High Commission)が設置される.また教義面では,エドワード6世の42箇条信仰告白よりも後退した内容の39箇条信仰告白が制定され,また第二祈祷書も保守的に改正されて一般祈祷書(book of Common Player)が作られた[61].

このようなエリザベス1世の宗教的解決に対する失望が生んだのが,ピューリタンである.ピューリタンという言葉は,エリザベス1世時代にカルヴァン主義に基づく国教改革を求めた者達を指す言葉として,使用されはじめる.従って,ピューリタンという言葉の最初の語義は,国教内のカルヴァン主義の国教改革派のことであった.エリザベス期の研究者コリンソンは,ピューリタンは「さらなる改革 further reformation」を求める者だったと表現し,ピューリタンの考え方とイングランド国教の相違は根本原理にかかわるものではなく,程度の差とも言いうるものだったと述べている[62].

今ピューリタンは国教内部の改革派だったと述べたが,実際には彼らの多くはピューリタン的思想を持つと同時に国教から追放され,非国教化していく.こうした初期のピューリタンの代表として,ここではトマス・カートライトの経歴と思想を見ておこう.

---

61 Drysdale (1889), pp. 92-95.
62 Drysdale (1889), p. 5 ; Collinson (1967), pp. 13, 26-27.

カートライトは，ケンブリッジ大学，セント・ジョンズ・カレッジのフェローだった．1564 年ピューリタン的思想が広まっていた同カレッジで，300人の学生がほかの学寮からの賛同者とともにサープリス（短白衣，カトリック的として批判されていた聖職者の衣服）を投棄するという事件が起こる．これに対し，大学の学寮長たちは，現在の国教の聖職者の衣服には様々な問題があり，国家が統一を強要するのは好ましくないといった意見を述べて，学生たちを擁護した．ドライズデイルもコリンソンも，この「法衣事件」がピューリタンという呼称が発生する契機であったとしている[63]．このようなケンブリッジの空気を背景に，カートライトは 1570 年前後から国教の現行の制度や慣行，複数聖職兼任，不在聖職者，聖餐における跪きの姿勢などを批判するようになった．

　特に彼が問題にしたのは，高位聖職者に霊的権威があるとするような考え方，聖職者を神官（priest）と呼ぶ習慣，使徒継承（主教の霊的権威が十二使徒から継承されているという考え方）に外観を与えるような神秘的儀式，それらが正当化する位階制（hierarchy）であった．こうした考え方に基づいて，カートライトは，聖書に記述のない大主教・大執事は廃止されるべきこと，聖書に記述のある主教・執事は使徒時代の用語の意味に立ち戻るべきであり，主教は神の御言葉と祈りの教導，執事は貧民の世話に専念すべきこと，教会は主教の秘書官や大執事等の役人によって統治されるべきではなく，各教会自体の牧師（minister）と長老会（presbytery/body of elders）によって統治されるべきであることなどを主張した．つまり監督制の廃止と長老制の採用を呼びかけたのである[64]．

　しかしカートライトの言動は批判の対象となり，ケンブリッジ大トリニティ・カレッジの学寮長で大学副総長でもあったジョン・ウィットギフトは女王に彼の解任を求め，カートライトはケンブリッジから追われた．その後彼はイングランドを離れ，チャネル諸島でフランス人新教徒のために活動したり，アントウェルペンやミデルブルフなどで現地在住のイギリス人のための教会で活動するなどした．またオランダのイギリス人長老派教会をまとめ

63　Drysdale (1889), pp. 102, 104；Collinson (1967), pp. 60-61.
64　Drysdale (1889), p. 118.

る「在オランダイギリス人長老会 British Synod in Holland（または The Synod of The English and Scotch Clergy of the United Provinces）」も設立した．フランドルやオランダには古くからイギリス人商人が滞在し，現地の改革派教会にも参加しており，またカートライトが亡命した時期はオランダをスペインから守るためイギリス政府が数千人の兵士を派遣してもいた．カートライトの「長老会」には，こうしたイギリス人やその礼拝所が参加した[65]．

このほかの長老派ピューリタンの活動としては，サリー州ワンズワースの教区教会牧師ジョン・フィールドの活動が挙げられる[66]．彼はこの教区教会に長老会を設立し，また一般祈祷書に替わりうる長老派の教会法則をまとめた「ワンズワース・オーダー（教会法則書 Book of Discipline）」を作成した．これは当初ラテン語で書かれていたが，カートライトが英訳し，各地の長老制支持者に使用された．ノーサンプトンシャアやウォリックシャア，ロンドンでも，教区教会に長老会を作ったり長老の地方会議を行うといった動きが起こった[67]．

エリザベス時代には，こうした長老派ピューリタンの国教改革を志向する活動とは別に，秘密の礼拝集会を催す分離派も登場する．会衆派の研究者ジョーンズは，1560年代頃のロンドンでカルヴァン主義的信条に基づく秘密礼拝集会が数カ所でもたれていたこと，当時のロンドン主教は200人くらい，スペイン大使は5000人くらい分離派信者がいると述べていたと指摘している．このほか有名なのは，ともにケンブリッジ大コーパス・クリスティ・カレッジを出たロバート・ブラウンとロバート・ハリソンが1581年ノリッジで開催した集会である．この集会はすぐに抑圧され，彼らはミデルブルフに亡命した．ブラウンは結局国教に屈するが，彼は『真のキリスト教徒の生活作法を示す書』という著作によって大きな影響を同時代人に与え，その後分離派は彼にちなんでブラウニストとも呼ばれた[68]．

---

65 Drysdale (1889), pp. 152–3, 219–21.
66 Drysdale (1889), pp. 143–47.
67 Drysdale (1889), p. 218；Collinson (1967), pp. 325–26.
68 Jones (1962), pp. 13–17.

カートライトを亡命に追いやったジョン・ウィットギフトが1583年にカンタベリ大主教に任命されると，ピューリタニズムへの取り締まりは強化される．1590年には52人の分離派がロンドンの監獄に収容されていたという．1593年には，ロンドン分離派の指導者ヘンリ・バロウ，ジョン・グリーンウッド，ジョン・ペンリが処刑されている．また相前後して，一時帰国したカートライトが宗務裁判所や星室庁で裁かれ投獄されており，先述のワンズワース・オーダー（教会法則書）も没収廃棄されている．バロウ等と逮捕されながら処刑を免れたフランシス・ジョンソンはアムステルダムにわたり，そこでロンドンでグリーンウッドの集会の後継者だったヘンリ・エインズワースと一時共同で礼拝所をもった[69]．

分離派の活動はロンドンだけでなく，ノッティンガムシャア，ヨークシャア，リンカンシャアなど北部の地域でも強かった[70]．これらの地域の分離派で有名なのはジョン・ロビンソンとジョン・スミスで，前者はノッティンガムシャア北端のスクルービ，後者はゲインズバラで集会を持ち，ともに1600年代に信者とともにライデンに移住している．ロビンソンの信者たちは1620年にプリマス植民地に移住したピルグリム・ファーザーズの一部となった．スミスはオランダで洗礼派に接近し一般洗礼派（general baptist）の開祖となった．このほかこの時期には，ヘンリ・ジェイコブ，ウィリアム・エイムズなどの著名なイギリス人聖職者が亡命して，ライデンやロッテルダムで活動していた．ヘンリ・ジェイコブは，1616年頃にイギリスに戻り，ロンドンのサザックで分離派の秘密礼拝集会を開始した[71]．

以上の分離派の宗教的立場は様々であり，致し方なく国教を去った長老派から，固定の教会制度そのものを否定し分離教会を積極的に肯定する立場までいろいろであった．会衆派研究者のジョーンズは，この中で最も会衆派的な立場としてジョン・ロビンソンの考え方を紹介している．ロビンソンは，自分がかつて国教会で受けた洗礼の正統性や，国教の中に良き牧師がたくさ

---

69 Jones（1962），pp. 18-19；Drysdale（1889），p. 219；Watts（1978），pp. 34-40.
70 Jones（1962），p. 20.
71 Watts（1978），pp. 40-49, 50-56；Jones（1962），pp. 20-23．ジェイコブについては以下，Tolmie（1977），pp. 7-27.

んいることを信じており，また分離教会参加者が良き聖職者の説教を聞くために教区教会に参加すること，個々の良き国教の聖職者と宗教活動をともにすること，国教内のピューリタン的運動に協力することなどを全て肯定するが，国教会という制度はキリストが教会に求めた形ではないとして，否定する．ジョーンズはこのような立場は便宜的に「半分離主義」と呼び得るとし，同様の考え方をした者としてジョン・コトン（1585-1652）を挙げ，コトンはニューイングランドに渡る前に，次世代の会衆派の指導者となるトマス・ゴドウィン（1600-80），フィリップ・ナイ（c. 1595-1672），ジョン・ダヴェンポート（1597-1670），ジョン・ゴドウィン（1594-1665）等に以上の会衆派的考え方（congregational way）を伝えたとしている[72]．

　以上簡単ではあるが，エリザベス1世時代の国教改革派や分離派から，長老派と会衆派という2つの態度が出てきていることを見てきた．次に初期スチュアート朝の状況を概観しておこう．
　スコットランド王であったジェイムズ1世がイングランド国王に即位すると，スコットランドで国教となっていた長老制がイングランドに導入されるという期待が高まる．しかしジェイムズ1世はイングランドでは監督制の堅持を決意しており，ウィットギフト死亡後のカンタベリ大主教には引き続き保守派のバンクロフトを任命した．1610年カルヴァン主義者であり兄弟がロンドンの大西洋商人でもあったジョージ・アボットがカンタベリ大主教になると[73]，一時的にピューリタン迫害は弱まったが，1625年チャールズ1世が即位すると再びピューリタニズムへの迫害は強化される．
　チャールズ1世は，1626年7月に「イングランド国教会の平和と静穏のための王令」を発布して，予定説の説教を禁じアルミニウス主義を強く支持する姿勢を打ち出した[74]．また反カルヴァン主義のウィリアム・ロードを取りたて，王室付き司祭とし，1628年にはロンドン主教に任命し，またアボッ

72　Jones (1962), pp. 22, 24. コトンはケンブリッジ大出身．マサチューセッツ植民地の指導者．
73　アボット大主教の兄弟のロンドン商人 Morris Abbot については，Brenner (1993), pp. 270, 296.
74　Brenner (1993), p. 261 ; Tyacke (1981), pp. 99-102.

ト死亡後には彼をカンタベリ大主教に任命することを約束した．こうしてロードは1620年代後半には強い影響力を発揮しはじめ，カルヴァン主義者の説教禁止や国教聖職ポストからの排除を行った．これに対抗して，カルヴァン主義者は「俗人管理教会財産受領者 Feoffees for Impropriations」という組織を作りカルヴァン主義者に聖職を確保する努力などを行ったが，この組織も1633年にはロードによって解散させられている[75]．1633年には，日曜日にどんな娯楽が許容されるかを述べた『娯楽の書 Book of Sports』が国王によって再発布され，各教区教会で読み上げることが命じられたが，これに多くのピューリタン聖職者が反発し，処罰されている．1637年には，監督制を批判する文書を出版したり説教を行うなどしたジョン・バストウィックとヘンリ・バートン，芝居やクリスマスなどの祝祭を非難したウィリアム・プリンの耳をそぎ顔に傷をつけてさらし刑に処すなどの残酷な刑罰も行われた[76]．このほかロードは，反対派ロンドン市民のビール醸造所を，石炭の煙が近隣の迷惑になっているなどの理由で破壊した上罰金を徴収するなどした[77]．

　ロードの迫害は，ふたたびピューリタンのオランダやアメリカへの移住をうながした．1630年代にはトマス・ゴドウィンやフィリップ・ナイがアルンヘム（アーネム）に礼拝所を設置し，ロッテルダムではヒュー・ピーター（ピーターズ），シドラク・シンプソン，ウィリアム・ブリッジ，ジェレミア・バラスが活動した[78]．アメリカには，ヘンリ・ジェイコブのサザックの分離派教会[79]を継承していたジョン・ラスロップがマサチューセッツ植民地に亡命し，ヒュー・ピーターもロッテルダムを離れて同植民地に移った．

　チャールズ1世やロードはこうした海外のピューリタンの活動を危険と見て，オランダのイギリス人教会に対して「聖職叙任をしてはならない」，「礼

75　Drysdale (1889), p. 246; Brenner (1993), pp. 262-65, 293; Pearl (1961), pp. 79, 164-65.
76　Drysdale (1889), p. 320; Tolmie (1977), pp. 46-47.
77　Pearl (1961), p. 180. パールはこの醸造業者はアイザック・ペニントンであったとしている．
78　Drysdale (1889), pp. 255-61; Jones (1962), p. 23.
79　このサザックの分離派教会は，Lathrop の後，Henry Jessey と Prays-God Barebone が指導者となり，1640年代には特定洗礼派（particular baptist）となっている．Tolmie (1977), p. 38.

拝式に新奇なやり方を導入しない」,「イングランド国教会や国家を傷つけるような書物やパンフレットを書いた者を監視せよ」などの指令を送った．またオランダの宗教裁判所にも使節を派遣し，オランダのイギリス人教会の礼拝をイングランド国教のやり方に則ったものに改めさせるよう依頼しているが，協力は得られなかったようである[80]．

　国王とロードは，アメリカに対しては，植民会社の特許権の廃止に踏み込んだ．1637年にはマサチューセッツ湾会社の特許は廃止され，38年にはウィリアム・クレイボーンはケント島の領有権をカトリック教徒のボルチモア卿に譲渡することを強要された．また39年にはバーミューダ会社は，政府と国教に敵対する非国教徒に支配されているという非難を受けて，国教遵奉と一般祈祷書の使用，礼拝時の跪き，洗礼時の十字架の使用などを約束させられている[81]．

第5節　革命期における国教改革の試みと挫折

　以上革命前夜には，国教の監督制を批判するカルヴァン主義者＝ピューリタンの2つの態度として，長老派と会衆派という宗派が浮上していたことを見てきた．またこうしたピューリタニズムが，新興市民勢力に信奉されてきたことも見てきた．ではいったいなぜ，清教徒革命中に長老派または会衆派による国教改革が達成できなかったのだろうか．以下では，革命前半に行われたウェストミンスタ・アセンブリと，革命末期に開催されたサヴォイ・カンファレンス（アセンブリ）をとりあげ，それぞれが長老制，会衆制による国教改革を試みたが未完に終わった過程をたどる．

　ウェストミンスタ・アセンブリは，1643年7月にイングランド国教改革のために招集された政治家・聖職者がともに参加した会議である．この会議は，議会派（革命派）のスコットランドとの軍事同盟の必要と，軍事同盟の

80　Drysdale (1889), pp. 262–63.
81　William Craiborne については本章脚注30. Brenner (1993), pp. 302–03.

交換条件としてスコットランドが提示してきたスコットランドの長老制国教のイングランドの受け入れの圧力のもとで開催されたものであり，長老制によるイングランド国教改革を目指して信仰告白や祈祷書，教理問答の改正を行った．

しかしこの会議が支持する長老制による国教改革は，政治環境の変化によって実現しなかった．45-46 年の議会軍の勝利の後，軍の政治的影響力は強くなり，それとともに軍士官階級に信者が多かった会衆派の勢力が上昇する．また 46 年国王がスコットランド軍に投降すると，スコットランド・国王・イングランド議会の関係は複雑化した．国王は 47 年にイングランド議会に引き渡されるが，イングランドの国教改革の不熱心さに業を煮やした「厳粛同盟」派のスコットランド人と国王が秘密軍事同盟を交わし，48 年にはスコットランドはイングランドに進軍する．この第二次内乱を背景に，イングランド長老派の立場はますます弱体化し，1648 年 12 月のプライドのパージにより長期議会から長老派議員は追放される．以降政治のメイン・ストリームは，よりラディカルな「良心（信仰）の自由 freedom of conscience」の支持者へ移行した．

このような 47-48 年の政治的逆風をうけて，ウェストミンスタ・アセンブリが提言した長老制による国教教区教会の改革はほとんど施行されないままに終わる．ある程度教区の長老会や長老の地方会議が組織され長続きしたのは，ロンドンの一部の教区と，ランカシャア，チェシャア，イーストアングリアの一部地域にとどまる[82]．

以下では，革命前夜からプライドのパージまでの時期において長老制による国教改革がどのように求められていたか，もう少し詳しく見ておこう．1640 年 4 月に招集された短期議会は，国王への重要な要求の一つとして，ロード大主教の解任と国教改革のための宗教会議の開催を挙げた．国王はこの議会をすぐに解散し，11 月 3 日に新議会を招集するが，この長期議会においても同じ要求を突きつけられた．長期議会は迅速に行動し，開会 3 日後の 11

---

82 ロンドンについては Liu（1986）．Drysdale（1889），pp. 292f, 304-333．

月6日には全下院議員からなる宗教問題の委員会を設置する．またこれをバックアップするため，ロンドン選出議員のマシュウ・クラドック等が中心となり，位階制を「その全ての付属物とともに根こそぎ，枝葉まで」廃止するようもとめたルーツ&ブランチ請願をロンドン市民15000人の署名つきで提出した[83]．

上院にも10人の主教と20人の世俗貴族院議員からなる委員会が設置されたが，その委員長にはロード大主教によって投獄され最近解放されたばかりのリンカン主教ジョン・ウィリアムズが選ばれている．この上院委員会にはエドマンド・カラミ（1600-66）[84]などを含む長老派聖職者が加えられ，カルヴァン主義の教義や礼拝式に関わる重要事項がすでに検討し始められている．その議題は，善行と神の義認の関係，罪の列挙とその告白の救済にとっての必要性，聖餐におけるパンとワインの供犠としての意味，死者のための祈り，修道士誓願，アルミニウス主義やソッツィーニ主義の誤謬，聖餐台（altar）・側机（credentia）・ろうそく・天蓋の使用の是非，一般祈祷書の諸事項の検討，特に有名な聖人を暦に残すべきかどうか，政務日課に外伝を残すかどうか，洗礼・結婚・埋葬の礼拝式などである[85]．

同時に下院は「大抗議文」を用意し，41年12月国王に突きつけた．この文書においても宗教問題は重要な位置を占めており，「平和で良き教会政府に必要なこと全てを検討するために，この島の最も真摯で信心深く学識あり賢明な聖職者が，我々と同じ宗教を信仰する外国からの聖職者の支援を受けて宗教会議総会（general synod）が行われる」ことが要求されている．ここで「この島」と呼ばれているのはブリテン島であり，おそらくスコットランドも対象に含められていた．19世紀末のセント・アンドリューズ大学の宗教史家でウェストミンスタ・アセンブリの研究者であったアレクサンダ・

83　Brenner（1993），pp. 325, 331.
84　Edmund Calamy（1600-66）と，その息子でオールド・ジュウリ長老派礼拝所の牧師だったEdmund Calamy（d. 1685），さらにその息子であるハンド・アリ長老派礼拝所の牧師で，リチャード・バクスタの自伝を刊行し，その付記として1662年追放牧師の列伝を作成したことで知られる歴史家のEdmund Calamy（1671-1732），またその息子で非国教牧師のEdmund Calamy（c. 1697-1755）の区別には留意されたい．
85　Mitchell（1883），pp. 96-99.

ミッチェルは，すでにこの段階で長老制を国教とするスコットランドの聖職者の同会議への参加が想定されていたと述べている[86]．

翌42年1月に国王がロンドンから脱出した後も，議会は宗教会議開催について検討を重ね，42年6月には上下院で開催が可決され，参加する聖職者も選出された．そして国王裁可を得ないまま，43年5月には会議を招集する法令が発布された．これがウェストミンスタ・アセンブリである．国王はこれに強い反対を示し，参加者を重罪で処罰するという布告を出している[87]．

43年5月の法令は，同会議の目的を「イングランド国教会の政府と礼拝式を決定するため」「神の言葉に最も合致し，国内の教会の平和と，<u>スコットランド国教会</u>やその他の諸外国の<u>改革派教会</u>とのより近い協定を，最も確保し維持しやすいと考えられるような解釈」を得るものとしている．つまり，イングランド国教の教会統治体制を監督制から長老制に改めることこそが，この会議の目的だった．メンバーは，121人のイングランド聖職者，30人の議会上院・下院議員，8人のスコットランド代表から構成された．同会議は，43年7月1日に開会され，1649年2月22日まで議会と連携をとりつつ1163回に渡る会合を行った[88]．

この会議の背景には，スコットランドの強い圧力があった．スコットランドは，1639年以来チャールズ1世のスコットランドに対する監督制の強要を引き金にイングランドと主教戦争を闘っている最中であった．イングランド議会とチャールズ1世は，革命勃発以来ともにスコットランドとの軍事同盟を求めていた．スコットランドは，軍事同盟の条件としてスコットランドにおける長老制の堅持とイングランドにおけるその導入を要求した．イングランド議会は，国王とスコットランドとの軍事同盟を回避するためにも，イングランドへの長老制導入を速やかに行いたいと考えた．

スコットランドは，ウェストミンスタ・アセンブリの開催と並行して，1643

86　Mitchell（1883），p. 105.
87　Mitchell（1883），pp. ix-xii 129.
88　法令はMitchell（1883），pp. ix-xii に掲載されている．Mitchell（1883），p. 443. Drysdale（1889）pp. 287, 303. 会議参加者の名簿は Mitchell & Struthers（1874），pp. lxxxi-lxxxv, Mitchell（1883），pp. xii-xx, 145. メンバー，会議の進展についてはリース（1997），31-32, 51-52頁．

年8月に「厳粛なる誓約と同盟」を作成し，イングランド議会との軍事同盟の交換条件としてそれへの署名と誓約を求めてきた．この文書は，アイルランドの教会と国家を「嘆かわしい状態」，イングランドを「動揺した状態」と断じ，スコットランド国教の改革された教義・教会法則・礼拝式・教会政府の堅持，イングランドとアイルランドにおける神の言葉と最良の改革派教会（the best reformed church）の模範に則った宗教改革の促進，監督制や位階制の廃止，議会の特権の尊重を求めていた．

この文書が，改革派（カルヴァン主義）である長老制スコットランド国教をイングランド国教として導入することを求めていることは明らかであったが，イングランド議会は軍事同盟のためやむなしとして，上下両院議員ともに速やかに同文書に署名し，43年9月25日には調印した．そして翌44年1月にはこれを公表し，全イングランドの成人国民に署名を求める．その後全国の教区教会を通して，署名は実施されていった．

ウェストミンスタ・アセンブリは，1644年末には長老制度導入を要請する答申を議会に提出する．翌45年，議会は全国的長老制度確立のための法令を発布した．また，ウェストミンスタ・アセンブリは，ウェストミンスタ信仰告白，公的礼拝指令集，大教理問答・小教理問答などを作成した．このウェストミンスタ信仰告白は，スコットランド国教に採用され，現在まで世界各地の長老派の信仰告白として使用されている[89]．

しかし実際にはアセンブリには，改革に消極的な政治家から長老制よりも会衆制を支持する聖職者まで，様々な立場が含まれていた．アセンブリで39箇条信仰告白の個々の条項や祈祷書，教理問答が具体的に検討されるにつれて，長老制支持者と会衆制支持者の亀裂は深まる．

1644年1月，アセンブリのメンバーだったトマス・ゴドウィン，フィリップ・ナイ，シドラク・シンプソン，ジェレミ・バラス，ウィリアム・ブリッジ5名は，『弁明の言葉』を議会に提出し，理念的には教区教会からの分離について反対しつつも，長老政府の権限の下に全教会が置かれることに反対を唱え，各教会の自立と緩やかな連帯を提唱した[90]．これを契機に彼らは，「異

89　宇田（1991），79頁．
90　Rose（2014），p. 80.

図6 ウェストミンスタ・アセンブリ（19世紀の想像画）

を唱える兄弟達（dissenting brethren）」，あるいは「独立派 independent」と呼ばれるようになる．彼ら自身は，自分達の教会の運営を「会衆による方法 congregational way」と呼んだ．

トルミーやナットールは，まとまった宗派として会衆派が姿を現してくるのはここからであるとしている[91]．前節で見たように，上記5名はロード迫害時代にオランダのアルンヘム（アーネム）やロッテルダムに亡命した人々で，ジョン・コトンの影響を強く受けていた者達であり，思想的に強いつながりがあった．コトン自身も，1644年『天の王国の鍵』を著し，ウェストミンスタ・アセンブリに長老制ではなく会衆制を採用するよう提言した[92]．

ドライズデイルやリュウは，議会自身もまた全国的長老制制度の設立には全く熱心ではなかったことを考察している．長老制教会は，全国会議・地方会議・教区の長老会の段階的会議からなる組織であるが，議会は，長老派のリーダーから何度か要請を受けたにもかかわらず，全国会議を設置せず，また地方会議にもそれに属する教区教会への監督権を与えなかった．スコットランドからの聖職者代表は，イングランドの長老制教会政府は「不十分なエラストス主義（教会の国家への服属を認める）的」長老主義だと皮肉っている[93]．

また議会は，長老派が求める分離派の抑圧に対しても非協力であった．ロンドンは，このころ未曾有の分離派の増加を経験していた．トルミーは，ロンドンでは1610年代には10前後だった分離派の礼拝集会は，ロードの失脚や議会の宗教改革の動きを受けてオランダやアメリカから聖職者が続々と帰還したため，1640年には39に上ったとしている．1645年から46年の長老

---

91 Nutall (1957), p. 120. 山川イギリス史2巻, 204頁. ただ congregation/congregational という言葉は普通名詞として昔も現在も様々に使われることは注意しておかなければならない．ナットールも，洗礼派が自身の教派を説明する上で「会衆の集い congregational society」といった表現を使用した例を提示している．
92 Ziff (1962), p. 178.
93 Liu (1986), pp. 53-54; Drysdale (1889), p. 302.

派の最盛期に,ロンドン市会は,教区教会を無視する者達や俗人説教師,各種の洗礼派の分離教会,会衆派の活動を容認できないとして,議会に何度も請願を行ったが,議会からは何の対応も得られなかった[94]。

1646-48年ころの政治的環境の変化を背景に長老派の勢力は後退に転じ,スコットランド長老制に共感を示すものも減っていった.1647年11月には別なスコットランドの委員は,翌年来る自分の後任がウェストミンスタ・アセンブリに席を持つことができるかさえ疑わしいと感じていた[95]。出席者も47年以降減少する.49年以降は,ウェストミンスタ・アセンブリは聖職候補者の審査委員会として機能するに留まり,1652-3年残部議会(プライドのパージ後の長期議会)の解散とともに閉会された.

以上のように長老制の国教改革は結局挫折したが,ウェストミンスタ・アセンブリのお膝元であったロンドンでは1648-9年までに地方会議と教区会レヴェルでの長老制制度はかなり確立され,この状態が王政復古期まで維持された.これについては,タイ・リュウが非常に詳細な研究をしている.彼は,清教徒革命期のロンドン市民は,基本的に長老派であり,その制度の確立に協力的であったと考えている[96]。以下彼の研究に依拠してシティ教区での長老制の確立の状況を紹介しよう.

ロンドン周辺地域の地方会議は,シティだけでなくウェストミンスタ,サザック他のテムズ南岸教区を含む136教区を対象とし,それが12のクラシス(classis 長老監督会区)に分割された.このうちシティは110教区で8クラシスが設置された.全体の12クラシスのうち,実際に教区で長老が選出され長老派牧師が就任するなど長老制度が定着を見せていたのは,8クラシスであった.シティの8クラシスの中では,貧しく教区牧師をほとんど維持できていなかった第2クラシスを除く7つのクラシス,教区の数で見れば64教区において,長老会が設立された.

一方,会衆派が教区教会に浸透していると考えられるのは,45教区であった.

---

94 Tolmie (1977), pp. 46f, 85f, 94, 130-40.
95 Mitchell (1883), P. 442.
96 Liu (1986), p. 51.

ボディントン家が在住していたセント・マーガレット・ロスベリ教区について特筆しておく．この教区は第7クラシスに位置していた．リュウは，第7クラシスは全体として長老派の聖俗のリーダーが在住する一方で十分な長老派支持層がなかった地域としている．ロスベリ教区については，隣接のセント・スティーヴン・コールマン・ストリート教区とともに，長老が選出されてはいるが，機能していなかったと見ている[97]．

　リュウは，先述のように教区教会の中に会衆派の存在が見て取れるのは少なくとも45教区あったとする．会衆派聖職者の多くは教区教会と別に礼拝集会を開催していたが，その一方で革命期には，会衆派聖職者が教区教会で臨時あるいは定期的に説教したり，教区教会の正規の聖職禄を持つことさえもあった．リュウは，会衆派・分離派を敵視した調査記録を残した革命期の長老派トマス・エドワーズが，シドラク・シンプソン，ジェレミア・バラス，ウィリアム・ブリッジ，トマス・ゴドウィン（以上4名はいずれも「異を唱える兄弟たち」）やヒュー・ピーターがいくつかの教区教会で説教を行っていると述べているのを指摘している．教区内でずっと分離派の礼拝集会を開いてきたジョン・ゴドウィンが革命期に一時セント・スティーヴン・コールマン・ストリート教区教会牧師になったことは有名な例であるが，リュウはこれを含めて会衆派が教区牧師になった例は17例あるとしている[98]．

　リュウは，第五王国派といった急進派が支配した教区も2例ほど挙げているが，長老派の真のライヴァルとなって長老制設立を阻んだのは，急進派ではなく，「異を唱える兄弟たち」5名のような「中道 middle way」の会衆派であったとする[99]．これまでも述べたように，彼らは分離を全面的に肯定してはいず，教区教会を会衆制的に運営することも支持しており，急進派が反

97　Liu（1986），pp. 79, 81-83．ロスベリでは1646年長老6人が選出されているが，この中には国王殺逆者のMiles Corbetから王党派の息子のThomas Essingtonまでいて政治的宗教的立場もばらつきがあり，いずれも長老教会政府で全く活動していない．コールマン・ストリートの方は，会衆派指導者のジョン・ゴドウィンが教区教会牧師を務めていたことで知られるが，1645年にゴドウィンを追放し，長老派牧師テイラーを入れている．その一方でこの教区の長老の多くは，アイザック・ペニントンをはじめとして政治的独立派であり，国定の教会制度（national church）としての長老教会制度樹立には熱心でなかった．

98　Liu（1986），pp. 106-7, 112.

99　Liu（1986），p. 111.

対した聖職禄のための10分の1税（tithe）徴収も肯定し，その一方で俗人や女性の説教，過度の不道徳を容認するような反律法主義などに対しては反対であった．このように，会衆派は教区教会制度を部分的に肯定していたからこそ，長老制樹立にとって真の障害となったのである．

リュウは1647-8年には7教区，1648-59年には少なくとも8教区において，会衆派牧師が長老派の教区牧師に取って代わったとしている．ただこの中には，革命終了時まで会衆派牧師が在職することができず，長老派や国教の聖職者が戻ってきた教区も2例ある．その一つセント・バーソロミュウ・バイ・ザ・エクスチェインジは，もともと長老派支持者の多い教区であり，1651-54年には教区牧師として国教牧師を2回選出する一方で，シドラク・シンプソン他1名の会衆派牧師を教区牧師に選出するなどの状態にあった．しかもここにはフィリップ・ナイの礼拝集会があり，それが教区教会を使用することが認められていた．このように教区民の支持が各派に分かれており，動揺が激しい教区も存在した[100]．

国教牧師は，ロンドンでは革命最初の数年でほぼ全員が辞職させられている．ただ国教牧師は急進的教区民から相当の侮辱を受ける一方で，教区がこうした元牧師に年金を支給した例は珍しくない．リュウはだいたい10分の1税収入の5分の1が彼らに支給されていたとしている[101]．また彼らは辞職後全く沈黙させられたわけではなく，元の教区教会の説教師として招かれたケースもある．また教区教会制度自体に批判的な過激な教区では，国教牧師追放の後教区教会牧師を補充しなかったため，教区民が元国教牧師のもとに説教を聞きに通う場合もあった．また早くも1647年の段階で教区牧師に国教牧師を選出した教区もあり，1650年代にはこうした例は頻繁におこってくる．また貧しくて聖職者が来ない教区が，元国教牧師を歓迎した例もいくつかある．さらには長老派聖職者が国教に改宗し，改宗後も教区牧師の地位

100　Liu (1986), pp. 116-18.
101　1670年頃のロンドン教区牧師の10分の1税収入（tithe）は，大火後のロンドン牧師の収入を改善するための議会制定法（22-23 Charles II c. 15）で定められており，年100-200ポンドである．Cox (1876), pp. 387-89.

を保持した例さえあった[102].

　以上から解るように，ウェストミンスタ・アセンブリの開催地であったロンドンにおいてさえ長老制教会制度の十分な確立はなかった．会衆派勢力だけでなく，国教の持続力も強かった．以上を受けてリュウは，革命期のシティ教区の特色は，いずれかの宗派が優勢だったということにはなく，各教区が聖職者選任などの問題において独立の意志を発揮し得たこと，教区会が開放的になり教区の問題の決定において非常に民主的な手続きがとられたことにあると見ている．このシティ教区の民主政の度合いは，現在の我々が享受しているレヴェルをはるかに上回るものだった．このような民主的手続きがとられたからこそ，教区民の直接の意志を反映して，長老派，会衆派，国教，様々な信条の聖職者が自由に選出されたのである[103]．

第6節　会衆派の隆盛とサヴォイ・カンファレンス（アセンブリ）

　清教徒革命には，3回の大きな議会の粛清がある．一つ目は，長老派が追放された1648年12月のプライドのパージである．二つ目は，1653年4月20日の残部議会（プライドのパージ後の残存議員で構成された長期議会）のオリヴァ・クロムウェルによる強制解散と，それに続くクロムウェル等軍指導部が任命した議員（聖者saintと呼ばれた）からなる聖者議会（ベアボーン議会）の設置である．三つ目は，この同じ年1653年12月12日の穏健派議員による聖者議会の占拠と解散である．

　このうち一つ目と二つ目は，ともに保守派を粛正するものであり，革命の急進化を意味するものであった．しかし，三つ目の聖者議会の解散はその逆の流れ，第五王国派などの宗教的政治的急進派を排除するものだった．聖者議会解散の4日後，クロムウェルは護国卿に就任する．清教徒革命はこの時点をもって左派への傾斜を止め，以降は政治と宗教の反動が進展する．

102　Liu（1986），pp. 131-33, 138, 139, 140, 142.
103　Liu（1986），p. 204.

この３つの議会の粛清の間，常に宗教問題の主流派として政権に近い立場にありまた３つの粛清をバックアップしていたのは，会衆派のメインストリーム，ウェストミンスタ・アセンブリの「異を唱える兄弟たち」の流れを汲む者達である．特にトマス・ゴドウィン，フィリップ・ナイ，そしてもう少し若い世代に属するジョン・オーウェン（1616-83）は，クロムウェルの厚遇を得てオックスフォード大学の高位ポストや政府の宗教問題に関する委員会の主導的地位につき，さらには全国的宗教会議であるサヴォイ・カンファレンス（またはサヴォイ・アセンブリ，王政復古後1661年のものとは異なるので注意）も取り仕切った．だが，長く政権と親密な関係にあったにもかかわらず，この中道会衆派もまた，イングランド国教体制を改革することはなかった．以下では，聖者議会の宗教問題をめぐる議論とそれに対する中道会衆派の対応から話を始め，中道会衆派がどのような宗教的立場にあったか，彼らによるイングランドの宗教問題の解決がどのように未完に終わったかを，考察したい．

　聖者議会を詳細に考察しているのは，前節でロンドン教区の研究者としてとりあげたタイ・リュウである．リュウは同議会で議論された主要なテーマは，法，学問教育，10分の１税，聖職の４つであったとしている．このうち，聖者議会議員と中道会衆派の宗教的指導者たちの意見が最も異なったのは，10分の１税と聖職の問題であった．
　会衆派や分離派の聖職者たちは，これまでずっと真の信仰者からなる教会を主張し，10分の１税によって扶養される国定の聖職制度を攻撃してきた．その当然の帰結として，聖者議会では10分の１税と聖職制度の廃止が強く求められた．同議会は開会の４日後の７月９日には，これらの問題の議論に入っている[104]．
　しかし，聖者議会の中でもすでに10分の１税廃止に反対する勢力は強くなっていた．56対49票の小差で10分の１税問題は専門委員会に委託することが決議され，この専門委員会は10分の１税廃止を議論する代わりに，

104　Liu（1973），pp. 87, 100-101.

現聖職禄保有者に対する聴聞を行うことを決定した．つまりこの委員会は問題の完全なすり替えを行ったのである[105]．

　中道会衆派の指導者たちも10分の1税廃止に反対した．リュウは，フィリップ・ナイはこの反対において長老派と協力し，またシティ・オヴ・ロンドンのシェリフであったイーストウィックに働きかけてシティから10分の1税反対請願を提出させたとしている．この請願において，シティは，今は良き聖職者を中傷し迫害する者達に事欠かず，そうした者たちは「大学を破壊したり」，「記憶されている限りの全議会，裁判所によって彼らに当然支払われるべきものとして認められてきた古来から定められてきた扶持を取り去ることによって」聖職者を侮ろうとしていると，述べている[106]．ここで非難されているのは，明らかに第五王国派議員たちであった．当時オックスフォード大学の学寮長と副学長であったトマス・ゴドウィンとジョン・オーウェンは，同大学評議会を主導して，この請願に対してシティへの謝辞を贈らせているが，このことも中道会衆派とシティの連携を示している[107]．

　10分の1税問題と直結しているのは，国定の聖職制度の問題であった．会衆派は，原理的には各教会の自立を重んじ，全国的教会制度にも国定の聖職制度にも，否定的な面があった．にもかかわらず，中道会衆派の聖職者たちはこの問題について考えを変えはじめていた．

　リュウは，1652年前半にオーウェン，ゴドウィン，ナイ，シドラク・シンプソンその他の会衆派の指導的聖職者が残部議会に示した宗教的解決の計画「謙虚なる提案」を取り上げている[108]．ここでは，既存の国定の聖職制度を，聖俗委員からなる全国委員会と地方委員会の管理下に置いた上で，維持すべきであるとされている．これらの委員会は主に聖職者の審査と承認を行

105　Liu (1973), p. 101-102.
106　Liu (1973), pp. 106-107. フィリップ・ナイは，息子ジョンが長老派牧師のスティーヴン・マーシャルの娘と結婚していたという点から見ても，長老派と会衆派の橋渡し役であった．またマーシャルは，長老派でありながら1650年代にも議会で説教するなどする柔軟性を持つ聖職者であった．Liu (1973), p. 128. リュウは，あるロンドンの長老派牧師が10分の1税を失わないためには会衆派と協力せざるを得ないと述べていたことも示している．Liu (1973), p. 126.
107　ゴドウィンとオーウェンのオックスフォードでのポストについてはそれぞれのODNBの記事．またNuttall (1957), pp. 13, 16.

う機関と意図されており，教区教会から分離した礼拝集会を禁止してはいなかったが，分離教会の説教師に対する委員会の承認を要件とした．また15箇条の信仰の基本原理が作成され，各教会の礼拝活動に大まかな枠組みをはめる努力が払われた．ただ残部議会はこの提案を法律にする時間を持たずして解散された．

　この提案は聖者議会末期に復活して，激しい対立を引き起こし，この議会解散の原因となる．先ほど述べた10分の1税委員会は，12月2日にようやく報告書を提出するが，報告書の冒頭に15箇条の信仰基本原理の少し修正されたものが掲載されていた．すなわちこの委員会は，無知で神を汚す退廃的な聖職者を追放するためには何らかの全国的な委員会が必要であると述べ，イングランドをいくつかの地方管区に分けて地方委員を選任すべきことなどを提案した．また全国委員会委員として21名が推挙されていたが，その中にはゴドウィン，オーウェンの他オックスフォード，ケンブリッジ両大学の教授や学寮長など中道会衆派の有力聖職者が多数含まれ，長老派や洗礼派，ロンドンのいくつかの分離礼拝所の指導者も含まれていたが，第五王国派の中でも特に急進派は含まれていなかった[109]．

　リュウは，このころまでに中道会衆派は，長老派からの支持と，分離教会や第五王国派の中でも穏健な人々の支持を取りつけていたとしている．その中には，コルネリウス・バージェスのようなウェストミンスタ・アセンブリの中核にいて，国王裁判と処刑にも反対したかなり保守的な人物も含まれており，その他中道会衆派とほとんど交流のなかった会衆派牧師ジョン・ゴドウィン，さらには洗礼派のヘンリ・ジェシーやウィリアム・キフィンも含まれていた．また，議員や軍指導部の穏健派やシティの幹部からも支持を得ていた[110]．リュウはまた，53年秋にはクロムウェルが，一方で中道会衆派や長

108　この提案の署名者は，本書で出てくる人物に限ると，このほかにウィリアム・グリーンヒル，ジョン・ゴドウィン，ウィリアム・ブリッジ，ウィリアム・ストロングがいる．署名者全員の名前は以下に出ている．Liu (1973), p. 110n. ジョン・ゴドウィンは，会衆派としては急進派として知られるが，第五王国派には強く敵対している．また彼の支持者のアイザック・ペニントンなどのロンドン革命支持の市民らもそうであった．Liu (1973), pp. 122–23.
109　21人の名前は Liu (1973), pp. 112–13n.
110　Liu (1973), pp. 126–30.

図7 聖者議会の強制解散（同時代のオランダの銅版画）

老派との会談，一方で第五王国派との会談を行って，両者を調停しようとしていたとも述べる．しかし前者との会談は友好的に終わった一方で，後者との会談は失敗であり，第五王国派のクロムウェルに対する不満と不信を高めた[111]．

1653年12月聖者議会に提出された10分の1税委員会の報告は，それでも信仰基本原理を掲載しないなど第五王国派への大幅な譲歩があった．しかし聖者議会はこれを否決した．これが中道会衆派・穏健派議員の我慢の限界を超え，12月12日には穏健派議員の一団が議場を占拠し，軍事的に反対派を排除し，聖者議会は解散された．

聖者議会解散に続く護国卿政権樹立以降，ユートピア的な神の王国づくりといった思想は消え，清教徒革命の最終段階である現実的な保守反動の時代が訪れる．1654年3月には聖職候補者の資格を審査する審問官（trier）の全国委員会が設置され，オーウェン，ゴドウィン，ナイ，シドラク・シンプソン，ウィリアム・グリーンヒル，ウィリアム・ストロング，ジョセフ・カーライル，ヒュー・ピーター，ヘンリ・ジェシーなどが任命された[112]．このメンバーは，1652年の「謙虚なる提案」署名者や53年の10分の1税委員会の報告で全国委員として推挙された21名ともかなり重なり，人的思想的連続性がはっきり認められる．また，54年8月には，「退廃して無知で能力不足の聖職者や教師」を追放する資格剥奪担当官（ejecter）が各州で選任された．一方で10分の1税は，護国卿政権時代には議論されることはなく，そのまま徴収され続けた．以上の審問官と資格剥奪担当官は，従来のイングランド国教の教区教会制度と固定の聖職制度の上に設置されたものであり，それを否定したり改革したりするものではなかったことも重要な事実であ

---

111 Liu（1973），p. 133.
112 Trierは全員で38名．Jones（1962），p. 31. 任命された者の名称はLiu（1973），p. 142. Trierは，Commissioner for the Approbation of Preachersとも呼ばれた．Nuttall（1957），p. 14.

る[113].

　1654 年後半には，ナイ，ゴドウィン，シンプソンは，「宗教の基本原理を明確な言葉で起草するための委員」に選任され，オランダ語で『信仰の諸原理』を発表した[114]．

　ただリトル＆スミスの護国卿政権に関する近著によると，護国卿期の宗教政策の全体的方針は「良心（信仰）の自由」つまり宗教的寛容にあった．クロムウェルが護国卿に就任するにあたって作成された「統治章典 Instrument of Government」では，第35条で聖書に基づくキリスト教がこの国の公的信仰であると述べられた後，第36, 37条ではキリスト教信仰を持つ者は騒乱や不祥事を起こさない限り判断の違いによって迫害されてはならないとされ，第38条では宗教的「自由」に反する既存の全ての法律は無効であると定められた[115]．またリトル＆スミスは，オリヴァ・クロムウェル自身がこの「良心の自由」を重視しており，彼がソッツィーニ派やクェーカー教徒の訴追事件においても寛容な態度を示していたとする．また先述の聖職者審問官や資格剥奪担当官などの制度は，クロムウェルではなく，護国卿議会の長老派などの保守派勢力が強く推進したものであると述べている[116]．

　こうした広範な信仰の自由を是認する空気の中では，全国的に遵守すべき基本的宗教方針の作成はほとんど進展しなかった．ただ会衆派の研究者ジョーンズによると，オリヴァ・クロムウェルの最晩年の1658年7月ころに会衆派の代表者会議の開催が提案され，彼の熱意のない承認を得た．9月3日にオリヴァは死亡し，息子リチャード・クロムウェルが第二護国卿に就任するが，その後も会衆派会議の準備は継続され，まずロンドンの諸教区教会の長老会に協力を求めた後，そこから地方の主要教会に代表派遣が依頼された．

　この結果，1658年9月29日から10月12日の間に，ロンドンのサヴォイ・ホスピタルでこの会衆派代表会議が開催される[117]．サヴォイ・カンファレン

113　Liu (1973), pp. 142-43 ; Nuttall (1957), p. 14. Sherwood,
114　Nuttall (1957), p. 14 ; Wilson (1808-14), vol. 1, p. 217.
115　Little & Smith (2007), pp. 39-40.
116　Little & Smith (2007), pp. 197f.
117　Jones (1962), p. 35.

図8 ジョン・オーウェン

スの参加者名簿は残っていないが，ジョーンズやナットールはリチャード・バクスタの自伝などを調査した上で，200名ほどの出席者があり，そのほとんどは俗人で，100から120の教会を代表していたとしている[118]．事前に，トマス・ゴドウィン，フィリップ・ナイ，ウィリアム・ブリッジ，ウィリアム・グリーンヒル，ジョセフ・カーライル，ジョン・オーウェンが信仰告白の草案を用意し，それが全会議に示された．10月12日には，カンファレンスは「サヴォイ宣言」とよばれる文書に同意し，リチャード・クロムウェルに提出された．このサヴォイ宣言は，現在までイングランド会衆派の信条として使用されている[119]．

トマス・ゴドウィンは，この文書策定の目的を，「この国だけでなく外国の一部の人々から我々に負わされている不面目—独立主義（会衆派）は異端と分裂の汚水だめになっている—を取り除くため」だとしている．また，会衆派と長老派の間の「全国的規模での一致」に貢献するために作成されたものであるともいわれた[120]．

ただ，オリヴァ・クロムウェルの死亡とリチャードの後継者就任は，社会情勢を大きく変えていた．リチャード・クロムウェルの信条は会衆派よりも長老派に近く，長老派の勢力は盛り返していた[121]．ジョン・オーウェンが長らく就任していたオックスフォード大学副学長ポストも，長老派に取って代わられた．

サヴォイ宣言の内容は以下のようなものである．説教は正規の牧師に限定されず，その業務にふさわしい能力を持ちかつ公的に賛同された者は行いうる．ただ国家と連携し，政府によって牧師・説教者が任命される場合も考え

---

118 Nuttall (1957), p. 18; Jones (1962), p. 35.
119 宇田 (1991)，463-64頁．
120 Jones (1962), pp. 35-36.
121 Little & Smith (2007), pp. 215f.

られる．その場合は，牧師は，たとえこれまで分離礼拝集会に参加してきた者にしか洗礼・聖餐を行ってこなかったとしても，教区民全員に司牧を行わなければならない．各教会は，その教会の会衆に対してのみ，訓戒・除名の権限をもつ．各教会は全教会の福利安寧に深い関心を持つべきであり，教会間の協力は不可欠である．困難が生じた場合には，問題が起こっている会衆に適切な忠言をするための代表者会議（シノッド）が開かれうるが，制度化された諸教会の団体としての国定のシノッドは，キリストが組織したものではない．また，この宣言は最後に，サヴォイ・カンファレンスに未参加の教会に参加を呼びかけている[122]．

第7節　革命期のボディントン家とロスベリ教区

　最後に，革命期のボディントン家について，検討しておきたい．第一の問題は，本章第1, 2節に提示した社会経済的観点から見て，ボディントン家は王党派の多い独占会社商人，議会派の多い新興商人どちらの側に分類すべき人々だったかということである．第2の問題は，ボディントン家が実際に革命期どのような宗教的・政治的立場にあったかという問題である．

　第1章第1節で見た事実によると，ボディントン家第1世代がロンドンに出てきた時期は1630年代と考えられる．またその出自は，紋章を持たない地方の中小地主で，しかも零落していた．彼らが頼って出てきた母方の叔父も特に有力者だったとは考えられない．また，ジョージ・ボディントン1世の残した遺産は借地権からなり，明らかにつつましいものである．以上から考えると，ボディントン家は間違いなくロンドン社会においては新参者であり，ジョージ1世が死亡した1670年頃になってもそれほど富裕ではなかった．

　またボディントン家の第一世代，第二世代は十二大リヴァリ・カンパニの末席のワイン商組合やクロスワーカー・カンパニに入った者もいるが，もっ

---

[122]　Jones (1962), pp. 37–38.

とステイタスの低いカンパニに入った者も多い．またジョージ・ボディントン1世は，フランドル方面への毛織物輸出を行ったり，息子ジョージ2世にも冒険商人組合の事業を学ばせたり，ジャマイカへ毛織物輸出をさせたりしているが，基本的には国内卸売商であったと考えられる．また息子に冒険商人組合の事業を学ばせているにもかかわらず，自分も息子もそのメンバーシップを取得した形跡はない．つまりジョージ1世は，第1章第2節で確認したように，国内商だが一方パートタイムで時々海外貿易に参加するような商人だったと確認できる．

しかも，第4章第7節に詳しく説明するが，彼の息子ジョージ2世と弟トマスはレヴァント会社のメンバーシップを取得する前にレヴァント貿易に着手しており，レヴァント会社にそれを問題視されたのち，非公式な手続きでメンバーとなっている．つまり，ボディントン家は，レヴァント貿易において無免許貿易業者であった時期がある．

第4部第10章で見るが，17世紀後半ボディントン家は，北海やレヴァントへの毛織物輸出と並行して何度か西インドとの交易も試みている．また第二世代のエリザベス（ジョージ2世の姉）は，バルバドス商人でありアンティグア総督にもなった人物ジェイムズ・ヴォーンと結婚している．従って，ボディントン家は大西洋商人と呼べるほどではないにしても，ある程度は大西洋にも関与していた．

以上から見て，ボディントン家は，17世紀前半のロンドン商業界では新参者であり，国内商でありながらかなりなりふり構わず海外貿易に進出しようとした形跡も見られ，ブレナー言うところの新興商人に分類していいであろう．

また，第3部第6章で取り上げるボディントン家の重要な姻戚であるスキナー家の係累には，ブレナーがはっきり大西洋商人と位置づけた人物がいる．それは，ローレンス・ブリンリとエイブラハム・バビントンである．ブレナーは，ローレンス・ブリンリが反スペイン的な新興大西洋商人であり，革命前夜には親国王のロンドン塔司令官トマス・ランズフォードの解任を支持する署名をし，1642年には王党派の市民に対して抑圧的措置をとるよう市会に請願したメンバーの一人でもあったとしている．またブレナーは，エイブラ

ハム・バビントンは，ローレンス・ブリンリとともに，アイルランドの叛徒から没収する土地への投資プロジェクトである「追加海外事業 Additional Sea Adventure」に投資していたとし，彼を新興商人＝革命支持派のグループに位置づけている[123]．ブリンリ家については巻末のブリンリ＝ジャクソン＝トレビ系図を参照されたいが，同家はニューイングランドに移民した親族も持っていた．また，ローレンス・ブリンリとエイブラハム・バビントンはともに，1649年設立でジョージ・ボディントン2世の舅ウィリアム・スティールが総裁であった宣教組織ニューイングランド会社（福音伝道協会）のメンバーだった[124]．

次に革命期のボディントン家の思想と行動であるが，ジョージ2世の手記は自身が子供であった革命期についてはほとんど語っていない．そこで以下では，ジョージ1世が居住していたロスベリ教区の教区会議事録（vestry book）とボディントン家の姻戚について断片的に得られる情報から解ることを述べておきたい．

ジョージ・ボディントン1世が在住したセント・マーガレット・ロスベリ教区は，タイ・リュウによると，10分の1税課税対象家屋が50から100軒程度でシティの中では小さい方の教区であり，住民は小商人か職人が主で，貧民も多い方であり，あまり富裕な教区ではなかった[125]．同教区の教区会議事録を確認すると，持ち家居住者（householder）は16世紀末で50–70名程度，17世紀後半では150名前後であり，それに対し貧民は30名前後である[126]．

街区（ward）から見ると，ロスベリ教区はコールマン・ストリート街区とブロード・ストリート街区の両方にまたがっていた．同教区は，西側半分がコールマン・ストリート街区，東側がブロード・ストリート街区に属していたので，それぞれをウェスト・エンド，イースト・エンドと呼び，それぞれ

---

123 Brenner (1993), pp. 327, 365, 398, 406–07.
124 Kellaway (1961), pp. 18, 290–91.
125 リュウはシティの教区を教会10分の1税課税対象の家屋軒数①50軒未満，②100軒未満，③200軒未満，④200軒以上の4ランクに分類し，セント・マーガレット・ロスベリを②に位置づけている．Liu (1986) pp. 23, 29.
126 Freshfield (1887), p. XX. 正確な数字を揚げると，1623年には戸主85名，貧民が29名，1663年には戸主156名，貧民13名であった．

第2章　ロンドンと革命　｜　109

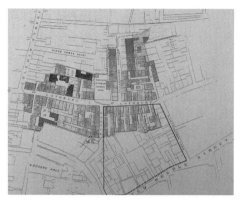

図9 ロスベリ教区(1677年. 囲みは現イングランド銀行敷地)

に教区役員を選出し税徴収を行っていた[127]. ボディントン家は, この両方の領域にまたがって複数の不動産を持っていたようである. しかし同家の本拠は, コールマン・ストリート街区にあった. ボディントン家のメンバーが教区役員になるときは, 常にウェスト・エンドから選出されている[128].

コールマン・ストリート街区には, ロスベリ教区のウェスト・エンドのほか, セント・スティーヴン・コールマン・ストリート教区と, セント・オレイヴ・オールドジュウリ教区が含まれており, 中でもセント・スティーヴン・コールマン・ストリート教区が同街区のほとんどの面積を占めていて, 大きな影響力を持っていた. これまでも述べてきたが, このセント・スティーヴン・コールマン・ストリート教区は, シティの中でも宗教的にも政治的にも最も急進的で, 教区教会そのものが会衆派の強い影響下にあった. 同教区教会ではジョン・ダヴェンポートが教区牧師をしていたが, 彼はカルヴァン主義者で, 第4節でもみた「俗人管理教会財産受領者」のメンバーとしてカルヴァン主義者の聖職就任を支援しており, 1633年ロードがカンタベリ大主教になるとロッテルダムに亡命し, その後ジョン・コトンの招きでニューイングランドに渡った. 彼の後任としてこの教区教会牧師になったのはジョン・ゴドウィンで, 彼は革命期初期に長老派によってこの教区教会を追われ, 同教区内で分離派礼拝集会を行っていたが, 長老派勢力の後退とともに再び教区教会に迎えいれられている[129]. また同教区には, 短期議会・長期議会でシティから選出される下院議員であり, 42年以降ロンドン市長となる急進派の商人アイザック・ペニン

---

127 Freshfield (1887), pp. XV-XVII.
128 Freshfield (1887), pp. XVI-XVII.
129 Tolmie (1977), pp. 111-16. Watts (1978), pp. 63-64. Nuttall (1957), p. 15.

トンが住んでいた．1642年1月4日に国王に追われた急進派下院議員5名が逃げ込んだのは，この教区のペニントンの自宅であったともいわれている．同教区は，41年12月21日のコモン・カウンシル・マン選挙では2名ともに反国王派の新人，富裕な商人のカレブ・コッククロフトと[130]，議会派ピューリタンで後に国王処刑者となるオーウェン・ロウを選出した[131]．

しかしこの急進的な教区に隣接していたにもかかわらず，ロスベリ教区は穏健的，むしろ保守的だったようである．同教区では，清教徒革命以前には国教への抵抗や分離派礼拝集会の設立の動きはなく，1627年から43年まで誠実な国教支持者のハンフリ・テイバーが教区牧師であった．テイバーは，1643年「厳粛なる誓約と同盟」への署名を拒絶してこの教区牧師の職を追われたが，この後も教区民は彼に10分の1税の一部を支払っている[132]．一方でロスベリ教区では，ウェストミンスタ宗教会議に従って長老会を選出し，革命期を通して安定した長老制による教区運営を行った[133]．だが1652年には，同教区の長老会は，国教支持者のクリストファー・フラワーを教区牧師として選出している．

このようなロスベリ教区において，ジョージ・ボディントン1世はどのように生きていただろうか．第1章第1節で，ジョージ・ボディントン1世は1642年6月から教区会議事録に登場すると述べた．教区議事録には，1643年10月6日，真の信仰を擁護するため国王に敵対してイングランド議会に忠誠を誓うための「誓約と契約 vow and covenant」の署名が集められた際の署名者の記録が残っている．ここには女性も含む245名の教区民の署名があるが，この署名者の1人にジョージ・ボディントン1世がいる．また1644年には，同教区にもスコットランドとの盟約「厳粛なる誓約と同盟」の署名が回ってきているが，165名の男性住民の署名者の中にジョージ・ボディン

130　Wren (1949), p. 50. Caleb Cockcroft は冒険組合商人でありレヴァント商人であった．ブレナーは，彼を熱心なピューリタンで革命期，議会派となった少数派の冒険組合商人に位置づけている．Brenner (1993), pp. 71, 77, 81, 384, 386.
131　Pearl (1961), pp. 135, 344. 37.
132　Freshfield (1887) p. XIV. テイバーは1654-55年には他の保守派教区で教区牧師を務めた．Liu (1986), p. 134.
133　Liu (1986), pp. 55, 89.

第2章　ロンドンと革命　｜　111

トン1世も入っている[134]．

　ジョージ・ボディントン1世は，清教徒革命中に教区の役職もいくつか担当している．彼はまず1652年には教区会会計の監査役8名のうち一人となっている．また56年にはウェスト・エンド地区の救貧税徴収役の候補となっており，57年にはウェスト・エンド地区の教区委員および救貧税徴収役の候補者になった．58年には貧民監督官（overseer for the poor）に選出されている．59年には再び教区委員候補者となり，救貧税徴収役に選出された．また同年には，教区教会の講師（lecturer）選出のための委員31名のうち一人となっている．清教徒革命後になるが，1661年には下位教区委員に選出され，翌62年には上位教区委員となった[135]．63年には教区委員帳簿監査役候補者となり，63-4年にはふたたび貧民監督官，65-6年には教区委員帳簿監査役となった．その後彼はずっと監査役を担当していたようであり，監査役会議議事録では1670年12月まで彼のサインがある[136]．

　この一方，彼は教区から3～7名程度選ばれる長老には選ばれていない．また街区から数名選ばれる市会議員にも一度も選出されていない．総合的に判断すると，ジョージ・ボディントン1世は，持ち家保有者150-60人ほどのそれほど富裕でないロスベリ教区において，上位数名の中には入らなかったが，上位2，30名の中には入るくらいのステイタスの人間であったと言えよう．

　以上，ジョージ1世は，この少し保守的な教区で，大勢の意見に逆らうことなく安定して長期にわたって教区の役職をこなしていたことがわかった．彼は，長老制による国教制度を支持し，その枠組みの中でなら国教支持のフラワーのような人物が教区牧師に選任されることにも反対しなかった．

134　Freshfield（1887），pp. 77-81．
135　Freshfield（1887），pp. XVI-XVII, 100, 105, 107-12, 115．
136　Freshfield（1887），pp. 121-28．ロスベリ教区での教区役員選出方法について補足する．同教区の場合，任期2年で2名選出される教区委員（churchwarden）の場合には，毎年イースト・エンドかウェスト・エンドどちらかから1名選出して，任期1年目の委員が下役（under-churchwarden），2年目の議員が上役（upperchurchwarden）になるようになっていた．救貧税徴収役の場合には，ウェスト・エンド担当者とイースト・エンド担当者と各1名選出されていた．

清教徒革命期のボディントン家についてはこれ以上のことがわからないので，王政復古以降ボディントン家の姻戚となるいくつかの家について，この時期教区においてどうすごしていたかを見ておこう．

　まず，ジョージ・ボディントン 2 世の最初の妻の父ウィリアム・スティールであるが，彼はすでに第 1 章第 4 節で述べたように，クロムウェル政権下で活躍した政治家である．シティの市政では，彼はロンドン・ウェストミンスタ軍事法廷受託裁判官や市裁判官などの重職をつとめているが，彼の在住していたクライスト・チャーチ教区の長老にもなっている．ちなみに彼とともにこの教区のリーダーであったのは，本章第 2 節で紹介したモーリス・トムソンの帰依した牧師ウィリアム・グリーンヒル，そしてクロムウェル側近でその娘婿でもあった軍人兼政治家ヘンリ・アイアトンの兄弟でロンドン市長であったジョン・アイアトンである[137]．

　次にジョージ・ボディントン 2 世の弟ジェイムズの妻メアリの父ヘンリ・グレイと，グレイの妻の姉妹が結婚したニコラス・スキナー，グレイとスキナーの妻の母の出た家であるバビントン家についてみてみよう．これらの一族の関係については，スキナー家系図上方を見ていただきたい．スキナー家親族網の詳細については第 6 章に譲るが，清教徒革命期に彼らが所属教区でどうすごしているかをここで確認しておこう．

　タイ・リュウは，革命期のセント・ニコラス・エイコンズ教区[138]の長老として選出された人物として，ジョン・バビントン，ニコラス・スキナー，ヘンリ・グレイの名前を挙げている．また彼らは 3 人とも，この教区から市会議員に選出されていた．リュウは，彼らを長老派の穏健なピューリタンであったと述べ，また経済的には最富裕層の次に位置する中流の商人であったと考えている[139]．

　遺書からの情報でジョン・バビントンにはエイブラハム・バビントンという兄弟がいたことが解っているが，この人物はジョージ・ボディントン 2 世

---

[137] Liu (1986), p. 226.
[138] 同教区は，66 年のロンドン大火で教区教会を失い，その後セント・エドモンド・ロンバード・ストリート教区に統合された．
[139] Liu (1986), pp. 62, 236.

第 2 章　ロンドンと革命　113

の舅ウィリアム・スティールが総裁をしていたアメリカでの布教組織ニューイングランド福音伝道協会のメンバーであった．また第6章の表6-1を見ると，ジョンとエイブラハム・バビントンは，ロンドン地域における1646年10月勅令（大主教・主教廃止とその財産を議会のために使用）委員，1649年5月勅令（ロンドン貧民雇用・浮浪者処罰）委員，1654年8月勅令（不道徳・無知・能力不足の牧師・教師排除）委員，1659年市民軍徴兵委員，1660年10万ポンド課税徴税委員に選出されている．

さらにスキナー家系図上方右を見ると，ニコラス・スキナーの息子ジョンの妻スザンナの実家にブリンリという家があるが，これが先述した大西洋商人ブリンリ家である．スザンナの父ロバートの従兄弟がローレンス・ブリンリであるが，彼はセント・メアリ・マグダレン・ミルク・ストリート教区で長老に選ばれている[140]．

スキナー家の親族・姻族にはまだまだ清教徒革命中に活躍した人間がいるが，それについては第6章に譲りたい．以上の情報は，ボディントン家とその将来の姻戚となる人々は，教区のリーダー的立場にあり，革命期の政権に従い地域リーダーの職責を果たしていたことを教えてくれる．彼らが革命の積極的支持者だったのか，ただ事態を受動的に静観していただけなのかは，よく解らない．しかし第6章では，スキナー家の姻戚にもウィリアム・スティール並の大物政治家がいること，またニコラス・スキナーの2度目の妻はオリヴァ・クロムウェルの遠縁であることなどを明らかにしていく．また，スキナー家，ボディントン家は，革命後いずれも非国教徒になることを選択する．それらから考えると，以上の人々は，革命期にもただ事態を甘受していたのではなく，革命の大義を信じておりその実現と定着のために真摯に教区の職責を果たしていたと言えるのではないだろうか．

補　論

王政復古後の話に入ってしまうが，興味深いのはジョージ・ボディントン1世が1660年以降も変わりなくロスベリ教区の役職を続けていることであ

140　Liu (1986), p. 234.

る．教区会議事録では，ジョージ・ボディントン1世は1662年以降70年まで教区会に参加し続けており，また彼の次男のジェイムズがその後出席し続けていることが確認できる．ジェイムズは1687年1月には，教区会の中に設けられた14人委員会のメンバーとなっている．ただし，ジェイムズは，1693

図10　セント・ヘレン教区教会の現在

年に教区委員および救貧税徴収役に選出された時就任を拒否し，罰金10ポンドを支払っている[141]．

　ロスベリ教区の教区会議事録には，1663年9月25日「ボディントン氏が今後も教会の座席を保持するよう指示があった」という記述がある[142]．ジョージ・ボディントン1世は66年の大火まではこの教区に在住しており，住民が教区教会に座席を持つことは当然のことである．にもかかわらずこのことがわざわざ確認されているのは，彼が非国教礼拝所に主に通うようになっており，それでもなお教区教会に座席を確保することを認められたという意味にもとれる．もしそうであれば，国教の教区会側としても，非国教徒を教区のメンバーとして受け入れ続けようとする意志があったことになる．

　またジェイムズの兄ジョージ・ボディントン2世は，王政復古期にはセント・ヘレン教区にいたが，こちらの教区会議事録を見ると，ジョージ・ボディントン2世は1696年5-6月には，数名の教区民を教区民生委員・教区委員の役職から免除する代わりに彼らに教会修理費を拠出してもらうための委員会（8名）の1人に選ばれている．また1700年1月には，教区委員が提出する保証金の預かり役となっている．この保証金は1人100ポンドとかなり高額であり，これを預かる仕事には大きな責任がともなっていたと思われる．このように，ジョージ2世もまた弟ジェイムズと同様，非国教徒になってか

141　Freshfield（1887），pp. 149-50.
142　Freshfield（1887），p. 120.

らも国教教区教会の重要な業務の担当者となっていた[143]。

　非国教徒が，非国教徒であることを自他ともに認めながらも，国教教区教会の重要業務担当者であり続けたことは，当時の人々が教区を宗教的枠組みとしてだけでなく，行政単位として理解していたことを示しているとも考えられる．

143　Cox（1876），pp. 113-14, 119.

第3章

ピューリタニズムの敗北

　1658年9月3日のオリヴァ・クロムウェルの死からチャールズ2世がイギリスに帰還する1660年5月25日までの時間は，1年10ヶ月に満たない．この間には，第二護国卿リチャード・クロムウェルの短い統治，軍のクーデタ，スコットランド総司令官ジョージ・マンクのロンドン入城と長期議会の復活，長期議会と仮議会で多数派を占めた長老派議員による王政復古の交渉，これを受けてのチャールズ2世によるブレダ宣言発布などがあったが，ここでは詳述しない．

　王政復古は，一部の軍指導部や急進派市民を除き，ほとんどの国民に支持されたできごとであった．革命の宗教的大義を信じていた者達にとって，王政復古の最大の関心事は，君主制か共和制かといった政治体制ではなく，宗教体制にあった．チャールズ2世は，ブレダ宣言においてはイングランド国教のある程度の改正も暗示していたが，結局はエリザベス時代のイングランド国教をそのまま復活する．これこそが，このときをもって新教非国教徒が大量に発生した原因であった．またこの時点こそが，ピューリタニズムによる国教改革の機会が永遠に失われた時でもあった．本章では，この王政復古時代をボディントン家の人々はどのように生きたのか，このときの彼らの生き方は彼らの子孫やその後のイギリス社会にとってどんな意味を持っていたのかを考える．

第1節　ボディントン家と王政復古

「チャールズ2世は国王宣誓の後，帰国しロンドンに入市した．私の父は，彼の復位を熱心に支持していたので，任命された他の市民達とともにブラックヒースまで馬に乗っていき，彼（国王）とともに入市した．この時，母以外の家族全員が騎馬行進を見に行った．私は家族の中で一番先に家に帰ったので，私の母は扉を開けて私に「ジョージ，国王を見たの」と尋ね，私は「はい」と答えた．母は「国王はどんな様子の人だったの」と尋ね，私は黒くていかめしい人だったと答えた．母はその言葉に振り向き，泣きながら「おまえを他の神様に仕えるよう追い出してしまいますよ」と言ってまた泣いた．夕方，アントウェルペン商人のアブラハム・ル・グーシュ氏が到着し，いつものように私たちの家にやってきて母と居間にいると，父が帰ってきて，たいへん嬉しそうに，国王が無事にホワイトホール宮に入城するのを見届けたと言った．ル・グーシュ氏は「君は国王がプロテスタントだと思っているのかね」と尋ね，父は「そうだ，いったい誰があえてそうではないと言うのか」と答えた．（ル・グーシュ氏は）「私はあえてそう言おう．私がアントウェルペンの私の父の家にいたとき，お向かいに国王とヨーク公（王弟，後のジェイムズ2世）の暮らしていた家があったが，私は彼らが大聖堂にミサのためでかけるときに彼らについて行って，司祭が彼ら二人へのサクラメントで聖餅（wafer）を全部彼らの口に入れるのを見たんだ」と言った．これを聞いて父は非常に怒ったが，その後12ヶ月のうちに，彼らがカトリックであると完全に確信したのだった[1]．」

チャールズ2世は1660年5月25日ドーヴァに上陸し，29日にロンドンに到着した．王政復古を支持しその準備にあたってきたロンドン市民の代表団は，ドーヴァ＝ロンドンを結ぶ街道の町ブラックヒースに国王を迎えに行

1　CLC/426/MS10823/001.

き,ロンドンまで随行する.この奉迎団には王政復古の準備にあたってきた長老派穏健市民と復活した国教派市民が選ばれ,急進的とされた市民は除外された.ロンドンは国王歓迎のために盛大に飾り付けられ,街頭には人があふれ,国王はシティからウェストミンスタのホワイトホール宮に到着するまでに4時間もかかったという[2].

図11　1660年5月23日イギリスに向かうためスヘフェニンゲンを出港するチャールズ2世

手記の著者ジョージ2世の父ジョージ・ボディントン1世は,この一団の中に入っていたのである.

　ここに描かれる情景は,一穏健派ロンドン市民の新国王への期待が,フランドル商人からの新国王がカトリック教徒であるという情報により,一挙に大きな落胆に変わるというものである.アントウェルペンの聖餐式の問題性はここからだけではよくわからないが,発酵パンではなくイースト菌を使わないウェファース(ホスチア)を用いていること,ワインを用いない一種陪餐であること,司祭が自ら聖餅に与っていないことなどから見て,当時のピューリタンにはこれらがローマ=カトリックの典礼と断ずべきものに見えたのかもしれない[3].

　ジョージ・ボディントン1世が穏健な市民であったことは,国王奉迎に参加できたことで証明されている.そのような穏健派市民でさえ国王の宗教姿勢に失望したということは,彼のように感じた市民が他にもたくさんいたことを物語っている.本章では,このように王政復古に期待しながらその宗教的解決に裏切られたと感じたたくさんのロンドン市民がこのあとどのように考え行動したのかを,ジョージ・ボディントン親子の行動を通して検討していきたい.ただその前に,王政復古の宗教的解決自体がどのようなものだっ

2　De Krey (2005), p. 3.
3　カルヴァン派の聖餐式の式次第についての考え方は,ウェストミンスタ・アセンブリで定められた長老派信仰告白のウェストミンスタ信仰告白第29章を見よ.日本基督改革派教会 (1964), 99-101頁.発酵パンと聖餅をめぐる問題については Collinson (1967), pp. 34, 367.

第3章　ピューリタニズムの敗北　|　119

たかを以下二つの節で見ておきたい．

第2節　王政復古の宗教的解決

1660年4月にチャールズ2世が発したブレダ宣言は，革命期におこったできごとに対する寛大な措置と柔軟な宗教政策を約束していた．それゆえに王政復古の立役者であった長老派は，王政復古を長老制で国教を改革するチャンスであると認識していた．

長老派のこうした姿勢，つまり国教に長老制を包含させるという考え方は包含政策（comprehension）と呼ばれた．しかしこの政策は国教から反対されただけでなく，他のピューリタンからも拒否された．長老派以外のピューリタンは各教会による自立的運営を重んじる会衆制をとっており，監督制であれ長老制であれ国定の教会制度を否認していたからである．彼らは，国教改革よりも，国家が彼らの自由な礼拝活動を黙認してくれることを望んでいた．こうした態度は寛容政策（tolerance）と呼ばれる．長老派以外のピューリタンは，もし包含政策が達成され国教が長老制に改正されたなら，ピューリタン最多数派の長老派は国教に合流し，その結果他のピューリタンに対する寛容はむしろ後退すると予測していた．

国王自身は，帰国後しばらくは宗教問題に関して協調姿勢を維持し，とくに長老派に対しては友好的な態度を示した．まず彼は国王付司祭としてリチャード・バクスタやエドマンド・カラミ（1600-66），レノルズ，ベイツ，マントンほか9名の高名な長老派聖職者を選任し[4]，さらに彼らを各教区の主教や執事など高位聖職者ポストに推挙した[5]．また国王は，サイオン・カレッジにおいて，上記の長老派の国王付司祭に非公式な宗教会議を開催させ，イングランド国教の監督制を長老制よりに修正できないかどうか議論させた．

---

[4] 長老派牧師は Reynolds, Edmund Calamy, Spurstow, Richard Baxter, Bates, Manton, Wallis, Case, Ashe．ただしこのうち前者4名のみが，国王御前での礼拝を行うことを認められた．Drysdale (1889), p. 375. Bosher (1951), p. 151.

[5] Drysdale (1889), p. 378. 実際に主教職を受諾したのはレノルズのみだった．Edmund Calamy はコヴェントリおよびリッチフィールド主教を提供されたが，辞退した．

さらに国王は，サイオン・カレッジで出た修正案をまとめ，1660年10月に「教会問題に関する国王から愛する臣下全員への宣言」（ウースタ・ハウス宣言）として発布し，長老制の一部採用，シノッドの開催，各牧師に裁量権を残すこと，また同数の国教牧師とピューリタン牧師が出席する会議で一般祈祷書を見直すことなどを約束した[6]．

だがこのころには，政界・宗教界はすでに保守反動へ傾斜し始めていた．王政復古後勢力を盛り返したのは，元王党派や，清教徒革命期にスコットランドとの連携や長老制の受容を拒否し，「厳粛なる誓約と同盟」への署名を拒絶して牧師職からの追放などの苦難に耐えた国教聖職者たちだった[7]．こうした国教派の中でも最右翼の人々は，高教会派あるいはロード派と呼ばれ，ピューリタン的な国教改革を一切拒絶した．

1661年5月王政復古後初の総選挙が行われると，長老派は約60議席を失い，その一方で高教会派やロード派が多くの議席を得た[8]．この議会は騎士（カヴァリエ）議会と呼ばれ，この後1679年まで改選されることなく維持され，王政復古期のほぼ全ての法制度を整えることになる．

騎士議会招集の1ヶ月前の1661年4月，ウースタ・ハウス宣言の中で約束された国教聖職者・ピューリタン聖職者の合同会議が，ロンドン主教宅のサヴォイ・ホスピタルで国教聖職者と長老派聖職者各12名を集めて開催され，一般祈祷書の改正についての議論が始まっていた．この会議もサヴォイ・カンファレンスと呼ばれる[9]．前章で見た1658年の会衆派教義を定めた同名の会議と区別することに留意されたい．1ヶ月後の議会選挙の結果は，この会議に大きく影響した．騎士議会では，ウースタ・ハウス宣言自体が法案として提出されたが，即座に否決された．

こうした下院の保守化を背景に行われたため，サヴォイ・カンファレンスでは国教側は非妥協の姿勢を鮮明にし，結局十分に会合も開催されないまま

6　Drysdale (1889), pp. 375-76.
7　以下の文献によると，この誓約拒否によっては8600の聖職ポストのうち2425人が離職させられた．Bosher (1951), p. 5. ただ復職した者もかなりいたため，革命期に追放された国教聖職者の正確な数値は解らない．
8　De Krey (2005), pp. 60-61. Bosher (1951), pp. 244.
9　Bosher (1951), p. 245. このときの長老派の出席者についてはDrysdale (1889), p. 381.

国教改革は全面的に拒否された。61年6月には大主教区会議（convocation）が開催され、ここにおいてエリザベス女王期の39箇条信仰告白を全面的に維持したイングランド国教の復活が決定した[10]。

これ以降、国教以外の宗派に対する政治的圧力は急激に高まった。議会は、1661年には自治体法（13 Car. II stat. 2, c. 1）を制定し、都市自治体役職就任の条件として、就任1年前に国教の聖餐式を受けることと「厳粛なる誓約と同盟」を否認することを定めた。次に1662年5月には信仰統一法（14 Car. II, c. 4）を制定し、全聖職者に同年8月24日の聖バーソロミューの日までに国教の一般祈祷

図12　追放牧師の告別説教集（ヴェニング、コリンズ、カラミの名が見える）

書に従うことを義務づけた[11]。

信仰統一法の内容は、ピューリタンのうち最も多数派で穏健であり王政復古自体の立役者でもあった長老派にとっても受容できないものだった。その結果、長老派は会衆派や洗礼派その他の新教非国教宗派とともに、国教から離脱する。こうして信仰統一法の施行日1662年8月24日には、当時の聖職者7000名中約2000名、それも働き盛りの30-50才代の者たちが聖職を辞すという事態が起こった[12]。先述したチャールズ2世の国王付司祭となっていた9名の長老派牧師のうちレノルズをのぞく8名も、このとき職を辞している。

国教聖職者の中には、清教徒革命期を通して多くの国教聖職者が教区教会

10　Bosher (1951), pp. 226-230.
11　信仰統一法全文は、Drysdale (1889), pp. 383-86.
12　Calamy (1713), vol. 1, p. 192. Baxter (1931), p. 17. 正確には信仰統一法施行前に追放された聖職者が300名あまりおり、信仰統一法で教区教会・大学神学部等から追放された牧師は1900人弱、その他はっきりしない日付に追放された者が150人くらい、また信仰統一法当時聖職禄を持っていなかったが説教を禁止された者（silenced minister）が100人前後くらいであったとされている。追放牧師の人数についての様々な見解については以下、Whiting (1931), pp. 10-13.

を辞職させられ[13]、その後に多くの長老派聖職者が就任したとして、ピューリタン側こそ先例を作ったと主張する者もいた[14]。しかし1662年追放牧師のリストを作成した歴史家エドマンド・カラミは、清教徒革命中議会によって引退させられた牧師には収入の5分の1が保証されたこと、また長老派は監督制が少しでも改正されたなら国教を遵奉する用意があったこと、なにより長老派の中には生命をかけてチャールズ2世を支持したものも含まれていたことなどを指摘し、1662年法はあまりにも不当であったとしている[15]。

第3節　1662年信仰統一法

　ここで信仰統一法の内容について、特にどのような点で穏健派のピューリタンにも受認しがたいものだったのかを、信仰統一法によって職を失った追放牧師エドマンド・カラミの孫で自身も長老派の非国教聖職者兼歴史家であったカラミの整理にしたがって見ておきたい。

　カラミは『国教不遵奉 nonconformity の根拠』という著作の中で、信仰統一法が課した条件で長老派にとって問題だったものは、以下の5点だとしている。1点目は、もし英国国教監督制度によって聖職の叙任を受けていなければ、それを受けなくてはならないということだった。この規定は、革命初期に議会がウェストミンスタ・アセンブリの決定を受けて一時監督制と大主教・主教職を廃止し、長老聖職者集会（Assemble of Senior Pastors）という組織において聖職者を叙任していたため、当時のほとんど全ての牧師に影響があった。長老派にとっては長老聖職者集会こそ正当な組織であったため、この組織による叙任を無効と認め監督制主教により再度叙任を受けるという行為は容認できなかった。2点目は、一般祈祷書の全内容と英国国教の秘蹟・典礼・儀式、主教・司祭の祈祷や叙任・任命の方法に真摯な賛同を、口頭で

13　国教側の追放牧師については18世紀初めのジョン・ウォーカーの試算としては3334人だが、マシュウは2000人強だったとしている。Matthews (1948), p. XV. ホワイティングはウォーカーの試算を支持する。Whiting (1931), p. 8.
14　この人数については Whiting (1931), pp. 10–13.
15　Calamy (1713), vol. 1, p. 193.

声明しなおかつ署名することを求められたことだった．一般祈祷書は王政復古後ごくわずかに改正されたが，カラミは，この改正一般祈祷書は8月24日の数日前まで公表されなかったため，ロンドン在住者以外の者は事前に内容を知ることができなかったと述べ，また洗礼時の儀式に長老派も容認できないものがふくまれていたとしている．3点目は，教会法に服従の誓約を行い，管区長への服従を宣誓することを統一法が求めていた点であり，これこそ高位聖職者の広範な監督権を受け入れるものであって，長老派には容認できなかった．4点目は，1643年スコットランドが軍事同盟と引き替えに長老制の受け入れをイングランド議会に要求しほとんどの議員や聖職者，市民が誓約を行った「厳粛なる誓約と同盟」の誓約破棄である．信仰統一法は，「厳粛なる誓約と同盟」は政府と教会制度の変更を目的としておりこのような誓約に効力はないとし，この誓約は違法に強要されたものだったと宣言することを聖職者に要求していた．長老派の多くの聖職者は，この誓約の否定は偽証にあたると考えた．最後5点目として，信仰統一法は，国王，あるいは国王から委任を受けた者に武器を向けることを禁じたが，これも国王の委任自体が互いに矛盾していることがあり，またこの国の自由の精神に反するとして，受け入れがたいとした聖職者が多かった[16]．

　追放牧師（ejected minister）は，8月24日以降は公に説教することが禁止され，私生活は監視の対象となり，礼拝を行った場合は煽動罪と見なされることとなった．騎士議会は1664年には秘密礼拝法（16 Car. II c. 4）[17]を制定し，非国教牧師の活動をさらに制限しようとした．同法では，16才以上の者が5人以上が集まった英国国教教義以外に則った宗教集会に参加することが禁じられ，発覚した場合1回目は3ヶ月の禁固と5ポンドの罰金，2回目は6ヶ月の禁固と10ポンドの罰金，3回目はニューイングランドとヴァージニア以外のアメリカへの流刑で処罰された．しかも，1，2回目については，陪審なしで治安判事が単独で事実認定できるとしていた．実際政府はたくさんのスパイを都市部に送り込んで非国教牧師の活動を見張り，密告があれば礼拝を行っている現場に踏み込んで，たびたび非国教牧師を摘発した[18]．

16　Calamy (1713), vol, 1, p. 196.
17　1669年2月末に失効しており，第2法は1670年2月から施行される．

1665年春から秋にかけてペストがロンドンで流行し，7万人もの死者を出した．カラミによると，このとき国教の教区牧師の多くが地方へ避難し，ロンドンの民たちはこの災厄の中で宗教的空白の状態に置かれた．この時，何人かの勇気ある非国教徒牧師はロンドンにとどまり，市民のために法を犯して礼拝を行ったり，様々な救援活動に携わった．カラミはこれらの牧師として，トマス・ヴィンセント，チェスタ，ジェインウェイ，ターナー，グリムズ，フランクリンの名前を挙げている[19]．

　やはりペストを避けてオックスフォードに避難していた議会は，この非国教牧師の活動を憂慮して，65年10月5マイル法（17 Car. II c2）を可決した．これは，政府・教会・国家のいかなる変更も企てないという誓約を行わない聖職者は，ロンドンほかの下院議員選出権を持つ自治都市，あるいは彼がかつて牧師だった都市の5マイル以内に立ち入ってはならないという内容であった．つまり同法は都市への立ち入り自体を禁止することによって，非国教徒牧師のペスト救援活動を非合法化しようとしたものだった[20]．

　この翌年，66年9月にロンドンでは大火が起こり，教会を含めほとんどの建物が焼失した．カラミは，教会が焼失し国教牧師が去って通常の礼拝の場がなくなる一方，非国教徒牧師は自分の礼拝の場を開放したため，多くの市民が非国教礼拝に参加したとしている[21]．そもそも非国教徒たちは，ペストと大火を，正しい信仰を放棄したイングランドへの神の怒りととらえており，その信仰心はこの二つの災厄によって強化された．

第4節　ボディントン家の宗教的選択

　以上のような王政復古の情勢の中で，ボディントン家の人々はどのように行動したのだろうか．

18　Calamy (1713), vol. 1, p. 308.
19　Thomas Vincent, Chester, Janeway, Turner, Grimes, Franklin. Calamy (1713), vol. 1, pp. 310-11.
20　Calamy (1713), vol. 1, p. 311；Baxter (1931), pp. 196-97.
21　Calamy (1713), vol. 1, p. 315. Baxter (1931), p. 200.

王政復古直後のボディントン家の考え方を示す一つの手がかりがある．それは，1661-2 年頃にジョージ 1 世が次男のトマスを，ウィリアム・デュガード（1606-62）の私塾に入学させているというものである[22]．
　デュガードは，紆余曲折した経歴の持ち主である．彼はウスターシャ出身で，1644 年頃にロンドンのマーチャント・テイラーズ校の校長となった．彼はその一方で共和政・護国卿政権の公式印刷業者として活動していたが，にもかかわらず 1650 年クラウディウス・サルマシウスの著作『チャールズ 1 世治世の擁護』を出版し，政府の怒りを買って投獄され，マーチャント・テイラーズ校の職も辞した．だが彼は友人のジョン・ミルトン等の助力ですぐに釈放され，その後マーチャント・テイラーズ校にも復職し，出版事業も続けた．彼は 1661 年ふたたびマーチャント・テイラーズ校から解雇され，その後彼はロンドンのコールマン・ストリートに私塾を開き，即座に 193 名もの生徒を集めた[23]．
　デュガードは学者としては高名であり，彼の私塾は，王政復古直後非国教徒を受け入れる学校が少なくなったときに非国教徒のニーズに応えたものと考えられる．トマス・ボディントンの入学時には，長老派牧師エドマンド・カラミの息子ジェイムズも入学している．
　1660 年代についてはこれ以上情報がない．しかし 1670 年代については，ジョージ・ボディントン 2 世は，自分がどのように非国教礼拝所を選択したかについて以下のように詳しく書いている．

　　「1675 年，私の妻ハンナは，ジョン・コリンズ師が牧師を務めるキリストの教会の会衆として承認するとの申し出を受けた．1676 年，トマス・ヴィンセント師が死亡し，オウクス師が牧師に選任され彼の跡を継いだ．この教会で始められていた宗教儀式はすぐに無視されるようにな

22　MGH, New Ser., vol. 4, p. 390.
23　"William Dugard", ODNB. Dugard 家系図は以下にある．MGH, ser.3, vol. 5, pp. 161-62. ヒューズによると，ウィリアムの兄 Thomas Dugard はウォリックシャのピューリタン聖職者兼学校経営者で，1630 年代のロード大主教迫害時代ブルック卿（Robert Greville）によってウォリック城にかくまわれたカルヴァン主義者たちと親交を持っていた．Hughes (1987), pp. 66-67, 71-80.

り，彼〔オウクス師〕は自分の好みで教会会衆を承認しはじめた．これについて私は反対し，ヴィンセント師が開始していた慣行——会衆としての受け入れを望む者が全教会会衆に提示され，その人物の会話や振る舞いが信者になるための信仰告白と合致しているかどうかについて調査が行われる——を遵守するように求めたが，却下された．1678年2月20日私は，使徒たちが創立した教会の実践に最も従って活動していると私が考えた教会の会衆に参加したいと決意した．私は，ジョン・コリンズ師に彼が牧師を務める教会の会衆に承認されたいと提起した．……2月28日私は彼に私の希望の理由を述べた書類を提出し，3月13日にその書類は全会衆に提示され，承認された．私は自分の行動について宣誓した後，3月23日彼らの全会衆に受け入れられ，現在に至っている[24]．」

まず冒頭に出てくる妻のハンナは，ジョージ・ボディントン2世が1674年に結婚したハンナ・コウプで，彼女の母の再婚相手は会衆派の追放牧師ラルフ・ヴェニング（c. 1621-1674）であった．以下では巻末付表2「礼拝所一覧」を参照されたい．ヴェニングは，信仰統一法後ロバート・ブラッジが開いていたピューターラーズ・ホール（錫器製造者組合会館）会衆派礼拝所の聖職者として活動していた．ブラッジは，1652年シティの中でも最も急進的な教区の一つだったオールハロウズ・ザ・グレイトの教区牧師に選任されていた人物である．同教区は，長老制に従わず，会衆制で運営されていた．彼は1662年にこの教会から追放された後，65-66年ペスト流行の頃にピューターラーズ・ホール礼拝所を開いたといわれている[25]．

このハンナが1675年に会衆になることを認められたジョン・コリンズ（c. 1632-1687）の礼拝所は，1672年以降ライム・ストリートのペイヴド・アリにあったものである．この礼拝所の前身は，トマス・ゴドウィンが革命勃発前後にロッテルダムから帰国してセント・ダンスタン・イン・ジ・イースト教区内に作った礼拝所である．ゴドウィンは，第2章で述べたようにウェストミンスタ・アセンブリで長老制による国教改革に反対した会衆派の祖「異

---

24 CLC/426/MS10823/001.
25 Liu (1973), pp. 112, 118-19; Nuttall (1957), p. 36; Wilson (1808-14), vol. 1, p. 241.

を唱える兄弟たち」の一人であり，1650年代にはクロムウェルの厚遇を得てオックスフォード大学マグダレン・カレッジ学寮長になっている．彼がオックスフォードに行った後，彼の礼拝所は他の会衆派牧師が運営していたが，1670年代にジョン・コリンズが来たと思われる[26]．コリンズは，幼い頃にアメリカに渡りハーヴァード・カレッジ（大学の前身）で教育を受け，1659年にはスコットランド総司令官マンクの個人付司祭となってイングランドに帰国していた[27]．マンクが会衆派から長老派に転向したため彼は解任され，この礼拝所に来たと考えられている．

　コリンズは，ハンナの義父ヴェニングと親しく，1674年のヴェニングの葬儀で説教を行い，ヴェニング遺稿集の序文も書いている[28]．おそらくハンナは，義父ヴェニングのピュータラーズ・ホール礼拝所の会衆であったが，義父の死亡後義父の盟友であったコリンズの礼拝所に移動を希望したものと思われる．

　一方このころにハンナと結婚したジョージ・ボディントン2世は，別な非国教礼拝所であるトマス・ヴィンセント師（1634-1678）の礼拝所に所属していた．これは，シティのビショップスゲイト・ストリートにあった長老派のハンド・アリ礼拝所である．ヴィンセントは，オックスフォード大学クライスト・チャーチ出身で，革命期にはシティのセント・メアリ・マグダレン・ミルク・ストリート教区の教会牧師に叙任されている．彼は1662年信仰統一法で追放された後，やはり追放牧師のトマス・ドゥリトルとともにシティの城壁外で学校兼礼拝所を作った．しかし1665-6年ロンドンでペストが流行すると，ヴィンセント師は単身シティに入り罹患者の司牧につくした．この頃彼はハンド・アリ礼拝所を開いたと考えられている[29]．ヴィンセントはクェーカーに批判的であり，彼の会衆がクェーカー教徒の集会に参加した時

26　Wilson（1808-14），vol. 1, pp. 212f；Tolmie（1977），pp. 104-106.
27　Neal（1817），vol. 4, p. 260.
28　"John Collins", ODNB.
29　郊外のホクストンに礼拝所を開いていたとも言われている．以下の著者はヴィンセントはホクストンに礼拝所を開いたが，彼の死後その礼拝所はハンド・アリに移動したと解釈している．しかし，おそらく生前から両方で活動していたのではないかと思われる．Wilson（1808-14），vol. 2, pp. 191-96.

に，ウィリアム・レンと激しい神学論争をしたことでも知られる[30]．

しかしジョージ・ボディントン2世は，ヴィンセントが死亡した後，後任のジョン・オウクス (d. 1688)[31] に不満を感じて，妻のジョン・コリンズ師の礼拝所に参加を望んだ．彼が気に入らなかったのは，オウクスの会衆選任方法であった．ジョージ2世によると，ヴィンセント師の時代には，この礼拝所は，「全礼拝所会衆」によって「会話や振る舞いが信仰告白と合致しているか」調べるという会衆選任方法をとっていた．これは，長老派というより会衆制のやり方である．しかしオウクス師はこれを，聖職者の判断で会衆を選ぶ，つまり長老派の通常のやり方に変更する．ジョージ2世はこれを好まず，それゆえに会衆制の会衆選任方法をとっている妻の会衆派礼拝所に転向することを希望し，自らも全会衆によって審査されてそちらへ移動するのである．

ヴェニングとコリンズは，会衆派の本流に位置した人間であった．コリンズは，会衆派の高名な聖職者ジョン・オーウェンの遺書で遺贈を受けている．ジョン・オーウェンについては，すでに第2章で見てきたが，クロムウェルの厚遇を受けてオックスフォード大学の副学長などを歴任し，1658年のサヴォイ・カンファレンスでサヴォイ宣言という会衆派信条を制定したことで知られる高名な会衆派聖職者である．オーウェンは，1662年信仰統一法により追放された後も，ハーヴァード・カレッジやオランダの諸大学から学長就任への依頼が寄せられるほど，国内外のカルヴァン派から崇敬を集めていた[32]．彼は，1672年信仰自由宣言が発布されるとライセンスを取り，ロンドンのセント・アンドリュウ・アンダーシャフト（セント・メアリ・アクス）教区のバリ・ストリートで非国教徒礼拝所を開いたが，この礼拝所はクロムウェルの元側近や近親者など旧政権のリーダー格の人物であふれていたという．王政復古期の研究者ズークは，クロムウェルの孫娘でかつヘンリ・アイアトンの子供ブリジット・ベンディッシュ，彼女の義父でアイルランド総督でありかつ1655–57年の軍政期には軍政官として活動したチャールズ・フ

30　Dunn & Dunn (1981), pp. 72–73.
31　1662年エセックス州ボアハム教区牧師から追放．Wilson (1808–14), vol. 2, p. 197.
32　Owenの遺書．"John Owen", ODNB; Orme (1820), p. 156.

リートウッド,彼の娘婿のサー・ジョン・ハートップ(巻末クロムウェル家系図参照),議会軍大佐のジェイムズ・ベリの夫人などが,ここの会衆であったとしている.また彼女は,彼らが政府のスパイにより監視されていたとも述べている[33].ジョージ・ボディントン2世の舅ウィリアム・スティールもここの会衆であった[34].

一方ヴェニングは,1653年にフィリップ・ナイ等と協力して第五王国派に反対する請願を出したシティのシェリフ,イーストウィックから遺贈を受けている[35].

以上,ヴェニングやコリンズが,会衆派本流に位置する聖職者であることが明らかになった.17世紀末に向かうにつれて,コリンズ師の礼拝所ペイヴド・アリ礼拝所は会衆派を代表する礼拝所となっていく.一方でジョージ2世が離脱したオウクスの礼拝所のハンド・アリ礼拝所は,長老派を代表する礼拝所となり,オウクスの後任には,ダニエル・ウィリアムズや歴史家エドマンド・カラミなど高名な長老派聖職者が就任する.ダニエル・ウィリアムズは,死後遺産を寄付して現在にまで残る非国教の史料館ウィリアムズ博士図書室を作ったことで有名であり,長老派と会衆派の対立が先鋭化する1690年代に会衆派から最も批判された長老派聖職者であった.またこのとき会衆派の急先鋒となるナサニエル・マザーはペイヴド・アリ会衆派礼拝所聖職者であり,ジョージ・ボディントン2世はそれを代表する会衆となっていた.名誉革命期の長老派と会衆派の対立やそこにおける両礼拝所の位置,ジョージ・ボディントン2世の行動については,第7章第3節で詳述する.

これらの非国教礼拝所は,もちろん秘密集会法に違反しており,たびたび手入れを受け,罰金や聖職者の投獄などを繰り返している.政府はこれらの礼拝所の存在に懸念の目を向けていた.ド・クレイは,当時の副国務大臣ジョセフ・ウィアムソンが,トマス・ヴィンセントのことを「中流の人々」と強い絆を持つ「卑しき者どもvulgarのリーダー」と呼んでいたと指摘している[36].

---

33 Zook (2013), pp. 32–33.
34 Orme (1820), p. 173.
35 Liu (1973), p. 131. この請願については第2章第6節.
36 De Krey (2005), p. 120.

以上から，ボディントン家はおそらく信仰統一法と同時に非国教徒となり，1660年代から70年代前半にかけては長老派に属していたが，ジョージ2世が会衆派の妻を迎えたこと，また本人も会衆派的信念を持っていたことから会衆派に転向したということが解った．ただ留意しておきたいのは，ボディントン家が帰依していた会衆派は，決して過激な分離派ではないことである．1661年1月6日の第五王国派の暴動ののち，1月10日に再洗礼派・第五王国派・クェーカーの礼拝を禁止する王令が布告されたとき，ジョン・コリンズとトマス・ゴドウィン，トマス・マロリ（以上3名はペイヴド・アリ礼拝所聖職者である），ラルフ・ヴェニング，ロバート・ブラッジ（以上2人はピュータラーズ・ホール礼拝所聖職者である）は，第五王国的信条の放棄と官憲・行政官への服従を宣言した声明文に署名し，それによって自分たちが急進的分離派とは一線を画すことを表明している[37]．

第5節　包含か寛容か

　ふたたび全体史に戻る．王政復古期は，王政復古後最初の選挙で選出された騎士議会が解散されることなく続いた1661-1679年と，チャールズ2世の後任の国王の継承問題が激しく議論されついに名誉革命にいたった時期である1679-88年に大きく分かれる．前者の時期では1667年のクラレンドン伯失脚から1672年信仰自由宣言に続く時期が一つのターニング・ポイントであり，この間は第2次秘密集会禁止法の発布はあるものの全体として非国教への取り締まりがゆるむ時期である．他方後者の時期においては，1685年のジェイムズ2世即位とモンマス反乱が転機となり，以後非国教迫害が再来する．以下では，以上の時期の流れを，ボディントン家史の背景として必要な範囲で概観しておく．

　最初の転機1667年のクラレンドン失脚以降，しばらく非国教に対する姿

---

[37] Nuttall (1957), p. 147. Neal (1817), vol. 4, pp. 280-81. Nealは1660年1月としているが，これは旧暦に従ったもので，実際には1661年．

勢は和らぐ．68年には，政府はリチャード・バクスタなどの長老派牧師に接触し，長老派を国教に復帰させる方策（包含政策）と，国教へ復帰を望まない会衆派や洗礼派などの宗教活動を容認する寛容政策について検討を要請した．またこの検討を受けて，1669年には議会に包含政策に関わる法案が提出される．しかしこれは高教会派の反対に会い，廃案となった．しかしこうした政府の軟化を受けて，1670年頃からは，バクスタとジョン・オーウェンを中心に長老派と会衆派の教義的歩み寄りの可能性が検討される[38]．また，騎士議会の補欠選挙においても，非国教聖職者は協力し合い，説教において非国教徒利害を支持する議員への投票を公然と促すなど，宗派を越えた連携がある程度行われた[39]．さらに1670年には，国王からシティへの6万ポンドの借り入れ要求に対して，非国教徒はシティが用意しきれなかった4万ポンドを独自に集め，国王に貸し付けている．この貸付へ出資した者155名中55名が長老派，39名が会衆派であり，この中にはジョン・オーウェン自身も入っていた[40]．

　1672年3月にはチャールズ2世は信仰自由宣言（Declaration of Indulgence）を発布する．これは，ドーヴァ密約とよばれるフランスとの密約で国王がフランスから年金を支給されるのと引き替えに，イングランドのカトリック化と対オランダ戦争を約束した結果であったとされているが，ド・クレイは1670年の非国教徒貸付も国王を動かしたとしている[41]．その内容は，「今まで実施されてきた強制策や多くの強圧いずれも，誤てる非国教を奉じる人々を減じる上でほとんど成果を生まなかったため」「宗教問題における国王の最高権により彼らに対する全ての宗教刑罰法を一時中断することを約束する．そして国教を奉じないあらゆる身分の人々に，適切な数の公然たる礼拝場所を許可する」というもので，要するに非国教徒の礼拝活動に対する処罰を一時停止し，ライセンスを発行して礼拝所開設を認めるというものだった[42]．

38　Baxter（1931），pp. 211-12, 298-99.
39　Lacey（1969），p. 101.
40　De Krey（2005），pp. 126, 409. この貸付には，ジョージ・ボディントン2世の娘婿の従兄弟ウィリアム・ヘッジズも参加している．第5章第4節参照．
41　De Krey（2005），pp. 125-26.

ライセンス制により非国教礼拝所が初めて合法的に存在することが許された効果は大きかった．ワッツによると，この宣言により非国教礼拝所に交付されたライセンスはイングランド＆ウェールズ全体で1610件，そのうち938が長老派，458が会衆派（独立派），210が洗礼派であった[43]．長老派が多いのは，信者数が最大であり，またライセンス取得にも積極的だったからである．一方クェーカーは，国王の大赦を別途受けて礼拝活動の自由のみを確保し，ライセンス取得は行わなかった．

　信仰自由宣言には，フランスやカトリックと国王の関係への疑念や，国王には議会法で制定した非国教徒への処罰を一時停止する権限がないといった批判があった[44]．また議会は翌1673年には，新たに非国教徒を抑圧する審査法を可決した．審査法は，公職に就任する者に国王至上権を認め国王に臣従の誓約をすること，また就任後3ヶ月以内に日曜に公の礼拝施設で国教会の儀式に則った秘蹟を受けることを義務づけた．審査法と並行して，カトリックを含む非国教徒に国王至上権と臣従以外の誓約を免除する和解法案（Bill of Accommodation）も提出されていたが，これは廃案にされた．2年後にも同様の法案が提出されたが，これも廃案となった．

　しかしそれでもほとんどの非国教のグループはこの布告によってライセンスを得て礼拝所を開設している．これまでは地下活動だった非国教礼拝所の存在が顕在化するのは，このときからである．

　次の大きな転機は，1678年のカトリック陰謀事件[45]を契機とした騎士議会の解散と新議会の開催である．1679年3月に選出された新議会はすぐ解散されるが，1679年8-9月には次の議会が選出された．この議会では，元議

42　Lacey (1969), pp. 64-70. Watts (1978), pp. 247-50.
43　Watts (1978), p. 248.
44　このほか国教への包含を目指していた長老派の中には，ライセンスを取って正式に礼拝所を設立すると教区教会から決定的に分離してしまうと不安視する声もあった．Calamy (1713), vol. 1, p. 335.
45　タイタス・オウツという人物が，国王の暗殺を意図したカトリックの陰謀が計画されていると密告したという事件．オウツの密告は偽証だったと考えられているが，当時はオウツを聴取したロンドンの行政官Sir Edmund Berry Godfreyが不可解な状況で死亡したことが，オウツの証言の信憑性を高め，カトリック反動の不安が漂った．DeKrey (2005), pp. 158-59. このGodfreyはPapillon家の姻戚．

第3章　ピューリタニズムの敗北　｜　133

会派や非国教徒に近い議員が多数選出された．この議会において，王位継承権第一位にある国王の弟でカトリック教徒であることが広く知られていたヨーク公（ジェイムズ2世）を王位から排除する王位排除法案が提出される．これは下院では可決されたが上院では否決され，議会は解散された．次の選挙ではふたたび長老派が躍進し，この議会も王位排除法案を提出した[46]．以上の王位排除法案をめぐる対立が各議員の党派的立場を明確化し，排除賛成派＝ホィッグという呼称もできる[47]．

　ホィッグの議員はカトリックへの不安を背景に新教非国教徒へ接近し，1679年には包含政策法案と恩恵（信仰自由）法案を両方合わせて提出する．そこには，国王至上権と国王への臣従の誓約は必要だが，一般祈祷書の使用や厳粛同盟放棄を強制しないこと，洗礼の時十字架を用いなくてもよいこと，聖餐の時跪かなくてもよいこと，国王への臣従を誓約した聖職者は秘密集会法や5マイル法で訴追されないこと，という新教非国教徒のこれまでの要求が全て盛り込まれていた．この二つの法案は両院で可決されるが，王位排除法案により議会と新教非国教徒への怒りを募らせていたチャールズ2世は両法案に国王裁可を与えなかったため，これらは法として成立しないままに終わった[48]．

　1680年には議会は，課税の引き替え条件として王位排除法案を提出するが，解散される．国王はこの後態度を硬化させて信仰自由宣言を取り消し，非国教徒への厳しい迫害が始まった[49]．非国教徒の礼拝に対しては，逮捕と数百ポンドに上る罰金刑が課された．非国教の富裕なロンドン市民が多く住む郊外ハクニでは，1682年には1400ポンドにのぼる資産差し押さえ令状が発行された．1683年には，やはりロンドン近郊のアックスブリッジ付近で200ポンドに上る差し押さえ令状が発行されている．非国教聖職者のために残された遺産までが，差し押さえの対象となった．投獄され，獄死する非国教牧師さえも出た[50]．

46　DeKrey (2005), pp. 179-180; Jones (1970), pp. 35f.
47　Jones (1970), p. 6, 9-16. Holmes (1986), p. 2.
48　Lacey (1969), pp. 143-45; Calamy (1713), vol. 1, pp. 350-52.
49　Watts (1978), p. 254.
50　Calamy (1713), vol. 1, pp. 357, 361, 366.

1685年には，ジェイムズ2世の即位と同時にチャールズ2世庶子モンマス公の反乱がサマセット州を中心に西部地方から支持者を集めておこる．モンマス反乱の参加者リストは残っており[51]，それがピーター・アールによって詳細に分析され，反乱者は主に非国教徒であったこと，非国教に共感を持つ下層の都市職人や小店主，特に毛織物産業従事者が多数を占めていたことが指摘されている．他方で，ホィッグの下院議員などジェントリ階層は，清教徒革命期に政治家・軍人として活動したような一族も含めて参加しなかった[52]．出現期のホィッグを研究したジョーンズも同意見である[53]．ホィッグで清教徒革命以来の非国教徒でありながらモンマス反乱を支持しなかったジェントリの代表例は，反乱参加者の圧倒的多数が出たサマセット州トーントン（Taunton）選出の下院議員ジョン・トレンチャードである．第6章で彼については少しふれるが，彼は革命期の議会派の代表的な一族の人間だった．にもかかわらず，彼はモンマス反乱時には大陸に亡命して，関与を疑われないようにつとめている[54]．つまり同反乱は，中央政界を巻き込みそれを二分するような性格のものではなく，地方の中産・下層階級にとどまるものだった．しかしそれでもジェイムズ2世の態度を硬化させ，国王と反対派の関係をさらに悪化させる効果をもたらした．

　モンマス反乱に対しては「血の巡回裁判」と呼ばれるほど厳しい処分が行われ，多くの処刑者と西インドへの流刑者が出た．アールは中下層階級中心の反乱だったと述べる一方で，ある程度富裕な都市商人の参加も見られると述べている．第6章第3節でふれるが，ボディントン家の姻戚スキナー家関係者にも参加者がみられる．スキナー家姻戚でクロムウェル家の血筋を引くロンドン商人の子弟である2人の若者もこのとき処刑されている．また，西インドで成功したプランターとなり，ボディントン家の取引先の一つとなったピニー家の始祖も，モンマス反乱参加者として西インドに流刑になった人物である（ピニー家との取引については第10章で扱う）[55]．

51　リストは古いものではLocke（1782）．近年ではWigfield（1985）．
52　Earle（1977），pp. 6, 193, 202–03.
53　Jones（1970），pp. 209–10.
54　Earle（1977），pp. 154–55．Jones（1970），p. 210.
55　Pares（1950），pp. 6–7.

ジェイムズ2世は，治世当初は前国王晩年からの新教非国教徒迫害政策を持続させ，王政復古時に宗務裁判所を復活しないことが約束されていたにもかかわらず，1686年には教会委員会（Ecclesiastical Commission）という一種の異端審問的組織を設置した．また1686年には，クロムウェルの娘婿フリートウッドやその親族ハートップなどが住むストーク・ニュウィントンで総計6,7千ポンドに達する非国教徒資産の差し押さえを行った．主教によっては，教区教会に参加しない住民のリストを提出するように各教区の教区委員に要求する者もいた[56]．

　だがこうした強硬姿勢は，ホィッグとカトリック勢力伸長を懸念する国教派および新教非国教徒の接近をむしろ招く．それに対して，ジェイムズ2世は，1687年，88年に続けて信仰自由宣言を発布し，投獄されていた非国教聖職者を解放し，ライセンス制で非国教礼拝所を容認するなど，遅まきながら非国教徒を懐柔する政策に切り換えた[57]．

　しかしこの信仰自由宣言も，様々な方面からの反発を招く．まず国王はこの宣言の対象にカトリック教徒も含めていた[58]．またこの宣言は，72年と同じく議会承認を得ずに発布されており，国王が本当にこの行為の権限を持つかどうかについて法的に疑念があった[59]．国王は88年には毎日曜日にこの宣言を全国の国教教区教会でこの布告を読むことを義務化し，怠った教区牧師を免職するとしたが，ほとんどの教区牧師がこれに抵抗した．仲裁に入った7人の主教が投獄されたが，王座裁判所で無罪判決が下る[60]．

　1680年代前半に激しい迫害を受けてきた新教非国教徒も，この信仰自由宣言を素直に受け入れなかった．このような寛容の布告に対しては国王に謝辞を贈呈することが通例であるが，長老派のリチャード・バクスタやダニエル・ウィリアムズ，会衆派のリチャード・ストレットン，洗礼派のウィリアム・キフィン，ジョセフ・ステネットは謝辞への署名を拒否した[61]．

56　Calamy (1713), p. 372–73. Neal (1817), vol. 2, p. 319.
57　Lacey (1969), pp. 175–80, 199–201. ジェイムズ2世は長老派の代表的聖職者ジョン・ハウなどとも対話を行う努力をした．
58　Lacey (1969), p. 178.
59　Lacey (1969), pp. 180–81.
60　Lacey (1969), p. 210. Watts (1978), p. 259.

王政復古期の研究者レイシと非国教研究者のワッツは，1687, 88 年の信仰自由宣言はこれに反感を持つ国教徒と新教非国教徒を接近させる効果をもたらし，特に穏健派の国教徒と長老派の協力を導き，ホィッグ支持者としての団結をもたらし，それが名誉革命につながったと解釈している[62]．バクスタやカラミなどの穏健な非国教聖職者が国教聖職者と知的人的交流を維持していたことは，彼らの自伝にも書かれているが[63]，ジェイムズ 2 世の強硬姿勢はこのような関係の強化につながったのである．

第 6 節　寛容体制の最終的確立

　名誉革命は，宗教改革以来ピューリタンによって続けられてきたカルヴァン主義によるイングランド国教改革の最終的失敗を画するものであった．名誉革命は，エリザベス 1 世の 39 箇条信仰告白の堅持，すなわち監督制の教会体制の堅持を決定するからである．その一方で名誉革命は，新教非国教徒の礼拝活動を容認する寛容法を制定する．つまり，この時点で，長老派が推進してきた包含政策は失敗し，会衆派などが支持してきた寛容政策が勝利するのである．

　以下，簡単に経緯を確認する．ウィリアムとメアリは，オランダではオランダ改革派教会（カルヴァン派，長老教会体制）に所属しており，特にメアリは熱心な信者として知られていた[64]．このため，彼らの即位が近づくとともに，単なる非国教への「寛容」ではなく，イングランド国教への長老派の「包含」と国教の監督制放棄，長老制の採用が実現するのではないかという期待が高まる．

61　Lacey (1969), p. 180, 184. ウィリアムズ博士については Watts (1978), p. 258. 特にキフィンは，モンマス反乱後未成年の孫 2 人を処刑されており，傷心のあまり国王に謝辞を送ることはできないと述べたという．
62　Lacey (1969), pp. 194–96. Watts (1978), p. 259.
63　Calamy (1829–30),vol. 1, p. 89.
64　メアリは非国教徒の多いオランダのイギリス人教会の礼拝にも参加していた．Zook (2013), pp. 134–38.

ウィリアム3世がロンドンに入城すると，ロンドン周辺の長老派牧師は祝賀と臣従の挨拶を送り，その中で王の「英知と権威により……プロテスタントの臣民の間で宗教問題に関する強固な統一を確立するように」請願し，長老派は統一の条件を受け入れる用意があると述べている[65]．つまり長老派は，あくまで国教を含むイングランドの新教宗派の統一を望んでおり，寛容を望んではいなかった．

　ウィリアム3世自身も，新教非国教徒と国教の融合，統一を考えていたといわれる．しかしイングランド国教内部では，そもそもウィリアム3世とメアリを国王として受け入れるかどうかをめぐって対立が生じており，カンタベリ大主教サンクロフトを含む9名の主教の他約400名がウィリアムとメアリ両王に臣従誓約を拒否し辞職した[66]．彼らは，臣従宣誓拒否者（ノンジューラー）と呼ばれる．

　議会や国教聖職者会議においても，非国教徒を包含するか，それとも寛容という恩恵を与えるのみとするかについて激しく議論されたが，包含政策に対する反対は根強かった[67]．上院でロンドン主教は，「ジェイムズ王の治世の時に主教や牧師が非国教徒に約束したのと同じ恩恵と慈善を，ウィリアム王のもとでも非国教徒に示すのが義務だと考える[68]」と発言していたが，このように信仰自由宣言のような単なる寛容を支持する意見が大勢を占めた．

　ウィリアム3世は，こうした情勢を背景に，包含を断念し，寛容政策を採用した．そして1689年5月に寛容法（1 William & Mary c. 18）が成立する．この法は，臣従誓約を行い，39箇条信仰告白中34，35，36条と20条の一部以外の35箇条に同意し，集会所のライセンスを取得し，集会所の入り口を開放する聖職者および教師は，彼らの良心に従い礼拝する自由を与えられること，また彼らの集会を妨害する者には処罰が与えられるという内容だった．また，これらの非国教聖職者・教師は，陪審・教会委員・救貧監督官など教区や街区の役職，その他郡や市の役職を免除されるという内容だった．

65　Calamy（1713），vol. 1, p. 424.
66　Calamy（1829-30），vol. 1, pp. 332-33.
67　Calamy（1829-30），vol. 1, pp. 211-12.
68　Calamy（1829-30），vol. 1, pp. 214-5.

ただ当初は，ウィリアム3世は寛容政策と同時に国教改革も目指しており，寛容法と同時に「国王陛下のプロテスタントの臣下を統一するための法案」（包含政策法案，Comprehension Bill）が上院に提出されている．この法案は，国教会に参加する用意のある長老派などの非国教徒の意見を集めて国教を改革することを目的としており，この方針にそって10人の主教と20人の主要な聖職者からなる会議が6週間行われ，18回の会合が行われた．この会議が最終的に提案したイングランド国教会の改革案は，非常に徹底したものであり，修正項目は598点にも及び，その内容は長老派よりのものであった[69]．しかし，この法案も結局は廃案となる[70]．カルヴァン主義による国教改革が試みられたのは，これが最後である．長老制は結局イングランド国教に採用されることはなかった．イングランド長老派は，その教義において全国的教会制度を支持し教区教会から分離した礼拝集会にを持つことには反対していたにもかかわらず，今後は永遠にそうした礼拝集会で活動しなくてはならないことが確定したのであった．そしてここにこそ，イングランド長老派の18, 19世紀を通しての退化の起点があったのである[71]．

第7節　第三世代――ジョージ・ボディントン1世の孫たち

　第1章第2，4節でボディントン家の第一世代と第二世代について紹介してきたが，ここで第3世代について述べておこう．

　ジョージ・ボディントン1世の兄弟ウィリアムとアイザックの系統の第3世代（彼らの孫たち）についてはすでに述べたので，ここではジョージ・ボディントン1世の孫についてふれておく．ジョージ1世の孫としては，1.

---

[69] 公的礼拝における聖書外伝の使用禁止，祈祷書における priest の語を minister へ，Sunday を Lord's Day に改める．洗礼・埋葬・結婚等の儀式からカトリック的要素を払拭する．長老派の聖職按手札の有効性を認める，サープリスの着用や洗礼における十字架使用，聖餐式における跪きの姿勢は任意とする等の修正項目があった．Drysdale (1889), pp. 430-431.

[70] Holmes (1986), p. 191.

[71] 長老派が分離を教義的に否定していた点については Drysdale (1889), pp. 105-106; Collinson (1967), pp. 14, 49, 132-33; Calamy (1713), vol. 1, pp. 281-82.

図13　ヘンリ・ヴォーゲル
（フレデリックの従兄弟）

長女エリザベスとその夫ジェイムズ・ヴォーンの子供，2. 長男ジョージ・ボディントン2世の子供たち，3. 次男ジェイムズの子供たち，がいる．2. 以外についてはボディントン家系図 No. 1, 2. については系図 No. 2 を参照していただきたい．

　1．エリザベス＆ジェイムズ・ヴォーン夫妻には，先述したようにトマス・ヴォーン（d. 1728）という一人息子が生まれた．他には子供はいなかった．トマスは，父が西インドに赴任したまま早くに死亡したため，叔父ジョージ・ボディントン2世のもとでレヴァント商人になり，ジョージ2世の長男で従兄弟のジョージ3世とともに1693年レヴァントに赴き，イズミルで代理商となった．彼は遊び人だった従兄弟ジョージより優秀で，現地ですみやかに財産を築き上げ，1700年頃には帰国したようである．トマス・ヴォーンのレヴァントでの活動については，第2部で詳しく述べる．帰国後の彼は，又従姉妹のアン・ボディントン（ジョージ1世の弟ウィリアムの孫）と1701年に結婚している．この結婚は，叔父ジョージ2世が「血が近い[72]」といって反対していたが，幸せなものであったようである．

　トマス・ヴォーンの父ジェイムズが国教徒と推量されることは第1章第4節で述べたが，トマスも国教徒であったと思われる．彼は遺書で，遺産に設定した信託の管理人（Trustee）としてイズミルで司祭をしたこともある国教牧師バーナード・モウルド師[73]を選任しており，その一方で非国教牧師への遺贈はない．

　トマス・ヴォーンは，父からアンティグアのプランテーション及び奴隷ほか動産を相続しており，西インドにもコネクションを持っていた．彼とアンの間にはフランセスという娘が生まれ，彼女はドイツ系のロンドン商人フレデリック・ヴォーゲルと結婚している[74]．この二人の間にも娘2人が生まれ，

72　CLC/MS10823/001. LMA.
73　Bernard Mould については Laidlaw（2010），p. 227；Kadi（2012），p. 100.

それぞれハンブルク商人と錫器製造者組合メンバー（pewterer）のロンドン市民と結婚した．

2．ジョージ・ボディントン2世は2回結婚したが，最初の結婚では子供はできず，2度目の妻ハンナとの間にたくさんの子を成した．その中で，成人前後まで生きたのは，①ジョージ（1675-1759），②ジョン（1676-95），③トマス（1678-1755），④アイザック（1681-1732），⑤ジェイムズ（1687-1711），⑥ベンジャミン（1692-1779）の6人の息子と，⑦ハンナ（1679-1714），⑧サラ（1690-1743）の2人の娘である．ジョージ2世は，息子たちを全員ロンドン商人，特に長く生きた4人の息子は全員レヴァント貿易商に育て上げた．また娘たちもロンドン市民と結婚している．レヴァント商人になった息子たちについては第2部で詳しく見るが，ここではそれ以外の兄弟姉妹も含めて見ておきたい．

①ジョージ3世（1675-1759）は，父と同じクロスワーカーズ・カンパニの徒弟となり，父から商人教育を受け，1693年には父の代理商としてアレッポに派遣されている．一言で言えば彼は不真面目な人間で，レヴァントでは怠惰な日を過ごし，また帰国途中にカトリック教徒と結婚し彼女をイギリスにつれて帰った．厳格なピューリタンである父ジョージ2世は非常に腹を立てたが，彼の素行は帰国後も改善されず，彼は商人として十分に収入を上げることができず，一時レヴァントに領事としてもどった．彼自身はイギリスに帰国し死亡するが，彼の息子の一族はやはりレヴァントで領事職などをつとめるうちに現地に定着した．この一族については，第5章第7節で扱う．

②ジョン（1676-95）は，父もメンバーであったグリーンランド会社の会計係をしていた．しかし，19才で事故死している．

③トマス（1679-1755）（2世）は，やはりクロスワーカーズ・カンパニの徒弟として父のもとで商人教育を受け，1699年には兄ジョージと交代すべくアレッポに派遣されようとするが，嵐のため行くことができずロンドンに留まった．彼は結局1706-8年ごく短期間アレッポに駐在した他はロンドンで

74　Beerbühl（2015）pp. 88-94, 186.

過ごし，貿易商として成功し，事実上父の跡取りとなった．

彼は1711年に金匠銀行家ジョン・ブラッシーの娘サラ（d. 1711），その死亡後1715年には彼女の従姉妹メアリ・ディーコン（1684-1737）と結婚している．ブラッシー家はクェーカー教徒であり，1680年代前半には一族の者が秘密集会法により投獄されるなどもしている[75]．その一方でサラの父ジョンはハートフォードシャのロックスフォードに地所を買い，サラの兄で長男のナサニエル（c. 1697-1765）は1734-61年までハートフォード選出下院議員となっている[76]．ボディントン家やその姻戚とクェーカー教徒との結婚は珍しく，筆者の調査の限りではこの一例のみである．少なくとも17世紀末までは通常のカルヴァン派非国教徒はクェーカー教徒に敵意を持っていたと考えられるが，トマスの父ジョージ・ボディントン2世はこの結婚については，再婚時に最初の結婚の婚資の返還要求があったことをめぐるトラブル以外は，コメントを残していない．

トマスの子供たちはアイヴズという一族と通婚関係を形成しているが，このアイヴズ家が有名なノリッジの非国教徒商人兼銀行家の一族かどうかについては調査していない[77]．トマスにはトマス（1721-79）とジョン（1725-63）という息子が生まれた．このうちトマスは父と同じくクロスワーカー・カンパニのメンバーとなり，実際にはリネン・ドレイパー，つまりは麻織物や綿織物の卸売商をしていたようである[78]．彼には男子は産まれなかった．ジョンはダブリンで死亡しているが，彼が何をやっていたかは解らない．彼には子孫はいなかったようである．

75　Ackrill&Hannah（2001），p. 25. Brassey家の系図はR. S. ボディントンが作成している．またBrasseyの銀行はPrice（1928），pp. 88-89．

76　HPHC1715-54, vol. 1, p. 483. なおブラッシー家はカスウェル家という洗礼派の一族とも姻戚であり，同家はクェーカー以外の非国教徒との結婚に肯定的だったようである．

77　ノリッジのIves家についてはJewson（1975），p. 136.

78　17世紀末から18世紀前半頃ロンドンでlinen draperと呼ばれた人々は，東インド会社から綿製品，麻製品の輸入商から麻製品を購入し，時には仕上げを行って，ロンドンの小売商や「マンチェスタ・マン」と呼ばれる全国を売り歩く商人に販売していた．麻製品はアイルランドからも輸入されたので，弟ジョンは兄の代理商としてアイルランドにいた可能性も考えられる．Earle（1989），pp. 41-42.

④アイザック（1681-1732）は，長兄ジョージ 3 世の交代要員として 1700 年にアレッポに赴任し，1708 年に帰国している[79]．彼はレヴァント会社で重用され，アレッポでもロンドン本社でも会社の重職に就いている．彼もまた，クロスワーカーズ・カンパニのメンバーとなり，ロンドン郊外のエンフィールドに家を構えている．彼は，第 6 章で詳しく扱うスキナー家の娘スザンナ（b. 1695）と結婚し，一人娘エレノア（1719-93）を残した．エレノアは生涯独身であり，多くの親戚や非国教聖職者に遺産を残しており，彼女の遺言は 18 世紀末のボディントン家の非国教コミュニティの状態を良く物語るものである．

　⑤ジェイムズ（1687-1711）は，10 代前半で事故で重傷を負ったため，1711 年死亡するまでほとんど職業教育も受けず社会的な活動もしていない．ただ彼は遺書を残している．

　⑥ベンジャミン（1692-1779）（1 世）は，壮年まで生きたジョージ，トマス，アイザックの 3 人の兄たちと同様に，クロスワーカーズ・カンパニのメンバーかつレヴァント商人となった．彼のレヴァント滞在は，1712-25 年までの長きにわたり，帰国時にはもはや父ジョージ 2 世は他界していた[80]．そのため，帰国後の彼の人生は，父が敷いたレールとは異なった軌跡をたどることになったようである．帰国後の彼は，レヴァント会社の会合には余り顔を出さず，その一方で西インド商人の一族と結婚したり，刀剣会社（Sword Blade Company）[81] などの 18 世紀初頭の金融会社と関係したりした．彼の子供たち以後は，ボディントン家はレヴァント貿易から離脱し，西インド貿易に従事することになる．彼の子孫については，第 7，8，9 章で扱う．

　⑦長女ハンナ（1679-1714）は，1701 年にロバート・ウェイクマン（d. 1708）というレヴァント商人と結婚した．彼についても第 2 部で詳しく見るが，ウェイクマンはグロスタシャア州の地主出身で，名門のレヴァント商人ウィリア

79　帰国翌年 1709 年 7 月 19 日ロンドン市民となっている．COL/CHD/FR/02/0254-0259. LMA.
80　1725 年 12 月 8 日ロンドン市民となっている．COL/CHD/FR/02/0451-0456. LMA.
81　この会社についてはハリス（2013），99-100 頁．

ム・ヘッジズ（1632-1701）と従兄弟であった．ヘッジズは，1687年のロンドン身分改めの時に自分の家の紋章・家系図を登録するとともに，ロバート・ウェイクマンにもウェイクマン家の登録を強く勧めており，彼はその勧めに従っている[82]．なおこの時もボディントン家は登録は行っていないので，明らかにウェイクマン家の方が身分的に高い意識を持っていたと思われる．ヘッジズとウェイクマンについては，第5章第4節にゆずる．

しかしこのウェイクマンもまた，1705年保険の取引で大きな損失を出して破産し，キプロス領事に就任してレヴァントに舞い戻り，数年後現地で死亡してしまった．ジョージ・ボディントン2世はこの婿を頼りにしていたようで，彼の破産についても深く嘆いている．

ロバート&ハンナ・ウェイクマン夫妻には，ジョージ（1705-57）という息子が生まれた．ウェイクマンが破産してキプロスに去った後は，ジョージ・ボディントン2世は娘ハンナと孫ジョージ・ウェイクマンを引き取って養育していた．この時期の彼については，第7章第5節でのべる．ジョージ・ウェイクマン（1705-57）は，レヴァント商人として育てられ，1720年にアリッポに赴任している．彼はそのまま現地で過ごし，1744-57年には父と同じくキプロス領事をして死亡している．レヴァントにおける彼については，第5章第6節で述べる．

⑧サラ（1690-1743）は，1710年大法官府書記であったエベニーザ・コリヤ（d.c. 1723）と結婚した．この結婚は，彼女が学校に行っていたころに女中の手引きで駆け落ち同然でしたものであり，父ジョージ2世は婿に資産も地位もないということで強く反対していた．しかしコリヤ家は決して貧しい一族ではなく，弁護士など本来は宗教審査が必要な仕事に就きながらも非国教徒であったようだ．エベニーザの次兄ジェイムズの息子ジェイムズ・コリヤ（d. 1773）は，ケンブリッジシャアの州長官（sheriff）になっており，同州でかなりの地主となっていたと考えられる．またこのジェイムズの姉妹マーガレットはオランダ系ハンブルク商人ハーマン・メイヤーと結婚し，そ

82　第5章脚注41．

の後3代にわたってロンドンのオースティン・フライヤーズにあるオランダ改革派教会の会衆であった[83]. 従ってジョージ2世の反対の原因はおそらくコリヤ家ではなくエベニーザ本人にあり，彼が五男で末子であり，父もすでに他界しているのに十分な社会的地位も築いていないといったことにあったと思われる．確かにエベニーザ＆サラ・コリヤ夫妻は生涯経済的に富裕でない上に子だくさんで，ジョージ2世は彼らに何度も経済的支援をしている．

エベニーザ＆サラ・コリヤ夫妻の孫ジョージ・コリヤ (1732-1795) は，七年戦争とアメリカ独立戦争，フランス革命戦争で活躍する有能な海軍軍人となり，軍功によりナイト爵を付与され，一時はデヴォンシャアのホニトン選挙区から選出されて下院議員にもなった．彼の4人の息子は全員が海軍および陸軍にすすみ，軍人として一定の功績を残している．（系図 No. 2 左）

3. ジェイムズ (1653-1732) にはヘンリ (1677-1718)，サラ (1679-1714)，ジョージ (fl. 1741) の3人の子があり，息子ヘンリとジョージはともに父の家督でクロスワーカーとなっている[84]．娘ハンナは，1705年伯父ジョージ2世から衣装代と現金100ポンドの支援を受けて真鍮細工業組合メンバー (brazier) のサミュエル・ロウと結婚している．2人の息子のうち次男ジョージについてはほとんど情報がないが，おそらく彼には子孫はなかった．

長男ヘンリ (1677-1718) は，マーチャント・テイラーのリチャード・ラッセル (d. 1713) の娘ルース (d. 1738) と結婚した．リチャード・ラッセルは，遺書でカーター・レイン長老派礼拝所の牧師サミュエル・ライト，ジェレミア・バラス[85]に遺贈していることから，この礼拝所の会衆であったと思われ

---

83 この教会は，第2章でふれたヤン・ラスキが開きエドワード6世が認可を与えたドイツ人とフランス人のためのカルヴァン派教会．ドライズデイルはドイツ人とフランス人のためと書いているが，このフランス人の中にはワロン人等低地地方から亡命してきた人々が含まれていた．現在はロンドンでダッチ・センターとなっている．コリヤ家系図は MGH New Ser., vol. 3, pp. 125-29．ジェイムズ (d. 1773) は非国教徒として育てられたが国教徒になった．一方彼の姉妹マーガレット・メイヤーの一族は，マーガレットの息子 Christian Paul Meyer がロンドンの非国教徒 Isaac Solly と結婚するなど，明らかに非国教信仰を守り続けている．

84 ヘンリについては父の徒弟となったときの契約書が残っている．ジョージは市民となったときの証書が残っている．COL/CHD/FR/02/0147-0150；0396-0401.

85 この人物が，同名同姓の高名な会衆派牧師で「異を唱える兄弟たち」の一人であったジェレミア・バラスと親族だったかどうかについては，ウィルソンも不明としている．Wilson (1808-14), vol. 2, p. 147.

る.また彼のもう一人の娘は,非国教牧師で1719年以降ハクニ,メア・ストリート長老派礼拝所の補助牧師となるサミュエル・ロウズウェル師（1679–1722）[86]と結婚している.

ヘンリ&ルース・ボディントン夫妻は5人の息子（第4世代）を残した.このうちリチャード（1703–78）は薬種商（Druggist），ジェイムズ（1704–47）とトマス（1710–47）がクロスワーカー，ヘンリ（1706–38）が商船の一等航海士（chief mate of merchant ship），ジョセフ（b. 1708）が書籍出版商（stationer）となっている[87].

第五世代で詳細がわかるのは,ジェイムズ（1704–47）の息子ジェイムズ（1731–71）と妹メアリ＝ルース（b. 1739）である．ジェイムズは,クロスワーカーであり，また遺書ではウェアハウスマンと自称していることから，国内卸売商であったと思われる．1768年には市会議員にも選出されている．また彼は,オールド・ジュウリ長老派礼拝所でサミュエル・チャンドラーに洗礼を受けており，非国教徒として育ったと思われるが，遺書では非国教牧師に全く言及していない一方,セント・ミルドレッド・ブレッド・ストリート教区の教区牧師に遺贈しており，国教徒に転向していた可能性がある．彼の妹メアリ・ルースも,祖父が国教牧師であるアーサー・ヴァーノンと結婚しており，国教徒になっていた可能性がある．とすれば,この家系では清教徒革命世代から5代目にして，国教化が進展したことになる．非国教徒の国教化の問題については,第9章で詳しく取り上げる.

86　Samuel Rosewellの父Thomas（1630–92）は追放牧師．この父子についてはWilson（1808–14），vol. 3, pp. 49–57, vol. 4, pp. 349–52.
87　トマスとジョセフについてはCOL/CHD/FR/02/0518-0519; 0547-0553. LMA.

第 2 部

特許貿易会社の活動とロンドン商人

第4章

レヴァント貿易

第1節　最盛期のレヴァント貿易

　ボディントン家がレヴァント貿易に関わったのは，主としてジョージ2世とその子供達の2世代であり，時期としては1660-1720年代である．レヴァント会社の通史を書いたチャールズ・ウッドは，1660-1718年を同社の「中心的時期」としているが[1]，ボディントン家の関与はまさにこの時期と重なる．

　イギリスのレヴァント貿易は，1581年レヴァント会社が設立された時から本格的に始動した．レヴァント会社は，エリザベス1世時代に遠隔地貿易の開拓を目的に設立された独占的な特許貿易会社の一つである．そのため，他の独占貿易会社と同様に，国王からの特許で貿易独占権と法人格が保証され，軍備・外交使節の派遣，入会金・年会費・税金・罰金等の徴収，内規や会議機構の設定など広範な権限が認められていた．レヴァント会社の貿易独占地域は，設立当初はオスマン帝国だったが，ヴェネツィア会社との合併後の1600年の国王特許状では「スルタンの領土と，ヴェネツィア，ザキントス，クレタ，ケファリニア島とそのほかのヴェネツィア共和国領」にまで拡大された[2]．その後1700年頃には，ヴェネツィア領は再びその独占対象から外れた[3]．

　レヴァント貿易の規模とイギリスの海外貿易全体に占める割合を，表4–1

1　Wood（1935），pp. 95f.
2　Wood（1935），p. 19; Carr（1913），p. 33.

表 4-1　レヴァント貿易とそのイギリス貿易に占める割合（1,000£）

	イギリス輸入総額（年平均）(I)	レヴァントからの輸入額（年平均）(i)	i/I (%)	イギリス輸出総額（年平均）(E)	レヴァントへの輸出額（年平均）(e)	e/E (%)
1587-89	576	12	2			
1620-21	1,043	182	17			
1625-26	731	74	10			
1629-30	1,060	352	33			
1633-34	1,314	212	16			
1663, 69	3,495	421	12	2,039	180	9
1699-01	5,849	315	5	6,419	234	4
1701-5	4,570	264	6	5,779	164	3
1706-10	4,227	242	6	6,233	205	3
1711-15	4,983	321	6	6,794	195	3
1716-20	5,945	300	5	6,893	248	4
1721-25	6,576	288	4	7,592	204	3
1726-30	7,201	296	4	7,976	209	3
1731-35	7,290	227	3	8,543	195	2
1736-40	7,225	175	2	9,347	160	2
1741-45	7,151	164	2	9,493	96	1
1746-50	7,130	164	2	11,152	143	1
1751-55	8,235	162	2	12,785	123	1
1756-60	8,297	153	2	12,153	52	0.4
1761-65	10,009	125	1	14,436	75	0.5
1766-70	11,831	124	1	14,029	73	0.5
1771-75	12,710	146	1	13,692	125	1
1776-80	10,401	126	1	11,792	89	0.8
1781-85	11,963	67	0.6	12,653	35	0.3
1786-90	15,921	194	1	16,778	102	0.6
1791-95	18,294	212	1	23,011	155	0.7
1796-1800	22,821	106	0.5	32,254	127	0.4

以上の表は，川分（1990）表 1，表 2 を統合，再整理したもの．1663, 69 年の i：Davis（1970），p. 202. 1669-1701 の E と I：Davis（1954），pp. 164-65.（ただし 1663, 69 年はロンドン港のみの数値）．その他の数値：Schumpeter（1960），pp. 17-18. Whitworth（1776），pp. 37-38.

表 4-2　レヴァントへの毛織物輸出

年	輸出額（年平均）1000£	レヴァント向け総輸出額に占める割合（%）*
1697-01	184	79
1722-24	190	93
1752-54	135	110
1772-76	92	74
1790-94	21	14
1795-99	21	17
1815-19	19	3
1820-24	7	1

以上は川分(1990)表6を整理したもの．1697-1700, 1772年以降についてはWood(1935)，ほかはDavis (1967)．＊に関しては，1795-99年までは，表4-1よりほぼ該当する時期の総輸出額を使用して計算したもので，あくまで目安である．1752-54年に関しては，表4-1の1751-55年のレヴァント向け輸出額£123000で除した結果，100%を越えている．1815-19年に関しては，1816年と1818年のレヴァント向け輸出額の平均値，1820-24年に関しては，1820年と1824年のレヴァント向け輸出額の平均値を，Wood (1935)から得て，算出している．

に示す．17世紀前半では，輸入は20-30万ポンド，輸出についてはデータがないが17世紀後半の3分の1程度，数万ポンドであったと推定される．つまりこの頃は圧倒的に輸入が重要で，イギリスの全輸入の1-3割にも達していた．他方17世紀後半になると，輸出は20万ポンド前後，輸入は30万ポンド前後を推移するようになり，輸出入ともにイギリス海外貿易の1割前後を占めた．18世紀に入ると，イギリス海外貿易全体が伸張する一方で，レヴァント貿易は輸出入ともにほとんど成長せず17世紀後半の貿易額にとどまり，イギリス貿易活動全体に対する重要性は失われていった．そして，1730年代頃から，輸出入ともに減少に転じ，その後はフランス革命・ナポレオン戦争期に入るまで長い低迷の時期に入る[4]．

品目からみると（表4-2，表4-3），輸出は常に毛織物が重要で，17世紀前

---

[3] ウッドは直接の原因はわからないとしながらも，17世紀末に会社史料からヴェネツィアやその領土のザキントス（ザンテ）島などについての言及が消滅したとしている．Wood (1935), pp. 66-67, 121.
[4] Wood (1935), p. 120.

表 4-3 レヴァントからの

	1620–21	1629–30	1633–34
生糸	32	125	63
生糸のレヴァントからの輸入額に占める割合（%）	18	36	29
原綿・綿糸	42	30	4
原綿・綿糸のレヴァントからの輸入額に占める割合（%）	23	8	2
モヘヤ		12	2
モヘアのレヴァントからの輸入額に占める割合（%）		3	1
干しブドウ	49	62	85
干しブドウのレヴァントからの輸入額に占める割合（%）	27	18	40

半から 18 世紀後半に至るまで全輸出の 8–9 割を占めていた．輸入品はもう少し多様で，初期には生糸，原綿・綿糸，果物（主として干しぶどう），織物（交織や絹織物）が拮抗して重要な位置を占めていた．その後 17 世紀中葉から 18 世紀前半に向かって生糸が次第に重要になり，全輸入の 6–8 割近くを占めるようになった．一方で，果物は，主な出荷地域であったイタリアがレヴァント会社の貿易独占対象から外れたため，レヴァント貿易の統計上は重要性を喪失し，原綿・綿花も東インドからの輸入の増加などの影響を受けて伸び悩んだ．他方で，17 世紀後半からモヘア（獣毛）[5]が全輸入の 1 割を占める重要商品となった．

最盛期の 1660–1720 年代に限定してみると，輸出品目は 9 割前後が毛織物，輸入品目は 4 割から 8 割近くが生糸となっている．つまり，この時期にはイギリスのレヴァント貿易は，毛織物と生糸の交換から成り立っていた．しかしこのような固定化した貿易構造は，次世代の衰退を招く要因となった．1720

5　モヘアは，単独，または綿や絹などと撚り合わせて，グログラン織用の糸，ボタン，ボタンホールかがりに使われた．Anderson (1989), p. 165.

輸入（年平均輸入額）（1,000 £）

1663, 69	1697–98	1699–1701	1722–24	1752–54	1818, 20	1824–25
172	86	219	274	81	82	187
41	53	70	77	53	21	19
28	13	25	12	20	16	430
7	8	8	3	13	4	44
45		32	40	13		
11		10	11	9		
79	5	5	4	11	42	50
19	3	2	1	7	11	5

以上は川分（1990）表4の一部．1620–34年：Millard（1956）．1663, 69, 1699–1701, 1722–24, 1752–54年：Davis（1970）．1697–98, 1818, 20, 1824–25年：Wood（1935）．ただし97–98年の原綿・綿糸の欄は綿糸のみでKurmuş（1987）の数字・Kurmuşは重量（lb）で表記しているのでそれを金額（£）に換算した．（換算レート：1lb＝£0.027．Schumperterから算出）．それぞれのレヴァントからの輸入額に占める割合に関しては，表4-1よりほぼ該当する時期の総輸出額を使用して計算した．1818, 20年と1824–25年に関しては，レヴァントからの輸入額の数値をWood（1935）から得て，算出している．

　年代には，より安価で現地の嗜好にあったフランス産毛織物が伸張し，その一方でイギリス産毛織物の輸出は減退していく．またこのころ生糸の主産地イランに政変が起こり，生糸の輸入は困難になった．イギリスのレヴァント貿易は，新たな輸出品や輸入品を見いだせないまま，このころから長期的衰退局面に入る．

　ボディントン家がレヴァント貿易に関与した時期は，最盛期，つまりレヴァント貿易がイギリス産毛織物の輸出と生糸の輸入でほぼ成り立っていた時代であった．ジョージ1世が毛織物卸売商であったことを思い起こすと，彼が息子達をレヴァント商人として育て上げていったのは，毛織物の販路拡大のためであったと推測できる．ジョージ1世の長男ジョージ2世と次男トマス1世が十代半ばという徒弟奉公適齢期を迎えたのは，1660年頃である．これは，清教徒革命が終結して王政復古が成ったころであり，レヴァント会社もまたこのころ革命期の混乱から脱出し，新たな貿易の拡大局面に入りつつあった．ジョージ1世は，この将来性の高い分野に参入したいと考えたのである．彼は，後述するように非常に強引なやり口ではあるが，2人の息子を

第4章　レヴァント貿易　153

何とかレヴァント会社の正式なメンバーにすることに成功する．

第 2 節　ジョージ・ボディントン 2 世と貿易商教育

「私ことジョージ・ボディントンは，1646 年 10 月 15 日に生まれた．私の母が話してくれたことによると，私は，自分から離乳するまでの 2 才まで母が乳を飲ませたただ一人の子供だった．年頃になると読み方の学校（reading school）に行かされ，8 才までそこにいたが進歩が遅く，およそ 9 才ころにラテン語学校に行かされ，そこで私は一生懸命勉強したけれども進歩が遅かった．12 才になるとギリシア語を学んだ．私は，13 才には写せば正確に文字を書くことはできたが，記憶力は余りよくなかったので，父はこの子は学問ではものにならないと判断し，書き方の学校（writing school）に行かせて，私はそこで少し進歩し…1661 年までそこにいた．父は，私を自分のパッカーの仕事につかせ，私は父の手紙を書いたり，現金の管理をしたりしたが，私はそういったこと全てにおいて勤勉で，63 年には商会で一番になった．ケイブル氏という人が来て，私に冒険商業（merchant adventure）を教え，私は 6 ヶ月のうちにそれで利益を出し，またその後父の帳簿を付け続けた．そして 1664 年 3 月 25 日に，私はこれまでに私に与えられたごく少額の資本を持っていたので，私自身の帳簿を付け始め，綿花の小さい船荷と毛織物のリストを買い…その大半をジャマイカへ送った．…私の仲間は，1，2 回航海を行ったが，私に全く勘定を持ってこなかったので，私は苦労して彼に会い，元金（principal）を取り戻した．」

「1666 年 4 月 10 日以前のいつのころか，ピーター・ジョーンズ氏が私を徒弟に望み，私にフランドル貿易を仕込み，私は商人（merchant）の仕事に専念したが，私の父の仕事もよく働いて手伝っていた．」

「私の弟トマスが 1666 年 1 月トルコに（判読不能）船長と行き，父は彼に一事業(an adventure)を託した．弟はアレッポでジョン・シェパード氏(Sheppard)のもとに落ち着いたので，父は私がレヴァント会社のメンバーシップを購入するべきだと決意した．…そしてロンドンのクロスワーカーズ・カン

パニのメンバーになり…入会料 25 ポンドを支払ってレヴァント会社のメンバーとなった．9 月には，父は私に 1036 ポンドを与えた．これは父がウィリアム・エドワーズ・ジュニアからの同額と一緒に毛織物に投資していたものであった．私はこのエドワーズ氏とパートナーシップを形成し，私たちは（この毛織物を）アレッポに送って私の弟トマス・ボディントンに委託した．1668 年の 9 月には，父の家に滞在していたイースト・カントリ商人のヘンリ・ハスウェル氏が帳簿係を求めていて，私は 30 ポンドでその仕事を引き受けた．私の計画は，そうすることでその貿易について全面的な知識を得ることだった．」

「1676 年私は，40 シリング支払い，イーストランド会社のメンバーになった．」[6]

ジョージ 2 世は，自分が商人になるまでの歩みを以上のように書いている．これによると，父ジョージ 1 世は，最初は息子にかなり高等な教育も望んでいたが[7]，早々に見極めをつけ，彼が 15 才になると自分の商会で修業させ始めた．ジョージ 1 世の職業は毛織物卸売業であるが，彼の商会には様々な輸出商，特に北海・バルト海方面に毛織物・羊毛を輸出してきたマーチャント・アドヴェンチャラーズ（冒険商人組合）やイーストランド会社の商人が，出入りしていたようである．ジョージ 1 世はまた，輸出商に毛織物を売却するだけでなく，自ら毛織物を輸出し，息子にもその経験を積ませていたようである．上記の手記の中でアドヴェンチャアと呼んでいるのは，こうした単発の輸出活動であったと思われる．輸出商が常に在庫の毛織物全てを買い取ってくれるわけではないので，国内卸売商が時々こうした行動に出ることはごく当然のことだっただろう．国内卸売商が輸出貿易商に転換・重複しやすいものだったことは，以上の手記の内容からよく理解できる．

ジョージ 2 世は，最初冒険商人組合の業務も教育されたようであるが，手記の記述から見て正式にこの会社の徒弟に入ったわけではないようである．冒険商人組合は 14 世紀以来フランドル・北ドイツ方面の毛織物輸出を独占

---

6 以上 2 つの引用とも CLC/426/MS.10823/001．
7 王政復古後は非国教徒として大学教育を受けにくい立場におかれたボディントン家も，このころ（清教徒革命期）には大学進学や聖職に可能性を感じていたかもしれない．

第 4 章　レヴァント貿易　｜　155

してきた組織であるが，その独占権は清教徒革命以降急速に縮小し，1662年にはドルトレヒトとハンブルクの2港のみが独占の対象となり，1688年には全面的に廃止となった[8]。ジョージ2世が冒険商人組合の教育を受けるのは1661年以降であるので，正式に徒弟となって同社のメンバーシップを取得するという手続きがもはや必要でなくなりつつあったと考えられる。この後，ジョージ2世はジャマイカへの毛織物輸出を一度経験しているが，西インド方面はもともと独占会社の貿易独占対象ではないので，自由に参加できた。最終的には，フランドル商人の下に徒弟に入ったということだが，フランドルは本来は冒険商人組合の独占対象地域であったが，このときには自由化されていた。

ジョージ2世はイーストランド会社のメンバーにはなっている。ただイーストランド会社も1673年にバルト海西部の独占権を廃止され，メンバーシップも開放した。先ほどの手記にあるように，ジョージ2世は40シリングという非常に安い入会金でメンバーとなっている。イーストランド（バルト海）貿易はまさに1670年代から繁栄の時代に入っている[9]。

さらに父は，毛織物の輸出先としてはレヴァント方面に将来性があると考えて，次男トマス（1世）をアレッポに送り，長男ジョージ（2世）をレヴァント会社のメンバーにする。長男ジョージのレヴァント会社への入会は，25ポンドを支払う購入という資格で行われた。入会資格については後段で詳述するが，購入での入会は，父親がレヴァント会社メンバーではなく，本人もレヴァント会社メンバーのもとで徒弟奉公しなかった場合の唯一の選択肢であった。

なお以上の手記に出てくる商人は，ケイブル以外全員が他の史料や研究書で確認できる。ジョージ2世が徒弟に入ったピーター・ジョーンズは冒険商人組合商人で，ハンブルクに在住していたことがあり，1680，83年にはロンドン市会議員に選出されている[10]。イースト・カントリ商人ヘンリ・ハスウェルは，毛織物輸出の他バルト海方面の商品輸入にも深く関与した商人で

8　ハリス (2013), 70頁；Lingelbach (1902), p. 249.
9　ハリス (2013), 70–71頁；Ramsey (1957), p. 128；Robert (1969), p. 55.
10　Woodhead (1965), p. 100.

あった[11]．ジョン・シェパードは1633年，後にロンドン市長となるトマス・ブラッドワースのもとに徒弟に入り，1660年代後半にはアレッポにいたことが解っている．シェパード家はレヴァント商人家系で，シェパードの姓はレヴァント会社議事録には頻出する[12]．一方，ウィリアム・エドワーズは，ボディントンと非常に似た経歴を持つ．彼の父親はジョージ・ボディントン1世と同じくクロスワーカーで，彼らの息子達は全く同じ時期，同じような入会条件でレヴァント会社に入社している．エドワーズ・ジュニアは，1668年5月21日に，「クロスワーカーのウィリアム・エドワーズの息子，純粋な商人でシティ市民，25ポンド支払い」でレヴァント会社に入会しているが，その約3ヶ月後の8月13日，ジョージ・ボディントン2世もまた「クロスワーカー，ジョージ・ボディントンの息子，今25ポンドの科料が支払われた．ロンドン市民で純粋な商人と思われる（appearing to be a mere merchant）」という扱いで，入会が認められている[13]．

第3節　レヴァント会社の組織

ジョージ・ボディントン2世とその次の世代はこの後約60年にわたってレヴァント貿易に関わっていくが，その話に入る前に，以降3節を使って，当時のレヴァント会社の組織，東地中海での貿易拠点，メンバーシップについて，概観しておくこととしたい．

近世のイギリスの特許貿易会社は，企業組織形態としては，ジョイント・ストック・カンパニ（株式会社）とレギュレイティッド・カンパニ（制規会社）の2種類に大別される．前者の代表は東インド会社である．この組織形態は，共同出資により船舶をチャーターし船荷を購入し貿易するもので，利益は出資者に分配される．出資者＝株主がメンバーであり，彼等は必ずしも

11　Jones (2007), p. 330.
12　Tinniswood (2007), pp. 408, 411-13; SP105/152, p. 137. なお以下に引用するSPでは，史料によって頁番号のあるものとないものとがあり，あるものについてのみ頁を記す．
13　SP105/152, p. 372, 394.

商人ではない．他方，後者は，会社の独占地域で貿易することをメンバーのみに許可する一種のギルド的な組織で，メンバーは商人であり，それぞれ個別に自己勘定で貿易活動を行う．

レヴァント会社は，最初はジョイント・ストック・カンパニとして設立されたが，すぐにレギュレイティッド・カンパニに転換する．

ただ，ジョイント・ストック・カンパニとレギュレイティッド・カンパニの違いはそれほど明確ではない．たとえば前者である東インド会社は，初期には航海ごとに出資を募っていて，実際に貿易する者が出資するという形に近かった．他方で，後者のレヴァント会社においては，各商人が個別に行う商業活動（プライベイト・シップ制度）の他に，会社が年1回船をチャーターしメンバーに船腹を配分して貿易を行わせるジェネラル・シップという制度があった．この場合，船荷は各商人の個別勘定だったが，船舶に関しては共同出資であったといえる[14]．

そもそも，遠隔地貿易は，ジョイント・ストック・カンパニ，レギュレイティッド・カンパニどちらの企業組織形態をとるにしても，居留地や要塞，大使・領事や総督など膨大な共通経費を必要とした．これらの費用は，出資金からまかなわれるにせよ，会費からまかなわれるにせよ，いずれにしても会社の共同勘定で負担される必要があった．また，護衛船という問題もあった．17世紀末に英仏の対立が恒常化すると，同じ方面に向かう商船を集結して海軍軍艦が護衛することが一般化したため，各商人が個別にプライヴェイト・シップを送る場合でも，船団を組み，一定期日に集結して海軍軍艦とランデブーするといった共同の行動が求められた[15]．個々のプライヴェイト・シップでさえも，通常は複数の商人や商会が船荷を積載するので，共同的な性格を持っていた．以上，レヴァント会社がレギュレイティッド・カンパニであるとはいっても，メンバーの商人達は様々な共同行動を行う必要があり，またたくさんの費用を共同で負担する必要があった．

ボディントン家が参加していた頃のレヴァント会社は，1660-83年，87-

---

14 ハリス（2013），65-67頁．Carr（1933），pp. xx-xxi．
15 薩摩（2014），69-70頁．
16 Wood（1935），pp. 136-37．

1713年，1718-44年にジェネラル・シップの船団を年1回派遣しており，個人商人の出すプライヴェイト・シップと並行して使用されていた[16]．

レヴァント会社の幹部は，総裁（Governor），副総裁（Deputy-Governor），財務官（treasurer），ハズバンド（husband, 管理人），秘書役（secretary）各1名と，18名の取締役（assistant）からなっていた．以上の役職は任期1年だったが，通常は本人が引き受ける用意のある限り再任され続けるのが一般的だった．総裁に関しては，1670年代ころから政治的で社会的地位の高い人材か

図14　トルコ風の装いをしたデイビッド・ボウズンキット（1735年頃）

ら選ばれるようになり，会社の真のリーダーは副総裁になった．副総裁以下は，常設委員会組織として頻繁に取締役会議（court of Assistants）を開き，常時会社の業務を遂行した．これらの幹部役員は，就任を拒否すると罰金が科せられる一方で，就任中は総裁で100ポンド，ハズバンドで50ポンドなどの若干の給与が支払われた[17]．このほかに，年数回総会（General Court）が開催された．特に例年2月の総会は，幹部役員を選出する選挙総会であった．

メンバーの数は，1670年代がピークで380名弱，1731年には80-90人にまで減少し，1753年のメンバーシップ開放前夜には40人にまで減少していた[18]．実際に活動していた商人はこの人数よりさらに少なく，1675年には実際にレヴァントに商品を送付した商人は156人，1731年には42人の商人がレヴァントから物資を輸入していた[19]．

メンバーが減少し出すのは1680年代からだが，貿易が減少し始めたのは，ようやく1720年代の終わりであり[20]，この間は，少数の商人一族による最盛

17　Wood（1935），pp. 206-07．
18　Davis（1967），p. 61．
19　Davis（1967），p. 61．
20　Davis（1967），pp. 61-62．

期の貿易の寡占化が進展し，関与する者にとっては高収入が見込まれた時代であったと言えよう．

第4節　貿易拠点の集中化——イスタンブル，イズミル，アレッポ，キプロス

　レヴァント会社は，初期には，独占地域内の多方面に商館を開設し，領事を派遣した．北アフリカではアルジェ，エジプトではカイロ，イタリアやギリシアではリヴォルノ（レゴーン），ヴェネツィア，ザキントス（ザンテ）島，パトラ（パトラス），小アジアではイスタンブル（コンスタンティノープル），イズミル（スミルナ）と対岸のヒオス（キオス）島，シリアではトリポリ，アレッポなどである[21]．

　しかし，レヴァント会社の貿易拠点は，現地政権との関係や独占対象地域の変化などから淘汰，限定される傾向にあった．北アフリカは，毛織物，鉛，鉄，香辛料の市場であり，また果物・ナッツ類の輸入地でもあって，交易上の期待がかかっていたが，これらの地域では，オスマン帝国との正式な交渉を経て領事をおいても，カピチュレーションの内容はほとんど守られず，イギリス人に対する海賊・誘拐行為，恣意的な課税が横行した．そのため，1620年代以降は領事の派遣も貿易も断続的にしか行われなくなった．1640年代以降になると，この地の領事は，会社ではなくイギリス政府が任命し，派遣するものとなった[22]．エジプトも，会社設立当初から交易地として高い期待がかかり，カイロに領事が置かれたが，カイロは生活費も高く，またキリスト教徒への敵意が強烈で，アヴァニアと呼ばれる恣意的な負担金が重く課された．またここでは，フランス勢力が強く，もともとイギリス人はフランス領事の保護下に貿易していたということもあって，イギリス人領事はフランス側からの圧迫を受けた[23]．結局会社は，17世紀にはカイロにイギリス人領

21　Wood (1935), p. 15.
22　Wood (1935), pp. 61-63.
23　Wood (1935), pp. 32-33.

事をほとんど派遣せず，1663年にはエジプトには関与しないことを確認している[24]．その後1698年以降再びカイロに会社派遣の領事が置かれるようになるが，やはりフランスの勢力が圧倒的で，イギリスの貿易や代理商の駐在人数は18世紀末まで伸びなかった[25]．

　イタリア，ギリシア方面に関しては，ペロポネソス（モレア）半島での干しぶどう他の果物貿易が非常に重要であった．イギリス商人は最初ヴェネツィアで干しぶどうを購入していたが，その後ザキントス島やケファロニア島などに直接購入に行くようになり，ザキントス島に当初は現地人，1628年以降はイギリス人領事をおいた．また，半島本土のパトラにも領事を置いた[26]．干しぶどうに対する需要は非常に大きく，会社はこれに関しては別個にジョイント・ストック方式の航海事業を企画し，毎回メンバーから参加者を募る形をとった[27]．干しぶどう輸出はヴェネツィア政府にとっても重要な財源であり，そのため同政府は，ヴェネツィアに干しぶどう交易を集中させるため，イオニア諸島領土での干しぶどう交易を禁止したり，あるいは重税を課したりしたが[28]，それにもかかわらず，イギリス人の交易活動は活発に続けられ，ザキントス島の領事館も維持された．しかしおそらく1680–90年代にヴェネツィアがペロポネソス半島のオスマン朝領土を征服したことなどが原因となって，ヴェネツィアとその領土はレヴァント会社の独占の範囲からは外された[29]．またすでに1660年代からは，ヴェネツィア領事やザキントス島の領事は，会社派遣ではなく，イギリス政府派遣の領事となった[30]．その後も，周辺のパロス，ミコノス，ヒオス島などにイギリスの副領事（vice-consul）が置かれたが，これらはみなギリシア系，イタリア系の現地人からの採用であった[31]．イタリア半島では，1620年代からヴェネツィアに代わり

24　Wood (1935), pp. 77–79, 124–25.
25　ウッドはカイロにいたイギリス商人の人数を1702年には2名，1749年には9名としている．Wood (1935), pp. 125, 165–66.
26　Wood (1935), pp. 66–68, 70.
27　Wood (1935), pp. 71–72.
28　Wood (1935), pp. 67–69.
29　Wood (1935), pp. 66–72, 121–23.
30　Wood (1935), pp. 66, 121.
31　Wood (1935), p. 123.

リヴォルノが重要な貿易拠点となっていくが,ここの領事もすでに 1650 年代から会社ではなく政府派遣となった[32]．

　結局レヴァント会社の貿易活動の対象は,小アジアとシリアに限定されるようになるが,同社はこれらの地域においても貿易拠点の分散・多数化を好まず,集中化の方向をとった．もともとフランス勢力が圧倒的に強かったシリアでは,レヴァント会社はアレッポとその港湾イスケンデルン（スカンデルンまたはアレクサンドレッタ）のみに貿易活動を集中させる方針をとり,トリポリ,サイダ（シドン）,アッコ（アクレ）などで活動するイギリス人商人から 2 倍の領事手数料を徴収するなどした[33]．小アジアにおいては,沿岸のヒオス島に置かれた貿易拠点は 1610-20 年の間にイズミルに移り,以後イズミルが圧倒的な重要性を誇り,ヒオス島にはその副領事が置かれた．それ以外に小アジアでは,モヘア貿易の拠点だったアンカラ（アンゴラ）に若干のイギリス人商人が定住したが,領事館は置かれなかった．

　レヴァント会社史を書いたウッドは,個々の商人には多地域で通商しようとする気運はあったが,ロンドンの会社側に明らかに新地域への進出を避ける傾向があったと書いている．1683 年 11 月には,会社は原則として,イスタンブル,イズミル,アレッポ以外の全交易活動に責任を持たないと主張し,それ以外の地域で生活する代理商は自分自身の危険と費用負担で行うこと,領事や副領事は自分自身の負担でそれらの人々を最大限保護するよう努力することとした[34]．

　こうして 17 世紀後半には,レヴァント会社の活動は,シリアのアレッポと小アジアのイズミル,首都のイスタンブルに集中するようになった．イスタンブルには,領事ではなく大使が派遣された．イスタンブルは,政治・外交上はもちろん,経済的にも重要であった．同市は,宮廷や官僚が消費する高級毛織物の一大市場であり,ペルシア方面にもここから輸出された．そのほか,鉛や錫,毛皮,東インド産の生薬などにも,大きな需要があった[35]．17

32　Wood（1935），pp. 64-65.
33　Wood（1935），pp. 76-77, 123-24.
34　Wood（1935），p. 128. SP105/154, p. 385.
35　Wood（1935），p. 72.

世紀から 18 世紀初頭にかけては，イスタンブルには二十数名の代理商が在住した．

イズミルは，レヴァント会社の貿易拠点の中でも最も重要であった．ここでは，ペルシア産生糸が運ばれてくるほか，小アジアのモヘア，周辺後背地からの原綿，ヒオス島他の近隣初頭からの生糸やワイン，テレピン油などが扱われた．ここには，1660 年頃には 50 人ほど，17 世紀初頭には約 30 名ほどの代理商がいた[36]．

アレッポは，ペルシア，メソポタミアからのキャラバン・ルートの終点で，ヴェネツィアやフランスの商人も古くから集まる伝統的な交易拠点であった．イギリスのレヴァント会社は最初はトリポリに拠点を置いたが，早くも 1590 年代にはここに領事を配置した[37]．ここでは，ペルシア産生糸のほか，周辺で生産されるグログラン糸，没食子（gall 虫こぶ，インクや染料の材料），原綿が取引された．ここには，17 世紀後半には 40 名ほど，1725 年には 30 名ほどの代理商が置かれていた[38]．

この 3 都市の他に 17 世紀初頭から連続して会社派遣の領事が置かれたところとして，キプロス島がある．キプロス島はアレッポの沖合に浮かぶ島であり，アレッポ領事の管轄下に置かれていたが，1630 年代以降は副領事が置かれるようになった[39]．さらに 1722 年以降，キプロスの副領事はアレッポから独立した領事となった．キプロスの領事館は，ラルナカに置かれていた[40]．キプロスは，油，ワイン，蜂蜜，テレピン油，明礬，グログラン糸の他，綿花の主産地であった．キプロスとイズミル，シリア海岸から輸入される綿花は，ヨーロッパ各地で綿横糸と麻縦糸の交織であるファスチアン織製造を刺激し，イギリスでもレヴァント会社設立の頃から製造が開始された．ファスチアン織は，17 世紀中葉にはランカシャの重要産業となり，レヴァント産綿花はそれを支える重要な輸入品となった[41]．

36　Wood（1935），pp. 73, 162.
37　Wood（1935），p. 75.
38　Wood（1935），p. 162.
39　Wood（1935），p. 74. Luke は 1626 年からキプロスに領事がおかれ，18 世紀から重要性を増したとしている．Luke（1921），p. 89.
40　Wood（1935），p. 123.

第5節　メンバーシップ

　ロンドンのリヴァリ・カンパニ（同職組合）やレヴァント会社のような独占的貿易会社においては，国王から特許状により付与された法人身分や事業独占権といった特権の独占的な享受が，組織の最大の目的であった．従って，その入会条件は厳格だった．彼らは，こうした組織のメンバーになることを，「自由になる be free」あるいは「自由 freedom」を得るなどと表現した．この表現は，やはり国王特許状によって法人身分を与えられた自治都市のメンバー（市民）になる際も用いられた言葉である．近世の都市商人は，ロンドン市民になることも，同職組合のメンバーになることも，独占貿易会社のメンバーになることも，国王が特許を付与した特権を持つ社団に参加する自由を得るという同じ性質の行動ととらえていたのである．

　レヴァント会社への入会資格は，まず成人（21才）していることが前提の上で，①家督 patrimony，②奉公 servitude，③購入 redemption の3種類があった．これは，ロンドンの製造業者や卸売商の同職組合（ギルド）であったリヴァリ・カンパニへの入会資格と全く同じである．

　①家督とは，父親がレヴァント会社メンバーである場合で，20シリング（1ポンド）の支払いで入会できた．②奉公とは7年間レヴァント商人のもとで徒弟奉公した場合で，やはり20シリングの支払いのみで入会できた．ただしこの場合は，レヴァント商人のもとに徒弟に入るときに，数百ポンドから千ポンドの高額の徒弟奉公料を支払う必要があった（第5章第1節参照）．③購入とは，家督や奉公という資格がなく金銭の支払いで入会するもので，27才以下の場合は25ポンド，それ以上の場合は50ポンドの支払いが必要とされた[42]．また①②③いずれの場合も，ロンドン近郊在住者の場合にはシティの市民権を持ち，また「純粋な商人（mere merchant）」であることが，要件とされた．

41　Wood（1935），pp. 74-75. Wadsworth & Mann（1931），p. 15.
42　この金額については，会社議事録で何度も確認がある．SP105/154, pp. 100, 103, 149, 151, 157, 266, 375.

以上の資格には、さらにいろいろな細則があった。まず①の家督に関しては、父親がレヴァント会社のメンバーになった後に生まれた子供の場合のみ有効であった。そのため、父の入会直前に生まれた子供が入会を希望する際には、論争が起こっている[43]。②の徒弟奉公については、より事情が複雑である。先述したように、シティ・オヴ・

図15 エドマンド・ダンチとジョージ・ボディントン2世の徒弟奉公契約書

ロンドンでは、同職組合のメンバーシップが市民権と同義であったため、市民になるためにはかならず同職組合のメンバーでなければならなかった。またロンドンやその近郊在住のレヴァント商人は、レヴァント会社の規定によりロンドンの市民権を持っていなくてはならなかったから、彼等はかならずロンドンの同職組合のメンバーにならなくてはならなかった。手続き面から見ると、ロンドンの同職組合の徒弟奉公契約は、シティの収入役（Chamberlain）と同職組合長の立ち会いの下で親方と徒弟の間に取り交わされ書類が作成され市に登録されるという厳格な手続きが存在していた[44]。一方、近世に成立したレヴァント会社に関しては、そうした正式な徒弟奉公契約の手続きはなかった。そのため、ロンドンのレヴァント商人のもとに徒弟に入る場合には、レヴァント会社メンバーの徒弟に入るという手続きではなく、あくまでこのレヴァント商人の属している同職組合の徒弟に入るという手続きがとられ、この徒弟奉公の契約書にレヴァント貿易業についても徒弟奉公することを示す文言が付加されていた[45]。しかし、この文言が落ちていることが

---

43 SP105/152, pp. 89, 175.
44 London Metropolitan Archives, Information Leaflet No.14 City Freedom Archives, p. 8.
45 William Hedges が 1677 年に Robert Wakeman, Samuel Lannoy を徒弟にとったときには、高級呉服商のほかにレヴァント貿易の訓練のために徒弟に入ることが言及されている。COL/CHD/FR/02/0151-0156. COL/CHD/FR/02/0114-0121. また、1681 年ジョージ・ボディントン2世が Alexander Ackhurst を徒弟にとったときも、「トルコ会社のために契約」という記述がある。1673 年 Edmund Dunch を徒弟にとった時にも、「ロンドンの市民でクロスワーカー、及びレヴァントで自由に通商する商人ジョージ・ボディントン」の徒弟に入ることが明記されている。COL/CHD/FR/02/0014-0020.

第4章 レヴァント貿易 | 165

あったようである．そうしたときには，徒弟が年季明け後にレヴァント会社への入会を希望する際，徒弟奉公契約書にレヴァント貿易業についての記載のないことが問題にされたり，確かに商人（merchant）としての奉公をしたかどうかをめぐり論争が生じた．ただ通常の場合，徒弟は，徒弟奉公期間の後半をレヴァント現地で見習い代理商として過ごすため，レヴァント貿易業の修業をしたことは自明であった．

　③の購入による入会に際しては，「純粋な商人 mere merchant」であるかどうかが，精査の対象となった．「純粋な商人」とは，狭義には海外貿易商，より広義には国内卸売商をも含む当時の概念で，小売商や製造業者・手工業者を絶対的に排除するものである．第1章で詳述したように，貿易商・卸売商と，小売商・職人とは，かなり所得に格差があり，市政中枢への参加も前者がほぼ独占していて，前者のステイタスの方がはるかに高いと考えられていた．レヴァント会社だけでなく，いずれの特許貿易会社においても，メンバーをこの「純粋な商人」に限定しようとする動きがあった．

　この問題を巡ってレヴァント会社で起こった議論の事例を挙げてみよう．1661年9月10日には，ジョン・フリーマンという人物が，「パッカーであり，自分の仕事を整理して mere merchant となり，我が社のメンバーシップを望んでいる．もしそれが認められたなら，彼は自分の現在の職業を完全に辞すことを約束して」いる．結局彼は，50ポンドの支払いにより，メンバーシップを認められた[46]．他方，同年11月27日には，フランプトンという人物は，「彼は店舗（warehouse）を持っており，mere merchant ではないので，特許状の規則により（入会は）不可能と判定された[47]」．また1666年10月11日には，「小売商（retailer）として店舗（shop or warehouse）を保有していないという誓約」を行って，入会を認められたケースがある[48]．他方で，こうした約束に違反して小売業を営み，200ポンドもの罰金を課されたケースもある[49]．絹織物や毛織物の織工（silkman, weaver）の組合所属

---

[46] SP105/152, p. 36.
[47] SP105/152, pp 45-46.
[48] SP105/152, p. 300.
[49] SP105/152, p. 300.

の親方のもとで徒弟奉公をした者も，精査の対象となった[50]．

　以上のうちジョン・フリーマンの事例は，パッカー（クロスワーカー）業は「純粋な商人」とは見なされず，パッカーがレヴァント会社メンバーになろうとするなら，パッカー業の廃業を約束しなければならなかったことを，語っている．同様の事例は，もっと後にもある．1703-4 年の 1 月には，トマス・ウィルソンなる人物が，「彼はこの 18 ヶ月間クロスワーカーあるいはパッカーとして取引しなかったし，今後その事業を行う意図もないこと」を誓約した上で，購入で入会している[51]．これをボディントン家の場合に当てはめて考えてみると，パッカーであり現にその事業を営んでいたジョージ 1 世がレヴァント貿易商になることは困難であったと思われる．だからこそ，彼は自分ではなく，息子達の方をレヴァント会社メンバーにしようとしたのであろう．

　会社は，父親がクロスワーカーであることは問題とはしなかったようだ．ジョージ・ボディントン 2 世は，1668 年 8 月 13 日，「クロスワーカーのジョージ・ボディントン（1 世）の息子」として入会を申請するが，本人については特に異論なく「純粋な商人と考えられる」として受け入れられ，入会を認められている．その約 3 ヶ月前のウィリアム・エドワーズの場合も，「クロスワーカーのウィリアム・エドワーズの息子」として入会申請しているが，彼も，問題なく「純粋な商人」であるとして入会を承認されている[52]．問題はあくまで，父親ではなく本人が純粋な商人であるかどうかだったのだ．

　「純粋な商人」規定を巡っては，たびたび議論があったため，レヴァント会社はこの点について一般原則を確立しようと努力した．たとえば，1668 年 8 月 28 日には，「我が社のメンバーシップを取得する者で，かつて店主（shopkeeper）あるいは小売商（retailer）であったが現在は mere merchant である者は，いかなる小売業にも戻らないように，500 ポンドの違約金の証書を会社に渡す」という規則が定められている[53]．また 1670 年 3 月 9 日の取

---

50 「silkman として徒弟奉公を受けているが merchant として外国貿易を今まで行ってきており，また彼はそれを続ける決意をしている」として Simon Smith のメンバーシップが認められた例がある．SP105/152, p. 8.
51 SP105/156, p. 159.
52 SP105/152, p. 372, 394.

締役会議および 17 日の総会でも入会条件が整理され,「純粋な商人とは,会社特許状第 2 条に従い,外国との通商 (merchandizing to foreign parts) にのみ用いられてきた言葉であり,少なくとも丸 1 年間他の職業につかなかった者を指すと理解される」という判断が下されている[54]. しかしこの問題はなかなか解決しなかったようで,1694 年 1 月 4 日にも,「純粋な商人」という言葉は,「最初からそのように教育された者,あるいはかつては別な商売をしていたが,7 年間商人 (merchant) 業務に従事してきた者」を指すと,改めて確認されている[55].

　最後にロンドン市民権の問題をもう少し考えておきたい. 最初に確認しておくべきこととして,レヴァント会社のような近世期に誕生した貿易会社は,中世期に都市自治権と同時発生的に成立してきたリヴァリ・カンパニとはことなって全国的組織であり,全イングランド人に入会の資格があったことである. こうした貿易会社の特許状には,ロンドン以外の者を排除する文言はない.

　しかし実際には,どの特許貿易会社においても,ほとんどのメンバーがロンドン在住者だった. これは,貿易活動自体がロンドン港に集中していたこと,また貿易会社の会合はロンドンで開催され,そこでほとんどのことが決定されたこと,遠隔地貿易を行いうる資金力を持つ者が圧倒的にロンドン商人であったことなどが原因である. こうした特許貿易会社は,ロンドン在住者に関しては,ロンドンの市民権の保有を入会の条件としていた. これは,各会社の都合というよりむしろ,シティ・オヴ・ロンドン自治体の意向を受けてのことであった. シティ自治体としては,ロンドン港を使用して貿易する者が市民でなく,納税や市政・市行政への貢献をしないということは,考えられないことだった. 清教徒革命期には特にこのルールが弛緩したため,シティ政府は,王政復古後間もない時期に政府に働きかけ,この点の徹底をはかった. この結果王政復古政府は,1662 年 2 月 18 日,いずれのロンドンの会社法人も,シティより 20 マイル以内に在住する者の場合,市民権を得

53　SP105/152, p. 399.
54　SP105/153, pp. 36-37.
55　SP105/155, p. 281.

るまでは入会を許可してはならないという命令を発布した[56].

　何度か述べてきたように，シティの市民権を取得するためには，ロンドンの同職組合であるリヴァリ・カンパニのメンバーにならなければならなかった．しかし17世紀後半には，ロンドンのリヴァリ・カンパニの形骸化はすでにかなり進行していた．この形骸化とは，メンバーの多くがカンパニの名称の職業に従事していない状態や，カンパニがその職業の製造技術や品質，販売などの管理統制の機能を喪失しているような状態を指す．形骸化の程度はカンパニごとにかなり差があったが，一般にステイタスの高いカンパニほど形骸化が進んでいた[57].

　同職組合の形骸化の一方で，同職組合メンバーにならなければロンドンの市民権が取得できず，市民権がないとロンドン在住者の場合レヴァント会社のメンバーになれないという矛盾した状況は，当然ながらこのルールの無視や回避といった行動を招いた．レヴァント会社のメンバーにも，シティより20マイル以上離れた地域に在住して，ロンドンの同職組合メンバーになることを回避する者や，逆に外部からシティ20マイル以内に引っ越してきても市民権取得を怠る者などが，繰り返し現れた[58].

　王政復古政府が1662年2月に発布した市民権条項徹底の命令は，レヴァント会社にも到達し，同社は遵守に努めた．同社は1670年3月にも入会資格の見直しと確認を行っているが，その際「もしもロンドンから20マイル以上離れたところに住んでいる商人が入会を認められ，その後もっと近い距離に引越してきたならば，その場合は彼はシティの市民権を取得しなければ，メンバーシップの利益を喪失すると理解される．」と明確に規定した[59]. また，1685年3月31日には，さらに踏み込んで，ロンドン市民でないレヴァント会社メンバー（多くが地方商人）には，ロンドン港の使用を禁止した[60].

　ただ遠隔地貿易の独占会社にとってもっと危険だったのは，非メンバーが勝手に会社の独占対象地域に赴いて滞在し貿易活動することだった．この問

56　SP105/152, p. 14.
57　第1章第6節参照.
58　SP105/152, pp. 215, 217.
59　SP105/153, pp. 36-37.
60　SP105/154, p. 432. SP105/152, p. 14.

題を複雑にしたのは，レヴァント現地に滞在する者はたいていまだ会社のメンバーシップを取得していない徒弟身分や年季が明けて数年以内の若い代理商だったことである．レヴァント会社は，現地でメンバーやメンバーの正式な代理商と，全く無資格の非メンバーや非メンバーが勝手に送った代理商を区別するため，現地にメンバーの名簿やメンバーの徒弟・代理商の名簿を送り領事に確認させるようにした．たとえば，1662年7月15日には，イスタンブル，アレッポ，イズミルへ会社のメンバー（freeman）の名簿を送り，毎年更新していくことが決定されている[61]．もし無資格者がレヴァント会社の独占権の対象範囲で取引した場合には，船荷は没収され，数百ポンドに及ぶ罰金が科せられた．

第6節　代理商

先述したように，レヴァント会社はレギュレイティド・カンパニ（制規会社）であり，メンバーの商人が個別に自己勘定で貿易活動を行う組織であった．各商人は，ロンドンに業主（principal）を置き，レヴァント側に代理商（factor）を派遣して，業主の勘定で代理商を通して商品を売買した．業主や代理商は，一人の商人単独ではなく，しばしばパートナーシップを形成して事業を行った．つまり，ロンドン側では業主同士が組んでパートナーシップを作り，他方レヴァント現地でも代理商同士がパートナーシップを形成し，この2つのパートナーシップの間で取引が行われるような形がとられた．

代理商は，一人前の商人が派遣されることもあったが，通常は徒弟期間の後半に達した徒弟か，徒弟期間終了後も現地に残留している元徒弟であった．レヴァント会社は，親方が許可する場合，3年以上徒弟奉公をした徒弟が，レヴァント現地で代理商として活動することを認めていた[62]．そのためほとんどの徒弟は，この指針に従い，徒弟奉公期間前半の3年をロンドンの親方の元で過ごした後，徒弟奉公後半4年をレヴァントで過ごし，さらに徒弟が

61　SP105/152, p. 14.
62　Tinniswood（2007），p. 407.

明けた後も数年現地に残留して，帰国したときに所属するリヴァリ・カンパニのメンバーシップとロンドンの市民権，さらにレヴァント会社のメンバーシップを取得した[63]．徒弟に入る手続きと，カンパニのメンバーシップや市民権を取得する手続きは，本人がロンドンで市役職者の前に出頭しないと行い得なかったので，代理商は帰国するまではメンバーにはなれなかったのである．

　現地に送られた徒弟は，現地にいる先輩代理商とパートナーシップを形成することが一般的だった．これは，徒弟への教育的見地からも，また代理商の急死などの不測の事態に対処するためにも，好都合なやり方であった．

　代理商の業務は，業主が送付する船荷の販売と業主が注文する現地商品の購入の代行であり，この代行業務の手数料が彼らの収入であった．この代理商のとる手数料（commission）は時期や場所，商品によってかなり変動したが，一般的には2％であった．

　代理商は，こうした代理商業務の他に，一定の金額の範囲内でなら自己勘定で貿易することを認められていた．代理商たちは，帰国後貿易商として独立するためレヴァント駐在中に可能な限り資本を蓄積する必要があったが，それには代理商業務の手数料収入だけでは不十分であった．このため，レヴァント会社は，年季の明けていない徒弟身分の者に対しては年100ポンド，年季の明けた者に対しては年500–600ポンドの自己勘定取引を認めていた[64]．

　しかし実は，代理商の自己勘定取引を容認することは，業主にとっては危険なことだった．第一に，自己勘定取引を行っている代理商は，業主勘定の販売や購入の代行業務よりも自己勘定の販売・購入を優先しがちであった．第二に，通常代理商は帰国するまでレヴァント会社のメンバーになる手続きをとらなかったため，代理商がメンバーにならないまま現地に長期にわたってとどまる可能性があった．もしもこうした代理商が，会社メンバーであるロンドンの業主との関係を失い，代理商業務を全くしなくなって，自己勘定取引に専念するようになると，これは会社のメンバーシップを著しく侵害す

63　Wood（1935），p. 215.
64　徒弟奉公中の者については，原則年額100ポンドだったようである．年季が明けている者については年500–600ポンドの取引が認められている．SP105/152, pp. 326, 330, 388.

る存在となったのである.

　実際こうした問題は発生していた.レヴァント会社は,1673年11月28日,「トルコに在住しており,正式に貿易の自由を認められ,その後代理商の業務を見捨てて,しかも自己勘定で商人(merchant)として相当な貿易を行っている者」について議論している.会社はこの議論の結果,年季が明けた徒弟がレヴァントに残留できる期間に上限を設けることとした.この上限は,最初は通常の徒弟は年季明け後7年まで,メンバーの子息の場合には10年までと定められたが,すぐに前者は10年,後者は14年に延長された[65].また会社は,会社メンバーの派遣する代理商のみを正式な代理商として把握するため,メンバーに全徒弟の会社への届け出を義務づけた[66].

　以上のような会社の指針やルールから,レヴァント会社メンバーの人生行路はおのずから定まっていた.彼らはだいたい13-5才で有力リヴァリ・カンパニかつレヴァント会社メンバーの商人の徒弟となり,16-8才でレヴァント現地に赴任し,先輩代理商のもと手数料取引と自己勘定取引の両方を学びながら年季の明けるのを待ち,年季が明け成人した後もさらに10-14年現地に滞在して十分な自分の資本が蓄積でき次第,20代後半から30代前半にイギリスに帰国,正式な市民・メンバーとなって業主としての活動に乗り出すのだった.

第7節　もぐりの代理商?——ボディントン家レヴァント貿易参入をめぐる問題

　しかし,年季の明けた代理商の自己勘定貿易活動よりも,もっと会社が憂慮していることがあった.それは,本人も,またその親方や親もレヴァント会社のメンバーではないのに,トルコに滞在して貿易を行っている者がいたことである.会社は,代理商の自己勘定貿易問題を議論したのと同じ1673年11月28日,「トルコに在住しており,会社の代理商でも会社に雇用され

65　SP105/153, pp. 289f, 340, 350.
66　SP105/154, p. 29.

ているわけでもないのに，会社に損害になるほど非常に大規模に貿易を行っている者」について，議論した．会社は，この「会社メンバーの息子でも徒弟でもない者がトルコに在住することによって，会社が被る損害」について，さらなる検討を取締役会議に付託している．また会社は，大使と領事に，現地に在住する全イギリス人の名簿を提出するよう求めた[67]．

　実はこの同じ1673年11月28日，ジョージ・ボディントン2世は，「アレッポにいる自分の弟で徒弟のトマス・ボディントン（1世）」に貿易の自由（自己勘定取引）を許可するよう願い出ていた．しかし，会社は，「彼（トマス1世）が海外にいる時に徒弟契約を行っている（he having been bound when he was beyond seas）」[68] などいくつかの疑問点があるとして，トマスへの貿易の自由付与については審議延長とした．

　会社は，ここで一体何を問題にしていたのだろうか．もう一度ボディントンたちの経歴をよく振り返ってみよう．トマス・ボディントン1世は，1666年に父ジョージ1世によってアレッポに送り込まれたが，父はレヴァント会社のメンバーではなかった．また兄ジョージ2世がレヴァント会社のメンバーシップを取得したのは，その2年後の1668年である．つまり，トマス・ボディントン1世は，まさに「会社のメンバーの息子でも徒弟でもないのに，トルコに滞在して貿易を行っている」者であったのである．

　さらに，兄ジョージ2世は，ここでトマスが自分の徒弟だと申し立てている．しかしこれは，明白な虚偽である．ジョージ2世が成人したのは1667年，彼がクロスワーカー・カンパニのメンバーになったのもレヴァント会社メンバーになったのもその後のことであり，その彼が1666年にアレッポに赴任したトマスを徒弟にできたはずはないからである．会社が「彼（トマス）が海外にいる時に，徒弟契約を行っている」と述べているのは，もしトマスが兄ジョージ2世の徒弟なら，彼が会社メンバーになった68年以降に徒弟契約を行ったはずだが，その頃トマスはすでに海外にいたという点を指摘したものであろう．

　つまり，1673年11月28日の「メンバーの息子でも徒弟でもないのにト

67　SP105/153, pp. 350–51.
68　bind（bound）は徒弟奉公に入るの意味で当時の史料中で多用されている．

第4章　レヴァント貿易　│　173

ルコに滞在して貿易を行っている者」を巡る議論で会社が問題としていた人物の一人が，トマス・ボディントンであったことは間違いない．

実は会社は，この時すでに，イスケンデルン港でトマス1世の船荷を差し押さえるという行動に出ていた．この船荷は，トマスがアレッポでパートナーシップを結んでいたジョン・ラングリ（John Langley）[69]から購入した綿花19袋であった．このとき，ジョン・ラングリが父から委託されていた商品も，一緒に差し押さえられた．ジョン・ラングリの父親は会社のメンバーであり，ラングリの代理商としての資格にはなにも問題はなかったが，トマス・ボディントンと共同経営をしていたために，彼もまたこのトラブルに巻き込まれたようである[70]．

ラングリの父は，ロンドン本社の会議で問題の解決を要求した．結局この差し押さえの問題とトマス・ボディントンの資格の問題は，トマスのためにジョージ2世が50ポンド支払い，さらにトマスが帰国後会社のメンバーになると約束することで，決着がついた[71]．これは一見「購入」というレヴァント会社の通常の入会手続きに見えるが，そうではない．まず会社のメンバーになるためには，本人がロンドンにいて手続きをしなければならないので，現地から帰国していないトマス1世はメンバーにはなれない．その上トマスは1649年3月5日の生まれ，このとき年齢は24才であったので，もしもこの時点で「購入」でレヴァント会社メンバーになるのなら，入会金は25ポンドでよいはずである．50ポンドは27才以上の場合の購入の入会金だからである．したがってこの50ポンドの支払いは，おそらく将来トマスが27才以上で帰国することを見越しての支払いであったと考えられる．それをこの時点で支払わせたのは，全くの無資格者のままトマスが代理商を続けることが，あまりにも不都合だったからであろう．

以上，1666年のトマス・ボディントン1世のレヴァントへの派遣は，会社メンバーではなかったジョージ1世がレヴァント会社の独占権を無視して

---

69 ジョン・ラングリはレヴァント会社のメンバーで，彼の息子は当時代理商だった．ラングリについては以下の文献にも言及がある．Pincus (1996), p. 242; Grassby (2001), p. 304.
70 SP105/153, pp. 398-99, 401-08.
71 SP105/153, p. 405.

行った違反行為であり，それがトマスが貿易自由権を得る段階になって問題化していたことが，明らかになった．とはいえ，トマス1世は，レヴァントですでに7年の年月を過ごしており，現地では一流のレヴァント貿易商の子弟と共同経営を行っていた．つまりトマス1世の存在は，すでに十分黙認されてきたのである．従って会社も，いまさら彼を厳罰に処すことはできなかったのだろう．そこで会社は，この一件を本社会議で公的に議論することによって一般原則を確立しようとする一方で，トマスの身分については和解金を上乗せした入会金をとるのみで穏便に解決したのだと考えられる．

この時期のボディントン家のもうひとつ興味深いエピソードが，ガーティンのクロスワーカーズ・カンパニの社史にでている．それはジョージ・ボディントン2世が1681年に地方で仕上げ加工の完了した毛織物を仕入れてレヴァントに輸出したために，カンパニの中で問題となり罰金を支払ったというものである[72]．同カンパニの規約では，毛織物の仕上げはロンドンで行わなければならなかった．ここからもこの頃のボディントン家の規則破りなビジネスのすすめ方がみてとれる．

以上，ボディントン家は，明らかに無免許貿易を行い，またそれを会社側からはっきり認定されながらも，結局はレヴァント会社の正式メンバーとして受け入れられた．ジョージ・ボディントン2世は，1696年と1701年，1703年にはロンドン本社で取締役（assistant）にも選出されており[73]，中心的メンバーとして受け入れられていった．

ジョージ2世の娘婿ロバート・ウェイクマンについては，第5章第4節で詳しく紹介するが，彼も1701年にはアレッポのトレジュラー（財務官）をつとめ[74]，1702年には帰国してすぐに取締役に選出され，その後1703, 4, 5年と連続して取締役に選ばれている[75]．ジョージ2世の四男アイザックも，社内行政で活躍した者の一人である．彼は，アレッポの代理商時代の1707

---

72 Girtin (1958), p. 152.
73 SP105/155, p. 359 ; SP105/156, pp. 55, 124.
74 SP105/156, pp. 64, 71.
75 SP105/156, pp. 97, 124, 161, 189.

年5月23日にアレッポ現地のトレジュラーに就任している．その後彼は1708年8月13日帰国希望を出し[76]，帰国して，1711年5月には本社の会合に出席している．この1年後の1712年5月，彼は本社ハズバンドに選出された[77]．その後彼は，死亡する1732年ころまでハズバンドとしてずっと本社の会合に出席している[78]．

　ジョージ2世の甥トマス・ヴォーンも，本社で活躍した．彼は1704年度には，ジョージ2世の娘婿ロバート・ウェイクマンとともに本社取締役に選出されている[79]．また1710年3月31日には本社ハズバンドに選出されている[80]．さらに1712年には会社の求めに応じてイズミルのトレジュラーに就任し，数年務めたのち帰国した[81]．

　ジョージ2世の末息子ベンジャミン・ボディントン1世もまた，1725年にレヴァントから帰国した後，1730年頃まではレヴァント会社本社会議に出席している[82]．この1730年代以降は，ボディントン姓をレヴァント会社の議事録で見かけることはほとんどなくなってしまうが，以上から見てボディントン家は1700–30年頃には，レヴァント会社の中でかなり実力を持つ家族の一つとなっていたといえるだろう．

76　SP105/115.
77　SP105/116.
78　SP105/117.
79　SP105/156, p. 161.
80　SP105/115.
81　SP105/116.
82　SP105/117.

第5章

代理商と領事
―― レヴァント現地のイギリス人

第1節　ジョージ2世と徒弟の雇用

　前章最後に見たトマス1世の資格問題が表面化したころには，父ジョージ1世は死亡しており，ボディントン商会の当主は長男のジョージ2世に移行していた．まだ20代後半にさしかかったばかりの彼の周囲には，アレッポにいる弟トマス1世の他，クロスワーカーの徒弟となっていた弟ジェイムズ（1653年生），学齢期の妹サラ（1658年生），バルバドス商人ジェイムズ・ヴォーンに嫁いだ姉のエリザベス（1641年生）がいた．この姉には，一人息子のトマスが生まれたばかりだった．

　ジョージ2世は，自らも結婚して一家をなす一方，徒弟をとり始める．彼は，生涯の間に身内以外から6人の徒弟を雇用し，それに自分の4人の息子と甥1人をあわせ，合計11名の若者をレヴァント商人として育成した．また，彼はこれらの徒弟達をアレッポだけでなく，より将来性のあるイズミルにも送り出し，その両方で取引を行おうとした．ジョージ2世の徒弟雇用と代理商派遣の全体的状況は，表5-1に示す．

　まず，ジョージ2世の徒弟養成活動の前半期（1679-1680年代）の状況を見ておこう．ジョージ2世の手記は，この頃の徒弟雇用と代理商派遣や交替の様子を以下のように記述している．

　　「1679年2月18日，私は徒弟エドマンド・ダンチを雇い，400ポンドを得た．彼をアレッポに送った．」

表 5-1 ボディントン商会の

代理商名	徒弟開始年	親方／業主	派遣場所	赴任期間（年齢）
Thomas Boddington 1世	不明	George 1世→George 2世	アレッポ	1666-80（18-31才死亡）
Edmund Dunch	1677	George 2世	アレッポ	1679-89以前
Alexander Ackehurst	1681	George 2世	アレッポ	1681-90s
George Boddington 3世	1692	George 2世	アレッポ	1692-1701（17-26才）
Isaac Boddington	不明	George 2世→Thomas 2世	アレッポ	1700-1708（20-28才）
Thomas Boddington 2世	不明	George 2世→Thomas 2世	アレッポ	1706-7（28-29才）
Benjamin Cole	1684	George 2世	母親の懇望により1689年海外赴任を拒み，徒弟をやめる	
Edward Buckley	1706	George 2世→Thomas 2世	アレッポ	1706-?
Benjamin Boddington 1世	1706	George 2世→Thomas 2世	アレッポ	1712-25（20-33才）
George Wakeman	1706	Thomas 2世→Benjamin 1世	アレッポ	1720-57（16-52才）
Horatio Rossiter	1679	George 2世→Thomas 2世	イズミル	1679-?
Thomas Vaughan	不明	George 2世→Thomas 2世	イズミル	1692-1707
Lewis Hays	1699	George 2世→Thomas 2世	イズミル	1699-1714頃（19-34才）

以下の史料の記述により作成. Boddington Family, Personal Papers. C. 1640-1843. CLC/426/

「1679年．私はホレイシオ・ロシタを徒弟に雇い，500ポンドを得た．彼は素行が良くなかったので，2年後私は金を返済して彼を解雇しようと提案したが，拒否された．私は彼をイズミルに送り，彼をバーナディストン氏たちと合流させた．彼は改心したよい素振りを私に見せたが，その後私を裏切った．」

「1681年1月28日．私は弟トマス（1世）がアレッポで9月29日に死亡したという手紙を受け取った．彼はそこで埋葬される．彼は，私と弟ジェイム

代理商派遣

徒弟奉公料（£）	出発時に委託された品／金額（£）	帰国時の財産（£）	レヴァント現地での共同経営者	レヴァント会社加入年（年齢）
—	毛織物／1036	400	William Edwards, J.Sheppard, John Langley	1673
400	不明	不明	不明	1688
500	不明	不明	不明	1700
—	不明	不明	不明	1703（28才）
—	不明	2055	Samuel Whitfield, William Hedges	1712（32才）
—	不明	不明	不明	1699（21才）
500	不明	不明	不明	不明
537	不明	不明	不明	不明
—	不明	不明	Bird& Ratcliffe, William Nicholl	不明
—	不明	不明	不明	不明
500	不明	不明	Barnardiston	不明
—	641	不明	John Peters	不明
860	不明	不明	不明	不明

MS10823/001.

ズを遺言執行者に指定した.」

「1681年11月11日. 私はアレクサンダ・エイクハーストを徒弟に雇い, 500ポンド得る. そして, 彼をアレッポに送り, エドマンド・ダンチと, その後息子ジョージ（3世）と合流させた. その後私は, 彼ら（エイクハーストとジョージ3世）が贅沢に暮らし, 彼らの事業を気にかけていないということを信じるに足る理由をもった.」

「1684年8月27日. 私はベンジャミン・コールを徒弟に雇い, 500ポンド

得た.しかし,彼は海の向こうに行くことを望まなかったので,私は1689年6月18日,母の懇望のもとに彼を解雇した.」[1]

徒弟契約については,シティ・オヴ・ロンドンが保管している契約書と照合することができる.エドマンド・ダンチについては,1674年2月にジョージ・ボディントンと雇用契約した契約書が残っている（第4章第5節図15）[2].次の徒弟アレクサンダ・エイクハーストについては,1681年の契約書が残っている[3].ロシタの契約書は,今のところ見つかっていない.

最初の徒弟ダンチについては,シティ保管の徒弟契約書とジョージ2世の記載の日付両方から推測すると,1674年にジョージ2世の徒弟となり,79年にアレッポに送られたと考えられる.おそらくダンチは,トマス1世の交代要員として育成されたものだったと思われる.ダンチがアレッポに派遣された1679年には,トマスはすでに13年という歳月を現地で過ごしていた.しかし,不幸なことに,トマスの帰国はかなわなかった.彼は,ダンチの到着と前後して1680年31才の若さで現地で死亡した.ダンチはその後,1681年2月に会社から貿易自由権（代理商が自己勘定で貿易する権利）を認められている[4].

次にジョージ2世は,アレクサンダ・エイクハーストとホレイシオ・ロシタをほぼ同時に雇用し,前者をアレッポに,後者をイズミルに派遣した.アレッポには,先輩代理商のダンチが待っており,イズミルでは一流のレヴァント貿易・東インド貿易商の家系でもあるバーナディストン家の子弟達が待っていた.バーナディストン家は非国教徒で革命支持派としても高名な一族であり,19世紀にはボディントン家の姻戚にもなる（レイモンド=バーカー家系図参照）.エイクハーストは1689年に会社から貿易自由権を承認されている[5].

ジョージ2世は,ダンチ,エイクハースト,ロシタから得た徒弟奉公料に

1 　以上CLC/426/MS10823/001. LMA. なおEdmund Dunchは史料の判読が困難で川分（1990）ではEdwardとしたがEdmundが正しいと思われる.
2 　COL/CHD/FR/02/0014-0020. LMA.
3 　COL/CHD/FR/02/0157-0164. LMA.
4 　SP105/154, p. 246. TNA. 1681年2月15日.
5 　SP105/155, p. 119.

ついても書き残している．一般にレヴァント会社の徒弟奉公料は，他の職業の徒弟奉公料と比べれば非常に高額であり，1000ポンド近いことも普通であった．ジョージ2世も後年にはもっと高額の徒弟奉公料をとっている．ジョージ2世がこの時期受け取っていた400-500ポンドという金額は，レヴァント貿易の徒弟奉公料としてはやや安めであるが[6]．おそらくこれはジョージ2世がまだ若く，レヴァント商人として未熟であったせいかもしれない．

以上3人の徒弟のうち，ダンチはかなり優秀であったようである．彼は1689年2月22日には，「ジョージ・ボディントンへの奉仕」という資格で会社に入会している[7]．通常帰国直後に入会するのが普通なので，彼はこの少し前に帰国したと考えられる．その後彼は，ロンドン本社の会議にも熱心に出席し，最終的には本社のトレジュラーにまで昇格した[8]．

他方，エイクハーストとロシタはだめな代理商であった．次節でも見るが，エイクハーストは，ジョージ3世が交代要員として派遣されてきた時，よき先輩として指導するどころか，二人で事業を顧みず遊んでしまった．エイクハーストの代理商生活は，かなり長引いてもいたようである．彼は，1700年10月9日にようやく会社メンバーとなっており，彼の帰国はこの直前だったと考えられ，彼の滞在は十数年に及んでいたと推測される[9]．この後も彼の名前はロンドン本社の議事録に全く登場しない．さらにエイクハーストは，1715-7年にキプロス領事を務めている[10]．後述するように，中高年になってレヴァントに戻り領事職に就くことは，決して成功の指標ではなく，むしろ事業に失敗した商人のキャリアとしてよく見られることだった．

ロシタは，上記の引用にもあるように，最初からジョージ2世の信頼を得

---

6 ウッドは，17世紀後半のレヴァント会社の徒弟奉公料として，350-1000ポンドの数値をあげている．Wood (1935), p. 215. デイヴィスは18世紀前半から中葉の数字として，500-1000ポンドとしている．Davis (1967), p. 65. Anderson (1989), p. 69. ただしGrassbyは17世紀前半の相場は200-300ポンド，高くても500ポンドくらいだったとする．Grassby (1994), p. 24.

7 SP105/155, p. 83.

8 SP110/20; SP110/22.

9 SP105/156.

10 SP105/116.

ていなかった．彼は，さらに，現地でのパートナーだったバーナディストンと事業上のトラブルを起こし，訴訟となって，ジョージ2世に損害を与え，21才で死亡している[11]．

エイクハーストとロシタの事例は，異境で数十名の若年者だけで10年以上も過ごし，しかもなお独り立ちに足るだけの原資を稼がなければならない代理商の生活には，いろいろな落とし穴があったことを示している[12]．またトマス1世のように，再びイギリスの地を踏むことのないまま現地で病没することも決してまれではなかった．さらに次節や第8節に見るように，現地に赴く航海自体が，最大のリスクであった．このような危険を見越して足のすくむ若者も，またその息子を引き留める母親もいたに違いない．「海の向こうに行くのを望まなかった」ベンジャミン・コールの事例は，そのことを物語っている．

ホレイシオ・ロシタについては，リンカンシャア，サマビ（Somerby）生まれのHoratio Rossiter（b. 1663）である可能性がある[13]．そうであれば，彼の父はエドワード・ロシタ（1618-1669），母はレイディ・アラベラで，その3男である．エドワード・ロシタは，リンカンシャア，ビグビ（Bigby）選出の下院議員で残部議会にも残り，また王政復古後も下院議員であり続けた．アラベラは，第2代クレア伯（2nd Earl of Clare, John Holles, 1595-1665）とエリザベス・ヴェア（1623-1683）（Sir Horatio Vere, Lord Tilburyの娘）の娘である．クレア伯もまた有名な議会派貴族の家系で，王政復古後はホィッグの政治家を輩出する．アラベラの大叔父デンズィル・ホレス（1599-1680）は1679年の王位排除法案危機の時代のホィッグ党の指導者であり，宗教的には長老派のリーダーであった[14]．ジョージ・ボディントン2世の徒弟のホレイシオ・ロシタをこの人物と特定する決め手は今のところないが，別人であっても近親である可能性は高い．そうであれば，ジョージ・ボディントン

---

11 CLC/426/MS10823/001. Anderson（1989）, pp. 67-68.
12 青年の代理商に対して，業主が様々な不安を抱えていたことについては以下．Tinniswood（2007）, pp. 413-15.
13 Lincolnshire Parish Records. Find My Past. での検索．
14 "Edward Rossiter", HPHC1660-90. "Denzil Holles", ODNB. エリザベス・ヴェアについてはPearl（1961）, p. 41.

2世は、徒弟を自分と同じ政治的宗教的グループからリクルートしていたと言えよう。

アレクサンダ・エイクハーストは、徒弟奉公契約書によるとサリー州リーザーヘッド（Leatherhead）の地主（エスカイヤ）アレクサンダ・エイクハーストの息子となっている。リーザーヘッドのエイクハースト家はいくつか遺書を残しているが、その内容から見てエイクハースト家はクェーカー教徒であった可能性が高い[15]。クェーカー教徒と長老派・会衆派非国教徒にはあまり交流は見られないが、第3章第7節でみたようにジョージ・ボディントン2世は息子トマス2世をクェーカー教徒ブラッシー家と結婚させている。ボディントン家にとってクェーカーは、長老派・会衆派グループほど近しい存在ではなかったが、同じ新教非国教徒のグループに入るものとしてまれに通婚・徒弟雇用が行われることがあったようである。

次に、ジョージ2世の徒弟養成の後半期、1690-1700年代を見ておこう。このころは、ジョージ2世の子供たちや甥が徒弟適齢期となり、彼らを徒弟として雇用し代理商として養成する時期である。ジョージ2世には、10代後半まで生きた息子は5人いた。ジョージ3世（1675年生）、ジョン（1676年生）、トマス2世（1678年生）、アイザック（1681年生）、ベンジャミン1世（1692年生）である。これに加えて、西インド商人ジェイムズ・ヴォーンと結婚した姉エリザベスの一人息子である甥のトマス・ヴォーン（1667-75年生[16]）がいた。

ふたたび表5-1を見る。ジョージ・ボディントン2世はまず1693年2月、17才の長男ジョージ3世と甥のトマス・ヴォーンをそれぞれアレッポとイズミルに派遣する。その後、1699年に三男トマス2世を兄ジョージ3世と交替させるためにアレッポに送ろうとするが、悪天候と戦争のため彼の渡航は成就せずに終わった。そして1700年に四男のアイザックがアレッポに送

15　祖父Radus Ackhurst（d. 1666）はサセックス州で死亡しているが、遺書で息子サリー州リーザーヘッドのアレクサンダ・エイクハーストを遺言執行者としている。またその内容から見てクェーカー教徒である。PROB11 Piece 322.

16　両親の結婚（1666年）と父の西インドへの出発（1675年前後）から推定.

られ、ジョージ3世と交替した。また「1699年5月17日、私はルイス・ヘイズを徒弟に雇い、860ポンド得た」。そして、彼をイズミルに送り、甥のトマス・ヴォーンと合流させている。

1706年暮れには、娘婿のロバート・ウェイクマンがロンドンで破産し、再起をはかるためキプロス領事としてレヴァントに向かう。このとき、ウェイクマンの元徒弟で彼の破産後ジョージ2世が引き継いでいたエドワード・バックリ[17]とトマス2世がウェイクマンに同行している。バックリはアレッポのアイザックと交替するためであった。一方トマス2世は、ごく数ヶ月アレッポに滞在したのち帰国している。このトマスのアレッポ滞在がどのような意味があったのかはよくわからないが、彼は1699年の渡航で失敗してレヴァントで代理商生活を経験しなかったため、親戚が渡航するときに同行して短期間でも現地の様子を見に行こうとしたのかもしれない。

この後、1712年10月には末息子のベンジャミン1世がアレッポに派遣されている。これがジョージ2世が現地に送った最後の徒弟であったようである。この後、ジョージ2世の孫であるロバート・ウェイクマンの息子ジョージ・ウェイクマンが1720年頃、ジョージ3世の息子ジョン・ボディントンが1730年頃アレッポに赴任している（表5-1には不記載）が、これはいずれもジョージ2世の死後のことになる。

以上、1690-1700年代には、ジョージ2世はほとんど肉親を徒弟としており、それ以外に徒弟としたのはエドワード・バックリとルイス・ヘイズの2人のみである。今のところ、バックリについては全く情報がない。しかしルイス・ヘイズは、ユグノーでロンドン商人のクロード・ヘイズ（d. 1696）の息子としてロンドン、スピタルフィールズで生まれたLouis Hayes（1681-1732）ではないかと思われる。彼の兄クロード（1672-1728）は、コールマン・ストリートおよびハクニに住所を持つレヴァント会社商人である[18]。

ジョージ2世徒弟ルイス・ヘイズは、1716年にはアンナ・マリア・マーティンと結婚しており、娘2人、息子3人を成した後[19]、1732年にエセック

---

[17] 「1706年、Edward Buckleyは、Robert Wakemanと徒弟の契約を結んでいたが、彼が破産したため、私は9月23日徒弟期間の残り時間を引き継ぐものとして、彼を雇った。これによって、私は537ポンド10シリング得た。」CLC/426/MS10823/001. LMA.

ス州ウォンステッドのエスカイヤとして死亡している．子供の洗礼場所などから，ヘイズは1720年代初めにはエセックス州に移り住んだと考えられる．以上を総合すると，ルイス・ヘイズは，1697年にジョージ2世の徒弟となり，1700年に19才でレヴァントに赴き，1714-5年くらいには帰国して結婚し，数年シティに在住して商売に専念した後，40才そこそこの1722-23年にはエセックス州に家屋を購入したということになる．この人生行路から見て，ルイス・ヘイズはかなり成功した商人であったと言えるだろう．

以上ヘイズもまた，カルヴァン派であるユグノーという新教非国教徒のグループからリクルートされた人物であった．ジョージ・ボディントン2世は，肉親以外の徒弟については，少なくとも身元が特定できる者は全て，新教非国教徒から採用したのである．

第2節　航海の危険

20才前後の徒弟を遠隔地に送り込むことは，気苦労の絶えないことであった．まずイギリスと現地間の航海が，非常に危険であった．ジョージ2世が初めて肉親を現地に送り込んだのは，長男ジョージ3世と甥のトマス・ヴォーンである．この2人が渡航した1693年上半期は，ウィリアム王戦争（9年戦争）の中でも激戦が闘われた時期であった．92年5-6月の海戦でフランス海軍の勢力はかなりそがれていたが，それでもなお英仏海峡沖には大きな危険が横たわっていた．この2人の渡航も，フランスの攻撃を免れることができず，大きな危害に見舞われる．以下，若き代理商達のレヴァントへ

18　このヘイズ家については以下のようにかなり遺書が見つかる．父 Claude Hays（PROB 11 Piece434）．母 Eleanor Hays（PROB 11 Piece453）兄 Claude Hays（PROB 11 Piece625）．1713年7月10日に兄クロードが息子クロードを染色組合メンバー，クロード・ヘイズに徒弟奉公に出したときの契約書に，兄クロードについての情報がある．COL/CHD/FR/02/0409-0415. Louis Hayesの出生はRG4/4643. TNA.（スピタルフィールズ，フランス人教会記録）

19　シティのセント・ピーター・ル・プア教区で Elizabeth（b. 1717）Anna Maria（b. 1719）Lewis（b. 1722）の3人の子供が生まれ，その後エセックス州ウォンステッドで John（b. 1723）と Joseph（b. 1726）が生まれた．P69/PET2/A/001/MS04093, Item 001；Essex Parish Registers 1538-1900.（Ancestry.com での検索）

第5章　代理商と領事　｜　185

の渡航の様子と，それを見守る父でもある業主の心情を理解するため，少し長くなるが，ジョージ2世の手記の記述を引用する．

>「1693年2月23日．私の息子（ジョージ3世）は，木曜日朝の9時頃，ジョン・ピーターズ，ジョン・ウーリー（Wooley），ジョージ・レノルズ，トマス・ヴォーン，私の弟ジェイムズ・ボディントンとともに馬車に乗り込み，ポーツマスに向かった．リチャード・バウチャー（Boucher）船長の船ジョージ号，イスケンデルン行きにのり，アレッポに滞在するためである．しかしポーツマスで，この船の乗客が非常に堕落した人々であることが解ったので，ヘイゼルウッド（Hazellwood）船長のアジア号に乗船した．」

「1693年2月．私はイズミルにトマス・ヴォーンを送る．彼とジョン・ピーターズの間にパートナーシップを結ばせた．彼は，1693年2月23日，私の家からポーツマスに向かい，ジョン・ヘイゼルウッド船長のアジア号に乗船してイズミルに向かった．」

「4月15日．息子ジョージはトマス・ヴォーンとともにロンドンに土曜夜の9時に戻った．彼らはポーツマスから帰宅したのである．船はこれからしばらくそこに停泊する模様である．」

「1693年5月15日．息子ジョージはロンドンを発ち，ポーツマスに向かう．トマス・ヴォーン，トマス・エドウィン他3名と同行．」

「5月30日．海軍がポーツマスから出航．我がトルコ商船団，そしてスペイン，ポルトガル，ジブラルタル海峡商船団が，それに同行．」

「英仏海峡を出た後，大艦隊の司令官達はジョージ・ロック（Sir George Rooke）の指揮のもとに，彼ら（商船団）を残し去った．商船団は，セント・ヴィンセント岬にきたとき，全フランス艦隊がラゴス湾にいるのに気付いた．それにも関わらず，商船団は進路をたどり続け，その岬を曲がった．そのときフランス人は，斥候によってそれに気づいた．〈中略〉撃ち合いになると，我々の艦隊は退却し，船列を乱してばらばらになり，アジア号とジョージ号はジブラルタルに入港した．」

「7月19日（私はロンドンで）イタリア商人（判読不能）に会い，初めてラゴス湾にいる船についてニュースを得た．16隻が燃やされ，沈められ，残りは捕獲された．その紳士の意見では，すべてあるいはほとんどが失われたが，

乗客は無事ということだ．…しかし，数日後，息子が乗っているアジア号はまだフランス海軍鑑と交戦中であるというニュースを得た．私は，息子がジブラルタルで私の取引先のもとにたどり着くまで，彼が命や手足を失うのではないかとおそれ，非常に苦悩し，子に対する親の愛を経験した．1693年7月にカディスにいたのは，マルブランク氏（Malbrank）とストーン氏（Stone）だった．息子は，アイルランドに退却していた残りのトルコ船団が，海軍司令官ウィーラー（Wheler）が指揮する海軍艦隊の護衛のもと航海を再開するまで，そこにいた．1693年9月，息子はカディスで18日間くらい絶望的な高熱を出した．その後彼は1694年2月グレイト・ジョージ号にのり，3月にはカディスを出てジブラルタルに向かって出航し，大嵐にあった．」

「7月31日．私はジブラルタルからの息子の手紙を読む．それによると，彼らはラゴス湾でフランス人から逃れた後，ジブラルタルに到着したという．」

「（息子ジョージ3世は）9月5日再び出航し，14日イスケンデルンに到着，27日アレッポに到着．多方面の苦難をくぐり抜けてきたが，それには素晴らしい神のご加護があったのであり，私はそれに恩義を感じた．」[20]

　以上によると，ジョージ3世とトマス・ヴォーンは，1693年2月に叔父ジェイムズ・ボディントンの付き添いのもとポーツマスに向かうが，海軍護衛艦の手配が遅れていたことからいったん帰宅し，5月再びポーツマスに行き，いよいよレヴァントへと向かう．そして英仏海峡を出て海軍艦隊と別れたところで，フランスの襲撃に遭い，かろうじてジブラルタルに逃げ込む．その後，カディスで数ヶ月を過ごした後，アイルランドに逃避していた商船団の残りの船と合流して，ジブラルタルからイスケンデルンへと向かう．その間も，カディスで高熱に見舞われたり，嵐に遭ったりするが，ようやく翌1694年9月に無事にレヴァントに到着する．

　上記の引用からは，息子の安否を危惧する切々たる心情，事業の損失への強烈な不安がうかがわれる．家族経営が基本であった時代の貿易商にとって，事業と家族は人的にも資産的にも完全に重複していた．肉親である代理商の派遣は，家族愛，家族の資産，事業経営すべてにおいて，大変な試練であっ

20　以上の引用はCLC/426/MS10823/001. TNA.

た．

　この一方ジョージ2世は，ロンドンで残りの息子達の育成に精を出す．しかし，次男ジョンは，「勤勉で気持ちの良い，非常に事業を理解していた子供だった」[21] にも関わらず，1695年11月10日死亡してしまった．このためかどうかわからないが，ジョージ2世は，三男のトマス2世については，ロンドンで成人してレヴァント会社メンバーとなってから現地へ送ろうとした．こうしてトマス2世は，21才になってまもない1699年10月10日にレヴァント会社のメンバーとなり，同月27日にはロンドンを出発，アレッポに向かった．しかしこの船の航海もまた，以下のように危険で，結局失敗に終わる．

　「1699年彼（息子トマス）はアレッポに向かうためロンドンを出てシャム商人号に乗船した．そして出港すると激しい嵐に遭い，アイルランド沿岸で船は…進路を見失いそうになり，風は激しく逆に吹き，岩の上で消えてしまう危険にあった…あらゆる瞬間船は沈みそうになり，大きな損害を受けたが，ポーツマスに帰港した．彼は1699年12月30日に帰宅した．」[22]

　ジョージ2世は，ロンドンに戻ってきたトマス2世を，再度海外に派遣する前に自分の所属する礼拝所の会衆にしておこうと考えたらしい．彼は手記で，「1701年私と妻は彼に，彼がイングランドを離れる前にキリストの教会に参加すれば私たちの大いなる慰めになるだろうと提案した．彼は教会に申し出，神の恩寵が彼の心に作用することを特に必要とする理由を説明し，全会衆に受け入れられた．」[23] と書いている．このときトマス2世が受け入れられた「キリストの教会」は，父の所属するペイヴド・アリ会衆派礼拝所であったと考えられる．第7章の表7-2にあるように，トマス2世は1712-25年にわたってこの礼拝所で子供たちを洗礼させており，この礼拝所にずっと所属し続けたようである．

　ただこの後すぐにトマス2世はレヴァントに派遣されることはなく，先述

21　CLC/426/MS10823/001.
22　CLC/426/MS10823/001.
23　CLC/426/MS10823/001.

したように 1706 年にようやく義理の伯父ウェイクマンと同行してアレッポに赴くが，それも数ヶ月の滞在で帰国している．一方で四男アイザックが 1700 年にアレッポに派遣され兄ジョージ 3 世と交替した．

第 3 節　代理商の生活

1690 年代後半のジョージ・ボディントン 2 世の悩みの一つは，アレッポで代理商をしている長男ジョージ 3 世の不真面目な仕事ぶりであった．

「彼（ジョージ 3 世）はアレッポにアレクサンダ・エイクハーストとともに滞在した．エイクハーストはジョージに途方もなく贅沢な暮らしをすすめ，ビジネスを省みなかった．それは私を非常に悲しませた．何ヶ月もの間，何も書いてよこさず，私の動産についても説明をよこさないので，1700 年 11 月，私は息子アイザックを彼のもとに送って彼に弁明を求めた．その弁明は満足のいくものではなかったので，私は 1701 年，彼に帰国し私の動産を引き渡すよう命令したが，彼は従わなかった．そこで私は 1702 年ロバート・ウェイクマン（イズミルにいる娘婿）の賛同を得て，アイザックをホワイトフィールド＆ヘッジズ社と共同経営させ，ジョージには帰国と私の財産を彼らの手に引き渡すことを要求した．この条件は 1702 年 4 月 9 日にサインされた．」

「1700 年 10 月 29 日．彼（アイザック）は，フレンドリ・ソサイエティ号でアレッポに向かうため，我が家を出発した．そして（1701 年）1 月 3 日にはイスケンデルンにつき，私の息子ジョージに会って私の遅れている取引を履行することという命令をもって，1 月 16 日にはアレッポについた．私はアイザックには，私がジョージに委託したものをジョージから引き渡されたらすぐに，サミュエル・ホワイトフィールド氏とヘッジズ氏との共同経営に参加するように命じ，1702 年 4 月 9 日彼らは契約書にサインした．一方で私はジョージに，アイザックが到着次第，私のフレンドリ・ソサイエティ号への投資から 5000 ポンド分を彼（アイザック）に引き渡すように命じておいた．」[24]

24　CLC/426/MS10823/001.

以上二つの引用は，ほぼ同じできごとに関して父がジョージ3世，アイザックそれぞれの側から書いているものである．また，このころのレヴァント会社側の史料でも，アイザックが来たことと，ジョージ3世が大量の毛織物の在庫を持っているとうわさされているにもかかわらず最近借金のために手形を何枚か発行していることが，指摘されている[25]．

　詳しい事情はわからないが，父の代理商であるジョージ3世は，本来は父から委託された商品を売買し，売り上げを父に送付し，一方で委託販売手数料を受け取るという活動を地道に繰り返さなければならないはずだったが，実際のところは彼は父から毛織物を送られてきてもほとんどまじめにそれを取引せず，一方では父親の信用を利用して当座の借金のために手形を振り出すなどしていたのではないかと思われる．そのため父ジョージ2世は，ジョージ3世に委託した毛織物をアイザックに引き渡させて，またアイザックを信用できる共同経営の会社のパートナーにして，それを通して自分の毛織物を取引しようとしたようだ．ここに出てくるホワイトフィールド&ヘッジズ社のヘッジズとは，おそらくウェイクマンの従兄弟ウィリアム・ヘッジズの一族だろう．

　この後父親は，ジョージ3世に即座の帰国を命じたが，その命令も聞き入れられなかった．

　「ジョージ（3世）はイスケンデルンからリヴォルノに向け7月13日出発し，8月29日そこについた．そこで彼は，できるだけ急いでイギリスに帰るようにという私の明確な命令を受け取った．にもかかわらず，彼はそこに4月11日まで滞在し続けた．そして私は，彼がカトリック教徒のマルヤナ・プラウマンと強い愛情を育てたと聞いたとき，非常に悲しんだのだ．彼は，彼女をはるかヴェネツィアまで連れて行き，それからドイツを通ってイギリスに向かった．これは途方もなく贅沢で高価な旅行だった．そしてオランダからハリッジに1703年7月5日に到着し，翌日マルヤナとともにロンドンに着いた．

25　SP110/22. 1701年7月10日，アレッポからロンドンのEdward Boney宛の書簡．以上には，ジョージ・ボディントン3世が130-140梱，17000ポンドにも相当する毛織物を持っていると言われている一方で，非常に最近になって利子付きの現金（借り入れ？）を求めて何枚かの手形を発行しているという記述がある．

彼は彼女と結婚していると言った．私は，彼に会えてうれしいというほかないが，しかし非常に悲しんでいると伝えた．彼らは私の家に入ってはいけないというのが私の意志だった．しかし彼女の父プラウマンは彼らを養うことができない．彼らは宿屋に行き，私は代金を支払わされた．私が彼に会ったとき，彼は自分が不忠の中で犯したことに対する遺憾の気持ちを表明した．そして彼は，兄弟姉妹を説き伏せて，私の家に彼らを受け入れるよう仲裁させた．1706年9月9日，私は彼らを（自宅に）受け入れた．彼女は妊娠していた．1706年1月28日男の子が生まれ，2月5日ジョン・コリンズ牧師[26]によって，ジョージという名で洗礼された．」[27]

以上のようにジョージ3世は，帰国途中でリヴォルノ在住のカトリック教徒で，しかも余り富裕でない女性と結婚し，彼女をともなって帰国した．他の子供たちの取りなしや，孫が生まれたことにより，結局ジョージ2世は彼らを受け入れざるをえなかった．

会社側の史料を見ると，ジョージ・ボディントン3世は1704年に家督で会社のメンバーとなっている[28]．この後彼の名前は会社議事録に出てこないが，1714–15年にロンドン本社会議に出席しており，本来ならこのまま順調にロンドン本社の役員に就任していくはずであったと考えられる．

だが彼は商人としては結局大成せず，父は公私にわたって彼を支援し続けなければならなかった．ジョージ2世は，手記に彼のために支払わされた費用を逐一記入している．

「出発時と，カディスで息子ジョージに与え，彼のために支払ったものの他．アン号の船荷の毛織物とブラジル（染料木）が1909ポンド13シリング5ペンス．
彼にリヴォルノで2000ポンドの口座を与える．
アムステルダムでは，510ポンド支払った．

---

26 この聖職者の名前については，以前発表したときにはトマスとしていたが，手稿原稿の頭文字JのTへの見誤りであり，ジョンが正しいと考えられる．この当時のロンドンの非国教聖職者としてトマス・コリンズという人物は見あたらない．
27 CLC/426/MS10823/001.
28 SP105/156, p. 166.

1705年までに，私は彼のために，彼に対して363ポンド支払った．

私が非常に悲しむことに，これらは彼の浪費であった．

1707年には，私は彼にグログラン糸と絹502ポンド5シリング9ペンスを渡した．

1716年12月には私は彼にシェルバッセ（イラン産生糸）3箱とアンティオック（イラン産生糸）4箱1076ポンドを渡した．

1716年1月に彼は大法官府でブラッキー氏その他に，訴えられた．〈中略〉私は286ポンド4シリング6ペンス払った．

彼の妻と子供達に1717年6月7日，137ポンド3シリング払った．」[29]

以上に書かれたものの一部は，レヴァントへの輸出品（毛織物，染料木）やレヴァントからの輸入品（グログラン，生糸）であるが，これらは業主としての父が代理商としてのジョージ3世に販売を委託したが，ジョージ3世が父に売り上げを渡さなかったものであろう．このほかここには，ジョージ3世が帰国するときに各都市で彼のために送金したり支払った費用，帰国後取引上のトラブルで訴訟に敗訴し支払わされた費用，彼の家族のために支払わされた出費が列挙されている．

父ジョージ2世は，1718年に作成した遺書においてもジョージ3世を非難し，彼には遺産を残さず，代わりに彼の妻や子供たちを受益者とした信託を設定し，そこから彼らに年金を支給する形としている[30]．これは父がジョージ3世の資本管理能力を全く信用していなかった明らかな証拠である．

父死亡後は，ジョージ3世は父から支援を受けられなくなったせいか，行き詰まってしまったようである．彼は，1722年6月会社の推薦を受けてイズミル領事に就任し，33年まで滞在して帰国している．彼の領事時代については，第6節でも見ることにする．

ジョージ3世は，イギリスにふたたび帰国した最晩年になっても，家族の信頼を得られなかったようだ．彼の妹サラ・フォードの遺書では，彼女は他の全ての成人男性には直接遺贈を残したにもかかわらず，ジョージ3世に対

---

29 CLC/426/MS10823/001.

30 遺書については，以下のサラ・フォードの遺書も含め，巻末リストを参照されたい．

してのみ彼を受益者とした信託を設定し，そこから年金を支給する形をとった．これも，父ジョージ2世の遺書の場合と同じで，妹サラが兄ジョージ3世の資本管理能力を全く信用せず，一度に資産を残しては彼のためにならず，定期的に一定額を支給する形をとらないと彼が生活していけないと考えたことを示している．

ジョージ・ボディントン3世の例は，決して特殊な例ではない．グラスビは，成功したレヴァント商人で関税局長官にもなり貨幣・貿易についての論考でも知られるダドリ・ノースの次男ロジャーが，レヴァント商人となることを家族に求められながらも，算数・航海の学習にも身を入れず，十代のうちに売春宿で性病をひろうような不行跡をしでかして，家族が彼をレヴァントに赴任させることを断念した経緯を描いている[31]．他方，特定洗礼派の説教師であったロンドン商人ウィリアム・キフィンの長男は，アレッポに代理商として滞在したのち，ヴェネツィアでカトリックに改宗してしまった[32]．

ただジョージ3世のような悪例を目にしながらも，彼と同時期にイズミルに派遣された従兄弟のトマス・ヴォーンは一定の成功を収めている．業主で伯父のジョージ2世は，「私は，甥のトマス・ヴォーンに彼の出発時に641ポンド与えた．そして彼は1701年1月までイズミルに滞在した．そしてそこで相当な金額を蓄積して，帰国した．」[33]と彼を肯定的に評価している．なおヴォーンは帰国後ロンドンの本社でも順調に出世し，取締役などを務めた．

また兄ジョージ3世の交代要員としてアレッポに送られた弟アイザックも，レヴァント代理商，貿易商として一定の成功を収めたようである．父は彼のことを以下のように評している．

> 「1707年4月8日，彼（アイザック）はレヴァント会社によって選出され，アレッポのトレジュラーになった．そしてそこで彼は，私に対しても，また彼は，全ての取引先に対しても満足な行動をした．そしてその国は彼の体質に合わなかったので，私に帰国の許しを願って，〈空白〉日にイスケンデルンから出航し，1708年3月2日リヴォルノについた．そしてそこから陸路を通っ

---

31 Grassby (1994), pp. 216-17.
32 Orme (1823), p. 49.
33 CLC/426/MS10823/001.

てオランダに行き1709年7月11日,ハリッジに到着した.7月13日私はロンドンの私の家で彼に会った.私の大変うれしく,満足したことに,彼はビジネスに勤勉であり,私が彼に与えたものに加えて,自身で相当な財産を築いた.それは1711年7月時点で2055ポンド16シリング5ペンスだった.」[34]

グラスビは,17世紀末のレヴァント代理商が帰国時に保有していた資産として5000–7000ポンドという金額を示している[35].これと比べると,アイザックの築いた2000ポンド強の資産は非常につつましいものであるが,グラスビが示している数値には代理商の資産だけでなく業主勘定の商品なども含まれている可能性があり,単純な比較はできないかもしれない.アイザックについても前章最後の節で示したとおり,帰国後本社で重要な役職を歴任し,最晩年まで勤め上げている.

本節の最後に,商業以外の代理商の活動について,ふれておこう.
ジョージ2世の弟で帰国することなくアレッポで死亡したトマス・ボディントン1世については,『1669年における14人のイギリス人男性によるエルサレム,ベツレヘム,エリコ,ヨルダン川,ソドムとゴモラの湖(死海)旅行記』[36]という著作巻頭の章「T. B. からの手紙」の著者であるという説がある[37].この旅行は,1669年5月3日から6月26日までの小旅行で,イスケンデルン港からトリポリ港まで往復とも海路,後は陸路で旅したものである.内容は,トリポリのイギリス・オランダ・フランス全領事から受けた歓待や各地の名所旧跡,民族や宗教などについての解説や感想などごく一般的なものに留まり,残念ながら旅行者14名の氏名は一切言及されていない.当時アレッポでは疫病がはやっており,1日数十人が死ぬような状態だった

---

34 CLC/426/MS10823/001.
35 Grassby (1994), p. 114.
36 "The Travels of Fourteen English Men in 1669, to Jerusalem, Bethlem, Jericho, the River Yordan, Lake Sodom & Gomorah, with the Antiquities, Monements and Memorable Places Mentioned in Scripture by T. B.", Robert Burton (Nathaniel Crouch) ed., *Two Journeys to Jerusalem*, 9th edition, London, 1738, pp. 81-107.
37 T. B. を Thomas Boddington としているのは,Wilson (2011), p. 39. http://levantine.heritage.com/

ことから,それを避ける意味もあったようである.トマス1世がこの小著の著者であるかどうかは特定し切れていないが,もしそうだったとすれば,全く無名の彼の短い生涯においてこのように後世まで読まれる作品が残されたことは,特筆に値することだろう[38].

一方ジョージ2世の甥トマス・ヴォーンは,1709年にトルコ語の文法書を発表している[39].彼は,著作の当初の動機はトルコで通商する商人のための実用書を書くことだったが,書き始めるやいなやもっと広く公益に資するための著書とすべきだと思うようになったと述べている.同書の内容は外国語文法書としてかなり本格的なものであり,綴り,品詞,語形変化,統語論などについての解説の他,ローマナイズされた会話文も大量につけられ実用的にも使用できるように意図されている.なお彼は,この文法書を,伯父ジョージ・ボディントン2世に献辞している.

図16 トマス・ヴォーンのトルコ語文法書(上方にジョージ・ボディントン2世への献辞がある)

第4節 レヴァントと東インド——ロバート・ウェイクマンとウィリアム・ヘッジズ

ジョージ・ボディントン2世周辺の人物で,ある程度まとまった情報が得られる人物としては,彼が1701年に長女ハンナの婿として迎えたロバート・ウェイクマン(d. 1708)がいる.彼には,東インド貿易商かつレヴァント貿易商であったウィリアム・ヘッジズという従兄弟がおり,このヘッジズがある程度有名な人物であり,また著作も残しているからである.本節では,こ

---

38 Tinniswood は 1663 年にもアレッポの代理商が同様の旅を行っていることを指摘している.Tinniswood (2007), p. 417.

39 Thomas Vaughan (1709) *A Grammar of the Turkish Language*.

のウェイクマンとヘッジズを追うことで，レヴァントと東インド領域にまたがって交易していた商人がどのようなものだったか，考察してみたい．

ウェイクマン家は，ウースタシャアおよびグロスタシャアの地主の家系であり，ロバート・ウェイクマンの父の姉は，ウィルトシャア地主のヘッジズ家に嫁いでいた．この伯母の子供がサー・ウィリアム・ヘッジズ(1632-1701)であり，レヴァント商人としても東インド会社取締役としても活躍し，初代ベンガル総督にもなった人物である（ボディントン家系図 No. 2 右上方参照）．ロバート・ウェイクマンは，この従兄弟ウィリアム・ヘッジズの徒弟となり[40]，レヴァント商人となる[41]．ヘッジズ家およびウェイクマン家は，紋章院に家系および紋章を登録しており，ボディントン家よりもワンランク上の一族であったと考えられる．

ウィリアム・ヘッジズ（1632-1701）は，1654 年に名門のレヴァント商人で高級呉服商（mercer）でもあったジョン・バックワースの徒弟となった．おそらくこの数年後に彼はレヴァントに赴任したと思われる．1669-1671 年にはイスタンブルのトレジュラーを務めている．その後帰国，会社のメンバーシップを取得し，1675 年度以降は連続して会社取締役に選出され[42]，79 年度にはハズバンドの候補になっている[43]．またヘッジズは，やはりレヴァント会社の名門一族であったダドリ・ノースなどとパートナーを組んだ[44]．

ヘッジズは，東インド会社でも中心的メンバーであり，81 年 9 月には「ベンガル湾での会社事業の総督及び監督[45]」としてベンガルに派遣された[46]．こ

---

[40] 1677 年 7 月 13 日，「シティ・オヴ・ウェストミンスタのジェントルマン，故ロバート・ウェイクマンの子ロバート・ウェイクマンは，ロンドンの市民で，高級呉服商（mercer）かつレヴァント会社メンバーのウィリアム・ヘッジズの徒弟に入る」契約書が，作成されている．COL/CHD/FR/02/0151-0156. LMA.

[41] *Visitation of London Begun in 1687*, pp. 319-322, 334-36. Barlow & Yule（1888），vol. 2, p. 33. 身分改めにあるウェイクマンの家系は，各人物の血縁関係が解りにくいが，322 頁のロバート・ウェイクマン (VII) とロバート・ウェイクマン (VIII) が親子であると考えられる．

[42] SP105/153, p. 346. SP105/154, p. 8, 17, 76, 240.

[43] このときは現職 Thomas Vernon が選出された．SP105/154, p. 124.

[44] Grassdy（1994），p. 124. Barlow & Yule（1888），vol. 2, p. viii.

[45] Barlow & Yule（1888），vol. 2, pp. ix-x.

[46] Barlow & Yule（1888），vol. 1, p. vii.

のとき彼が記した旅行記は，19世紀末になってハクルート・ソサイエティから出版されている．

ヘッジズは1687年4月にベンガルから帰国し，翌年にはナイト爵位を付与される．1690年にはロンドンのシェリフ候補になり，93年にはシェリフおよびオルダーマンに就任した．1694年イングランド銀行が創立されると，ジョージ・ボディントン2世とともにその取締役24名のうち一人となっている[47]．この間レヴァント会社への関与も続け，1698, 99年度には2度にわたって同社の副総裁にノミネートされている．1700年には，ロンドン市長候補にもなった[48]．しかし彼は，結局レヴァント会社副総裁にもロンドン市長にもならないまま1701年に死亡した．

ロバート・ウェイクマンは，ウィリアム・ヘッジズがレヴァントからイギリスに戻って会社メンバーとなりベンガルに赴任するまでの間の1677年7月13日，彼の徒弟に入っている[49]．その3, 4年後にウェイクマンがレヴァントに代理商として派遣されたとすれば，彼はウィリアム・ヘッジズが81年にベンガルに赴任するときに一緒に行った可能性があるが，これは確認できていない．ただその一方で，ヘッジズがベンガルの任務を終えて帰国する時には，ウェイクマンはアレッポにいて，ヘッジズのために様々な手配などを行っている．ヘッジズは，ベンガルからは，キャラバンでオスマン帝国領を横断して，イスケンデルン港から航路イギリスに戻ることになっていたからである．このヘッジズの帰路を巻頭の地図4に示す．ヘッジズは1686年2月23日にバグダードに入ったが，そこにはウェイクマンが手配して取得したオスマン帝国の命令書が届いており，それは現地の高官やイエニチェリ司令官，収税吏などに敬愛をもってヘッジズ一行を接遇すること，カピチュレーションで許可されたもの以外の課税・手数料徴収などを控えることを命じていた．その後ヘッジズはモスル，ニネベ，ディヤルバクルを経て，10月26日アレッポに入り，ロバート・ウェイクマンと再会を果たす．そして29日にはウェイクマンとともにイスケンデルンに向かい，同港に入港して

---

47 Barlow & Yule (1888), vol. 2, pp. xxv–xxvi.
48 Barlow & Yule (1888), vol. 2, pp. xxvii.
49 COL/CHD/FR/02/0151-0156.

いたイギリス船の招待を受けたり，現地のフランス商人と交流したりした後，11月1日ウェイクマンに見送られながら，マルセイユ行きのフランス船で出発している[50]．

1687年12月7日には，ロンドンのレヴァント会社会議は，アレッポ在住のロバート・ウェイクマンに対し，貿易自由権を承認している[51]．その後ロバート・ウェイクマンは，92年5月にはアレッポのトレジュラーに本社で選出され，98年まで6年連続でこの職を務めている[52]．

この後彼は帰国したものと思われる[53]．彼は1701年に，ジョージ・ボディントン2世の長女ハンナと結婚している．また，1702年1月以降毎年1705年まで，レヴァント会社の取締役に選出されている[54]．

以上のように，ロバート・ウェイクマンは，レヴァント会社の重要なメンバーで有能な上にかなりの立身出世も遂げたウィリアム・ヘッジズと強いコネクションを持ち，本人自身もヘッジズと同様レヴァント商人として王道のキャリアを積んだ人物であった．次節で取りあげるアレッポでの海上保険引き受け業においても，彼が積極的かつ頻繁にこの業務を行っていることが解る．当時彼はアレッポのトレジュラーであり，その職責上通常の貿易活動が禁止されていた．このことが彼がこの時期海上保険引き受け業に熱心になった原因であったかもしれないが，いずれにしても彼は，1690年代のアレッポの代理商の中ではリーディング・パーソンであった．

宗教的には，ヘッジズとウェイクマンは，両方とも非国教徒ではなかったようである．ヘッジズの場合は，姉妹が東インド会社取締役の一人で非国教徒のジェレミ・サンブルック[55]と結婚しており，また最初の妻がフランドル出身でイギリスに帰化したレヴァント商人ヴァンエイカー家の出で，この一

50　Barlow & Yule（1888），vol. 1, pp. 218, 200-221, 235.
51　SP105/155, p. 52.
52　SP105/155, p. 214, 302, 420；SP105/114 SP105/115
53　SP105/155, p. 420 以降には，彼が1698年3～4月頃トレジュラー在任中の会計を精算して，会社から謝金などを受け取る交渉に入っていることが解る．
54　SP105/156, pp. 97, 124, 161, 189.
55　Jeremy Sambrooke は，清教徒革命期には急進的なことで知られるセント・スティーヴン・コールマン・ストリート教区で，アイザック・ペニントン，オーウェン・ロウなどと並んで長老に選ばれている．Liu (1986), p. 238.

族がオランダ改革派（カルヴァン派）であった．このため彼は一時は強く非国教利害を支持し，1670 年の非国教徒から国王への貸付にも出資している[56]．だが彼は結局は国教徒に戻った[57]．また，ウェイクマンは，高祖父の兄弟にはエリザベス女王時代にレキュザント（カトリック信仰を保持した国教忌避者）となった家系があり，その子孫には，清教徒革命期の王党派でチャールズ 2 世王妃キャサリンの主治医であり，王政復古後カトリック陰謀に関与したと疑われた人物もいる[58]．

　しかし，ジョージ 2 世は，この婿に強い期待と信頼をよせていたようであり，またウィリアム・ヘッジズとも関係をもっていたようだ．ヘッジズとジョージ 2 世は，ともにイングランド銀行創立時の 24 名の取締役の中に入っている．また，ジョージ 2 世は，四男アイザックをアレッポでホワイトフィールド＆ヘッジズという共同経営商社のパートナーにしている．

　しかし，ウェイクマンは，海上保険取引の失敗がもとで破産し，1706 年には一時姿をくらまさなければならないほどの状況に陥った．これは，ジョージ 2 世にとっても大きな悲しみであった．その後，彼は，ジョージ・ボディントン 2 世や従兄弟の息子ウィリアム・ヘッジズの尽力の結果，しばらく空席であったキプロス領事に就任している．領事は，現地の商人から領事手数料を徴収して会社に送金する義務を負っていたため，赴任前に会社に相当の保証金を預けなければならなかったが，キプロス領事の場合その金額は 500 ポンドであった．ウェイクマンのような破産者の場合，自分でこれを負担することはできないので，身内に負担してもらう必要があったが，彼の場合はジョージ 2 世とヘッジズがこれを 250 ポンドずつ支払っている[59]．こうして彼は，1707 年 1 月 14 日には，レヴァントに向かう船上（サラ・ガレイ号）の人となっている[60]．しかし，彼は，キプロスに赴いてからまもない 1708 年

56　Nicholas Vanacker については，Wales & Hartley (2004), p. 335; Wotton, (1741), pp. 89 f. 非国教徒の国王への貸付については本書第 3 章第 5 節．
57　彼は故郷のウィルトシャ，ストラットン・セント・マーガレットに年収 200 ポンドの土地を購入し，聖職禄の増額分として提供した．Barlow & Yule (1888), vol. 2, pp. XXV.
58　Wales & Hartley (2004), pp. 322, 323 n. 1, 8, 9.
59　SP105/156, pp. 244-45.
60　SP105/156, pp. 260-61.

8月13日に現地でその生涯を終えた[61].

第5節　代理商の海上保険業

　ボディントン家史料にも，また国立公文書館所蔵のレヴァント会社史料にも，レヴァント貿易の商業取引の帳簿類はほとんど残っておらず，ビジネスの実態については書簡に書かれた内容から読み取るしかない．しかし国立公文書館が保管するレヴァント会社史料の中に，1690-1710年代に現地で契約された海上保険証券100通あまりの記載事項を写した帳簿がある．ここには，保険契約年月日，被保険者，船名，船長名，出港地と目的港，保険対象の船荷金額，保険者と各保険者が引き受けた金額，保険料率などの数値的データが，記載されている．

　この保険証券の内容の一部を，章末の表5-2と表5-3に示す．出港地がほとんどイスケンデルン港であること，保険者と被保険者の多くがアレッポの代理商であることが確認できることから，これらの保険証券はアレッポで契約されたものだと推定される．この時期にアレッポにいたボディントン家の関係者，ロバート・ウェイクマン，アレクサンダ・ウェイクハースト，ジョージ・ボディントン3世，アイザック・ボディントンの名前や，ホワイトフィールド＆ボディントンといった同家代理商が現地で形成したパートナーシップの名称も，被保険者，保険者両側に見つけることができる．

　従来の研究では，レヴァント現地で海上保険業務が実施されていたかどうかについては全く言及されたことがなかった．しかし，この史料は，レヴァントからの帰路の船に対しては，レヴァント現地の代理商が海上保険をつけていたことをはっきり物語っている．また，その海上保険業務のやり方は，ロンドンのロイズなどですでに始まっていた保険引き受けのやり方と同じであった．つまり，最初に船舶の情報と保険対象の保険価額が提示され，その下に引受人が引受額と名前を署名していき，その引受額の合計が保険価額に満ちるまで引き受けが行われるというやり方である．おそらくレヴァント商

61　SP105/115. Luke のキプロス領事リストには Robert Wakeman は載っていないが，彼の就任は会社側史料で十分に確認できる．Luke (1921), pp. 276-77.

人たちは，ロンドンを出港して現地に向かう往路の船についてはロンドンで海上保険をつけ，一方，現地からの帰路の船に対しては現地代理商に保険の手配を任せていたと思われる．その結果，現地代理商は，ロンドンと同じ海上保険の技術を用いて，お互いに協力し合いながら海上保険業務を遂行していたのである．

ただ，ロンドンとは異なり，現地のイギリス人代理商の人数はせいぜい数十名と少なかったため，危険の分散はかなり難しかっただろう．どの代理商も頻繁に，保険者にも被保険者にもなっている．また保険者にも被保険者にも，フランス人やイタリア人，ヘブライ人，ユダヤ人が時々登場している．つまり，イギリス人代理商による海上保険ビジネスにおいては，顧客としても，また保険引受人としても，外国人は排除されていなかった．貿易そのものに関しては，排他主義の原理が強く働いていただけに，これは興味深い事実である．保険は危険分散という意味からできるだけ多くの人間が引き受けることが望ましいので，外国人を排除しなかったのではないかと推測される．

航路に関しては，目的港はロンドンが圧倒的に多い．ただし，アムステルダムやミデルブルフといったオランダの港もでてくる．ロンドンの次に多い目的地は，リヴォルノである．そのほか，ヴェネツィア，キプロス，イスタンブルに向かう船も散見される．キプロスは出港地としても登場する．またまれにだが，逆の航路，つまりロンドンからやってくる往路の船にもアレッポで保険をつけていることがある．

保険料率としては，イスケンデルン→ロンドンやイスケンデルン→アムステルダムが最も高く，最も安いときで10％くらい，高いときは25％にまでなっている．イスケンデルン→リヴォルノも15％前後とかなり高率である．

ロバート・ウェイクマンの場合，1693年には合計1900ドル，1694年には2600ドル，1696年には実に5800ドルの保険を引き受けている．もしこれが順調に利益になれば，少なくとも年に50〜150ポンドの収入である（4ドル≒1ポンド）．委託代理商業務の手数料2％が収入の中心で，自己勘定取引には上限があった代理商にとっては，この海上保険引き受け業はうまみのあるビジネスだったのではないかと考えられる．

第5章　代理商と領事　| 201

第6節　領事

　ボディントン家とその代理商からは，イズミル領事が1名，キプロス領事が4名でている．イズミル領事はジョージ・ボディントン3世（1722-33年），キプロス領事は，ロバート・ウェイクマン（赴任期間1707-8年），アレクサンダ・エイクハースト（1715-17年），ジョージ・ウェイクマン（1740-57年），ジョン・ボディントン（1757-60年7月頃と1774-76年2月の2回）である[62]．

　レヴァントの領事とはどんな仕事だったのだろうか．まずそれを概観しておきたい．

　イスタンブルには大使が置かれたが，他にイギリスの商館が置かれたところやイギリス船が寄港する土地には領事が配置された．アレッポ，イズミル，テッサロニキ[63]など重要拠点の領事は，ロンドンのレヴァント会社本社が任命し，給与も支給していたが，小規模な拠点の領事は，大使や近隣の重要拠点の領事が現地の住民から任命し，給与は支払われず，その代わり，メンバーの輸出入品に課される2%の領事手数料を自分のものにすることが認められていた．カイロ，キプロス，トリポリなどは，ロンドン本社がイギリス人を任命したが給与はなく，小規模拠点の現地人領事と同様に，領事手数料を自分のものとすることが認められていた[64]．

　アレッポやイズミルなど重要拠点の領事が得ていた給与は，17世紀後半から18世紀後半においては，ともに年2000ドル（1ドル＝約5シリング＝1/4ポンド）で，このほかに毎年1000ドルの賜金と，イギリスから現地への旅費として片道500ドルが支払われていた．つまり，彼らは交通費の他に年に750ポンドほどの給与を得ており，かなりの高給取りであった．ただこうした重要拠点の領事は希望者も多く，また有能でなければならなかったので，

62　ジョージ3世の任期はWood (1935), AppendixIII. エイクハーストとジョン・ボディントンの任期は以下の史料から解る．SP105/116. 他はCLC/426/MS10823/001.

63　ギリシア方面は18世紀から貿易が伸張し，テッサロニキには1715年から領事が置かれるようになった．Wood (1935), p. 122.

64　Wood (1935), p. 217. 2%領事手数料収入についての1800年ころのレヴァント会社の内規は以下にある．Luke (1921), p. 103.

ロンドン本社でしばしば投票で選ばれている[65]．その一方，こうした重要拠点の領事は，就任時には5000ポンドもの保証金をロンドンのレヴァント会社に預けなければならなかった[66]．これは，アレッポやイズミルなどの領事には，領事手数料を確実に徴収し，イスタンブルに送金する義務があったからである．領事は，領事手数料から様々な経費を支出していたが，本国の会社がその経費を認めず返済を請求されたり，送金の大幅な遅延時に利子を請求されたりすることがあり，そうしたトラブルを予測して，会社側はあらかじめ保証金を積むことを要求していた．

以上に述べたように，領事の仕事の第一は，担当都市・港湾を通過するレヴァント会社メンバーの輸出入品から領事手数料を徴収し，経費を支出した後，残額をイスタンブルに送金することであった．領事手数料はおよそ1%から4%で，船荷の積載がジェネラル・シップかプライヴェイト・シップかどちらであったか，目的地がどこかなどで，格差がつけられた[67]．また帳簿を年4回本国に送付することが求められていた．また，外国人でイギリスの代理商やイギリス船によって商品をイギリスに輸出することを望む者は，倍の領事手数料を支払って，貿易が許可された[68]．また，非メンバーの取引を発見した場合，非メンバー対象の20%の領事手数料の他，200ポンドの罰金を徴収した．

領事手数料の徴収や非メンバーの摘発のためには，レヴァント会社メンバーを正確に把握しておくことが必要であり，そのため会社は各領事に毎年新メンバーのリストを送付している．また実際に現地に在住している代理商が，確かに会社メンバーが派遣した者かどうかも把握しておく必要があったので，会社は，1670年代から新メンバーの徒弟のリストも領事のもとに送付するようになった．

領事は任期は2年であったが，10年前後連続して就任するのが一般的であったようである．退職と後任への引き継ぎの際には，会計を閉め，本国へ

65　SP105/156, p. 147.
66　SP105/156, p. 147；Wood（1935）, pp. 217-18.
67　Anderson（1989）, p. 119.
68　Anderson（1989）, p. 122.

任期中の会計を正確に報告し，後任に引き継ぐことが大切だった．ただし在職中に死亡する領事も多く，後任が死亡した前任者の会計を整理し本国に報告しなければならない場合も多かった．

大きな商館では，領事の他にトレジュラーとチャンセラー（副領事）が置かれた．イスタンブルとアレッポでは，商館を開所したときから，またイズミルでは1630年代からトレジュラーが置かれた．トレジュラーの任期は領事と同様2年であった．またこれらの役職の在任期間中は，大使や領事と同じく，貿易に従事することを禁じられていた．トレジュラーには，さらに少なくとも5年の現地在住経験が要件とされた．彼らはまた，領事同様，就任時に，領事手数料などのあらゆる賦課金の公正な徴収，帳簿の提出，出費の節約を誓約し，さらに高額の保証金を会社に預けなければならなかった[69]．トレジュラーは，会社から給与を支給されており，その金額は18世紀にはどの領事館においても一律で400ドルだった．

チャンセラーは，商館会議の議事録，会社の規程や領事からの布告，各代理商の活動や契約，遺書，船の出入港などの記録をとることや，現地で死亡・破産したメンバーの遺産の管理などの業務を担当した．チャンセラーもまた，自分で貿易活動することを禁じられ，その代わりに200-400ドル程度の給与を支給されていた．また，チャンセラーも就任時に，会社に保証金300ポンドを置くことが求められていた[70]．

ボディントン一族で，本社が任命しまた給与も支払うような重要拠点の領事になったのは，1722-33年にイズミル領事となったジョージ3世のみである．彼の就任時の事情を書いたレヴァント会社史料はまだ見つかっていないので，彼がどのように選ばれたのか，誰が5000ポンドの保証金を負担したのかは不明であるが，弟のトマスやアイザックが助力したと考えられる．また彼は，1730年9月1日にはイズミルのチャンセラーに自分の長男ジョージ4世を推薦し，承認されている[71]．この後この息子ジョージ4世は，現地

69　Wood（1935），pp. 220-21.
70　Wood（1935），pp. 221-22.
71　SP105/117.

のキリスト教徒と結婚して，レヴァントに永住することになる．一方父ジョージ3世は，1732年3月28日レヴァント会社本社にイズミル在住イギリス人と対立していることが報告されており，辞職が求められている．そして1733年2月13日には後任が決定し，帰国の準備に入っている[72]．

ジョージ3世以外は，ボディントン家関係者は全てキプロス領事となっている．特に18世紀後半は，ジョージ2世の孫でロバート・ウェイクマンの息子であるジョージ・ウェイクマン（在任期間1740–57年）と，やはりジョージ2世の孫でジョージ3世の次男であるジョン・ボディントン（在任期間1757–60年7月頃と1774–76年2月の2回）が相次いでなっている．この二人のキプロス領事をめぐるやりとりは，レヴァントの領事職を考える上で示唆的であるので，以下に紹介しよう．

ジョージ・ウェイクマンは1704年生まれで，2才の時に父が破産し，その後母とともに祖父ジョージ2世のもとで暮らし，母は10才の時に死亡した．また祖父ジョージ2世も，彼が15才の時に死亡している．

祖父の死後彼がどのようにすごしたのかははっきりしないが，おそらくトマス2世の徒弟になったのではないかと思われる．彼は1720年頃にアレッポに赴任している．1731年11月16日には，彼はアレッポのトレジュラーに任命され，給与年400ドルを支給されている[73]．そしてほぼ2年後の1733年11月23日に，このトレジュラーの任期が満了となり，後任も決定されている．

しかし，ここで問題が起こった．在任中のジョージ・ウェイクマンの勘定に，問題が見つかったのである．ロンドンのレヴァント会社本社の会議は，「我々（ロンドン本社）がしばしば反対してきたいくつかの項目が，なお我々の勘定につけられていることを発見した．今後は，このような項目全てを我々の借方につけることを禁止することを決議した．その代わりに，領事には年に200ドルの手当を認める」と述べている．

以上で述べられている出費とは，オスマン帝国要人やイギリス軍艦などに

72　SP105/117．ジョージ3世がキプロス領事として，海難にあったイギリス人同胞を数ケ月保護したというエピソードが以下にある．金澤（2013），211頁．
73　SP105/117．

対する接待費のことであった．会社から給与を得ていないキプロス領事は，社用と見なせる出費をロンドン本社に請求することができたが，本社側は不透明な支出が次々と請求されることを恐れていた．そのため，こうした費用の本社への請求を禁止し，その一方で領事に一定の手当を認めたのである[74]．

　ジョージ・ウェイクマンは，この後もシリア沿岸部やアレッポで活動を続けていたようである．彼は，1733年10月から少なくとも1739年3月頃は，シリア，シドン付近のアッコ（アクレ）の副領事という肩書きでも活動し，ベイルート近郊の町村から生糸を購入することと，この地域でイギリス船でロンドンに運ばれる船荷に対して領事手数料を徴収することに対して，本社から許可をもらっている[75]．その一方で，彼はアレッポのレヴァント会社メンバーの会議にも出席している[76]．

　ジョージ・ウェイクマンは，1739年12月にはアレッポの副領事となっており[77]，また1740年7月8日には，死亡したアレッポ領事の後任を願い出ている．しかし，ロンドンの本社側はこれを断り，一方でやはりその頃死亡したキプロス領事の後任に彼を任命すると提案している．会社側はこのとき，「あなたの正当な振る舞いの保証のために，ベンジャミン・ボディントン氏（1世）が，我々に通常の保証金500ポンドを支払っています」と述べている[78]．

　この後，ジョージ・ウェイクマンはキプロス領事に就任するが，その在任中また問題が起こる．1749年8月22日，会社は大使あての手紙の中で，ウェイクマンが1745年11月15日以来，帳簿もお金も送ってこないこと，昨年テムズ号とデラウェア号（1748年度のジェネラル・シップ）について会社が書き送ったことにも全く返事をしてこないことを報告し，現地での対処を求めている．また，会社は，8月29日にはエンフィールド在住のベンジャミン・ボディントン1世にも事情を説明し，協力を求めている．

74　SP110/26.
75　SP110/72；SP105/117. Davisは，1744年ジョージ・ウェイクマンがロンドンのラトクリフ商会のためにキプロス周辺の生産物を購入する代理商活動を行っていたことを指摘している．Davis（1967），p. 83.
76　1731–2年2月頃から41年頃までの出席が確認できる．SP110/26；SP110/27.
77　SP110/28.
78　SP105/117.

その後も問題の進展は見られず，1750年9月7日には会社はふたたび大使宛てに手紙を書き，「キプロス領事ウェイクマンのこの異常な行動は，我々のもとで検討され，今日開催された総会で彼を命令に従わせるため大使に依頼する決議をした」と報告し，大使に召喚状の発行を依頼している．
　ウェイクマンが帳簿を提出したのは，この1年半以上も後のことであった．1752年7月17日の会社からジョージ・ウェイクマン宛の手紙では，52年2月24日にウェイクマンから手紙を受け取り，そこに同封された1742年9月6日から52年1月15日までの帳簿を受領したことが述べられている．その上で会社側は，フランスとの戦争などの困難は考慮するが，これほど異常な遅れはこれまでになかったと，厳しい口調で非難している．さらに会社側は，会社に送金すべき資金がウェイクマンの手元に置かれていた期間に対して，年10％で利子を要求した．また，ウェイクマンの計算書では，通常は1隻20ドルに定められているはずの軍艦の船長や士官に対する接待費用が高すぎると批判している．
　この間のウェイクマンの動静については，ジョージ3世の次男ジョン・ボディントンの証言もある．1712年生まれのジョン・ボディントンがいつごろレヴァントに来たのかは不明だが，少なくとも1735年頃には彼はアレッポにいたようだ．ジョンは，1751年4月15日にキプロスからアレッポのある代理商への手紙の中で，数日前にジョージ・ウェイクマンと激しいけんかをし，現在はフランス領事のもとに身を寄せていると書いている．ここで彼は，自分たちは16年間キプロスで一緒にくらしてきたとも語っている[79]．
　以上を総合すると，ジョージ・ウェイクマンは，アレッポのトレジュラー時代から多額の接待を行うなど会計に放漫さが見られ，キプロス領事時代にはさらにその傾向が強まり，会社に全く会計を提出しないという事態にまでいたった．またおそらくこうした厄介ごとを抱えていた結果，長年異国の地で身近にいた親族とも対立し，決別にいたったのである．
　ジョージ・ウェイクマンは，レヴァント商人の名門の一族に生まれながら，父の事業の失敗や死亡のために幼くして後ろ盾を失った人間である．彼が

---

[79] SP110/72. Messrs. Shaw & Landsdown, Aleppo宛．

1720年に赴任した後，帰国のチャンスを得ないままシリア周辺で何十年もすごさなければならなかったのは，おそらく彼が誰からも十分な商売の原資を得ることができなかったからであろう．彼は，結局一度も帰国することなく，1757年に死亡する．ジョン・ボディントンは，会社に彼の死を連絡するとともに，自分が後任のキプロス領事となることを願い出ている．1757年5月12日には，会社はジョンに対し，彼を後任領事として認めるという返事を送っている[80]．

その後のジョン・ボディントンについては，1760年7月頃はキプロスにいるが，すでに領事を辞任していること，1762年7月6日にはロンドンにいること[81]，1774年3月1日にはマルセイユに在住しており，そこから会社に対し，ふたたびキプロス領事に自己推薦していることがわかっている．会社はこの願い出を受け入れ，彼をふたたびキプロス領事に任命している[82]．

その後彼は，1776年2月13日には会社にキプロス領事辞任の意向を伝え，会社はそれを承認している．彼はこの年の11月1日にはシリア北部のラタキアにおり，ラタキアのオランダ人とヴェネツィア人のために活動する自由を願い出ているが，会社はすでにラタキアには領事を置いているとしてこの願いを拒絶した[83]．彼はこの後もしばらくラタキアにいたようであるが[84]，1787年3月9日にはニースに滞在しており，そこから会社に対してふたたびキプロス領事になりたいと申し出るが，現在領事職には空席がないと断られている[85]．ジョン・ボディントンが会社の史料で最後に確認できるのは1791年2月27日であるが，このときもジョンはニースにいて，高齢で零落した状態にいるとして会社に救済と支援を請願している．しかし会社側は「あなたの要請に応じるのは適当でないと考えている[86]」と述べて，彼の願いを断っている．結局ジョン・ボディントンも帰国することなく，このまま死亡したよ

---

80 以上まで全てSP105/118．
81 SP105/119．
82 SP105/120．
83 SP105/120．
84 1783年6月にいたことが以下の史料で確認できる．SP110/29．
85 SP105/121．
86 SP105/121．

うである.

　以上のジョージ・ウェイクマンとジョン・ボディントンの人生航路は，キプロス領事のような無給の二流の領事ポストは決して魅力的なものではなかったことを明白に物語っている．十分な商業の原資を持たず，当面の収入が必要な者達だけが，給与もなく領事手数料の一部を得られるだけのこのポストを求めた．またこのキプロス領事は，長年つとめても商人として自立できるだけの資本を蓄積できる可能性は低く，帰国できるチャンスは小さかった．このような状況では，ウェイクマンのように心を荒ませる者がいたとしても不思議ではないだろう[87]．

第7節　レヴァンティンたち

　前節で見たように，ジョージ・ウェイクマン，ジョン・ボディントンのように帰国できないまま地中海地域に永住化するイギリス人もいた．こうしたレヴァント永住のイギリス人やその他のヨーロッパ系キリスト教徒は，レヴァンティンと呼ばれた[88]．

　通常のレヴァント商人は，できるだけ早く帰国してロンドンで業主としてビジネスを開業することを人生の目標としており，半永久的現地在住者となる人物は，商人として失敗した者が多かったようである．ボディントン家では，ウェイクマン家とジョージ・ボディントン3世の一族がその代表例である．このうちウェイクマン家は，ジョージ・ウェイクマンが結婚しなかったために絶えたが，ジョージ・ボディントン3世の子孫は19世紀半ばまでイズミルで代を重ねる．以下ではこの一族について解るところを記し，レヴァンティンとはどのような人々であったか考えてみたい．

　ジョージ・ボディントン3世（1675-1759）自身についてはすでに第3節な

---

[87]　ただしキプロス現地ではイギリス人領事は高い尊敬を払われ，領事館も最もよい場所にあったという．Luke (1921), p. 91.
[88]　この呼称は Luke (1921) も Platt (1971) も当時の用語として用いている．

どで詳述してきたが,彼の妻でリヴォルノで出会った彼の妻マルヤナ・プラウマンについて,まず見ておこう.プラウマン一族も全く無名の家族であるが,1700年頃のリヴォルノ在住イギリス人ウィリアム・プラウマンについて興味深い事件が起こっており,ボディントン家末裔のコメディアン,マイルズ・マルソン（1888-1969）の研究者マルソンは,この人物がマルヤナの父ではないかと推量している[89]. この事件は,ウィリアム王戦争の最中の1696年に,ここ20年以来リヴォルノに在住しているイギリス人商人ウィリアム・プラウマンが,自分が購入した船でリヴォルノからアレクサンドリアの交易を行うと称して,フランス船への私掠行為を行ったという事件であった.リヴォルノのフランス領事は,事前にプラウマンが船を武装していることを察知し,リヴォルノを統治しているトスカナ大公に対処を願い出た.トスカナ大公は,フランスとイギリスの戦争において中立であり,自国領内での私掠船武装を禁ずることのできる立場にあったからである.大公は,プラウマンを出頭させて私掠の意図がないことを確認し,またフランスに対して私掠を行わないことを誓約させたが,この誓約に対して保証金は特に取らなかった.結局プラウマンはフランス船を襲撃し,その後ローマへ逃亡し,ローマで教皇の官憲により逮捕されてリヴォルノに送還され,そこで禁固刑に服した.この事件は,当時イギリス人の関心を引いたと見え,1705年には英語で事件の全貌を報告するパンフレットが出版されている[90].

　実は,このプラウマンと思われる人物についての別の事件が,レヴァント会社史料の1717年7月31日の会社からキプロス領事アレクサンダ・エイクハーストへの通達の中に残っている.その内容は,プラウマンという人物が,以前の戦争でフランスに奪取されたイギリス船にナポリ公国の旗を立ててトルコ人に敵対する活動を行っているが,彼はすでにナポリに帰化しているので,イギリスの臣民として扱わないようにという連絡であった[91]. もちろんこのエイクハースト領事は,第1節で見たジョージ・ボディントン2世の元

89　Malleson (2012), p. 168.
90　*The Grand Duke of Tuscany's Proceedings against William Plowman : with Remarks Thereupon*, London, 1705.
91　SP105/116.

代理商である．以上の2つの事件から考えると，プラウマンは商人というよりも半ば海賊であり，国籍や船籍を変えたり偽ることで，各国間の和平条約や通商条約を無視して，国家からの許可なき私掠行為，つまり海賊行為を働く札付きの人物であったようである．

この二人のプラウマンが同一人物であるか，またそれがマルヤナの父，あるいは親族であるかどうかは，リヴォルノに長年在住していたイギリス商人で同姓という以外に根拠はなく，これ以上のことは解らない．先のパンフレットはロンドンでも広く読まれただろうから，もしこれがジョージ・ボディントン3世の妻マルヤナの親族であれば大きな噂となっただろうが，ジョージ・ボディントン2世もこの件については手記に書き残していない．ただ，以上のプラウマンの人物像は，イギリス系レヴァンティンの一つのタイプを示すものとして興味深い事例である．

ジョージ・ボディントン3世はこのようなレヴァンティンの妻をめとったが，1733年にイズミル領事を辞してからは帰国してイギリスで生涯を終えている．他方で，彼の長男ジョージ4世（1706-1797）と次男ジョン（1712-fl. 1791）は，イギリス生まれだが，レヴァントでキャリアを追求し，結婚もレヴァントで行う．長男ジョージ4世は，父がイズミル領事に赴任する1722年には16才で徒弟・代理商の適齢期にあたり，数年後にはレヴァントに赴いたと考えられる．先述したように，父は1730年9月，ジョージ4世が24才の時に彼をイズミルのチャンセラー（副領事）に推薦して，会社から承認されている．ジョージ4世は1756年には，現地キリスト教徒のマルヤナ・グリコフリディ（Glicofridi）と結婚し，4男6女をもうけている．彼は少なくとも，1759年頃まではこのイズミルのチャンセラー職についていたようである[92]．次男ジョンについては，先ほど第6節で見たように，1735年以前にレヴァントにわたり，35年以降はジョージ・ウェイクマンとキプロスに在住し，ウェイクマンの死後キプロス領事をつとめて，現地で死亡した．彼は，クロスワーカー・カンパニのメンバーシップもとっており，レヴァント

---

92 以下では，アレクサンダ・ドラモンドが1744年10月に，イズミルでチャンセラーのジョージ4世に出会ったことが記述されている．Laidlaw (2010), pp. 185, 187.

に赴任する前に徒弟に入り，1762年に一時帰国したときにメンバーシップを取得したのではないかと思われる．彼は，アレッポで現地にいたフランス人女性マリ・フランセス・ランボー（Rhymbaud）と結婚している．彼の姿がマルセイユやニースなどで目撃されるのは，この妻に原因があったかも知れない．ジョンは遺書を残していないためこれ以上は不明であるが，おそらく彼には子孫はなかったと思われる．

　ジョージ4世とジョンには，弟アイザック（1718-fl.1732）と妹サラ（1719-85）がいた．アイザックについては全く不明である．妹サラは，生涯をハクニですごし，未婚で死亡し，また死亡時にほとんど財産を持っていなかったことが遺書によって解る．彼女は，父がイズミル領事に赴任する時3才であり，おそらく4才だった兄アイザックとともにイギリスに残され，ハクニの故・祖父ジョージ2世の家に残っていた親族に育てられたのではないかと思われる．彼女は，父が勤勉でなかったために婚資もなく，それゆえ嫁ぐこともなく生涯をハクニで親族とともにすごしたようである．

　結局ジョージ3世の子孫は，ジョージ4世の系統でのみ残るが，この一族はレヴァントに定着した．レジナルド・ステュアート・ボディントンは，ジョージ4世の子供たちのうち5人の娘たちについては生年しか示していないが，1人の娘と4人の息子たちについては結婚相手を示している．ボディントン家系図No. 2左下方を確認されたいが，これら5人のうち結婚した4人は全て現地の人間と結婚しており，現地で暮らして死亡した．また長男ジョージ5世は，父と同じくイズミル副領事となっている．ただ一人，末息子のジョセフ・ウィリアム・ボディントン（1778-1838）のみは，1799年21才でロンドンにやってきた後，ロンドン商人となり，ロンドンで独身のまま死亡している．なお彼はレヴァント会社取締役にも就任している[93]．

　この末息子ジョセフ・ウィリアムについては，1838年のジェンルマンズ・マガジンに詳しい死亡記録が残っている．それによると彼は，美術品・骨董・珍品などの収集家として有名であった．彼の収集品は，彼があまり富裕でなかったために量は少なかったが，優れたものが多く，また人柄が良く愛すべ

93　*British Imperial Calendar for 1811*, p. 210.
94　*Gentleman's Magazine*, New Ser., vol. 9, 1838, pp. 211-12.

図17　ヘンリ・ペリガル・ボレルと夫人アメリア

き人物だったため，好古協会のメンバーなどに知己が多かったようである[94]．また，巻末付表1「ボディントン商会所在地」からは，彼がロンドンにやってきた後，西インド貿易を営んでいた親戚のボディントン商会（当時はボディントン&デイヴィス商会とボディントン&フィリップス&シャープ商会）の近くに店を構えていたことが解る．これから見て，彼とロンドンの親戚には親交があったことは間違いない．イズミルのボディントン家とロンドンのボディントン家は，18世紀後半から19世紀にかけて連絡を保っていたのだろう．事業上も関係が続いていた可能性もある．

　ジョセフ・ウィリアムの兄や姉の中で，次世代，次次世代にわたって子孫を残していくのは，ヴァレンタイン（1772-1825）のみである．ヴァレンタインは，1804年に現地女性と結婚し，イズミルでマーチャントとして活動していた．彼の娘アメリア（1804-70）は，ロンドンの商人でイズミルに赴任してきたヘンリ・ペリガル・ボレル（1795-1851）と結婚した．ボレルは，後に古銭学者，コレクターとして有名となり，彼のコレクションの一部は，現在，大英博物館に所蔵されている[95]．

　以上のジョージ・ボディントン4世が築いた18世紀後半から19世紀中葉

95　"Henry Perigal Borrell", ODNB. このボレルがコメディアン，マイルズ・マルソンの曾祖父にあたる．Malleson（2012），p. 132.

第5章　代理商と領事　｜　213

にいたる三代にわたるレヴァント在住のボディントン家は，事業の不首尾や事業資金不足といった不本意な理由で領事職につき，さらに帰国のチャンスを得られなかったイギリス人が，業務と結婚を通して現地に次第に定着し，レヴァンティンとなる過程を明らかにするものである．彼らは，辺地の人気のない外交ポストを，ほぼ世襲化して継承し，事実上家業としていた．公職を世襲と言っては聞こえが悪いが，しかし彼らのような存在は，不人気で成り手のいないポストに安定して人材を供給する上で有用であり，しかも世襲ならではの安心感を現地を訪れるイギリス人に与えていたのではないかと思われる．こうした末端の外交ポストが近代化されるのは，1830年代以降のことである[96]．

このほかに，ボディントン家周辺の家族でレヴァント長期滞在者を輩出していた家系としては，トマス・ボディントン4世（1736-1821）の妻マリア・キャサリナ・フレモーの実家フレモー家と，彼女の母マーガレットの実家クック家がある（クロムウェル家系図右下方参照）．フレモー家はイズミルとアンカラを拠点に17世紀から貿易していたオランダ系の商人である[97]．クック家も17世紀後半〜18世紀初頭にかけて活動したイギリスのレヴァント商人である．トマス4世の妻の母マーガレットの父ジョン・クック（d. 1721）は，ジョージ・ボディントン3世の直前のイズミル領事（在任期間1716-21年）である[98]．また，ジョン・クックの妻（マーガレットの母）は，オランダのレヴァント商人家系ホチェピエド家（Hochepied）の出身であり，この一族は17世紀後半から19世紀までオランダのトルコ大使やイズミル領事を世襲で担当し続けている[99]．

96　Gunning（2009）．レヴァント会社の解散（1825年）以後，同社が任命していた外交ポストは国家が任命するものとなった．旧タイプのレヴァント永住者の領事に対する低い評価はこのころのイギリス議会史料などに散見される．Platt（1971），pp. 153, 156．
97　Fremeaux（Fremaux）についてはKadi（2012），pp. 63, 112など．
98　SP105/116．Johnの兄弟でレヴァント商人，イングランド銀行総裁となったThomas Cooke（d. 1752）はGould家と結婚しクロムウェル家の姻戚となった．彼の評伝は以下，Robinson（1820），pp. 99-104．
99　HochepiedについてはKadi（2012），pp. 77-79など．

第8節　末子ベンジャミン1世の経験

以上で，ジョージ・ボディントン2世の上の息子たち4名と甥のトマス・ヴォーン，そして娘婿のロバート・ウェイクマンについて得られる限りの情報を明らかにしてきたが，最後にジョージ2世の末子ベンジャミン1世の経験について触れておこう．

ベンジャミン1世は，アイザック以降の子供たちに幼死が相次いだせいで，上の兄弟たちとは年齢が離れている．そのため，彼がレヴァント商人としてすごした時代は，兄たちとは異なり，貿易の衰退局面に入っていた．

> 「1706年12月16日，私は彼（ベンジャミン）を私の会計事務所につれてきて，現金を管理させたが，彼はその仕事に几帳面であった．1712年10月17日彼は，ジェイムズ・ピーコック司令官のイスケンデルン行きオンスロウ号に乗船し，アレッポに駐在するため，我が家を出てダウンに行った．私は彼をバード氏とラトクリフ氏に同行させるつもりだった．10月18日到着，26日に乗船して，ポーツマスに31日につき，11月7日そこから出航してジブラルタルに12月10日につき，そこを17日に出航して，1712年1月7日にキプロスに着き，そしてイスケンデルンについて，アレッポに1月25日についた．彼が出かけたとき，私の投資を，トマス・バード＆ベンジャミン・ボディントン社にゆだねた．」[100]

ただ父ジョージ2世によると，バードは，ラトクリフ兄弟の資本を自分の使用にあてて，しかも帳簿を付けないという詐欺を働いたため，このパートナーシップはすぐに解散された[101]．

> 「1713年3月8日．彼（ベンジャミン）は5年間ウィリアム・ニコルとパートナーシップを結んだ．これは思慮深く行われ，彼の有利なように行われた．

100　CLC/426/MS10823/001.
101　Davisはレヴァント商人Radcliffe家について描いた研究の中で，Birde, Radcliffe & Buckleyというパートナーシップが1700年代後半から1710年代初めにあったことを書いている．Davis (1967), pp. 13, 90. この会社の史料の一部はTNAにあるが，ボディントンについての情報はない．C108/414. Hertfordshire Archivesのものは未見．

そしてニコル氏は，すべてを彼（ベンジャミン）一人の運営に任せて，1716年10月にはイングランドに帰国すべくアレッポをたった．そこで彼（ベンジャミン）は満足のいく仕事をした．もっともそこの毛織物の安さと絹の高価さのため，彼の元金を損失する取引となったのではあるが．」[102]

　父ジョージ2世は，このように末息子のことを記述してほどなく他界する．その後ジョージ2世の手記を受け継いだのは，次男トマス2世，その次は末子ベンジャミン1世であった．ベンジャミン1世は帰国後自身の手でレヴァントへの往路，復路について以下のように書いている．以下冗長になるが，彼の記述は正確で詳細であるので，全文引用しよう．

　「1712年10月17日金曜日，私は父の家を出て，アレッポに向かった．10月18日，暗くなってから2時間，私は雷をともなったひどい嵐に遭遇した．24日，私はダウンのピーコック船長のオンスロウ号に乗り込んだ．午後4時に，我々はイズミル行きのグレイハウンド号，ゴドフリ号，海馬号，競走馬号，そしてイスケンデルン行きのオンスロウ号，人魚号，メイドストン号，アルタイア号，アレクサンドリア行きのダーズリ（Dursley）号と，護衛艦のウィンザー号，提督号，ラ・モア・サウスハンプトン号，ダンケルク号，オルバラ号と軍人とともに，出航した．25日，私たちは戻って錨を降ろした．というのは風向きが逆で，しけになりそうだったからである．26日正午，我々は再び出航し，11日に最後に陸地を離れ，15日ビスケー湾を半ば越えたとき，嵐がまきおこり，（判読不能），続いた．17日，ウィンザー号と，ラ・モア号は遭難信号を出した．翌朝，私たちは5人の商人と2人の軍人しか残っていないことに気付いた．我々の船首斜しょうが割れているのに気付いたので，我々はそれを修理してもらった．湾内は静まっていたが，大きな波があり，ダンケルク号と他2隻はトップマストを巻き上げた．
　「28日，激しい疾風と大雨と雷と稲妻の中で，我々は夜，ジブラルタル海峡を進み，朝ジブラルタル湾に錨を降ろし，翌日ひどく損害を受けた我々の艦隊の残りと合流した．12月7日，我々は出航したが，悪天候で向かい風となり，引き返した．11日我々は湾に再び錨を降ろし，17日までそこにいた．17

102　CLC/426/MS10823/001.

日，我々は出航し，21日ガタ岬を出発した．西風の良い大風であった．航海の途中，サルディニア，シチリア，マルタの風景を見た．1月3日，カンディアの東15リーグで，我々はイズミル行きの船とわかれ，ウィンザー号と，ラ・モア号がその警護艦となった．その夜9時，ダーズリ号が1軍艦を護衛鑑としてともなって，アレクサンドリアへ出航した．イスケンデルンに向かう我々の船は出航し，1月7日キプロスにつき，錨を降ろした．このとき，私はラルニカにつき，領事の（判読不能）の家に行った．そこで私たちは12日の朝まで大変親切にもてなされた．そして我々は再び，北西の風で出航したが悪天候だった．そのため我々は，1月19日まで沿岸にそって進み，1月19日イスケンデルン湾に錨を降ろした．私はそこで我々のために用意された召使いと馬を見つけたが，私はそこに22日までとどまった．22日我々は馬に乗って，1712-13年の1月26日アレッポに到着し，見事に馬を乗りこなした領事と代理商に迎えられた．彼らは我々を健康と安全のうちに，町に導いた．神をたたえよ．」[103]

なおこのときジブラルタルに沈んだ船と船荷の救出作業は，カディスのヘッジズ＆ヘインズ商会が行っているが，このヘッジズはウェイクマンの親族のウィリアム・ヘッジズである[104]．

ベンジャミン1世は，ボディントン家手記にはレヴァントでの滞在中のことは一切書いておらず，上記の往路の話の後に，いきなりその12年後の復路の話を以下のように書いている．

「1725年6月4日私はアレッポの家を出た．6日，私はベレン（Belen/Bylan）につき，7月5日までとどまった．7月5日私はイスケンデルンに行き，ロンドン行きのバトラー船長のハリファックス号に乗船した．7日の朝私たちはロイヤル・エクスチェインジ号とウェントワース号とともに，出航した．7月10日キプロスに到着した．そこで私は領事のもとに滞在し，14日夜明けに出航した．18日朝モウルトン船長が死亡，海原のもとへとゆだねられ，午後4時彼の船ロイヤル・エクスチェインジ号は45回30秒時砲を，他の船は12回弔銃発射した．29日，我々はカンディア（イラクリオン）につき，ウェ

103　CLC/426/MS10823/002.
104　SP105/155, p. 262.

ントワース号とわかれた．8月3日には（判読不能）岬につき，17日ランペドゥーザ島，18日パンテレリア島，19日ボン岬，20日サルディニアがみえ，21日そこに錨を降ろして，給水し食糧を補給した．23日出航し，翌24日ロイヤル・エクスチェインジ号とわかれ，9月5日まで航海を続けた．9月5日正午ジブラルタル丘陵の下を航行し，悪天候の中を航海し続けた．28日南南西の激しい風が吹き荒れ，その夜明け我々は（判読不能）につき，正午ワイト島，セント・ヘレンズ沖に錨を降ろした．そこで大きな帆船が我々の船に乗り上げてきて，我々は押し流され，我々は非常用大錨を失ってしまった．夜通し嵐は続き，海は我々に襲いかかった．翌朝風が和らぎ，（中略）ポーツマスより迎えが我々のもとにきて，私をそこまで運んでくれた．そしてに感謝したことに，9月29日10時そこに到着した．私はほとんど13年近くイングランドを離れていたことになる．」[105]

このように，ベンジャミン1世のレヴァント行きは，往路復路ともに危険な航海であった．彼は帰国後しばらくレヴァント会社の本社会議に顔を出しているが，1730年代以降はほとんど出てこなくなる．メンバーの徒弟の雇用や代理商の派遣は会社に記録される事項だが，ベンジャミン1世についてはそうした記録もレヴァント会社史料には残っていない．おそらく彼は，帰国後はほとんどレヴァント貿易には投資せず，他の貿易分野や金融・保険会社などに投資していたのではないかと思われる（コラム1参照）．

第4章の表4-1，4-2，4-3に示したように，レヴァント貿易は1720-30年代にはフランス産毛織物との競合や生糸主産地のイランの紛争などの結果，明らかに毛織物・生糸の取引量が減少しており，メンバーも減少した．1730年代前半には，実際に貿易していた商人は50-60人くらいに過ぎず，徒弟の雇用なども低調となっていた．またこれとともに，レヴァント会社のメンバーシップの閉鎖性についての批判が集中し，ついに議会は1753年レヴァント会社の入会規定を大幅に緩和する法律を制定する．これにより，入会金は一律20ポンドとなり，マーチャント，ロンドン市民（ロンドン在住者の場合）という要件は排除され，帰化したユダヤ人までを含む全イギリス人が入会可

---

[105] CLC/426/MS10823/002.

能となった．この結果，古くからのメンバーの一部は会社を離れたが，一方で多くの新メンバーが入会し，18世紀初めに200人ほどにまで減少していた会社のメンバーは18世紀末には400人ほどにまで回復した[106]．

ボディントン家の場合は，この取引の減少，新規参入者の増加，会社の体質の変質の中でレヴァント貿易から離れていったと考えられる．ベンジャミン・ボディントン1世は西インド貿易商の娘と結婚し，子供たちを西インド貿易商として養成していく．この話については，第10章以降にゆずる．

---

106 Wood（1935），pp. 151, 156-57.

表 5-2 アレッポにおける海上保険と

日付	被保険者
1693 年 5 月 3 日	George Juxon
1693 年 5 月 16 日	George Juxon
1693 年 7 月 17 日	Nathaniel Harley
1694 年 2 月 19 日	Samuel Harvey
1694 年 2 月 24 日	Samuel Harvey
1694 年 2 月 26 日	C. Calckberner, Consul of Dutch, Aleppo
1694 年 12 月 14 日	John Rolls
1694 年 12 月 14 日	John Nelthorpe
不明	Richard Boylston & George Buckley
1694 年 12 月 29 日	Samuel Lannoy & William Bucknell
1694 年 12 月 31 日	Samuel Lannoy & William Bucknell

引受（1）　ドル＝Lyon Dollars

船荷の情報		保険者（引受額　ドル）	保険料率%
航路	保険対象（ドル）		
Scanderoon→Livorno	any 1000＊	Robert Wakeman （1000）	11.5
Scanderoon→Amsterdam	any 1000	Thomas Darley （500） Robert Wakeman （500）	20.5
Scanderoon→Livorno	any 1200	Henrico Lub （400） Gio Gosche （100） Alexander Ackhurst （300） Robert Wakeman （400）	16
Scanderoon→Cyprus	any 2000	Thomas Darley （1000） G. Buckley （300） Robert Wakeman （500） Alexander Ackhurst （200）	4.5
Scanderoon→Cyprus	any 2000	Gio Gosche （250） C. Calckberner （300） George Juxon （250） Robert Wakeman （400） P. Gorrille （250） William Jollife （400） William Wolseley （250） Thomas Darley （300） G. Buckley （300）	4.5
Scanderoon→Livorno	any	Thomas Darley （300） G. Buckley （300）	16
Scanderoon→London	any	Thomas Darley （1000） Rowland Sherman （500） Alexander Ackhurst （500） George Boddington （500） John Nelthorpe （500） Robert Wakeman （800）	10
Scanderoon→London	any 3000	Thomas Darley （500） Alexander Ackhurst （500） George Boddington （500） Robert Wakeman （800） George Juxon （500）	12
Scanderoon→London	any	Samuel Lannoy （200） Samuel Lannoy （200） Alexander Ackhurst （200）	12
Scanderoon→London	any	Robert Wakeman （600） Thomas Soley （200） John Hunter （300） George Boddington （400）	12
Scanderoon→London	any	Alexander Ackhurst （500） George Boddington （100）	12

不明	Samuel & Jacob Settoon　ヘブライ人 Aleppo
1695年4月10日	George Juxon
1696年4月25日	Edward Rigby（船長）
1696年5月22日	Jacob, Samuel et Aron Coen　ヘブライ商人 Aleppo
1696年10月14日	Richard Boylston & George Buckley
1697年1月16日	Thomas & George Vernon
1697年3月8日	John Evans, London Merchant
1701年3月26日	Valencin & Margnes La Sumna

SP110/69 からの抜粋

Scanderoon→Livorno	any	Rowland Sherman (300) John Hunter (300)	16
Scanderoon→London	any	Rowland Sherman (250) George Vernon (150) George Boddington (100)	16
Scanderoon→London	any	John Gosche (500) Robert Wakeman (1500) Thomas Darley (1000) Samuel Whitfield (400) John Hunter (500) Rowland Sherman (500)	10.5
Scanderoon→Livorno	any	Thomas Darley (200) John Hunter (300)	12.5
Scanderoon→London	any 2500	Francis Coppin (300) John Gosche (200) George Vernon (300) Jerom Rawstorn (300) John Carus (200) George Juxon (300) Richard Nicholl (100) George Boddington (500) Alexander Ackhurst (300)	16
Scanderoon→London	any	Thomas Darley (750) Samuel Harvey (750) George Boddington (500) William Harvey (500)	17.5
London→Istanbul	Sundry goods	Thomas Darley (1000) John Gosche (250) Rowland Sherman (500) John De Bourverie (500) B. Whateley (200) Richard Boylston (250) George Vernon (250) Thomas Samaster (200) James Brailford (100) William Rawstorn (250) Richard Nicholl (100) Thomas Soley (200) George Boddington (200) Francis Coppin (250) William Harvey (750)	16
Venice→Scanderoon		Thomas Darley (400)	7

表 5-3 アレッポにおける

日付	被保険者	船荷 船名（トン数）／船長
1707 年 7 月 14 日	Samuel Whitefield	Soldoro（？）／Gracio Tombo
1707 年 9 月 27 日	Samuel Whitefield	Fane（100）／Nicole Parcorich
1707 年 10 月 6 日	Samuel Whitefield	Bernardo（400）／Pietro Braquinie
1707 年 10 月 6 日	Samuel Whitefield	Fortune（300）／Hans Bruns
1708 年 1 月 12 日	John Letten	Fortune（300）／Hans Bruns
1708 年 2 月 3 日	Isaac Boddington	Tuscan Galley（150）Nicolasade Goyer
1708 年 2 月 3 日	Isaac Boddington	Cornelia（290）

SP110/90

海上保険と引受（2）

の情報			保険者（引受額　ドル）	保険料率%
航路	保険対象（ドル）			
Scanderoon→Livorno	200		Abraham Palmentier（100） 判読不能	12
Scanderoon→Amsterdam	900		Isaac Boddington（200） Thomas Boddington（200） Thomas Birde（100） William Snelling（300） Abraham Palmentier（100）	10
Scanderoon→Venice	1500		Abraham Palmentier（500） Isaac Boddington（200） Thomas Boddington（300） Charles Lock（100） John Letten（250） Thomas Birde（150）	9
Scanderoon→Livorno	2900		John Letten（1000） Abraham Palmentier（500） Isaac Boddington（200） William Snelling（200） Ralph Fawchener（300） Charles Lock（100） Nataniel Harley（200） Charles Vernon（200） Rowland Phermen（200）	10
Scanderoon→Livorno	800		William Pilkington（200） George Treadway（200） Isaac Boddington（200） William Nicoll（200）	13
Scanderoon→Amsterdam	200		John Letten（200）	25
Scanderoon→Amsterdam	200		John Letten（200）	25

コラム1

金融革命とボディントン家

　一つの章を設けて論じるべきところ，現段階では調査不足のためそれができなかったのは，名誉革命以降の金融革命とボディントン家の関係である．

　ジョージ・ボディントン2世は，1694年イングランド銀行創立時の最初の24人の取締役の一人となっている．この最初の取締役には，ジョージ2世の娘婿ロバート・ウェイクマンの従兄弟ウィリアム・ヘッジズや，第7章第1節で論じた便宜的国教遵奉で悪名高いトマス・アブニもいた[1]．1694年にはいないが，ごく初期からの取締役でボディントン＝スキナー親族網の人間としては，ナサニエル・グールド（クロムウェル家系図参照）がいる．

　ただヘッジズやグールドが息子の代にいたるまでずっと取締役を続けたのに対し，ジョージ・ボディントン2世は，「あまりにも多くの時間をとられる」ことを嫌ってすぐに取締役を辞任している[2]．確かに，金融史家R・D・リチャーズによると，初期のイングランド銀行は日曜日以外毎日会合を行っていて，たいへん忙しかったようだ[3]．この後，ボディントン家の人間は1世紀近くイングランド銀行取締役にはならず，ようやく1782年になってトマス・ボディントン4世が就任する．トマス4世は長く取締役を続けただけでなく，数名のイングランド銀行取締役と姻戚関係を築いており，かなり同銀行の中心的人物であったように感じられる．彼の姻戚である取締役としては，ビクネル・コーニー，ダニエル・ブース，サミュエル・ボウズンキット，エベニーザ・メイトランドなどがいる（ボディントン家系図No. 3，レイモンド＝バーカー系図などを見よ）．

　ボディントン家がほかに関わった金融組織としては，ミリオン・バンクがある．ミリオン・バンクについては，スコット，リチャーズ，ディクソン，ド・クレイがそれぞれ少しずつ言及しているが[4]，実態はほとんどわかっていない．ド・クレイによると，この会社はイングランド銀行の翌年の1695年に305人の出資者から20万ポンドの出資を集めて設立された株式会社であった．この会社の設立の少し前，イギリス政府は，対仏戦争戦費調達のために，1693年には新設した酒税を担保として出資者に

トンチン方式[5]の終身年金を提供することで100万ポンド[6]，94年にはさらに塩税も新設してそれも担保に含め，年1ポンドの配当のつく10ポンドの少額チケット販売でやはり100万ポンドを調達しようとしていた[7]．ミリオン・バンクは，設立当初から，銀行業よりもこれらの政府年金を購入することに関心を示した．イギリス政府は1695年には，既発行の終身年金を，より低利の最長96年間の複数世代にわたる長期年金に転換させる政策をとり，転換に応じない年金保有者の年金を第三者が買いとることを許可したため，ミリオン・バンクはこれらの年金の買いとりに熱心になり，1702年段階では1693-4年に政府が発行した年金の43％を保有し，年金収入で経営を成り立たせるようになった．つまりミリオン・バンクは，集めた出資金をイギリス政府が発行した年金に投資するだけの会社であり，それ以外には全く業務を行ってはいなかった．

このような政府債券購入は，イングランド銀行，東インド会社，南海会社が大々的に行っており，それによってイギリス政府が18世紀を通して膨大な国債を発行することができたことはよく知られている[8]．ミリオン・バンクは，これら三大金融会社の業務を補完していたと言える．

筆者は，国立公文書館に所蔵されているミリオン・バンクの議事録や出資者名簿に目を通したが[9]，そこから，ジョージ・ボディントン2世の弟ジェイムズ・ボディントンが最初の取締役24名のうち一人となっていることがわかった[10]．彼は，1695年に合計2500ポンドの出資を行っている[11]．また1699年から1700年代にかけて，サミュエル・ボール（ジョージ・ボディントン2世の末息子ベンジャミン1世の妻エリザベス・ボールの父と思われる）の名前が何度か現れ，彼も取締役になっている[12]．

その後半世紀にわたってボディントン家関係者の名前は出てこない．しかし1760年代末から，ベンジャミン・ボディントン（おそらく2世）やその姻戚ジョン・ヤーバリ（Yerbury），サミュエル・リチャーズ，ハクニの非国教コミュニティの仲間でボディントン家の遠縁でもあるアイザック・ソーリ，ジョン・レイモンド＝バーカー，ボディントン家の友人であるトマス・ロジャーズの名前が出てくるようになり，いずれも取締役になっている[13]．

このころのミリオン・バンクは，月1回の会合のほかは，3月25日（お告げの日）と9月29日（ミカエル祭）に会計監査・死亡者確認・死後支払命令書名義人確認のみをしていた．1791-2年になると，ミリオン・バンクは全年金が満期を迎えたとして廃業の準備に入った．このころ取締役の中にはサミュエル・ボディントンとジョン・レイモンド＝バーカーがいるが，彼らは1796年には取締役に解散権を付与する制定法を議会から得て，ミリオン・バンクの平和的な自主解散に成功している[14]．

先に1693年にイギリス政府がトンチン方式の年金を発行したと述べたが，ボディ

ントン家はミリオン・バンク設立以前に，直接この年金を購入している．この年金は，100ポンド以上の出資で7年間10％，その後は名義人死亡まで7％の年金がもらえるものであり，またトンチン方式であったので，死亡した名義人の年金が生存している名義人に配分されるかたちとなっていた．1693年法の法文内にはトンチンという言葉は記されていないものの，これはイギリスで最初のトンチン年金であり，また原初的な生命保険として金融史上注目されているものである．しかし実際には11万ポンド弱しか購入者が集まらず，政府の資金調達としては失敗であった[15]．

　このときのトンチン年金の購入者については，1693年当時の史料および1749年の調査によって完全な名簿が残っており[16]，それを整理したものがアンセストリ・コムから無料で公開されている[17]．それによると，購入者は全1012名でそのほとんどが100ポンドのみの出資であった．この名簿の中でボディントン家の人々と同家関係者と思われる人物は，以下である．

　Benjamin Boddington, Son of George Boddington of St. Helens, London　1才
　Isaac Boddington, Son of George Boddington of St. Helens, London　13才
　James Boddington, Son of George Boddington of St. Helens, London　7才
　John　Boddington, Son of George Boddington of St. Helens, London　17才
　Sarah Boddington, Daughter of George Boddington of St. Helens, London　3才
　George Treby, Son of Sir George Treby, Knight　7才

　これからわかるように，ジョージ・ボディントン2世は，長女エリザベスと長男ジョージ3世，次男トマス以外の自分の子供たち全員のために，この年金を購入している．そのほかジョージ・トレビも同姓同名の息子のために購入している．

　トンチン年金であるため，この年金は名義人が年少者であればあるほど有利であった．そのため，親が年少の子供のために購入しているケースが多く，ジョージ・ボディントン2世はその典型的なものであったといえる．ジョージ2世の末息子ベンジャミン1世はこのときわずか1才であった．なお彼は1779年に86才で死亡するが，ジェントルマンズ・マガジンの彼の死亡記事には，「もと著名なトルコ商人．ウィリアム3世の年金の生き残りの一人で，年に正味1000ポンドを受け取っていた．現在この生き残りは3人までに減少しており，トンチン年金の最初の法令の定めによりここ数年は配当の一部は政府の使用に付されている」[18]とわざわざ特筆されている．1693年トンチン年金は，名義人生存者が7人にまで減少すると死亡者分の配当を政府の使用にまわすと取り決められていたので，後半の記述は正確である．ベンジャミン1世は，契約時に非常に幼かったことと長生きしたことのおかげで，このトンチン年金の最大の受益者の一人となったと言えよう．彼は，生存者が7人になるまでは死亡者が

出るたびに年金配分の増額を受け，当初の100ポンドの出資に対して年1000ポンドもの年金収入を受け取るほどに得をしたのである．ただし死亡記事でこのように書かれたことは，得をした分彼が世間からやっかみ混りの注視を受けていたことも物語っている．

このほかに，金融革命期に起業された会社でボディントン家関係者の関わりが見られるのは，グリーンランド会社，ロイヤル・エクスチェインジ・アシュアランス，南海会社である．グリーンランド会社は，グリーンランド近海で捕鯨業を行うことを目的とするもので，1620年代に一度設立されていたが成功せず，1673年にいったん自由化された．それでも捕鯨業の活性化がみられなかったので，同社は1692年に再興される．この会社は，最初は資本金4万ポンド，その後は8万ポンドあまりとかなり小規模な会社であり，結局事業も成功せず，1710年代には活動を停止している[19]．ただ重要なのは，この会社の初代総裁にジョージ・ボディントン2世がウィリアム・スカウェン（Scawen）を破って選出されていることである．スカウェンは，後にイングランド銀行総裁になるなどロンドンの有力な商人銀行家であった．さらには，最初の同社メンバーの中には，ジョージ2世の弟ジェイムズ・ボディントン，ジェイムズの妻の兄と思われるピーター・グレイ，ジョージ・ボディントン2世の最初の妻の兄弟と思われるベンジャミン・スティール，ジョン・スキナーとトマス・スキナーといった名前が見られる[20]．ボディントン家とその姻戚たちは，この結局ほとんど儲からなかった捕鯨会社に，かなり期待をかけて投資していたと言える．

ロイヤル・エクスチェインジ・アシュアランスに関しては，ボディントン家の人々は最初は反対派として現れる．ロイヤル・エクスチェインジ・アシュアランスを設立する動きは，1717年8月から始まり[21]，1718年1月には法人組織による海上保険企業が必要であると主張する280人あまりのロンドン商人等が議会に特許状を求めて請願している[22]．これに対して，ロンドンとブリストルから反対請願が出されており，ロンドンの反対請願署名者の中にジョージ・ボディントン，アイザック・ボディントン，トマス・ボディントンの名前がある[23]．反対派の主張は，すでにロンドンでは個人業者によって十分に海上保険業が行われており，ヨーロッパのどこよりも安い保険料で引き受けられていること，特許株式会社の設立は独占化や単なる株式投機に終わる懸念があるというものであった．

このような反対のため法人特許状を得られなかった株式会社推進派は，エリザベス朝に設立されその後活動停止状態に陥っていた特許株式会社であるマインズ・ロイヤルおよびミネラル＆バッテリ・ワークス会社（この二社は合併されていた）の株式を買い占め，その法人特許状のもとに保険事業を開始する．しかしこれらの会社は鉱山開発と金属精錬を目的として特許状を取得した会社であり，このように全く違う事業

目的で取得された法人特許状を保険業に使用することに対して批判がわきおこる[24]。ロイヤル・エクスチェインジ反対派は，この点をついて再度反対請願を提出しているが，その中にもジョージ・ボディントン，トマス・ボディントン，アイザック・ボディントンの署名があり，その他にジョン・スキナー，リチャード・ブリンリ（スキナー家姻戚と思われる），サミュエル・ボール，ジョン・サイクス（パピヨン・ボールの舅と思われる）の署名もある[25]。

　ここに出てくるジョージ・ボディントンが2世なのか3世なのかはわからない。ただジョージ2世は1719年に死亡するので，ジョージ・ボディントン3世である可能性が高い。そうすると，全員現役のレヴァント貿易商だったジョージ3世，トマス2世，アイザックの3人兄弟が，そろってロイヤル・エクスチェインジ設立に反対していたということになる。第4章で見たように，ボディントン家の人々はレヴァント現地でも海上保険取引を行っており，彼らは個人海上保険ブローカーとして，また引受人として十分な実績があったと考えられる。なお，ロイヤル・エクスチェインジ推進派も多くがレヴァント貿易商であり[26]，レヴァント貿易商の中でこの問題をめぐって対立があったとも考えられる。

　結局ロイヤル・エクスチェインジ・アシュアランスは，1720年の南海法によって設立される。いったん会社が設立されてしまった後は，おそらくボディントン家の人々はその存在を容認したものと思われる。ベンジャミン・ボディントン1世の妻の兄弟であるパピヨン・ボール（1694-1743）は，1730-40年代に同社の取締役になっている[27]。

1　1694年イングランド銀行取締役についてはClapham (1944), vol. 1, pp. 273-79。現在では歴代のイングランド銀行取締役はイングランド銀行のサイトで公開されている。Bank of England Archives M5/436, M5/437。18世紀後半のイングランド銀行取締役には，西インド利害関係者やハクニ非国教コミュニティ関係の名前が多数散見される。たとえば，リチャード・ニーヴ (Neave)，ビートン・ロング，ウィリアム・マニング，サミュエル・ヒッバート，ウィリアム＆ローランド・ミッチェル，ジョン・レイ・レイド (Rae Reid)，ナサニエル・ボーグル＝フレンチ，アレクサンダ・ベアリングなど。

2　CLC/426/MS10823/001；川分 (1992)，4頁。

3　Richards (1965), p. 138.

4　Richards (1965), pp. 112-16；Scott (1910-12), vol. 3, pp. 279-87；Dickson (1967), pp. 270, 276, 280；De Krey (1978), pp. 82-83.

5　トンチンとは，出資者が死亡するたびに死亡者の配当（年金）を受け取る権利が残りの存命中の出資者に移る仕組みで，長生きすればするほど多くの配当をもらうことができるもの。通常，近い年齢ごとにグループを分け，その中で配分が行われた。詳しくは坂本 (2015)，第6章第2

節．Milevsky（2015），pp. 55-62.
6 この年金は以下の議会制定法で設定された．4 William & Mary c. 3. またこれで調達できなかった残額は以下の法で集められた．5 William & Mary c. 5.
7 Million Lottery Act. 5 William & Mary c. 7.
8 この点については，坂本（2015），第4章第1，2節；ハリス（2013），75-82頁を見よ．
9 C114/9-C114/22, TNA.
10 1695年5月20日．C114/14.
11 C114/16.
12 C114/15, C114/16.
13 C114/14.
14 C114/22.
15 坂本（2015），256頁．
16 以下に史料についての解説がある．http://freepages.history.rootsweb.ancestry.com/~frpayments/MA1693/Sources.htm
17 http://freepages.history.rootsweb.ancestry.com/~frpayments/MA1693/
18 *Gentleman's Magazine*, vol. 49, 1779, p. 471.
19 Scott（1910-12），vol. 2, pp. 58-60, 72-75, 379.
20 4 William & Mary c. 17. An Act for the Regaining, Encourageing and Settling the Greenland Trade.
21 *Mercers-Hall. A List of the Names of the Subscribers for Raising the Summe of One Million Sterling, as a Fund for Insuring Ships and Merchandize at Sea, 1717-8.*
22 "The Humble Petition of Your Majesty's Faithful and Loyal Subjects, Whose Names are hereunto Subscribed, in Behalf of Themselves, and of Several Other Merchants and Traders of Great Britain and Ireland, January, 25th, 1717-18", *The Special Report from the Committee Appointed to Inquire into...*, 1720, pp. 17-20.
23 "The Humble Petition of Several Merchants and Traders of the City of London, on Behalf of Themselves and Other Merchants and Traders of This Kingdom", *The Special Report from the Committee Appointed to Inquire into...*, 1720, pp. 21-23.
24 Supple（1970），p. 18.
25 "The Humble Petition of the Merchants and Traders of London, Whose Names are Subscribed, for and on Behalf of Themselves and a Very Great Number of Other Merchants and Traders in the City of London, and also of the Most Considerable Part of the Merchants and Traders of the City of Bristol, Who Have Already Petitioned Your Majesty on the Same Subject", *The Special Report from the Committee Appointed to Inquire into...*, 1720, pp. 36-37.
26 Supple（1970），p. 14.
27 Wright（1908），p. 166.

第 3 部

非国教徒たちの 18 世紀

第 6 章

敗者の結束
——共和政政治家・非国教聖職者・信徒による巨大親族網形成

　第 1 部では，ボディントン家がピューリタンの新興中流商人であり清教徒革命を支持したこと，王政復古後は非国教徒として生きることを選び，ウィリアム・スティールのような元革命期政治家やラルフ・ヴェニングのような非国教聖職者と姻戚関係に入り，非国教徒同士の結束をはかっていたことを見た．このような行動や非国教徒の親族網は，一体どれくらい一般的なもので，またどの程度の規模でイギリス社会に広がっていたのだろうか．これは，歴史上非常に重要な問題である．なぜなら，非国教徒とは単に宗教的に「異議を唱える dissent」だけでなく，国定の教会制度のあり方という政治問題に異論を持つ人々であって，彼らは現行の国教制度が続く限り必ず政治的に野党になる集団であったからである．このように安定した野党勢力がどれくらいの規模でどれくらいの時間枠で存在したかということは，イギリスの政治史や社会史を考える上で不可欠である．

　そこで本章では，ボディントン家の親族網を，直接の姻戚だけでなく姻戚の姻戚にいたるまで拡大して考え，この家族の周辺でいったいどの程度の非国教親族網が形成されているのかを調査した．この調査の結果，王政復古以来 19 世紀半ばにいたるまで持続する数十家族を含む非国教親族網が存在することが明らかになった．この中には，オリヴァ・クロムウェルの一族さえも含まれている．

第1節　非国教徒の親族網

ボディントン家の親族網は系図 No. 1, No. 2, No. 3 に示してあるとおりであるが，現段階では調査の限界に達しておりこれ以上の成果が得られない状態にある．そこで本章では，ボディントン家の姻戚であるスキナー家に焦点を合わせ，その親族・姻戚関係を解明していくこととする．

スキナー家は，1675, 1716, 1749, 1799 年の 4 回，ボディントン家と直接・間接の通婚関係を持っている．この通婚関係は，30-50 年間隔で 1 世紀以上に渡って持続しているという奇妙な特徴を持っている．どうすればこのようなことがおこるのか．単に両家が 1 対 1 の親戚づきあいを続けていたということなら，もっと頻繁な通婚がおこるであろう．そうではなく，両家は，結婚相手の複数の選択肢を持てるような，複数家族から成り立つ親族網に属していたと考えられる．だからこそ，彼らは 1 世紀以上にわたってつきあいつつ，数十年に一度結婚するような行動をとりえたのである．

スキナー家の調査に入る前に，非国教徒の通婚や親族網に関する先行研究の状況を述べておきたい．非国教徒同士の通婚が盛んであることや非国教徒が多数住む地域が存在していたことなどは，従来の研究でよく指摘されてきた．ロンドン北方郊外のストーク・ニュウィントン，ハクニなどがそうした地域であることは，古くから知られ，研究上も指摘されてきた[1]．またノリジやマンチェスタといった地方都市で有力市民に非国教徒が多く，彼らが通婚していたことや市政を牛耳っていたことについても，研究蓄積がある[2]．また，非国教学校（dissenting academy）についての研究もあり，こうした研究の中ではそこの教師，学生，父兄，後援者に密接な交流があり，通婚も行われていたことが指摘されている[3]．

また本章がねらいとするように，こうした非国教徒同士の親密な関係が，

1　Tomalin (1975); Ruston (1980); Robinson (1820).
2　ノリッジについては Jewson (1975). マンチェスタやランカシャア地域については以下のような古典的著作において製造業者の中に非国教比率が高かったことが指摘されている．Wadsworth & Mann (1931), p. 279. また非国教製造業者についての研究もある．Rose (1986).
3　Parker (1914); Maclachlan (1931).

清教徒革命以来近代期まで連続していることを示した研究もある．たとえば，18世紀の共和主義者を研究したカロライン・ロビンスは，モウルズワース家とホリス家の調査を通して，王政復古以来非国教上層中産階級と革命期の政治家の間に親族ネットワークが形成されており，それがホィッグ党の支持母体になっていたことを実証している[4]．また最近では，メリンダ・ズークが，迫害下においては女性が非国教信仰の維持や子孫への伝承，非国教の弱者への支援などにおいて重要な役割を果たしたことを主張し，女性を核としての非国教徒の親族的結束の強さを明らかにしている[5]．また，ボディントン家やスキナー家同様ロンドン郊外のハクニに暮らし，聖職者や医師を輩出したエイキン家とバーボールド家の18世紀半ばから19世紀半ばまでの親族網を研究したグループの論文集も，近年発表されている[6]．

　以上のような非国教徒親族網研究は，いずれも親族集団の存続が宗教的・政治的イデオロギーの維持や後代への継承に大きな意味を持ったことを示唆しており，本章の主張と重なり合うものである．しかし以上の研究においても，扱われている時間はそれほど長くなく，家族も少ない．

　以上，先行研究では，非国教徒親族網が存在することは十分知られており，いくつかの家族の親族網の調査も行われてきたが，その調査の規模は家族数・時間枠ともに限定されている．そのため非国教親族網は，特殊・小規模・孤立・漸減消滅というイメージで受け取られがちである．本章では，今までの研究にない規模と時間枠でスキナー＝ボディントン家の親族網をたどり，歴史的に無意味と考えることができないほどこの親族網が大規模であり，また長期にわたって強固に存在したことを明らかにする．

第2節　スキナー家と初代ニコラス・スキナー（d. 1670）

　スキナー家は，デヴォンシャ出身のロンドン商人家系である．同家の家

4　Robbins（1961），pp. 290f.
5　Zook（2013），pp. 11–12.
6　James & Inkster（2012）.

族文書は残っていない．また1620年のデヴォンシャーの身分改めにおいても，この一族の先祖と思われるスキナー家の登録はない[7]．一方で18世紀の地方史家ジョン・ハッチンス（1698-1773）と19世紀の家族史家ジョセフ・ハンター（1783-1861）がスキナー家系図の作成を試みていることから，18, 19世紀にはスキナー家は上層中産階級の家系としてある程度顕著な存在であったと思われる．ハッチンスとハンターについては，本書序章も参照されたい．ただそれ以降この家を調査しようと考えた者はおらず，現在の歴史研究において同家は言及されることはない．

なおハンターの系図はハッチンスの系図とほとんど同じで，ハッチンスの誤りもそのまま踏襲されている[8]．

ハッチンスはドーセット州史家であり，ドーセット州の膨大な数の地主の家系図・家族史を収集し，整理した．その彼がスキナー家系図を作成した理由は，スキナー家が17世紀後半から18世紀にかけて同州に領地を持っていたからである．ハッチンスのスキナー家系図は，彼の同時代の18世紀については正確だが，17世紀については大きな誤りがある．おそらくハッチンスは，スキナー家から直接情報を得たが，スキナー家自身が過去の家族の歴史について正確な記憶を持っていなかったのではないかと推測される．

ハッチンス系図の誤りの原因は，初代ニコラス・スキナー（d. 1670）が2回結婚したことと，その結婚相手を突き止められなかったことにある．そのため彼の系図では，ニコラスの子供や孫が混同されている．ハッチンスの研究目的に関わって特に残念なのは，彼が，ニコラス・スキナーの2度目の妻キャサリン（d. 1703）がドーセット州およびハンプシャの地主フーパー家の出であることに，気づかなかったことである．ハッチンスは，フーパー家についても調査しているが，ハッチンスのフーパー家の系図は1623年の身分改めで紋章院が作成したものを転載しただけでその時点で止まっているので，こちらの家族の側から気づくこともなかったのである．

---

[7] 一件のみSkynnerという家の登録があるが，この系図は短く情報が少なく，本書のスキナー家と関係があるかどうかは全く不明である．Colby (1872), p. 261.

[8] ハンターは，自分のスキナー家系図を，1824年バースのトマス・リーマン師から受け取ったものと説明しており，ハッチンスの転写とは説明していない．FMG, vol. 1, pp. 414-15.

ハッチンスは，ニコラス・スキナーが1663年にドーセット州地主バスケット家から同家のデュウリッシュにある領地を購入したことを記しており，その一方でバスケット家がフーパー家と姻戚であったことも記している[9]．しかし彼は，ニコラス・スキナーが1660年にキャサリン・フーパーと結婚していたことは気づかずじまいだった．もし彼がこれを知っていたら，他州出身のロンドン商人であったニコラス・スキナーが妻の親戚筋から妻の実家付近に領地を購入した経緯について，詳しく調べ説明してくれていたかもしれない．

　以上のハッチンスの系図とハンターの系図以外にスキナー家についての研究と言えるものは，公職関係の若干の評伝のみである．ウッドヘッドのロンドン市参事会員・市議会議員の調査記録『ロンドンの統治者1660-1689年』には，初代ニコラス・スキナー（d. 1670）の記事がある[10]．また『議会史・下院1660-90年』に彼の2回目の結婚の長男トマス・スキナー（1662-1732）について記事がある．このトマス・スキナーの記事においては，彼の母がフーパー家の出身であることも認識されている[11]．

　これ以上の調査は一次史料によるほかない．調査方法については序章で述べた通りであるので繰り返さないが，親族関係を調査する上で最も有効なのは遺書である．幸いにしてスキナー家の場合はかなり17世紀及び18世紀初頭の遺書が見つかり，それによってハッチンスとハンターの系図の修正が可能となった．

　最も重要な情報を提供する遺書は，ニコラス・スキナー（d. 1670）の2度目の妻キャサリン（d. 1703，死亡時の姓名キャサリン・マーシャル，婚前姓フーパー）のものである．彼女の遺書はこれまでまったく発見されてこなかったと思われる．それは，彼女がニコラス・スキナーの死亡後再婚して，マーシャルという姓になっていたからである[12]．だが彼女の遺書は非常に詳しくて長く，夫スキナーの先妻の子供たちや彼女自身の子供たち，それらの夫や妻，

9　Hutchins（1861-70），vol. 3, p. 384.
10　Woodhead（1965），p. 150.
11　"Thomas Skinner", HPHC1660-90.

自分の実家やその親戚，自分の再婚相手と再婚後の娘，彼女の帰依した聖職者たちを次々と列挙して遺贈しているもので，親族関係や所属非国教礼拝所がはっきりと解る史料価値の高いものである．

　筆者は，このキャサリンの遺書を手がかりにたくさんのスキナー家の家族の遺書を見つけ出すことができ，巻末のスキナー家系図を作成した．系図の作成に使った史料詳細は巻末の「系図の出典と解説」にゆずる．

　スキナー家親族網の詳細な分析は次節以降に譲って，本節では，スキナー家の全体像と初代ニコラス・スキナー（d. 1670）の人物像を示しておきたい．ニコラス・スキナー（d. 1670）を初代とするのは，第一には，ハッチンスとハンターの系図がこの人物から始まっており今のところここからさかのぼる手立てがないからであるが，それだけでなくこのニコラスは，ボディントン家第1世代ジョージ・ボディントン1世（1612-71）と同世代の清教徒革命世代であるからである．

　ハッチンスやハンターは，ニコラス・スキナー（d. 1670）はデヴォンシャア，ティヴァートン出身のロンドン商人で，ロンドン市民かつ塩商組合（Salters' Company）メンバーであったとしている．確かに塩商組合の社史からも，彼が1669年に組合長（master）に就任していることが確認できる[13]．

　だが，ニコラスが実際どんな貿易・商業をやっていたのか詳しいことは解らない．ハッチンスは，ニコラスの孫ジョン（1671-1741）をイタリア商人，その子供のブリンリ・スキナー（1696-1764）をリヴォルノ領事（在任期間1733-36）でヴェネツィアにも滞在していたとしており，18世紀前半には地中海商業に関わっていたことがわかっている．

　全く別な史料，特許貿易会社スペイン会社[14]の1605年の特許状では，同社メンバーとして「デヴォンシャア，ティヴァートンの商人，ニコラス・スキナーとジョージ・スキナー」の名前が見いだせる[15]．住所と姓名の一致か

12　筆者がキャサリン（d. 1703）がマーシャル姓になっていることを発見し得たのは，彼女の長男サミュエル・スキナー（c. 1660-1713）の遺書を読み，そこで「故母キャサリン・マーシャル the late mother Catherine Marshall」という記述を見つけたことによる．
13　Watson (1963), p. 145.

らみて，これらは筆者の調査対象のスキナー家と同じ一族だと考えられる．時期から見て，彼らはニコラス・スキナー（d. 1670）の祖父か父，伯（叔）父とも推測される．

また同じスペイン会社関係の史料の中に，1584年干しぶどうを積載してスペインのマラガからブリストルに帰還した「スペインのライオン」号の船荷の所有者「ニコラス・スキナーその他」の名前が挙がっている[16]．これも，本章のスキナー家の祖先と見てもよいかもしれない．デヴォンシャアは中世以来毛織物生産が盛んで，スペイン産の羊毛輸入などを伝統的に行っており，毛織物産業に関わる地主や織り元が貿易商を兼業していた．スペインからは，羊毛の他，油，塩，柑橘類，鉄，干しぶどう，ワインなども輸入していた．スキナー家は，こうしたスペイン貿易に携わるデヴォンシャアの在地商人，あるいは地主兼織り元兼商人であったのかもしれない．

ティヴァートンという土地柄についても，情報を追加しておこう．アメリカ史家バーナード・ベイリンは，ティヴァートンは，ニューイングランド植民のため設立された最も初期の組織であるニューイングランド協議会（Council for New England）が1619–20年代年次総会を開催していた場所だったと述べている[17]．同協議会の活動自体は失敗であり，植民活動はドーチェスタ会社やその後継のニューイングランド会社，マサチューセッツ湾会社等に継承されていき，会社の会合開催場所もドーチェスタやロンドンに移行していく．しかし最も初期のニューイングランドへの植民活動においては，デヴォンシャアやドーセット州など西部地方（West Country）は有力な拠点であった．その背景には，これらの地域ではピューリタンの勢力が強く，1620–30年代のロード大主教の迫害時代にピューリタン植民地形成への強い関心が高まっていたこと，また地元商人が大西洋貿易にもともと関与しており航海技

---

14 スペイン会社は16世紀に何度か設立されたが，スペインとの関係悪化や，自由貿易を求める地方商人などの圧力の結果存続できなかった．1605年に再興されるが，これも地方商人の強い反対にあい，1606年にはスペイン貿易は自由化された．Sacks (1991), pp. 206–12. Carr (1903), pp. xxiii–xiv.

15 Croft (1973), p. 98.

16 Vanes (1979), p. 146.

17 Bailyn (1979), p. 7. このニューイングランド協議会（ニューイングランド会社）と，1649年設立の宣教活動を目的としたニューイングランド会社（福音伝道協会）は別であるので注意．

術や現地情報を持っていたことがあった．後述するように，スキナー家の姻戚にも，1630年代にニューイングランドに移民した者がいる．スペイン貿易商であったと推測されるスキナー家は，こうした大西洋に向かう人と物の流れについては十分な知識を持ち，直接に関与していた可能性もある．

以上，デヴォンシャー時代のスキナー家はスペイン商人で，英仏海峡～大西洋～西地中海に渡る海域の貿易に知識を持っていた可能性が高いという推論になった．また18世紀前半のスキナー家はイタリア商人であり，17世紀においても西地中海だけでなくイタリアや東地中海でも交易していた可能性が考えられる．

ニコラス・スキナーの初婚は1637年で，ロンドンに上京してきたのは1620年代後半ではないかと思われる．ジョージ・ボディントン1世の初婚は1639年であるから，まさに同世代である．当時はまさに海外貿易がロンドン港へ一極集中しつつある時期であった．16世紀後半から次々と設立された特許貿易会社の本部のほとんどはロンドンにおかれていたし，17世紀初頭には，財政難に陥った国王は借り入れをロンドン商人に依存し，借り入れと引き替えにますますロンドン商人に特権的地位を与えるようになった[18]．こうした情勢を背景に多くの地方港の商人がロンドンに進出せざるを得なくなったが，スキナー家もまたこの時期に息子をロンドン商人にすることを決断した地方商人の一つであったかもしれない．

なお17世紀のロンドン商人マレスコ家の史料を編纂したローズベアは，マレスコ家の重要な取引先として，1660-70年代にリヴォルノで活動していた商人でリヴォルノの領事（1671-77）もしていたエフライム・スキナー（1637-1678）という人物をあげている．この人物は，デヴォンシャーのバーンステイブルの生まれである．出身地の近さと活動の類似性から本章のスキナー家の親族という可能性が考えられるが，つながりは証明できない．本章のスキナー家が非国教徒であるのに対し，エフライムは遺書の記述から見て熱心な国教徒であるし，また遺書の中には本章のスキナー家と推測されるような人々への言及は全くない[19]．

---

18 Vanes（1979），pp. 1, 5, 6, 7.

次にニコラス・スキナー (d. 1670) の宗教的傾向を見ておこう．すでに第2章第7節で見たが，ニコラス・スキナーは，革命期には自分が在住するセント・ニコラス・エイコンズ教区の穏健な長老派のリーダーであった．また第7章第1節で見るが，王政復古後になると，彼は1666年8月にビショップスゲイト街区から市参事会員に選出されたが罰金520ポンドを支払って辞任している．公職辞任は必ずしも宗教的理由からばかりではないが，彼の場合は他にも彼が非国教徒であったことを指し示す証拠が多いことから，おそらく国教の聖餐式を受けていないことが辞任の理由であったと考えられる．

『議会史・下院1660—90年』にあるニコラスの息子トマス・スキナー (1662-1732)」についての記事は，さらに興味深い情報を載せている[20]．それは，トマスの父ニコラスが，王政復古後オランダに亡命したリチャード・クロムウェル（オリヴァの長男，第2代護国卿）への送金を行う銀行家であり，政府から監視を受けていたというものである[21]．王政復古期の政府は，革命期に活躍した政治家・軍人，聖職者などの残党やその支援者たちをスパイしていたが[22]，スキナーもまたその対象だったということになる．また同記事は，トマスが革命支持派残党の集まりだったグリーン・リボン・クラブに参加していたこと[23]，彼の腹違いの兄弟がチャールズ2世庶子モンマス公の反乱時に加担を疑われて取り調べを受けていたこと，スキナー家とクロムウェル家に姻戚関係があったことなども記述しているが，これらについては後段で少し詳しく検討する．

---

19 Rosebeare (1987), pp. 100, 147, 200など．Ephraim Skinnerの遺書からは，彼がイギリス国教徒，Barnstaple, Devon生まれ，Sir John Frederick（ロンドン市長），Sir Francis Carne（下院議員）と従兄弟，姉妹ElizabethがWilliam Wakemanと結婚，このWakemanもおそらくBarnstaple, Devonの人間であることがわかる．またEphraim Skinnerの事業のパートナーは，Thomas Death, Robert Balle, Francis Gosfrightであり，Robert Balleはリヴォルノ領事（在任期間c. 1687-c. 1690）であった．ボール家やウェイクマン家など，ボディントン家の姻戚と同姓の家族が見つかるが，しかしいずれも関連は不明である．PROB11 piece 356.
20 "Thomas Skinner" HPHC 1660-90.
21 "Thomas Skinner", HPHC1660-1690 ; CSPD, Charles II, June 1671, p. 340.
22 Zook (2013), pp. 34, 58.
23 グリーン・リボン・クラブについてはJones (1956), pp. 17-20 ; Harris (1987), pp. 92-93. またズークは，メンバーのリストも作成している．ただズークはトマス・スキナーをこのクラブのメンバーとしてはいない．Zook (1999), pp. 196-201.

以上スキナー一族は,シティの教区や街区,所属同職組合の代表になりうる程度の社会的地位をもっていたこと,宗教的には長老派で,王政復古後には非国教徒となり元革命期政治家との交流や彼らへの支援も続けていたことが,確認できた.つまりスキナー家は,ボディントン家とまったく同じく,非国教系ロンドン商人であるだけでなく,王政復古後も革命の大義を守り続けた反骨精神にあふれたピューリタン一族であったといえる.

第3節　ニコラス・スキナー (d. 1670) の妻と子供たち――第一,第二世代

以下では,スキナー家の親族・姻戚を世代を追って明らかにしていくので,巻末系図を参照されたい.ニコラス・スキナー (d. 1670) は2回結婚し,それぞれの間にたくさん子供ができている.また彼の2回目の妻キャサリン (婚前姓フーパー,d. 1703) はニコラスの死後再婚し,その結婚で一人娘をもうけている.以下では,1. ニコラス・スキナーの最初の妻アン・ベリとその実家のもたらしたロンドンのピューリタン・コネクション,2. 2度目の妻キャサリン・フーパーと実家のフーパー家,3. キャサリン・フーパーの信条,4. アン・ベリとの結婚で生まれた子供たちとその姻戚関係,5. キャサリン・フーパーとの結婚で生まれた子供たちとその姻戚関係,6. キャサリン・フーパーの再婚による姻戚,の6つの見出しをもうけて,順に検討していきたい.

1. 最初の妻アン・ベリとの結婚とロンドンのピューリタン・コネクション (スキナー家系図参照)

1637年,ニコラス・スキナー (d. 1670) は,シティのセント・ニコラス・エイコンズ教区に住むロンドン商人ジョン・ベリとその妻アン (婚前姓バビントン) の娘アンと結婚した.この後,ニコラスは同教区に住んだようである.前節でニコラス・スキナーは塩商であったと述べたが,妻の実家ベリ家も塩商であったと思われる.ウッドヘッドは,セント・ニコラス・エイコン

ズ教区が含まれるラングボーン街区から1680年代に選出された市参事会員としてジョン・ベリという人物をあげ、この人物が87-88年に塩商組合の組合長になったジョン・ベリと同定できるのではないかと述べている[24]。年齢的に見てこのジョン・ベリはニコラス・スキナーの舅であったはずはないが、妻の兄弟ではないかと思われる。

この教区には、妻の母の親族と推定されるジョン・バビントンという人物も住んでおり、彼も塩商であった[25]。またニコラスの妻アンにはメアリという姉妹がおり、彼女はやはり同教区に住む塩商のヘンリ・グレイと1638年に結婚している[26]。このグレイ夫妻の娘サラが、1675年にジョージ・ボディントン2世の弟ジェイムズ・ボディントン（1653-1731）の妻となっている。なお、1643年の塩商組合長にジョン・バビントン、1673年の同組合長にヘンリ・グレイという人物がいる[27]。このように、ニコラス・スキナーは、最初の妻との結婚で、セント・ニコラス・エイコンズ教区の塩商ベリ＝バビントン＝グレイ家の親族網に接続されたのである。

しかも、この親族網はピューリタン家系であった。すでに第2章第7節でも述べたが、ジョン・バビントン、ニコラス・スキナー、ヘンリ・グレイは、革命期に同教区の長老に選ばれ、またこの地域から市会議員として選出されており、穏健な長老派ピューリタンの中流商人であった[28]。またジョン・バビントンの兄弟エイブラハム・バビントンは、ジョージ・ボディントン2世の舅となるウィリアム・スティールが初代総裁をつとめていたアメリカ宣教組織であるニューイングランド会社の設立時からのメンバーであった[29]。

---

24 Woodhead (1965), p. 29. なおこの人物は、クロムウェルの上院議員 Sir Charles Wolseley (1630-1714) の姉妹と結婚している。
25 1652年に検認されたロンドン、セント・ニコラス・エイコンズ教区の塩商 John Babington の遺書が残っており、この人物に Ann Berrie という娘がいたことが解る。もちろんこの Ann Berrie をニコラス・スキナーの妻の母とし、John Babington をニコラス・スキナーの妻の祖父とするには、年齢的に無理がある。しかし教区や姓、所属組合の一致から、これらはスキナー家の姻戚のベリ家やバビントン家の人間と見て間違いないだろう。同時期のベリ家、バビントン家には遺書の他教区簿にも情報があるが、同姓同名者が多いため詳細な人間関係は突き止めがたくなっている。
26 Woodhead (1965), p. 79.
27 Watson (1963), p. 145. Kellaway (1961), pp. 18, 46, 65-66.
28 Liu (1986), pp. 62, 236.

図18 デュウリッシュ・ハウス（1702年にニコラス・スキナーが建設）

図19 デュウリッシュ・ハウスの間取り（一部）

やはり第2章第7節でも言及したが，ジョン&エイブラハム・バビントンは，革命期にロンドン地域の国教会財産の収公や，ロンドン貧民雇用・浮浪者処罰の委員，不適切な聖職者・教師排除の委員，徴兵・徴税委員といった重要な役職に政府から任命されている（表6-1）．後述するように，革命政府が収公したダラム主教財産の管財人を行っていた人物にもジョン・バビントンという人物がいるが，この管理業務もロンドンで行われていたので，これもスキナー家姻戚のバビントンである可能性がある．以上から，バビントン家は革命政府からもかなり信頼された革命支持派であったように思われる．

このように，ニコラス・スキナーは，まず最初の結婚で，ピューリタンで革命支持のロンドン商人の親族網に接続されたと言える．

2. 2度目の妻キャサリンの実家——ドーセット州及びハンプシャア地主のフーパー家（フーパー家系図参照）

すでに述べてきたように，ニコラス・スキナー（d. 1670）は，1660年キャサリン・フーパー（d. 1703）と再婚した．フーパー家は，もともとはウィルトシャア，ソールズベリの商人で，ドーセット州とハンプシャアに所領を形成し，前者に本家，後者に分家を築いた地主である．ニコラスの妻キャサリンは後者，ハンプシャアの分家出身であった[30]．

先述したように，ニコラス・スキナーは1663年ドーセット州のデュウリッシュ教区の地所を，フーパー家の姻戚バスケット家から購入しているが，こ

---

29 NEHGR, vol. 36, p. 158.

れはおそらく妻キャサリンの婚資を投入して彼女の寡婦給与産とするため購入したものであろう．このデュウリッシュの領地は，最初の妻の子供たちには継承されず，キャサリンとの間の子供に継承されるからである．これは地主出身の妻に特に配慮した行動であったと思われる．

　フーパー家とは，どんな家だったのだろうか．以下，かなり長くなるが，この一族について探究してみたい．フーパー家には，現在ハンプシャア古文書館に所蔵されている 16-19 世紀にわたる家族文書が残っている[31]．また同家は，1623 年のドーセット州身分改めおよび 1623 年のウィルトシャア身分改めでも系図・紋章が登録されている[32]．しかし以上のように史料は豊富だが，同家はこれまで本格的にリサーチされたことはない[33]．同家についての若干の調査は，先述したように 18 世紀のドーセット州史家のハッチンスがおこなったものと[34]，1841 年に出版されたトマス・スマート著『クランボーン年代記』のみである[35]．ハッチンスのフーパー家系図は 1623 年ドーセット州身分改めの系図の転写で，個別の価値はないが，その一方でハッチンスはフーパー家についていくつかの興味深い事実を記述している．『クランボーン年代記』は，ハッチンスに依拠しているが，その一方でクランボーン教区教会の墓碑などの独自の調査結果もかなりある．

　筆者の作成したフーパー家系図は，身分改めとハッチンス，スマート，および遺書の調査に基づいている．1623 年ドーセット州身分改めでフーパー家の初代とされているのは，ウィルトシャアのソールズベリ在住のジョン・フーパーであり，筆者の系図もそこを起点としている．彼はこの町の商人で

30　彼女がハンプシャア分家の系統であることは，兄のエドワード・フーパー（d. 1682）の遺書の記述から明白である．また以下でも，彼女はハンプシャア，ベアトゥリーの出身とされている．"Thomas Skinner", HPHC1660-90．
31　Hooper Family of Hurn Court, Hampshire Archives and Local Studies.（筆者未見）．
32　Rylands（1885），p. 55-56. Squibb（1953-4），p. 54. なおフーパー家は以下のハンプシャアの身分改め（1530-1634 年に実施）には掲載されていない．これはまだこのころハンプシャアにフーパー家分家ができていなかったからであると思われる．Rylands（1944）．
33　筆者が今のところフーパーについて記述を見つけたことがあるのは，Little & Smith（2007），p. 64, 304 のみ．以下の革命期のハンプシャア，ドーセット州の研究書や史料集でも Hooper は発見できなかった．Goodwin（1996）；Coleby & Rylands（1888）；Mayo（1902）．
34　Hutchins（1861-70），vol. 3, p. 384．
35　Smart（1841），pp. 27, 29, 34-37, 41, 47-48, 87-88, 310．

表6-1　清教徒革命期におけるスキナー家親族網メンバーの活動

名前	1644年10月勅令（アイルランド遠征軍支援の課税）	1647年6月勅令（トマス・フェアファックス軍支援費徴収）	1648年2月勅令（アイルランド救済2万ポンド課税）	1648年12月2日勅令（市民軍設置）*　1649年1月勅令（ロンドン市民軍設置）	1649年12月勅令（9万ポンド課税）	1650年11月勅令（12万ポンド課税）	1652年12月勅令（12万ポンド課税）
Babington, Abraham/John	×	×	×	×	×	×	×
Bingham, John	ミドルセックス, プール	ドーセット州, プール	ドーセット州, プール	ドーセット州, プール	ドーセット州, プール	ドーセット州, プール	ドーセット州, プール
Bourchier, Sir John	×	ヨークシャア（ノース・ライディング）	ヨークシャア（ノース・ライディング）	ヨークシャア（ノース・ライディング）	ヨークシャア（ノース・ライディング）	×	ヨークシャア
Bourne, Nehemiah	×	×	×	×	×	×	×
Brinley (Brindley), Laurence	×	×	×	×	×	×	×
Browne, John	ドーセット州	ドーセット州	ドーセット州	ドーセット州	ドーセット州	ドーセット州	ドーセット州
Coker, Robert	×	×	×	ドーセット州	×	×	×
Cooper, Anthony Ashley（初代シャフツベリ伯）	×	ドーセット州, ウィルトシャア	ウィルトシャア	ドーセット州, プール, ウィルトシャア	ドーセット州, ウィルトシャア	ドーセット州, ウィルトシャア	ドーセット州, ウィルトシャア, ミドルセックス
Dashwood, William	×	×	×	ウェストミンスタ	×	×	×
Disney, John/William/Molineaux	リンカン州	×	リンカン州	×	リンカン州	リンカン州	リンカン州
D'Oyley (D'Oyly), John	オックスフォード州	オックスフォード大学	オックスフォード州, オックスフォード大学	オックスフォード州	×	×	×
Duckett, William	×	×	×	×	×	×	×
Eyre, Thomas/William/John	×	×	ウィルトシャア	ウィルトシャア	ソルズベリ（ウィルトシャア）	ウィルトシャア	ウィルトシャア

248 ｜ 第3部　非国教徒たちの18世紀

(各勅令の業務遂行者への選任状況／担当地域)

1653年10月勅令（捕虜に対する債権を捕虜の財産から迅速に回収する方策）	1654年8月勅令（不道徳・無知・能力不足の牧師・教師排除）	1657年6月勅令（6万ポンド課税）	1659年7月勅令（全国市民軍）1659年6月勅令（ウェストミンスタ市民軍）(ロンドン市民軍)	1660年1月勅令（10万ポンド課税）	1660年3月勅令（全国市民軍）（ロンドン市民軍）	その他関係した勅令，活動
×	ロンドン	×	ロンドン	ロンドン	×	1646年10月勅令（大主教・主教廃止とその財産を議会のために使用）委員（ロンドンから選出）．1649年5月勅令（ロンドン貧民雇用・浮浪者処罰）委員
×	ドーセット州，プール	ドーセット州，プール	ドーセット州，プール	ドーセット州，プール	×	補足を見よ
×	ヨークシャア（ノース・ライディング）	ヨークシャア（ノース・ライディング）	ヨークシャア（ノース・ライディング）	ヨークシャア（ノース・ライディング）	ヨークシャア	
×	×	×	ケント州	×	×	補足を見よ
×	×	×	×	×	×	1644年2月勅令（全国から徴収した資金・物資の管理）委員．1645年10月勅令（無知・不道徳な者の聖餐からの排除）委員．1648年8月（教会政府）ロンドン第6クラシス長老．1649年5月勅令（ロンドン貧民雇用・浮浪者処罰）委員．
ドーセット州	×	ドーセット州	ドーセット州	ドーセット州	ドーセット州	
×	×	×	ドーセット州	ドーセット州	ドーセット州	1656年5月13日父から相続した領地が激減していること，戦争中議会にずっと忠実に奉仕してきたことを主張，領地回復を求め，賛同を得る．CSPD
×	ドーセット州，プール	ドーセット州，ウィルトシャア	ドーセット州，ウィルトシャア	ドーセット州，ウィルトシャア，ミドルセックス	ドーセット州，ウィルトシャア	
×	×	×	ロンドン，ウェストミンスタ	ウェストミンスタ	×	1643年8月勅令（ミドルセックス，サリー徴税武器徴収・要塞建設）委員
リンカン州	リンカン州	リンカン州	リンカン州	リンカン州	×	
×	×	×	×	オックスフォード州	オックスフォード州，オックスフォード	1644年6月勅令（バッキンガム州，オックスフォード州，バークシャアでの徴兵・資金徴収などの勅令遵守）オックスフォード州委員
×	×	×	×	ウィルトシャア	ウィルトシャア	
×	×	ウィルトシャア	ウィルトシャア	ウィルトシャア	×	John Eyreはアイルランドに入植．Galway市長（1660-61）

第6章　敗者の結束

Fleming, Edward	×	×	×	×	×	×	×
Fry, John		×	ドーセット州	×	ドーセット州	ドーセット州	×
Hooper, Edward	ハンプシャア	ハンプシャア	ハンプシャア	ハンプシャア	×	×	ハンプシャア
Hooper, Edward	×	×	×	ドーセット州	×	×	×
Jackson, Joseph	×	ブリストル	ブリストル	ブリストル	ブリストル	×	ブリストル
Knight, Ralph	×	×	×	×	×	×	×
Marshall, Gilbert	×	×	×	×	×	×	×
Mitchell, John	×	×	×	×	×	×	×
Rossiter, Edward/Thomas	×	リンカン州	リンカン州	リンカン州	リンカン州	リンカン州	リンカン州
Sadler, John	×	×	×	×	×	ケンブリッジ	ケンブリッジ
Skinner, Nicholas	×	×	×	×	×	×	×
Steele, William	×	×	×	×	×	×	ロンドン
Swaine, Bennet	×	×	×	ウィルトシャア	×	×	ウィルトシャア
Sydenham, William	×	ドーセット州	ドーセット州	ドーセット州	ドーセット州	ドーセット州	ドーセット州
Tooker/Tucker, Edward	×	ウィルトシャア	×	ウィルトシャア	×	ウィルトシャア	ウィルトシャア
Trenchard, John	ドーセット州, ミドルセックス	ドーセット州	ドーセット州, ウェストミンスタ	ドーセット州, ウェストミンスタ	ドーセット州, ミドルセックス	ドーセット州, ウェストミンスタ, ミドルセックス	ドーセット州, ウェストミンスタ, ミドルセックス
Whitaker, William	ドーセット州	×	×	×	×	×	×
Whitaker, Henry	×	×	×	×	×	×	×

Act and Ordinance of Interregnum；HCJ；CSPD.
＊この勅令はプライドのパージ（12月6日）より前に発布されたもの（12月16日には廃案）

×	×	ハンプシャア	×	ハンプシャア	×	
×	×	×	×	×	×	
×	×	ハンプシャア	×	ハンプシャア	ハンプシャア	補足を見よ
×	×	×	×	ドーセット州	ドーセット州	補足を見よ
ブリストル	×	ブリストル	×	ブリストル	ブリストル	
×	×	×	×	×	ノッティンガムシャア	
×	×	×	ダラム州	ダラム州	ダラム州	主教領売却管財人委員会の命令により,旧ダラム主教領における会計官として老朽化したタイン橋の修理を担当.
×	×	×	×	×	ドーセット州	
×	リンカン州	リンカン州	×	リンカン州	リンカン州	
×	ロンドン?	ケンブリッジ	×	×	×	
×	×	×	ロンドン	×	×	
×	ロンドン	×	×	×	×	補足を見よ
ウィルトシャア	南ウェールズ?	ウィルトシャア	ウィルトシャア	ウィルトシャア	×	1650年8月10日ウィルトシャア市民軍歩兵連隊大尉. CSPD
	ドーセット州,プール	ドーセット州	ドーセット州	×	×	
ウィルトシャア	×	ウィルトシャア	ウィルトシャア	ウィルトシャア	ウィルトシャア	1651年8月ウィルトシャア市民軍指揮官. CSPD
ドーセット州	ドーセット州,プール	ドーセット州,ケンブリッジ	ドーセット州	ドーセット州	ドーセット州	
×	×	×	×	×	×	1644年7月勅令(ウィルトシャア,ドーセット州,サマセットシャア,デヴォンシャア,コンウォル州とブリストル,エクセタ,プールを速やかに勅令に従わせるための委員選任)でドーセット州委員に選出
×	×	プール	×	ドーセット州	×	

第6章 敗者の結束

表6-1補足　清教徒革命中の行動についての追加情報

William Steele

時期	職分
1640年4月	Romney Port選出下院議員（短期議会）
1644年8月	ロンドン・ウェストミンスタ地区軍事法廷受託裁判官
1649年1月	チャールズ1世裁判，国家（Commonwealth）側弁護団長（検事：全4名）病気のため活動できず，国王死刑執行令状に署名せず
1649年8月	シティ・オヴ・ロンドン市裁判官（Recorder）
1649年7月	ニューイングランド福音伝道協会（ニューイングランド会社）の初代総裁
1652年1月	法改革委員会委員
1654年8月	アイルランド国務評議会メンバー（全6名）1656年までアイルランドに赴任せず
1654年9月	ロンドン選出下院議員
1654年	イングランド財務府裁判所首席裁判官
1656年8月	アイルランド大法官　アイルランド国務評議会メンバーとして給与1000ポンド＋大法官裁判所裁判官として1000ポンド得ていた．宗教的には会衆派．洗礼派を含む良心の自由を支持．宗教的保守派のヘンリ・クロムウェルアイルランド総督と対立．
1657年12月	クロムウェル上院議員
1659年10月	安全委員会委員
王政復古後	大赦の対象にならず　一時オランダに亡命

ODNB; Barnard (1975).

Nehemiah Bourne

時期	職分
1650年3月2日	議会軍少佐　ウリッジ，大フリゲート艦（船員250人）艦長
1650年9月26日	議会軍少佐　軍艦スピーカー号（船員270人，52砲）艦長　沿岸警備
1652年1月14日	議会軍少佐　軍艦スピーカー号（船員270人，52砲）艦長　沿岸警備
1652年12月29日	海軍司令官
1652-59年	議会海軍少将
1659年7月26日	ケント州市民軍司令官

HCJ.

John Bingham

時期	職分
1643-45年	Poole総督
1651年4月-1659年10月までは在任が確認	ガーンジ島総督に任命　500-600名の部隊を統率．島の防衛，司法行政の他，ガーンジ島代官のための口利きや，聖職者給与増額などに尽力
1653年	国務評議会議員
1655年3月	ドーセット州市民軍指揮官として John Browne親子，Robert Coker他14名とともに敵の略奪への対策

CSPD.

Edward Hooper, Hampshire

時期	職分
1643年7月6日	下院でサウスハンプトン資金調達委員に選出
1643年11月22日	勅令（サウスハンプトン市・州防衛）消費税徴収委員
1644年6月15日	勅令（ハンプシャー，サリー，サセックス，ケント州連合軍結成）委員，のハンプシャア徴税委員
1645年6月5日	下院でサウスハンプトン総督に推挙されるが病弱を理由に固辞
1645年6月10日	勅令（サウスハンプトン徴税兵）委員
1649年6月23日	ハンプシャアのために9万ポンドを調達する委員に下院で選出

CSPD; HCJ.

Edward Hooper, Dorset

時期	職分
1642年7月16日	ドーセット州のために40万ポンドを調達する委員に下院で選出されるも，免除

CSPD.

あった．ハッチンスやスマートによると，同家は1550-1570年頃，つまりこの初代ジョン・フーパーのころにドーセット州クランボーン教区のボヴァリッジ荘園を取得した[36]．ボヴァリッジは，もともとテュウクスベリ修道院の荘園であったが，宗教改革期に収公され，ペンブローク伯爵のものとなった後，フーパー家に購入されている．

図20　フーパー家の墓（1600年頃のもの）（クランボーン教区教会）

ジョン・フーパーの長男は下院議員のジョン・フーパー（b. before1532-1572）であったが，この系統では男系は続かず[37]，結局ボヴァリッジを含む資産は次男のエドワード・フーパー（d. 1619）に継承された．エドワード（d. 1619）には，トマス（c. 1572-1638），トマス（生没年不明），トマス（d. 1654），ジェイムズ（d. 1638），チャールズ（生没年不明）の5人の息子があったようである[38]．この5人の息子にはそれぞれ男系子孫が生まれるが，数代続いたのは長男トマス（c. 1572-1638）と末息子トマス（d. 1654）だけであったようである．長男トマスの家系は，代々ドーセット州ボヴァリッジを継承する本家となる．一方末子トマス（d. 1654）は，リンカンズ・インを出た後，下院議員

図21　フーパー家の墓（1630年代）（クランボーン教区教会）

36　Smart (1841), p. 87.

37　1572年のジョン・フーパーの遺書には4人の息子の名前があるが，1623年身分改め時点で作成された家系図ではジョンの系統は途絶えている．

38　ドーセット州身分改め（1623年）ではエドワード（d. 1619）の息子として2人のトマス（(d. 1638) と (d. 1654)）しか書かれていないが，ウィルトシャ身分改め（1623）にはやはりエドワード（d. 1619）の息子としてもう1人のトマス（生没年不明）の名前が書かれている．身分改めの系図によるとこのウィルトシャのトマス・フーパーにはロバートという息子がいるが，ドーセット州の2人のトマスにはロバートという息子はいないので，どれかが同一人物とは考えられず，3人のトマスがいたということになる．ただその一方で，ドーセット州のトマス（d. 1638）やトマス（d. 1654）の遺書は，トマスが2人いたことははっきり物語っているが，3人いたようには読めない．Rylands (1885), p. 55-56; Squibb (1953-4), p. 54.

第6章　敗者の結束　253

フランシス・マイルズ（d. 1618）の娘と結婚し，妻の実家のあるハンプシャアのペアトゥリ（Peartree）に領地を持ったようである．こちらがハンプシャアの分家である[39]．

ドーセット州の本家は，トマス・フーパー（c. 1572–1638）の二人の孫エドワード（王政復古後にナイト爵，c. 1623–1671）とキャサリン（生没年不明）の兄妹が，ともにハンプシャアのフレミング家と結婚しているが，このフレミング家は御国卿オリヴァ・クロムウェルを出したハンティンドンシャア（現ケンブリッジ州）のクロムウェル家と姻戚であった．（フレミング＝ウィリス家系図参照）．

このオリヴァ・クロムウェルとフーパー家の親族関係は現代から見ればかなりの遠縁であるが，クロムウェル家とフレミング家，フーパー家には明確な親族意識があったという証拠がある．表6-2は，『トマス・バートン日記』に記録されている護国卿オリヴァ・クロムウェルの葬儀に出席していた者で，ボディントン＝スキナー親族網に含まれると推定される人物，そして本書に出てくる非国教聖職者をまとめたものである．「親族 Relations」という立場でエドワード・フレミングとエドワード・フーパーなる人物が出席している[40]．このうち前者は，キャサリン・フーパー（生没年不明）と結婚したエドワード・フレミング（d. 1667）であろう．後者は，ドーセット州のエドワード・フーパー（c. 1593–1664）かその息子サー・エドワード・フーパー（c. 1623–1671），あるいはハンプシャアのエドワード・フーパー（生没年不明）とその息子エドワード・フーパー（d. 1682），この4人のいずれかであると考えられる．

ハンプシャアの分家は，トマス（d. 1654）の息子のエドワード（生没年不

---

39 正確にはハンプシャアのフーパー家がどこから出てきたかはよくわかっていない．ハッチンスやスマートは明らかにしていない．だが『議会史・下院1660–90年』「トマス・スキナー」の記事で，彼の母親キャサリン（d. 1703）の父をハンプシャア州ペアトゥリーのエドワード・フーパーとしていること，トマス（d. 1654）の遺書での住所がやはりペアトゥリーとなっていることから，この二人が親子であろうと推定される．

40 Rutt (1828), p. 527. 親族としての出席者は全部で20名．なおこの日記の著者には議論があり，トマス・カーライルはトマス・バートン（d. 1661）ではなく，ナサニエル・ベイコン（1593–1660）であるとし，現在それが定説となっている．なお編者のラットは，ボディントン家も所属していたハクニ，グラヴェル・ピット礼拝所の会衆である．

表6-2 オリヴァ・クロムウェル葬儀に参列したボディントン＝スキナー家関係者・聖職者

姓名	参列者としての肩書き
Nehemiah Bourne	海軍委員会メンバーとして
Sir Oliver Fleming	儀礼長（Master of Ceremonies）
Edward Fleming	親族（relation）
Edward Hooper	親族（relation）
William Steele	言及なし
William Greenhill	聖職候補者資格審問官（trier/Commissioners for Approbation of public preachers）
Joseph Caryl	聖職候補者資格審問官（trier/Commissioners for Approbation of public preachers）
Philip Nye	聖職候補者資格審問官（trier/Commissioners for Approbation of public preachers）
Thomas Goodwin	聖職候補者資格審問官（trier/Commissioners for Approbation of public preachers）
John Owen	聖職候補者資格審問官（trier/Commissioners for Approbation of public preachers）
Hugh Peter	ホワイトホール宮殿付司祭

Rutt（1828），pp. 524–529．

明）がペアトゥリの領地を継承し，その子供としてエドワード（d. 1682）とキャサリン（d. 1703）の兄妹が生まれたと考えられる．後者がニコラス・スキナー（d. 1670）の2度目の妻となるキャサリン・フーパーである．なお兄エドワード（d. 1682）は，ハーン・コート（Hurn Court/Heron Court）という

図22 ハーン・コートの現在（ハンプシャア・フーパー家邸宅）

領地を取得し，それが18世紀末までハンプシャアのフーパー家の領地となる．

　ドーセット州本家は，サー・エドワード・フーパー（c. 1623–1671）の代で男系が絶えた．そのためエドワード（c. 1623–1671）は，ボヴァリッジを含む資産をハンプシャア分家の当主エドワード・フーパー（d. 1682）に遺贈

第6章　敗者の結束 | 255

し，以後フーパー家はハンプシャアの一族に一本化される．

次にフーパー家の政治思想，宗教思想はどのようなものだったのだろうか．同家の革命中の行動を確認してみよう．この時期成人して存命であった可能性のある人物は，ドーセット州本家のエドワード・フーパー（c. 1593-1664）とサー・エドワード・フーパー(c. 1623-1671)，ハンプシャア分家のエドワード・フーパー（生没年不明）とエドワード・フーパー（d. 1682）と全員同姓同名なので，大まかにドーセット州のエドワード・フーパーとハンプシャアのエドワード・フーパーというくくりで，その行動を確認してみよう．

表6-3は，スキナー家やフーパー家の親族と考えられる人物が清教徒革命期に下院議員の議席を持っていたかどうかを調査したものである．この表から，ハンプシャアのエドワード・フーパーが第1次，第2次護国卿議会に選出されていることが解る．ただリトル＆スミスの近年の護国卿議会の研究によると，第2次護国卿議会選挙においては，エドワード・フーパーは政府から政治的に信頼できない者とみなされ，議席から追放されたということである[41]．一方ドーセット州のフーパーは，革命期の間全く下院議員になっていない．

次に表6-1とその「補足」を見よう．これらは，清教徒革命中革命政権が発布した徴税や徴兵などの勅令（Ordinance）において，誰が業務遂行者としての任命を受けていたかを調査したものである．こうした勅令には州・自治都市ごとに業務遂行者に任命された者の名前が列挙されていることが多いため，こうした調査が可能である．また「補足」は，特に清教徒革命中活動の目立った人物について，表6-1には掲載しきれなかった勅令での業務担当やその他の活動をまとめたものである．これを見ると，ハンプシャアのエドワード・フーパーはほとんどの勅令で業務遂行者に任命されており，それ以外にも政権に従って様々な活動をしている．ただ，このハンプシャアのエドワード・フーパーは，1645年6月にサウスハンプトン総督（governor, 市民軍を統率する司令官）に任命されたときには，病弱を理由に固辞している．一方ドーセット州のエドワード・フーパーは，あまり活動していない．

41　Little & Smith (2007), pp. 64, 304.

以上から見ると，まずドーセット州のエドワード・フーパーは，親族関係としてはクロムウェル家により近かったにもかかわらず，革命期にはほとんど活動をしなかった．一方ハンプシャア分家のエドワード・フーパーはいろいろな委任を受けて業務を遂行しているが，政権から完全に信頼されていたわけではなく，またフーパー自身それほど熱心だったようではない．

　なおドーセット州のサー・エドワード・フーパー（c. 1623-1671）には，王政復古後ドーセット州の初代シャフツベリ伯（アンソニ・アシュリ＝クーパー）をたずねたチャールズ２世に酒宴の席で気に入られ，ナイト爵を受爵したというエピソードがある[42]．この話の信憑性は確実ではないが，いずれにしても彼は王政復古後に特に革命の大義に執着するような人物ではなかったようである．

　先述したようにドーセット州のフーパー家はこのサー・エドワード・フーパー（c. 1623-1671）で絶え，ドーセット州の家産はハンプシャアの分家が継承する．先に見たように，このハンプシャアの分家も非常に熱心で信頼された革命支持者というわけではなかったが，王政復古後は，本家より革命の大義に対して忠実であった．

　『議会史・下院 1660-90 年』には，ハンプシャアのエドワード・フーパー（d. 1682）の三男トマス・フーパー（d. 1694）の記事がある．彼は，王位排除法案が懸案となった 1679 年選挙において，王位排除法案支持派として初代シャフツベリ伯の支援を受けてハンプシャアのクライストチャーチから立候補し，当選した．ここは，チャールズ１世の側近で王政復古後保守的な一連の議会法クラレンドン法典を制定したことで高名なクラレンドン伯の勢力範囲であった．第２代クラレンドン伯は，1679 年選挙の時に保守派政治家の仲間に対して「クライストチャーチは私自身の選挙区で，その荘園は私のものであり，そこの下院議員は（少なくとも）１議席，あるいは両議席ともこの地の貴族の推薦によって選出されてきた．しかし現在は，シャフツベリ

---

[42] Hutchins (1861-70), vol. 3, p. 384. なお初代シャフツベリ伯が，革命支持者だったにもかかわらず，王政復古後は，ヨーク公（ジェイムズ２世）の王位継承問題が浮上するまでは，チャールズ２世と非常に親しかったことは有名である．フーパー家はアシュリ＝クーパー家と古くから親交があり，18 世紀には姻戚となった．

第 6 章　敗者の結束　257

表6-3 ボディントン゠スキナー家親族網に

議員名	短期議会 1640.4-5	長期議会（プライドのパージ以前）1640.11-1648.12	残部議会（プライドのパージ後の長期議会）
Bingham, John (1615-75)	×	Shaftesbury (Dorset)	○
Bourchier, Sir John (d. 1660)	×	Rippon (York 州)	○
Browne, John (1582-1659)	×	Dorset 州	○
Coker, Robert (1617-98)	×	×	×
Cooper, Sir Anthony Ashley (1621-83)（初代シャフツベリ伯）	Tewkesbury	×	×
D'Oyly, John	×	Oxford City	×
Duckett, William (1624-86)	×	×	×
Eyre, Henry (1628-78)	×	×	×
Eyre, Thomas	×	×	×
Eyre, William	Downton (Wilt.)	Downton (Wilt.)	×
Fry, John (1609-1657)	×	Shaftesbury (Dorset)*1	○（議席回復）
Fry, William	×	×	×
Gorges, John	×	×	×
Gorges, Thomas	×	×	×
Hooper, Edward	×	×	×
Rossiter, Edward	×	Great Grimsby (Lincoln)	×
Sadler, John (1615-74)	×	×	×
Steele, William (1610-80)	Romney Port (Cinque Ports)	×	×
Sydenham, William (1615-61)	×	×	×
Tooker, Edward (c. 1592-1664)	×	×	×
Trenchard, John (1586-1662)	Wareham (Dorset)	Wareham (Dorset)	○
Trenchard, Thomas (c. 1582-1657)	Bridport (Dorset)	Dorset 州	△
Whitaker, Henry (c. 1622-95) William の息子	×	×	×
Whitaker, William (c. 1580-1646)	Shaftesbury (Dorset)	Shaftesbury (Dorset)	死亡

*1 選出されたが選挙結果が無効とされた．　*2 議会開会前に追放．
Little & Smith (2007). Willis (1750); Brunton&Pennington (1954).

属する下院議員の議席

聖者議会 （州＋London のみ） 1653.7–12	護国卿議会（第1） 1654.9–1655.1	護国卿議会（第2） 1656.9–1657.6 1658.1–2	護国卿議会（第3） 1659.1–10, 1659.12–1660.3
Dorset 州	Dorset 州	Dorset 州	Dorset 州
×	×	×	×
×	×	×	×
×	×	Dorset 州	×
Wiltshire 州	Pool / Wiltshire / Tewksbury	×	Wiltshire 州
×	×	×	×
×	×	×	Calne（Wilt.）
×	×	×	Salisbury（Wilt.）
Wiltshire 州	×	×	×
×	×	×	Westbury（Wilt.）
×	×	×	死亡
×	Devonshire 州	×	×
×	Taunton（Somerset）	Somerset 州	Derry（アイルランド）
×	Taunton（Somerset）	Taunton（Somerset）	×
×	Hampshire 州	Hampshire 州[*2]	×
×	Lincoln 州	Lincoln 州	Lincoln 州
Cambridge 州	×	×	Yarmouth（Hampshire）
×	City of London	×	×
Dorset 州	Dorset 州／Ile of Wight	Dorset 州／ Ile of Wight	×
×	Salisbury（Wilt.）	Salisbury（Wilt.）	Hindon（Wilt.）
×	Dorset 州	Dorset 州	Weymouth（Dorset）
×	×	×	死亡
×	×	×	Shaftebury（Dorset）

卿やハンティントン伯や彼らの仲間の議員たちが，前議会で活動していたメンバーを排除するよう市長に求める手紙を出し…キングズ・ヘッド・クラブ（グリーン・リボン・クラブの別称）ののぼせ上がった2人の紳士，ごくささやかな資産しか持たない紳士の次三男であるトマス・フーパーとジョン・エイロフ（John Ayloffe）を指名している．」と述べている[43]．つまりトマス・フーパーは，クラレンドン伯から，革命の残党の集うグリーン・リボン・クラブの会員であり，王位排除法案支持者として，はっきり認識されるような人物であった．

ニコラス・スキナー（d. 1670）の妻となったキャサリン・フーパー（d. 1703）は，このトマス（d. 1694）の叔母に当たる．次の小節では，彼女自身が一体どんな人間であったのか検討する．

3. キャサリン・フーパーの信条

キャサリン・フーパー（d. 1703）は，ハンプシャのエドワード・フーパー（d. 1682）の姉妹であり，1660年以降はキャサリン・スキナー，1674年以降はキャサリン・マーシャルとなり，キャサリン・マーシャルの名で1703年死亡した．彼女は2度目の夫より先に死亡したが遺書を残しており，これは少し珍しいことであった．コモン・ローでは既婚女性は夫と同一の法的人格と考えられるため，夫が生きている限り妻には財産権がなく，妻の財産は夫のものとみなされる．それゆえ，夫が存命中の妻は，通常は遺書を作成できない．しかし実際には，既婚女性は特有財産（separate estate）と呼ばれる自分で自由に処分できる財産を持ち，また夫からの許可や婚姻時の契約により遺書を作成する権利を持つことがあった[44]．キャサリンは，そうした権利を持った女性であり，かなり自分の自由になる財産をもっていたのである．

このように自分の財産を持っていた彼女は，遺書の中で強い自信と意志を発揮して自分の望む相手に望むように遺贈を行っている．彼女が遺贈した相手は，ニコラス・スキナーの先妻の子供たちとその連れ合い，ニコラス・ス

---

43 "Christchurch", HPHC1660-90.
44 Erickson（1993）, pp. 100f, 139-43. 特有財産については田中英夫編『英米法辞典』766-67頁も見よ．

キナーと自分の間の子供たちとその連れ合い，新しい夫との間にできた娘，そして実家フーパー家とその姻戚などであるが，その他に聖職者や友人が含まれている．

　ここで問題としたいのは，彼女の聖職者への遺贈である．巻末付表3を見ていただきたい．この表は，ボディントン＝スキナー家関係者が関わりをもった全非国教牧師のリストであるが，今はこの中でキャサリン（d. 1703）に関わるものだけ見ておこう．同表では彼女はCatherine Marshall（d. 1703）と表示されている．

　キャサリンが遺贈しているのは，トマス・ムア（d. 1699），リチャード・ワイン（d. 1701），ウィリアム・クラーク（1649-1722），スピード，ジョセフ・ステネット（1663-1713）である．スピードとムアについては人物の十分な特定・確認ができていないが[45]，それ以外の人物は王政復古後非国教となった聖職者として確認できる人々である．また彼女は，これらの人物以外に，この表の最下部に示してあるように「ドーセット州の新教非国教会衆の牧師と未亡人」に遺贈している．以上は，キャサリンが熱心な非国教徒だったことをはっきり物語っている．彼女は，長老派，会衆派，サヴァタリアン洗礼派など宗派を問わず幅広い非国教を支持しており，またロンドンとドーセット州両方における非国教聖職者を支援している．王政復古から40年の時を経た段階で，これほど彼女の非国教信仰は強固だった．

4. 最初の結婚でできた子供達（第2世代）とその結婚

　成人した者にのみ限ると，ニコラス・スキナー（d. 1670）は，最初の妻アン（婚前姓ベリ）との間に①ジョン（c. 1640-1701），②ニコラス（d. 1706），③マシュウ（b. 1648），④アン（1641-1715），⑤サラ（d. 1739）の5男2女をなした．スキナー家系図中央から右を参照されたい．

45　スピードは遺書の中で「ロンドンの説教師」とあるだけで，誰か不明である．ムアについては，キャサリンが遺書を1700年8月に作成している一方で彼が1699年8月に死亡しているという矛盾があり，人物の特定が誤っている可能性がある．筆者は現在，キャサリンが彼の死亡を知らないまま遺書を作成したと仮定している．

①ジョン（c. 1640-1701）と妻スザンナ（d. 1707），およびのスザンナの実家ブリンリ家と政治家ジョージ・トレビ

ジョン・スキナーについては本人の遺書からの情報しかないが，それによると彼はロンドン商人であった．また巻末付表3を見よう．これを見ると，彼はシティのシルヴァー・ストリート会衆派礼拝所（シルヴァー・ストリートには別に長老派礼拝所もあるので注意）のジョン・シングルトンに遺贈しており，この礼拝所の会衆であったと考えられる．また郊外のエンフィールドの長老派礼拝所にも属していたらしく，そこの牧師オバダイア・ヒューズ（d. 1704）にも遺贈している．彼は，その上で「貧しき非国教牧師とその未亡人たち」全体に対しても遺贈している．

彼の妻スザンナ（d. 1707）もまた，シングルトン師の後継のシルヴァー・ストリート礼拝所牧師ダニエル・ニール（1678-1743）と「貧しき非国教牧師とその未亡人たち」に遺贈している．

これらの礼拝所，聖職者については，巻末付表2「非国教礼拝所一覧」も見ていただきたい．シルヴァー・ストリート会衆派礼拝所は，ウェストミンスタ宗教会議における「異を唱える兄弟たち」の一人フィリップ・ナイが始めたものである．ナイについては第2章で見たように清教徒革命期の政治に深く関与し，王政復古直後には政府は，彼を国王処刑者のヒュー・ピーターなどとともに極刑の対象とすることも考えていたほどである[46]．シングルトンはこの礼拝所の4代目の牧師であった．彼はまた，ジョン・オーウェン（1616-83）の甥でもあった[47]．ジョン・オーウェンについても第2章，第3章で見てきたが，クロムウェルの引き立てによりオックスフォード大学副学長，オックスフォード大学クライストチャーチ主席司祭，オックスフォード大学選出下院議員などを歴任し，1658年にはサヴォイ・カンファレンス（アセンブリ）を主催し，サヴォイ宣言と呼ばれる会衆派信条の制定に関わった会衆派の中心的人物である．なおナイとオーウェンは，表6-2に見るように，クロムウェル葬儀参列者である．

---

46 Wilson（1808-14），vol. 3, p. 75.
47 Matthews（1934），p. 443. ただしジョン・オーウェンの伝記を書いたオームは，シングルトンとオーウェンの姻戚関係は完全には証明できないとしている．Orme（1820），p. 477.

ダニエル・ニールはシルヴァー・ストリート会衆派礼拝所の5代目の牧師であり，現在も引用されることの多い5巻本の大著『非国教徒史』を著した[48]．彼は会衆派だが長老派と対話できる穏健派としても知られており，長老派聖職者ナサニエル・ラードナー（1684-1768）の姉と結婚している．
　一方，オバダイア・ヒューズ（d. 1704）は，デヴォンシャー出身で，オックスフォード在学時に1662年信仰統一法が発布され，退学させられた聖職者であり，彼の父ジョージ（d. 1667）も追放牧師である．オバダイアは退学後ロンドン郊外のエンフィールドのベイカー・ストリートで長く非国教礼拝所を維持した．ヒューズは，1690年代に長老派・会衆派合同に努力した長老派聖職者ジョン・ハウ（第7章でとりあげる）の義兄弟でもあった[49]．
　以上のように，ジョン＆スザンナ・スキナー夫妻はシティでは会衆派礼拝所，エンフィールドでは長老派聖職者の元に通っていた．

　スザンナ（d. 1707）の実家ブリンリ家は，すでに第2章第7節でも言及した大西洋に関係を持つロンドン商人である．このブリンリ家もまた歴史家の関心を全く引いてこなかった一族であるが，1634年ロンドン身分改めでは，スタフォードシャー出身の一族として家系図・紋章の登録がある[50]．また19世紀末の家族史家がこの家にかなり関心を持っており，『イングランド家系史補遺』『ニューイングランド史・家族史登録誌』両誌で，遺書の調査や身分改めその他ハーレイアン・ソサイエティ所蔵の系図の転写などがおこなわれている[51]．これによると，ブリンリ家は地主のまま残った系統と，ロンドン商人となったスザンナの実家の系統に分かれている．ただ以上の家系調査も未完成な段階に留まっている．
　筆者は以上の情報を総合して，スザンナの実家であるロンドン商人となったブリンリ一族について系図を作成している．巻末のブリンリ＝ジャクソン＝トレビ家系図を参照されたい．

48　Neal（1817）.
49　Wilson（1808-14），vol. 3, p. 26；vol. 4, p. 96. ハウについては第7章を見よ．
50　Howard & Chester（1880-83），vol. 1, p. 101.
51　NEHGR, vol. 37, pp. 381-83；GGE, vol. 1, pp. 13-15.

第2章第7節で言及した大西洋商人ローレンス・ブリンリ（c. 1595-1662）は，ジョン・スキナーの舅ロバート・ブリンリ（d. 1658）の従兄弟に当たる．1634年身分改めによると，彼はスタフォードシャア，ウィレンホールのリチャード・ブリンリの息子で，洋品雑貨商組合メンバー（habardasher）のロンドン商人である．彼は，リュウによれば革命期にはシティのセント・メアリ・マグダレン・ミルク・ストリート教区のリーダーであり，またブレナーによると典型的大西洋商人であった[52]．また彼の息子サミュエル（1625-95）は，1662年信仰統一法で追放された非国教牧師である[53]．また彼の娘アン（ジェインと書かれていることもある）の夫ジョン・ジャクソン（1621-93）は，高名なカルヴァン派牧師でクロスワーカーズ・カンパニ付司祭であったアーサー・ジャクソン（c. 1593-1666）の息子で，護国卿期にクロムウェルによりロンドンのセント・ベネット・ポールズ・ワーフ教区教会牧師に任命されている．このジャクソン親子も，信仰統一法で追放されている[54]．

　ローレンス・ブリンリ（c. 1595-1662）の遺書も，彼の信仰を雄弁に物語っている．彼の遺書は，信仰統一法でピューリタン系の牧師が教区教会から追放された1662年8月24日の直前の8月10日に作成されている．この時点ではすでに同法は制定され，牧師達の追放は確定していた．ローレンスは，遺書で「私の心から親愛なる牧師でありイエス・キリストに忠実なる聖職者カラミ師」に遺贈しているが，これはオールド・ジュウリ長老派礼拝所の聖職者であったエドマンド・カラミ（d. 1685）のことと考えられ，彼はそこの礼拝所の会衆であったと推測される．さらに彼は遺書で，「良心ゆえに職から追放される貧しき長老派聖職者」へカラミ師と遺言執行者の判断で分配するよう30ポンドの遺贈を行っている．（巻末付表3参照）この金額は，聖職者への遺贈としては多い方で，彼が信仰統一法後の状況について特に心配し

52　Liu（1986），p. 234. Brenner（1993）p. 365.
53　Matthews（1934），pp. 75-76.
54　アーサー・ジャクソンの父はスペイン商人で早くに死亡しており，母はアイルランド・コーク州にバルチモアを建市したサー・トマス・クルックと再婚した．クルックの父トマスと弟サミュエル（1575-1649）は長老派の聖職者であった．"Arthur Jackson", "Thomas Crooke", "Samuel Crooke", ODNB. Matthews（1934），pp. 290-91. 本書巻末ブリンリ＝ジャクソン＝トレビ系図参照．

ていたことが感じられる.

　また歴史家エドマンド・カラミ (1671-1732) の回想では，彼の父エドマンド・カラミ (d. 1685) が，1659年にエセックス州モレトンの教区牧師に就任して最初の納税 (fruit) を政府に納めたとき，送金したのはリチャード・ブリンリであったとしているが，この人物はスザンナの父ロバート (d. 1658) の兄弟リチャードであったかもしれない[55].

図23　プリントン・ハウス（ジョージ・トレビが建設を開始したもの）

　次に，トレビ家について見ておこう．ブリンリ＝ジャクソン＝トレビ家系図右下を見て欲しい．ジョン・スキナーの妻スザンナの姉妹メアリ・ブリンリは，1693年にサー・ジョージ・トレビ (1643-1701) の4番目の妻となっている[56]．なお彼女の持参金は1万ポンドで，彼女の実家のブリンリ家がかなり裕福であったことを物語っている．トレビはデヴォンシャのプリントン・アールに堅固な世襲的地盤を持つ政治家で，法廷弁護士であった．彼は，若い頃にはグリーン・リボン・クラブにも参加し，モンマス公の王位継承を支持する発言をしたこともあったと言われている．彼は77年補欠選挙で当選して以降79-82年の排除議会（王位継承排除法を審議した一連の議会）の議員となるが，当然ながらヨーク公（ジェイムズ2世）の王位継承を否定する排除派に属し，ホィッグのリーダー初代シャフツベリ伯の信頼も強かった．また彼はロンドン市政でも重要人物であり，王位継承問題を機としてロンドンが特許状を剥奪される前後にはロンドン市裁判官となり国王との交渉役として活動した．名誉革命時にはウィリアム3世の支持を早くから表明し，権利章典の起草にも関わった．ウィリアム3世の元で，法務次官，法務長官，

55　Calamy (1713), vol. 1, pp. 461-62. リチャード・ブリンリとともに出てくるサミュエル・ベイリはおそらくカラミの姉妹の夫．

56　トレビは最初の妻と2番目の妻との間には子がなく，3番目の妻との間には1男1女があったのみであった．

人民間訴訟裁判所主席裁判官にも就任し，またミドルセクス州の治安判事などロンドン周辺の地方政治の重職も歴任した[57]．

トレビ自身は国教徒であったと思われるが[58]，彼の妻メアリ（レイディ・トレビ）が非国教徒で，夫がそれを容認していたことは間違いない．巻末付表3に見るように，メアリはトレビとの間にできた一人息子ブリンリ・トレビの家庭教師として，長老派の非国教牧師ナサニエル・ラードナー（1684-1768）を雇っている[59]．先述したように，ラードナーは，メアリの姉妹スザンナ・スキナーが遺贈した会衆派牧師ダニエル・ニールの義兄弟であった[60]．このように，トレビは，妻が実家ブリンリ家や姉妹の婚家スキナー家が属している非国教コミュニティとの関係を結婚後も持続すること，また自分の子供がそこに包摂されることさえも，容認していたのである．

②ニコラス（d. 1706）と妻メアリ（婚前姓ワース，d. 1723），および妻メアリの母の再婚相手トマス・オーウェン（c.1637-1708）

ハッチンスやハンターは次男ニコラス（d. 1706）の結婚相手をメアリ・オーウェンとしているが，正しくはメアリ・ワース（d. 1723）である．彼らは，1678年に結婚した．スキナー家系図右上方を見ていただきたい．

ワース家及びオーウェン家については，『家系紋章史雑録』に情報がある[61]．メアリ・ワースは，ホィッグの下院議員で法律家のトマス・オーウェン（c.1637-1708）の妻メアリの連れ子であった．オーウェンの妻メアリは，ウェストミンスタの醸造業者リチャード・ダグナル（d. 1663）の娘であり，ウェストミンスタのザカリ・ワース（d. 1664）と結婚し，メアリ（d. 1723）を生んだ．そして夫ザカリの死亡後1665年にトマス・オーウェンと再婚した．

---

57 "George Treby", HPHC1660-90; "George Treby", ODNB; Landon (1969), pp. 77, 81-82, 94-95, 100f.; Jones (1970), pp. 25, 51, 70, 135, 143, 199, 204; De Krey (2005), pp. 202-03. 209-219. 彼のグリーン・リボン・クラブへの参加は，Zook は認識していない．Zook (1999), pp. 196-201.
58 トレビの遺書は，筆者の見る限りでは非国教牧師などへの言及はない．また De Krey は彼を国教徒としている．De Krey (2005), p. 419.
59 Wilson (1808-14), vol. 3, pp. 90-91.
60 Wilson (1808-14), vol. 3, p. 96.
61 MGH vol. 3, pp. 212-13.

なおリチャード・ダグナルもザカリ・ワースも遺書を残しているが，彼らの信仰や政治活動，詳細な事業内容についてわかるような情報はない．

『議会史・下院』のトマス・オーウェン（c. 1637-1708）の記事によると，彼は十分な地盤がなく，彼が下院議員であった期間は短く，1679年9月排除法案議会の折に，ペンブルックシャア（現ウェールズ，ディベド州）のハヴァフォードウェストから選出されたのと，1701年2月と12月，ウェスト・サセックスのブランバーから選出されたのみである．しかし同記事は，彼が宗教裁判所設置に反対する請願や，プロテスタント勢力統合のための法案提出などに尽力し，クェーカー教徒利害のためにも活動するなど，非国教利害のために活動した積極的なホィッグであったとしている[62]．

ニコラス＆メアリ・スキナー夫妻は，熱心な非国教徒であった．巻末付表3を見よう．ニコラスは，シティでは兄ジョンと同じシルヴァー・ストリート会衆派礼拝所に属しており，兄と同じくジョン・シングルトンに遺贈している．一方彼は郊外に関しては，ハクニのメア・ストリート長老派礼拝所のロバート・ビリオ師に遺贈している．彼はエンフィールドについては，非国教礼拝所や非国教聖職者にはふれず，教区教会牧師の指示に基づいて教区貧民に遺贈するよう述べるのみであるが，これは当時エンフィールドの非国教礼拝所牧師が空席であったためではないかと思われる．さらに彼は，兄夫婦と同様に「貧しき非国教牧師とその未亡人たち」に遺贈している．

夫より17年後で死亡した妻メアリは，死亡時にはシティのヘア・コート会衆派礼拝所に属していたと思われ，そこのジョン・コンダー師に遺贈している．

③マシュウ（b. 1648）とメアリ夫妻，および妻の実家ダッシュウッド家とその姻戚キフィン家（スキナー家系図）

ハッチンスとハンターは，三男マシュウ（b. 1648）がロンドン市参事会員ダッシュウッドの娘メアリと1673年に結婚したとしており，おそらくこれ

---

62 "Thomas Owen", HPHC1669-90. 以下には1679年の排除法案議会選挙時に，ウェストミンスタにおいてオーウェンが，ホィッグが組織的に作成した請願書を公衆から自発的に提出するようにしむけるような演出に関与していたことが述べられている．Jones (1970), p. 168.

はウィリアム・ダッシュウッド（生没年不明，m. 1639）のことだと思われる．

ウッドヘッドによると，ウィリアム・ダッシュウッドはサマセットシャア出身，醸造業者組合メンバー（brewer）であり，1667年には組合長となっている．ただ彼の本業はシルクマンとされており，おそらく生糸取引を行っていたと思われる[63]．

ウッドヘッドは，このウィリアム・ダッシュウッドを，1680年代以降ロンドンのシェリフ，市参事会員，市長，下院議員を歴任したナイト爵サー・サミュエル・ダッシュウッド（c. 1643-1705）の従兄弟としているが，一世代くらいの年齢の開きがあり，叔父・甥の関係くらいではないかと思われる．サー・サミュエルは，やはりサマセットシャア出身のロンドン商人で，レヴァント商人として成功したサー・フランシスの息子であり，サー・サミュエルの兄フランシスは準男爵となっている．ただサー・サミュエルも含めてこの一門は国教徒であり，トーリであった[64]．

ただこの保守的な成功者の一門であったとしても，ウィリアム・ダッシュウッド自身は非国教徒であり，しかもかなり頑強な信仰を持っていたことを物語る証拠がいくつかあがっている．第1にウッドヘッドによると，彼は1667年ヴィントリ街区から市参事会員に指名されたが，罰金300ポンドを支払って解任されている（第7章表7-1参照）．おそらく彼は公職就任の要件だった国教の聖餐を受けていないピューリタンであったと考えられる[65]．次にクロムウェル家系図左側を見ていただきたい．ウィリアム・ダッシュウッドのもう一人の娘レイチェルは，ヘンリ・キフィン（d. 1699）というロンドン商人と結婚している．このヘンリは，ロンドンの毛織物商でかつ特定洗礼派の説教師として有名なウィリアム・キフィン（1616-1701）の息子であった[66]．ウィリアム・キフィンは非常に富裕であったが，王政復古後はたびたび取り調べや投獄を経験した．またキフィンの娘ハンナはベンジャミン・ヒュウリングというロンドンのレヴァント商人と結婚したが，彼女の娘ハンナ（c. 1662-1732）はオリヴァ・クロムウェルの孫ヘンリ・クロムウェル（d. 1711）と

63　Woodhead（1965）p. 57.
64　Woodhead（1965），p. 56. "Samuel Dashwood", HPHC1669-90.
65　Woodhead（1965）, p. 57.

結婚している．またハンナ・ヒュウリングの2人の息子ウィリアム&ベンジャミン・ヒュウリングはオランダに留学中に政治的に感化されて，1685年のモンマス公反乱に参加し，まだ20才前後の若さで処刑された[67]．

なお，ヘンリ（d. 1711）&ハンナ・クロムウェル夫妻の息子トマス・クロムウェル（1699–1748）は，スキナー家第1世代ニコラス・スキナー（d. 1670）の曾孫メアリ・スキナー（1711–1815）と結婚し，彼らの息子オリヴァ・クロムウェル（1742–1821）は護国卿オリヴァ・クロムウェル直系の最後の男子となっている．彼らについては第4節で見る．

④アンの夫ニーマイア・ボーン

ハッチンスやハンターはアン（1641–1715）の夫を単にボーンとしているが，複数の遺書からアンの夫のファースト・ネームはニーマイアであること，また彼はクロムウェルの海軍少将であったニーマイア・ボーン（1611–90[68]）の息子ニーマイア・ボーン（1640–1709）であったことが解る．ボーンは父子とも遺書を残しているため，確証が得られる[69]．

ボーン家系図も巻末にあるので参照されたい．ボーン家については，19世紀末にアメリカの家族史家グリーンウッドが調査しており，『ニューイングランド歴史家族史記録』に数度にわたって記事を載せている．それによるとボーン家はケント州とサマセットシャアに起源を持つ．海軍少将ニーマイア・ボーンの祖父にあたるジョン（d. 1610）は，シティ・オヴ・ロンドン東

66　1673年9月9日ロンドンのSt. Giles without Cripplegate教区のウィリアム・ダッシュウッドの娘メアリ20才が，St. Peter Le Poor教区のマシュウ・スキナー25才と，ロンドン郊外のエドモントンのオール・セイント教会で結婚している．また1674年3月14日には，ロンドンのSt. Giles without Cripplegate教区のウィリアム・ダッシュウッドの娘レイチェル19才が，St. Peter Le Poor教区のヘンリ・キフィン21才と，オールハロウズ・ロンドン・ウォール教会で結婚している．Foster (1887a), p. 44; Ancestry.com; England Select Marriages 1538–1973 (database online)．このヘンリ・キフィンがウィリアム・キフィンの息子であることは，1698年の遺書の内容に現れる家族関係から確認できる．

67　ウィリアム・キフィンの思想と礼拝所はTolmie (1977), pp. 27–29; Pike (1870), pp. 1f．彼の孫の二人のヒュウリングがモンマス反乱加担者として処刑された顛末は，以下の自伝を見よ．Orme (1823), chapter 7.

68　"Nehemiah Bourne", ODNB.

69　ボーン父子の遺書は以下で活字にされている．NEHGR, Vol. 51, 1897, pp. 112–14.

第6章　敗者の結束 | 269

端のタワー・オヴ・ロンドンに在住，パン屋組合メンバーであり，その息子でニーマイアの父に当たるロバートもこの近辺のワッピングで船大工をしていた．海軍少将となるニーマイアは1630年代にアメリカ，マサチューセッツのボストンに移住，やはり船大工をし，41年にはボストンの市民権をとっている[70]．彼は清教徒革命開始後イギリスに戻り，議会派の海軍に入り，高名な海軍大将ロバート・ブレイクの元で52年少将に昇進した．ボーンについては，表6-1とその補足を参照されたい．また表6-2に見るように，彼はクロムウェル葬儀参列者である．彼は王政復古後はオランダに亡命していたが，1666–1671年頃に，ジョン・デズバラなど他にオランダに亡命していた元クロムウェルの軍人達とともに本国に召喚され，国王に降伏した．当時イギリスは，英蘭戦争の開始にともない，これらの軍人がオランダ側につくことを不安視していたようである．グリーンウッドは，これらの元革命期軍人・政治家は帰国後もロンドンの特定のコーヒーハウスに集まって交流を続け，周囲から非国教徒グループ（dissenting party）と呼ばれていたと述べている．海軍少将ニーマイア・ボーンは91年に死亡した後，非国教徒用の墓地となっていたシティ・オヴ・ロンドンのバンヒル・フィールズに埋葬された．

　アン・スキナーと結婚した息子ニーマイアについては1640年にボストンで生まれたこと以外は解らないが，このような一族と敢えて結婚したことにスキナー家の考え方は明白に表れているだろう．

⑤サラ（d. 1739）
　ハッチンスとハンターは，サラ（d. 1739）はまずペンブロークという人物と結婚し，その後ウィドンという人物と再婚したとしている．遺書の情報により，2度目の夫はジェイコブ・ウィドンという名前であることが解っている．しかし，ペンブロークについてもウィドンについてもこれ以上の情報はまだ得られていない．ウィドンについては，ウェストミンスタ・アセンブリに出席したデヴォンシャの聖職者フランシス・ウィドン（d. 1658），おそらくその息子と考えられる1662年追放牧師のフランシス・ウィドンがいる

70　少将ボーンの評伝は以下にある．NEHGR, vol. 27, 1873, pp. 26–36．その他 Capp(1989), pp. 56, 177–78 他．

が，それらとの関係は証明できない[71]．16世紀後半に活躍した海軍軍人で，ウォルタ・ローリの片腕であったデヴォンシャーのジェイコブ・ウィドンという人物がいるが，その人物との関連も全く解らない[72]．

5．ニコラス・スキナー（d. 1670）とキャサリン（婚前姓フーパー．d. 1703）の子供たち（スキナー家系図左側）

次にニコラス・スキナー（d. 1670）のキャサリン・フーパーとの再婚によってできた子供たちを見ていこう．この二人の間の子供で成人したのは，⑥サミュエル（c. 1660-1713），⑦トマス（1662-1732），⑧キャサリン（m. 1688），⑨エリザベス（m. 1694），⑩ベンジャミン（d. 1686），⑪ジョシュア（d. 1719）である．

⑥サミュエル（c. 1660-1713）
長男サミュエルは，母キャサリンからドーセット州の領地を継承し，地主として生きたようである．また彼は生涯独身であった．彼は，興味深い遺書を残している．彼は遺書作成時の1712年12月にはドーセット州のウールブリッジに住んでいたが，ここはドーセットの古くからの地主でフーパー家の遠い縁続きにあたるターバーヴィル家の荘園であり[73]，彼はメアリ・ターバーヴィルを自分の大家（my landlady）と呼んでいる．子供のいなかった彼は，身内にふんだんに遺贈した後，ドーセット州のデュウリッシュ教区とドーチェスタの貧民に聖書を配布するため100ポンド，また貧民の子供たちの徒弟奉公料として使用するため100ポンドと，自分が関係した教区に高額の慈善的遺贈を行っている．その一方で，彼はメアリ・ターバーヴィルとその従兄弟ジョージ・トレンチャードにさらに100ポンドを託し，それを土地またはイングランド銀行に投資して，デュウリッシュやドーチェスタなどで彼らが選任した「敬虔なる神の言葉の使い godly minister of the godly words」に月一回説教させるよう，依頼している．「godly minister」は，非国教徒

---

71 Matthews (1934), p. 523.
72 "Jacob Whiddon", ODNB.
73 Hutchins (1861-70), vol. 1, p. 138.

が非国教牧師を呼ぶとき使う言い回しであり，非国教牧師のことであると考えられる．

　ハッチンスの系図などから上記の二人はメアリ・ターバーヴィル（婚前姓トレンチャード，d. 1739），ジョージ・トレンチャード（d. 1758）と考えられる．後者は，第３章で言及したモンマス反乱時に亡命し名誉革命時にウィリアム３世とともに帰英して国務大臣に就任，ナイト爵も授与されたサー・ジョン・トレンチャード（1649-95）の長男で，彼自身もプール選出のホィッグの下院議員である[74]．トレンチャード家もフーパー家の姻戚である．ターバーヴィルとトレンチャード，スキナー家の関係については，巻末のドーセット州地主相関図右下方を参照されたい．トレンチャード家については，以下の⑦でもふれる．

　ターバーヴィル家は王党派の家柄であったが，トレンチャード家は革命支持派，ホィッグ，非国教支持の家柄として有名な一族である．一方でトレンチャード家はドーセット州の有力地主であり，いくつかの教区教会の聖職禄をコントロールしていた．サー・ジョン・トレンチャード（1649-95）は，「3. キャサリン・マーシャルの信条」のところでふれた非国教牧師トマス・ムア（d. 1699）にも，彼が任命できる国教教区教会の聖職者になることを何度か提案している．ムアは，完全に国教信仰告白を遵奉できないことを理由に，断っている[75]．つまりトレンチャードは，国教教区教会にさえ非国教牧師を推薦するほどの非国教支持者であり，そのような人物の息子に説教師の選任をゆだねたサミュエル・スキナーもまた堅固な非国教支持者であったと言えよう．

⑦トマス（1662-1732）とビンガム家およびミッチェル家

　長男サミュエル（⑥）が独身だったため，その死亡後は，次男トマス（1662-1732）がドーセット州デュウリッシュの地所を継承した．

　本章第１節でふれたように，彼は一度だけ下院議員になっており，『議会

74　"George Trenchard", HPHC1715-54, vol. 2, p. 480. "John Trenchard", HPHC1690-1715, vol. 5, pp. 676-79.
75　Matthews（1934），p. 352.

史・下院』に記事が残っている．その記事には，彼がグリーン・リボン・クラブという反政府的傾向のあるクラブに属していたということ，彼の腹違いの兄弟がモンマス反乱に荷担したとして取り調べを受けていたという記述がある[76]．

　すでに何度も出てきたが，ここでグリーン・リボン・クラブ（会合が行われていたタヴァーンの名前を冠してキングズ・ヘッド・クラブとも呼ばれる）について少し言及しておく．同クラブは王政復古期の政治的クラブの一つで，チャールズ2世のカトリック的傾向やヨーク公（ジェイムズ2世）の王位継承問題が顕在化する1670年代に発生し，1680年にローマ教皇の人形の火葬行列を実施したことや，ホィッグ党の政治家や支持層のロンドン商人，非国教徒が参加していたことで知られている[77]．ただこのクラブの現実政治への影響力や有力政治家の動員力などについては，意見が分かれている．初期ホィッグ党の先駆的研究者であったシットウェルやジョーンズはこのクラブをホィッグの中心的政治組織と位置づけていたが[78]，その後の研究者はこのクラブの重要性を認めながらも正式な政治組織とは考えておらず，近年の研究者ハリスやズークは当時ホィッグ系の政治クラブは30弱ほどあり，同クラブはそのうちの一つに過ぎなかったとしている[79]．同時代の言説を分析して同クラブがどのように認識されていたかを調査したジャーヴィスも，外部の反対派はしばしば同クラブを過激で様々な陰謀事件と関連づけて考えていたが，実際にはこのクラブはそれほど過激でなく多様な層を含んでいたと考えている[80]．

　ただこのクラブについてはメンバーも十分に把握されているとは言えず，その性格の把握はまだまだこれからの課題と言えよう[81]．ここでは，スキナー家関係者としては，トマス・スキナー(1662-1732)のほか，サー・ジョージ・

76　"Thomas Skinner", HPHC1660-90.
77　Harris (1987), pp. 92-93, 94, 104-05.
78　Sitwell (1894); Jones (1956).
79　Harris (1987), p. 100; Zook (1999), p. 8.
80　Jarvis (2014), p. 35-36.
81　ジャーヴィスは1680年代初頭にはクラブのメンバーは200人近くになったと述べている．一方シットウェルとズークがメンバーのリスト・アップを行っているが，その人数は数十人に留まる．Jarvis (2014), p. 36; Sitwell (1894); Zook (1999), pp. 9-11, 198-201.

トレビ (1643-1701), トマス・フーパー (d. 1694) がこのクラブ・メンバーであったと言われることがあることのみ確認しておく.

次にモンマス公の反乱への荷担について考えてみよう. 近年のモンマス反乱研究の第1人者ウィグフィールドが作成した反乱加担者のリストには, 1686年3月の大赦から除外された者としてデュウリッシュのエスカイヤ, トマス・スキナーの名前がある. これが正しければ, モンマス反乱に荷担を疑われたのはトマスの義兄弟ではなくトマス (1662-1732) 本人であったということになる. この他にウィグフィールドは数名スキナー姓の人物を挙げているが, いずれも本書のスキナーよりだいぶ下層の出身者である[82].

モンマス反乱参加者の詳しい分析を行っているのは, ピーター・アールである. 彼によると, モンマス反乱は非常に地方性が強く, モンマス公の勢力基盤であったサマセット州からの参加者が7割を占め, 残りのうち2割弱がデヴォンシャア, 12％がドーセット州出身者である. また社会階層的には都市在住の職人や商人が中心で, エスカイヤなど地主身分は例外的少数である[83]. こうした調査の上でアールは, この反乱について次のように述べる.「ホィッグは, 常にホィッグ貴族とシティ (オヴ・ロンドン) の資金, 非国教徒, そしてイギリス社会における正真正銘の急進派からなる不安定な連合体であった…モンマス反乱は後者2つの要素, つまり非国教徒と急進派による反乱であり, 地主階級出身のホィッグ政治家にとっては困惑することであった. …それは, ホィッグ・ジェントリから物質的・精神的支持を得ることのなかった下層階級と左派のホィッグによる反乱だった[84]」. アールは, 反乱を支持しなかったホィッグ政治家の代表格として, 先ほどサミュエル・スキナー (c. 1660-1713) のところでふれたジョン・トレンチャード (1649-95) を挙げ, 彼がモンマス公に王位継承の大義を見いださず, 関与を疑われないために反乱の数日前にイギリスを脱出したと述べている[85].

82　ウィグフィールドはデヴォンシャア, ホニトンのジョン・スキナーという人物を2人挙げているが, 彼らは靴職人の親子とされており, トマス・スキナーの腹違いの兄弟ジョンであるとは考えにくい. Wigfield (1985), pp. xvii, 155. 一方, ウィグフィールドも参考にしているロック (1782) のリストには, トマス・スキナーの名前はない. Locke (1782).

83　Earle (1977), pp. 197-98, 202.

84　Earle (1977), p. 193.

以上を考慮すると，地主身分であるトマス・スキナー（1662-1732）のモンマス反乱への参加はむしろ例外的行動と言え，彼の非国教信念の強さを物語るものと言えよう．彼が 23 才の若さであったことも，もちろん関係していよう．また 4. ③で先述したように，彼の腹違いの兄弟マシュウ（b. 1648）の義理の甥ヒュウリング兄弟がやはり 20 才前後の若さで反乱に参加していた．このことが，彼に大きな影響を与えていたかもしれない．

　トマス・スキナー（1662-1732）の結婚もまた，彼が革命の大義と非国教の支持者であったことを物語る．彼はグレイス・ビンガムと結婚したが，彼女の父ジョン・ビンガム（1615-75）は，革命期を通じて活躍した軍人，政治家であった．一方でビンガム家は，12 世紀にさかのぼれる一族で古くからドーセット州ビンガムズ・メルクームに領地を維持していた同州の名家でもあった[86]．つまりビンガム家は，革命支持派であるということとドーセット州地主であるということの両面から，トマスの母キャサリンの実家フーパー家と共通するバックグラウンドを持っていた．
　表 6-3 に見るように，ジョン・ビンガムは，長期議会で下院議員として選出され，プライドのパージ後の残部議会でも議員として残り，共和制・護国卿期を通じて下院議員であり，彼の祖先伝来の領地ビンガムズ・メルクームは，革命期を通じて革命派の拠点であった．またジョン・ビンガムの妻フランセスは，同州の強固な非国教系地主でやはり革命期を通じて下院に議席を保持したジョン・トレンチャード（1586-1662）の娘である．（ドーセット州地主相関図右下方）．このフランセスの父方の従姉妹ジョアンは，護国卿議会の下院議員でドーセット州地主のロバート・コーカーの最初の妻であった．コーカーについては表 6-1，6-3 を参照してほしい．コーカーもドーセット州地主相関図に掲載している．なおコーカーは，2 番目の妻をフーパー家からもらっている．つまりビンガムは，娘グレイスの結婚の前に，フーパー家

85　Earle（1977），p. 155.
86　John Bingham の革命期の活動は表 6-1，表 6-3 の他 Durston（2001），p. 67; Goodwin（1996），pp. 45, 87, 119-20 他．同家は 1623 年ドーセット身分改めにすでに非常に長大な系図がある．また Hutchins（1861-70），vol. 4, pp. 374-77 に系図及び解説がある．

図24 ビンガムズ・メルクーム（ビンガム家領地）

とすでに姻戚関係を持っていた．

ジョン・ビンガムのもう一人の娘ペネロペ・ビンガム（1658-1683）は，ジョン・ミッチェル（1643-1717）と結婚している．ミッチェル家もまた，ドーセットシャア，キングストン・ラッセルの地主である．ジョン・ミッチェル（1643-1717）は，1681，90，95年にドーセットシャアのブリッドポートとセント・アイヴズから下院議員として選出されており，ホィッグであったことや，審査法の廃止に賛成したことが解っている[87]．

ジョン・ミッチェルの姉妹ドロシの結婚にも注目しておかなければならない．ドロシは，従兄弟でオックスフォード州の地主の次男であったトマス・ドイリと結婚したが，彼の死後は，4.①でもふれた会衆派牧師ジョン・オーウェン（1616-83）と再婚している．（ドーセット州地主通婚相関図左下方）．先述したように，ジョン・オーウェンの礼拝所は元革命期政治家・軍人やその子孫の集会所であり，ビンガムやミッチェルはこうしたサークルに属していたと見ていいだろう．

以上，トマス・スキナーは，本人の行動と姻戚関係いずれからみても間違いなく強固な非国教徒で，王政復古後も革命の大義を奉じ続けた人物であったと考えられる．

ただ，混乱を招くのを承知で言及しておくが，ビンガム家やトレンチャード家のような中世以来のドーセットの旧家は，清教徒革命期には革命支持・ホィッグであったとはいえ，王党派のドーセット州地主とも交流が続いている．ジョン・ビンガムの遺書では，未成年であった娘2人のために3000ポンドを信託とし，その財産の管理人（Trustee，受託者）として初代シャフツベリ伯とジャイルズ・ストラングウェイズを選任している．シャフツベリ伯は，すでに何度も登場しているが，革命支持から一転して王政支持者となり，

---

87 "John Mitchell", HPHC1660-90 ; Burke（1837），vol. 2, pp. 650-51.

王政復古期前半はチャールズ2世の厚遇を受けながらも，王位継承法案以降は王と袂を分かち，ホィッグの領袖となっていった人物である．他方ストラングウェイズは，清教徒革命中を通してずっと王党派の立場を守り，王政復古後は騎士議会で下院議員となった．革命を支持し王政復古後一転不遇となったビンガム，元革命支持者ながら王政復古後は転向して国王側近にまでなりしかも後には再び国王批判派のリーダーとなったシャフツベリ，そして終始王党派の立場を守ったストラングウェイズ，この三者は，それぞれに政治的行動が全く異なっている．それにもかかわらず，ビンガムは彼らを娘のための財産の管理者にするほど強く信頼していた．おそらく彼らには，革命よりもはるか以前からのドーセット州地主としての強い連帯があり，それは清教徒革命によってさえ揺らがなかった．

⑧キャサリン（m. 1688）とジョセフ・ジャクソン

教区簿の記録により，キャサリン（m. 1688）は，1688年セント・メアリ・マグダレン・オールド・フィッシュ・ストリート教会で，ブリストル近郊ウェストバリのジョセフ・ジャクソンと結婚したことが解っている[88]．

このジャクソンについてはほとんど手がかりがない．ブリストルには，1642年ブリストル市参事会員，シェリフとなり，1651年にはブリストル市長に就任し，59年に第3次護国卿議会で下院議員となったジョセフ・ジャクソンという人物がいる[89]．このジョセフ・ジャクソンは，ブリストルの非国教系ホィッグの下院議員ロバート・イェイツ（1643-1737）の親族であり，イェイツはアフリカ貿易（奴隷貿易）にも関与していた貿易商でブリストルの市参事会員やシェリフもつとめている．この人物は一応表6-1には載せているが，これがキャサリン（m. 1688）の夫の親族と同定できるだけの証拠はまだない[90]．

---

88 St. Mary Magdalen Old Fish St. Composite Register, P69/MRY10/A002/MS01022. LMA.
89 Williams (1898), p. 117. サックスも17世紀中葉にJoseph Jacksonという有力な海外商人がいたとしている．Sacks (1991), pp. 260, 272.

⑨エリザベス(m. 1694)とスウェイン家

エリザベス(m. 1694)は，1694年ウィルトシャーのミルフォードの地主出身で，ロンドン郊外のハクニに在住していたベネット・スウェイン(c. 1646-1708)と結婚した．彼らの間には，ベネット(d. 1748)とトマス(d. 1747)という二人の息子が生まれたが，いずれも子孫は残さなかった．

表6-1では，彼と同名同姓の人物が，清教徒革命期全期間を通してウィルトシャーで徴税・徴兵その他地方業務の担当委員として活動していたことが確認される．また名誉革命前夜のソールズベリで強い影響力を持つ非国教徒として，ジェイムズ2世政府からマークされていたベネット・スウェインという人物がいるが，おそらくこれもエリザベスの夫本人かその親族であろう[91]．

ベネット・スウェイン(c. 1646-1708)の一族が，ソールズベリ(セーラム)出身者が中心となって建設したニューイングランドのマサチューセッツ植民地ソールズベリ(セーラム)と強い関係を持っていたことは，19世紀のアメリカの家族史家のリサーチで明らかになっている．スウェイン家(ウィルトシャー)系図を参照されたい．ベネット(c. 1646-1708)の叔母レベッカ(c. 1617-95)は，ウィルトシャー，ソールズベリの同郷者ヘンリ・バイリと結婚し，夫とともに1636年にマサチューセッツのソールズベリに移住している．彼女はこの夫との死別後は，そのままマサチューセッツのソールズベリに残り，同地のジョン・ホールと結婚，この夫の死後はやはり同地の聖職者ウィリアム・ウースタと結婚，この夫とも死別した後最後に同植民地議会代議士兼大法官府裁判所書記であったサミュエル・サイモンズ(1595-1678)と結婚した．サイモンズは，レベッカと結婚する前には，マサチューセッツの設立者ジョン・ウィンスロップの妻の姉妹であり著名な聖職者ヒュー・ピーターの養女でもあった女性と結婚しており，マサチューセッツ植民地の統治階層の一員といえる人物であった[92]．ヒュー・ピーターについては，第2章

---

90 キャサリンの母キャサリン・マーシャル(d. 1703)は「ブリストルのRobert Yate」に遺産を残しており，これが下院議員ロバート・イェイツ(1643-1737)と同一人物である可能性もある．また，ブリンリ家の姻戚の非国教牧師アーサー&ジョン・ジャクソン父子の一族も，スペイン商人であり，関係がある可能性もあるが，まだ全く証明する手がかりはない．

91 HPHC1660-90, vol. 1, p. 457.

でふれたように会衆派の思想形成にも貢献した聖職者で，清教徒革命勃発前夜にイングランドに戻りチャールズ1世処刑を支持して王政復古後処刑されている．

　マサチューセッツ植民地には，1635年34才で移住し1682年頃まで生存していたリチャード・スウェインという人物がおり[93]．年齢などから言ってベネット・スウェインの伯父のリチャードである可能性もあるが，確実なことは解らない．1630年代のマサチューセッツ植民地には4．④でふれた議会派海軍少将になるニーマイア・ボーンもおり，人口の少なかった植民地社会で互いに知り合いだった可能性も高いが，確認できていない．

　ベネット・スウェイン（c. 1646-1708）が非国教徒であったことは，巻末付記表2で見るように，非国教牧師であるソールズベリのスローン師[94]と，ハクニのメア・ストリート礼拝所のロバート・ビリオ師[95]に遺書で遺贈を行っていることでも確認される．

⑩ベンジャミン（d. 1686）
　ベンジャミンについては，その遺書により，彼がジャマイカに赴く途中死亡したことが解っているのみである．この年西インドに渡った多くの者は，モンマス反乱に荷担したために流刑された者であったが，ロックのモンマス反乱者リストにもウィグフィールドのリストにも彼の名前はない[96]．ただしさきに見たように，ベンジャミンの兄トマス（⑦）の『議会史・下院』の記事では，トマスの義兄弟がモンマス反乱に荷担したという言及がある．ベンジャミンとトマスは本当の兄弟であり義兄弟ではないが，ベンジャミンがこの言及の対象である可能性も考えられなくはない．

92　Rebecca Swayne/Byley/Worcester/Symonds と Samuel Symonds については，Appleton (1870), pp. 62, 100 ; NEHGR, vol. 47, 1893, pp. 136-140.
93　移民時の記録は NEHGR, vol. 14, p. 323. その他に NEHGR の中には何度か Richard Swayne が出てくる．詳しくは NEHGR, 1-50巻の統合索引を見よ．
94　Sloane については 'Salisbury : Protestant Nonconformity', Crittall (1962), vol. 6, pp. 156-161.
95　Billio については，巻末付記表2「非国教礼拝所一覧」．
96　Locke (1782), Wigfield (1985).

⑪ジョシュア (d. 1719)

ジョシュアについては職業その他の情報がなく,ただ単に彼が独身であったこと,庶子の一人娘があったことのみが解っている.この庶子の親族については,どういう人々なのかは全く解っていない.彼の庶子は,彼の独身の兄サミュエル (c. 1660-1713) ⑥からも手厚い遺贈を受けているが,ジョシュア自身も彼女にほとんどすべての財産を遺贈している.

6. キャサリン・スキナー (婚前姓フーパー, d. 1703) の再婚

ニコラス・スキナー (d. 1670) の2度目の妻キャサリンは,1672年,ダラム出身でロンドンのグレイズ・イン法学院を住所地とした法律家のリチャード・マーシャル (d. 1713) と結婚している.2人が結婚したのは,ロンドンのステプニの会衆派礼拝所であった[97].非国教徒は結婚と埋葬に関しては17世紀後半も18世紀も国教教区教会を利用していることが多いが[98],おそらくこのときは信仰自由宣言で非国教礼拝所のライセンスが出たばかりの時であり,そこでここが利用されたのだろう.いずれにしても,マーシャルも会衆派非国教徒であったと推測される.

マーシャルは,ダラム州ホーホール (Houghall) のマーシャル家出身と考えられる.ホーホールのマーシャル家もまたほとんど研究対象となったことのない一族であるが,1666年のダラム王権伯領身分改めで系図・紋章が登録されている[99].この身分改めの系図には,キャサリンの夫と思われるリチャード・マーシャルがいる(系図にグレイズ・インの法廷弁護士と記入されている)が,妻は別人である.筆者は,この妻が1666-72年の間に死亡し,彼がキャサリン (d. 1703) と再婚したと推測している.こうした推論も含めて筆者が作成したのが巻末のマーシャル家系図である.

マーシャル家は,いくつかの一次史料に出てくる断片的情報から見て,オ

---

[97] 1753年ハーディック卿法が制定された後は,国教教区教会での結婚が義務化されるが,スキナーやボディントン家の行動を見る限りそれ以前も教区教会での結婚が一般的である.ハーディック卿法については Manning (1952), pp. 271f.

[98] ステプニ礼拝所は William Greenhill (1591-1671) が始め,Matthew Mead (c. 1630-99) が継いだ.Gordon (1917), pp. 311, 359-60; Matthews (1934), pp. 233-34.

[99] Foster (1887b), p. 231.

リヴァ・クロムウェルに厚遇された一族であったように思われる．ダラムは，主教座聖堂都市であるだけでなくダラム司教が広範な自治権を持っていた王権伯領（County Palatine）であった．1646年10月議会が「イングランド＆ウェールズの大主教・主教を廃止しその土地・財産を共和国の用途のために管財人にゆだねるための布告」を発布すると，ダラムの主教座および王権伯領の地位は廃止され，ダラム主教および聖堂参事会の所有していた財産は収公された．このとき，収公地の一部を払い下げられた者達の中に，リチャード・マーシャルという名がある[100]．また1648年2月4日の上院日誌には，ダラム聖堂参事会の借地代収入から支払われるべき俸給の支払いがないことを訴えた請願が掲載されているが，この請願ではダラム聖堂参事会借地収入の収入役はリチャードの親族と思われるギルバート・マーシャルとなっている[101]．続いて1650年には主教座聖堂の敷地建物を活用してダラム・カレッジという大学を設置しようとする動きがあったが，オリヴァ・クロムウェルが任命した大学の常任参事（Constant Visitor）11名の中に，ホーホールのギルバート・マーシャルがいる[102]．

また，リチャード・マーシャル（d. 1713）の兄ギルバートの妻は，チャールズ1世の処刑に署名した国王処刑者のサー・ジョン・バーチャー（Bourchier）（c. 1595–1660）の娘であり，これから見ても，同家は革命政権の支持者であったように思われる．バーチャーについては，表6-1，6-3を参照してほしい．

なお先述の1646年の大主教・主教の廃止の布告では，収公した財産を管財人にゆだねて国家の用途に使うとされているが，この管財人に任命されたのはほとんどがロンドン商人であった．このダラム主教財産の管財人の中にジョン・バビントンという名がある[103]．このジョン・バビントンが，ニコラス・スキナー（d. 1670）の最初の妻アン・ベリの姻戚ではないかという推論については，すでに述べた．そうであれば，バビントン家・スキナー家・マー

100　Hutchinson (1785), vol. 1, pp. 513–14.
101　HLJ, vol. 10, 1648–9, pp. 21–22.
102　"Cromwell's speech on founding of a college at Durham", Rutt (1828), p. 538.
103　HLJ, vol 8, 1645–1647, p. 516. Hutchinson (1785), vol. 1, p. 513. ロンドン市長Thomas Adamsと市参事会員5名の他24名が管財人に任命されている．

シャル家は，キャサリンとリチャード・マーシャルの結婚以前から接触があったということになる．

キャサリンとリチャード・マーシャルの間には，一人娘のアンが生まれた．アンは1702年，グロスタシャア出身の法廷弁護士リチャード・フリーマン (1646-1710) の2番目の妻となった．フリーマンは，財務府首席裁判官としてダブリンに赴き，アイルランドで生涯のほとんどをすごした．フリーマンの最初の妻は，サー・アンソニ・ケック (Keck) (1630-95) の娘で，ケックは共和派的傾向を持つ法廷弁護士であり，名誉革命後ウィリアム3世から国璽委員に任命され，ナイト爵も授けられた．また，1691-5年にはスキナー家の出身地ティヴァートン選出の下院議員となっている[104]．フリーマンの宗教的信念は不明だが，政治的にはホィッグであったとされている[105]．

以上見てきたように，ニコラス・スキナー(d. 1670)は，最初の結婚でピューリタン・革命支持のロンドン商人のコネクション，再婚でピューリタン・革命支持のドーセット州（及びハンプシャア，ウィルトシャアなど）の地主のコネクションに接続した．また彼の子供たちは，初婚でできた子供たちも再婚でできた子供たちも，ピューリタン・革命支持の商人，政治家，軍人，聖職者のコネクションの中で結婚した．さらに，ニコラス・スキナーの2度目の妻の再婚も，同様の主義・思想を持つ人物と行われた．

こうして，スキナー家は清教徒革命期前夜から王政復古期にかけて，多数の家系を含む大規模で強固な非国教親族網を作り上げる．これに比べると，ボディントン家の非国教親族網は，第1世代3人兄弟のうち2人が国教に留まった（と思われる）ために，ずっと小規模なものにとどまっている．だが，ボディントン家は，このスキナー家と婚姻することで，はるかに拡大された，またたくさんの名士を含んだ非国教徒コミュニティに接続したのである．

---

104 "Anthony Keck", HPHC1690-1715, vol. 4, pp. 535-36.
105 Ball (1926), pp. 67-68.

第 4 節　第三世代以降と親族網・信仰の再生産

本節では，このスキナー家非国教親族網がいったいいつまで持続するかを検証するため，第 3 世代以降を追跡調査する．

第二世代の中でかなり後まで子孫を残したのは，1．ジョン・スキナー（c. 1640–1701）＆スザンナ（ブリンリ）（d. 1707）夫妻，2．ニコラス・スキナー（d. 1706）＆メアリ（ワース）（d. 1723）夫妻，3．マシュウ・スキナー（b. 1648）＆メアリ（ダッシュウッド）夫妻，4．トマス・スキナー（1662–1732）＆グレイス（ビンガム）（生没年不明）夫妻の 4 組であるので，以下それぞれの子孫を見ていきたい．

1．ジョン＆スザンナ・スキナー夫妻の系統

ジョン・スキナー（c. 1640–1701）とスザンナ・ブリンリ（d. 1707）の間に生まれた子供で成人まで生きたのは，①ジョン（1671–1741），②エリザベス（c. 1672–1758），③ニコラス（1675–1763）である．スキナー家系図中央下方を見ていただきたい．

①ジョン（1671–1741）とその子孫

彼は，セント・ピーター・ル・プア教区在住のイタリア商人であった．彼の妻エレノアの実家は不明である．2 人の間には 13 人以上の子供が生まれたが，早死した者が多く，父の死亡時に生きていたのは，A．ブリンリ（1696–1764）（ファースト・ネイムとして祖母の実家の姓を継承している），B．ジョージ（1699–1753），C．スザンナ（b. 1695），D．エレノア（1698–1741），E．メアリ（1700–1779），F．アン（1702–c. 1767）のみである．

A．長男ブリンリ（1696–1764）は，リヴォルノ領事を務めた後[106]，ドーセットシャーへ引退し，おそらく独身で生涯を過ごした．彼は遺書で，デュウリッシュの教区教会の貧民 10 人と非国教徒の貧民 10 人に等しく遺贈している．前者は地主としての義務，後者は彼の個人的信仰をあらわしており，彼は非

---

[106] FMG, vol. 1, p. 414.; Horn（1932）, p. 80.

国教信仰を維持していたと推測される．

　B．ジョージ（1699-1753）については，妻のファースト・ネイムがエリザベスであったこと，死亡時は引退してエンフィールドに暮らしていたことくらいしか解らない[107]．

　娘たちについては，C．スザンナ（b. 1695）と E．メアリ（1700-79）が，ジョージ・ボディントン2世の息子であるアイザック（1681-1732）とベンジャミン1世（1692-1779）とそれぞれ 1716 年および 1749 年に結婚している．ボディントン家とスキナー家は，すでに第2世代のジェイムズ・ボディントン（1653-1731）がスキナー家姻戚のグレイ家の娘と 1675 年に結婚したことでつながっているが，そのほかに両家はハクニやエンフィールドの礼拝所で接触を持っていたと思われる．またアイザック・ボディントンとベンジャミン・ボディントン1世は第2部で見たようにレヴァント商人であり，イタリア商人であったスキナー家とビジネス上でも接触があった可能性がある．

　C．スザンナとアイザック・ボディントンの間には，エレノア（1719-93）という娘が生まれたが，彼女は独身だったのでその子孫はいない．従ってここはこの第5世代で絶える．また E．メアリとベンジャミン・ボディントン1世の結婚は，ベンジャミン側の再婚であり，この2人の間にも子供は生まれていないため，ここもスキナー家の血筋は絶えている．

　D．エレノア（1698-1741）は生涯独身であった．

　F．アン（1702-c. 1767）は，小説家兼事務弁護士のロバート・ポルトック（1697-1767）と結婚した[108]．彼の政治的宗教的信条については十分調査していないが，彼の小説『ピーター・ウィルキンスの生涯と冒険』には主人公が奴隷を救済する反奴隷制的な場面があると言われている[109]．なおロバートとアンの娘で第5世代にあたるアンは，国教牧師と結婚している．

107　ジョージの遺書は，カンタベリの遺産検認裁判所には登録されておらず，現在ロンドン首都文書館の史料として保存されている．彼の遺書が同定できるのは，遺書の証人としてエレノア・ボディントン（おそらく C．スザンナの娘 1719-93）という署名があることによる．MS9172/160 will number. 171. LMA.

108　ハッチンスとハンターの系図は，彼の姓を Patrick としているが誤りである．Robert Paltock の ODNB 記事を読めば明らかである．

109　Paltock (1751), 高橋和久訳 (1999); "Roert Paltock", ODNB.

以上この家系については，ほとんど第5世代以降絶えているが，ポルトック家のみ第6世代以降続くようである．ただポルトック家の場合，以上に述べたように第5世代ですでに国教化が始まっている．

②エリザベス・スキナー（c. 1672-1758）とその子孫

エリザベスは1700年にサー・ジェイムズ・コレット（1645-1711）と結婚した．スキナー家系図左下方を見ていただきたい．コレットは，青果商組合メンバー（fruiter）で，87年には組合長に就任している．またヴィントリ街区から1681-3年，89-91，93-1701年に市会議員として選出され，1698年にはロンドンのシェリフにも選出されている．また，1697年ナイト爵を受爵した[110]．

コレットは，彼の舅であるジョン・スキナー（c. 1640-1701）が所属していたシティのシルヴァー・ストリート会衆派礼拝所の会衆であったと考えられる．なぜなら，コレットの父[111]はこの礼拝所の牧師ジョン・シングルトンに遺贈しており，コレット本人はシングルトンの後継のダニエル・ニールに遺贈しているからである．またコレットの妻エリザベスの兄ジョン・スキナー（1671-1741）（①）は，コレットとシングルトン師を彼の遺言執行者に任命している．おそらく，コレットとエリザベスは，このシルヴァー・ストリート礼拝所の会衆同士として知り合い，結婚に至ったのであろう．

ウッドヘッドは，サー・ジェイムズ・コレットについて，国務文書からの情報に基づき，彼は政府から「決して教区教会に行かない独立派（会衆派）で，非常に熱烈なホィッグ」と見られていたと記述している[112]．また，コレットの姉妹デボラはロンドン商人レオナルド・ロビンソン（d. 1696）と結婚していたが，この人物についてもウッドヘッドは，ジョン・オーウェンの会衆で，また第五王国派リーダーのクリストファ・フィーク（Christopher Feake）[113]と親交があるとして政府の監視を受けていたと述べている[114]．

110　Woodhead (1695), p. 51.
111　父は James (Jacob) Collett (d. 1678) と思われる．この人物は，遺書の中で青果商と名乗り，住所地も同じであり，子供達の名前も一致している．
112　Woodhead (1965), p. 51.
113　Feake については，Capp (1972), pp. 248-49.

彼の妻となったエリザベス（c. 1672-1758）も，会衆派の熱心な信者であったようである．彼女は夫がナイト爵であったためレイディ・コレットと呼ばれていたが，第3節で見たレイディ・トレビのように非国教聖職者の後援者であった．彼女は，ロンドンのマイル・レイン会衆派礼拝所の聖職者ティモシ・ジョリ師に，彼女が死亡時に住んでいた家屋敷・土地という大きな遺贈を残している[115]．また彼女は，晩年住んだエンフィールドのポンダーズ・エンドにおいて，その土地の非国教利害の後援者として知られていた[116]．

　サー・ジェイムズ＆エリザベス・コレット夫妻には，成人まで生きた子供としてはジェイムズとエリザベス（d. 1752）がいた．ジェイムズは，サー・シーザー・チャイルドの娘と結婚した．この子孫については不明である．エリザベス（d. 1752）は，エンフィールド・オールド・パークの地主サミュエル・クレイトンと結婚した．クレイトンは，妻の従姉妹メアリ・スキナー（1711-1815）の夫でオリヴァ・クロムウェルの曾孫のトマス・クロムウェル（1699-1748）の遺言執行者となっている．クレイトン夫妻からは，エリザベス，サミュエル（c. 1727-1800），ジョン（1728-1800）[117]，ニコラス（1730-1797）が生まれた．長女エリザベスは，非国教牧師ティモシー・ラーファー（1724-69）[118]と結婚している．またニコラス・クレイトン（1730-97）は非国教牧師になっている[119]．つまりこの系統では，第5世代までは非国教信仰は確実に維持され，また非国教コミュニティに生きている．

　③ニコラス・スキナー（1675-1763）とその子孫
　スキナー家系図中央下方を見られたい．ニコラス（1675-1763）は，レイチェ

114　Woodhead（1965），p. 140. ロビンソンの子孫はその後準男爵，18世紀にはロックビ（Rokeby）男爵となる．
115　Timothy Jollie は，追放牧師 Thomas Jollie（d. 1703）の孫．Wilson（1808-14），vol. 1, pp. 492-96.
116　Waylen（1897），p. 62.
117　画家．"John Clayton", ODNB.
118　Timothy Laugher. Wilson（1808-14），vol. 1, p. 125, vol. 2, p. 228.
119　Nicholas Clayton はノーサンプトン・アカデミとグラスゴー大学で教育を受けた後，リヴァプールのオクタゴン・チャペル，ウォリントン・アカデミ，ノッティンガムのハイ・ペイヴメント・チャペルで非国教牧師，教師として務めた．長老派．"Nicholas Clayton", ODNB. ODNB は，このニコラスを画家ジョン・クレイトンの甥としているが，年齢的に見て弟と考えられる．

ル・モースと1704年に結婚した．彼女の実家については何も解っていない[120]．

ニコラス＆レイチェル夫妻には，ニコラス（b. 1707），ソフィア，スザンナ（1706-1761），メアリ（1711-1813）が生まれたが，ニコラスは若くして死亡し，スザンナは独身であったようである．ソフィアについては情報がない．

末子のメアリ・スキナー（1711-1813）は，オリヴァ・クロムウェルの曾孫でロンドンの雑貨商（grocer）でありハートフォードシャアのチェスハントに在住していたトマス・クロムウェル（1699-1748）の2番目の妻となった．以下はクロムウェル系図左下方を参照されたい．この2人の子供で成人したのは，オリヴァ（1742-1821），トマス（d. 1771），スザンナ（c. 1745-1834）である．

トマス（d. 1771）は独身のまま東インドで死亡している．

スザンナ（c. 1745-1834）については，独身のまま死亡したという説と，1794年，ロンドンで「フラー氏の学校」として知られた高名な会計専門学校を経営していた銀行家で会衆派非国教徒としても有名だったウィリアム・フラー（1705-1800）の息子で銀行家のトマス（d. 1797）と結婚したという説の2つがある[121]．このフラー氏の学校は，ベンジャミン・ボディントン2世やフランシス・ベアリング（1740-1810）も通っていた[122]．なおウィリアム・フラー（1705-1800）は非常に富裕であり，彼の財産は娘を通して，ボディントン家姻戚のメイトランド家に相続され，フラー＝メイトランド家を創出[123]したが，これについてはリチャーズ＝ハドフィールド＝メイトランド（親戚）系図右

---

120 ヘンリ・アイアトンの孫でオリヴァ・クロムウェルの曾孫であるジェイン・ロイドの夫ニコラス・モースの近親者だったかどうかは，突き止められていない．ただ，当時ニコラス・スキナーはセント・ピーター・ル・プア教区に住んでおり，ニコラス・モースも同教区の住人でスキナー家の多くが所属した塩商組合メンバーであったことから，関係があった可能性は消えない．

121 FMG vol. 2 p. 434 のクロムウェルの系図では，スザンナが銀行家 Thomas Fuller と結婚したという説と，未婚で死亡したという説の2説のせている．しかし，Waylen は彼女は独身のまま死亡したとしている．Waylen (1897), p. 61. また，旧 DNB の「ウィリアム・フラー」の項目ではトマスは独身のまま1796年に死亡したことになっている．フラー親子の遺書からもこの結婚は確認できない．フラー家については以下．*Monthly Magazine or British Register*, vol. 9, 1800, p. 299.

122 "Sir Francis Baring", HPHC1790-1820, vol. 3, p. 140. 川分（1992），7頁．

123 MGH, new ser., vol. 2, 1876, p. 210.

下方に記入している．

　オリヴァ(1742-1821)は，自分の共同経営者であった事務弁護士モーガン・モースの娘メアリと結婚し，娘エリザベス＝オリヴェリア（1777-1849）と息子オリヴァが生まれたが，オリヴァは幼死し，ここにおいて護国卿オリヴァ・クロムウェル直系の男系は断絶した．ただし，クロムウェルの名は，エリザベス＝オリヴェリアがトマス・アートミドラス・ラッセルと結婚した後もミドルネームとして使用し続けたようである．

　クロムウェル家はかなり後になるまで非国教徒であったと推定される．第4世代にあたるトマス・クロムウェル（1699-1748）の妻メアリ（1711-1813）は，レイディ・エリザベス・コレット（c. 1672-1758）と親しかったようで，彼女からロンドン近郊のポンダーズ・エンドにあった土地家屋を譲られ晩年をそこで過ごしたが，レイディ・コレットの非国教利害のパトロンとしての立場も継承した．メアリの葬儀の説教は，ポンダーズ・エンドの非国教礼拝所の牧師ジョン・ライトによって行われている．また，トマス・クロムウェル(1699-1748)，妻メアリ(1711-1813)，および彼らの娘スザンナ(c. 1745-1834)はともに非国教徒墓地バンヒル・フィールズに埋葬された[124]．

　また，第5世代であるオリヴァ（1742-1821）とその妻メアリ（婚前姓モース）は，オリヴァの妹スザンナ（c. 1745-1834）とともに，ハンティントン夫人が建設したカルヴァン派メソディストの学校チェスハント・カレッジにも熱心に通っていた[125]．宗派は変遷しているが，会衆派と同じカルヴァン派の信仰を強固に維持していたのである．

　しかし第6世代のエリザベス＝オリヴェリア（1777-1849）の息子である第7世代のアートミドラス・ラッセル（1803-30）は，国教牧師の娘と結婚している[126]．こうして，この家系は，ニコラス・スキナー（d. 1670）とオリヴァ・クロムェル（1599-1658）両方を含む清教徒革命世代から数えて第7世代にして，初めて非国教信仰から離脱した．

124　Waylen（1897），pp. 61-62, 64.
125　Waylen（1897），p. 66.
126　Waylen（1897），p. 68.

2. ニコラス・スキナー (d. 1706) ＆メアリ（婚前姓ワース）(d. 1723) 夫妻の系統

　スキナー家系図右中央を見ていただきたい．ニコラス（d. 1706）とメアリ（d. 1723）の間で成人した子供は，①ザカリ（d. 1723），②アン（m. 1708），③メアリ（m. 1698）である．このうち①ザカリは商人だったが，未婚のまま死亡している．

　②アン（m. 1708）はロンドンのタワーヒルの醸造業組合メンバーのサミュエル・レイモンド（d. 1730）と結婚している．サミュエル＆アン・レイモンド夫妻とその子孫については，レイモンド＝バーカー家系図を参照されたい．サミュエルの伯父サー・ジョナサン・レイモンド（c. 1637-1711）は，サミュエル同様の醸造業組合メンバーであったが，シティ・オヴ・ロンドンの市参事会員及びシェリフも務め，ナイト爵を受爵した人物で，政治的には保守派トーリであったことで知られている[127]．しかし，アンの夫となったサミュエル（d. 1730）は，この伯父とは政治的・宗教的立場を異にしていたと思われる．彼自身の信念を物語る証拠は見つかっていないが，サミュエル＆アン・レイモンド夫妻の一人息子ジョン・レイモンド（c. 1712-1782）は，非国教支持，反政府派ホィッグの下院議員であり，1741―47年の在職期間を通じてすべて政府に反対票を投じて過ごしているからである[128]．

　このジョン・レイモンド（c. 1712-1782）は，父と同じく醸造業組合メンバーであり，軍需部糧食課に24年にわたって物品をおさめていた．彼は，ハクニ在住のロンドン商人ジェイムズ・ラム（d. 1728）の娘ブリタニア・ラム（1715-43）と結婚し，その死亡後は亡妻の妹のメアリ・ラム（d. 1795）と結婚している．ラム家も非国教徒で，ハクニのメア・ストリート長老派礼拝所の会衆であったと思われる．ジョン・レイモンドの妻たちの母メアリは，夫ジェイムズ・ラムの死後，同礼拝所の聖職者ジョン・バーカー（1682-1762）と再婚しているからである．なお子供のいなかったバーカー師は遺産全てを彼の義理の娘，つまりジョン・レイモンドの妻メアリに残している．

　ジョン・レイモンド（c. 1712-1782）には，一人息子ジョン（c. 1742-1827）

127　Woodhead (1965), p. 136.
128　"John Raymond", HPHC1754-1790.

（後にレイモンド＝バーカー姓）とサラ，アン，メアリの3人の娘が生まれた．息子ジョンは，後に母方の伯父ジェイムズ・ラム（d. 1761）の妻エスタ（d. 1789）から彼女の実家バーカー家の資産全てを相続して，グロスタシャア，フェアフォードの所領を得て地主となり，また姓もレイモンド＝バーカーに変える．彼は，最初はイングランド銀行総裁でありまた非国教徒としても知られていたダニエル・ブースの娘マーサ（d. 1796）と結婚した[129]．マーサの姉妹ファンシーは，代々長老派で非国教支持のサー・ヘンリ・ホートン（準男爵，1728-95）と結婚していた．第8章第5節で詳しく見るが，ラム家，ジョン・レイモンド父子，サー・ヘンリ・ホートンは，18世紀後半にハクニ非国教徒コミュニティのリーダー的存在となり，新教非国教代表団（PDD）のメンバーとなったり，非国教学校のハクニ・ニュー・カレッジの設立や審査法・自治体法廃止運動などで活躍する．特にこの時期下院議員であったホートンは，議会への両法廃止法案の提出を行っている．

　ジョン・レイモンド＝バーカーの2人目の妻は，トマス・ボディントン4世（1736-1821）の娘マーガレット・ボディントン（m. 1799）である．トマス・ボディントン4世もまたハクニ非国教徒コミュティのリーダーの一人であり，レイモンド父子らとともに非国教利害のために活動していた．

　ジョン・レイモンド（c. 1712-1782）の娘3人の夫は，系図にあるとおりである．サラの夫ジョン・ワンジーは，新教非国教代表団のメンバーでまたハクニ・ニュー・カレッジの出資者であり，レイモンド家やラム家，ボディントン家と同様の非国教コミュニティに属していた（第8章で詳述）．またメアリの夫ジョン・ワレンの祖父ジョン・ワレンはコヴェントリの非国教牧師であり，母はロンドンのカーター・レイン長老派礼拝所のエドワード・ピッカードの姉妹であった[130]．アンの夫コーツについてのみ詳細は不明である．

　以上この家系でも第5世代までは，明確に非国教徒社会の中で生きていたことが確認できる．しかし，レイモンド＝バーカー家は，第6世代からは急速に国教化していく．これについては，第9章で述べることとしたい．

129　"Daniel Booth", ODNB.
130　FMG, vol. 1, p. 370.

③メアリ（m. 1698）

　彼女は，1698年ディズニ・スタニフォース（c. 1674-c. 1739）と結婚した．ディズニ＝スタニフォース家系図を参照されたい．スタニフォース家は，サウス・ヨークシャのシェフィールド近郊のロザラムを本拠地とした地主で，鉄鋼業者も出している．ディズニの父はジョナサン・スタニフォース（1608-80）で4回結婚しており，彼の母メアリ・ディズニは3度目の妻だった．ディズニ家はリンカンシャ，スィンダビの地主で，ディズニ・スタニフォースはこの母の実家の姓をファースト・ネイムとしている[131]．ディズニの父ジョナサン・スタニフォースはロザラムにファーベック・ホールという邸宅も購入している．次三男であったディズニ・スタニフォースはロンドンで商人となり，ハクニに住んだが，長子である義兄の死亡後ファーベック・ホールを相続し，ヨークシャに戻った．彼の死後，ファーベック・ホールは彼の長男ジョナサン（d. 1779）が相続し，彼の死後は独身の妹アメリアが相続し，彼女の死後はジョン・レイモンド＝バーカーが相続し，売却している．

　スタニフォース家とディズニ家はともに熱心な非国教系地主であった．ディズニ・スタニフォースの父ジョナサンの最初の妻は長老派の追放牧師ジョン・ショウ（d. 1672）[132]の娘で，4番目の妻は議会軍の大佐サー・ラルフ・ナイト（c. 1619-91）の娘であった[133]．またジョナサンは，遺書で10人の追放牧師に遺贈をしており，そのうち3名，トマス・ローズ，ジョナサン・スタニフォース，ティモシ・スタニフォースを自分の親族と呼んでいる[134]．公刊されているヨークシャの長老派追放牧師オリヴァー・ヘイウッドの日

131　FMG, vol. 2, p. 734.
132　Matthews（1934），p. 435.
133　もっともナイトは，マンク将軍に近く，マンク将軍ロンドン入場後の仮議会で議員となり，王政復古に貢献したためナイト爵を受爵した．また，カトリック教徒の財産没収に反対したり，監督教会体制の堅持を表明するなど，宗教的に保守・穏健であったと言われている．"Ralph Knight", HPHC1660-90.
134　彼が遺贈した追放牧師は以下．Rowland Hancock, Edward Prime, Matthew Bloome, Jonathan Grant, William Burton, Nathan Denton, Taylor of Shefield, Thomas Rose, Timothy Staniforth, Jonathan Staniforth. 彼の遺書は以下で活字化．FMG, Vol. 2, p. 734. ここで親族 kindsman と呼ばれた3名はいずれも Firbeck のスタニフォースではなく別系統のスタニフォース家で，それらも親族であったことが解る．たとえば Jonathan はシェフィールドのスタニフォース家．

図25 ファーベック・ホール（スタニフォース家邸宅）

記にも，ファーベックのスタニフォース家と交流していたことが書かれている[135]．

一方ディズニ家では，当主ダニエル・ディズニ（1656-1734）がカークステッド（Kirkstead）礼拝所という非国教礼拝所を設立している[136]．彼の息子は国教へ改宗したものの，曾孫ジョン（1746-1816）は再び非国教のユニテリアンとなり，ロンドンのエセックス・ストリートのユニテリアン礼拝所の聖職者およびハクニ・ニュー・カレッジの教師となった[137]．

ディズニ&メアリ・スタニフォース夫妻の子供達は，長男ジョナサンも娘のアメリアも子孫を残していないので，この家系は第4世代で絶えている．

3．マシュウ・スキナー（b. 1648）&メアリ（ダッシュウッド）夫妻の子孫

スキナー家系図右中央にもどる．マシュウ&メアリ夫妻には，メアリ（d. 1738），ニコラス，マシュウ[138]の子供が生まれたが，メアリだけが長命であったようである．しかしそのメアリも未婚のまま死亡したため，この家系は第3世代で途絶える．

メアリ（d. 1738）は，エンフィールドのポンダーズ・エンドで死亡しているが，おそらくそこで叔母のサラ・ウィドン（d. 1739）と暮らしていた．ほぼ同時に死亡した二人は，互いにポンダーズ・エンドの不動産を遺し合うような遺書を書いている[139]．このポンダーズ・エンドの領地は次にレイディ・

135　Hunter (1843), pp. 288, 292, 326.
136　Gordon (1913), pp. 162, 253. カラミが，リンカンシャ出身のケンブリッジ大学上級学監で1662年説教を禁止されたとして挙げている William Disney との関係は不明である．Matthews (1934), p. 165.
137　息子 John Disney（1677-1730），曾孫 John Disney（1746-1816）．この曾孫については Wilson (1808-14), vol. 3, pp. 488-90; "John Disney", ODNB.
138　このマシュウは，Dudley Ryder の日記に出てくる Dudley の友人ではないかと思われる．ただこの日記編者マシュウズは，この人物をノーサンプトンシャ出身の法律家兼下院議員の Mathew Skinner (1689-1749) と取り違えている．Matthews (1939), p. 29n.

エリザベス・コレット（c. 1672-1758）に残され，さらにメアリ・クロムウェル（1711-1813）に残された．彼女たちは4人ともポンダーズ・エンドの非国教礼拝所と非国教貧民の後援者であったようである．メアリ（d. 1738）はまた，シルヴァー・ストリート会衆派礼拝所牧師ダニエル・ニール，ピュターラーズ・ホール会衆派聖職者学校（後のホマトン・アカデミ）教師ジョン・ハッバードに遺贈している．また特定洗礼派の説教師かつロンドン商人であったウィリアム・キフィンの息子ヘンリに嫁いだ母の姉妹レイチェル・キフィンの娘スザンナにも，遺贈を残している．

4. トマス・スキナー（1662-1732）＆グレイス（ビンガム）夫妻の子孫

スキナー家系図左中央にもどる．この2人の間には，グレイス（1688-1753）とトマス（d. 1756）が生まれた．この一族は，ニコラス・スキナー（d. 1670）がフーパー家のキャサリン（d. 1703）との間に残した唯一の男系で重要であるが，トマス＆グレイス・スキナー夫妻も，子供達のグレイスもトマスも遺書を残していないため，彼らのことはあまり詳しくは解らない．

グレイス（1688-1753）については，富裕なロンドン商人の家系でウィルトシャア，カーン選出下院議員だったサー・ジョージ・ダケット（1684-1732）と結婚したため，少し事情がわかる．ダケット家は16世紀半ばからウィルトシャア，カーンに出現した地主で，修道院解散後の土地を購入して地主化した可能性も考えられる．ダケット家については一族によって家族史もまとめられているようだが，筆者は入手していない[140]．

『議会史・下院』によると，サー・ジョージ・ダケットは終始ホィッグだったが，アン女王下の議会ではほとんど活躍せず，政界から引退後は風刺的な文筆業を開始し，ジョナサン・スィフトやアレクサンダ・ポープなどトーリの文筆家を批判したり，修道院解散に関する著書などを書いた．彼の家族は

---

139 サラ・ウィドンは1739年に死亡しているが，遺書を作成したのは1727年で，彼女はその遺書のなかで姪のメアリ・スキナー（d. 1738）にポンダーズ・エンドを遺贈している．しかし，実際には姪メアリの方が叔母よりも少し前に死亡したので，彼女はポンダーズ・エンドは叔母の元に残すような記述を行っている．

140 "Ducket", *Wiltshire Archaeological & Natural History Magazine*, vol. 24, 1888-89, pp. 192-93. Sir George Duckett 自身が書いた私家本 *Ducketiana* という本もあるようだが，未見．

国教徒であり，彼も国教徒であったが，国教聖職者には批判的であった．また修道院解散に関する著作においては，カトリックに批判的な立場をとっている[141]．

　以下はドーセット州地主通婚相関図中央下方を見られたい．娘のグレイス・ダケットは，一度結婚したのち，ヨークシャア地主で下院議員のジョージ・ジャクソン（1725-1822）と再婚した．ジャクソンは後に，国王からのライセンスを得てサー・ジョージ・ジャクソン＝ダケットを名乗る．ジャクソン＝ダケットは，ホィッグのチャタム政権で海軍法務総監などを務めたが，政治家としてはあまり活躍しなかった．1792年には奴隷貿易廃止法案に反対したことが解っている．彼の息子ジョージ・ダケットも下院議員となったが，彼は議会改革や閑職廃止に反対するなど保守派であったことで知られている．

　以上この家系では，祖母キャサリン（フーパー，d. 1703）や祖父ジョン・ビンガム（1615-75）があれほど熱心な非国教徒や革命支持派であったにもかかわらず，第3世代のグレイス（1688-1753）がジョージ・ダケット（1684-1732）と結婚した段階から国教化が開始し，第4世代では政治的にも保守化が進んだと考えられる．

　以上，スキナー家の第3世代以降を見てきた．調査は複雑であるが，かなりシンプルな結論が出ている．スキナー家の子孫は，一番最後にふれたトマス・スキナー（1662-1732）の家系において最も急速に国教化が進み，第3世代で国教徒となった．この家系はすでに第2世代がドーセット州デュウリッシュの領地を継承し，最も早く地主化が進んでおり，この早期の地主化の結果として州代官・治安判事などと名望家的業務も増え，また有力者との通婚もすすみ，非国教からの離脱が速やかに進んだのではないかと考えられる．

　しかし他の家系に関しては第4世代までは完全に非国教徒であり，第5世代においてもただ1例のみ，小説家ロバート・ポルトック（1697-1767）の娘アン・ポルトックが国教牧師と結婚しているのみである．ただレイモンド家

141　"George Ducket", HPHC1715-54, vol. 1, p. 624.

においては第6世代から，クロムウェル家においては第7世代から国教化が進む．

まだ調べ切れていない末裔も少し残っているが，全体的動向としては，18世紀末から19世紀初頭，フランス革命・ナポレオン戦争の時代を抜けた段階で，急速に国教化が進むように思われる．これはスキナー家だけの現象ではなく，ボディントン家の末裔もそうであり，イギリス社会全体としてもこのころに古いタイプの非国教徒の大幅な減少とピューリタニズムの思想の消滅が進む．

旧非国教の衰退については，第8章，第9章で見ていくので，ここではこれ以上論じない．本章ので主張しておくべきことは，スキナー家が王政復古以来19世紀初頭にいたるまで，たくさんの元清教徒革命期の政治家・軍人，非国教聖職者，その有力信徒の地主や商人たちと通婚を重ね，巨大な非国教親族網を作りあげていたことにある．おそらく同じような親族網は他にもあっただろうし，スキナー家の親族網についてもまだまだたどり切れていない家系があり，それらをたどっていけばまだまだこの非国教親族網は拡大していくだろう．

本章で発見した非国教親族網の中には，王政復古後他に行き場がなかったであろう多くの元革命期政治家・軍人，非国教聖職者が含まれていた．こうした人々の末裔は，清教徒革命が生んだ党派対立がイギリス社会において完全に無意味化するまでの長い時間，この巨大だが閉鎖的な非国教コミュニティの中で，同じ信仰と大義を奉じる人々と助け合い，2世紀近い時間を生き延びたのである．

第 7 章

名誉革命後の新教非国教徒たち

　18世紀の非国教徒に最も大きく関わっていた法律は，1689年寛容法（1 William & Mary c. 18），1661年自治体法（13 Car. II stat. 2, c. 1），1673年審査法（25 Car. II c. 2），及び1678年審査法（30 Car. II stat. 2, c. 1）である．

　寛容法は，①第10条にある国王への忠誠，イギリス王国内でのイギリス国王以外の宗教的至上権の否認，父なる神・子なるイエス・精霊に対する信仰と新旧聖書が聖なる霊感によって著されたことの承認を行う宣言文に則って宣言を行うこと，②主教または大執事，または治安判事に6ペンス以下の手数料支払いと礼拝場所の届け出を要件として，非国教徒に礼拝の自由を認め，これまでの諸処罰法から彼らを免除した．

　しかし寛容法は，自治体法や審査法を廃止しなかったので，そこにある非国教徒に対する諸制限はそのまま19世紀まで残り続けた．1661年自治体法は，都市自治体の市長・市参事会員・市裁判官・書記・市会議員その他行政・地方政府の役職に就く者に，①国王や国王の委任を受けた者に対して武器を取らないこと，②「厳粛同盟」に対して行った誓約に拘束されないこと，またそれは違法であること，③役職選出以前1年間にイングランド国教の典例に則った聖餐式を受けること，を要件としていた．また1673年審査法は，文官軍官ともに国王からの権限の付与により給与をもらい受ける者に対して，①ジェイムズ1世治世3年法（3. Jas. I c. 4）にある国王臣従宣言（国王への臣従の他，教皇の権威とカトリック信仰の否認等を含む），②役職就任後3ヶ月以内のイングランド国教聖餐式の受領，③聖餐における実体変化（聖餐式において聖体のパンとワインがキリストの肉・血に変わるというカトリックの教義）

の否定宣言，を要件としていた．1678年法は，特に上下両院議員に対して，聖餐における実体変化と聖母マリア崇敬を否定した新しい宣言文を用意した．

　以上の法律がどの程度非国教徒の生活に影響を及ぼしていたかは，これを専門に調査している研究者でさえ非常に評価が難しいと述べている[1]．しかし確かにこれらの法律は18世紀の彼らの暮らし方を大きく制限するものであった．本章と次章においては，これらの法律のもとでの彼らの生活がどのようなものであり，また時とともにどのように変化していったかを考えたい．本章は17世紀末〜18世紀前半までの時間を扱い，第1，2節で1661年自治体法の③の要件と73年審査法の②の要件である宗教審査の問題，第3，4節では寛容法の下での会衆派と長老派の対立とロンドンの非国教礼拝所の状態，第5節ではその他の市民的自由の問題を取り上げ，最後の節でこの時期のボディントン家のメンバーについて説明する．

第1節　宗教審査と便宜的国教遵奉

> 「1689年，私はコモン・カウンシル・マンに選出されたが，約2ヶ月前に法となったばかりのサクラメンタル・テストにより資格を喪失した[2]．」

　以上は，ジョージ・ボディントン2世の手記の中の記述である．市会議員は任期1年で12月に選挙があり，1689年度任期のための選挙は1688年12月であるので，ここで述べられている「約2ヶ月前」の法とは名誉革命直前の1688年10月にジェイムズ2世がシティ自治体の特許状停止を解除するために発布した王令を指すものと考えられる．この王令を詳しく紹介している研究者はおらず内容は不明であるが，おそらく1661年自治体法が定める就任前1年以内の国教聖餐式への参加の厳格化が一時的におこったのではないかと考えられる．これによりジョージ・ボディントン2世は無資格者とされ，いったん選出された市会議員の職から辞職させられた．

1　Davis（1978），pp. vii-viii. また1779年には非国教聖職者の宣誓内容は少し緩和された．
2　CLC/426/MS10823/001.

こうした宗教審査による公職の強制的な辞任はどれくらいおこっていたのか．表7-1は，ウッドヘッドとビーヴェンの調査をもとに，17世紀末～18世紀初めにシティ役職に選出されたボディントン＝スキナー家関係者についてまとめたものである．ただウッドヘッドとビーヴェンの調査には，上記のジョージ・ボディントン2世の件は出ていない．

　この表を見ると，名誉革命前でさえ非国教徒であってもいつも辞任させられるわけではなく，自治体法に定める宗教審査は最初から形骸化していたように見える．また辞任には別な理由もあり，1687年信仰自由宣言の直後には，信仰自由宣言がカトリック教徒にも適用される内容だったことに抵抗した国教徒が国王からの命令により罷免されたケースもある（表7-1 Samuel Dashwoodの場合）．このように細かな政治情勢も見ていかないと，辞任の本当の理由を把握することは難しい．また，ビーヴェンのデータを見ると，1661年自治体法以前にも役職選出直後の罷免と罰金徴収はたびたび繰り返されている．つまり宗教審査以外の理由，市民権がない，財産資格を満たしていないなどの欠格による罷免や，多忙やより重要な役職への就任などによる自発的な拒絶などで辞任した者は多かった．

　ただその一方で，ジョージ・ボディントン2世のように，何らかのきっかけで宗教審査が厳格化された時期に公職に選任され，辞任せざるを得なくなった者が一定程度いたことも確かであろう．表7-1のヘンリ・グレイ，ニコラス・スキナー，ウィリアム・ダッシュウッドは第2章第7節や第6章で見たようにいずれも熱心な非国教徒であったが，彼らはほぼ同じ時期，1667-8年に辞任して罰金を払っている．またジョージ・ボディントン2世とおそらく同じ理由（1688年10月王令）で辞職させられた者も4名いる．

　では全体として，自治体法や審査法が定める公職就任の際の宗教審査はどのくらい厳格であり，また当時の人はどう見ていたのか．レイシーは，1661-1689年には少ないときで25人，最も多いときで50人くらいの長老派・会衆派の下院議員がいたとしている[3]．下院議員の場合は，宗教審査の要件は審査法によるものであり，当選後3ヶ月以内に国教の聖餐式を受ければよ

3　Lacey (1969), pp. 476-79.

表7-1 ボディントン=スキナー家親族・姻族のシティ役職への選出と辞任の状況（辞任は網掛け，断りのない限りすべて非国教徒）

姓名	役職／選出街区 CCは市会議員	就任時期	辞任の状況
John Berry	Alderman/Langborn	1687年8月-1688年10月	シティ自治特許状復活により更迭
George Boddington I	CC/Coleman St.	1669年	辞任せず
George Boddington II *		1689年	シティ自治特許状復活により更迭？
James Boddington	CC/Coleman St.	1689-90, 1694-95, 1700-01年	辞任せず
James Collett	CC/Vintry	1681-83, 1689-91, 1693-1701年	辞任せず
Samuel Dashwood （トーリ，国教徒）	Alderman/Cheap	1683-87年	1687年信仰自由宣言に反対したため，国王からの書簡によって辞任（このとき6人のトーリのAldermanが辞職）
	Alderman/Aldgate	1688年10月-1705年	辞任せず
William Dashwood	Alderman/Vintry	1667年7月	辞任 罰金£300+20マルク
Henry Gray	CC/Langborn	1665-8, 1660-62年	辞任せず
	Alderman/Candlewick	1668年7-9月	辞任 罰金£300+20マルク（£100に減額）
William Hedges （国教徒）	CC/Bassishaw	1677-80年	辞任せず
	Alderman/Porksoken	1693-1701年	辞任せず
Benjamin Hewling	CC/Coleman St.	1671-72年	辞任せず
William Joliffe	Alderman/Vintry	1687年11月-1688年10月	シティ自治特許状復活により更迭
William Kiffin	Alderman/Cheap	1687年8月-1688年10月	シティ自治特許状復活により更迭
Thomas Papillon	CC/Aldgate	1672-73, 1675-77, 1681年	辞任せず
	Alderman/Porksoken	1689年	辞任せず
Jonathan Raymond （トーリ，国教徒）	Alderman/Bishopsgate	1681-93年	辞任せず
Leonard Robinson	CC/Candlewick	1683, 1688-90年	辞任せず
Nicholas Skinner	Alderman/Bishopsgate	1666年	辞任 罰金£520

出典：Beaven（1908），Woodhead（1965）　＊のみBeaven, Woodheadに記載なし．

かった．これは，自治体法の規程により就任1年前に国教聖餐式を受けておく必要があった自治体役職よりも，資格を得やすかったとも言えるかもしれない．

しかし，自治体においても非国教徒の役職就任は盛んであった．第1章第8節で見たように，ド・クレイは1660-83年の間に20-60名の非国教徒がロンドン市会議員になったとしている．

図26　アブニ・パーク墓地（トマス・アブニの邸宅を1841年宗派不問の墓地としたもの）

ロンドン市長に関しては，ジェイムズ2世の2回目の信仰自由宣言の直後1687年にジョン・ショーター（Sir John Shorter），88年にジョン・アイルズ（John Eyles），1697年にハンフリ・エドウィン（Sir Humphrey Edwin），1700年にトマス・アブニ（Sir Thomas Abney）が就任しているが，彼らは全員長老派の非国教礼拝所の会衆であった[4]．

以上のような人々は，通常は非国教の礼拝所に通っているにもかかわらず，公職就任の要件を満たすために求められた期間内に1回だけ国教の聖餐式を受けて教区牧師から証明書を得ていた．以上のような便法は，当時から便宜的国教遵奉（occasional conformity）とよばれた．こうした行為を行う非国教徒は，国教教会への参加は市民的行為で宗教行為ではないと自己弁護していた[5]．

ホームズは，便宜的国教遵奉はウィリアム3世と彼のホィッグの腹心の大臣たち（ジャントー）が黙認したことで急速に広まったとしているが[6]，レイシーとド・クレイの調査は1660-88年の時期にも便宜的国教遵奉が盛んに行

4　Calamy (1713), vol. 1, p. 561. Holmes (1987), pp. 100-01. Holmes (1986), pp. 195-96. De Krey (2005), pp. 235, 239-40. Lacey (1969), pp. 195, 391. Wilson (1808-14), vol. 1, pp. 270, 296-97. アブニは，シルヴァー・ストリート長老派礼拝所の会衆であるが，高名な会衆派牧師ジョセフ・カーライルの娘と結婚．カーライルが創設したバリ・ストリート・セント・メアリ・アクス会衆派礼拝所の聖職者とも親しかった．ショーターの孫娘は，首相ロバート・ウォルポールの妻である．

5　Wilson (1808-14), vol. 1, pp. 273-76.

6　Holmes (1986), p. 191.

われていたことを明らかにしている[7].

便宜的国教遵奉に対しては，国教徒からだけでなく，エドマンド・カラミやダニエル・デフォーなど非国教徒からも懸念と非難の声が上がっている．カラミは，国教牧師ウィリアム・ニコルズが批判の口火を切ったことを考察している．ニコルズは『イングランド国教防衛論』なるパンフレットの中で「法と都市行政官にとって非常に恥辱であることに，市長が宝剣を携え，荘厳なる都市自治体のあらゆる表象を身に帯びたまま，シティの卑しき職人組合の一つに所属する会館で開催されているうすぎたない秘密集会（conventicle）に参加している」と書き，この問題を告発した[8]．「シティの卑しき職人組合」とは，ロンドン非国教礼拝所の多くが，ピン製造業者組合（Pinners' Hall）や塩商会館（Salters' Hall），錫器製造業者組合会館（Pewterers' Hall），鋳物師組合（Founders' Hall）などリヴァリ・カンパニのホールを用いていることを，揶揄して述べたものであろう．

デフォーは，非国教徒からの自戒をこめた告発として，非国教・国教の儀式両方に参加することは非良心的行為であり，こうした行為は「全知全能の神といないいないばあをしている」ようなものだと非難した[9]．彼は1701年には，『便宜的国教遵奉に関する考察』を出版する．デフォーはこの本に，元市長トマス・アブニの通うシルヴァー・ストリート長老派礼拝所（シルヴァー・ストリート会衆派礼拝所もあるので注意）の牧師ジョン・ハウ（1630-1705）[10] 宛の序文をつけ，ハウに便宜的遵奉に対する立場を明らかにするよう迫った．ジョン・ハウは，本章第3節で見るように，長老派・会衆派の合同に尽力した長老派の有力聖職者だった．ハウは，宗教の儀礼的詳細について論争を喚起することは好ましくない，デフォーは彼が関知しない問題に判断を下そうとしているなどと，回答した．ハウはまた，非国教徒には国教の

---

7 Lacey (1969), Appendix III; De Krey (1985), pp. 20-21; De Krey (2005), pp. 76, 87, 98. 1685-1702年についてもド・クレイは同様の調査をしている．De Krey (1978), p. 125.

8 Calamy (1713), vol. 1, pp. 576-77; Calamy (1829-30), vol. 1, pp. 400-01; Wilson (1808-14), vol. 1, p. 271; Watts (1978), p. 265.

9 Holmes (1986), p. 196.

10 一時クロムウェルの個人付き牧師を務める．王政復古後信仰統一法で国教から追放された．ハウは，晩年イギリスに戻ってきたリチャード・クロムウェルの個人付き牧師もつとめた．Wilson (1808-14), vol. 3, p. 33. "John Howe", ODNB.

302 | 第3部 非国教徒たちの18世紀

礼拝式を全面的に否定しない立場の者がいるとして，そうした人々が国教会と非国教礼拝所の両方に参加することを肯定した[11]．

以上のように，便宜的国教遵奉が非常に広まっていたことを裏付ける証言はたくさんあり，表7-1においても，ボディントン＝スキナー家の人々がときには便宜的国教遵奉を行い市役職につくことがあったことが解る．しかしその一方で，本節冒頭に示したジョージ・ボディントン2世や表7-1のいくつかの事例が示すように，宗教審査のために役職を引き受けられないことも確かにおこりえたのである．

第2節　アン女王時代最初の選挙とジョージ・ボディントン2世の出馬の顛末

名誉革命以降の時期において，最も激しい非国教徒への反動が起こったのはアン女王時代である．アン女王は，厳格な国教支持者として知られていたからである．カラミは，アン女王即位時の政治的空気の変化を，「国王ウィリアムが亡くなるやいなや，非国教徒は変化の影響を感じた．以前から彼らに悪意を抱いていた者たちは，今や公然と勝利し，あらゆる場に置いて非国教徒を誹ろうとしていた」と述べている[12]．

こうしたアン女王時代において，最大の懸案の一つとなったのは便宜的国教遵奉の問題であった．国教の中でも保守反動的なグループ高教会派は，さかんに「教会は危機にある Church in danger」というスローガンを唱え，非国教徒への圧力を求めていた[13]．アン女王即位前年の1701年国教牧師ジョン・オリフ（Ollyffe）は，『包含政策に資する一論文[14]』を議会両院と大主教区会議に献辞し，便宜的国教遵奉の蔓延について議会の一考を求めた[15]．こ

11　Calamy（1713），vol. 1, pp. 577-79, 580-82.
12　Calamy（1713），vol. 1, p. 620.
13　De Krey（1978），p. 102; Holmes（1987），p. 97.
14　原題：*An Essay Towards A Comprehension. Or, A Persuasive To Unity Amongst Protestants. Humbly Offer'd To The Consideration Of The Two Houses Of Parliament.*
15　Calamy（1713），vol. 1, p. 583.

の結果1702年11月アン女王最初の議会で便宜的国教遵奉禁止法案が提出される。同法案は，1711年に法として成立した。また，1714年には分派禁止法（Schism Act）（13 Anne c. 7）が制定される。

ただアン女王時代は，ホィッグや非国教勢力が完全に後退したというわけではない。アン女王時代は1694年3年任期法と1716年7年任期法にはさまれた議員任期が短かった時代で，わずか14年間の治世の間に8回もの総選挙が行われた。アン女王時代の研究者ジョフリ・ホームズは，この時代は激しい党派対立の時代であり，この間にトーリとホィッグの政党的性格が確立したと述べている[16]。

アン女王即位は非国教徒にとって大きな危機であった。そのため非国教徒は，1702年7月から行われた女王即位後最初の議会選挙において熱心に選挙運動を行った。ホームズは，非国教徒の選挙運動の最も顕著な事例としてウィルトシァのウィルトン選挙区に特に言及しているが，実はこの選挙において非国教利害の代表として出馬していたのがジョージ・ボディントン2世である[17]。彼は当選したが，選挙後反対派から選挙不正を告発する訴状が提出されて，当選を取り消されている。以下では，この事件について見ていきたい。

ウィルトン選挙区は，コーポレイション・バラと呼ばれるタイプの選挙区で，その中でも特に選挙権を自治体（corporation）の役職者に限定するものだった。またウィルトンは，この他に通常の市民（freeman）とは別個「政治参加市民 burgess」という身分をつくり，それにも選挙権を与えた[18]。1702年選挙においては，ウィルトンでは投票者はわずか61人だった。またウィルトン選挙区は，毛織物生産地域に位置し，周辺には毛織物の織り元が多く，その相当部分が非国教徒でホィッグ支持であった。ウィルトンの非国教色は，この自治体が1701年に，プロテスタントの王位継承の維持とカトリックの

16　Holmes (1987), pp. xiii-xv.
17　Holmes (1987), pp. 100-01, 408; Holmes (1987), pp. 196-97; "George Boddington", HPHC 1690-1715, vol. 3, p. 252.
18　コーポレイション・バラは行政役職者のみに有権者を限定するものと市民（freeman）を有権者にするものと2種あり，Wiltonは前者である。"Constituencies and Elections", HPHC 1690-1715, vol. 1, pp. 73-74.

根絶のために，亡命中のジェイムズ2世の子孫への臣従を放棄する宣誓を全上下両院議員に義務化することを要求した請願を議会に提出していたことからも，明らかである．このためウィルトンでは，ホィッグの候補者が，外部，特にロンドンから来て，ここで出馬することが多かった．またこの選挙区ではたくさんの候補者が立つことが多く，コンテストが頻繁に行われるという特色があった．

ウィリアム3世治世最後の1701年選挙では，トーリとホィッグが2つの議席を分け合っていた．1702年にはウィルトンのホィッグ支持者の中のトーリへの敵対心は高まっていて，2議席ともホィッグが確保しようとする気運が高まっていた．ウィルトンの当時の市長ジョン・プランカーは，1701年の議会請願からも解るように，非国教徒であった．そのためウィルトンでは，1702年7月にウィリアム3世最後の議会が解散された後，新しい政治参加市民（burgess）が次々と承認され，それら全てが非国教徒であるという状態になっていた．

1702年7月18日の選挙では，ウィルトンの現職議員ホィッグのサー・ヘンリ・アシャーストとトーリのジョン・ゴーントレット，ホィッグ新人のジョージ・ボディントン2世，ホィッグで1695-98年にウィルトンで議席を持ち現在は別な選挙区から下院議員となっているサー・ジョン・ホールズ合計4名が出馬した．結果は現職のアシャーストとゴーントレットがともに24票で落選，一方で新人のボディントンとホールズがともに37票を得票して当選した．当時有権者は2票ずつ持っていたが，得票がきれいに二分されていることから，有権者がウィルトン現職派と，ボディントン＝ホールズ派の2派に分かれて党派行動したことがよくわかる[19]．

『議会史・下院』によると，ウィルトンの選挙民は1701年のプロテスタント王位継承請願の提出に関わって現職2人に不満を持っていた．トーリのゴーントレットはこの請願をもっと穏健な内容に変えようとしたため，ウィルトン市民はこの請願をホィッグのアシャーストの方を介して提出した．ただアシャーストも，このころにはトーリに接近しつつあった．『議会・下院』

---

19 "Wilton, Wiltshire", HPHC 1690-1715, vol. 2, pp. 696-99.

によると，1702年選挙ではボディントンとホールズがホィッグの候補者として連携して出馬し，それに対し現職2人がやはり協力して対立するという構図が生まれていた[20]．

アシャーストについて補足すると，彼はロンドンの非国教商人で，大西洋貿易とともにレヴァント貿易に関与しており，ボディントンとほぼ同じような社会的バックグラウンドを持っていた．ただアシャーストは，ボディントンよりも富裕で社会的地位も高く，政治的にも宗教的にも体制側・国王側に妥協的であった．アシャーストは父，兄弟ともに名誉革命以前からシティの市参事会員であり，パジェット男爵の第六女を妻としていた．また彼はジェイムズ2世とも良い関係にあり，1688年7月にジェイムズ2世から準男爵位を得ている．彼は，非国教聖職者・教師に人頭税を課そうとする計画に反対するなど非国教利害のためにも努力したが，後には保守化し，穏健派トーリのロバート・ハーリーに接近して，明確にホィッグとは言えない立場をとった．宗教的にはアシャーストは長老派で，父の代からリチャード・バクスタと親しく，包含政策—長老派の国教への合流—を求める立場であった[21]．彼は，ボディントンが会衆派基金の管理役であった頃に，共同基金（長老派基金）の管理役でもあった．両基金については次節で述べる．このように，アシャーストとボディントンは，同じ非国教ロンドン商人でありながら，前者はより保守的で長老派の代表，後者はより急進的で会衆派の代表，という違いがあった．

ただこれ以上のことは不明である．もう一人の対立候補ホールズについては，『議会史・下院』は，彼がウィルトン近郊の地主でこの町の市裁判官になるなど地元に強い利害を持っていたこと，また明確にホィッグだったことは言及しているが，宗教的立場については書いていない．また『議会史・下院』はアシャーストの記事において，ボディントンとホールズは非国教徒の強い支持を得ていたとするが，非国教徒であったはずのアシャーストがなぜ

---

20 "Wilton, Wiltshire", HPHC 1690–1715, vol. 2, pp. 696–699; "John Hawles", HPHC 1690–1715, vol. 4, p. 300; "John Gauntlett", HPHC 1690–1715, vol. 4, p. 8; "Sir Henry Ashurst", HPHC 1690–1715, vol. 3, p. 76.

21 "Sir Henry Ashurst", HPHC 1690–1715, vol. 3, pp. 73–76.

非国教支持を得られなかったかについては書いていない．

　落選したゴーントレットとアシャーストは，選挙後それぞれ個別に，この選挙が選挙直前の市長による有権者の水増し工作のために無効であることを訴え，その結果ジョージ・ボディントン2世の当選は取り消され，ゴーントレットが復活当選している．

　ジョージ・ボディントン2世の最初で最後の下院出馬は，こうして不首尾に終わった．彼がどのような経緯で出馬にいたったか，またなぜホールズではなく彼の当選が無効とされたのかは，史料が少ないためにこれまでの研究者もこれ以上のことは明らかにできていない．ただボディントンの当選が無効にされたことは，彼こそがウィルトンの非国教有権者水増し工作の恩恵を直接こうむっていたことを物語っている．裏を返してみれば，ジョージ・ボディントン2世は，このような大がかりでおそらくはかなり高コストの策動によって支援を受けるほど，非国教徒の中でも声望と経済力を持っていたといえる．

第3節　名誉革命後の長老派と会衆派

　次にロンドンにおける1690-1700年代の新教非国教徒がどのような状態にあったかを見ておきたい．

　名誉革命は，長老派が長年求めてきた国教への包含が不可能になったことをはっきりと示した．その結果，長老派は会衆派との歩み寄りを求め，教義上のある程度の統一と，聖職制度上の協力，特に聖職者養成のための教育機関設置や資金面での協力を模索するようになる．

　こうした試みは古くからあった．清教徒革命期から王政復古期にかけて，両派の歩み寄りに最も努力した者はリチャード・バクスタである．バクスタは，彼が牧師をしていたウースタシャア，キドミンスタにおいて，長老派と穏健な会衆派およびイングランド国教の聖職者と，治安判事など世俗の有力者を集めた月例会を開催し，穏健派の新教勢力の結集を試みている．同じような動きはカンバーランドとウェストムアランドでもあり，各宗派の連携の

図27 ピナーズ・ホール

図28 現在のピナーズ・ホール

約束と教義上の合意点をあつめた「一致項目 Articles of Agreement」の作成が行われている．またチェシャアでも非国教諸宗派の聖職者たちの自発的な連携組織が作られ，洗礼や聖餐式，結婚の儀式などで共通のルール作りが行われた[22]．

　ロンドンでは，1672年信仰自由宣言が大きな転機となって長老派と会衆派の連携が図られている．ロンドンの富裕な非国教会衆が資金を提供し，ピン製造業者会館（Pinners' Hall）で毎週火曜日長老派・会衆派合同の「商人講義 Merchant's Lecture」が開催されるようになる[23]．この集会は，80年代前半の迫害で中断したが，名誉革命以降まで維持される．

　名誉革命後になると，ふたたび両派の統一を目指す動きが現れる．第1節でもふれた長老派牧師ジョン・ハウは1690年に長老派と会衆派の聖職の合同をめざし，両派の聖職者がそれぞれの宗派名ではなく「連帯した同志 united brethren」と名乗って行動することを提唱した．彼は，教義的統一もめざし，長老派・会衆派の聖職者と議論を重ねて教義上の合意点を集めた「一致項目」も作成した．アレクサンダ・ゴードンによると，この内容は，各会衆は聖職者を選ぶ際に近隣の牧師と相談すること，聖職叙任の際には近隣牧師の同意が要件であること，同意を得るためや困難が生じた際には地方

22　Drysdale（1889），pp. 365-69.
23　Thomas（1968a），p. 99-100.

総会（シノッド）を開催すること，39箇条信仰告白・ウェストミンスタ信仰告白・サヴォイ宣言の教理学上の条項を聖書と合致すると認めることで正統派信仰（三位一体支持）を確認すること等が，主な内容となっていた[24]．つまりこれは，誰もが聖職者になり得るような状況を防止するため各教会が連携をとることを重視しつつ，国教・長老派・会衆派全ての信条の内容を容認するものだった．この「一致項目」は，1691年9月にはロンドンの長老派と会衆派のほとんどの牧師80名ほどの署名を得た．その後「一致項目」は全国の両派の礼拝所に回覧され，大多数の地方の聖職者から賛同を得た．1692年4月には，ジョン・ハウが提案した「幸福なる連盟 Happy Union」という両派の連盟式が執り行われた[25]．

1690年には，ロンドンの長老派と会衆派が，聖職候補者の教育資金その他の費用にあてるため「共同基金 Common Fund」を設立した[26]．共同基金の運営には，長老派牧師7名と会衆派牧師7名があたり，彼らを平信徒30名が補佐するという体制が取られた．

しかし，両派の連携はこれがクライマックスであった．この後，両派は急速に対立を深め，最終的決別にいたる．決別の最大の原因は，やはり教義にあった．それはなにより，「一致項目」起草委員会のメンバーであったナサニエル・マザーとトマス・コール，リチャード・テイラーの3人の会衆派牧師が，「一致項目」に署名を拒否したことにはっきり現れていた[27]．

特にリチャード・バクスタを中心とする一部の長老派と[28]，会衆派の中でも特に厳格なカルヴァン主義者には，教義上妥協出来ない点がいくつか存在した．ロジャー・トマスによると，バクスタはカルヴァンを批判したヤコブ

24　Gordon（1917），p. 156.
25　Thomas（1968a），p. 102.
26　Thomas（1968a），p. 101.
27　Thomas（1968a），p. 112；Watts（1978），p. 296.
28　バクスタを長老派に分類しない研究者もいる．ウィルソンやドライズディルは，彼を長老派に分類する．一方，ゴードンは各教会の独立性を通常の長老派よりも重んじていたなどとして，バクスタを長老派としない．Gordon（1917），p. 153. バクスタ自身は，自己を長老派と会衆派の「中道 middle way」と位置づけていた．ただ本書では，長老派に明確に分類する研究者も多いこと，会衆派とする研究者はいないこと，人的関係などから見て明らかに長老派と近いこと，彼が寛容よりも包含政策を常にもとめていたことはその自伝からも明らかなこと等を根拠として，バクスタを長老派に分類しておく．

図29 ソルターズ・ホール

図30 現在のソルターズ・ホール（場所も移転している）

ス・アルミニウス（1560-1609）に近い思想を持っていたという．トマスは，これを次の5点に整理している．第1に，永罰への予定の教義よりも，救済への予定と万人への神の恩寵を強調すること．第2に，現世での道徳的な行いを救済に関わるものとして重視すること．第3に，全面的な聖書中心主義をとること．第4に，人間の理性を，肉体的で腐敗したものとはせず，むしろ理性こそが人間が道理を判断する唯一の手段であるとして重視すること．第5に，教義上の違いを超えて各宗派が互いに寛容であること．このようにバクスタは，予定説の軽視，律法（行為）主義，人間の能力と自由意志の肯定などの，厳格なカルヴァン主義者が決して容認できない思想的要素を持っていた[29]．

　バクスタがピナーズ・ホール商人講義で説教すると，会衆派陣営は「アルミニウス主義と，自由意志と人間の能力」の唱道だとして非難を浴びせた[30]．次に，17世紀前半の反律法主義者トバイアス・クリスプ（1600-43）の著作が1690年再版され，長老派ハンド・アリ礼拝所聖職者ダニエル・ウィリアムズの反論が出版されると，長老派と会衆派の対立は深刻化した．ピナーズ・ホール講義は，反律法主義を批判するバクスタやウィリアムズ等のグループと，彼らをアルミニウス主義として糾弾する厳格な会衆派の激しい応酬の場

29　Thomas (1968a), pp. 99, 103-5.
30　Thomas (1968a), p. 105.

と化した[31].

　1693 年には「一致項目」を改正した「ロンドンの非国教牧師における教義上の一致」が作成されたが，会衆派はこれを拒絶して「幸福なる連盟」から脱退した．95 年には会衆派は共同基金からも離脱して，ナサニエル・マザーを中心に会衆派基金を設立した．共同基金は，この後長老派基金と呼ばれるようになった．

　バクスタが 1695 年死亡すると，さらに事態は悪化する．ダニエル・ウィリアムズは，バクスタ以上に会衆派に不評であったからである．ウィリアムズは，先述したようにクリスプの著作の批判を行うなど反律法主義を強く批判したが，それに対しマザーは彼をアルミニウス主義，律法主義，ソッツィーニ主義だとして攻撃した．ウィリアムズが富裕な貴族の未亡人と結婚していたことも，彼に対する不信や嫉妬の原因となったと言われている[32]．ウィリアムズはピナーズ・ホール講義の出資者の投票により講師から外されたが，ウィリアム・ベイツ，ジョン・ハウ，リチャード・メイヨウ等の長老派講師陣はこれに抗議して辞任し，彼らとウィリアムズはソルターズ・ホール（塩商会館）を借りて講義を開始した．彼らは，ピナーズ・ホール講義と同じ火曜日の同じ時刻にソルターズ・ホール講義を設定したが，このことは両陣営の対立の深さを明白に物語っている．

　ただし，以上の事態は非国教礼拝所や聖職者が多数存在したロンドン中心部で起こったことであり，地方，またロンドン郊外においてすら事情は異なっていた．非国教人口が少なく学識ある非国教聖職者も少ない地方や郊外では，長老派・会衆派は対立より連携せざるを得ない場合も多く，両派が相乗りしたような礼拝所も見られた．また「一致項目」が誠実に長期的に遵守された地域もあった[33]．

31　Thomas（1968b），pp. 113-19.
32　ウィリアムズへの批判は強く，教義上の問題だけでなく，不品行・不行跡であるといった誹謗までも受けた．この件に関しては，ウィリアムズは調査を要求し，ビショップスゲイトのセント・リトル・ヘレンズにある長老派礼拝所で彼の子供時代から現在に至るまでの素行などが調査され，その潔白が証明された．Wilson（1808-14），vol. 2, pp. 202-204.
33　Thomas（1968b），p. 121. Watts（1978），p. 297. Jones（1962），pp. 124-25.

ジョージ・ボディントン 2 世は，上記のロンドンの長老派と会衆派の対立に深く関わっていた．第 3 章で見たように，彼はもともとハンド・アリ長老派礼拝所の会衆だったが，1676 年以降ペイヴド・アリ会衆派礼拝所に移っている．実は以上に述べてきた 1690 年代のダニエル・ウィリアムズとナサニエル・マザーの対立は，この両礼拝所の対立でもあった．ウィリアムズはハンド・アリ礼拝所の，マザーはペイヴド・アリ礼拝所の聖職者だったからである．

　共同（長老派）基金・会衆派基金の史料を調査したアレクサンダ・ゴードンは，共同基金の初代管理役および 1691 年の会計役がナサニエル・マザーの会衆のジョージ・ボディントンであったこと，またジェイムズ・ボディントンも事業多忙を理由にいったん辞任しているが共同基金の管理役に選出されていたとしている．これがジョージ・ボディントン 2 世と弟ジェイムズであることは，ほぼ確実だろう．また会衆派基金設立以後は，ジェイムズは共同基金に残る．他方でジョージ・ボディントンは会衆派基金の会議に熱心に出席するようになり，さらに会衆派基金の初代の会計役（1695-1702 年）をつとめる[34]．

　つまりジョージ・ボディントン 2 世は，両派連携から両派分裂の間ずっと会衆派・長老派非国教集団の中心的人物として行動し，両派分裂の際には明確に会衆派を支持した．ペイヴド・アリ礼拝所は会衆派基金設立のための会合が催された場所でもあった[35]．それに対し彼の弟ジェイムズは，長老派基金およびおそらく長老派信者にとどまった．ただ二人は死亡時まで仲がよく，宗派の相違は兄弟の関係には影響しなかったようである．

34　Gordon (1917), pp. 162, 218；"George Boddington", HPHC1690-1715. ゴードンはこのジェイムズ・ボディントンとジョージ・ボディントンが兄弟とは考えていないが，筆者は名前の一致や当時他にボディントン姓の非国教徒を見ることがないことから，この二人が本書のジョージ・ボディントン 2 世と弟ジェイムズであったと考える．

35　Jones (1962), p. 117.

第 4 節　非国教礼拝所

　これまで何度も非国教礼拝所についてふれてきたが，非国教礼拝所とはどのようなものだったのかを，ロンドンでボディントン家，スキナー家が所属した礼拝所を中心に検討しておきたい．

　さきに全体的情報を示す．第 3 章第 5 節で，1672 年の信仰自由宣言でイングランド＆ウェールズ全体で非国教礼拝所のライセンスが 1610 件発行されたことを見た[36]．これに対しホームズは，1690-1710 年には，非国教礼拝所ライセンスは約 4000 件発行されたとする．このほとんどは既存の礼拝所の移動などにともなう証書の交付であり，実数はそれほどあったわけではないが，それでも非国教礼拝所は 1690 年の 940 ヶ所から 1716 年の 1200 ヶ所件にまで増加したという[37]．他方ワッツは，18 世紀初頭に調査を行ったハンド・アリ長老派礼拝所牧師ジョン・エヴァンズのマニュスクリプトにもとづいて，1715-18 年の非国教礼拝所はイングランドだけで 1845 件，ウェールズには 89 件あったとしている．ワッツはまた，18 世紀初頭の非国教人口はイングランド＆ウェールズ合計で 35 万人程度，総人口 600 万人のうち 5-6 ％程度を占めていたとしている[38]．まさに 18 世紀初頭は，非国教徒の繁栄の時代であったのである．

　これらの非国教礼拝所全てが専用の建物を新設したわけではなく，ほとんどの場合は間借りや古い建物の転用ですませていた．しかしドライズデイルによると，名誉革命後の 20 年間ほどの間に 100 棟ほどの非国教礼拝所が新築された．その半数は，信者に最も富裕層が多かった長老派の礼拝所であった．ドライズデイルはこの時代を「非国教礼拝所建設の時代」と表現している[39]．やはり寛容法は，非国教信仰の安定に大きく貢献したといえる．

　ロンドンに限定するとどうか．第 9 章に掲示してある表 9-3 は，19 世紀

36　Watts（1978），p. 248.
37　Holmes（1986），p. 193.
38　Watts（1978），p. 269-70.
39　Drysdale（1889），p. 443.

初頭の非国教史家ウォルタ・ウィルソンの著書に基づいて整理したシティ・ウェストミンスタ・サザックの非国教礼拝所のデータである．ウィルソンによると，1700年前後にロンドン近郊に存在した非国教礼拝所は140ヶ所程度であり，そのうち34が長老派，35が会衆派，洗礼派が各種合わせて55あった．上記のホームズやワッツの数値と比較すれば，非国教礼拝所の1割前後がロンドンに存在していたことになる．長老派，会衆派にどのような礼拝所があったかは，表9-1, 9-2に示している．またボディントン=スキナー家関係者が所属していた礼拝所については，巻末付表2「非国教礼拝所一覧」で詳しくとりあげた．さらに巻末付表3において，ボディントン=スキナー関係者と関係の深かった非国教聖職者を列記した．

　以下では，巻末付表2，3を用いてボディントン家とスキナー家がどのような礼拝所に所属していたのかを整理してみる．まず巻末付表3を見てみよう．全体を見渡してみるとボディントン=スキナー家親族網の人々が関係していたのは，圧倒的に長老派と会衆派の聖職者であることが解る．他の宗派は，2人の洗礼派，ウィリアム・キフィンとジョセフ・ステネットが入っているのみである．これは，長老派と会衆派は，教義的には対立があったが，会衆は重複しており，人的には密接につながっていたことを証明している．一方で長老派・会衆派と洗礼派の間では交流は少なかったと思われる．

　また巻末付表2「非国教礼拝所一覧」のミドルセクス，サリー州の礼拝所を見ると，長老派・会衆派間では，礼拝所が一方の宗派からもう一方の宗派へ転向する，礼拝所内部で長老派・会衆派の聖職者が混在する，一方の宗派の聖職者がもう一方の宗派の礼拝所に移るという現象が時々おこっていたことが解る（エンフィールド，メア・ストリート，ペッカム礼拝所）．つまり，長老派と会衆派の人的つながりは，会衆の宗派移動からだけでなく，聖職者の宗派移動や礼拝所自体の転向によっても生み出されている．

　このように，王政復古後の新教非国教4宗派─長老派・会衆派・洗礼派・クェーカー─のなかでも，長老派と会衆派は対立しながらももっとも関係が深かったことが解る．巻末付記表3下方を見ると，ジョージ・ボディントン2世の妹サラ・フォードの事例だけであるが，「長老派及び会衆派」とこの2宗派に限定して遺贈しているケースもある．

もっとも巻末付記表3下方では，宗派を特定せずに新教非国教全体の聖職者やその未亡人に遺贈を残した者がかなりいたことも解る．以上から，第一に長老派・会衆派には他の新教非国教宗派との間には見られない近接性があったが，その外側に自分たちがより広い新教非国教徒集団に属しているという帰属意識があったことは明らかである．

　以下では，時系列にボディントン家，スキナー家がどの礼拝所に所属していたか確認しておく．ボディントン家の家族史料には，断片的ではあるが家族の洗礼の記録が残っている．それをまとめたものが表7-2である．この表からは，ジョージ・ボディントン2世の1719年の死亡後も，彼の直系の子孫の洗礼は1740年代まではほとんどがジョージ2世が属していたペイヴド・アリ会衆派礼拝所の牧師によって執行されていることが解る．例外のひとつは，ジョージ2世の長女ハンナ・ウェイクマンの息子ジョージで，これはオールド・ジュウリ長老派礼拝所で洗礼されている．また駆け落ち同然で結婚したサラ・コリヤの場合も，長老派礼拝所での洗礼が1件あるが，これは彼女の従兄弟ヘンリ・ボディントンの義兄弟サミュエル・ロウズウェルによるものである．また1730年代には，郊外のハクニのメア・ストリート長老派礼拝所のフィリップ・ギブズによる洗礼があるが，巻末表2「非国教礼拝所一覧」で確認できるように，このギブズはハクニに来る以前はペイヴド・アリ礼拝所につとめていた．以上を総合すると，ジョージ2世の直系の子孫たちは，2例を除けば1740年代まで完全にペイヴド・アリ会衆派礼拝所に忠実であったといえる．

　他方ジョージ2世の兄弟姉妹を見て見よう．ジョージ2世の妹サラ・フォード（1658-1741）とロバート・フォード（d. 1727）は，幼くして死亡する一人息子ジョージをサリー州ペッカムの礼拝所で洗礼しているが，この礼拝所は長老派・会衆派が混在しており，十分に性格が把握できない（巻末付表2）．ただロバートは，1727年にオールド・ジュウリ長老派礼拝所の聖職者に遺贈しており，長老派支持者であった．一方サラは1741年の死亡時にペッカム礼拝所のトマス・ハトフィールドに遺贈したほか，人物を特定せず「長老派または会衆派牧師」に対しても遺贈している．サラは，この礼拝所の両派相乗り的性格に配慮して，このような遺贈を残したとも考えられる．

表7-2 ボディントン家の

	親	授礼牧師
ジョージ2世の妹	Robert & Sarah Ford (1658-1741)	Samuel Chandler（長老派）
James (1653-1732) の家系	James Boddington (d. 1747)	Samuel Chandler（長老派）
	Joseph Boddington (b. 1708)	記載なし
		記載なし
ジョージ2世本人	George Boddington II	Thomas Vincent
		Thomas Vincent
		John Collins
		John Collins
		John Collins
		John Collins
		John Collins
		John Collins
		Nathaniel Mather
		Nathaniel Mather
		Nathaniel Mather
		Nathaniel Mather
ジョージ2世の直系	George Boddington III	John Collins（子）
		John Collins（子）
		John Collins（子）
		John Collins（子）
		John Collins（子）
		John Collins（子）
	Robert & Hannah Wakeman	John Shower
	Ebenezer & Sarah Collier	John Collins（子）
		Thomas Bradbury
		Samuel Rosewell
		James Wood
	Thomas Boddington II	John Collins（子）
		John Collins（子）
		Robert Bragge（子）
		Robert Bragge（子）
		Robert Bragge（子）
		Robert Bragge（子）
		Robert Bragge（子）
		Robert Bragge（子）

子供たちの洗礼

礼拝所	洗礼時期	洗礼された子供
Peckham, Surrey（長+会）	1683-93の間	George Ford (d. 1693)
Peckham, Surrey（長+会）	1731	James Boddington (1731-71)
Hand Alley（長老派）	1749	Mary Boddington (1749-58)
Hand Alley（長老派）	1740	Edward Boddington (b. 1740)
Hand Alley（長老派）	1675	George Boddington III (1675-1759)
Hand Alley（長老派）	1676	John Boddington (1676-1695)
Paved Alley（会衆派）	1677	Abia Boddington (1677-77)
Paved Alley（会衆派）	1678	Thomas Boddington II (1678-1755)
Paved Alley（会衆派）	1679	Hannah Boddington/Wakeman (1679-1714)
Paved Alley（会衆派）	1681	Isaac Boddington (1681-1732)
Paved Alley（会衆派）	1685	Elizabeth Boddington (1685-86)
Paved Alley（会衆派）	1687	James Boddington (1687-1711)
Paved Alley（会衆派）	1689	Robert Boddington (1689-89)
Paved Alley（会衆派）	1690	Sarah Boddington/Collier (1690-1743)
Paved Alley（会衆派）	1692	Robert Boddington (1692-92)
Paved Alley（会衆派）	1692	Benjamin Boddington I (1692-1779)
Paved Alley（会衆派）	1706	George Boddington IV (1706-97)
Paved Alley（会衆派）	1711	William Boddington (1711-11)
Paved Alley（会衆派）	1712	John Boddington (1712-fl. 91)
Paved Alley（会衆派）	1713	Hannah Boddington (1713-14)
Paved Alley（会衆派）	1713	Maryana Boddington (1713-18)
Paved Alley（会衆派）	1714	Thomas Boddington (1714-15)
Old Jewry（長老派）	1705	George Wakeman (1705-57)
Paved Alley（会衆派）	1713	Hannah Collier (b. 1713)
Fetter Lane（会衆派）	1714	Isaac Collier (1714-14)
Silver Street（長老派）	1716	Benjamin Collier (1716-87)
New Court（会衆派）	1718	Sara Collier (b. 1718)
Paved Alley（会衆派）	1712	Mary Boddington (1712-41)
Paved Alley（会衆派）	1713	Hannah Boddington/Ives (1713-49)
Paved Alley（会衆派）	1714	Sarah Boddington (1714-14)
Paved Alley（会衆派）	1718	Elizabeth Boddington (c. 1717-45)
Paved Alley（会衆派）	1719	George Boddington (1718-20)
Paved Alley（会衆派）	1721	Sarah Boddington/Ives (1720-89)
Paved Alley（会衆派）	1722	Thomas Boddington III (1721-79)
Paved Alley（会衆派）	1725	John Boddington (1725-63)

ジョージ2世の直系	John & Hannah Ives	John Richardson
		John Richardson
		John Richardson
		John Richardson
		John Richardson
	Thomas & Sarah Ives	John Saunders
		John Saunders
		John Saunders
		John Saunders
	Benjamin Boddington I	Robert Bragge（子）
		Robert Bragge（子）
		Robert Bragge（子）
		Philip Gibbs
		Robert Bragge（子）
		Thomas Hatfield
	Benjamin Boddington II	William Hunt
		William Bush
		Samuel Palmer
		Samuel Palmer
		Samuel Palmer
	Thomas Boddington IV	Samuel Palmer
		Samuel Palmer
		Samuel Palmer
		Samuel Palmer
		Samuel Palmer
		Samuel Palmer
		Samuel Palmer

＊礼拝所自体が長老派から会衆派へ宗派を転向している．（巻末付表2参照）
CLC/426/MS10823/001, /002.

　他方ジョージ2世の弟ジェイムズ・ボディントン（1653-1732）の家系を見てみよう．まず彼の孫のジェイムズ（d. 1747）は，大叔母のサラ・フォードと同じペッカム礼拝所の所属である．もう一人の孫ジョセフ（b. 1708）の子供は2人とも，ハンド・アリ長老派礼拝所での洗礼である．ハンド・アリ長老派礼拝所はジョージ2世が会衆派に転向する前に所属していた礼拝所であり，ボディントン家のもともとの所属礼拝所であった．ジェイムズは，兄

Paved Alley（会衆派）	1742	Sarah Ives（1742-89）
Paved Alley（会衆派）	1743	Thomas Ives（1743-43）
Paved Alley（会衆派）	1744	Richard Ives（1744-44）
Paved Alley（会衆派）	1746	Nathaniel Ives（1746-47）
Paved Alley（会衆派）	1747	John Ives（1747-50）
Hertford, Hertfordshire（宗派不明）	1754	Thomas Ives（b. 1753）
Hertford, Hertfordshire（宗派不明）	1755	Hannah Ives（b. 1754）
Hertford, Hertfordshire（宗派不明）	1758	John（1758-63）
Hertford, Hertfordshire（宗派不明）	1761	Sarah（b. 1761）
Paved Alley（会衆派）	1728	Elizabeth Boddington/Grace（1728-88）
Paved Alley（会衆派）	1729	Samuel Boddington（1729-49）
Paved Alley（会衆派）	1730	Benjamin Boddington II（1730-91）
Mare Street, Hackney（長老派）	1731	George Boddington（1731-47）
Paved Alley（会衆派）	1733	Papillon Boddington（1733-57）
Peckham, Surrey（長＋会）	1736	Thomas Boddington IV（1736-1821）
Mare Street, Hackney（長老派）*	1765	Benjamin Boddington（1765-70）
Enfield 長老派	1766	Samuel Boddington（1766-1843）
Mare Street, Hackney（会衆派）*	1771	Mary Boddington（1771-77）
Mare Street, Hackney（会衆派）*	1773	John Boddington（1773-78）
Mare Street, Hackney（会衆派）*	1774	Thomas Boddington（1774-1862）
Mare Street, Hackney（会衆派）*	1767	Maria Boddington（1767-72）
Mare Street, Hackney（会衆派）*	1769	Elizabeth Boddington（1769-1839）
Mare Street, Hackney（会衆派）*	1770	Amelia Boddington（1770-1806）
Mare Street, Hackney（会衆派）*	1773	Benjamin Boddington III（1773-1855）
Mare Street, Hackney（会衆派）*	1774	Hariette Boddington（1774-1848）
Mare Street, Hackney（会衆派）*	1779	Maria Boddington（1778-1852）
Mare Street, Hackney（会衆派）*	1784	Frances Boddington（1784-1873）

　ジョージ2世が会衆派のペイヴド・アリ礼拝所に移ってのちも，この礼拝所にとどまり，彼の子孫も一部はこの礼拝所に18世紀半ばまでとどまっていたと推測される．

　巻末付表3においては，ジェイムズ（1653-1732）の息子ヘンリ（1677-1718）がオールド・ジュウリ長老派礼拝所のジョセフ・ベネットに遺贈しているのが解る．またヘンリ（1677-1718）の妻の姉妹は，長老派聖職者のサミュエ

第7章　名誉革命後の新教非国教徒たち

ル・ロウズウェルと結婚している（Boddington 家系図 No.1）．またヘンリの妻の父リチャード・ラッセルもシティのカーター・レイン長老派礼拝所の会衆であったようである．

　以上から，ボディントン家の場合は，第１世代は長老派のハンド・アリ礼拝所に所属していて，その伝統は第２世代の次男ジェイムズを通して 1740 年代まで受け継がれたこと，一方第２世代の長男ジョージ２世は妻の影響を受けて会衆派に転向し，その選択もまた彼の子孫によってやはり 1740 年代まで受け継がれたと考えてよいだろう．

　18 世紀半ば以降のことは第 8 章で見ていくので，ここでは次にスキナー家やその親族の 18 世紀前半までの状況を確認する．

　スキナー家は家族史料がなく，授礼牧師などの記録はない．そこで以下では巻末付表３の情報を中心に見ていく．同家の調査から一つはっきりしていることがある．それは，第１世代ニコラス・スキナー（d. 1670）の最初の結婚でできた子供たちとその子孫の多くが会衆派支持者であることである．まず長男ジョン・スキナー（c. 1640-1701）とその妻スザンナ（婚前姓ブリンリ），彼らの長女エリザベス（レイディ・コレット）とその夫サー・ジェイムズ・コレットは，シルヴァー・ストリート会衆派礼拝所に帰属していた[40]．ジョン・スキナー（c. 1640-1701）は，シルヴァー・ストリート会衆派礼拝所のトマス・コール師の遺書[41]にも登場し，貧民への遺産の配分を任されている．また，ジェイムズ・コレットの義兄弟レオナルド・ロビンソンも，バリ・ストリート・セント・メアリ・アクス会衆派礼拝所に属していた[42]．次に次男ニコラス（d. 1706）もシルヴァー・ストリート会衆派礼拝所に属していた．三男マシュウ（b. 1648）については解らないが，その独身の娘メアリ（d. 1738）がシルヴァー・ストリート礼拝所の聖職者に遺贈していることから，マシュウの家も同礼拝所にずっと所属していたと考えられる．

　ニコラス・スキナー（d. 1670）の娘たちの方は，おそらく結婚により住所地が変わったために，シルヴァー・ストリート会衆派礼拝所所属ではなく

40　Woodhead (1965), p. 51.
41　Thomas Cole (1627-1697); PROB11 piece 440.
42　Woodhead (1965), p. 140.

なっているが，いずれも会衆派に忠実である．巻末付表3を見ると，アン・ボーン(1641-1715)は，ロンドンのマイルズ・レイン礼拝所のジョン・ショートと，サリー州エプソムのトマス・ヴァレンタインに遺贈しているが，これらはともに会衆派聖職者である[43]．また，サラ・ウィドン（d. 1739）は1727年の遺書作成時に，会衆派牧師トマス・ブラウニング[44]の娘に遺贈を残しており，彼女も会衆派支持者だったと思われる．

ただ以上のニコラス・スキナー（d. 1670）最初の結婚の直系の人々の周辺には，強固な長老派支持者もいる．その一つは長男ジョン（c. 1640-1701）の妻スザンナの実家ブリンリ家である．ブリンリ家は長老派牧師アーサー＆ジョン・ジャクソン親子の支持者であり姻戚でもあった．またブリンリ家からは長老派聖職者も出ている．またこのスザンナの姉妹が嫁いだトレビ家の場合は，シルヴァー・ストリート会衆派礼拝所ダニエル・ニールとその義兄弟である長老派ナサニエル・ラードナーの両方を後援していた．さらにニコラス（d. 1670）の次男ニコラス（d. 1706）の次女メアリ（m. 1698）の婚家スタニフォース家とその姻戚ディズニ家も，強固な長老派の伝統を持つ一族である．

またシルヴァー・ストリート会衆派礼拝所の熱心な会衆だったと思われる長男ジョン・スキナー（c. 1640-1701）自身，エンフィールドの長老派のオバダイア・ヒューズに遺贈している．

ニコラス・スキナー（d. 1670）の2度目の妻キャサリン（d. 1703）については，長老派・会衆派・洗礼派，またロンドンとドーセット州両方にまたがって遺贈していた．彼女の子供たちについては子孫を残さなかったり，かなり早期に非国教を離脱したりしており，こちらの系統については所属礼拝所の決め手となる情報はない．ただ彼女の娘エリザベスの婿ベネット・スウェイン（1646-1708）は，ハクニのメア・ストリート長老派礼拝所のロバート・ビリオに遺贈を残している．この礼拝所については第8章で詳述する[45]．

以上，スキナー家については，王政復古期にシルヴァー・ストリート会衆

---

[43] John Short (d. 1718) は Wilson (1808-14), vol. 1, p. 466. Thomas Valentine (1677-1756) は巻末付表2エプソム礼拝所を見よ．
[44] Thomas Browning (d. 1685) は Matthews (1934), pp. 81-82.

派礼拝所を選択し基本的にそこに所属していたが,結婚を通じて長老派の人々とも接続していたこと,また1700-1710年代にはエンフィールトやハクニなどの郊外で暮らすようになり,郊外では礼拝所の選択肢が少ないことから長老派礼拝所に所属していたのではないかと考えられる.郊外の礼拝所の状況や18世紀後半のスキナー＝ボディントン家の信仰については,第8章で扱う.

第5節　市民的自由の制限

ふたたびジョージ・ボディントン2世の手記の一節を引用する.

「1714年6月2日水曜日,私の娘ハンナ・ウェイクマンは午前9時半に死亡した.6月3日,私は孫のジョージ・ウェイクマンを,彼の母の死亡を知らせずに,ニュウィントンの寄宿学校から連れ帰った.孫は分派禁止法について悲しみを表明した.この法により,彼の教諭は学校を去らなければならないからである.…6月7日私の娘ウェイクマンの遺体を我が家へ連れ帰った.6月8日彼女はそこ(我が家)からセント・ヘレン教会の北側側廊の墓碑の向こうの墓穴に入れられた.教区会は16ギニーを支払わなければ地下納体堂に彼女を埋葬することを拒否した.私の家族の何人かはそこに埋葬されているが,これまではそんな要求をされたことはなかったのだが.」[46]

ここには2つの市民的自由の制限の問題,1714年分派禁止法による非国教アカデミの閉鎖と,教区教会での非国教徒の埋葬に対する不当な料金徴収の話が出てくる.まず非国教アカデミの問題であるが,非国教アカデミについてはすでに優れた単著が日本でも発表されてきたので詳述はしない[47].1690

45　1715-16年のハクニの非国教社会について書かれたダドリ・ライダーの日記では,トマス・スウェイン,ベネット・スウェイン,マシュウ・スキナーとダドリが友人であったことが書かれている. Matthews (1939), pp. 29n, 30, 75, 86, 151, 200, 356. ただしマシューズはマシュウ・スキナーを別人と誤解している.

46　CLC/426/MS10823/001.

47　三時 (2012). 池田 (1984).

年代にできた共同基金，会衆派基金は，聖職者志望者の学費を出すことが大きな目的となっており，国内の非国教アカデミに行く学生に学費を給付したり，優秀な学生がそこからエディンバラ大学やライデン大学などに進学することも支援したりしていた．両基金のほか，富裕な個人の遺産を信託として，それを基盤に運営された基金もあり，それらも非国教アカデミの学資援助に用いられていた．イレーネ・パーカーは，王政復古期から名誉革命までに非国教アカデミは23校，それ以降1710年代くらいまでに20校程度が設立されたとしており，またマクラハランも前者の時期に20校，後者の時期に20校程度設立されたとしている[48]．ただ多くの非国教アカデミは教師の死亡とともに消滅したり他校に継承されるなどしているので，実数としてはそれほど増加したわけではなく，ホームズは，この間に非国教アカデミの実数は20校から30校程度に増加したと述べている[49]．

　パーカーとマクラハランによると，18世紀初頭までに設立されたアカデミは，ブリストル洗礼派アカデミ以外は，全て長老派及び会衆派である[50]．これらの非国教アカデミは，聖職者養成に特化したものと世俗の職業につく学生を受け入れたものと2種類あり，カリキュラムにも違いがあった．授業内容については先行研究者が非常に詳しく調査しているのでそれに譲るが，算数・航海術・簿記会計，18世紀にはニュートン力学・天文学等まで教育されている．

　冒頭のジョージ2世の手記に戻ろう．ここに記述されている「ニュウィントンの寄宿学校」の特定を試みたい．パーカー，マクラハランによると，王政復古後の時期に，会衆派追放牧師チャールズ・モートン（1627-98）によるものと，同じく会衆派追放牧師セオフィラス・ゲイル（1628-1678）によるものの2つの学校がニュウィントンに作られている[51]．マクラハランは両者とも聖職志望者以外にも開かれた学校であるとしている[52]．前者は，ジョン・

48　Parker (1914), Appendix I, II；McLachlan (1931), pp. 6-15.
49　Holmes (1986), p. 194.
50　この学校についてはパーカーは創立を1720年としているが，マクラハランがより詳しい創立の経緯を書いている．Parker (1914), p. 140；McLachlan (1931), p. 91.
51　モートンとゲイルの学校については，Bogue&Bennett (1808-12), vol. 2, pp. 44-50. モートンの学校の生徒としては，ダニエル・デフォーが有名である．

シャワー師,ダニエル・デフォー,メソディスト派の開祖ジョン・ウェズリ師の父サミュエルが通った学校であり,創立者のモートンは化学者としても有名で,1686年アメリカに亡命しハーヴァード大学の副学長となった.一方,後者のゲイルは,聖職者で非国教史家のダニエル・ニール,ニール著作のもととなるデータを集めたジョン・エヴァンズ,讃美歌で有名なアイザック・ワッツなど次世代の穏健派会衆派や長老派牧師を育てた.ただパーカー,マクラハランはともに,上記2つの学校は両方とも1706年頃に閉校したとしているので,ジョージ・ボディントン2世の手記の学校には相当しない[53].

パーカーは,このころ他にロンドン近郊にあった学校として,会衆派基金が1696年頃に設立したロンドン・アカデミ,別名を基金委員会学校(Fund Board Academy)という学校をあげている.これはマクラハランがピナー・アカデミと呼んでいるものに相当する.この学校は,会衆派の始祖ともいうべき「異を唱える兄弟たち」の一人でクロムウェルに厚遇されたトマス・ゴドウィンの同名の息子が教えていた学校で,所在地が安定せず,ピナーズ・ホール,ムアフィールドなどを転々とした.ジョージ・ボディントン2世は会衆派基金の会計役であり,この学校についてもよく知っていたはずで,ここに甥をいれた可能性も考えられる.ただこの学校はマクラハランによると聖職者養成専用の学校であった[54].

そうなると一番可能性が高いのは,長老派のジョシュア・オールドフィールド(1656-1729)がサザック,その後ホクストンに開いていたとされる学校が考えられる.パーカーはこの学校について言及していないが,19世紀末の長老派基金会計役ジェレミが長老派基金の給付生が入った学校として揚げており,マクラハランもこの学校の存在を指摘している.マクラハランは,この学校は俗人も対象としていたとしており,またオールドフィールドの死

---

52 McLachlan (1931), p. 11.
53 Parker (1914), pp. 58-63, 138; Gordon (1917), pp. 269, 315, 318; McLachlan (1931), pp. 51, 80. マクラハランによると,前者の学校はモートンの後継者長老派 Francis Glasscock (d. 1706) の死,後者も後継者会衆派 Thomas Rowe (d. 1705) の死で閉校となった.
54 パーカーによるとこの学校は1744年頃,ニュウィントン・グリーンにあった聖職者養成学校(1730年創立,マクラハランは Homerton Academy としており,18世紀末にも非常に厳格な正統派信仰であったとしている)に合流した.Parker (1914), p. 141; McLachlan (1931), pp. 12-13, 175f.

亡以前に分派禁止法で閉鎖された可能性があるとしている[55]。

　オールドフィールドが長老派であること，場所がニュウィントンよりだいぶ都市中心部に近いホクストンにあったとされることなどから，ジョージ・ボディントン2世の言及する学校がこの学校であるとは断定はできない．ただこの学校の学生としては，スキナー家姻戚のレイディ・トレビの子供の家庭教師となった聖職者ナサニエル・ラードナー（1684-1768）がおり，彼はちょうどこのころにトレビ家に受け入れられている．ジョージ・ボディントン2世の三男アイザックがスキナー家と婚姻したのも1710年頃であり，ジョージ2世が彼らを通じてこの学校を知り，甥をここに入れた可能性もある．

　1714年分派禁止法（13 Anne c. 7）は特に学校と教師を対象にしたもので，全ての教師は，教育のライセンスを得るために，過去1年以内に国教教区教会の聖餐式を受けたことについて教区牧師等が発行した証明書，国王への臣従・国王至上権承認・厳粛同盟放棄を行った証明書を，大主教・主教などに提出することが必要となった．ただし，同法は単に読み書き計算，航海・商業に必要な算数を英語で教えるのみの教師は例外とするとしており，この法がターゲットにしていたのは聖職者教師であった．この分派禁止法はジョージ1世即位直後の1718年には廃止されるので，歴史的に見れば影響は小さかった．ただマクラハランは，オールドフィールドの学校は，このあと再興できなかったのではないかと推量している[56]．

　非国教徒の遺体の埋葬の拒否問題も，当時非国教徒を悩ませていた問題だった．非国教礼拝所の全てが専用の敷地・建物を持っていたわけではなく，墓地を併設していたものは限られていた[57]．また多くの富裕な非国教徒は，教区教会に家族納体堂（family vault）を持っていた．そのため通常非国教徒は居住地域の教区教会墓地に埋葬されることを希望したが，上記のボディントン家のように，教区会や牧師の判断で埋葬を拒絶されたり特別料金を課されることがあった．ジョージ・ボディントン2世は結婚したころからセン

55　Jeremy（1885），p. 12；McLachlan（1931），p. 9.
56　MacLachlan（1931），p. 9.
57　Holmes（1896），pp. 136-37.

ト・ヘレン教区に在住しており，第2章補論でも述べたように非国教徒にもかかわらず教区教会の役員を務めており，教区の世俗の責任は果たしていた．またこのハンナ・ウェイクマンの死亡までに，彼は2人の妻や子供たちの埋葬を経験していたが，それまではこのような要求はなかったようである．この特別料金の要求がこの時期の政府の反動的姿勢から来ているのかどうかは突き止められていないが，少なくともジョージ・ボディントン2世がそう感じていたことは上記の引用から解る．この後同家は，しばらくは特別料金を支払い，セント・ヘレン教会墓地に埋葬されているが，18世紀半ばにはエンフィールドの教区教会内に家族納体堂を購入しそこに埋葬されるようになった．

このほか非国教徒は，バンヒル・フィールズとよばれるシティの北側にある墓地を利用した．これは1665年のロンドンのペスト流行時に教区教会墓地に収容しきれなくなった遺体を埋葬する場所としてシティ自治体が使用したもので，その後ティンダルという人物が借り受け，民営墓地として一定料金を支払う者全てに解放した．その結果，非国教徒が盛んに利用するようになり，クロムウェル家の末裔，ジョン・バニヤン，ダニエル・デフォーなどの他，セオフィラス・ゲイル，ナサニエル・マザー，ダニエル・ウィリアムズ，ダニエル・ニール，リチャード・プライスなど本書に出てくる多くの非国教牧師もここに埋葬されている[58]．ボディントン家の親族も，ベンジャミン・ボディントン2世がエンフィールドに墓所を購入するまで，ここに数名が埋葬されている（バンヒル・フィールズに埋葬された者は系図でBFと示している）．

第6節　ボディントン家第四世代——ハクニ非国教徒コミュニティ

ボディントン家の家族史は，第3章第7節で第3世代まで話したところで終わっていた．以下では，ジョージ2世の末子で第3世代の中でも最も若かっ

58　Holmes (1896), pp. 134-35.

たベンジャミン1世（1692-1779）の子孫を中心に，第4，第5世代の話を続けていきたい．この第4，第5世代については，ベンジャミン1世の手記[59]，彼の次男ベンジャミン2世の手記[60]，そしてベンジャミン2世の長男サミュエルの日記が基礎史料となる[61]．また，巻末のボディントン家系図 No. 3 を参照されたい．

ベンジャミン1世は，第5章第7節で扱ったレヴァント永住者となった長兄ジョージ3世の子孫と破産し早世した義兄ロバート・ウェイクマンの息子ジョージを別にすると，ボディント

図31　エリザベス・ボディントン（婚前姓ボール）

ン家最後のレヴァント商人である．彼は最も年の近い兄アイザック（1681-1732）と比べても一回りも年下であり，また十数年以上もレヴァント現地で代理商をしたために，彼が帰英した1725年9月には家族も世の中も大きく変わっていた．まず，事業においても信仰においても一家の支柱であった父ジョージ・ボディントン2世と母は，すでに他界していた．彼は，帰国後は，父ジョージ2世が晩年引っ越していたハクニに在住したようである．ベンジャミン1世はこの実家に戻り，ほどなくして家族の通うハクニのメア・ストリートの非国教徒礼拝所である女性と出会い，結婚する．

この女性，エリザベス・ボール（1701-45）との出会いは，事業転換の転機となった．ベンジャミン1世はエリザベスとの間に5人の息子と1人の娘をもうけるが，彼はその子供たちを誰一人レヴァント商人にはせず，またレヴァント商人に嫁がせもしなかった．ボール家は当時西インド貿易に関与していたが，ベンジャミン1世は息子たちをボール家の会社に入れ，西インド商人に育て上げる．その後ボディントン家のメンバーは少なくとも1880年代まで西インド貿易に関わり，また彼らの姓を冠したボディントン商会は1941年まで西インド貿易商社としてロンドンで存続する．

59　CLC/426/MS10823/002.
60　CLC/426/MS10823/004.
61　CLC/426/MS10823/005c.

以下ではまずボール家について解説し，その後ベンジャミン1世の子供たちについてみていきたい．

　ボール家は，家族史料がないことや姓名の平凡さのために情報収集が困難であるが，レジナルド・ステュアート・ボディントンが遺書情報をもとにボール家とその姻戚ラヴェンダー家の系図を作成している[62]．また20世紀初頭のウィリアム・ボール・ライトという家族史家が，ケント州メイドストンの教区簿を調査し，ボール家の歴史を18世紀初めまで追跡した[63]．またボール家の姻戚には，高名なユグノーのロンドン商人家系パピヨン家があり，この家には家族史料に基づいた詳細なケース・スタディがあるため，こちらからもある程度情報が得られる[64]．筆者は，以上の情報を総合し，さらに遺書の調査から新たな情報を加え，系図を作成した（ボール＝ラヴェンダー家系図）．

　ボール家は，16世紀初頭からケント州メイドストンに在住した一族である．ライトによると，ベンジャミン・ボディントン1世の妻エリザベスの曾祖父サミュエル・ボール（1585-1625）は，メイドストンの教区簿ではソルター（salter 塩商，乾物商）と記載され，ロンドンの皮革商組合の記録では高級織物商（mercer）と記載されていたということである[65]．塩商も高級織物商もロンドンのリヴァリ・カンパニであり，二つに加入することはできないので，どちらかが間違っている．彼の同名の長男サミュエル（1616-61）は次段落で説明するようにソルターであるので，これとの混同が考えられる．もしサミュエル（1585-1625）がマーサーであったなら，彼はほぼ確実に冒険商人組合メンバー（Merchant Adventurers）である．冒険商人組合はフランドル・北ドイツ方面への未仕上げ毛織物輸出を独占していた特許貿易会社であるが，そのメンバーのほとんどはリヴァリ・カンパニとしては高級織物商組合に所属しており，この両組織は組合会館と議事録を共有するほどまでに活動が重複していた[66]．ボール家は17世紀後半にはハンブルク商人とも呼ばれている

62　MGH, new series, vol. 1, 1874, p. 315 ; vol. 3, pp. 98, 184-85, 208, 211.
63　Wright (1908), pp. 163-68.
64　Papillon (1887).
65　ライトはこの記述の根拠を明らかにしていないが，おそらく後述する彼の息子トマス・ボールの皮革商組合徒弟契約書における父親の職業の記述によったと考えられる．

が，17世紀後半にはまさに冒険商人組合はハンブルクを主要港としてハンブルク会社とも呼ばれていたので[67]，ボール家が1600年頃から冒険商人組合メンバーであった可能性は考えられる．

サミュエル（1585-1625）には長男サミュエル（1616-1661）と次男トマス（c. 1625-79）という息子がおり，前者がベンジャミン・ボディントン1世の妻エリザベスの祖父に当たる．次男トマスについては，皮革商組合メンバー（leatherseller）であったこと，兄サミュエルの妻の姉妹の夫トマス・ブリュワーの姉妹フランセスと結婚したと思われること，フランセスという一人娘がおりベンジャミン・ウィリアムズという人物と結婚したことが解るのみである．以下では長男サミュエル（1616-61）の家系について記述する．

サミュエル（1616-1661）は，その遺書でソルターでロンドン市民と自称している．また彼は遺書で，故郷のケント州とロンドン郊外のニュウィントン・グリーンの他エセックス州やアイルランドに土地を持っているように記述している[68]．ライトは，ロンドン市民でソルターであったサミュエル・ボールが，1642年にジョン・ビッグズ[69]という代理人を通してアイルランドの土地に50ポンド投資し土地の配分を得たという記述がアイルランド関係の国務文書にあることを発見しており，同一人物であると推測している[70]．

彼はトマス・ラヴェンダーの娘アンと結婚し，2人の息子サミュエル（c. 1641-1741）とジョン（生没年不明）及び未成年の娘6人を残して死亡した．このうちジョンは，叔父トマス・ボール（c. 1625-79）の遺書には出てこないので，遺書作成時の1679年10月にはすでに死亡していたと考えられる．

66　Sutton（2005）. pp. 129, 160, 176, 262, 318.
67　Lingelbach（1902）. pp. xxxvii-xxxviii.
68　アイルランドのどこかは書いていない．
69　この人物は，ケント州メイドストンに在住していたジョン・ビッグ（d. 1642）である可能性がある．彼は遺書でロジャー・ボールに5ポンド遺贈している．また，このジョン・ビッグの兄弟スモールホウプ・ビッグの妻の姉妹エレンは，サセックス州ライのエドワード・ベンブリッジと結婚しているが，サミュエル・ボールの母の再婚相手ジョセフ・ベンブリッジもライの人間であり，何らかの関係があったと思われる．ジョン・ビッグの遺書にはアイルランドの土地は出てこないが，彼の姉妹2人はニューイングランドに嫁いでおり，ジョンもニューイングランドに土地を持っていた．ジョン・ビッグとエレン・ビッグの遺書は以下に掲載. NEHGR, vol. 29, pp. 257-60, vol. 38, pp. 60-61.
70　Wright（1908）, p. 165.

ラヴェンダー家は，ベッドフォードシャア，フェルマーシャムの出身で，男系の一人が16世紀後半から17世紀前半にロンドンに出てきて，食糧雑貨商（grocer）となっていた．ラヴェンダー家は，ロス（Wroth）家，ケイム（Came）家，ライマー（Rimmer）家，ブリュワー（Brewer）家とも姻戚関係があったが，これらの家がどういう家なのかは不明である．トマス・ケイム（d. 1679）は遺書で非国教牧師に遺贈を行っている．

サミュエルの長男サミュエル（c. 1641–1741）[71]は，父と同じくソルターであり，1721年80才の頃にソルターズ・カンパニのマスタ（組合長）になっている[72]．サミュエルは，ハンブルク商人と呼ばれる一方，1741年の死亡の時には各雑誌の死亡記事で「著名な西インド商人」と記載されている[73]．彼は，ユグノーのロンドン商人ジョージ・パピヨンの娘メアリと結婚し[74]，パピヨン（1694–1743），ベンジャミン（1700–1763），エリザベス（1701–1745）の2男1女を得た．このエリザベスがベンジャミン・ボディントン1世の妻である．エリザベスの兄弟パピヨンとベンジャミンは雑誌の死亡記事でやはり西インド貿易商と説明されている．また2人はともにロイヤル・エクスチェインジ保険会社の取締役であった[75]．このボール家の西インド貿易については，第10章第2節で詳述する．

パピヨン家についてもここで記述しておく．（パピヨン家系図参照）同家は16世紀フランスのユグノー戦争のあおりでイギリスに亡命してきたロンドン商人であり，イタリアのルッカのプロテスタントのカランドリーニ家，ブルラマキ家などとも姻戚であった．カランドリーニ家は，17世紀初めにはオースティン・フライヤーズのオランダ人及びフランス人のための改革派教会の聖職者を出している[76]．パピヨン家の中でも最も政治的に活動したのは，サミュエル・ボール（c. 1641–1741）の舅ジョージ・パピヨン（d. 1684）の兄

---

71 彼についてはチャールズ1世治世17年（1641年）に生まれたという情報がある一方，死亡時には94才であったという情報もある．いずれにしても非常に長命であった．
72 Watson (1963), Appendix A, p. 146.
73 *London Magazine*, 1741, p. 466. *Gentleman's Magazine*, 1741, p. 500.
74 Papillon (1887), p. 12. ここでは名前がJohn Ballとなっているが誤りである．
75 *London Magazine*, 1743, p. 153. *Gentleman's Magazine*, vol. 13, 1743, p. 163. *London Magazine*, 1763, p. 336.
76 Grell (2011), p. 8.

トマス・パピヨン (1623-1702) であった．トマスは海軍糧食請負で財をなし，騎士議会中途の補欠選挙で国教派・非国教派が激しく対立する中一度は落選しながらも国教派の不正を訴えて下院に当選した人物であり，騎士議会の数少ない非国教利害代弁者であった．彼はユグノーではじめての下院議員であったとも言われている[77]．また1679-81年の3つの排除議会においてはいずれも当選してヨーク公（ジェイムズ2世）の王位継承に反対した．またトマスは1680-82年には東インド会社副総裁であったが，83年の政治的反動の中で他のホィッグ・非国教支持の取締役たちとともに取締役会から追放されている[78]．彼はその他，イーストランド会社にも関与していた[79]．パピヨン家の非国教利害は，ジョージの長男フィリップ (1660-1736) が伝統的な非国教家系であるジョリフ家の娘と結婚したことからさらに強化された．ジョリフ家は，非国教系ロンドン商人のデシック (Dethick) 家やドーセット州の非国教家系トレンチャード家などと密接な姻戚関係をもつ一族であり，レヴァント会社，東インド会社にも長く関わってきた一族である[80]．パピヨン家の人々はアメリカ宣教組織のニューイングランド会社（福音伝道協会）にも参加していた[81]．

　ボール家が非国教徒であった証拠は，このようなパピヨン家と姻戚関係を持っていたこと，ハクニの非国教礼拝所に通っていたこと，またボール家メンバーの遺書に非国教聖職者への遺贈が確認できることなどから，明白である．

　ベンジャミン・ボディントン1世に話を戻そう．彼が結婚したエリザベス・ボール (1701-1745) は，パピヨン家の娘を母に持ち，また父サミュエル (c. 1641-1741) はソルターで，ハンブルク商人兼西インド商人であった．また彼女の兄パピヨン (1694-1743)，ベンジャミン (1700-1763) はともに西イ

77　Smiles (1868), p.330. ただしスマイルズは息子フィリップと名前を混同している．
78　De Krey (2005), pp. 148-49, 324. "Thomas Papillon", HPHC1660-90；HPHC1690-1715；HPHC1715-54.
79　"Thomas Papillon", HPHC1690-1715, vol. 5, pp. 87-94.
80　Jolliffe 家については Jolliffe (1892).
81　Kellaway (1961), p. 299.

ンド貿易商であった（以下ではボディントン家系図 No.3 を見よ）．

　このベンジャミン（1世）＆エリザベス・ボディントン夫妻の間には，1. 長女エリザベス（1728-88），2. 長男サミュエル（1729-49），3. 次男ベンジャミン（2世，1730-91），4. 三男ジョージ（1731-47）と四男パピヨン（1733-57），5. 五男トマス（4世 1736-1821）が生まれた．以上が第4世代である．ただ母エリザベスはこの子供たちが成人する前に死亡し，ベンジャミン1世は兄アイザックの妻の妹であるメアリ・スキナーと再婚した．次男ベンジャミン2世は，手記の中で母を失った子供たちに辛抱強い愛情を注いでくれたこの継母に深い感謝を述べている．

　1. 長女エリザベス（1728-88）はウィリアム・グレイス（1727-1775）に嫁いだ．グレイスについては，ハンプシャのウィンチェスタ出身の非国教徒で，ロンドン市民で魚商組合メンバーであったことの他は不明である．この夫婦の遺書にはウィルトシャ，デヴィズ（Devizes）の織り元一族アンスティ家[82]の名前や同じ町に住む親族の名前が出てくることから，ウェスト・カントリの毛織物産業に関わっていたとも推測される．彼らは生涯ハクニ在住で，ハクニの非国教徒と密接な付き合いを持っていた．

　2. 長男サミュエル（1729-49）は，伯父ベンジャミン・ボールの西インド商会に入るが，ロンドンで修業半ばに突然病気になり死亡する．そのときの様子は弟ベンジャミン2世が深い悲しみとともに記述している．

　3. ベンジャミン2世（1730-91）は，やはり伯父ベンジャミン・ボールの西インド商会に入る．彼は病弱で，あまり事業の実務には携わらなかったようだが後述するように，西インド貿易商の業界団体に出席したり，南海会社取締役などにも就任した．また，地域の非国教徒利害やその他の公益事業のために活動した．（コラム2参照）

　彼は3度結婚している．最初の2回でロンドンのリチャーズ家，マンチェスタのハドフィールド家と姻戚となっており，これらを通じてロンドンのヤーヴァリ家とトウグッド家，エズデイル家，スコットランド，ダンフリーズ出身のロンドン西インド商人メイトランド家とも親族となった．リチャー

82　この一族の事例研究は Haycock（1991）．

ズ=ハドフィールド=メイトランド系図を参照されたい．これらの家族は，遺書での遺贈，ハクニでの活動，非国教牧師との通婚，ウィリアムズ博士図書室への戸籍登録などから，非国教徒であることが明らかである．トゥグッド，エズデイルはユグノー家系である[83]．ただこれらの一族は，いずれも商業か製造業に関係していたとは思われるものの，どんなビジネスをしていたかは，ロンドン，コールマン・ストリートで西インド貿易商を営んでいたメイトランド家以外は解らない．またこのメイトランド家は，第10章で詳述するボール家とボディントン家のパートナーであったリチャード・メイトランドとは，同じロンドンの西インド貿易商であったにもかかわらず，系図上の接点を見つけることができないし，またベンジャミン2世の手記においても両者の関係を示すような文言は出てこない[84]．

　ベンジャミン2世が最後に結婚したメアリ・ペトリ（d. 1822 メアリ・コニーとして死亡）もまた熱心な非国教徒であったことは彼女の遺書から明らかである．彼女の遺書（作成1812年4月）からは，姉エリザベスが，1791年からエンフィールドのベイカー・ストリート会衆派礼拝所につとめ1800年以降はドーセット州ウェアハムに移った非国教牧師トマス・トマス[85]の妻であったことが読み取れる．またこの遺書には熱心な長老派として知られたロンドンの医師ウィリアム・ソーンダース（1743-1817）が出てくるが，ソーンダースの最初の妻はマーガレット・ペトリ（d. 1777）であり，この女性もメアリの近親者であったと思われる．ソーンダースはエディンバラ大学を出た後ロンドンで開業し，晩年をエンフィールドですごした．また彼は，エンフィールド長老派礼拝所の牧師であったセイヤー・ウォーカーの指導者でもあり，ウォーカーの医業への転換を支援した[86]．メアリ（d. 1822）は死亡時まで非国教徒であり，エンフィールド非国教礼拝所の牧師宛てに20ポンド遺贈している．

83　Smiles (1868), p. 320；FMG, vol. 3, p. 1123.
84　R・S・ボディントンも両メイトランド家の関係を調べていたが，見つけることができなかった．
85　Thomas Thomas(d. 1823)の死亡記事．*Monthly Repository of Theology and General Literature*, vol. 18, 1823, p. 605.
86　"William Saunders", ODNB．" Sayer Walker", ODNB.

メアリ (d. 1822) は，夫ベンジャミン 2 世の死後ビクネル・コニー (d. 1812) と再婚しているが，この人物はエンフィールド在住のロンドン商人でイングランド銀行取締役でもあった[87]．メアリの義弟であるトマス・ボディントン 4 世 (1736-1821) もまたイングランド銀行取締役であり，コニーとは知人であったと考えられる．ビクネル・コニー自身が非国教徒であったかどうかは解らないが，彼の娘婿リチャード・バウチャーと息子トマス・コニーは国教の聖職者であった[88]．

4．三男ジョージ (1731-47) と四男パピヨン (1733-57) の 2 人については，前者が中国行きの船の船上で死亡したこと，後者がリスボンで死亡したこと以外は不明である．前者については，東インド会社に深く関与していたボール家の姻戚パピヨン家を頼ってこの方面での商人として養成するつもりであったのかもしれない．

5．五男トマス 4 世 (1736-1821) は，ボディントン家一門の中でも最も活躍した人物の一人である．彼は次兄ベンジャミン 2 世とともに伯父ベンジャミン・ボールの商会に入り，西インド貿易商として養成された．ボディントン家の西インド貿易については第 4 部に譲るが，兄ベンジャミン 2 世が病弱でほとんど事業に携わらない中，彼は多くの実務を担当した．彼は，一族のビジネスだけでなく，ロンドン実業界の役職も引き受けた．たとえば彼は，西インド貿易商とイギリス在住の西インド・プランターが集まって西インド貿易に関わる様々な問題を議論し政府や関係諸団体と交渉する西インド委員会という業界団体への出席も，主に引き受けた．彼が壮年期にあった 1780 年代から 1810 年代にかけては，奴隷貿易廃止とそれに続く奴隷待遇改善，奴隷制そのものの廃止問題，その一方でロンドン港の改修・西インド貿易専用ドックの建設など様々な問題があったが，それらの議論の場に主に出席していたのは彼であった．

また彼は，イングランド銀行取締役（在任期間：1782-1809 年）を 30 年近く務めた他，1796-7 年にミリオン・バンクが解散される際の業務に当たっ

---

[87] 彼の死亡記事による．*Annual Register*, 1812, p. 168.
[88] Bicknell Coney の遺書に聖職者として出てくる．国教牧師としてのの特定は以下のデータベースによった．http://theclergydatabase.org.uk/

ている．これについてはコラム1にゆずる．また彼は兄ベンジャミン2世の長男サミュエルとともにロンドン・ドック会社の取締役にも就任している．

　このほか彼は家族にとっても金融担当者であり，家族や親族，さらには取引先のプランター・商人などの遺言執行者にたびたび任命されている．遺言執行者の仕事は，遺言者の意向に従って遺産を遺贈していくことであるが，女性や未成年者，資産管理能力の低い男性に対しては遺産を信託としそこから定期的に一定額を支給するような形がとられた．このような場合遺言執行者は，信託財産の受託者（トラスティ）となって資産運用とそこからの長期にわたる配当支給という業務を行わなければならなかった．また遺言者の借財の整理や，遺産が遺言に書かれた金額を下回る場合のあらたな遺贈額の設定，紛争の処理など様々な手腕が求められた．トマス4世の壮年期には，これらの業務を引き受けられるだけの人物がボディントン家には他におらず，彼にこの業務が集中している．

　さらに彼は，兄ベンジャミン2世とともにさまざまな公益慈善事業でも活動しているが，これについてはコラム2にゆずる．

第 8 章

ピューリタニズムの退潮と浮動する信者たち

　第 7 章では，名誉革命により寛容体制が確立したのち，長老派と会衆派の連携が試みられたが，10 年もしないうちに両派が深刻に対立するようになったことをみた．18 世紀半ば以降は，両派の教義はますます乖離する．この主な原因は，長老派がカルヴァン主義だけでなくキリスト教の正統派教義から乖離し始め，18 世紀半ば以降は理神論，合理主義信仰，ユニテリアニズムとよばれるものに変容していくことにある．それだけでなく，国教へ転向する聖職者も多数現れ，宗派全体の勢いを失い，信者数も減少していく．一方で会衆派は福音主義の影響を徐々に受けていくが，まだそれによって完全に党勢を盛り返すにはいたらない時期にある．

　18 世紀後半は，以上のように旧非国教の教義が変容し，信者数も減少しながらも，王政復古以来の非国教コミュニティが保たれていた時期である．本章ではこの時期が非国教全体にとってどういう時期であったか，またボディントン＝スキナー家の人々がこの時代をどのように生きたのかを取り上げる．

第 1 節　長老派の変容とソルターズ・ホール合同会議の生んだ亀裂

　19 世紀の神学者でイングランド長老派のユニテリアンへの変容に批判的だったドライズデイルは，長老派が正統派信仰を失うようになった大きな原因として以下のことをあげている．①大学入学や学位取得に宗教審査が行わ

れたため大学に進学しなくなった一方で，非国教アカデミが消化しきれない量の知識を提供し，思索にふける習慣を持った若者を輩出したこと．②アン女王時代の高教会派による攻撃．③18世紀初頭は国教においても様々な宗教論争がおこり，それが国教聖職者と交流のある長老派へ深刻な波及効果を及ぼしたこと．

国教内部でおこっていた論争の中で特に長老派に影響を与えたのは，サミュエル・クラーク（1675-1729）の『聖書の三位一体学説』（1712年）である．クラークは，三位一体をはっきりと証拠づける記述が聖書にはないとして，三位一体を指示する内容を持つ祈祷書や信仰告白に署名することを疑問視した．これは国教内部にも大きな影響を与え，国教を遵奉しながら三位一体を支持しない国教内アリウス主義者や，39箇条信仰告白の受諾（subscription）を宣誓・署名で求めることに反対する者が現れた．クラークは信仰告白の受諾を求めることに反対しており，また一般祈祷書から三位一体の要素を取り除くような改正を行う考えも持っていたという．クラークの考え方には，18世紀前半のカンタベリ大主教のヘリングやヨーク大主教のハットンなどトップの高位聖職者まで賛同を示した．ケンブリッジ大学教授でアリウス主義により大学を追放されたウィリアム・ホイストン（1667-1752）が，ケンブリッジ大学では三位一体の教理に関して自分以上に正統派であるものはいないと述べていたという証言も残っている[1]．ドライズデイルは，以上のような聖職者自身の自由な教理解釈が，宗教に市民的自由主義を持ち込み，教理的判断については聖職者を尊重するという根本的な原則にさえも不信を高めてしまったとする[2]．

非国教の中でも最も富裕で知的かつ穏健だった長老派は，こうした国教の知的思弁の影響を最も強く受けた．もともと長老派は，聖書のみがキリスト教神学のよりどころであるとする聖書中心主義だったが，そこに神の存在を科学的に証明しようとするサミュエル・クラークやジョン・ロックらの影響が加わり，聖書の合理的理解・分析が重視されるようになり，やがて教義の一切の人為的公式化を否定するようになった．ワッツやドライズデイル，そ

---

1 Oldmixon (1735), p. 681.
2 Drysdale (1889), pp. 497-98.

の他の非国教研究者はいずれも，クラークやロックの著作が非国教アカデミで教科書として盛んに採用されたことが，次世代の非国教聖職者に大きな影響を与えたとしている[3]．

長老派の反三位一体的傾向が顕在化し，会衆派とは相容れないことが明確化した一連の事件が，1717–19年にわたっておこる．それは，ボディントン家などの平信徒の思想や生き方にも大きな影響を及ぼしていくので，以下に記述する．

事件の発端は，1717年のエクセタであった．エクセタには非国教礼拝所が5つあり，それらを統括する在俗長老会（secular presbytery）と長老会議（synod, Exeter Assembly）が存在した．この2つの組織において，礼拝で栄誦（doxology, 三位一体の神への頌栄）を省略しているジェイムズ・ペアースという牧師の信仰の正統性，つまり彼が三位一体説を支持しているかどうかが調査された．これを契機に，エクセタ長老会議は全非国教牧師を三位一体教義に関して審査するが，その結果エクセタの59名の非国教牧師のうち19名が三位一体の教義の受諾を拒否する．これに対し，エクセタ長老会議は，今後三位一体教義を受諾しない人物には聖職叙任しないことを決議した[4]．

エクセタ長老会議は以上についてロンドンにアドヴァイスを求めたため，このできごとは首都に飛び火する．1719年2–3月ロンドンではソルターズ・ホールで長老派・会衆派・洗礼派合同会議が開催されるが，これによってロンドンでも三位一体については大きく意見が分かれていることが顕在化してしまう[5]．

ソルターズ・ホール会議については，ドライズデイル，トマス，ワッツが詳しく書いているが，記述内容には若干の食い違いがある．まずドライズデイルは，ソルターズ・ホール会議では，会衆派のフェッター・レイン礼拝所のトマス・ブラドバリ師が，ロンドンの非国教牧師にも三位一体教義の受諾

---

3 Watts(1978), pp. 465–67. ロックとサミュエル・クラークの影響については，Thomas(1968b), pp. 139–41, 149–51. 両者の非国教アカデミへの採用についてはParker (1914), pp. 125, 135; Webb (1996), pp. 42–63; Wykes (1996), pp. 99–139.
4 Drysdale (1889), pp. 501–02. 具体的には，三位一体教義の諾否は，イングランド国教39箇条信仰告白の第1カ条を受諾するかどうかとして問われた．
5 Thomas (1968b), pp. 155–58.

表 8-1　1719 年 3 月ソルターズ・ホール合同会議の投票結果

	合計	内訳				
		長老派	会衆派	特定洗礼派	一般洗礼派	不明
Subscriber	78	30	28	14	1	5
Non-subscriber	73	47	9	2	14	1

Watts (1978), p. 375-76.

について審査を行うべきだと主張したと述べている[6]．そのため，受諾の審査を行うかどうか自体について多数決が取られ，出席者全 142 名の中で受諾審査に賛成が 69 名，反対が 73 名という結果になった．このほかに，出席を拒否した中立派が少なくとも 13 名いた．宗派の内訳は，反対派 73 名中 50 名が長老派，7 名が会衆派であった．なお賛成派においては長老派は 26 名，会衆派は 23 名，中立派においては長老派は 9 名，会衆派は 5 名（ダニエル・ニールも含まれる）であった[7]．

一方，トマスは「神の息子の真実で適正なる神性を否定すること，すなわち彼が父とともに唯一の神であることを否定することは，間違いであり，聖書に反しており，改革派（カルヴァン派）教会の共通の信条に反する」という項目を含むエクスタへの回答書の草案について，2 月と 3 月に賛否を問う投票が行われたと述べている．投票結果は 2 月には賛成者が 53 名，反対者が 57 名であった[8]．3 月の投票結果については，ワッツが内訳を詳しく述べている（表 8-1）．

これ以降，三位一体教義の受諾に賛成するグループはサブスクライバーと呼ばれ，反対派はノン・サブスクライバーと呼ばれるようになった．僅差で少数派となったノン・サブスクライバーはこの会議から離脱して別に会議を開いて，サブスクライバーとは別個にエクセタ教会会議への回答を作成した[9]．

ドライズデイルは，ノン・サブスクライバーは多くが長老派からなっており，サブスクライバーは会衆派に支持者が多かったとしている．一方表 8-1

6　Drysdale (1889), p. 502; Thomas (1968b), p. 160.
7　Drysdale (1889), pp. 502, 505; Thomas (1968b), p. 161. Watts (1978), pp. 375-76.
8　Thomas (1968b), p. 160-61.
9　Drysdale (1889), pp. 502-04.

は，長老派がサブスクライバーとノンサブスクライバーに二分したのに対し，会衆派はほぼ一致してサブスクライバーだったことを示す．洗礼派に関しては，一般洗礼派が圧倒的にノン・サブスクライバーで，特定洗礼派は圧倒的にサブスクライバーだった．

　ただこの時点でノン・サブスクライバーは三位一体の教義を否定していたわけではない．彼らの宣言文には「我々は全面的にアリウス主義を否認すること，心底より三位一体の原理と我が主イエス・キリストの真の神格(proper divinity) を信じていることを，良心の呵責なく宣言する．我々は以上のことが聖書にはっきり啓示されていると認識している」と述べている．ただ彼らは，「我々の信仰告白にある三位一体や真の神格といった人間の言葉は，我々が話題にしている物事を表示する (notify) だけに用いられるのであり，我々は，審査という方法で，これらの言葉に我々自身あるいは他の人間の言葉で特別な解説を与えるほど思い上がって行動すべきではない…我々は，そのような場合に我々が用いることのできる最良の最適なものは，これらの物事についての聖書の記述であると考える」と述べており[10]，三位一体や真の神格などという言葉は聖書にない人間が作った言葉であり，そのような言葉で宗教的審査を受けることを潔しとしないと主張した．当時このような立場は，「アルミニウス主義」と呼ばれ，反三位一体の「アリウス主義」とは違うとされていた[11]．

　だが，以上のような微妙な議論が一般に理解されたかというとそうではない．ソルターズ・ホールの事件は，俗人会衆からも注視されており，三位一体というキリスト教信仰の根本理念をあいまいにするかのような聖職者たち発言は，不安と疑念の目で見られていた．あるサブスクライバー支持派の俗

10　以上のノン・サブスクライバーの声明文の原文は，以下に引用されているものによった．Oldmixon (1735), p. 682.
11　ヤコブス・アルミニウス (1560-1609) はカルヴァンの予定説を批判したオランダ神学者．オランダで大きな論争を呼びおこしレモンストラント派を生んだ．ドルト会議 (1918-19) で改革派では異端とされた．アルミニウス主義はその後 17 世紀には原義通りカルヴァンの予定説を否定する立場として用いられた．しかし 18 世紀イギリスでは，ここで述べているような三位一体を支持できないという意味に変容していた．アルミニウス主義の原義は宇田 (1991)，29-31 頁．イギリスにおける 17 世紀と 18 世紀での意味の違いについては Thomas(1968b), pp. 168-69．その他 Waker (2013), pp. 9, 20, 49.

人会衆は匿名で「ロンドンの非国教聖職者に対する俗人からの手紙」という文書を発表し，そこにサブスクライバー，ノン・サブスクライバーの名前のリストを載せ，サブスクライバーへの感謝の手紙と，ノン・サブスクライバーへの説得の手紙を載せている．この著者は，定型文に則って三位一体を受諾するのを否定するノン・サブスクライバーが本当に三位一体やイエスの真の神格を支持しているかどうか不明であると述べ，また彼らはアリウス主義者でないと断言しているが，ソッツィーニ主義やユニテリアンではないとは断言していないと批判している[12]．

長老派は，この後もますますこの「アルミニウス主義」に傾倒していった．1732年のロンドンのある調査によれば，31人の会衆派牧師全てがカルヴァン派であったのに対し，長老派牧師では44名中19名のみがカルヴァン派に分類され，残りのうち13名はアルミニウス主義，12名はバクスタ的中道と分類されていた．このカルヴァン派長老派19名のうち8名が1750年までに死亡し，その後が「アルミニウス主義」者で補充された．残りの牧師についても「アルミニウス主義」に移行した者，あるいは会衆派牧師に転向した例が確認されている[13]．

一方「アルミニウス主義」の長老派聖職者の多くは，その後国教に転向した．18世紀初頭まで生きて現状を考察していた歴史家エドマンド・カラミは，このソルターズ・ホール合同会議の直後数年間のうちに，25名の長老派聖職者が国教に転向したが，そのうち18名がノン・サブスクライバーだったとしている．カラミは，彼らが非国教徒としては三位一体教義の受諾に反対したにもかかわらず，国教に転向するためには易々とその審査を受諾したことについて，強い非難と驚きを示している[14]．しかし本章冒頭で述べたように，この当時はすでに国教聖職者自体の中に多数の反三位一体派がいた．それゆえに，長老派から国教に転向した者達は，国教聖職者となるにあたって三位一体を受諾しても特に良心の呵責を感じなかったのだろう．

ドライズデイルは，非国教史家ジョサイア・トルミンの言葉を借りて，ソ

---

12 *Layman's Letters* (1719).
13 Goring (1968), p. 205.
14 Calamy (1829–30), vol. 2, pp. 503–06 ; Drysdale (1889), p. 506.

ルターズ・ホールの事件以降は「新しい教義上の意味合いで」長老派という名称が用いられるようになったと述べている．つまりイングランド長老派は，反三位一体派という意味で用いられるようになったというのである．ドライズデイルはまた，ソルターズ・ホール事件以降，イングランド長老派は宗教性を失い，世俗・宗教両面における単なる自由主義に堕していくこととなったと断じている[15]．

　1770年代以降リチャード・プライス，ジョセフ・プリーストリ，セオフィラス・リンゼイ等が出ると，長老派では反三位一体，さらにはキリストの神性を否定するソッツィーニ主義が主流となり，合理主義信仰（Rationalism），あるいはユニテリアニズムと呼ばれるものに移行する[16]．また以上のような変化の結果，長老派基金やウィリアムズ博士トラスト，第5節で詳しく述べる新教非国教徒代表団（Protestant Dissenting Deputies, PDDと略）のような組織のなかで長老派が占めてきた地位は，長老派の後継である非正統派信仰に取って代わられるようになり，それは19世紀に新たな紛争の火種となる．

15　Drysdale（1889），pp. 506-07.
16　Short（1968），pp. 229f.．Watts（1978），pp. 472f．ソッツィーニ主義は，Faustus Socinus（1539-1604）から来る用語．彼はポーランドでおもに活動し，予定説，キリストの贖罪，原罪，三位一体の教義を否認した．彼はキリストの道徳的教えを重んじ，また理性を使用して教義に疑念を持つことを肯定した．彼は，ポーランドのユニテリアン勢力の統合に貢献した．ソッツィーニ主義は，広義では教義に疑念を持つことの自由といった意味で用いられ，狭義にはキリストの神性や三位一体の否定，その他贖罪・予定・義認等の否定の意味に用いられる．Walker（2013），pp. 99-106, 116-17．一方ユニテリアニズムは，反三位一体を主張するプロテスタント思想の総称である．反三位一体の主張は古代から存在するが，宗教改革以降においては上記のソッツィーニの他16世紀のミカエル・セルヴェトゥスが高名である．彼は反三位一体のほか，キリストの神性の否定や幼児洗礼への反対を主張して，カトリック側からも新教側からも弾圧され，ジュネーヴでカルヴァンによって火刑に処せられた．その後反三位一体思想は17世紀にポーランドとトランシルヴァニア，18世紀にイギリスやアメリカで成長した．ただ東ヨーロッパのものと英米のものは，思想的には共通点があるものの，別な歴史的過程を経て成立したものであり，同一教団や宗派を形成するものではない．現在ユニテリアンと称する宗派にも多様なグループがあり，統一的な組織や教義はない．宇田（1991），1196頁．

第2節　非国教徒地域社会への影響

　以上の聖職者の思想的動揺は，俗人会衆と非国教コミュニティにどのような影響を与えただろうか．この問題について，本節と次節を使って，ボディントン家とロンドン近郊の非国教徒コミュニティを中心に考えてみたい．
　ソルターズ・ホール合同会議のあった1719年は，ちょうどジョージ・ボディントン2世が死亡した年でもある．強固な会衆派支持者であったジョージ2世の死とそれと相前後して進展した非国教の変容は，一族の信仰や，彼らの周辺の非国教コミュニティに影響を及ぼしたのか．
　1720年代以降のボディントン家は，シティ・オヴ・ロンドンの北側に広がる郊外に徐々に生活の拠点を移す．彼らの住所地はニュウィントンやハクニ，クラプトン，エンフィールドを転々としており，いくつかの不動産を同時に所有していたのか頻繁に引っ越しをしていたのか解らない部分があるが，18世紀前半にはハクニかニュウィントン・グリーン，後半にはエンフィールドとクラプトンに主に住んでいたようである．以上述べた地域はロンドンの上層市民の中でも特に非国教徒が好んで住んだ地域で，非国教礼拝所や非国教アカデミが多数設置され，18世紀を通して非国教コミュニティが繁栄した．これらの地域の住民は，俗信徒も聖職者も直接ロンドン中心部から供給されており，ロンドンの動向は即座にこれらの地域にも伝わった．ロンドンとの位置関係は巻頭の地図2を参照されたい．
　まずシティに最も近いニュウィントンの状況を見てみよう．巻末付表2「非国教礼拝所一覧」のMiddlesex & Surreyのところを参照されたい．このあたりではストーク・ニュウィントンに会衆派礼拝所，ニュウィントン・グリーンに長老派礼拝所があったようである．ただ両者の聖職者はかなり重複しており，共同で礼拝をしていた時期もあったのではないかと思われる．ストーク・ニュウィントンは，清教徒革命期の有力軍人・政治家を輩出しオリヴァ・クロムウェルの姻戚でもあったフリートウッド家の所領が近くにあり，同家やその姻族が有力会衆で，会衆派色が強かった．ただソルターズ・ホール合同会議のころにこのストーク・ニュウィントン礼拝所の牧師であったト

ムキンス師は，会衆派にもかかわらず三位一体に対する疑念を表明して，同礼拝所を去った[17]．他方，ニュウィントン・グリーン長老派礼拝所聖職者ビスコーもノン・サブスクライバーとなったが，その後も同礼拝所でしばらく聖職者を続けている．ただ彼はその後，国教へ改宗して同礼拝所を去った．その後同礼拝所に来た聖職者も次々と

図32　ニュウイントン・グリーン礼拝所

国教に改宗している．最終的には同礼拝所は，リチャード・プライスなどの合理主義信仰の非国教聖職者を積極的に受け入れるようになり，ユニテリアンに転向していく．

　以上の礼拝所については今のところこれ以上詳しいことは解らないが，少なくともニュウィントン・グリーンの長老派礼拝所はソルターズ・ホール合同会議を契機に，カルヴァン派からの乖離が始まったように見える．

　次に別の郊外の町で，ボディントン家も在住したハクニの状況を見てみよう．（引き続き巻末付表2を参照）1672年の信仰自由宣言の時には，ハクニでは9件の非国教礼拝のライセンスが取得された[18]．しかし長続きし専用の建物も建設することができた礼拝所，はメア・ストリート（セント・トマスズ・スクェア）礼拝所だけだったようである．これは1668年頃に長老派の追放牧師ウィリアム・ベイツが開始したものが起源と考えられている．ベイツの死後は長老派のロバート・ビリオが招かれ，その死後はチェスタの高名な長老派マシュウ・ヘンリが主祭として招かれている．このころのこの礼拝所は非常に繁栄しており，30台ほどの紳士たちの馬車があつまるほどだった[19]．

　ヘンリがハクニに来て2年後の1714年に死亡したのち，同礼拝所会衆は後任をめぐって激しく対立する．その結果ロンドンのソルターズ・ホール長

17　Wilson（1808–14），vol. 2, p. 44；Robinson（1820），pp. 216–17.
18　Baker（1895），p. 130.
19　Davies（1853），p. 12. Daviesは19世紀のグラヴェル・ピット礼拝所牧師．

図33　メア・ストリート（セント・トマズ・スクェア）礼拝所

老派礼拝所のジョン・バーカー師（1682-1762）を押す派がメア・ストリートに残り，ダニエル・メーヨー師を押すグループは元の礼拝所の至近にグラヴェル・ピット礼拝所を設立した．

ハクニの地方史家ラストンによると，以上のハクニの礼拝所の対立と分離の背景には人間関係上と教義上両方の理由があった[20]．グラヴェル・ピット礼拝所の新設の中心にいたのはロンドンの富裕なドレイパー，リチャード・ライダーで，彼の姉妹はメア・ストリート礼拝所二代目の聖職者のロバート・ビリオと結婚していた．ライダーは，ビリオの同名の息子をグラヴェル・ピット礼拝所の補助牧師に就任させることも検討していた．これは当人の実力不足のため実現しなかったが，それでもライダー＝ビリオ一族が新しい礼拝所の聖職人事に影響力を持っていたことを示している[21]．

教義上の原因については，ラストンは，メア・ストリートは長老派ではあってもオーソドックスなカルヴァン派であり，グラヴェル・ピットはアルミニウス主義に傾いていたと推測している[22]．ただラストンは，単純化はできないとしている．1719年ソルターズ・ホール合同会議の際には，メア・ストリートのバーカー師もグラヴェル・ピットのメーヨー師もともに長老派としては少数派のサブスクライバーであったからである[23]．

つまり礼拝所分裂の段階では，教義的な相違は顕在化していない．しかしその後の両礼拝所の聖職者選任の過程を見ていくと，メア・ストリートがカルヴァン派の正統派信仰の維持に熱心であり，その一方でグラヴェル・ピット礼拝所が急速にアルミニウス主義，さらにアリウス主義に傾斜していったことは明らかである．

メア・ストリート礼拝所は，1737-8年にふたたび大きな試練を迎える．37

20　Ruston (1980), p. 9.
21　Ruston (1980), p. 3, 6, 9.
22　Ruston (1980), pp. 9-10.
23　以下の史料には，Subscriber として両者の名前が出ている．*Layman's Letters* (1719).

年，補助牧師フィリップ・ギブス師が突然三位一体支持の放棄を宣言して聖職を辞す[24]．ギブスの出身は，会衆派本流のジョージ・ボディントン2世も属していたペイヴド・アリ礼拝所である．つまり彼はわざわざ会衆派礼拝所から長老派のメア・ストリートに招かれたのであり，それはおそらくメア・ストリート礼拝所の信徒たちが強いカルヴァン主義者であったことを表しているように思われる．にもかかわらず彼は，非正統信仰に傾いてしまったのである．

しかもこの翌年には，長老派の中で数少ないサブスクライバーであったはずの同礼拝所の主祭ジョン・バーカー師まで辞任してしまった．バーカー師は完全に反三位一体派になったわけではないが，それを強く支持できなくなっていたことが，辞任の動機だったと考えられている[25]．

以上の顛末は，非国教聖職者の中での非正統信仰の広まりの深刻さとともに，メア・ストリート礼拝所の会衆が正統派信仰に強く執着していたことも物語っている[26]．メア・ストリート礼拝所が次に選任したウィリアム・ハント（d. 1770）はほとんど知られていない聖職者であるが，彼が長老派である一方会衆派にもかなり理解があったことを示すいくつかの情報がある．彼は，長老派基金の支援を受けてサミュエル・ジョーンズのテュウクスベリのアカデミで学んでおり，長老派の歴史家エドマンド・カラミから聖職叙任を受け，

---

24 Philip Gibbs は以下の手紙を会衆に書き残した．それは三位一体，受肉（キリストの人性）予定説，原罪，人間の全的堕落，キリストの贖罪の限定性を順々に否定し，最後に，自分はカルヴァン派として教育を受けたが，現在はその教理の真実性に疑問を持っており，聖職を辞すべきだと結論したことが，非常に明瞭な言葉で書かれている．Gibbs (1737).

25 Wilson (1808-14), vol. 2, pp. 42-43. バーカーの思想については以下でいろいろなことが言われている．ODNB; Pike (1870), pp. 399-402; Matthews (1939), p. 155; Thomas (1968 b), pp. 164; Goring (1968), p. 186. ただ 1740 年代にもジョン・バーカーがロンドンの唯一のカルヴァン派長老派牧師であると言われていた．Goring (1968), p. 204-05; Watts (1978), p. 465. ジェレミは，バーカーは 1741 年まで聖職を辞していたが，その後ふたたび活動を開始し，親しかった会衆派のフィリップ・ドドリッジに対し，若い聖職者の背教を嘆き，また俗人信徒が信仰よりも慈善などの行為を重視していることを嘆いていたとしている．また 1744 年には，原罪の教理に疑念を呈した著作を発表したノリッジの長老派牧師ジョン・テイラーについて「このテイラーは何と無謀な神学者であることか，不幸なノリッジよ！」とコメントしていたとしている．Jeremy (1885), pp. 127f.

26 19 世紀末の長老派基金会計役ジェレミは，1737 年のこの顛末について「ハクニの彼の会衆は高度に正統派だったに違いない」とコメントしている．Jeremy (1885), p. 127.

図 34 グラヴェル・ピット礼拝所

ウィリアムズ博士財団のトラスティにもなっている[27]．ただハントの師のジョーンズは会衆派学校で教育を受けており[28]，またハントは会衆派のフィリップ・ドドリッジ（1702-50）と親しかった[29]．ハントが正統派信仰であったかどうかは不明だが，おそらく彼は正統派に配慮できる聖職者であったと考えられる．また同礼拝所の会衆は，1660年代にはハントの補助牧師として，会衆派のサミュエル・パーマーを選んだ．ハント死亡後はこのパーマーが主祭となり，同礼拝所は会衆派礼拝所となった[30]．

他方でグラヴェル・ピットは1770年代にリチャード・プライス，ジョセフ・プリーストリ，ジョージ・カドガン・モーガン（1754-98）など合理主義信仰あるいはユニテリアンとして高名な聖職者を次々と受け入れて，非正統派信仰の牙城となった．これについては，第4節で述べる．

最後にエンフィールドを取り上げる．エンフィールドの非国教礼拝所については，サーマン・インデックス[31]の情報があるのみで，それもかなり混乱している．長老派の礼拝所とベイカー・ストリート礼拝所と呼ばれる会衆派の礼拝所の2つがあったようだが，後者は18世紀のほとんどの時期について聖職者を確認できない．長老派礼拝所については，ソルターズ・ホール合同会議の時期にはノン・サブスクライバーのジョン・ブラドリとウィリアム・ブッシュが長く牧師を務めており，特にブッシュは50年近くにわたって牧師を務めており，彼の在任時は礼拝所は安定していたと思われる．ただブッシュの死後，この礼拝所は急速に立ちゆかなくなったようである．後任

27　Jeremy（1885），p. 144. Calamy（1829-30），vol. 2, p. 486.

28　McLachlan（1931），p. 52.

29　ドドリッジは会衆派史研究者 Tudor Jones によって会衆派に大きく影響を与えた思想家として位置づけられており，また正統派信仰に固着していたとも書かれているが，長老派に分類する研究者もいる．ジェレミはドドリッジが，長老派基金の給付生であったと述べている．Jones（1962），pp. 141-42. Jeremy（1885），pp. 144.

30　19世紀末の長老派基金会計役ジェレミ自身は，同礼拝所がハントの後長老派から会衆派に転換したと述べている．Jeremy（1885），p. 144.

31　Surman Index online. ウィリアムズ博士財団の司書サーマンのリストのオン・ライン化．

のセイヤー・ウォーカーは短期間つとめた後辞任し，エディンバラ大学に行って医者[32]となる．彼の辞任の理由は，会衆の減少とそれに伴う収入の減少だったと推測される．このエンフィールドの長老派礼拝所の衰退の時期にベイカー・ストリート会衆派礼拝所の活性化が始まっているので，長老派支持者の会衆はこちらに合流したのではないかと考えられる．

第3節　ボディントン家とハクニ，エンフィールドの礼拝所

　以上のような混乱の中で，ジョージ2世死後のボディントン家はどの礼拝所を選択していたのであろうか．

　第7章の表7-2で，18世紀後半にボディントン家がどこで洗礼を受けていたのか再確認しよう．1760年代～80年代には，ベンジャミン2世（1730-91）とトマス4世（1736-1821）の子供たちは，ハクニのメア・ストリート長老派礼拝所（ウィリアム・ハント，サミュエル・パーマー）とエンフィールド長老派礼拝所（ウィリアム・ブッシュ，セイヤー・ウォーカー）で洗礼を受けている．

　ボディントン家が，ハクニにおいてグラヴェル・ピット礼拝所ではなくメア・ストリート礼拝所を選好していた原因は，ボディントン家がシティで所属していたペイヴド・アリ会衆派礼拝所からフィリップ・ギブスを採用したことに見られるように，こちらの礼拝所の方が会衆派と教義が近かったことに求められるだろう．またアイザック・ボディントンの妻スザンナ・スキナーの又従兄弟ジョン・レイモンドの姑が，メア・ストリート礼拝所の聖職者ジョン・バーカーと再婚しているという関係も影響していたかもしれない．そもそもアイザック・ボディントンがスザンナ・スキナーと出会ったのも，メア・ストリート礼拝所である可能性が高い．

　エンフィールドについては，今ひとつ事情がはっきりしない．先述したように，エンフィールドでは長老派礼拝所があったときに会衆派礼拝所は休止

32　"Sayar Walker," ODNB.

状態である一方，長老派礼拝所が消滅する頃に会衆派礼拝所が活性化しているため，エンフィールドの非国教徒は両方の礼拝所にまたがって所属していた可能性が考えられる．このような事情なので，ボディントン家はこの地においては特に長老派礼拝所を選好したわけではなく，その時期単に会衆派礼拝所が機能していなかったと考えるべきだろう．なおスキナー家は，エンフィールド長老派礼拝所にも密接な関係を持っている．ウィリアム・ブッシュ師の補助牧師であったティモシ・ラーファー師は，スキナー家の姻族の一人であった．なお，ラーファー師は1760年代には，非正統信仰のハクニのグラヴェル・ピット礼拝所に移っている．それから考えると，エンフィールド長老派礼拝所もまた非正統信仰に傾いていたのかもしれない．

　ボディントン家の人々は，エンフィールド長老派礼拝所の最後の牧師セイヤー・ウォーカーが医学の道に進み直す決意をした後，エンフィールドのベイカー・ストリート会衆派礼拝所との関係を深めている．ベンジャミン・ボディントン2世の2番目の妻の姉妹は，同礼拝所のジョン・フラー師[33]と1780年に結婚している．またベンジャミン2世の3番目の妻メアリ・ペトリの姉妹もまた，同礼拝所のトマス・トマス師と結婚していた．このような姻戚関係は，この時期にボディントン家が同礼拝所の会衆となっていたことを示しているように思われる．ただ，フラー師はこの後，リチャード・バクスタやエドマンド・カラミがつとめたことで知られるシティの伝統的長老派礼拝所カーター・レインに移っており，フラー師自身長老派と会衆派の両派を渡り歩いている．

　以上を総合すると，ボディントン家は18世紀後半郊外生活が中心となって行くにつれて，郊外では礼拝所の選択肢が少ないためか，会衆派に特に強いこだわりを見せなくなっており，長老派礼拝所に通うことに満足していたようである．ただ彼らは，選択肢のあったハクニでは，非正統的信仰のグラヴェル・ピット礼拝所に背を向け，正統派のメア・ストリート礼拝所を選好した．

33　Mile End の会衆派アカデミで教育を受けている．Wilson（1808-14），vol. 2, p. 163.

第4節　ハクニ・ニュー・カレッジとボディントン家のユニテリアニズムへの接近

しかし1780年代から，ボディントン家は非正統派のグラヴェル・ピット礼拝所のグループに急速に接近していく．

ベンジャミン2世は自分の手記に，1782年にフランシス・スピルズバリ師の葬式に出席したこと，そこでヒュージ・ワーシントンの説教を聞いたことを特記している[34]．この2人はともにシティのソルターズ・ホール長老派礼拝所の聖職者であった．同礼拝所はベンジャミン2世の妻の姻戚リチャーズ家が通う礼拝所であり，ハクニのメア・ストリート礼拝所のジョン・バーカーが同礼拝所を辞任した後つとめた礼拝所でもあった[35]．ワーシントンはまだ若く，アリウス主義者として知られており，その後ハクニ・ニュー・カレッジの設立委員兼教師となる人物である[36]．

一方，ハクニのグラヴェル・ピット礼拝所では，1770年に大きな変化が起きていた．同礼拝所は，この年午前の講師としてナサニエル・ホワイト(1730-1783)を，午後の講師としてリチャード・プライスを選出する．ホワイトは，ノーサンプトン・アカデミとダヴェントリ・アカデミを出た後長老派聖職者として活動し，最初はカルヴァン主義であったがのちアリウス主義となったとして知られている[37]．ただホワイトは1774年ロンドンのオールド・ジュウリ長老派礼拝所の主祭となり，グラヴェル・ピットを離れる．その後プライスが午前の講師となり，午後の講師としてウィリアム・メトカーフ(d.c. 1790[38])が招かれるが，彼も1786年病気を理由に引退し，その後はプライスの甥ジョージ・カドガン・モーガンが叔父の補助牧師として招かれ

34　CLC/426/MS10823/004, p. 42.
35　巻末付表3でスピルズバリ師にサミュエル・リチャーズが遺贈している．また巻末付表2の両礼拝所を見よ．
36　Pike (1870), pp. 402-4.
37　Wilson (1808-14), vol. 2, pp. 396-97.
38　彼についてはほとんど情報がないが，デイヴィッド・ジェニングズの学校で学んだことが知られている．dissacad.english.qmul.ac.uk (Dissenting Academy Online)

た[39]。

　ハクニの地方史家アラン・ラストンは，プライスが来てからのグラヴェル・ピット礼拝所について，主にプライスのもう一人の甥ウィリアム・モーガンの回想を用いながら，以下のように書いている．プライスが来て数年は会衆の人数にはほとんど変化がなかったが，アメリカ独立戦争が始まり，プライスがアメリカへの支持を表明すると，プライスの名はイギリス中で噂され，賛否両論が飛び交うようになった．これを契機に，これまで眠ったようだったグラヴェル・ピット礼拝所の雰囲気は激変し，プライスが「自由，正義，平和のために熱情を込めて」説教するのを聴きに訪れる人々で礼拝所はいっぱいになった．ラストンは，単なる好奇心から来る会衆も多かった一方で，会衆側の急進主義的感情こそがプライスを動かしていたとも見ており，また会衆は政治的見解だけでなく，プライスの人口問題，数学，平均余命計算など保険数理学への貢献をむしろ高く評価していたと述べている[40]．

　会衆の増加はその後も続いたようで，プライス自身は「(礼拝所の)多数派は会衆の増加とスペース不足が今後も続くことを過信している」と懸念を示してはいたものの，1787年7-9月にはグラヴェル・ピット礼拝所は一時閉鎖され拡張工事が行われた．プライス自身，1787年11月には，「私が来て以来ここの会衆はほとんど2倍になった」と述べている[41]．その後も彼は，フランス革命に関わるエドマンド・バークとの論争などで世間の注視を浴び，海外からも彼を支持する高名な訪問者などが訪れるようになった．プライスは91年4月19日の死の間際まで礼拝所で説教を続け，その一方でロンドンでの他のユニテリアン礼拝所を支援したり，ハクニの日曜学校委員会の議長として1790年のその創立に貢献した．

　プライスの時代のハクニの非国教コミュニティには，もう一つ大きなできごとがあった．非国教アカデミ，ハクニ・ニュー・カレッジ（1786-96）の設立である[42]．この学校は10年間しか続かなかったが，非国教アカデミの歴

39　Sir Richard Phillips, "Memoir of George Cadogan Morgan", *Monthly Magazine and British Register* 1798, Part. 2, vol. 6, p. 476.
40　Ruston (1980), p. 13. Priceの保険数理学への貢献についてはClayton (1971), pp. 69-72.
41　Ruston (1980), pp. 14-15.

史上も重要であり，またボディントン家の人々に大きな影響を残した．

ウィリアムズ博士図書室には同校設立運営に関わる議事録が残っており，それを主に用いてマクラハランが同校の歴史を明らかにしている[43]．筆者は学校の議事録のうち1785-91年のみに目を通している．ハクニ・ニュー・カレッジ設立の契機は，1700年頃に会衆派の聖職者養成学校として設立されたホクストン・アカデミ（ロンドン近郊）が1785年に閉校されたこと，また世俗職業につくことを目的とする学生も受け入れていたエクセタ・アカデミ（デヴォンシャー）とウォリントン・アカデミ（チェシャア）という名門の非国教アカデミが1770年代，1783年に相次いで閉校されたことにあった[44]．1785年12月13日ロンドン・コーヒー・ハウスで，ロンドンの銀行家でハクニ在住のトマス・ロジャーズ（d. 1793)[45]を議長に，リチャード・プライスとヒュージ・ワーシントン（先述のソルターズ・ホール長老派礼拝所牧師）他5名のおそらくハクニ在住の俗人があつまり，「ホクストン・アカデミ廃校に対する憂慮」を示し，ホクストンに財政支援しているウィリアム・コワード財団のトラスティとの会合を準備している．ただコワード財団との協議はうまくいかなかったらしい．コワード財団は，ロンドンの会衆派ジャマイカ商人ウィリアム・コワード（1648-1738）の遺産15万ポンドを信託として設置されたもので，コワードの遺言に従って運営されていた．コワードは，ジョージ・ボディントン2世と同じ時期に同じペイヴド・アリ会衆派礼拝所に属しており，厳格なカルヴァン主義者で，遺書で同トラストに支援される学校ではカルヴァン主義の教理問答に則って生徒を教育することを条件としていた[46]．コワード財団のトラスティは，このハクニからの問い合わせに対

---

42 この学校を，ハクニ・アカデミ（1685-1820），1803年に設立されて19世紀前半に存在した会衆派による設立のハクニ・カレッジ，19世紀初頭のグラヴェル・ピット礼拝所のロバート・アスプランドが作ったハクニ・ユニテリアン・アカデミ（1812-18）と混同してはならない．それぞれの学校については以下. Hans (1951), pp. 69-77; Watts (1995), pp. 273, 275; McLachlan (1931), p. 9.
43 McLachlan (1931), pp. 246-55.
44 それぞれの学校については McLachlan (1931), pp. 209-235; Parker (1914), pp. 105-22; 三時 (2012).
45 ロジャーズの経営していた銀行については Price (1928), pp. 107-109. リチャーズ家を通してボディントン家の姻戚で，表8-2にも見えるユグノーの Towgood 家と共同経営していた．

図35 ハクニ・ニュー・カレッジ

して，自分たちは「同じ主義に則った学校を続けることを願望しており」また「コワード氏のチャリティを忠実に運営しなくてはならない」と述べており，明らかにハクニで計画されている新たな学校は自分たちとは異なる主義に基づくものとみなして，協力を拒んでいる[47]．この後ほどなくして，コワード財団は，ホクストンに会衆派のアカデミを再建している[48]．

ハクニ側はこの後ウォリントン・アカデミとエクセタ・アカデミのトラスティと何度か連絡を取り，それらの学校が持っている蔵書，実験装置，基金の貸与を依頼し，好意的返事を得た．またその一方で募金依頼の回状を用意し，シティのオールド・ジュウリ長老派礼拝所で募金集会を開催している．また，設立委員会には，元ホクストン・アカデミの神学教授アンドリュウ・キッピス，エイブラハム・リーズ，セオフィラス・リンゼイ，17世紀以来の富裕なロンドンの非国教家系バーナディストン家，ユグノー系のやはり富裕な商人家系ボーフォイ家などが名前を連ねるようになっている[49]．

回状は，優れた非国教アカデミが次々閉校となり現在残っているダヴェントリ・アカデミは遠方すぎることなどと現状を分析した後，募金の目的を「新教非国教徒の聖職者及び若者の教育のためにロンドン近郊に学校を設立すること」としており，また自分たちと密接な関係にある新教非国教徒代表団（PDD）をこの学校内部に置くとしている．PDDについては第5節で詳述するが，18世紀初頭から長老派・会衆派・洗礼派の三宗派が協力して非国教徒に関わる問題や紛争の解決のため政府や司法機関と交渉するために作っていた非国教聖職者と俗人会衆代表からなる圧力団体であり，中心勢力は長老派であった．ハクニ・ニュー・カレッジ設立委員会のメンバーと出資者はほ

---

46 "Willam Coward," ODNB; Jones (1962), p. 140; Jeremy (1885), p. 13; Gordon (1917), p. 243.
47 Hackney College Minutes. DWL MS38. 14. pp. 2-5.
48 McLachlan (1931), p. 237.
49 Hackney College Minutes, MS38.14. Dr. Williams' Library, pp. 13, 17-18, 21-23.

とんどがPDDの中心メンバーであった.

　1786年中には，授業担当者としてプライス，キッピス，リーズ，ワーシントンが選任され，またウォリントン・アカデミから蔵書の半分[50]，エクセタからも蔵書を譲られ，そしてウィリアムズ博士図書室からも図書の自由な利用を許可されている．また1万ポンドを越える募金を獲得し，ホマトン・ホールと呼ばれるカントリ・ハウスを学校建物として5600ポンドで購入し，増築工事も開始している．また87年以降は教師として，プライスの甥ジョージ・カドガン・モーガン，ジョン・キドルなどが加わっている．90年1月には学生数も49名となっており，ホクストンやホマトン，エクセタ，ダヴェントリ・アカデミ（1789年閉校）など閉校となった非国教アカデミの元学生も受け入れている[51].

　以上のように，ハクニ・ニュー・カレッジは，リチャード・プライスと彼を支持する人々が中心に作り始めたもので，明らかにグラヴェル・ピット礼拝所の会衆が推進母体となっていた．これは，グラヴェル・ピット礼拝所の聖職者が，ほぼ自動的にカレッジの教師になったことからも明らかである．同礼拝所には，カレッジ学生用の席が確保されていた[52].

　ボディントン家の人々は，グラヴェル・ピット礼拝所のライヴァルであるメア・ストリート礼拝所の会衆であった．しかし，彼らは，ハクニ・ニュー・カレッジに対しては最初から積極的な関与をはじめる．表8-2は，ハクニ・ニュー・カレッジに関係したボディントン家，スキナー家親族をまとめている．ベンジャミン・ボディントン2世と弟トマス・ボディントン4世はともに50ポンドずつ出資してこの学校の終身理事となったほか，1787年からは運営委員会に熱心に出席している．このほか，ベンジャミン2世の妻の近親であるトマス・リチャーズとジョン・ヤーバリ，ボディントン家の遠縁にあたるアイザック・ソーリ(d. 1802)[53]，ベンジャミン2世の娘婿の父サー・ジェ

50　残り半分はやはり1786年設立のマンチェスタ・アカデミに寄贈されている．
51　Hackney College Minutes, pp. 43-48, 51, 69, 125. 議事録では，学校の宣伝の上で建物の立派さが重視されている．学生については史料巻末に学生名簿がある．
52　Hackney College Minutes, p. 132.

表8-2 ボディントン=スキナー家関係者のPDD代表，1786-90年審査法・自治体法廃止委員会委員，ハクニ・ニュー・カレッジ出資者（PDD就任時期順）

姓名	PDD代表に就任していた時期	1786-90年審査法・自治体法廃止委員会委員（○）下院議員へ投票を依頼する下部委員会委員（◎）	ハクニ・ニュー・カレッジ出資の状況
Nathaniel Gould	1732	時期的に該当せず	時期的に該当せず
Richard Cromwell	1735-37	時期的に該当せず	時期的に該当せず
James Lamb	1735-47	時期的に該当せず	時期的に該当せず
Thomas Boddington 3世	1748	時期的に該当せず	時期的に該当せず
Samuel Richards	1758-71	時期的に該当せず	時期的に該当せず
Benjamin Boddington 2世	1768-91	◎	○
Robert Maitland	1770-	時期的に該当せず	時期的に該当せず
John Rogers	1772-81	時期的に該当せず	時期的に該当せず
Thomas Boddington 4世	1772-1805（1793-1805会計役）	◎	○
William Fuller（フラー氏の学校経営者）	1773-95	◎	○
John Raymond*	1777-91	○	○
Nathaniel Polhill	1779-82（81-82年議長）	時期的に該当せず	時期的に該当せず
Mathew Towgood	1781-90	○	○
Thomas Rogers	1782-93（死亡）	◎	
Sir Henry Hoghton（下院議員）	1782-95	○（廃止法案の提出介添人）	○
John Yerbury	1786-1800	◎	○
Sir James Esdaile	1788-93（死亡）	○	○
Isaac Solly	1789	○	○
Ebenezer Maitland	1789-（1802-4年議長）	兄弟John◎	○
John Towgood	1791	○	○
John Raymond-Barker	1790-95	○	○
Samuel Boddington	1794-	年齢的に該当せず	年齢的に該当せず
Alexander Maitland	1795	年齢的に該当せず	年齢的に該当せず
Thomas Richards	1795	年齢的に該当せず	年齢的に該当せず
William Esdaile	1795-	年齢的に該当せず	年齢的に該当せず
John Wansey	1795-	×	○
Nathaniel Barnardiston	1795-	◎	○
John Disncy（ユニテリアン牧師）	×	×	○

＊John Raymondは82年に死亡しているので，息子Raymond-Barkerとの混同があると考えられる．PDDについては，議事録1732-1805年と議事録についていた名簿により調査．CLC/181/MS03083. LMA. 審査法自治体法廃止委員会についてはDavis (1978), pp. 30, 107-11. ハクニ・ニュー・カレッジ出資者はMS12.90 (1). Dr. Williams Library.
PDDは設立から1767年までに115名，1767-90年に57名，1791-1805年に52名が任命されている．

イムズ・エズデイル[54]，スキナー家の姻戚サー・ヘンリ・ホートン等の名前も出資者，委員会出席者として登場する．

　また，ハクニ・ニュー・カレッジ設立委員会開始以来の議長トマス・ロジャーズの息子サミュエルは，ベンジャミン 2 世長男サミュエル・ボディントンとともに，長老派のジェイムズ・ピックバーン（c. 1795-1814[55]）がハクニで経営していた寄宿学校で十代前半をすごしていた．このサミュエル・ロジャーズは，後に詩人となり，J・M・W・ターナーの挿絵付きの美しい詩集を出版して有名となった[56]．また，同じくピックバーンの学校でサミュエル・ロジャーズ，サミュエル・ボディントンと友人だった弁護士兼伝記作家ウィリアム・モルトビ（1763-1854）[57]の兄ローランド・モルトビも，ハクニ・ニュー・カレッジ設立委員会に出席している．その他に，ベンジャミン・ボディントン 2 世が通った会計学校経営者で銀行家のウィリアム・フラーも全てに深く関わっている（表8-2）．彼はのちにボディントン家姻戚のメイトランド家と姻戚となり，その血統に全ての財産を残す[58]（リチャーズ=ハドフィールド=メイトランド系図右下方参照）．

　ボディントン家がハクニ・ニュー・カレッジにこれほど熱心に関わるようになったのは，ベンジャミン 2 世の 2 人の息子，サミュエル（1766-1843）とトマス 5 世（1774-1862）が中高等教育を受ける年齢に達していたからであっ

53　ジョージ・ボディントン 2 世の末娘サラの夫エベニーザー・コリヤの兄 Jabes の孫クリスティアン・ポール・メイヤー（1757-90）がこのアイザック・ソーリ（d. 1802）の長女アンと結婚している．コリヤ家についてはボディントン家系図 No. 2 右側を見よ．メイヤーはオランダ系でハンブルク商人，オースティン・フライヤーズのカルヴァン派教会に通っていた．ソーリは遺書ではロンドン商人と名乗っている．（PROB11 piece1372）　彼の息子アイザック（c. 1769-1853）は，バルト海商人で，ロンドン・ドック会社，バーミンガム鉄道会社，ロイヤル・エクスチェインジ保険会社，大西洋蒸気船会社の社長を務めた．またソーリ家は，非国教史家の会衆派聖職者ダニエル・ニールと姻戚関係があった．Jeremy（1885), p. 180.

54　Sir James Esdaile（1714-93）はユグノーの一族．ロンドン市長，銀行家．Price（1876), pp. 53-54.

55　ピックバーンはホクストン・アカデミで厳格なカルヴァン主義者のデイヴィド・ジェニングズの元で学び，ウィリアムズ博士図書室の司書を務めた後，ハクニで 27 年以上学校を経営した．ウィリアムズ博士財団のトラスティもつとめた．また死亡時に，長老派基金に 100 ポンド遺贈している．Jeremy（1885), p. 181.

56　Samuel Rogers（1763-1855）については ODNB の他以下，Clayden（1889）；Roberts（1910）．

57　William Maltby（1763-1854）についても ODNB；Clayden（1889）．

58　フラーの銀行については Price（1876), pp. 137-38.

図36　サミュエル・ロジャーズ「イタリア紀行詩集」のターナーによる挿絵（ローマ）

たと思われる．もっともサミュエルは，すでに1782年から父の商会で業務見習いをはじめていた．ただ細かい事情はともかく，ロジャーズ家やモルトビ家も学齢期の子弟を抱えており，同校設立に強い関心を持っていたと推測される．

ベンジャミン2世は，次男トマス5世を1788年3月に「ハクニ・ニュー・カレッジ入学準備のため」モーガンの元に寄宿させており，また同年秋には長男サミュエルもモーガンの元に寄宿させている．ただ彼らの名前は1786-91年議事録巻末の学生名簿にはなく，2人が本当に同校に入学したかどうかは不明である．1790年5月11日には，同校の教師が自宅に学生を受け入れて個人教授を行って謝礼を受け取ることが禁止されており，しかもその直前の4月にジョージ・カドガン・モーガンはカレッジを辞職しているので[59]，ボディントン家の子供たちはカレッジには入学せずモーガンの個人教授を受けており，そのことが問題となっていた可能性もある．ただベンジャミン・ボディントン2世は，死の間際の91年5月までハクニ・ニュー・カレッジ委員会に出席している．

ベンジャミン・ボディントン2世は89年6月にハクニを引き払い，ロンドンのベッドフォード・スクウェアに住むが，このときハクニの家をモーガンに貸している．もしこのときもトマス5世がモーガンの元に寄宿していたとすれば，トマス5世は元自宅で暮らすことができたということになり，たいへん恵まれた境遇にいたことになる．また，89年7-8月には，長男サミュエルは，ジョージ・カドガン・モーガンと，ノリッジの非国教徒医師エドワード・リグビ，モーガンとリグビの姻戚にあたるウッドハウスと4人でフランス・スイス・ドイツ・オランダを周遊する旅に出ている[60]．

1790年代には，ボディントン家とプライス＝モーガン家の関係は，サミュ

59　Hackney College Minutes, pp. 134-35.

エル・ボディントンの結婚により姻戚関係にまで発展した．（プライス＝モーガン家系図参照）モーガンが預かっていた学生の中には，インド在住のイギリス商人でプネー総督を務めたこともあるウィリアム・アシュバーナーの2人の息子がおり，そのうちの1人ルーク・アシュバーナーはモーガンの娘と結婚する．一方，サミュエル・ボディントンは，ルークの姉妹グレイス・アシュバーナーと1792年2月に結婚する．残念ながらこの結婚は5年後にグレイスの不貞によって破綻するが，グレイスの不貞および再婚相手はサミュエル・ボディントンの従兄弟で事業のパートナーであったベンジャミン・ボディントン3世であり，プライス＝モーガン＝アシュバーナー＝ボディントン4家の姻戚関係は連続した[61]．

　ハクニ・ニュー・カレッジは，設立からわずか10年後の1796年に閉校となる．マクラハランやラストンの記述を総合すると，閉校の原因は，校風が時代の風向きに逆行していたことにある．フランス革命が過激化しイギリスがフランスに宣戦布告して以来，イギリス政府と世論は反動化していた．その結果，カレッジの背後にあったユニテリアンの思想は非常に不人気になっていた．

　先述したように，同カレッジの中心人物リチャード・プライスはアメリカ独立やフランス革命に対して支持を表明し物議を醸していたが，プライスの死後グラヴェル・ピット礼拝所牧師及びハクニ・ニュー・カレッジ教師の後任として選ばれたジョセフ・プリーストリはより過激な人物であった．

　ラストンによると，グラヴェル・ピット礼拝所会衆は1791年1月7日にプリーストリを選任しているが，このときプリーストリは同年7月14日の

60　このときカドガン・モーガンの残した旅行記は以下で活字化されている．Constantine (2012)．リグビの旅行記は彼の娘が刊行している．（フランス語訳からの翻訳としては川分訳『フランス革命を旅したイギリス人』春風社）サミュエル・ボディントンの旅行記はマニュスクリプトのまま Boddington Papers の一部として LMA に保管されている．CLC14261MS10823/5A．
　この旅の同行者のウッドハウスは，プライス＝モーガン家系図で位置づけることができていない．

61　この不貞事件は当時大きなスキャンダルとなり，新聞雑誌の記事となってサミュエル・ボディントンには甚だしい不名誉となった．*Gentlemans' Magazine*, vol. 67, 1797, part. 2, pp. 793-95; "Trial of Mr. Boddington", *Times*, 1797 Sept. 9. ベンジャミン3世の父トマス4世は，遺書の中でこの息子に対し，すでに様々な支払いの肩変わりを彼のためにしてきたなどと，冷淡な感情をあらわにしている．Schofield (1997), pp. 263-89.

バーミンガム暴動で暴徒に自宅を襲撃され焼き出されたばかりであった[62]．バーミンガムではアン女王時代や1770年代にも非国教徒襲撃事件がおこっているが，1791年も反動化した社会の空気の中で，自由主義的な発言を繰り返す非国教徒中産階級知識人が下層大衆から嫌悪され，攻撃対象となったのである．当時は急進主義者が相次いで逮捕されていた時期でもあり，イギリス官憲はこの暴動に対してもなかなか行動を起こさず，3日目になってようやく鎮圧に乗り出した[63]．

　つまり，時代はプリーストリのような急進派非国教徒に背を向けており，彼に助けの手をさしのべることは危険であった．そうした中でプリーストリをわざわざ選任したグラヴェル・ピット会衆は，よほどの自信と矜持にあふれていたというべきだろう．ラストンは，それに加えて，プリーストリが化学者として高名であり，世俗教育を重視したハクニ・ニュー・カレッジの教師として望ましい人材であったことが，選任の大きな理由となっていたとしている．プリーストリは，この招きに対し，「私にとって最も喜びであった勤め先から暴力によって駆逐された後で，プライス博士の跡を継ぐというお招きを受けまして，たいへん幸せにまた名誉に思います」と述べて，快諾した[64]．

　ハクニに来たプリーストリ一家をしばらく預かったのは，カドガンの弟ウィリアム・モーガンであった．その後プリーストリは別に家を構えるが，ハクニにおいてでさえ彼に対する労働者階級の反感は強く，プリーストリは使用人を雇用することにさえ難儀したという[65]．またマクラハランによると，彼を含む教師の政治的宗教的自由主義思想は，カレッジの学生を過度に急進的，自由主義的にし，学生の統制は全くとれなくなった．学生たちは，1788－90年のウォレン・ヘイスティングズ弾劾裁判の傍聴に出かけ，1790年3月2日チャールズ・ジェイムズ・フォックスが審査法・自治体法廃止支持の演説をしたときには下院ギャラリに殺到した．また，1792年7月トマス・ペ

62　Ruston (1980), p. 16.
63　Rose (1960), pp. 68-84 ; Clark (1985), pp. 283, 344.
64　Ruston (1980), p. 16.
65　Ruston (1980), p. 17.

イン (1737-1809) をゲストとしてカレッジで共和政支援食事会 (republican supper) が催されたおりには，フランスの革命歌を唱和した．その他日曜礼拝に出席しない，カレッジ委員会からの勧告に抵抗する等，学校内での風紀にも乱れがおこり，国王・聖職者・貴族身分に対する憎悪の言葉もみだりに発されるようになり，1791 年末にはプリーストリ自ら政治問題については用心と節度を持って振る舞うよう学生に訴えている[66]．

ラストンは，1793 年 9 月のジェントルマンズ・マガジンに「プリーストリ博士は，この国の政府に対する尊敬を全く欠いており，国王と上下両院をごろつきか強盗のたぐいと同然に見ている集団であるユニテリアンを代表している」という記述のあることを紹介しているが[67]，このようにプリーストリとユニテリアンは，世間からは急進分子として見られていた．このような状況の中で出資者たちのカレッジに対する共感は急速に薄れ，新たな募金は集まらなくなり，財政的にもカレッジは苦しい状態に追い込まれ，閉校にいたった．

ボディントン家の人々はカレッジに最後まで忠実だったようである．トマス・ボディントン 4 世は閉校後同校の跡地に建造された不動産を購入することで，残務処理を助けている[68]．

カレッジ自体は短命であったが，ボディントン家にとってはこのカレッジが設立されたことは大きな意味を持った．ボディントン家の人々は，それまで正統派信仰を守っていたが，このカレッジ設立を契機に反三位一体派長老派の発展型であるユニテリアンの人々と深い接触を持つようになり，その中心メンバーと姻戚関係を持つにいたる．ここにおいてボディントン家の人々は，祖先伝来のカルヴァン派信仰から脱却する．

---

66 McLachlan (1931), p. 253.
67 Ruston (1980), p. 18.
68 同校は 1799 年解体され，その廃材で"the Five Houses"が建設され，その一つをトマス 4 世は購入し，1810 年代にはネイザン・メイヤー・ロスチャイルドに貸している．Robinson (1989), p. 45；Mander (1998), pp. 17, 25, 43.

第5節　新教非国教徒代表団（PDD）とボディントン家

　第7章で長老派と会衆派の教義上の歩み寄りや司牧活動での協力は1700年頃に断念されてしまったことを見たが，政治に働きかける際の連携協力はその後も続いた．この新教非国教徒の政治的連携のための圧力団体が，1732年に作られた長老派・会衆派・洗礼派三宗派の連合である新教非国教代表団である．

　ドライズデイルによると，この三宗派が連合して政府へアプローチすることは，国王拝謁に起源がある．名誉革命以来，特別な行事の際に長老派・会衆派・洗礼派の主導的聖職者が宮廷に参内し，共同で国王に拝謁する機会を持つことが，一種の特権として政府から容認されるようになっていた．またこの国王拝謁においてはリーダーシップをとったのは長老派であり，ウィリアム3世＆メアリ女王即位時にはハクニのメア・ストリート礼拝所の創始者ウィリアム・ベイツが百名からなる非国教徒を先導して国王夫妻に祝辞を献上し，その後も長老派のダニエル・ウィリアムズ，ジョン・エヴァンズ，歴史家エドマンド・カラミなどが代々そうした役割を担った[69]．ジョージ1世即位後は三宗派の政治的連携はより盛んになり，1718年には分派禁止法廃止に成功した．また1723年には，皇太子秘書官だった非国教徒ダニエル・バージェスへの働きかけにより，国王は非国教徒牧師未亡人のための年500ポンド（後に1000ポンドに増額）の王室御下賜金を設置している[70]．

　この三宗派連合の正式な組織化は，1727年7月11日に「三宗派新教非国教聖職者団体 General Body of Protestant Dissenting Ministers of the Three Denominations」という名称のもとに三宗派の聖職者が総会を行って以降とされている．ただこの聖職者だけの会合組織は，先述の王室御下賜金の配分をめぐって地方からロンドンへ批判が起こったときに対応しきれず，1732年から俗人会衆の代表（deputy）が加わることになった．この後この組織は，

69　Drysdale (1889), p. 613. この三名はいずれもボディントン家が王政復古直後に所属していたハンズ・アリ礼拝所の聖職者である．
70　Drysdale (1889), p. 614. Manning (1952), pp. 21-23.

新教非国教徒代表団（Protestant Dissenting Deputies 以後 PDD と略）という名前で知られるようになる[71]．

PDD は，ロンドン 10 マイル以内の三宗派の全礼拝所が俗人会衆の代表 2 名を毎年選出して派遣して総会を形成するものであった．1736 年頃には会合場所はソルターズ・ホールとなっている．ブリストル，リヴァプール，エクセタには定期的に報告を送っていたが，地方代表が常任メンバーとしてこの組織に参加することはなかった[72]．

PDD が組織目標として掲げていたのは，第一に審査法・自治体法の廃止であり，1739 年には下院に対して両法の廃止を求める新教非国教徒の立場を以下のように説明している．

「新教非国教徒は，これらの法が要求する国王への臣従（allegiance）と国王の宗教的至上権（supremacy）を認める宣誓を行うことは，直ちにできる．しかし，彼らの中には国教の礼拝式にしたがって聖餐式を受けることについてはためらいを感じる者がいる．また彼らの多くは，どんな教会の礼拝式に基づくにせよ，役職の資格審査として聖餐式を受けることを拒否している．

故に，役職の資格として秘蹟を受けることに関わるこれらの法の規定が以下の理由で廃止されることを，謹んで願う．

1. 全人は，宗教問題に関しては自身で判断する疑念の余地なき権利を持つ．何人も，この国の公共の福利と繁栄に全く影響を与えないことに関してこの権利を行使しただけのために，処罰されたり，臣民としての一般的な権利を剥奪されたり，公民権喪失の烙印を押されたりすべきではない．

2. 聖餐式の秘蹟は，宗教的目的のためだけに定められたものである．これを世俗の役職の資格として用いることは，特にこの制度，そして宗教全体を軽視し侮蔑することであり，これについては全ての善良な人々が古くから正当にも苦情を述べてきた．

3. 非国教徒が国王陛下と政府に愛着を抱いてきたことは広く認められているので，彼らは，自治体法によって彼らが彼らの暮らす自治体で役職につ

---

71 Manning (1952), pp. 21-22.
72 Manning (1952), pp. 21-22, 24, 31-32.

くことを阻まれていることを理解しがたいと考えている．彼らは多くの地域で近隣の者と少なくとも同等の財産を持っているにもかかわらず，また彼らの多くはこれらの役職を引き受けなかったことで罰金を支払わされてきたのに，以上のような状態にある．特に現在，シティ・オヴ・ロンドンによってシェリフ職を引き受けなかったことに対し高名なある非国教徒へ非常に高額の罰金が要求され，それに対抗する告訴が実際に始まっている．

4．多くの資産と能力を持つ人々がこの法律により排除されているため，いくつかの自治体の政府は卑しい人々の手中に落ちているが，それはこうした自治体に非常に有害であり，産業への支障，通商の衰退につながっている．[73]」（下線は筆者）

以上では，良心（信仰）の自由という最も基本的な主張の他に，公職の資格審査として宗教審査（国教教区教会で聖餐を受けること）をすることの不当性と，宗教審査ゆえに自治体役職につけなかった非国教徒から罰金を徴収することの不当性が主張されている．三宗派連合であるがゆえに，国教教義や礼拝式の細部についての議論はここにはない．

次に PDD の日常活動を見ておく．PDD 議事録[74]には，全国から上がってきた非国教徒の苦情とそれに対する対処が書かれているが，それによると彼らが扱った問題には以下のようなものがあった．非国教徒が非国教礼拝所・聖職者に遺贈したときその遺言執行が妨害される．国教墓地への埋葬拒否や不当な料金請求がある．近隣住民や大家からの非国教礼拝所の立ち退きや閉鎖要求がある．非国教礼拝所開所の許可が下りても地元の官憲の妨害により開所できない．非国教礼拝に対する暴動がある上地元官憲がそれを放置する．地方自治体や教区役職に選出された場合の対処法．メソディストなど新興非国教礼拝所のトラブルに対処すべきかどうか．以上トラブルのほとんどは地元の官憲や国教聖職者，近隣住民との紛争であり，管轄主教あるいは四季裁

---

73 Manning (1952), pp. 30-31.
74 CLC/181/MS03083. LMA.（元の史料番号 Guildhall MSS. 3083, I/16.）筆者が目を通したのは Vol. 1 (1732-67), Vol. 2 (1767-91), Vol. 3 (1791-1805) のみ．この史料の詳細については Manning (1952), pp. 8-9.

判所に訴え出ることでほとんどの問題は解決している．また礼拝所のトラスト（信託財産）をめぐるトラブル，信託管理人が長年任命されず不在であること，トラストの目的に沿った運営が行われていないこと，信託証書の不備などについても，PDD が相談に乗り，信託業務や証書の書き方などの指導も行っている[75]．

18 世紀における PDD の活動の成果の一つは，1767 年貴族院における「シェリフ訴訟」の勝利である．これは 1750 年代にロンドンのシェリフに任命されたある非国教徒が就任を拒否し，シティ・オヴ・ロンドン自治体から 400 ポンドの罰金を要求された事件の最終審である．シティでは 18 世紀前半から，市庁舎建て替えに必要な費用集めのために罰金徴収を目的として非国教徒を役職に任命することが常態化しており，この方法で 1 万 5 千ポンドを集めていた．また地方の自治体でも同じような事件が多発していた．PDD は罰金不払いによりシティに訴えられた被告を支援し，長期にわたる訴訟で彼を支えた．この最終審では，就任 1 年前に国教聖餐式に出席していない非国教徒はそもそも役職就任の資格がなく，それを役職に選出すること自体が無効な行為であるという趣旨の判決が下され，以降ロンドンだけでなく地方においてもこのような問題は沈静化した[76]．

審査法・自治体法廃止運動については，PDD は 1735-6 年と 1787-89 年に下院で廃止法案を提出することに成功している．同法案は，前者においては 251 対 123 で否決され，後者においては 1789 年 5 月には 124 対 104 の僅差まで近づいたが，1790 年にはフランス革命による反動のあおりを受けて 294 対 105 で大敗している[77]．

ここでは PDD の活動の詳細にこれ以上立ち入らない．本書と関わる問題で見ておきたいのは，この組織に対するボディントン家やその周辺の人々の関与である．PDD 議事録は 1732 年 11 月以降残っており，1730 年代以降の

75　CLC/181/MS03083. LMA.
76　Manning (1952), pp. 122, 123, 125–26.
77　Manning (1952), p. 28, 218. 1790 年には，ロンドン市会コモン・カウンシルも両法廃止反対決議を出している．Davis (1978), p. xv.

代表のリストがある．ただこのリストには，各代表の選出母体となった礼拝所名は書いていない．筆者は1730年代から1800年代までのリストを見ることができたが，その結果発見できた礼拝所代表として選ばれていたボディントン家やスキナー家の関係者を，表8-2に掲載している．

まず18世紀半ばまでは，1748年にトマス・ボディントン（おそらく3世）が1年のみ選出されているほか，ベンジャミン・ボディントン2世の舅になるサミュエル・リチャーズが1758-71年に選出されている．それ以外は，スキナー家第4世代のジョン・レイモンドの妻の父や兄と推定されるジェイムズ・ラムが1735-47年選出されている．

一方18世紀後半になると，ベンジャミン・ボディントン2世が1768年から死亡する91年まで連続して選出され，彼の弟のトマス4世が72年から1805年まで代表を務め，そのうち1793-1805年は会計役を務めている．またベンジャミン2世の長男サミュエルも1794年以降選出されている．その他，ベンジャミン2世の妻の家族とその姻戚であるリチャーズ家，メイトランド家，ヤーバリ家，エズデイル家，トウグッド家から代表が出ている．エベニーザ・メイトランドは1801-5年議長をつとめている．18世紀末にはPDDの代表は130名弱が選出されているが，その中でボディントン家の親族・姻戚は数名，時期によっては10名くらいを占めていた．また議事録を見ると，ベンジャミン2世とトマス4世は頻繁に会合に出席しており，かなり中心的メンバーであったと思われる．

表8-2には，1786-90年PDDが主体となって作られた[78]「審査法自治体法廃止の議会への申請を担当するため任命された委員会」（1786-90年審査法・自治体法廃止委員会と略）に出席していたものを○で示しているが[79]，この時期にPDD代表に選ばれていたボディントン家，スキナー家関係者のほぼ全員がこの委員会に関わっていたことが解る．また◎は下院議員に投票を依頼する下部委員会メンバーを示しているが，ボディントン家・スキナー家関係者のほとんどがこちらにも選出されていたことが解る．この委員会は，廃止

---

[78] 委員62名中ロンドンからの委員が56名，そのうち30名がPDD代表であった．Davis(1978), pp. 107-110とPDD名簿を比較．

[79] この委員会議事録はDavis（1978）に所収．

法案を支持した下院議員チャールズ・ジェイムズ・フォックスや，当初は法案を支持していたウィリアム・ピットと何度か折衝している[80]．

1786-90 年審査法・自治体法廃止委員会について注目すべき特徴の一つは，ハクニ・ニュー・カレッジ出資者との重複である．同委員会はロンドン周辺からの委員 56 名，地方委員 6 名，計 62 名からなっていたが，そのうちロンドン委員では 32 名，地方委員では 3 名，計 35 名がハクニ・ニュー・カレッジの出資者である[81]．またハクニ・ニュー・カレッジ出資者でない 27 名のうち 2 人は，ジョン・レイモンド＝バーカー，ジョン・メイトランドというスキナー家やボディントン家の親族の若手である．つまり 1786-90 年審査法・自治体法廃止委員会は，全委員 62 名中 37 名をスキナー＝ボディントン親族網およびハクニ・ニュー・カレッジ関係者によって占められていたことになり，これらの勢力は非国教徒の中で非常に強力なものであったということができるだろう．

第 6 節　フォックス家＝ホランド卿一族とボディントン家

PDD と 1786-90 年審査法・自治体法廃止委員会の活動は，これらの組織の主導的立場にいたボディントン家の人々に，非国教徒に理解ある政治家と接触する機会を与えた．先述したように，ベンジャミン・ボディントン 2 世とトマス・ボディントン 4 世は 1786-90 年審査法・自治体法廃止委員会の下院議員に投票を依頼する下部委員会に選出されており，トマス 4 世はチャールズ・ジェイムズ・フォックスと直接会っている[82]．

フォックスは 1780 年以降，有権者 9000 人を抱えるイギリス最大の選挙区ウェストミンスタから出馬しており，有権者であるロンドンの上層中産層の政治的動向に極めて敏感であった[83]．彼は，1789 年には別の政治家に対して，審査法・自治体法廃止を支持する理由として「彼ら（非国教徒）の主張のた

80　Davis (1978), pp. 5.
81　Davis (1978), pp. 107-110 に記載の同委員会メンバーを以下のカレッジ出資者名簿と比較した．MS12.90 (1). Dr. Williams. Library.
82　Davis (1978), p. 31.
83　これは 1761 年頃の有権者数．Namier (1961), p. 80. Mitchell (1992), pp. 35-36, 69-70.

めに彼らを支持することが正しいというだけでなく，お返しとして総選挙で非常に重要な支持を獲得する可能性がある[84]」と述べており，非国教徒票の重要さを強く認識していた．フランス革命勃発以降は，ウィリアム・ピット（小ピット）率いる与党が新教非国教徒の主張に急速に冷淡になっていったため[85]，野党のリーダーであったフォックスは新教非国教徒と接近しそこから政治的支持を得ることに大きなメリットを持っていた．そのため彼は，1788,89 年には審査法・自治体法廃止法案に賛成投票し，90 年には自ら法案の提出者となった[86]．

1790-1800 年代にはロッキンガム派ウィッグもピット派と合流して与党化するため，フォックス派は唯一の野党勢力となり，非国教徒が連携できる政治的グループはフォックス派をおいて他にはない状況となった．1806 年にフォックスが死亡すると，フォックス派はフォックスの甥第 3 代ホランド卿に継承され，新教非国教徒との密接な関係も彼が受け継ぐことになる．

ホランド卿は，ジャマイカ地主ゴドフリ・ウェブスタの妻エリザベスと長い間不倫の関係にあり，彼女がようやく離婚できた後彼女と結婚した[87]．彼女は才気煥発の女性であり，長年の大陸暮らしの経験をもとに，ホランド卿の邸宅ホランド・ハウスを政治的なサロン，野党の本部的な存在に作り上げた．そこには，野党政治家のほか，当代一流の知識人，芸術家，文筆家が集められた．その夕食会名簿には，バイロン，スコット，マコーリ，マルサス，リカード，タレーランなどの著名人の名を見いだすことができる[88]．

ホランド・ハウスについては別稿に書いたのでそれに譲るが[89]，このサロンは，政治的には少数派野党の牙城であり，宗教的にはユニテリアンや理神論，無神論に近い立場をとる者達の集まりであり，ロンドンのエセックス・

---

84 Mitchell (1971), p. 247.
85 Clark (1985), p. 342.
86 Mitchell (1971), p. 246.
87 "Fox, Elizabeth Vassall", ODNB. この結婚のいきさつについては，川分 (1992).
88 ホランド・ハウス文書は，大英図書館の手稿原稿部門に所蔵されている．これは 16 世紀から 20 世紀までのフォックス家の初巻，手記などの 937 巻に及ぶコレクションであり，うち 438 巻が第 3 代ホランド卿夫妻に関するものである．ここで使用したものは以下．Holland House Papers, Add. 51573, 51584, 51591, 51593, 51807. British Library.
89 川分 (1993).

ストリートで元国教牧師のセオフィラス・リンゼイが開催していたユニテリアン礼拝所にも出入りしている者が多かった．また，ホランド卿は，エディンバラ大学卒業生のロンドンでの同窓会的な組織であるキング・オヴ・クラブズの会員であり，そこで様々な知的上層中産階級と交流を持った．

図37　朝食の席につくサミュエル・ロジャーズ

キング・オヴ・クラブズは，1798年2月のジェイムズ・マッキントッシュ家のパーティに始まり，1823年に解散するまで52名の会員を集めた[90]．最初のメンバーは，マッキントッシュの他，ロンドン商人の子弟で後にベンガル主任法務官および下院議員にもなるロバート・パーシー・スミス，ロンドンの帽子製造販売業で文筆家のリチャード・シャープ，ロンドン銀行家の息子で詩人のサミュエル・ロジャーズ，ジャマイカ・プランターの息子で後に財務府裁判所首席裁判官となるジェイムズ・スカーレット（初代アービンガー男爵），スコットランド小地主の息子で医師となりホランド・ハウスの秘書的な存在となった文筆家ジョン・アレンであった[91]．ホランド卿自身は，1799年12月に会員になっている．

マッキントッシュが1790年代にエディンバラ大学に在学していたため，同クラブは彼の大学時代の友人のロンドンにおける同窓会組織のような性格も持っており，上記にあげたメンバーの他に高名な同大学の同窓生としては，ロバート・パーシーの兄弟の国教聖職者シドニー・スミス，法律家・政治家で後に大法官となったヘンリ・ブルーム，ホィッグ下院議員でジャーナリストのフランシス・ホーナー，法律家・文筆家のフランシス・ジェフリ，シェルバーン伯の息子ランズダウン侯爵などがいる[92]．彼らは，ホィッグの支持

90　クラブの会員リストは以下．Courtney（1906），pp. 333-340．
91　後には製陶業者のジョサイア・ウェッジウッド2世，銀行家のアレクサンダ・ベアリング，経済学者として名をなすマルサス，リカードなど，さらに有名なメンバーも参加する．
92　Chitnis（1986），p. 83．

者でフランス革命支持など左派的傾向の強い経済学者デュガルド・スチュアートの教え子であり，また大学時代には思索協会（Speculative Society）という討論クラブを作り，奴隷貿易廃止，審査法廃止，東インド植民地の有用性，下層階級教育の有用性，スコットランドとイングランドの合同のスコットランドにとっての効果，爵位の世襲の是非など時事問題を取り上げて議論していた．この討論クラブは，結局大学の保守派から強い批判を受け，大学評議会によって今日的政治問題を議論することを禁止されている[93]．

　キング・オヴ・クラブズは，単にエディンバラ大学同窓生のロンドンにおける同窓会として機能していただけではなく，同じ政治的傾向を持つロンドンの知的上層中産階級を引きつけており，両者の出会いの場として機能していた．前者の大学出の若者たちの中には貴族・政治家などの子弟もいて，それが後者に様々な政治的チャンスを提供するような効果ももたらしていた．ボディントン家に関して重要なのは，同クラブ創立メンバーに，父親トマスがPDDおよびハクニ・ニュー・カレッジ出資者として活動しており，なおかつボディントン家第5世代のサミュエル・ボディントンの友人であったサミュエル・ロジャーズと，サミュエル・ボディントンの事業上のパートナーであるリチャード・シャープがいたことである．その他に，やはりPDDメンバーで非国教利害のために活動した下院議員ウィリアム・スミス[94]，そして参加が少し後になるがやはりサミュエル・ボディントンのパートナーであるマンチェスタの紡績業者ジョージ・フィリップスもこのクラブに参加していた．

　サミュエル・ボディントンは1804年暮れにキング・オヴ・クラブズの会員になる．当時ホランド卿はスペイン滞在中で，2人が初めて出会ったのは1805年春以降であったと考えられる．ホランド・ハウスの夕食会名簿によると，サミュエル・ボディントンがホランド・ハウスに始めて招かれたのは1806年の11月16日である[95]．この後サミュエル・ボディントンは，1806年

---

[93] Chitnis (1986), pp. 59–61. Cockburn (1856), pp. 27, 74–76.
[94] William Smith (1756–1835) とPDD，キング・オヴ・クラブズなどの関係はDavis (1971), pp. 102, 152.
[95] Dinning Book, Holland House Papers Add. 51591.

図38 ホランド・ハウス（ケンジントンのホランド・パーク．建物は第2次世界大戦の爆撃で焼失）

図39 ホランド・ハウス庭園にあったサミュエル・ロジャーズの指定席

11月の総選挙で立候補する．彼は最初ロチェスタ選挙区で立候補して落選し，その後ホランド卿からミルバーン・ポートを紹介されてそこから出馬するがそこでも落選，1807年1月にトラリ（Tralee）選挙区から出馬しようやく当選する．その後1807年内閣が瓦解するまで数ヶ月の短い下院議員生活を送った．ボディントンはこの選挙戦に少なくとも4000ポンド使ったと言われている[96]．他方で，彼のパートナー，リチャード・シャープも同じ時出馬し，やはり4000ポンドを負担していくつかの選挙区を転戦した後，当選している[97]．

　以上の経緯は，叔父チャールズ・ジェイムズ・フォックスから野党ウィッグ・リーダーの任務を継承したホランド卿が，下院で自分の支持票を増やすために議員候補者を捜していたこと，サミュエル・ボディントンとリチャード・シャープは政治思想もホランド卿に近く出馬可能な資金力も持ち合わせていたために，ホランド卿の求めていた人材として適格であったことを示している．

　その後シャープは何度か当選して下院議員をつとめているが，サミュエ

---

96 "Samuel Boddington", HPHC1790–1820.
97 Richard Sharp to Lady Holland, 7, 15, 28 June, 1802. Holland House Papers Add. 51593.

第8章　ピューリタニズムの退潮と浮動する信者たち　| 371

ル・ボディントンはふたたび選挙に出ることはなかった．しかし彼はホランド卿との付き合いは続けており，一人娘グレイスとともにホランド・ハウスの常連客となった．これがさらに両者に新しい関係を生み出すもととなる．サミュエル・ボディントンの娘グレイスとホランド卿夫人の連れ子ヘンリ・ウェブスタが恋に落ち，結婚に至るのである．

二人の関係は，1820年12月には始まっていたが[98]，結婚が成立したのは24年10月とずいぶん時間がかかっている．これは，サミュエル・ボディントンが強固に反対したからのようである．ボディントンの反対理由は，彼の娘が仲介を求めてホランド卿に出した手紙の中で明確に述べられている[99]．これによると，ボディントンは，ウェブスタがほとんど資産を持たないことに加え，過去に身持ちが悪かったこと，そして軍歴以外に職業を持っていないことを問題視していた．軍人は父が最も嫌う職業であると，娘は断っている．

逆にホランド卿夫妻は，この結婚に基本的には賛成であったようである．卿夫人は息子ヘンリ・フォックスへの手紙の中で，「ボディントン老は未だに反対しているが，ヘンリ（・ウェブスタ）とグレイス（・ボディントン）には貧乏はふさわしくない」と述べている[100]．ホランド卿は奴隷貿易・奴隷制反対論者であり，1807年2-3月の奴隷貿易廃止法成立時に廃止法案支持票をまとめたのは彼であったが[101]，その一方でホランド卿夫人はジャマイカ・プランターの娘であり，また彼女の前夫もジャマイカ・プランターであった[102]．奴隷貿易廃止以降は英領西インド砂糖プランテーション経営は苦しくなり，第4部でも見るように時代が下るにつれて砂糖の世界的な生産拡大のために砂糖価格は急落し，プランテーションの価値も激減していく．このような情勢の中で，ホランド卿夫人の資産は大きく目減りし，息子ヘンリ・ウェブスタに譲るべき財産がほとんどない状態に陥っていた．西インド貿易商で

98　Earl of Ilchester (1923), p. 46.
99　Grace Boddington to Lord Holland, 17, Sept., 1825. Holland House Papers Add. 51807. 年号が結婚後の1825年となっているが，この年号は資料整理のために後代になって書き込まれたものであり，24年の間違いであると思われる．25年にはグレイスは結婚しており，すでに子供もできているので，手紙の内容と全く合わない．
100　Earl of Ilchester (1946), p. 30.
101　川分 (2011), pp. 95f.
102　Chancellor (1980), pp. 263-65.

図40　ホランド・ハウス邸内の大階段

図41　ロンドン都心（グリーン・パーク）にあったサミュエル・ロジャーズのタウンハウス

あったボディントンは，西インドの経済状況はよく承知しており，ホランド卿夫人と息子の資産状況もよく把握していた．ホランド卿夫人としては，ボディントン家から潤沢な資産を若い二人に提供してやって欲しいと願っていたようである．

　グレイス・ボディントンの手紙を受け取った後，ホランド卿が実際にボディントンの説得に乗り出したかどうかは解らないが，いずれにしてもこの直後ボディントンは折れたらしい．手紙の翌月には，二人はボディントンとホランド卿夫妻の出席のもとに挙式している[103]．

　しかしサミュエル・ボディントンは，遺書においては，遺産のうち商会とそれに属するものは甥で商会後継者のトマス・ボティントン6世に譲り，残りの財産全てを娘およびその子供たちに信託の形で残して，婿には500ポンドと年200ポンドの年金しか遺贈しなかった．そして孫の遺産相続についても，彼らが「軍人にならない」ことという条件をつけている．サミュエル・ボディントンの遺書とそこにあらわれる婿やホランド卿夫人の財産の問題については，第13章第2節でもとりあげる．

　以上が示すように，ボディントンの婿に対する気持ちは，最後まで温かい

---

[103]　1824年10月23日．この他サミュエルの弟トマス5世，リチャード・シャープ，ジョン・アレンが出席している．CLC/426/MS10823/005C．

ものにはならなかった．しかし一方で，この結婚は，確実にホランド卿一家とボディントン家の関係を堅固なものにした．サミュエル・ボディントンは，この後以前よりも頻繁にホランド・ハウスを訪れたばかりでなく，卿の姉妹や卿夫人の母とも交流を持っている．

　最後に言えることは，このような政治家貴族との急速な接近，姻戚としてのそれらとの接続は，サミュエル・ボディントンの子孫を王政復古以来の非国教コミュニティ・親族網から確実に切断したということである．グレイス・ウェブスタの子供たちは国教徒となり，職業的にもロンドン・ビジネス界とは縁を切り，地主・軍人として生きていく．

　ボディントン家がチャールズ・ジェイムズ・フォックスやホランド卿などの政治家の接近したのは，もともとは非国教徒の政治的利害実現を目指してのことであった．にもかかわらず，この接近は，ボディントン家を非国教信仰から離脱させ，通常のエスタブリッシュメントに融合させる方向に働いたのである．

第9章

ピューリタニズムの消滅と歴史的記憶の形成

第1節　長老派の消滅と会衆派の再生

　表9-1と表9-2は，18世紀から19世紀にかけての長老派と会衆派の消長の過程を見るために筆者がいくつかの情報をまとめたものである．依拠した史料は，ウォルタ・ウィルソンが1808-14年に発表したロンドン（シティ，ウェストミンスタ，サザック）の非国教礼拝所の歴史4巻[1]，出版業者サミュエル・リーが制作した『リーの新ロンドン図絵』（初版1818年および23, 30, 34年版[2]），19世紀後半に長老派（共同）基金の財務担当者であった法廷弁護士ウォルタ・D・ジェレミが1885年に発表した長老派基金の歴史と現状についての著書である[3]．

　表9-1に掲載の長老派礼拝所は，ジェレミが1725年に長老派基金に献金していたとしたロンドンの長老派礼拝所22ヵ所と，ウィルソンが長老派礼拝所として取り上げていたものを合併している．ジェレミの22箇所中19箇所はウィルソンと重複するが，郊外の3箇所（ハクニのグラヴェル・ピット礼拝所とメア・ストリート（セント・トマスズ・スクェア）礼拝所，サリー州のペッカム礼拝所）はウィルソンの著書の対象外の地域だったためそこには載っていない[4]．一番下部には，ジェレミは長老派礼拝所とはしていないが，長老派と強い関係のあったエセックス・ストリートのユニテリアン礼拝所もいれ

1　Wilson（1808-14）.
2　Leigh（1818）（1823）（1830）（1834）.
3　Jeremy（1885）.

表 9-1 ロンドン長老派礼拝所の消滅の状況（網掛けはジェレミが 1885 年長老派基金に出資

	礼拝所名称（場所）	長老派としての存続期間	主な聖職者 （巻末付表2「非国教礼拝所一覧」も参照のこと）
ジェレミが1725年長老派基金に出資していたとする礼拝所	Bartholomew Close	1681-1736	Bejamin Avery, Caleb Fleming
	Carter Lane, Doctors' Commons（もと Blackfriars）1860年 United Church, Islington が合流）	1667-1885 存続	Mathew Sylvester, Richard Baxter, Edmund Calamy（孫・歴史家）, Samuel Wright, Jeremiah Burroughs, John Fuller, Joseph Barrett
	Crosby Square	1662-1769	Samuel Slater, John Reynolds, John Barker, Edmund Calamy
	Gravel Lane, Houndsditch→Great Alie Street, Goodman's Fields	1688-1807	
	Gravel Pitt, Hackney	1716-1885 存続	
	Hand Alley（1728年以降 New Broad Street, Petty France）	1662-c. 1780	Thomas Vincent, John Oakes, Daniel Williams, Edmund Calamy（孫・歴史家）, John Evans, James Read
	Hanover Street, Long Acre, Middlesex	?-1823	Jabez Earle, John Allen
	Leather Lane	1670s?-1811	
	Little St. Helens	1672-1764	Samuel Annesley, John Woodhouse, Benjamin Robinson, Edward Goodwin
	Mare Street(St. Thomas's Square) Hackney	1660s?-1764	
	Monkwell Street	1666-1825	Thomas Doolittle, Thomas Vincent, Samuel Lawrence, James Fordyce
	Old Jewry（Jewin Street→1701-Old Jewry→1808-Jewin St.）	1662-1839	Edmund Calamy（子）, John Shower, Timothy Rogers, Joseph Bennett, Samuel Chandler, Richard Price, Thomas Amory, Nathaniel White, Abraham Rees
	Peckham, Surrey*	1660s?-1800	
	Poor Jewry Lane	1660s?-1774	Timothy Cruso, Samuel Rosewell, Nathaniel Lardner, John Billingsley, Richard Price
	Princess Street, Westminster	c. 1670-1815	John Shower, Daniel Mayo, Edmund Calamy, Obadiah Hughes（孫）, Andrew Kippis
	Salters' Hall	1689-1825	Richard Mayo, Nathaniel Taylor, John Barker, Francis Spilsbury, Hugh Worthington（子）
	Salters' Hall Lectures	1696-1775	
	Silver Street	1672-1748	John Howe, Daniel Williams, John Shower, Thomas Reynolds, Samuel Roswell, Daniel Mayo
	(Great) St. Thomas Apostle	1684-1729	
	St. Thomas's, Southwark	1666-1821	Nathaniel Vincent（Thomas の兄弟）
	Stanford Street（Princess Street と St. Thomas's が合流）	c. 1820-1885 年存続	
	Weigh House, Little Eastcheap	1662-1783	Samuel Slater, Richard Kentish, Thomas Kentish

ソルターズ・ホール1719年の時の牧師と立場（斜線はこの時期存在しないもの）	解散・転向の理由・ウィルソン（1808-1814），ジェレミ（1885）の時期の状況	『リーの新ロンドン図絵』1823年版での記載
John Munckley（無投票）	転向 1736年会衆派のCaleb Flemingの雇用により会衆派へ 1753年閉鎖 建物は1763年以降John Wesley, James Relly など他宗派が使用	記載なし
Samuel Wright（N） Thomas Newman（N）	存続（1885年現在）Thomas Newman（1718-46年補助牧師，46-58年牧師）以降アリウス主義へ接近 1800年頃アリウス主義	アリウス主義
Banjamin Grosvenor（不明） Clerk Oldsworth（N）	1769年解散（建物はJames Relly（レリー派）が利用）	記載なし
不明	1807年解散	カルヴァン主義
Daniel Mayo（S） George Smith（N）	存続（1885年現在）	対象地域外 （アリウス主義）
John Evans（N）	会衆減少の結果解散．最後の牧師John Palmerは合理主義非国教徒	記載なし
Javez Earle（S）	1823年解散	サンデマン派
Christopher Taylor（N）	解散	アリウス主義
Benjamin Robinson（S）	1764年就任のThomas Prenticeサンデマン派に転向し辞職 1790年牧師の死とともに解散	ウェズリ派メソディスト
Samuel Rosewell（N）	1764年 Samuel Palmer師以降会衆派へ転向	対象地域外
Daniel Wilcox（S） Henry Read（N）	1770年代から会衆の著しい減少 1825年解散	記載なし
Joseph Bennett（N） Simon Browne（N）	18世紀後半には合理主義非国教，アリウス主義に接近 1839年解散	アリウス主義
不明	1800年までアリウス主義に傾斜，会衆5人以下までに減少．1800年以降福音主義聖職者来て活性化．	対象地域外 （カルヴァン派）
William Harris（N） John Billingsley（N）	会衆の減少により解散（建物はカルヴァン派メソディストが利用）最後の聖職者John Calderはユニテリアン	記載なし
Edmund Calamy（中立）	Stanford Street（後欄）へ移動	記載なし
William Tong（S） John Newman（S）	Worthingtonはアリウス主義者 1800年代には会衆非常に減少 1825年 会衆派へ転向	カルヴァン主義
	1775年解散	記載なし
Samuel Rosewell（N） Jeremiah Smith（S）	転向 Silver St. 会衆派礼拝所へ合流	カルヴァン主義
Benjamin Andrews Atkinson（N）	転向 スコットランド長老派分離派へ**	記載なし
John Shefield（N） Joshua Bayes（無投票）	18世紀半ばアリウス主義に近いThomas Newman，国教牧師に転向したBenjamin Dawsonなど．18世紀末―19世紀にはプライス支持者，ハクニ・ニュー・カレッジ関係者など．1823年にStanford Street（後欄）へ移動	ユニテリアン
	存続（1885年現在）	ユニテリアン
Thomas Reynolds（S） James Read（N）	18世紀後半の牧師William Langfordはカルヴァン主義者，後任Samuel Palmerは会衆派．John Claytonとともに1783年会衆派礼拝所へ転向．	カルヴァン主義

ウィルソンのみ言及の礼拝所	Armourers' Hall, Coleman St.	1667–1709	Richard Steel
	Globe Alley, Maid Lane, Southwark	1660s–1752	Thomas Wadsworth, Richard Baxter, Nathaniel Oldfield, Joshua Oldfield, Obadiah Hughes（孫）, John Ward
	Haberdashers' Hall	1660s–1734	
	Jamaica Row, Rotherhithe	1660s–1783	
	King John's Court（もとLong Walk）	1660s–1760 以前	
	Old Bailey	c.1700–1743	
	Parish Street, St. John, Horsleydown	1670s?–c.1750	
	Salisbury Court, Fleet St.	1660s–1705	
	St. Giles's, Dyot St.	1660s–1727	
	Swallow St.	1670s?–1710	Richard Baxter
	Unicorn Yard, Tooley St., Stoney Lane	1660s?–1706	Richard Fincher, Nathaniel Vincent, Samuel Slaughter
	White Hart Yard, Bridge St.→17世紀末？Russell Court, Covent Garden	1660s–1705	Thomas Manton, Richard Baxter
	Zoar St.→Deadman's Place	1687–1784	John Chester, Dr. Marryat
最初からユニテリアンとして設立された礼拝所	Essex Street	1778–1800s 存続	Theophilus Lindsay, John Disney, Thomas Belsham

出典については本文を見よ．一部 Jones（1962），Surman Index も用いている．ソルターズ・ホール 1719 年の牧師の立場（S/N）については
*Peckham については，ウィルソン，ジェレミともにほとんど情報がなく，Cleal & Crippen（1908）にもとづく．
**スコットランド分離派は 1733 年発足であり，この礼拝所は 1729 年から数年後にこれに転向したと見るべきだろう．

た．

表 9-2 の会衆派礼拝所は，ウィルソンが会衆派礼拝所として取り上げたもののみである．

表 9-1 と表 9-2 には，わかる場合には 1719 年ソルターズ・ホール合同会議において三位一体を受諾する署名・宣誓を行うべきかどうかを問うた際に，各礼拝所の聖職者が受諾支持派（サブスクライバー，S で表す），受諾反対派（ノン・サブスクライバー，N で表す）どちらの態度をとっていたかも，記入した．これについては，オルドミクソンの情報に依拠している．

表 9-1 は，これらの長老派礼拝所が『リーの新ロンドン図絵』出版の時期

---

4 ウィルソンは，ロンドンの郊外についても調査を進めていたが，刊行しないまま死亡した．彼のマニュスクリプトはウィリアムズ博士図書室に保管されているということだが，筆者は未見である．

		消滅	記載なし
	Joshua Oldfield (N)	解散．建物は会衆派礼拝所へ．最後の牧師 John Ward (d. 1797) はアリウス主義，ソッツィーニ派，プリーストリ支持者，政治的自由支持者．	記載なし
	Joseph Hill (S)	会衆の少なさなどから解散．最後二人の聖職者は会衆派・カルヴァン主義→建物とともに会衆派へ	表9-2を見よ
	John Ratcliff (N)	最後の聖職者の辞職により解散	カルヴァン主義
	James Matthews (S)	会衆の減少により解散．建物はウェズリ派メソディストに売却，その後はカルヴァン派メソディストも使用	記載なし
	Thomas Emlyn (無投票)	Emlyn 一代のみ．彼の死亡で消滅．Emlyn は最も初期のアリウス主義者	記載なし
	James Galloway (S)	会衆の少なさ，貧しさより解散	記載なし
		牧師の死で解散	記載なし
	Thomas Cotton (N)	会衆少なさ，礼拝所賃貸期間終了により解散	記載なし
		牧師の死で解散　会衆は，同じ Swallow St. のスコットランド長老派礼拝所へ移動	スコットランド・カルヴァン主義
		解散	記載なし（同じ場所にある洗礼派礼拝所は別の建物）
		解散．最後の牧師 Daniel Burges は会衆派礼拝所へ移動	記載なし
不明		最後の牧師 John Humphries とともに会衆派 Union St 礼拝所へ合流	表9-2を見よ
		1800年頃繁栄　長老派基金には出資せず？	ユニテリアン

Oldmixon (1735) による．

やジェレミ (1885) の著作時期にどうなっていたのかを見ている．また表9-2は，これらの会衆派礼拝所が『リーの新ロンドン図絵』出版の時期にどうなっていたのかを見ている．

『リーの新ロンドン図絵』における新教非国教礼拝所の扱いについて，説明を補足する．リーは，1818, 23, 30, 34年版のいずれにおいてもロンドンの新教非国教徒礼拝所（クェーカーと外国人教会は別扱い）の網羅的なリストを掲載しているが，宗派の分類項目としては，「アリウス主義」，「洗礼派」，「カルヴァン主義」，「フリーシンカー」，「ハンティントン派」，「ハンティントン夫人派」，「モラビア派」，「スウェーデンボリ派」，「スコットランド・カルヴァン主義」（おそらくスコットランド長老制国教会と分離派両方を含む），「サンデマン派」，「ユニテリアン」（長老派の一部），「ウェズリ派メソディスト」，「ホワイトフィールド派メソディスト」を用いている．長老派，会衆派とい

表9-2　ロンドン会衆派礼拝所の

礼拝所名称（場所）	会衆派としての存続期間	主な聖職者（巻末付表2「非国教礼拝所一覧」も参照のこと）
Back St.（元 Dockhead）	1711-1800s 存続	
Barbican（Jewin St. の一部を後継）	1771-1800s 存続	
Bury St., St. Mary Axe（もと Mark Lane, 1708年に移動）	1660-1800s 存続	Joseph Caryl, John Owen, Isaac Chauncey, Isaac Watts, Samuel Morton Savage
Camomile St.（Mile's Lane 一部が分離して設立）	1756-1800s 存続	William Porter, John Reynolds, John Clayton
Chapel St., Soho	1796-1800s 存続	
Coleman St.	1645-1665	John Goodwin
Collier's Rent	1726-1800s 存続	
Cutlers' Hall	1660s?-1697	
Fetter Lane	1660-1800s 存続	Thomas Goodwin, Thankful Owen, Thomas Goodwin（子）, David Bogue
Founders' Hall, Lothbury	1778-1800s 存続	
Girdlers' Hall	1666-1710	
Globe Alley, Maid Lane	1753-?	
Haberdashers' Hall	1650-1806 頃	William Strong, Theophilus Cole, Samuel Lee, Thomas Rowe, David Jennings, Henry Francis, Robert Wright
Hare Court	1660s?-1800s 存続	George Cockayn, John Nesbitt, Matthew Clarke, William King
Jewin St.（もと High Hall）	1660s-1713	
Jewin St.（もと High Hall）	1760-1800s 存続	
Little Guildford St.	1800 頃-存続	
Lower Rotherhithe	1699-1762	
Market St., Mayfair	1800 頃-存続	
Meeting-House Alley, Red Cross St.	1710-1760	
Miles Lane（もと St. Mary Abchurch, Cannon St.）	1640s-1795	Sydrach Simpson, Timothy Jollie
New Broad St.	1728-1800s 存続	
New Court, Carey St.（1727年 Fetter Lane 一部が合流）	1687-1800s 存続	Daniel Burgess, Henry Francis, Thomas Bradbury, Peter Bradbury
Palace St., Pimlico	1801-存続	

消長の状況

ソルターズ・ホール1719年の時の牧師と立場（斜線はこの時期存在しないもの）	解散・転向の理由・ウィルソン著作時（1808-14）の状況	『リーの新ロンドン図絵』1823年版での記載
John Sladen（S）	存続　1813以降盛り返し	カルヴァン主義
/	存続	カルヴァン主義
Isaac Watts（中立）	存続（転向）　Thomas Beck（1788-）のもとでカルヴァ派（ホワイトフィールド派）メソジスト（Jones（1962），p. 160）	カルヴァン主義
/	存続　盛り返し	カルヴァン主義
/	存続　ウィルソン著作時期　繁栄	カルヴァン主義
/	John Goodwin 一代限り	記載なし
/	存続	カルヴァン主義
/	牧師辞任とともに解散	記載なし
Thomas Bradbury（S） Peter Bradbury（S）	存続	カルヴァン主義
/	存続	フリーシンカー
/	会衆減少，牧師辞任により解散	記載なし
/	長老派礼拝所の後を取得　会衆の減少により解散	記載なし
John Foxon（S） Henry Francis（S）	存続　他の会衆派と合併（Monkwell St. のCharles Neelyと）	カルヴァン主義（Staining Laneに移動）
John Conder（両方に投票）	存続	カルヴァン主義
/	解散	記載なし
/	存続	カルヴァン主義
/	存続　ウェールズ人中心　繁栄	ウェールズ人教会
Thomas Masters（S）	会衆減少により解散	記載なし
/	存続　ウィルソン著作時期　繁栄	カルヴァン主義
Lohn Lewis（S）	転向　最後の牧師William Tolley（在職1758-60）は洗礼派→サンデマン派へ　次の牧師以降特定洗礼派となる	洗礼派／サンデマン派
Matthew Clarke（S）	転向　最後の牧師Stephen Addingtonの死とともに解散　建物はスコットランド長老派分離派へ	スコットランド・カルヴァン主義
/	存続	記載なし
James Wood（S）	存続　ウィルソン著作時期　繁栄	カルヴァン主義
/	存続	カルヴァン主義

Paved Alley, Lime Street	1640–1755	Thomas Goodwin, Thomas Harrison, John Collins, Nathaniel Mather, John Collins（子）, Robert Bragge（子）, Philip Gibbs
Petticoat Lane→1727 Turners' Hall →1741 Crispin St.）	1700?–18世紀半ば	
Petticoat Lane→1755 White Row	1728–1800s存続？	
Pewterers' Hall	1660s–1715	Robert Bragge, Ralph Venning, John Women
Pinners' Hall	1660s–1778	Jeremiah Hunt, Caleb Fleming
Plasterers' Hall	1666–1755	
Silver St.（1713以降Jewin St.→1743 Silver St.）	1650s–1777	Philip Nye, Thomas Cole, John Singleton, Daniel Neal, David Bogue
Three Cranes, Thames St.	1680s?–1798	Thomas Gouge
Turners' Hall Petticoat Lane会衆が1727年に跡地取得→Crispin St. Spitalfields→1751 Jewin St→Meeting-House Alley, Red Cross St.	1700–22, 1727–移動	
Union St.	1660s?–1800s存続	
Weigh House, Little East Cheap	1783–1800s存続	

う呼称は用いられていない．編者のリーは，彼の時代にはもはや長老派，会衆派という宗派はなく，それらはユニテリアンかカルヴァン主義に吸収されたと考えていた[5]．

また表9-3は，ウィルソンの著書にある全ての非国教礼拝所を，旧非国教（宗教改革から清教徒革命期に起源を持つもの）と18世紀以降に現れた新非国教に大別し，各宗派ごとの数を出し，それらがウィルソン著作の時期（1800-14年）にどれくらい現存していたかを調査したものである．この表から一見して明らかなのは，旧非国教全体の衰退である．全体で130件あったものが41件になっている．また会衆派も洗礼派もかなり数を減らしてはいるが，長老派の減少が一番激しいことも解る．一方で新非国教はできてから間もないせいか安定しており，またスコットランド長老派もロンドン近郊では定着

---

5 リーは，クェーカー教会と外国人向け新教教会は別個リストアップしている．

Robert Bragge（子）(S) Philip Gibbs (S)	2派に分裂．最後の牧師 John Richardson 会衆一部をつれて Artillery St. へ移動（後は不明）．残りは Mile's Lane へ	Mile's Lane を見よ
Joseph Hussey（無投票）	解散	記載なし
	1755年以降のことは不明	カルヴァン主義
	最後の牧師 John Women 洗礼派に転向，移動後解散	記載なし
Jeremiah Hunt (N)	Caleb Fleming 死後解散	記載なし
Thomas Charlton (S)	牧師死亡後　会衆派アカデミとして使用	記載なし
Daniel Neal（中立）	解散直前は洗礼派牧師とスコットランド長老派牧師．1789年以降，カルヴァン派メソディストが建物使用	カルヴァン主義
Thomas Ridgley (S)	牧師不在と会衆減少により解散　ハンティントン派へ継承	カルヴァン主義
John Jacob（無投票）	Meeting-House Alley を見よ	―
Zephaniah Marryat（無投票）	存続	カルヴァン主義
1719年は長老派として存在	存続	カルヴァン主義

していることがよくわかる．

　長老派はなぜこのように凋落したのか．詳しい情報を表9-1で見てみよう．ジェレミは，濃い網掛け3件（カーター・レイン，ハクニのグラヴェル・ピット，スタンフォード・ストリート）のみが，1885年に長老派基金に出資していると述べている．リーはこのうちカーター・レインをアリウス主義としており，スタンフォード・ストリートをユニテリアンとしている．グラヴェル・ピットは郊外なのでリーは記載していないが，これがリーの時代にユニテリアンであったことは明らかである．以上から，1885年に残っていた長老派礼拝所はわずか3件で，しかもいずれも19世紀初頭には反三位一体派となっていたことがわかった．

　次に薄い網掛けは，会衆派あるいは他のカルヴァン派に転向したことが解るもの10件である．このうち8件の礼拝所は1730年代頃から19世紀初頭にかけて会衆派に転向し，残り2件は1710-30年頃にスコットランド長老派

表9-3 ロンドン（シティ，ウェストミンスタ，サザック）の非国教礼拝所　17世紀半ば〜1808-14年

宗派		ウィルソン著作に掲載されている礼拝所の数	ウィルソン著作発表（1808-14）頃に現存していた礼拝所の数
旧非国教	長老派	32	7
	会衆派（独立派）	35	18
	特定洗礼派（パティキュラー・バプテスト）	31	8
	一般洗礼派（ジェネラル・バプテスト）	10	4
	安息日厳守洗礼派	2	2
	洗礼派（細かな分類の不明なもの）	11	2
	ピューリタン（細かな分類の不明なもの）	8	0
	クェーカー	1	0
旧非国教のみの合計		130	41
ノンジューラー（名誉革命時国王臣従拒否者）		2	0
スコットランド長老派（スコットランド国教会）		4	4
18世紀以降に発生した新非国教宗派	スコットランド長老派分離派	2	2
	ユニテリアン	1	1
	カルヴァン派メソディスト	6	6
	メソディスト	2	2
	キリスト同胞団 United Brethren	1	1
	スウェーデンボリ派	3	3
	レリー派	1	0
	ハッチンソン派	1	1
新非国教のみの合計		23	20
総計		153	61

Willson (1808-14), 4 vols. 宗派ごとの礼拝所の数は，非常に短命であった礼拝所や宗派がはっきりしなかったり途中で変更された礼拝所が多いので，それほど明確ではない．また，現存と消滅の区別・時期についても，移転や他派への転向，牧師なしでの俗人会衆集会の存続などがあり，明白に解るものではない．ハッチンソン派については Wilson (1808-14), vol. 2, p. 90.

と長老派分離派に転向している．またこれら10件のうち7件は，リーの時期（1823年）に転向後の宗派のまま存在している．以上から，長老派礼拝所の一部は18世紀の早い段階から会衆派や他のカルヴァン主義に転向し，しかも転向した礼拝所は比較的長続きしたといえる．

網掛け以外の22件（エセックス・ストリートは除く）のうち9件（アーマーズ・ホール，グロウブ・アリ，キング・ジョンズ・コート，オールド・ベイリ，パリッシュ・ストリート，ソールズベリ・コート，セント・ジャイルズ，ユニコーン・ヤード，ホワイト・ハート・ヤード）は18世紀半ばまでに消滅し，また5件（クロスビ・スクエア，ハンド・アリ，モンケル・ストリート，プア・ジュウリ・レイン，ソルターズ・ホール講義）は18世紀後半から19世紀初頭までに消滅している．残り8件のうち4件は，ウィルソン（1800-14年）が解散したとしているのにリー（1823年）が存在しているとしているもの（グラヴェル・レイン，レザー・レイン，リトル・セント・ヘレンズ，ジャマイカ・ロウ）である．これらは，ウィルソンの時代にいったん解散したが復活，または建物を他宗派が取得したものだと考えられるが，レザー・レインがアリウス主義になった以外はカルヴァン主義またはウェズリ派になっているので，レザー・レインのみが長老派（アリウス主義）として復活し，残り3件は他宗派に取って代わられたと見るべきだろう．最後の4件は，ハノーヴァ・ストリート，オールド・ジュウリ，プリンセス・ストリート，サザックのセント・トマスであるが，後者2つは1885年に存在しているスタンフォード・ストリートに合併されたものであり，前2者はそれぞれ他宗派（サンデマン派）に移行したものと，アリウス主義（長老派）に留まったものとに分かれる．

以上をもっと簡単に言うと以下のようになろう．表9-1掲載の長老派礼拝所35件中14件は，19世紀初めまでに消滅した．残りのうち12件は会衆派またはスコットランド長老派系のカルヴァン主義に転向，1件はウェズリ派，1件はサンデマン派，残り7件（合併の結果実際には5件）が長老派（アリウス主義またはユニテリアン）に留まった．しかも，これらも1885年までに3件にまで減少した．つまりイングランド長老派は，18世紀を通して減少し続け，わずかに残ったものは，合理主義信仰になり，19世紀にはほぼ消滅状態に陥ったといえる．

次に表 9-2 で，会衆派の状況を見よう．

こちらは，最後列を見れば歴然としている．ウィルソンが取り上げた 35 件の礼拝所のうち 18 件がカルヴァン主義，つまりおそらく会衆派のまま留まっており，一方他宗派に転向したものは合計 4 件（フリーシンカー，スコットランド・カルヴァン主義（長老派国教），サンデマン派と洗礼派の合同集会，ウェールズ人教会がそれぞれ 1 件ずつ）である．最後のウェールズ人教会については，ウィルソンはウェールズ語と英語両方で説教をしている会衆派としている[6]．また，ウィルソンは残存している礼拝所の多くについて，近年人数が回復し盛会であるなどとコメントしており，会衆派は活性化していたことが解る．

しかも，興味深いのは，会衆派には 1770 年代以降に設立された新しい礼拝所が 6 件（バービカン，チャペル・ストリート，ファウンダーズ・ホール，マーケット・ストリート，パレス・ストリート，ウェイ・ハウス）あり，それらが皆 19 世紀初頭に繁栄していることである．長老派が合理主義信仰に走り信者に背を向けられつつあったこの時期に，会衆派がこれだけ新たに会衆を集めるエネルギーを持っていたことは驚くべきことである．これは，会衆派が 18 世紀半ばまでは衰退の一歩をたどっていたが，1770 年代頃から福音主義の影響下に活性化し，勢力を盛り返しつつあったことを反映している．表 9-3 のみで見ると，長老派も会衆派も減少方向にあったように見えるが，実際にはそうではなく，会衆派は再生の途上にあり，長老派はさらなる衰退の過程にあったのである．

表 9-1 と表 9-2 に記載した 1719 年ソルターズ・ホール合同会議で各礼拝所聖職者のとった態度についても，興味深いことが解る．第 8 章第 1 節では，長老派はサブスクライバーとノン・サブスクライバーに 2 分されたのに対し，会衆派は圧倒的にサブスクライバーであったと説明したが，そのことはこの表からも一目瞭然である．長老派の場合，同じ礼拝所で主任牧師と補助牧師の態度が異なることもよくおこっており，おそらく複雑な感情や敵対関係がこの事件を契機に生じてきただろうことが感じられる．一方会衆派は，表 9

---

6 Wilson, (1808-14), vol. 4, p. 274.

–2に見るようにノン・サブスクライバーはただ一人である．これから言えるのは，ソルターズ・ホール合同会議は会衆派には影響を与えなかったが，長老派には大きな影響を与え，宗派としての団結だけでなく，各礼拝所の平和さえも大きく損なったとということである．

最後に断っておくが，イングランド長老派は完全に消滅したわけではない．本書でたびたび依拠してきた19世紀末の長老派歴史家ドライズデイルは，その著書をイングランド長老派教会出版部から出版しており，その当時もまた現在もイングランド長老派教会は存在している．しかし，ドライズデイルは，イングランド長老派は18世紀の合理主義信仰への傾斜のために徹底的に弱体化したのであり，その再生は1830年代以降スコットランド長老派からの支援と影響のもとに徐々に進められたに過ぎず，それによってもそれほど勢力を大きく盛り返すことはできなかったと述べる．ドライズデイルは，教会統治体制として長老制をとるウェズリ派メソディストの中に長老派の真の後継を見いだしているほどである[7]．

礼拝所の数だけでなく信者数で各宗派の党勢を確認するため，ワッツの調査結果を表9-4で示す．これを見ると，以上に述べてきたことがさらに良く確認される．全体としては，新非国教の進出が著しく，特にウェズリ派メソディストの伸張は激しく，19世紀中葉には新教非国教徒の半数近くがこれに属するようになっている．しかし旧非国教においても，会衆派と洗礼派の回復は著しく，それに比べてクェーカーと長老派の衰退は著しい．

第2章以来書いてきたように，イングランド長老派こそが最初の，そして狭義の意味でのピューリタンであった．しかしイングランド長老派はこのようにして19世紀にはほぼ消滅する．ピューリタニズムの時代は終わったのである．

7　Drysdale (1889), pp. 583–93.

表9-4 宗派別非国教徒人口と各宗派の占める割合（イングランド&ウェールズ）

宗派	1715-18年			1851年		
	推定人数	総非国教徒人口に対する割合(%)	総人口に対する割合(%)	推定人数	総非国教徒人口に対する割合(%)	総人口に対する割合(%)
長老派＋ユニテリアン	185,430	52.1	3.2	87,091	2.6	0.5
会衆派	67,580	19	1.2	788,564	23.6	4.4
洗礼派	63,370	17.8	1.1	591,948	17.7	3.3
クェーカー	39,510	11.1	0.7	16,783	0.6	0.09
メソディスト（アルミニウス主義)	―	―	―	1,555,684	46.6	8.7
メソディスト（カルヴァン主義）	―	―	―	179,941	5.4	1
ハンティントン夫人派	―	―	―	22,692	0.7	0.13
モラヴィア兄弟団	―	―	―	7,212	0.2	0.04
その他	―	―	―	88,970	2.7	0.5
総非国教徒人口	355,890		6.2	3,338,885		18.6
総人口	5,752,420			17,927,604		

Watts (1995), p. 29.

第2節　国教への転向

　以上のような状況を背景に，スキナー家やボディントン家の人々は，19世紀前半から中葉にかけて非国教を離脱し，国教化していく．

　国教化の過程をとらえることは難しい．結婚と埋葬は非国教徒でも国教教区教会で行われるので，指標にならない．おそらく一番正確な方法は，子供の洗礼を住所地と思われる教区簿で一つ一つチェックしていくことだと思うが，筆者はこのような作業を行っていない．そのため，ここでは，国教牧師を職業として選択すること，あるいは国教牧師との結婚を指標として，見ていく．ボディントン＝スキナー家親族網の末裔には，非常に顕著な国教牧師化が進む家系がある．スキナー家では1．レイモンド＝バーカー家の系統，ボディントン家では2．トマス・ボディントン4世の系統である．以下では，これ以外に3．他のボディントン家の子孫たちの状況についても考察し，どのようにボディントン＝スキナー家親族網の国教化が進むのか見ておきたい．なお第6章でもスキナー家末裔のいくつかの家の国教化の過程について既に

みた.

1. レイモンド＝バーカー家の国教化

以下ではスキナー家系図とレイモンド＝バーカー家系図を参照されたい．

レイモンド＝バーカー家（もとレイモンド家）の第5世代までについては，第6章第4節で詳細を語ったのでここではごく簡単に述べる．同家は，第1世代ニコラス・スキナー（d. 1670）の最初の結婚による次男ニコラス（d. 1706）の娘アン・スキナー（m. 1708）（第3世代）が，ロンドンの醸造業者サミュエル・レイモンド（d. 1730）と結婚したところから始まる．このサミュエル＆アン・レイモンド夫妻の息子が第4世代ジョン・レイモンド（c. 1712-82）であり，その息子が第5世代ジョン・レイモンド＝バーカー（c. 1742-1827）である．

第4世代ジョン・レイモンドと第5世代ジョン・レイモンド＝バーカーが明確に非国教徒コミュニティの中で生きていたことは第6章や第8章で十分確認したので，ここでは繰り返さない．しかし，第6世代であるジョン・レイモンド＝バーカーの子供たちに目を向けると，状況は様変わりしてくる．まず彼の初婚での三男フレデリック（d. 1819）は，国教牧師ととなっている．また，再婚による娘マリアナ＝キャサリン（d. 1839）は，エドワード・ブーヴァリ・ピュゼー（1800-82）と1828年に結婚しているが，彼はオックスフォード聖堂参事会員でオックスフォード大学ヘブライ語欽定講座の教授であり，オックスフォード運動（国教刷新運動）のリーダーとしても知られた時代を代表する国教聖職者であった[8]．

国教化は第7世代も続く．第6世代ダニエル・レイモンド＝バーカー（d. 1827）の三男ヘンリ＝チャールズは国教聖職者，また娘ハリエット＝アイヴズの夫フランシス・ウィリアム・ライス（1804-1878）[9]もまた国教聖職者であった．

以上をもって，レイモンド＝バーカー家の全ての子孫が国教化したといい

---

8 "Edward Bouverie Pusey", ODNB.
9 彼はレイモンド＝バーカー家の所領のあったグロスタシャア，フェアフォードの教区牧師で，後に第5代ダインバー男爵となった．*Burke's Landed Gentry*, 1879, vol. 1, p. 77.

きることはできない．たとえばジョン・レイモンド（c. 1712-82）の娘メアリ（m. 1771）（ジョン・ワレンと結婚）の孫（第7世代）は，1826年にバース近郊のリンクームの非国教基地に埋葬されており，この時点でまだ非国教徒であった[10]．しかし，全体的動向は明らかであろう．レイモンド＝バーカー家は，第6世代以降急速に国教化が進んだ．また結婚や職業選択など第6世代が若い段階で国教化が進展していることは，第6世代の親である第5世代が，自分の子供たちが国教徒になることを積極的に容認していたことを物語っている．第5世代は，自分たちはしっかりと非国教コミュニティに留まり，また富裕・知的階級に所属する非国教徒として社会的責務を立派に果たしたが，その一方で子供たちは非国教徒にはすまいと決意していたようにも見える．

なおレイモンド＝バーカー家第6，7世代の姻戚網には，二つの明白な特徴がある．一つは，その姻族ピュゼー家，バーナディストン家，ボウズンキット家，アイヴズ家がいずれも元非国教家系であることである．ピュゼー家（ブーヴァリ家）とボウズンキット家はユグノー家系である[11]．バーナディストン家は，清教徒革命期に急進派として知られたサミュエル・バーナディストンの一族であり[12]，アイヴズ家はノリッジの非国教の毛織物業者兼商人の家系である[13]．以上の一族は，いずれもレイモンド＝バーカー家と婚姻関係を持つ以前に国教化していたと考えられるが，それにしてもかなり近い過去まで非国教徒であった一族である．つまり，彼らは，国教徒ではあるが強固に非国教バックグラウンドを持つ家系と好んで通婚していたのである．

もう一つの特徴は，以上4家のうちバーナディストン家，ボウズンキット家，アイヴズ家と，第5世代が結婚しているブース家，ボディントン家の5家は，いずれもイングランド銀行取締役・総裁を輩出した家系であるということである．彼らは，他の銀行や金融会社にも関係している．特にアイヴズ家とボウズンキット家は，ロイズ銀行の前身となる銀行のパートナーシップ

10　FMG, vol. 1, p. 370.
11　Edward Bouverie Pusey の本来の姓は Bouverie でユグノー．ODNB；Smiles（1868），p. 368. ボウズンキットについては川分（1995）；Smiles（1868），p. 367.
12　Barnardiston については De Krey（2005），pp. 127, 148-49. 非国教系レヴァント商人．
13　Ives については Jewson（1975），p. 136；Lee（1966），p. 115.

を形成していたことで知られている[14]. レイモンド＝バーカー家も南海会社など金融会社に関わっている.

つまりこれらの家の盛んな通婚には，共通する歴史的記憶や宗教・政治的寛容などの思想の維持という意味合いと，もう一つより物質的な目的——金融都市ロンドンの主導者たちの地位と財産保全——があったと考えられる.

2. トマス・ボディントン4世の子孫の国教化

以下ではボディントン家系図 No. 3，特に中央から右側を参照されたい.

トマス・ボディントン4世は，ボディントン家第4世代である. 彼は，第8章で書いたように，PDD代表・会計役，ハクニ・ニュー・カレッジ出資者，1786-90年審査法・自治体法廃止委員会委員として活動しており，ハクニ非国教コミュニティの中で生き，責務を果たしていた人間である.

しかし彼の場合，妻マリア・キャサリンの姉が国教牧師ヘンリ・ポーティントンと結婚しており，すでに彼自身の世代，つまり第4世代から国教化は始まっていた.

第5世代である彼の子供たちの時代には，国教化は一挙に進む. 彼の長女マーガレットは先述したようにまだ非国教コミュニティに留まっていたジョン・レイモンド＝バーカー（c. 1742-1827）と結婚したが，彼女の妹アメリア（1770-1806）はジョン・カッツ・ロックウッド，マティルダ（1776-1824）はミドルトン・オンスロウという国教牧師と結婚した. またエリザベス（1769-1839）は，アイザック・ホーキンス＝ブラウンという法廷弁護士の後妻に入ったが，おそらくホーキンス＝ブラウンは国教徒であり，また彼は非常に富裕で妻エリザベスにシュロップシャーのバジャーの国教教区教会の聖職任命権を遺産として残している[15].

彼女たちの兄弟で，トマス4世の唯一の息子であったベンジャミン・ボディントン3世（1773-1855）も，自身はともかく，その子孫を急速に国教化させた人物である. ベンジャミン3世は，第8章に書いたように，伯父ベンジャミン2世と父トマス4世が営んでいた西インド貿易商会を従兄弟サミュ

---

14 Lee (1966), p. 89.
15 以上の人物，婚姻関係は R. S. Boddington が特定している.「系図の出典と解読」を参照.

エル・ボディントン (1766-1843) と継承して営んでいた. しかし彼はサミュエルの妻グレイスに横恋慕して, 駆け落ちし, 彼女をサミュエルと離婚させて結婚してしまう. これは当時大スキャンダルとなり, タイムズ紙やジェントルマンズ・マガジンなどにも大々的に書き立てられた事件であり, 従兄弟サミュエルと父トマス4世を深く傷つけた事件であった. サミュエルは, ベンジャミン3世を法廷に訴え, 西インド貿易商会から彼を追放している. その後ベンジャミン2世は, 父トマス4世の支援によってヘレフォードシャーにバーチャー・コートという小規模な領地を購入し, そこで妻と田舎紳士として静かに暮らしたようである.

ベンジャミン3世とグレイスの間にはたくさんの子供たちが生まれたが, 第6世代であるこの子供たちは急速に国教化していく. おそらく彼らは, 父と母の不名誉な行動により, 完全に非国教徒コミュニティから切り離されたために, より国教化が容易となっただろうと思われる. ベンジャミン3世の次男で相続人となったレジナルド・ブルック・ボディントン (1809-63) は, 本人は海軍軍人となったが, 国教牧師の娘と結婚する. また三男トマス・フレモー・ボディントンは, 叔母エリザベス・ホーキンス=ブラウンが持っていた聖職任命権により, シュロップシャー, バジャーの国教牧師となった.

第7世代においては, 見事なまでに国教化が進む. まずレジナルド・ブルックの子供たちは, 長男アーサー・カヴェンディッシュ・オンスロウ・ボディントンは国教牧師の娘と結婚, 次男トマス・フランシスは国教牧師になり, 三男レジナルド・ステュアートは国教牧師の娘と結婚, 二人の娘はともに国教牧師と結婚する. トマス・フレモーの方は, 息子の一人が国教牧師となり, 一人の娘が国教牧師と結婚し, もう一人は国教牧師を父に持つ男性と結婚した.

このように, トマス・ボディントン4世の家系では, トマス4世自身の第4世代から国教聖職者との姻戚関係が見られるようになり, 第5世代以降は国教化が急速に進み, 第6, 7世代にいたってはほとんどの親族が国教聖職者であるような状況が生じた. 断っておくが系図はだいぶ省略しており, 他にも兄弟姉妹は存在し, その多くは軍人・法曹関係である. そのため, この系図に見るほど圧倒的に国教聖職者だったわけではないが, それにしても国

教関係者が多い．またロンドン実業界の人間は皆無である．

　第7世代のレジナルド・ステュアート・ボディントンこそが，これまで何度も言及したボディントン家家族史の研究者となった人物である．彼は，ボディントン家史研究を始めるまで，自分の一族が非国教徒だということは知らなかった．またそれに気づいてからも，彼はそのことを熱心に追求することは好まなかった．それほど，この家系の脱非国教化は進んでいたのである．

　3．他のボディントン家の子孫たちの国教化

　次に，トマス4世と同じ第4世代のベンジャミン2世の子孫を見ておこう．ボディントン家系図 No. 3の左側を見ていただきたい．

　ベンジャミン2世が3回結婚し，いずれも非国教徒と結婚していたことについては，第7章で見た．彼の1回目の妻によって得た姻戚，リチャーズ家，ヤーバリ家，メイトランド家が，いずれもハクニの非国教コミュニティに深くコミットし，PDD，ハクニ・ニュー・カレッジ，1786-90年審査法・自治体法廃止委員会に関わっていたこともすでに見た．また彼の三度目の妻メアリ・ペトリがやはり有力非国教家系の出身であり，イングランド銀行取締役のビクネル・コニーと再婚した後も非国教信仰を維持し，遺書で非国教聖職者に遺贈していることも見た．

　このベンジャミン2世の息子である第5世代のサミュエル（1766-1843）は，おそらく最後まで非国教徒コミュニティの中で生きた．彼は，妻が従兄弟ベンジャミン3世と駆け落ちした後，マンチェスタの綿紡績業者ジョージ・フィリップスおよびロンドンの帽子製造販売業リチャード・シャープとパートナーシップを組むが，彼らはいずれも非国教徒であった．マンチェスタに基盤をもつリチャード・シャープは，ロンドンの組織であるPDDや1786-90年審査法・自治体法廃止委員会のメンバーではないが，その署名活動などに協力している．またシャープは，デイヴィスというやはりロンドンの非国教の一族と事業上，家族上密接な関係を持っていたが，このデイヴィス一族はその後ボディントン商会のパートナーとして参加し，19世紀中葉から後半の同商会の活動を支える．フィリップス，シャープ，デイヴィス家については第12章で詳述する．サミュエルはまた，エセックス・ストリートのユニ

テリアン礼拝所にも出席しており，1820年代には非国教徒にも入学・学位授与を認めることを目的としたロンドン大学の設置にも関心を持っていた[16]。

サミュエルは息子二人を早くに亡くし，娘グレイスのみが残っていたが，彼女は先述したようにホランド卿夫人の連れ子ヘンリ・ウェブスタと結婚している．彼らや彼らの子供たちについての情報はあまりないが，彼らはホランド卿につながる貴族や軍人士官などたちと付き合い，ボディントン家伝来の非国教世界だけでなくロンドンの実業界からも離れていったようである．

サミュエルの腹違いの弟トマス・ボディントン5世（1774-1862）については，残念ながらほとんど情報がない．彼がジョージ・カドガン・モーガンの家に寄宿し教えを受けたこと，ハクニ・ニュー・カレッジにも入学したと思われることなどは第8章で見た．その後彼はリンカンズ・インに行き，法律家となる．その後彼がアイルランドの地主の娘メアリ・コマフォードと結婚したこと以外は不明である．

トマス5世の一人息子トマス6世（c. 1807-81）は，ボディントン商会のパートナーとなった最後のボディントン家の人間である．彼は，キューガーデンにほど近いガナズバリ・ロッジに邸宅を構えて住み，地元の教区教会に多大な寄付をして，それをビザンツ風建築で大規模に改装したことで知られている[17]．このことは，彼が国教徒であることを証明するものではない．しかし，彼が非国教徒であることを示す証拠もまた何も残されていない．自らステンド・グラスのデザインをしたり，ビザンツ様式を特に望んで教区教会を改修するという行動は，少なくとも彼が熱心な新教非国教徒ではなかったことを示している．

以上，スキナー＝ボディントン家の第5世代以降の状況について，たどってきた．もちろん全ての末裔を洗いざらい調べたわけではないが，調べた限りにおいては，第6世代以降の国教化の進行は明らかであり，また第5世代に子孫を国教徒にしていくという意志があったことも明らかである．

16　CLC/426/MS10823/005C. 1827年4月30日にはロンドン大学設立者ディナーに参加している．1833年5月，11月にはユニテリアン礼拝所に参加している．

17　Smith（1994）.

図42 ガナズバリ・ロッジ（1908年）

図43 ガナズバリ・ロッジ書斎

図44 トマス・ボディントン6世がビザンツ風に改築したイーリングの教区教会（ステンド・グラスは彼のデザイン）

　最後にもう一つ有力な情報を出しておこう．1786-90年審査法・自治体法廃止委員会委員の名簿を整理したディヴィスは，1827-29年審査法・自治体法廃止委員会委員の名簿も刊行している[18]．しかしこの名簿には，全くボディントン家やその親族・姻戚の名前を見いだすことはできない．またPDDの1820年代の議事録にも彼らの名前は見あたらなくなっている[19]．

　1827-29年審査法・自治体法廃止委員会には，ハクニ，グラヴェル・ピット礼拝所の牧師ロバート・アスプランドや当時のハクニの有力会衆で非国教史研究者でもあったジョン・トゥイル・ラット（1760-1841）も入っている．しかし，おそらくこの時期にはもはやボディントン家の人々は誰もハクニには住んでいなかった．おそらく最後まで残っていたサミュエル・ボディント

18　Davis (1978), pp. 110-13.
19　CLC/181/MS03083/6-7. LMA.

ンも，1841 年センサスの時には娘夫婦と孫とともにリッチモンドに移り住んでいる[20]．彼らは，引っ越しという最も物理的な形で，ハクニとそこの非国教コミュニティから自分たちを切り離したのかもしれない[21]．

第 3 節　語り継がれる記憶

　第 6 章，第 7 章と本章前半を通して，イギリスの非国教徒は，王政復古以来信仰の維持に努め，そのために強固な親族・地域コミュニティも形成していたが，18-19 世紀転換期には旧非国教の勢力は大きく後退し，もはやピューリタニズムの退潮はあらがいきれないものとなっていたことを見てきた．

　しかし，勢力の後退と同時に，歴史的記憶の維持と再生産のための活動も盛んになっていくことも事実である．つまり，旧非国教の歴史を可能な限り後代に語り継いでいこうという動きである．こうして旧非国教徒は，18 世紀を通して，そして 19 世紀に入ってからも，熱心に旧非国教史，清教徒革命史を語り，その史料を収集・編纂した．これらは，単なる 18・19 世紀の著作物という性格に留まらず，17 世紀史についての一級の研究書あるいは重要な刊行史料として，現代の歴史学においても一定の役割を果たし続けている．こうした旧非国教徒の歴史的著作物群を検討することは，彼らの心性・歴史認識を理解する上で重要な手がかりであると同時に，現代歴史学のルーツやそれに対する非国教徒の影響を理解する上でも必要な作業である．そこで本節では，まだ本格的な調査は行いえていないが，これらの膨大な非国教徒の著作物の一端を取り上げて，非国教徒達がどのように自らの歴史を再生産しようとしていたか，またその成果がどのように現代の歴史学に流れ込んできているかを，考えてみたい．

　長老派や会衆派，洗礼派は，清教徒革命期から自己の宗教的立場を擁護す

20　English Census 1841, TNA.
21　PDD では，1810 年代に Ebenezer Maitland が熱心に出席しているが，ボディントン家関係者としては最後に思われる．CLC/181/MS03083/5. LMA.

るために様々な著作活動を行ってきた．王政復古直後は非国教徒の著作活動は下火となったが，名誉革命以後は非国教徒による同時代史や回想録の著述，日記や書簡などの史料の公開が進む．最も代表的なものは，1696年のマシュウ・シルヴェスターの編纂によるリチャード・バクスタの自伝的著作の発表である[22]．

ただこの一方で，王党派やトーリ側の著作や史料公開も進んだ．特にアン女王の即位は，トーリ側からの重要な大作の刊行を促した．クラレンドン伯（1609-74）の『大反乱史』である．それまで半世紀もの間，クラレンドン伯の手稿は，家族が保管し，ごく一部の人間のみが閲覧を許されていたが，クラレンドン伯の孫でもあり国教護持派として知られたアン女王の即位を追い風として，オックスフォード大学の出版局から出版される[23]．

同書は，国内外で大反響を呼びベストセラーとなった．これは非国教徒やホィッグ側にも強い刺激となり，重要な著作群を生み出す契機となる．それが歴史家エドマンド・カラミ（1671-1732）の一連の仕事である．

カラミは，同名の祖父と父がともに長老派の追放牧師であった．また歴史家カラミは，バクスタの後任としてカーター・レイン長老派礼拝所に勤めたのちは，ジョージ・ボディントン2世がもともと属しておりその後離脱したハンド・アリ礼拝所に勤めていた．1700年前後のハンド・アリ礼拝所は，先述したようにウィリアムズ博士を中心に共同基金（長老派基金）やソルターズ・ホール講義など長老派の中心的な活動を担った礼拝所である．このカラミは，クラレンドン伯『大反乱史』刊行と同年の1702年に，リチャード・バクスタ自伝の縮約版を作成し，出版する[24]．

このカラミの『縮約版』は，単なるバクスタの伝記の簡略版に留まるもの

22　N. H. Keeble, "Preface", *Baxter*（1931），p. v.
23　MacGillivray（1974）pp. 10, 59. この著書が国内外でベストセラーになったため，オックスフォード大学出版局はその売り上げで専用の建物クラレンドン・ビルディングを建設し，出版局の名称にもクラレンドンの名前を用いるようになった．Seaward, "Introduction", in Hyde（2009），pp. xviii, xxv.
24　バクスタの自伝は，彼の死の5年後の1696年にバクスタの同僚聖職者マシュウ・シルベスターの手によって編纂されて出版されていた．これはバクスタの自伝を原文を残しながら800頁ほどに縮約したものだった．1702年になってカラミは，かなり原文に手を入れてさらに短縮した別の縮約版を作成した．Keeble, "Preface", pp. v-vi.

ではなかった．まずカラミは，1684年で記述が止まっているバクスタ自伝に，1702年までのできごとを加筆した[25]．さらに彼は，新たに第4章を設け，1662年信仰統一法で国教から追放されたピューリタン聖職者約2000名の詳細なリストと評伝を追加した．のちにこのリストは，カラミ自身の修正を経て別冊で刊行される．この追放牧師のリストは，後代の歴史研究にとって非常に重要な史料となる．18世紀後半には，ハクニのメア・ストリート礼拝所の会衆派牧師サミュエル・パーマーがこれの修正加筆版を作成している．20世紀に入ってからは，A・G・マシュウズが再調査を行い『修正版カラミ』を発表し，これが現在オリジナルよりも活用されるに至っている[26]．

カラミの追放牧師リストに対しては，国教側も反論し，国教牧師ジョン・ウォーカーが清教徒革命中に追放された国教牧師リストを作成し発表した[27]．ただし，カラミ，ウォーカー両方の修正版を作成した20世紀の歴史家マシュウズは，ウォーカーのリストにはかなりの水増しがあるのに比べ，カラミのリストは正確で公平であると述べている[28]．

カラミはこのほかに日記体の自伝も書き，これによって1731年までの同時代史の記述を後代に残した[29]．

ハンド・アリ礼拝所でカラミの先輩牧師だったダニエル・ウィリアムズ博士は，歴史的著作活動は行っていないが，非国教徒のデータや歴史的記憶維持に大きな貢献を行っている．非常に富裕だった彼は，死亡時に自分の財産を信託（トラスト）とし，この信託財産と自分の蔵書を基盤に，ウィリアムズ博士図書室を設立した．この図書室は，現在も存続し，非国教研究のための資料室・図書室として機能し続けている．またウィリアムスは，国教の教区教会で洗礼・葬儀等をしないため教区簿に生没の記録が残らなくなっていた非国教徒のために，彼らの戸籍情報を登録する帳簿を作り図書室においたが，これは戸籍の行政による管理が行われるようになる1837年まで戸籍登録所として機能していた[30]．

25　Thomas（1968b），p. 127.
26　Matthews（1934）.
27　マシュウズによるウォーカーの修正版は以下．Matthews（1948）.
28　Matthews（1948），p. XV.
29　Calamy（1829-30）.

ハンド・アリ礼拝所でウィリアムズ，カラミと同僚だったジョン・エヴァンズ（c. 1680-1730）も，非常に重要な仕事を行っている．エヴァンズは，カラミの成功に強い刺激を受ける[31]．そこで彼は，1715-18 年，イングランド＆ウェールズ各地の非国教礼拝所から協力を仰いで，各州の長老派・会衆派・洗礼派・クェーカーの礼拝所の数や信者数について調査を行い，エヴァンズ・リストと呼ばれるデータを作成した．この原稿は，現在まで刊行されずに手稿原稿のままウィリアムズ博士図書室に保管されている．20 世紀の非国教史家ワッツは，他の同時代史料とエヴァンズ・リストを比較調査した結果，エヴァンズの数値がかなり正確だという結論を出している[32]．エヴァンズの目的は，単に同時代のデータを集めることではなく，宗教改革以来の非国教史の著作を書き上げることだったが，1640 年まで記述した段階で病没した[33]．

　エヴァンズの仕事を継承し 1732-38 年に大著『ピューリタンの歴史[34]』を書き上げたのは，中道派の会衆派牧師ダニエル・ニール（1678-1747）である．ニールは，第 6 章で見たように，スキナー家に深く関わる人物である．彼は，スキナー家の姻戚で名誉革命成功にも貢献したホィッグの下院議員トレビの援助を受けており，スキナー家の人々からも何度か遺産の遺贈を受けている．ニールは，ユトレヒトとライデンで教育を受けており，ウィリアム 3 世とも個人的知己があった．彼には『ニューイングランドの歴史』という著作もあり，アメリカでも高く評価され，ハーヴァード大学から名誉修士号を授与されている．また第 7 章で見たように，彼は 1719 年ソルターズ・ホール合同会議の際には，三位一体受諾派にも反対派にも回らず，中立を保った中道的な会衆派であった．

　ニールの『ピューリタンの歴史』は，1640 年で止まっていたエヴァンズの仕事に名誉革命と寛容法に至るまでの歴史を追加し，また 1640 年以前についても加筆修正を行ったものである．同書が刊行されたのは 1730 年代で

30　現在はこの史料は RG4 として TNA で管理されている．
31　Okie（1986），p. 457．
32　Watts（1978），Appendix. p. 491．
33　"John Evans", ODNB．
34　Neal（1817）．

あるが，この時期は第 8 章で見たように，議会で審査法・自治体法廃止が審議されていた時期と重なっていた．研究者オキは，ニールはこのことを強く意識していたと述べている．ニールは，この著作の序文で，非国教徒は最も従順で忠実な国民であるにもかかわらず不当に処罰を受けていると主張している[35]．このように同書には非国教徒擁護のための過度の主張が盛り込まれていて，国教側からは多くの批判を受けた．しかしその一方で，非国教研究にとって重要な文献として 1863 年までに最低でも 21 版まで重版されたという[36]．

その後しばらく非国教徒の全体史を扱うような著作は出なかったが，18 世紀末になるとカラミやニールの著作の修正や書き直しをはかろうとする動きが出てくる．先に少しふれたが，1775-8 年にはサミュエル・パーマー（1741–1813）が，カラミの追放牧師リストの統合整理や加筆を行って出版している．このパーマー師は，ボディントン家とは直接関係の深い人物である．彼は，ボディントン家が 18 世紀を通して会衆であったハクニのメア・ストリート礼拝所の聖職者であった．この礼拝所は，第 7 章で見たように，もともと長老派であったが，長老派全体が反三位一体とアルミニウス主義に傾く一方で，正統派信仰を守り，パーマー師の代に会衆派に転向した礼拝所である．ただし，パーマーのカラミの修正版の仕事は，オリジナルを超えるものではない[37]．

1790 年代には，ジョサイア・トルミン（1740–1815）が，ニールの『ピューリタンの歴史』に，洗礼派についての記述とニールの伝記を加筆して，出版した[38]．トルミンは，長老派から洗礼派，そして反幼児洗礼派になった後，一転してユニテリアンとなった非国教聖職者の中でも異色の存在で，アメリカ独立やフランス革命への強い支持でも知られ，急進派として政府から監視も受けていた．文筆家としての彼は，非国教牧師の伝記の編纂や，彼が長く聖職者を勤めたサマセットシャア，トーントンの地方史の著作など，重要な

---

35 Okie (1986), p. 458.
36 Okie (1986), pp. 456, 463–64.
37 Alexander Gordon, "Samuel Palmer", DNB ; Matthews (1834), p. xxviii.
38 Toulmin (1814).

仕事を残している.

　トルミンの非国教史を読んで影響を受けたのが，本書第1節の分析で依拠したウォルタ・ウィルソン（1781-1847）である．ウィルソンは，ロンドンの非国教徒であったが，聖職者ではなく出版業者であった．彼は，ロンドンとその周辺の非国教礼拝所の歴史を書くことを決意し，聖職者・礼拝所についての史料を集め，1808-14年の間に4巻からなる『ロンドン，ウェストミンスタ，サザックにおける非国教教会と礼拝所の歴史・故事』を発表した[39]．なお彼はロンドン郊外を扱った5巻についても準備していたが，出資が集まらなかったため出版を断念した．

　ウィルソンは事業から引退後バースに移り住み，その地の長老派牧師ジョセフ・ハンターと親交を結んだ[40]．このハンターこそ，第6章で紹介したスキナー家やボディントン家の家系図を含む『小紳士家系要覧』[41]を著した家族史家である．こうしてみると，ハンターがスキナー家やボディントン家についての情報を得たのは，ロンドンの非国教礼拝所について膨大な情報を集めていたウィルソンからであったとも想像される．

　ウィルソンと同時期には，デイヴィッド・ボーグとジェイムズ・ベネットによる『非国教徒史1688年の革命から1808年まで』4巻（1809-12年）[42]と，ベネットのみによる後編（1838年まで）[43]が発表されている．ボーグ（1750-1825）はスコットランド長老派で聖職叙階されたのちロンドン近郊の学校で教えるなどし，最終的にはハンプシャのゴスポートの会衆派礼拝所の聖職者となった人物であり，ベネット（1774-1862）はゴスポートでの彼の同僚牧師であった．

　1820年代には，カルヴァン派メソディズムへの合流によって会衆派が活性化し，全国的組織を形成して，教義の研究とともに歴史研究も奨励したため，19世紀半ば以降会衆派聖職者による会衆派史の大著がいくつか出版されている[44]．イングランド長老派も，福音主義による信仰復興の影響を受け

39　Wilson（1808-14）.
40　"Walter Wilson", ODNB.
41　*Familiae Minorum Gentium*
42　Boque & Bennett（1808-12）.
43　Bennett（1839）.

たスコットランド長老派から刺激を受け,1830年代には全国長老会議シノッドを開催するようになった.本書がこれまでたびたび依拠してきたA・H・ドライズデイルの『イングランド長老派史』も,こうしたイングランド長老派全国組織の出版委員会の依頼を受けて1889年に出版されたものである[45].

しかし以上に見てきたように,19世紀末までは非国教史は主に各教派の聖職者によって書き継がれてきたのであり,その著述のねらいは,教派内部に向かっては歴史的記憶の維持,外部に対しては存在証明と正当性の主張であった.

以上に見てきた非国教の全体史とともに,非国教徒の歴史的記憶と心性を考察する上で見逃せない材料として,オリヴァ・クロムウェルの伝記をとりあげる.クロムウェル伝は,彼の死亡直後から国内の支持者と批判者,そして外国人によっても盛んに書かれてきた.また彼の書簡や演説,彼に近かった人物の日記などもたくさん公刊されている.これらの膨大なクロムウェル関連文献を探査しリストを作成するという偉業を,20世紀初頭のアメリカの歴史家W・C・アボットがすませてくれている[46].彼が収集した1597–1928年までの3500点以上の文献のうち,クロムウェルの伝記といえるものは110点,書簡集は数点である.

それによると,クロムウェルに対し好意的な内容の伝記が出るのは,名誉革命後の1692年が最初で,ロンドンの印刷出版業者兼作家のナサニエル・クラウチ(ペン・ネーム:リチャード(ロバート)・バートン)(c. 1632–c. 1725)が書いたものである[47].クラウチが非国教徒であったかどうかは不明である(遺書は見つかっていない).ただこれ以降のクロムウェル伝のほとんどは,非国教徒によって書かれた.1724年の『クロムウェルの生涯』は一般洗礼派のアイザック・キンバーの作品である[48].また1739年には,再洗礼派を先祖に持つ書籍商のジョン・バンクス(1709–51)が『クロムウェルの政治的生涯についての短評』を書く[49].これらはいずれも5回前後にわたって版を

---

44 B. Hanbury, John Waddington 等による著作がある.Abbott (1929), pp. 221.
45 Drysdale (1889).
46 Abbott (1929).
47 ODNB. MacGillivray (1974), pp. 166–68.
48 Kimber (1724). Abbott (1929), p. xx;Speck (1993), p. 59.

重ねた．1762年には，長老派牧師のウィリアム・ハリス（1720-70）作のクロムウェル伝が出る[50]．ハリスは国王殺害者で王政復古時に処刑された会衆派牧師ヒュー・ピーターの伝記も書いている．そのほか彼はジェイムズ1世，チャールズ1世，2世の伝記も書いたが，国王に不当に批判的であるという非難を受けている[51]．

こうした非国教徒による好意的クロムウェル伝が社会全体にどのように受容されたかは，正確には解らない．ただクロムウェル伝研究者のハウェルは，クロムウェルに対する評価は18世紀が進むにつれて肯定的になっていったと考えている．そのことは，18世紀の保守派の総合情報雑誌ジェントルマンズ・マガジンやそのライヴァル誌のロンドン・マガジンにクロムウェル関連のエピソードがたびたび掲載されていることからも感じられる[52]．

また18世紀後半に相次いで王政復古後のクロムウェル一族の歴史に関する書物が発表されたことも，クロムウェルに対する関心の変化を物語っているように思われる．まず1774年にロンドン・マガジンに「クロムウェル一族の史実と末裔」という記事[53]が出されたのを皮切りに，1784年には国教牧師マーク・ノーブル著『護国卿クロムウェル家回顧録[54]』が発表され，1786年にはジョン・ニコルズの『イギリス地誌叢書 Bibliotheca Topographica Britannica』31号として非国教徒を祖先に持つ好古家リチャード・ゴフの「オリヴァ・クロムウェル一族小話」が系図付きで発表された[55]．このゴフの小論は，翌年にはジェントルマンズ・マガジンに再録された．以上の作品のいずれもが，護国卿クロムウェル自身の功罪よりも，一族の命運暗転後に子孫がどのように生きたかに強い関心を寄せており，著述の同時代に存命中で

---

49 Bancks (1739). ジョン・バンクスについては "John Banks/ Bancks", ODNB. 高濱　俊幸「英雄論のなかのオリヴァ・クロムウェル：ジョン・バンクスのクロムウェル伝を中心に」『恵泉女学園大学紀要』26，2014年，65-86頁．
50 William Harris, *An Account of the Life of Oliver Cromwell*, 1762, Abbott (1929), pp. xxii–xxiii; Kitson (2002), p. 183.
51 Gordon Godwin, "William Harris", DNB.
52 Howell (1993), p. 28.
53 "Historical Account and Genealogical Descent of the Cromwell Family", *London Magazine or Gentleman's Monthly Intelligencer*, 43 (1774), pp. 73-75, 130-33, 225-26.
54 Mark Noble, *Memoirs of the Protectoral House of Cromwell*. Abbott (1929), p. 189.
55 Abbott (1929), p. 187, 189.

あったクロムウェル家の末裔にたいしても敬意と配慮を払っている。そこには党派的な評価や断罪ではなく、理解と共感がみられるのである。

1810年には、1642年からクロムウェルの死の1658年までのできごとを月日単位で詳細に追跡した『クロムウェリアーナ』という書物も出ている[56]。これは、マーセル・ステイスというロンドンの出版業者が著者であり、革命やクロムウェルへの共感が現れたものである。

こうした理解ある空気の中でようやく可能となったのが、クロムウェル一族自身の手によるオリヴァ・クロムウェル伝である。本書第6章でボディントン＝スキナー親族ネットワークの一員として、メアリ・スキナー（1711-1815）を母とし護国卿クロムウェルの曾孫トマス・クロムウェル（1699-1748）を父としたオリヴァ・クロムウェル（1742-1821）を紹介したが、この彼は1820年、クロムウェル家が長年保管してきた書簡や肖像画も含めて『護国卿オリヴァ・クロムウェルと息子たち』を著し、発表する[57]。

19世紀を通して、オリヴァ・クロムウェルは文筆家と読者からますます愛好される題材となり、たくさんの伝記が著された。非国教徒としては、以下の3人の著者が挙げられる。まずジョン・フォースター（1812-76）は、ニューカスル・アポン・タイン出身のユニテリアンで、ディケンズやチャールズ・ラム等の知己と支援を得てジャーナリスト兼伝記作家として成功した人物である。彼は1839年に、ロングマン社から出版されたベストセラー、ディオニシウス・ラードナー編『キャビネット百科事典』全133巻の中の2巻として『クロムウェルの生涯』を著し、1856年にも『クロムウェルの護国卿政権』を記した[58]。彼のクロムウェル伝は、膨大な原史料の調査に基づく一方で、議会・共和政支持の党派性が強いと評されている[59]。

次に、ロバート・ヴォーン（1795-1868）がいる。彼は、両親ともに国教徒であったにもかかわらず会衆派に改宗し[60]、創立時のロンドン大学で歴史学

---

56 Marcell Stace, *Cromwelliana. A Chronological Detail of Events in which Oliver Cromwell was Engaged. From the year 1642 to his Death 1658*, Westminster, 1810.

57 Oliver Cromwell, *Memoirs of the Protector, Oliver Cromwell, and of his sons Richard and Henry, illustrated by original Letters and other Family Papers*.

58 Forster's 'Life of Cromwell,' 1839.

59 "John Forster", ODNB. Langford (2010).

教授を務めた．彼は，1838 年に，クロムウェルのスイス駐在の代理人として活動した数学者ジョン・ペル博士の報告書を主な史料としてクロムウェル伝を書いた他，17 世紀史についていくつかの著作を発表している[61]．

リチャード・プライスやジョセフ・プリーストリが勤めボディントン家にもゆかりの深いハクニのグラヴェル・ピット礼拝所の聖職者からも，クロムウェル伝の著者がでている．それは，トマス・キトソン・クロムウェル (1792–1870) で，彼は 1821 年に『オリヴァ・クロムウェルとその時代』を発表している．なおキトソン・クロムウェルは，国教徒の出身で，護国卿クロムウェルとの血族関係はなかったようである[62]．

クロムウェル伝は，『フランス革命』などの著書ですでに文筆家として大きな成功を収めていたトマス・カーライル (1795-1881) が 1845-6 年に『オリヴァ・クロムウェル書簡・演説解題』全 2 巻及び補遺を発表したことをもってピークを迎える．カーライルは，スコットランド最南部のアナンデールの大工兼農民の子供としてカルヴァン主義の中で成長し，大学時代に理神論的立場に転換，初期にはチャーチスト運動を支持し社会的不公正の是正にも関心を向けたが，一方で懐疑的で熱狂を嫌悪して急激な社会変革に信をおかず，奴隷制廃止を批判するなど保守・守旧派的立場に立つこともあったことが知られている．彼はクロムウェルを描くにあたって膨大な一次史料を収集したが，この収集活動の結果むしろ伝記を書くことを諦め，集めた書簡や演説それぞれに解説をつけるという手法で作品をまとめ，発表した．

カーライルはさらに 1847 年，ウィリアム・スクワイヤによって持ち込まれた 35 通のこれまで未公開のオリヴァ・クロムウェルの書簡を発表したが，これは発表当時から偽造の疑いをかけられ，文壇・歴史学界での大論争を呼ぶ．そして最終的には，19 世紀後半アメリカの偉大な清教徒革命研究者サミュエル・ローソン・ガーディナーによって，偽造であることが証明された[63]．このエピソードは，クロムウェルがどれほど 19 世紀英米人にとって関心の

60　"Robert Vaughan", ODNB. Abbott (1929), pp. xxiv-xxv.
61　Vaughan, *Protectorate of Oliver Cromwell*, 2 vols. 1838.
62　Thomas Kitson Cromwell, *Cromwell and his Times*, 1821. "Thomas Kitson Cromwell", ODNB.
63　Cumming (2004), pp. 440-41.

高い歴史上の人物であったかを示している．

　スクワイヤ・ペーパーズの真偽を解明したアメリカ人歴史家ガーディナーも，非国教徒としての家族的背景を持ち，クロムウェル家とも遠い血縁関係がある[64]．ガーディナーは，ホィッグ史観の歴史家であるが，マコーリなどに代表される国教徒のホィッグ・ヒストリアンが清教徒革命を政治的革命と見なして宗教的要素を軽視したのと対照的に，ピューリタン信仰そのものに政治的自由の主張と野党的精神の起源があるとした．彼は，特に1640年以前に存在した政府への対抗，政府批判の主張は，すべてピューリタン信仰から出たものと指摘している．オキは，彼のこの主張は，ファース，トレヴェリアン，トーニー，クリストファ・ヒルに大きな影響を与えたとしている[65]．17世紀における宗教的思想と政治的思想の不可分性，清教徒革命の原因としての宗教問題の重要性は，ド・クレイ，ホームズ，ブレナーらの近年の研究によっても強く主張されているものである．

　クロムウェル以外の清教徒革命期の政治家や聖職者などの史料の公刊も，18，19世紀を通して無数に行われてきたが，ここでは一つのみ挙げよう．それは，第6章で使用したが，ジョン・トウィル・ラット（1760-1841）が編纂した『トマス・バートンの日記』（1828年）である．ラット家は，ロンドンの卸売商で，ハクニの非国教徒コミュニティに属していた一族である．同家の一人のメンバーの遺書からは，ボディントン家との親交の証拠も見つかっている[66]．トマス・バートン（d. 1661）は，オリヴァ・クロムウェル護国卿時代の1656年とリチャード・クロムウェルの時代の59年にウェストムアランドから選出された下院議員であるが，この日記の著者をめぐっては議論があり，バートンではなくナサニエル・ベイコン（1593-1660）とも考えられている[67]．

　以上は，18，19世紀に書かれた17世紀史・宗教史の一端にすぎず，非国

64　Gardiner, *History of England*（10 vols. 1883-4）; *History of the Great Civil War*. "Samuel Rawson Gardiner", ODNB.
65　Okie（1986），pp. 465-66．ガーディナーの宗教的要素重視とその再評価についてはAdamson（1990），pp. 644, 654-55．
66　Henry Rutt（1729-1802），PROB11 piece1373．
67　Abbott（1929），p. 212．

教徒が執筆した著作に限っても十分に網羅できてはいない．18世紀の信仰の変容を受けて，非国教徒はアリウス主義や東欧のユニテリアニズム，ソッツィーニ，アルミニウスの研究も行っているが[68]，こうした教義研究からの非国教徒の自意識の探査はここでは全く行えなかった．同時代の国教徒ホィッグの著作やトーリの著作の検討も，非国教徒の著作活動の意味を問う上では重要であるが，ここでは扱えなかった．18世紀中葉以降発生してくる新思潮，たとえば女権運動，自由主義改革，自由主義経済，福音主義などと旧非国教徒の人的思想的関係についても，扱いきれない[69]．本節最初に立てた課題，18, 19世紀に17世紀の非国教徒の経験はどう語り継がれたのか，また非国教徒の歴史理解とその語りが現代の歴史学にどのような影響を残しているのかについては，まだまだ調査の余地は残っており，本節はこうした研究の端緒を開いたというだけのものである．

　ただそれでも今の段階で言えることが，3つある．それは第1に，非国教徒は18, 19世紀に17世紀史の語り手として大きな役割を果たし，彼らの仕事は，研究文献としても，17世紀史料の収集・編纂事業としても，18, 19世紀の同時代史料としても，現代の歴史学において活用されていることである．第2に，非国教徒は非国教擁護のためにこれらの仕事を行ったのであり，つまり彼らの歴史理解にはあるバイアスがかかっており，それは彼らの著作を用いる我々の歴史理解にも必ずや影響を及ぼしていることである．第3に，こうした非国教史の語り手として活躍した聖職者の多くが，ボディントン＝スキナー家と深く関わりを持ち，彼らの親族網の一員である場合もあったことである．エドマンド・カラミやダニエル・ニールはスキナー家の姻族，ブリンリ家やトレビ家と関わりの深い聖職者であり，彼らから遺贈も受けている．オリヴァ・クロムウェル（1742-1821）はスキナー家の子孫である．ジョ

68　ハクニのグラヴェル・ピット礼拝所の聖職者Abraham Reesは，18世紀末にフランスの百科全書などとも共通する『リーズの百科事典Rees' Cyclopaedia』を記した．彼の父Thomas Reesは，トランシルヴァニア，ポーランドのユニテリアニズムの研究やソッツィーニ研究で名を残している．Inkster (2012), pp. 126-155; "Abraham Rees", ODNB.

69　18世紀の最初期の女権運動家Mary WolstoncraftやAnn L. Barbauldは，ハクニのグラヴェル・ピット礼拝所やハクニ・ニュー・カレッジと関係が深いが，ここでは論じられなかった．James (2012), pp. 183-204.

ン・トウィル・ラットの親族は，ボディントン家の友人である．

　以上第三部で扱った18世紀のピューリタニズム，特に長老派の衰退やユニタリアニズムへの変容は，これまで日本では注目されてこなかった．しかし，ピューリタニズム本流のイングランド長老派がこのような形で変容・衰退したことは，19, 20世紀の英米の宗教家や宗教史研究者にとっては経験に裏付けられた事実であり，これを否定する議論は存在しない[70]．日本では宗教改革や近世のプロテスタントについては研究が盛んであるが，近代西洋社会におけるキリスト教思想の変化や世俗化の過程については，関心が薄かった面がある．本書はボディントン家の経験を解明する上でのサブ・テーマとしてこれらの問題を扱ったが，近代西洋社会におけるキリスト教の変容は単独の歴史的主題として今後とりあげていくべき課題であろう．

70　Drysdale (1889), Bolam (1968), Watts (1978), Watts (1995), Jones (1962) の他，Gascoigne (1996), pp. 219-248 も同様の理解に立って書かれている．

コラム 2

公益活動と文化活動

　ボディントン家の人々は，公益活動に熱心だった．第 1 部や第 3 部で見た通り，彼らは 17 世紀後半以来非国教利害のために主導的立場で活動し，共同基金，会衆派基金，PDD，ハクニ・ニュー・カレッジ設立などのために活動してきた．彼らは，こういった非国教利害関係以外においても，さまざまな公益団体に関与している．筆者は，そのいずれについても，活動内容やボディントン家の人々が占めた立場を詳しく明らかにするほど深く追究していない．ここでは，ボディントン家の人々が関与していた団体や行った文化活動について，筆者が現段階で知っていることを，並列的に述べるにとどめる．

①クライスト・ホスピタル
　ボディントン家やその関係者の寄付・関与が頻繁に見られるものの一つに，クライスト・ホスピタルがある．クライスト・ホスピタルは，ロンドン市民権を持つ者の子弟で孤児になった者のうち健常者のみを受け入れる全寮制学校であり，18 世紀には全校生徒は 1000 人，毎年 150 名ほどを受け入れる学校になっていた．またその制服から，ブルー・コート・スクールとも呼ばれている[1]．
　同ホスピタルへの遺贈は，1658 年にスキナー家親族網の一員であるロバート・ブリンリ，1706 年にはニコラス・スキナーが行っているが，遺贈よりもはるかに興味深いのは生徒の就職に関わる活動である．クライスト・ホスピタルの生徒は，だいたい 15 才で卒業し，それと同時に大学へ進学または徒弟奉公に入ったが，イギリスだけでなくアメリカや西インドのプランターや商人，医師・薬剤師などの徒弟として海外に送られるものも多かった．1605-1775 年の同ホスピタルの生徒名簿を調査したコールダムは，名簿に記載されていた 3 万人のうちアメリカ，西インドに向かった約 1000 人の生徒を抽出している[2]．
　同ホスピタルの生徒が徒弟奉公等に入る際には，最近親の同意と署名が必要であり，またこの最近親とともに生徒の主人となる人物またはその代理人が署名を行ってい

る[3]．ボディントン家関係者は，アメリカ方面に向かう生徒達の主人または代理人としてときどき登場する．列挙すると以下の通りである．パピヨン・ボールは，1740年と43年に2人の生徒を，セント・キッツ島の薬剤師兼外科医の徒弟と同島の商人の徒弟とするために署名を行っており，ベンジャミン・ボールは，1746年に1人の生徒をセント・キッツ島に徒弟として送るため署名している．また，リチャード・メイトランドも，1751年，54年，56年，57年に，アンティグアやセント・キッツ島の商人や商人兼プランターの元に生徒達を送るための署名を行っている．またベンジャミン・ボディントン2世も，1764年にアンティグアのプランターの元に生徒を送り込んでいる[4]．

リチャード・メイトランドが1751年に徒弟としてアンティグアに送り込んだ生徒は，チャールズ・クラウチという名前であり，おそらく彼は第10章最後に出てくるアンティグア・プランターと同一人物であろう．もしそうなら彼は，自身メイトランド＆ボディントン商会の世話でアンティグアで奉公してプランターとなり，その後自分の息子をふたたびボディントン商会に預けたということになる．

以上のクライスト・ホスピタルの生徒達に対する就職斡旋活動は，第一義的には，就職のつてのない孤児たちに対する公益的措置であった．しかし，人手不足の植民地からの強い要請を受けて，ロンドンの西インド貿易商が行った人材斡旋でもあっただろう．こうした生徒達は，本当に植民地で働きたかったのだろうか．西インド植民地で彼らを待っていた仕事の多くは，プランテーションで奴隷を使役する現地管理人のポストであり，もちろんこれを経ることで富裕なプランターになれた者もいたわけであるが，気の弱い者や心の優しい者にとっては耐え難い仕事だったのではないかと危惧される．そもそもボディントン家もメイトランド家も，自分たちの子供は西インド現地に送っていない．それから見ても，西インド行きはあまり幸福な職業選択ではなかったのではないだろうか．

②ニューイングランド福音伝道協会(Society for Propagation of the Gospel in New England)

この組織はニューイングランド会社とも呼ばれるが，第6章でとりあげた同名の植民会社とは別の組織である．この組織は，清教徒革命がもっとも急進化した1649年前半期に設立されたもので，アメリカ原住民にキリスト教を布教することを目的としており，18世紀末まで同一目的を維持して存続し，その後はカナダなどに活動の舞台を移行した[5]．

17世紀後半から18世紀前半に，ボディントン家の人々がこの組織に参加していたかどうかはわからない．ただ初代総裁は，ジョージ・ボディントン2世の岳父ウィリ

アム・スティールである[6]．また，初期のメンバーには，スキナー家姻戚のローレンス・ブリンリ，ボール家を通してボディントン家の姻戚となるトマス・パピヨン，フィリップ・パピヨンもいる．さらに，ジョージ・ボディントン2世が帰依していたペイヴド・アリ会衆派礼拝所の聖職者ジョン・コリンズもこの協会のメンバーであり，コリンズの後継牧師であったナサニエル・マザーは同協会のアメリカ側の活動家であったインクリース・マザーの兄であった．ボディントン家の周辺には，この組織の活動に共感する者が設立当初からたくさんいたのである．

　ボディントン家の人びとの直接の参加が見られるのは，18世紀後半である．ジェイムズ・ラム（スキナー家親族），ベンジャミン・ボディントン2世，トマス・ボディントン4世，ジョン・レイモンド＝バーカー，ヘンリ・ホートンなど，続々とボディントン＝スキナー家親族網の者達がこの協会に参加している[7]．以上の人々は第8章で取り上げたハクニ非国教コミュニティやPDDのメンバーであり，ニューイングランド福音伝道協会への参加はそれらの活動の延長線上にあったように感じられる．

③その他の公益活動
　イギリス近代の公益活動の研究者であるアンドリュウは，ベンジャミン・ボディントン2世が熱心な慈善家であり，18世紀後半にたくさんの公益活動に参加していたと述べている．アンドリュウによると，ベンジャミン2世は，失業者などを船員として海軍に供給するため設立されたマリン・ソサイエティの早くからの出資者であり，また当時盛んにつくられた貧困者のための出産病院にも出資し，日曜学校協会にも属していた[8]．また彼の弟のトマス4世も，マリン・ソサイエティのメンバーであり，貧民に宗教書を分配するために非国教徒によって設立された対貧民宗教知識普及協会（Society for Propagating Religious Knowledge among the Poor　通称は書籍協会Book Society）のメンバーであった[9]．このほかトマス4世は，聾唖児童支援教育施設（Asylum for the Support and Education of Deaf and Dumb Children）や，黒人貧民救済協会（Committee for Relief of Black Poor）のメンバーでもあった[10]．トマス4世は，この他に貧困盲人学校の信託管理人や，「ロンドンに職を求めて故郷を離れた若い女性を家族・友人のもとに送りもどす協会」の副総裁をウィリアム・ウィルバーフォースらとともにやっている[11]．

　黒人貧民救済協会は，ロンドンにいる黒人貧民救済のために1786年に設立された組織で，彼らに衣食や医療を提供することのほか，彼らのシエラ・レオネへの移送を計画していた[12]．同組織を研究したブレイズウッドは，この組織メンバーにはトマス・ボディントンを含めて少なくとも4人の西インド利害関係者がいたこと，またこの組織にはイングランド銀行などロンドン金融界の人間がかなり含まれていたこと，マリ

コラム2　公益活動と文化活動　｜　411

ン・ソサイエティのような他の公益活動に多くのメンバーが参加していたことなどを明らかにしている[13]。

　アンドリュウは，ベンジャミン２世の公益活動をかなり賞賛している．筆者も，彼の手記を通して，ベンジャミン２世が真に心の優しい人間であり，病弱でビジネスに専念できない一方で公益活動に力を入れていたことを，知っている．ただ彼らの公益活動は，個人的動機にのみ帰せられるものではないだろう．ベンジャミン２世やトマス４世は，南海会社やイングランド銀行のような公財政とも密着した金融機関の取締役であった．このような立場の人々は，いろいろな公益団体から参加と寄付を求められることが普通であり，ある程度引き受けなければ体面上問題があっただろう．従って，特に熱意がなくても，彼らはこれらの公益団体の後援者や委員になることが多かったと考えられる．また特に西インド貿易商は，その事業内容が世論の批判対象になりやすいことを自覚しており，自身でも自分の事業内容の道徳性についてかすかな疑念を持っていただろう．18世紀末にボディントン家の宗教的メンターであったリチャード・プライスも，最大限の用心と配慮をしながらも，奴隷制については基本的に反対姿勢を示していた[14]．従って，西インド貿易商にとっては，公益活動に熱心だという評判を持つことが，他者からの批判に耐えるためにも，自らの良心のためにも，大きな意味を持っていたと思われる．

　ボディントン家やその周辺の人々は，高名な文化人や芸術家は出さなかったが，文化活動にも熱心だった．第５章ではトマス・ヴォーンのトルコ語文法書，ペリガル・ボレルの古銭収集，第６章では小説家ロバート・パルトックを紹介したが，その他にもトマス・ボディントン５世の妻メアリ（1776-1840）は詩人であった[15]．またトマス・ボディントン６世が，在住していたロンドン西方地域の教区教会をビザンツ様式で改修する上で基本構想と資金を提供し，ステンド・グラスのデザインまでしていたことは，第８章で見た．そのほか，画家ジョン・クレイトン（1728-1800），劇作家バーティ・グレイトヘッド（1759-1826）なども，スキナー家やパートナーのメイトランド家の姻戚である．イギリスを代表する大女流作家ジェイン・オースティン（1775-1817）も，パートナーのメイトランド家姻戚網の一員である（メイトランド家（パートナー）系図左下方を見よ）．また，サミュエル・ボディントンは絵画蒐集家として有名であり，このコレクションを相続したトマス・ボディントン６世の死後には大規模なオークションが行われている[16]．

　ただこれらの活動の中で現在でも評価が高いのは，トマス・ヴォーンのトルコ語文法書のみで[17]，その他には個人の趣味の域を大きく超えるようなものはなかったようである．また西インド貿易商の文化活動については，不当な富の蓄積によるものとし

図45 クライスト・ホスピタルの夕食風景

て現在多くの批判が寄せられつつある[18].

---

1 Coldham（1990），pp. 6-7.
2 Coldham（1990），pp. 1, 11-138.
3 Coldham（1990），p. 8.
4 Coldham（1990），pp. 83, 88, 94, 107, 111, 112, 116, 121.
5 Kellaway（1961），p. 283.
6 Kellaway（1961），p. 19.
7 同協会のメンバーシップについては，Kellaway（1961）のインデックスを見よ.
8 Andrew（1989），p. 113.
9 Andrew（1989），p. 214.
10 Braidwood（1994），pp. 64, 66, 75, 110.
11 *British Imperial Calendar for 1811*, pp. 323, 324, 331.
12 Braidwood（1994），pp. 83f.
13 Braidwood（1994），pp. 63-67.
14 プライスの反奴隷制思想とその表明のしかたについては以下．Page（2011），53-75.
15 Mary Boddington,（1839）.
16 Catalogue of the Valuable Library formed by the late Samuel Boddington…which will be sold by auction, by Messrs. Christie, Manson & Woods…March 29, 1881, and following day etc. S. C. 1739（1.）Mic. B. 619/387
17 筆者は未見だが，プリンストン大学のトルコ語学者 Erika Gilson がヴォーンの文法書について 1987 年に研究書を著している.
18 BBC が放送した「忘れられたイギリス人奴隷所有者たち」では，ジョージ・ヒッバートなどさまざまな西インド商人，プランターが取り上げられ，彼らが西インド砂糖生産と貿易で得た富で行った文化活動や公益活動を批判的に取り上げている．http : //www.bbc.co.uk/programmes/b063db18

第 4 部

西インド貿易
近代資本主義最大の暗部とボディントン家

第 10 章

西インド貿易への参入

「エンフィールドにて86才，ベンジャミン・ボディントン・エスカイヤ死す．元著名な<u>トルコ商人</u>．」ベンジャミン・ボディントン1世の死亡記事，ジェントルマンズ・マガジン，1779年[1]．

「エンフィールドにて61才，ベンジャミン・ボディントン・エスカイヤ死す．著名な<u>西インド商人</u>．」ベンジャミン・ボディントン2世の死亡記事，スコッツ・マガジン，1791年[2]．

　第7章第6節で見たように，ボディントン家第3世代のベンジャミン・ボディントン1世は，1725年にレヴァントから帰国した後，エリザベス・ボールという西インド商人の娘と結婚し，息子ベンジャミン2世とトマス4世をボール家の商会で修業させて西インド貿易商とした．その結果，ボディントン家の第3世代と第4世代の間で事業活動の転換がおこり，同家はこれ以後主として西インド貿易に従事する．

　何度も述べてきたようにボディントン家は営業史料を残していない．そのため，同家がどのような西インド・ビジネスをしていたかを調べるのはかなり困難である．本章から第14章までは，政府文書や新聞雑誌，取引先の商人が残した文書やその研究書から断片的情報を集めて，17世紀後半から1900年代までのボディントン家の西インド貿易活動を再構成している．

　ボディントン家が関わっていた商会の屋号は，パートナーが代わるごとに変遷していくが，全体としてはボディントン商会という名称を用いたい．細

---

[1] *Gentleman's Magazine*, vol. 49, 1779, p. 471.
[2] *Scots Magazine*, vol. 54, 1791, p. 467.

かな屋号の変遷については,巻末付表1を参照されたい.

第1節　初期の西インド貿易——ジョージ・ボディントン2世とジェイムズ・ヴォーン

　ボディントン家は,ボール家と出会う以前の17世紀後半にも,西インド貿易に関与している.第4章第2節で見たように,ジョージ・ボディントン2世(1646-1719)は,まだ17才だった1664年3月25日に,自己勘定で「綿花の小さい船荷と毛織物のリストを買い…その大半をジャマイカへ」輸出している[3].

　一方18世紀にボディントン家を西インド貿易に導いたボール家は,17世紀には別な地域で貿易を行っている.第7章第6節で見たように17世紀後半のボール家の人々には,高級織物商(mercer)やハンブルク商人と呼ばれていた人々もおり,北海向け毛織物輸出を行っていたと考えられる.またボール家は,これと並行して,マデラ島やスペインなど西地中海貿易も行っていた.

　このように北海貿易や地中海貿易と西インド貿易を併行する事例は,珍しくない.18世紀のブリストルの奴隷貿易商ダヴェンポート商会は17世紀には地中海貿易商であったし[4],ベドフォードシャアの地主エストウィック家は,ロンドンのレヴァント貿易商とバルバドスのプランターを交互に輩出している[5].また第2章第2節でも見たように,17世紀前半の新興の大西洋貿易商が冒険商人組合の貿易やレヴァント貿易・東インド貿易に無免許で参入し,革命以降それらの会社メンバーや取締役になっていくことは珍しくなかった.つまり,17世紀後半には,特許貿易会社メンバーになる一方で,

---

3　CLC/426/MS10823/001. LMA.
4　ダヴェンポートが,奴隷貿易に使用するイタリア産ビーズの輸入会社を持っていたことは,ダヴェンポート家史料で明らかである.Papers of Davenport & Co. Keele University. またダヴェンポートを含め,イタリア貿易と大西洋奴隷貿易の関係性は,近年以下の論文で詳しく書かれている.Robinson (2016), pp. 45-64.
5　Oliver (1914), vol. 3, pp. 64-65.

特許会社メンバーシップのいらない大西洋貿易を行っている貿易商はたくさんいたと考えられる．

そこで本節では，ボール家と出会う以前のボディントン家の西インドとの関わりを，もう少し詳しく見ておきたい．

冒頭で紹介した投機の他に，ジョージ2世が西インド貿易に関わることがあったことを示す訴訟の記録が1件だけ財務府裁判所に残っている[6]．この訴訟は，1709年ある未亡人が，アジア号船長ハバカク・ワイルズ（故人）の未亡人とジョージ・ボディントン2世を訴えたものであった．事件のあらましは以下のようである．原告の夫とジョージ・ボディントンは，ともにワイルズ船長に債権を持っていた．原告は，ワイルズ船長が死亡した後バルバドスにあったワイルズの資産がイギリスに送り返された時，ボディントンが先にこの資産から債権を回収したため，原告の夫は債権を回収できなかったと考えていた．これに対しボディントンは，自分がワイルズ船長に前貸ししていた132ポンド以外は受け取っていないと弁明した．

訴訟記録に付されている船長の資産の計算書からは，ワイルズ船長がジョージ・ボディントン2世に宛てて砂糖を送付していたことが解る．つまり，ジョージ・ボディントン2世は，砂糖の販売を委託されたコミッション・マーチャント（委託代理商）であり，彼が船長に貸していた前貸しというのは，この砂糖の売り上げを担保とした融資であった．この取引のやり方は，18, 19世紀の西インド貿易のやり方と全く同じである．

以上の例はたった1例ではあるが，ボディントン家が1700年代にはすでに西インド産砂糖の取引を行っており，おそらくこのような取引を他にも行っていただろうことを示している．

次に，ジョージ2世の姉エリザベス（1641-1700）の夫ジェイムズ・ヴォーンを取り上げよう．彼が西インド貿易に携わっていたことは，すでに第1章第4節でも見た．

ヴォーンは平凡な姓な上に，西インドにもたくさんのヴォーンがおり[7]，特定が難しい．しかしここで取り上げるジェイムズ・ヴォーンは，アンティ

6　E134/8ANNE/Mich. No. 7. TMA.

グア総督[8]だったことがわかっており，これが有力な手がかりとなる．19世紀のボディントン家子孫で一族の研究家レジナルド・スチュアート・ボディントンは，ジェイムズ・ヴォーン以降についてはヴォーン家の家系を追跡することに成功しており，この系図を後述の西インド史家ヴェア・ラングフォード・オリヴァーにも提供している[9]．本書では，この情報の一部をボディントン家系図No. 1 に入れているので，それを参照されたい．

ジョージ2世の手記によると，ヴォーンはバルバドス商人として養成され，イギリスに帰国し精糖業に着手し，ハクニに住んでいた．そしてエリザベス・ボディントンと結婚し息子トマスをもうけた．だがその後製糖業の経営が行き詰まったため，彼はサー・ジョサイア・チャイルドの船荷を預かってバルバドスへ再び赴き，それをうまく販売して大きな利益を得た．その後彼はアンティグアの総督になり，この島でかなりのプランテーションを購入したのち帰国途中で死亡した[10]．

上記のサー・ジョサイア・チャイルドは，1670–80年代東インド会社最大の株主，取締役，総裁として活躍し，『新交易論』などの重商主義擁護の著作を書いた論客でもあったチャイルド (c. 1630–99) に間違いない[11]．余り知られていないが，チャイルド卿は王立アフリカ会社の大株主で取締役でもあった[12]．王立アフリカ会社は，1672年に設立された特許貿易会社で，英領植民地への奴隷貿易を独占していた会社である．後述するようにヴォーンが

---

7 たとえば，ほぼ同時代にジャマイカ総督だったJohn Vaughan (第3代カーベリCarbery伯) がいるが，これはウエールズの一族で，グロスタシャア出身と思われる本書のヴォーンとは親戚関係は証明されていない．本書のヴォーンの出身地については，遺書でグロスタシャア，テュウクスベリの教区教会に寄付していることから推測できる．

8 この時期アンティグアは，他のリーウァード諸島と一緒に単一の植民地となっており，リーウァード諸島全体に総督 (Governor) がおかれ，アンティグアにはそれに服属するLieutenant Governorというポストがおかれていた．ただこれをアンティグア副総督と訳すとかえって意味として不正確になるので，ここでは総督としている．当時の人々も単にGovernorと呼称していたようである．

9 MGH. Second series, vol. 4 1892, pp. 271f; vol.5, 1894, pp.157–58 に掲載．またOliver (1894), vol. 1, pp. 168–172 は，ヴォーン家の歴史にさかれており，ここにR・S・ボディントンの作成した系図も転載されている．

10 CLC/426/MS10823/001. TNA.

11 "Josiah Child", HPHC1660–90; ODNB. 杉山忠平訳『新交易論』東京大学出版会，1967年．

12 Davies (1957), pp. 68, 156.

西インドに向かったのは1670年代と考えられるので，ヴォーンはちょうど王立アフリカ会社創立の時期にチャイルドのスーパーカーゴ（船荷監督）兼代理商という形で西インドに渡ったと見られる．

　ジェイムズ・ヴォーンは，植民地議会議事録や政府公文書，さらには19世紀末から20世紀初頭に活動した西インド家族史研究者ヴェア・ラングフォード・オリヴァーの『アンティグア史』『カリビアーナ』に所収されている様々な史料の中で，確認できる．以上の史料中では，1675年9月以降バルバドスにジェイムズ・ヴォーンが存在すること[13]，1677年秋以降はアンディグアにジェイムズ・ヴォーン大尉および大佐という人物がいることが解る[14]．ジョージ2世の手記はヴォーンが西インドに渡った年は明らかにしていないが，ヴォーンがエリザベス・ボディントンと結婚したのが1666年で，その後息子トマスが生まれて数年は一緒に過ごしていたらしいので，ヴォーンが西インドに発ったのは1670年代と推定される．そこで，以上の史料中にバルバドスやアンティグアに姿を現すジェイムズ・ヴォーンは，ほぼ間違いなく当該のヴォーンであろう．

　史料上には大尉と大佐両方のジェイムズ・ヴォーンが出てくるが，西インドでは一定以上の面積のプランテーションを保有すると自動的に市民軍（ミリシア）の佐官級の将校になれたので，大尉と大佐は同一人物と考えられる[15]．当時アンティグアと近隣のネヴィス島には，24名の士官を含む連隊が2連隊ずつ配備されていた．ジェイムズ・ヴォーンは1678年にこのうち1連隊を率いる大佐に昇進したようである[16]．

　ジェイムズ・ヴォーンは，奴隷貿易も行っていたようである．1675-6年頃の枢密院貿易植民地委員会（後の商務省，以下商務省とする）の記録には，バルバドスに在住するイギリス人が，王立アフリカ会社が認めないやり方で奴隷貿易を行っていることを観察した記事がいくつか残っている．その一つ

13　CSPC, *America and West Indies, 1675-76*, p. 278. また以下の史料では，1676年3月6日にバルバドスにジェイムズ・ヴォーンという人物がいて本国に手紙を出している Oliver(1894), vol. 1, p. 62.
14　Oliver (1894), vol.1, p. 282.
15　バルバドスの場合は100エーカー持っていれば大佐になれた．Dunn (1973), pp. 98-99.
16　Oliver (1894), vol. 1, p. lxi.

は以下のようなものである．1675年9月15日，ジェイムズ・ヴォーンとミドルトンという人物が無免許奴隷貿易業者から船を購入し，それをギニア湾に向けて出港させようとした．その船舶が正式な入港手続きをせず港湾税を支払わなかったため，税関役人が臨検しようとすると，その船は発砲して臨検を妨害した[17]．一方ヴォーンとミドルトン他1名は，1676年11月22日には商務省に請願を出し，彼らが輸入した奴隷が王立アフリカ会社代理人によって差し押さえられたとして，苦情を訴えた[18]．

20世紀初頭の奴隷貿易史家エリザベス・ドナンは，この2つの史料に注目して以下のように述べている．当事は英蘭戦争が終わったところで，戦時盛んに行われていた無免許奴隷貿易に対する取り締まりが強化される一方，植民地住民は王立アフリカ会社の奴隷貿易が供給量も少なく価格も高かったため強い不満を持っていた[19]．ヴォーンは，こうした植民地現地の不満を背景に，王立アフリカ会社とは別に奴隷船を西インドで艤装して自分で奴隷を輸入しようとしたと思われる．

英領西インドでは，1650年代から黒人奴隷制砂糖プランテーションが本格的に定着しはじめる．バルバドスではすでに1636年，総督及び評議会の布告として「販売目的でここに連れてこられた黒人とインディアン（アメリカ原住民）は，そうではないという契約を特にしない限り，生涯奉仕するべし」と規定されている．その後バルバドスでは1661年，アンティグアでは1702年に，これらの黒人等の処遇に関する規則が奴隷法（slave code）として法典化された[20]．

ヴォーンが到着した1670年代のバルバドスでは，奴隷の管理は厳格化の途上にあった．1676年4月20日には，バルバドス植民地議会で，黒人奴隷をより万全に管理するため，クェーカー教徒が黒人を会衆として認めて一緒に礼拝することを禁止する法律が制定されている[21]．

17　CSPC, *America and West Indies*, Vol. 9（1675–1676），p. 278.
18　*Act of Privy Council, Colonial Series*, vol. 1, pp. 680–81.
19　Donnan（1930–35），vol. 1, pp. 215, 222.
20　Dunn（1973），pp. 228, 238–39.
21　April 18–21, 1676, CSPC, *America and West Indies*, Vol. 9（1675–1676），pp. 377–378.

ジェイムズ・ヴォーンは，1678年6月ころにアンティグア総督になった[22]．オリヴァーの『アンティグア史』に収集されている史料によると，総督としての彼は土地の測量と譲渡（売買）を盛んに行っている[23]．つまり彼は，土地を配分し入植者を集めるという植民地のもっとも根本的な業務を遂行していた．ヴォーンが土地を売った相手には，現地在住者のほかに，イギリス在住者の代理人や転売目的の者もいた[24]．

図46　ブリムストン・ヒル要塞から眺める砂糖プランテーションのあった丘陵地（アンティグア）

ヴォーン自身も自ら土地を購入し，その一部を転売している[25]．また彼は総督として，植民地防衛のための活動も行っている．彼は，商務省宛に，4.5％税[26]を要塞建設に使ったことの報告や，防衛のためのフリゲート艦派遣要請などを行っている．また彼は，総督就任の年の1678年には，アンティグア各教区の人口調査も行った[27]．

　ただ彼は余り評判のいい総督ではなかった．オリヴァー『アンティグア史』は，ヴォーン総督は，市民軍法（Militia Act）を全島民に強制したり，軍役を拒否したクェーカー教徒に特別な税金を課したりして島民の支持を失って，早くも80年に総督を解任されたと述べている[28]．

　ヴォーンの遺書には遺産リストがついているため，彼が西インドに持っていた資産の内容も確認できる．それによると彼は，アンティグアに450エーカーの土地と20人の黒人奴隷と3人の先住民を持ち，その他にアンティグアの中心都市セント・ジョンズに伝書鳩小屋などのついた27エーカーの土

22　Oliver (1894), vol. 1, p. lvii.
23　Oliver (1894), vol. 1, pp. 76, 227, 282; vol. 2, pp. 52, 201, 247; vol. 3, pp. 5, 48, 101, 131, 146, 206, 296-98, 302, 331.
24　Oliver (1894), vol. 1, p. 282. ジョン・フライという船長がロンドンの数名の者の代理人としてプランテーションの売買を行っている．
25　Oliver (1894), vol. 3, pp. 206, 302.
26　この税金については川分（2006b）を見よ．
27　Oliver (1894), vol. 1, pp. lviii-lxi.
28　Oliver (1894), vol. 1, p. lvii.

地，また船を傾けるための巻き上げ機の付属した別な土地27エーカーも持っていた．彼はまた，アンティグアに在住していた自分の姉ハンナとその夫ジョン・ベル船長に，4人の黒人と1人の先住民少年を遺贈している．彼はさらに，自分の死後最初の奴隷船からさらに2人の黒人を購入して，他の遺贈とあわせて姉夫婦と彼らの息子や子孫が相続できるように財産の設定を行うことを遺言執行者に依頼している．この義兄ジョン・ベルは，ヴォーンが総督だったときに彼からアンティグアの土地を購入しているので，彼らはプランテーション経営者（プランター）でもあり，奴隷労働力が必要だったと考えられる．

ジェイムズ・ヴォーンは，残りの財産をすべて自分の妻エリザベスと息子トマス（d. 1728）に遺贈した．息子トマスが西インド貿易商とはならず，レヴァント貿易商となったことは，第2部で詳しく見た．ヴォーン家の西インドの資産は，その後トマスの一人娘フランセス・ヴォーン（d. 1752）とその夫ドイツ系ロンドン商人フレデリック・ヴォーゲルに継承される．このヴォーン家のアンディグアの資産は，1730年頃には470–500エーカーほどのプランテーションとなっており，ずっと現地のプランターに貸与されていたようである[29]．

ヴォーゲルは，大西洋貿易に関与していた可能性もあるが，詳しいことは不明である．本章第3節で出てくる表10–2は，フレデリック・ヴォーゲルが1731–32年にアンティグアの不動産取引に関わっていたことを示すが，これも詳しいことは解らない．この後ヴォーン家の子孫で西インドと何らかの形で関係したのは，フレデリック＆フランセス・ヴォーゲル夫妻の孫の一人がナポレオン戦争中セント・ルシアで死亡したくらいである．

29　フレデリック・ヴォーゲルは，妻の伯母フランセス・ストリングフェロウから15700ポンドを借りており，その返済のために1734年にこのアンティグアのプランテーションを，自分の従兄弟でパートナーのヘンリ・ヴォーゲルに売却した．子のなかったヘンリは死亡時に，このアンティグアの領地をフレデリックの子供たちにふたたび戻すような形で遺贈している．Oliver (1894), vol. 3, pp. 168–172．ヘンリ・ヴォーゲルはドイツとの麻織物貿易の他，西インド砂糖取引にもたずさわり，コリヤ家姻戚のオランダ系ロンドン商人Meyer家ともつながりがある．Beerbühl (2015), pp.90–44, 193.

第2節　ボール家と18世紀前半の西インド

　次に，ベンジャミン・ボディントン1世が結婚し，また息子たちにその事業を継承させていくボール家が，どのような西インド貿易を行っていたのかを見ておこう．ボール家の家族史については，第3部第7章第6節ですでに述べたので，参照されたい．また系図については，巻末系図ボール＝ラヴェンダー家系図を参照されたい．

　17世紀英領西インドのプランター層について研究したダンは，バルバドスの古い一族としてボールという一族がいたとし，これを本書のボール家と同じ一族と考えているが，ダンはその根拠を示していない[30]．他方王立アフリカ会社史を書いたデイヴィスは，17世紀末にジャマイカに王立アフリカ会社のエージェントでジョン・ボールという人物がいたとしている．この人物は後にジャマイカ総督になっている．このボールも本書のボール家との関係は証明できない[31]．つまり，17世紀に関しては，本書のボール家と特定できる一族を西インドで見つけることはまだできていない．

　しかし18世紀に入ると，西インド関連の政府文書の中で本書のボール家のメンバーが散見されるようになる．1700–30年代の商務省の西インド関係史料では，サミュエル・ボール，パピヨン・ボール，ベンジャミン・ボールの名前がそろって現れ，ファースト・ネームの一致からみてこれらが本書の

30　ダンは，バルバドスの古い家系のボール家を，スペイン王位継承戦争期に商務省史料中に出てくるサミュエル・ボール等と同じ一族と考えている．Dunn (1973), pp. 98, 138, 176. 後者の商務省史料中に出てくるサミュエル・ボールがボディントンの姻戚のボールであることは間違いない一方で，これがバルバドスの古い家系のボール家と同じであるという根拠は全くない．

31　T70/75-78に王立アフリカ会社の取締役会議議事録（1676年10月3日–78年7月30日）がある．ここには，ジャマイカのMr. Ballという人物が散見され，国王が彼をジャマイカの評議員に任命したという記事もある．T70/77, f. 32. 一方デイヴィスは，ジャマイカの王立アフリカ会社のエージェント（各地域で会社が輸出する奴隷の販売を管理．デイヴィスは非常に利益の大きい役職だったとしている）であったJohn Balleという人物について言及するが，これはT70に出てくるMr. Ballのことと考えられる．Davies (1957), p. 297. その他にJoseph BallとRobert Ballという人物が樽や黒人の送付に関わっていたという記事もある．T70/77, f. 27. ただこれらのBallがボディントンの姻戚かつパートナーのBall家と同じかどうかは全く解らない．

ボール一族であることは疑いない．

以下では，商務省・植民省史料を中心に他の様々な史料や研究書で見つかったボール家についての情報を取り上げるが，情報が非常に断片的であるため，時系列に順に追って情報を紹介した後，最後にそれらの情報からの考察をまとめる．

① 1707年1月–1713年．スペイン王位継承戦争中の1706年2，3月に[32]，フランスが英領のセント・キッツ島（セント・クリストファー島）とネヴィス島を襲撃して，大きな損害を引き起こした件について．

イギリス国立公文書館の植民省史料の中には，両島の被害者がイギリス政府に対して損害補償を求めたときの宣誓供述書や計算書をまとめた3巻の史料が残されている．この史料によると，被害の申告は全部で327件，総額12万4千ポンドであった[33]．

ここでサミュエル・ボールは，まず被害者の一人として姿を現す．ボールの被害申告は全327件中315番目で，1707年1月30日にセント・キッツ島住民のジョン・ブリヤン（Bourryan）とジョン・ガーネット（Garnet）が，ロンドンのサミュエル・ボール商会がフランス軍の攻撃により大きな損害を受けたことを宣誓供述したものである．添付されている計算書には，被害項目として，船舶ユナイテッド・ガレー号（2000ポンド相当），船荷の短剣，ピストル，食料，艀6隻，砂糖，その他錠や蝶番，鋲，手斧，綿織物，麻織物，馬具，文具，洋品雑貨，鬘などの品目があがっている．以上の請求額総計は約5550ポンドで，全327件中4番目の請求金額である[34]．3千ポンドを超える請求は全部で6件のみで，大半の請求は千ポンドを下回っているので，ボール商会の請求額は突出して高額のもののひとつだったということができる[35]．

---

32 史料上では1705年となっているが，これはダンが指摘するように，3月末を1年の始まりとする旧暦の数え方で，1706年のことである．

33 CO243/2, f. 1–6. TNA. 商務省の活動のうち植民地関連の活動は，18世紀末植民省（Colonial Office）が設置された後それに引き継がれたので，植民省史料中に商務省関連の史料がかなり入っている．

34 CO243/2, ff. 591–94; Dunn (1973), pp. 137–38. ダンとは数字の食い違いがある．

両島の被害者への損害補償は，1711年にようやくイギリス議会で支払いが可決された．ボール商会への支払いに関しては，1712年12月法務総裁が商務省に対してボールが補償金を受け取る資格があると解答した史料が残っている[36]．

　別な史料，商務省日誌[37] を見ると，サミュエル・ボールが，自分自身の被害の処理だけでなく，ほかの被害者のために手続きを代行していたことも解る．1713年4月15日の日誌では，「サミュエル・ボール氏が出頭．ネヴィス島とセント・キッツ島の被害者が前述のボール氏に与えた委任状が当委員会で調査され，211番から226番と230番の17通の債務証書（debenture 国の発行する支払い証）が彼に渡された[38]」とある．また同年7月9日にも，「サミュエル・ボール氏が出頭．ネヴィス島の被害者トマス・マイナー氏から委任された彼の代理権が当委員会で調査され，594番の債務証書が署名されて前述のボール氏に渡された[39]」という記述がある．また1713年3月25日には，サミュエル・ボールは，被害者への債務証書をロンドンの証券取引所で売却して南海株式会社株式などを購入するという業務を行ったキャンベル氏なる人物への手数料支払いに関して，証言を行っている[40]．

　② 1715年9月．マデラ領事職を新設することについて．
　ボール家は，ヨーロッパに近い大西洋にも深く関わっていた．商務省日誌によると，商務省委員会は1715年9月2日「リスボンの領事とは独立してマデラに領事を新設することに関して」サミュエル・ボールを含む商人の出頭を要請している．6日にサミュエル・ボールは出頭し，意見を述べている．
　ボールは，「領事代理よりも権威を持つ人物をマデラに置くことが通商上有利になるというのは，マデラで貿易しているロンドン，ブリストル，リヴァ

35　最高請求額は約14000ポンド，2番目，3番目は7000-9000ポンド程度である．
36　CO153/12 pp. 48-49. TNA.
37　*Journal of Commissioners for Trade and Plantations*（JCTP），14 vols. イギリス国立公文書館によって1916年から刊行された．日誌化されていない商務省調査委員会の証人喚問の記録自体は，同文書館所蔵の植民省史料内にある．
38　JCTP, vol. 2, p. 423.
39　JCTP, vol. 2, p. 444.
40　JCTP, vol. 2, pp. 419-20.

プールの最も有力な商人たちの一致した意見である」と述べ，フランスも同様に考えてすでに領事をおいていると証言している．彼は，その理由として，ポルトガルの現地総督の恣意的な行為によりイギリス，フランス，オランダ人の貿易活動が妨害を受けていることを指摘し，本国国王から正式な特許を与えられポルトガル国王に謁見できる資格を持つ領事を置くことが望ましいと述べる[41]．

ボールがマデラでどのような活動をしていたかは解らないが，マデラ島はワインの生産地としてのほか西インド貿易の中継地点としても重要であり，ここで購入されたワインはイギリスだけでなく西インドにも送られて消費されていた[42]．ボールは，西インド貿易の一環としてそうした取引にも関わっていたと考えられる．

第2部第5章でも見たが，主要拠点以外の海外居留地の領事は維持が困難で，設置と統廃合を繰り返している．そのため，その復活や新設の請願も繰り返されている．こうした領事・総督ポストには請願者の身内が就任することもしばしばあったので，一種の口利きや求職運動のような面もあった．

③ 1729年12月18日，リーウァード諸島総督の給与値上げ反対請願．

この日付で総督の給与を現行の1200ポンド以上に値上げしないよう請願した「リーウァード諸島に利害を持ち交易している商人，プランターその他から国王への請願」が出されているが，そこにパピヨン・ボールのサインがある[43]．リーウァード諸島総督は，ジャマイカ，バルバドスを除く残りの英領西インド諸島の統括者であるが，実際の任務はアンティグア総督ジェイムズ・ヴォーンのような個々の島々の総督代理（総督と呼ばれていた）が行っていた．総督と島民の関係はしばしば悪く，また現地が総督の給与を負担させられたため，以上のような請願が出たと考えられる．

④ 1737年10月13日，1739年11月9日．

41　JCTP, vol. 3, pp. 78-81.
42　マデラ島は，航海法の特例措置により特別に英領アメリカ・西インド植民地との直接貿易を許可されていた．マデラ島からアメリカ，西インド方面へのワインの輸出は特に18世紀前半に成長した．Francis (1972), pp. 63-64, 133.
43　CO152/17 ff. 108-114. TNA.

このころ，スペイン船がイギリス船を頻繁に臨検し，船荷を差し押さえるといったことが多発していた．そのため，37年10月13日に「英領アメリカ植民地と交易し利害を持つ商人，プランターその他の請願」と題して，国の対処を求めた請願が出されており，そこに，ベンジャミン・ボールとパピヨン・ボールの署名がある[44]．また39年11月9日には，スペインへの報復と，スペインから奪った戦利品は被害者救済に宛てることをもとめた請願が出されており，ここにはパピヨン・ボール1名の署名がある[45]．

図47　セント・キッツ島からネヴィス島方面を望む

⑤ 1739年6月と11月，ジョージア植民地に関して．

　これは西インドではなく，北アメリカ本土の植民地に関するものである．ジョージア植民地は，1732年にジョージア・トラスティと呼ばれる法人団体に21年間の保有を許可して作られたできたばかりの新しい植民地であった．ジョージア・トラスティは理想主義的な人々からなっており，植民地における飲酒の禁止，単純不動産権（fee simple 相続人のいるかぎり相続を認める最も強い所有権）による土地譲渡の禁止，黒人奴隷の禁止などの方針を掲げていた．また，新たな開拓のための出費にも反対していた．トラスティは「（黒人の）導入にともなう危険のほか，それが白人人口の勤勉さを完全にだめにし…近隣の領域のように，白人住民はいなくなり，黒人でいっぱいになって，領域内での背信行為や外国の侵略を被りやすい危険な土地に成り下がってしまう」として黒人奴隷制に強く反対し，「数名の奴隷商人の欲張りで野心的な意見に」賛同してはならないと強く戒めている[46]．

　このようにジョージア・トラスティは道徳的であったが，植民地側からす

44　CO5/5 f. 145a.
45　CO5/5 f. 153d.
46　CO5/670 pp. 403-04；CO5/667 pp. 238-41；Reese (1963), pp. 32, 40, 43, 47-48.

ると，彼らは植民地開発に不熱心で入植者の利害に冷淡であった．入植者はこうしたトラスティの態度に憤激し，方針の転換や開拓への投資を求めた書状をトラスティや商務省に送っていた．商務省史料を見ると，ベンジャミンとパピヨン・ボールが，このような入植者の書状をロンドンに持ち帰り商務省に提出していたのがわかる．つまり，ベンジャミン＆パピヨン・ボールは，ジョージア植民地の植民地エージェントのような役割を果たしていた．そのほか彼らは，イギリスとジョージア植民地の間の送金業務も担当していた[47]．

⑥ 1748年6月28日，リーウァード諸島総督ウィリアム・マシュウが，セント・キッツ島立法評議会のメンバーだったエドワード・ジェサップを，カトリック教徒だという理由で解任したという事件．

これに対して，ジェサップは，自分はカトリック教徒ではなく，以上はマシュウ総督がセント・キッツ島の立法評議会を身内で固めるためについた嘘にすぎないと反論していた．この事件に関して，ロンドンの商務省委員会でベンジャミン・ボールが証言している．ボールは，1730年代からジェサップと通信を続けていること，ジェサップは1737年イギリスに一時帰国していたことを証言している[48]．おそらくボールは本国貿易商として，植民地プランターのジェサップと取引関係をもっていたと考えられる．ただボールは，ジェサップがカトリック教徒であったかどうかについては何も述べていない．

なお，この総督は，ウィリアム・マシュウ（d. 1752）と推定される．そうであれば，彼の孫とボール家のパートナー，リチャード・メイトランドの息子は1776年に結婚している．（巻末メイトランド家（パートナー）系図）

⑦ 1752年10月21日，ロンドンの砂糖代理商リチャード・オリヴァーからアンティグアのプランター，ジョン・トムリンソンに宛てた書簡[49]．

この書簡は，ヴェア・ラングフォード・オリヴァー『カリビアーナ』第3

---

47 前掲のCO5/670とCO5/667は，ジョージア入植民の不満をボールが商務省に伝えたことに関する省側の検討．植民地エージェントについては後述．
48 JCTP, vol. 8, p. 312.
49 Oliver（1914），vol. 3, pp. 47-48.

巻に所収のものである．差出人の砂糖商リチャード・オリヴァーは，ヴェア・ラングフォード・オリヴァーの祖先にあたる[50]．ヴェア・ラングフォードは，この手紙の筆跡は，のちに下院議員およびロンドン市参事会員になったリチャード・オリヴァー（1735-84）のものだとしている．リチャードは，アンティグアのプランターの息子で，1752年当時は同姓同名の叔父が経営するロンドンの西インド商会に徒弟として入っていた[51]．

　この手紙の中では，ボールは，ロンドンのボール＆メイトランド商会として出現する．同商会は，リーウァード諸島新総督ジョージ・トマス（直前に死亡したウィリアム・マシュウの後継者）の口座を預かり，それに振り込まれた1200ポンドを受け取っている．また，砂糖の品質と価格についてオリヴァーにアドヴァイスを与えている．以上からは，ボール＆メイトランド商会は総督の口座を預かり，また他の西インド貿易商会にアドヴァイスを与えるようなロンドンの有力商社であったことがわかる．

　以上7件のできごとを通してボール家を見てきたが，特に①と⑥と⑦の史料は，ボール商会が1700-10年代にも1730-50年代にも，ロンドンで代表的な西インド貿易商であったことを示している．③，④はボール家が西インドに深い利害を持っていたことを示し，②と⑤はボール家がヨーロッパ沖の大西洋やアメリカ本土にも積極的に進出していたことを明らかにする．

　ボール商会は，サミュエル・ボール（c. 1641-1741）とパピヨン（1694-1743）が相次いで死亡した後，サミュエルの息子でパピヨンの弟であるベンジャミン・ボール（1700-63）に継承された．巻末付表1で確認できるように，ベンジャミンは1740年代後半にリチャード・メイトランド（1706-1775）とパートナーシップを組んだと思われる．このボール＆メイトランド商会とその後継のメイトランド＆ボディントン社が18世紀後半に何をしていたかについては，次節で見よう．

50　ヴェア・ラングフォード・オリヴァー自身の調査と系図作成による．それによると，リチャード・オリヴァーは，ヴェア・ラングフォードの高祖父の従兄弟にあたる．Oliver (1894), vol. 2, pp. 318-322.
51　"Richard Oliver", HPHC1754-90.

図48 マシュウ家の人々

図49 フェリックス・ホール（1900年頃，マシュウ家邸宅）

第3節　リチャード・メイトランドとメイトランド＆ボディントン社　1750–70年代

　リチャード・メイトランド（1706–75）の前半生についてはほとんど不明で，どのような家の出身なのかは解っていない．メイトランドはありふれたスコットランド姓であり，西インド・アメリカ関係者にも複数のメイトランド家があり，そのいずれとも結びつけられていない[52]．ベンジャミン・ボディントン2世の最初の妻リチャーズ家の姻戚には，ロンドンのコールマン・ストリートで開業していた西インド貿易商のメイトランド家という家がある（リチャーズ＝ハドフィールド＝メイトランド家系図）．この家とパートナーのリチャード・メイトランド（1706–75）の親族関係を疑いたくなるが，レジナルド・ステュアート・ボディントンは親戚のメイトランド家の先祖をかなり追跡したにもかかわらず，そこにリチャード（1709–75）を位置づけることができなかった．筆者もいまだに両者の関係は見つけることができない．このパートナーのリチャード・メイトランドの系図は，マシュウ家との関係

---

[52] たとえば，ヘンリー・ローレンス史料 Chesnutt（1968–2002）には，1760–70年代を中心にサウス・カロライナとロンドン間を航海していたリトル・カーペンター号，マグナ・カルタ号，フィリパ号という船の船長としてリチャード・メイトランドという人物が頻出するが，これは明らかにボディントン商会パートナーとは別人である．

を中心に作成されているので,参照されたい.

　リチャード・メイトランドは,以下の史料に見るように,おそらく1740年代半ばまで英領リーウァード諸島にプランテーションの現地管理人などとして在住し,1749年までに帰英してボール家のパートナーとなった.ボール&メイトランド商会は,その後ベンジャミン・ボールが引退し,ベンジャミン・ボディントン2世とトマス・ボディントン4世が参加してメイトランド&ボディントン商会となった.この商会の活動については,商務省日誌とオリヴァー『アンティグア史』『カリビアーナ』,そしてアメリカ独立期のアメリカの政治家でプランター兼商人でもあったヘンリ・ローレンス(1724-92)の史料[53],そしてブリストルの奴隷貿易商ダヴェンポート商会の史料,ブリストルの貿易商兼プランターのピニー家史料,その他関連二次文献に,断片的に情報がみつかる.特にピニー家史料にはかなり情報がある.そこで,本節ではまずピニー家史料を除く文献で発見された18件の情報を分析し,次節でピニー家史料情報を分析する.

　① 1742年,アンティグア.当時同島に強制されそうになっていた鷹狩り禁止法に反対する請願の79名の署名者の中に,リチャード・メイトランドの名前がある[54].

　② 1750年12月6日,ロンドン.リチャード・メイトランドは,ロンドンの商務省委員会に証人として出廷し,ユースタティウス島における英領アメリカ・西インドの住民の密輸の実情について証言している.彼は,リーウァード諸島とオランダ領ユースタティウス島に数年の滞在経験があると自己紹介している[55].彼の証言内容は以下のようなものである.ユースタティウス島

53　Chesnutt (1968-2002). Henry Laurens (1724-92) はユグノーの家系で,アメリカ独立期に大陸公会議の代議員となり,1777-78年には公会議議長,その後はサウス・カロライナ州副知事もつとめ,イギリスとの交渉役となった人物である.彼は息子をイギリスの非国教アカデミ,ウォリントン・アカデミに入学させており,イギリスの合理主義的非国教徒とも親しい関係にあった."Henry Laurens", ODNB.
54　Oliver (1894), vol. 1, pp. cii-ciii.
55　JCTP, vol. 9, pp. 131f. 以下の著作のアペンディクスに,この1750年12月6-7日の証人喚問の記録が転写されている.Pittman (1917), pp. 417-427.

はオランダ領であるが,住民はほとんどがイギリス人であり,彼らはフランス領から得たモラセスでラム酒を製造し,イギリス向け,特にアイルランドとイングランド西部に向けて販売している.英領リーウァード諸島の住民の中には,ここで樽製造所を開き繁盛している者もいる.オランダ人はユースタティウス島にヨーロッパ産・東インド産綿織物を持ち込み植民地向けに販売しており,イギリス本国にとって大きな損失になっている.またフランス人は英領アメリカや英領ノヴァスコシアから直接に木材を買わなければならないはずなのに,英領アメリカ人はここで彼らに対して盛んに密貿易を行っている.英領リーウァード諸島の住民は,木材を得るために英領アメリカにラム酒を安く販売しているが,これらが英領アメリカ経由でロンドンに輸出されている.

メイトランドは,翌日にも出廷し,自分は英領アメリカに滞在した経験はないが,北米貿易に従事している多くの船長から聞いたところでは木材が非常に値上がりしており,資源の枯渇とフランス人への売却が原因だと述べている.彼は,フランス人と英領アメリカの間の違法な貿易の結果生じた必需品不足が,英領西インド植民地住民の意気を阻喪させており,ジャマイカの開拓が進まない原因などになっていると主張している.

③ 1757年12月13日,アンティグア.オリヴァーが集めた封織勅許状録(Close Roll)の中に,ネヴィス島のプランターでロンドンに在住していたウィリアム・スミスなる人物が,ロンドン商人のマーティン・キンク・ヴァン・ミクロップ,コールマン&ルーカス社,メイトランド&ボディントン社に合計2750ポンドの借金をし,その返済のためにネヴィス島の500エーカーのプランテーション(家屋,奴隷150人含む)を彼らに売却したという契約書がある[56].なお,オリヴァーが収集した封織勅許状録の中で,ボディントン家関係者が出てくるものを集めて表10-2としたが,本件は同表の第3行のものである.この表については⑱で考察する.

---

56 Close Roll 31. Geo. II Part 12 Nov, 7, 8. Oliver (1894), vol. 3, p. 92.

④ 1758年2月21日.海事高等裁判所.ロンドン商人メイトランド＆ボディントン社とジェイムズ＆ジョン・トビン社が所有し,かつ船荷を積載した船舶ロシア王号（330トン）が,1月31日から7月25日までを期限とするフランスへの私掠許可状を取得している.2月21日には,船長が海軍省に出頭し,同船舶に大砲・小火器などの武器,弾薬・弾丸,帆布や錨,策具類を積載し,砲兵・士官を配備したことを報告している[57].

⑤ 1761年6月4日.海軍省史料.アンティグア在住のサプルという人物が,ロンドン海軍省に703ポンドあまりの支払いの請求を行い,その金額の振込先としてメイトランド＆ボディントン社を指定している[58].

⑥ 1763年5月17日,チャールストン,サウス・カロライナ.チャールストンの米作プランター兼商人のヘンリ・ローレンスが,同市の若手商人ジョージ・オースティンの依頼によりセント・キッツ島のアレクサンダ＆ジェイムズ・ベイリ商会に送った船荷の支払い手形280ポンドを,メイトランド＆ボディントン商会が引き受けている[59].

⑦ 1767年8月26日,チャールストン,サウス・カロライナ.ヘンリ・ローレンスは,メイトランド＆ボディントン商会が引き受けた手形118ポンドを,ロンドンあての送金に使用している[60].

⑧ 1767年8月29日,ロンドンの奴隷貿易商会グラント＆オズワルド商会が,西アフリカから西インドへ奴隷を輸出する際,メイトランド＆ボディントン商会をこの船荷の販売受託者（consignee）として契約している[61].グラ

57　HCA26/9/33.
58　ADM06/1121/56.
59　Chesnutt (1968–2002), vol. 3, p. 450–51. ジョージ・オースティンについてはChesnutt (1968–2002), vol. 1, p. 176n. ローレンスについては,Higgins (1976) pp. 114–31. アレクサンダ＆ジェイムズ・ベイリ商会については,Checkland (1957), pp. 127–43 ; Morgan (2007), p. 59.
60　Chesnutt (1968–2002), vol. 5, p. 281.
61　Hancock (1995), p. 207n.

ント&オズワルド商会はアフリカ西岸のバンス島に奴隷貿易交易所を保有する奴隷貿易商で，奴隷のほか船舶資材（材木，塗料，油）や日用品（ワイン，リンゴ酒）をアメリカ／西インド向けに供給していた．

⑨ 1767 年 10 月 16 日，1768 年 2 月 23 日，70 年 1 月 17 日，ロンドン，商務省委員会．グレナダ植民地エージェントとして，リチャード・メイトランドが出廷し証言している[62]．グレナダ植民地とは，第 11 章で詳述するが，七年戦争終結後フランスから獲得したセント・ヴィンセント島，ドミニカ島，グレナダ島およびグレナーディン諸島，トバゴ島をまとめて，グレナダに本拠を置く一つの植民地としたものである．また植民地エージェントとは，ロンドンに在住して議会や商務省などに対して植民地利害を代弁する役職で，植民地議会が選出し給与を提供するポストであり，選出母体の植民地に大きな責任を背負っていた[63]．メイトランドは，最近発布された国王指示（Royal Instruction）に対する住民の不満を伝えていた．またドミニカが，グレナダからの行政・司法の分離を要求していることも伝えている．

⑩ 1769 年 2 月 9 日，チャールストン，サウス・カロライナ．チャールストン商人ヘンリ・ローレンスは，メイトランド&ボディントン商会が引き受けた手形 1364 ポンドにより，セント・キッツ島のジェイムズ・ベイリに送付した船荷の支払いを受けている[64]．これは⑥と同じ取引である．

⑪ 1770 年 9 月 21 日，チャールストン，サウス・カロライナ．チャールストン商人ヘンリ・ローレンスは，セント・キッツ島のアレクサンダ&ジェイムズ&エヴァン・ベイリ商会に向けて送付する総額 250 ポンド相当の米 130 バレルの海上保険を，メイトランド&ボディントン商会に依頼している[65]．

62　JCTP, vol.12, p. 425. この記事は以下にもある．Wilson (1941), p. 184.
63　Penson (1924), pp. 95f. 川分 (2011), 60-61 頁．
64　Chesnutt (1968-2002), vol. 6, pp. 270.
65　Chesnutt (1968-2002), vol. 7, pp. 364

⑫ 1770年12月21日，チャールストン，サウス・カロライナ．チャールストン商人ヘンリ・ローレンスは，ブリストル商人のウィリアム・コールズに数通の手形を送付し，決済を依頼している[66]．その中に，セント・キッツ島のアレクサンダ&ジェイムズ&エヴァン・ベイリ商会がメイトランド&ボディントン商会宛に振り出した1770年11月20日付の手形が含まれている．ローレンスは，コールズがこの手形を受け取ったあとローレンスの口座に入金するよう指示している．これはおそらく，ローレンスが西インドに送った米などの支払手形であり，ローレンスはロンドンで引受けられたこの手形をブリストルの口座に入金したと考えられる．

⑬ 1773年11月1日．オランダ経済史家のチャールズ・ウィルソンが，オランダ側史料から発見した内容．トバゴ島のダニエル・マシュウが，40万ギルダーの価値のフェリックス・ホール（Felix Hall）領地に16万5千ギルダーの抵当権を設定して，アムステルダムで利子5％で7年の期限で借金を行っている[67]．この借り入れは，アムステルダムのフェルネデ（Vernede）商会が仲介したもので，同商会とロンドンのメイトランド&ボディントン商会が借金の保証人となっている．

このダニエル・マシュウは，前節⑥で見たリーウァード諸島総督ウィリアム・マシュウ（d. 1752）の息子で，トバゴ島プランターであり，なおかつイギリスのエセックス州にフェリックス・ホールという領地を持っていたダニエル・マシュウ（d. 1777）と考えられる．ダニエルは，このイギリスの土地を担保に，メイトランド&ボディントン商会とフェルネデ商会の仲介と保証のもと，オランダで借金をしたのである．なおこの3年後，ダニエルの姪とリチャード・メイトランドの息子は結婚している．（メイトランド家（パートナー）系図参照．フェリックス・ホールは図49を見よ）

⑭ 1774年9月18日　ロンドンのエヴァン・ベイリからブリストルのヘンリ・ブライトへの手紙の中で，ベイリは，ブリストル＝西インド間貿易の決

66　Chesnutt（1968–2002），vol. 7, pp. 364, 417.
67　Wilson（1941），p. 184.

第10章　西インド貿易への参入　｜　437

表 10-1 ダヴェンポート商会との取引に

手形番号	振り出し地	振り出し日付	期日	受取人	振出人
3567	St. Kitts	1770/5/26	9ヶ月	William Jenkinson	Willock & Morson
4395	St. Kitts	1774/7/23	6ヶ月	William Davenport & Co.	Baillies, Frasers & Baillies
4396	St. Kitts	1774/7/23	6ヶ月	William Davenport & Co.	Baillies, Frasers & Baillies
4397	St. Kitts	1774/7/23	9ヶ月	William Davenport & Co.	Baillies, Frasers & Baillies
4398	St. Kitts	1774/7/23	6ヶ月	William Davenport & Co.	Baillies, Frasers & Baillies
4399	St. Kitts	1774/7/23	12ヶ月	William Davenport & Co.	Baillies, Frasers & Baillies
4400	St. Kitts	1774/7/23	6ヶ月	William Davenport & Co.	Baillies, Frasers & Baillies
4615	St. Kitts	1775/12/18	6ヶ月	William Davenport & Co.	Baillies, Frasers & Baillies

Register of Bills of Exchange 1768-1787, Miscellaneous other documents, Wiliam Davenport

済のための手形は，メイトランド＆ボディントン商会に提示すれば引き受けてくれると述べている[68]．

⑮ 1774 年 10 月 24 日，ロンドン，海軍省．メイトランド＆ボディントン商会は，大工のローレンス・マックロウリン（Lawrence Mcloughlin）の代理人（assignee）として，1771 年 7 月 1 日より 73 年 6 月 30 日までの海軍省の彼への買掛金 41 ポンドあまりの支払いを，海軍省に要求している[69]．おそらく海軍所有の船舶または家屋の修理費の請求を，ボディントン商会を通して行ったものだろう．

⑯ 1774 年 7 月 23 日および 1775 年 12 月 18 日．ブリストルのウィリアム・ダヴェンポート商会の営業史料によると，同商会は，ベイリ＆フレイザー＆ベイリ商会が振り出しメイトランド＆ボディントン商会（75 年はベンジャミン＆トマス・ボディントン商会）が引き受けた合計 4000 ポンド近い手形の受取人となっている．（表10-1）おそらくこれらの手形は，ダヴェンポート商会が西インド現地商人のベイリ＆フレイザー＆ベイリ商会に送付した奴隷や食糧の支払い用の手形であると考えられる[70]．

---

68 Morgan (2007), p. 469.
69 ADM06/1225/116.

おいてボディントン商会が引き受けた手形

引受人	手形の持ち込み人	受取日	手形を渡した相手	渡した日	手形額面（£，シリング以下切り捨て）
Maitland	William Jenkinson	1771/4/13	Thomas Wimpey	1771/4/13	80
Maitland & Boddington	Baillies & Frasers	1774/7/23	J. Denison	1775/1/20	500
Maitland & Boddington	Baillies & Frasers	1774/7/23	J. Denison	1775/1/20	731
Maitland & Boddington	Baillies & Frasers	1774/7/23	Ino. Parker	1775/9/13	500
Maitland & Boddington	Baillies & Frasers	1774/7/23	J. Denison	1775/4/21	793
Maitland & Boddington	Baillies & Frasers	1774/7/23	J. Denison	1775/7/21	500
Maitland & Boddington	Baillies & Frasers	1774/7/23	J. Denison	1775/7/21	793
B&T Boddington	Baillies & Frasers	1776/2/12	Tennant & Co.	1776/2/12	55

& Co. Papers, Keele University

⑰ 1777年10月31日，アンティグアの故ロバート・ブラウンの遺言執行者であるアンティグアのジョン・バーク（Burke）とアンドリュウ・ブラウンは，故人のプランテーション500エーカーを，ボディントン商会に売却している[71]。

⑱ 1757-1798年，オリヴァーは，大法官府の封緘勅許状録に保管されていた西インドの土地取引に関する記録を収集している。この中でボディントン家関係者が関わったものを抜き出したのが，表10-2である。オリヴァーは，土地の譲渡者（売却者）と被譲渡者（購入者）の区別なく名前を列挙しているため，これらの当事者が土地を手放した側なのか取得した側なのかは不明である。

以上の史料から解ることをまとめると以下のようになろう。まず第一に，ボディントン商会のパートナー，リチャード・メイトランドは西インド諸島に長期的な滞在経験があり（①，②），そのためロンドンに戻ってきてからは植民地利害の代弁者として活動し（②），植民地エージェントにもなって

---

70 Register of Bills of Exchange 1768-1787, Miscellaneous other documents, Wiliam Davenport & Co. Papers, Keele University. ダヴェンポート商会については長澤勢理香（2012）。
71 Oliver（1894）, vol. 1, p. 76.

表 10-2 西インド領地の取引と取引の当事者

取引の年	取引の当事者	不動産所在地
1731-2	Anthony Fursteneau by Fred. Voguell	Antigua
1731-2	Richard Oliver by Fred. Voguell	Antigua
1757	William Smith, Martin Kynck van Microp, Coleman & Lucas, Maitland & Boddington	Nevis
1757	Abednego Mathew, Janet his Wife & Daniel Mathew, William Mathew Burt & Richard Maitland, Hugh Hamersley	St. Kitts
1760	Benjamin Ball & James Tobin	Nevis
1760	Abednego Mathew, Jannett & Edward Jessup & Richard Maitland, Hugh Hamersley	St. Kitts
1760	George Gostling, Thomas Wall & Benjamin Ball, Richard Maitland & Thompson Hicks, Sarah His wife & James Tobin the elder	Nevis
1761	William Mathew Burt* & Richard Maitland	St. Kitts
1761	Abednego Mathew & Richard Maitland	St. Kitts
1761	Abednego Mathew, Janet his Wife, Daniel Mathew, William Mathew Burt & Richard Maitland, Hugh Hamersley Edward Jessup, Richard Payne	St. Kitts
1762	Francis Phipps Woodroop & Richard Maitland & Henry Wilmot	St. Kitts
1765	Richard Maitland by Mary Bearcroft, Spinster & Susannah Culpeper, widow	St. Kitts
1769	Richard Maitland & James Verchild	St. Kitts
1769	James Verchild by Richard Maitland, Elizabeth His wife	St. Kitts
1771	Sir Gilles Payne, Bart. & William Mathew Burt & William Smith Buckley & John Willett & James Cloberry Gasgoine, Elizabeth his wife & Abednego Mathew, Janet his Wife, Daniel Mathew & Hugh Hamersley & Richard Maitland	St. Kitts
1775	John Burton & Benjamin Boddington	Montserrat
1775	Grevis & Benjamin Boddington	Montserrat
1775	Thomas Maitland & Thompson Hicks, Sarah his wife, Richard their son & Anthony Blagrave	Nevis
1775	George Gostling & Richard Maitland & Thompson Hicks & Anthony Blagrave	Nevis

1784	James Gordon & Thomas Boddington by Ann Doig	Antigua
1791	Alexander Borrowes Irwin & Thomas Boddington	St. Vincent
1791	Drewry Ottley & Thomas Boddington	St. Vincent
1791	William Phipps, Ann his wife & Alexander Borrowes & Thomas Boddington & John Warren	St. Vincent
1793	Duncan Cambell & Thomas Boddington	St. Vincent
1793	Thomas Boddington by Hugh Forbes	St. Kitts
1797	Lewis Brotherson Verchild & Thomas Maitland	St. Kitts
1797	Thomas Maitland by Thomas Brotherson Verchild	St. Kitts
1798	William Manning & Jane Maitland & Edward Mathew	St. Kitts
1798	Thomas Siffner, Isabella Hannah his wife and William Manning, Jane Maitland and General Edward Mathew	St. Kitts

＊William Mathew Burt: General & Governor of St. Kitts. マシュウ家の一員だが，本書の系図上は位置づけられていない．

出典：最初のコラムのみ Oliver (1894), vol. 3, p. 92. 後は全て Oliver (1914), vol. 1, pp. 170-71, 208, 211-3, 249, 296, 298, 351-3, vol. 2, 25, 27, 31.
　オリヴァーの使用した史料封緘勅許状録 Close Roll は中世から近代まで継続する大法官府所蔵の史料で，現在はイギリス公文書館に C54 の史料番号で保管されている．最初は封緘勅許状を記録しておくものだったが，次第に不動産取引や貸借などに関わる私的な捺印文書を安全性を目的として保管することが増え，1530 年代にはついに封緘勅許状はここに保管されなくなった．植民地では，不動産取引は各植民地で登記されていたが，イギリスに在住する当事者はイギリス側で取引の記録を保管することを望んだので，封緘勅許状録に西インドの不動産取引の一部の記録が残るようになった．オリヴァーは，原本ではなく 19 世紀の家族史家 Fothergill が転写したものを使用した．オリヴァーによると，1661-89 年までは譲渡者索引にのみ，1689 年以降は被譲渡者索引にも取引された土地の所在地が記載されるようになった．ただしオリヴァーは，譲渡者，被譲渡者といった説明なく人名を記載しているため，以上の人名が取引にどちらの立場で関わっていたかは解らない．原本は筆者未見．（TNA の資料説明．oliver (1914), vol. 1, p. 165.）

いた（⑨）．第二に，ボディントン商会は，西インド貿易商として最も典型的なビジネス，西インドプランターの砂糖のロンドンでの委託販売を行い，またプランターの支払手形を引き受けるという業務を行っている．⑥，⑩，⑪，⑫，⑯にみるようにセント・キッツ島のベイリ商会は，ボディントン商会に奴隷や米の代金を支払う手形を引き受けてもらうのが習慣となっていたようだが，これはベイリ商会の輸出する砂糖をボディントン商会が委託販売しており，その売上金を管理していたことを示している．

また⑭に見られるように，ボディントン商会は，プランターとイギリス地方商人の取引の際の手形の引き受けも行っている．これについては，次節のピニー商会との関係で再考する．第三に，④に見られるように，ボディントン商会は，七年戦争など戦時には私掠活動にも従事した．また船舶も所有している．第四に，⑬の例に見るように，ボディントン商会は，資金不足のプランターに外国の貸し手を紹介し，また保証人にもなっている．第五に，⑤や⑮の事例に見られるように，ボディントン商会は，プランターだけでなく西インドで仕事する多様な人びとのロンドンでの預金口座を管理していた．

　次にボディントン商会は，直接奴隷貿易を行っていたわけではないが，ロンドンのオズワルド商会やブリストルのダヴェンポート商会のような奴隷貿易商と取引があり，⑧の例ではオズワルド商会の輸入する奴隷の販売を引き受けている．また，⑯の例では，セント・キッツ島のベイリ商会がダヴェンポート商会から購入した奴隷を支払うための手形を引き受けている．また，ボディントン商会は，アメリカ，チャールストンの米商人ローレンスが西インドに米を輸出する際に西インドプランターが振り出す支払手形を引き受けていたが，⑦ではそれとは別にローレンスが振り出した手形も引き受けている．手形を引き受けるということは預金勘定を預かっていることを意味しているので，おそらくローレンスはロンドンにも米を輸出し，ボディントン商会はその委託販売を任され売上金勘定を預かっていたと考えられる．

　最後に，③や⑰，そして⑱（表10-2）に見られるように，18世紀を通してボディントン商会やボディントン家の人々は，西インドのプランテーションの売買の当事者となっている．⑰の例は，ボディントン商会がすでに1770年代からプランテーション（及び奴隷）の所有者となっていたことを示している．

　ここで特筆しておきたいのは，ボール家やメイトランドの西インドとの関わりの深さである．ボディントン家の人々は，このようなバックグウンドを持たず，西インド貿易商となってからも長期的に西インドに滞在したことはないが，それは彼らが参加したボール＆メイトランド商会がすでに西インドと強固なコネクションを築き上げていたおかげであったと考えられる．

　すでに何度か出てきたが，メイトランドが1776年に姻戚関係に入るマシュ

ウ家という一族は，コーンウォル地主出身で西インド征服時代の軍人の子孫であり，代々リーウァード諸島と周辺で総督になっている．マシュウ家の姻戚には有力な西インドプランターの家系が多数含まれるため，メイトランドとマシュウ家の姻戚関係は事業にも大きくプラスになったと考えられる．このメイトランド＝マシュウ家の親族網には小説家ジェイン・オースティン（1775-1817）も接続している（メイトランド家（パートナー）系図左下方）．オースティンの小説『マンスフィールド・パーク』に出てくるアンティグアのプランターで，品性と知性に優れた伯父バートラム卿は，マシュウ家の人物をモデルにしたとも言われている．

第4節　ボディントン商会とブリストルのピニー商会　1770-80年代

　リチャード・メイトランド死亡後，ボディントン商会はベンジャミン2世とトマス4世が経営していくこととなり，ベンジャミン＆トマス・ボディントン商会という屋号で現れるようになる．

　このころのボディントン商会の活動について情報を与えてくれるのは，ブリストルのピニー家文書である．そこで，以下では，ピニー家から見たボディントン商会の活動について見ていきたい．

　ピニー家は，20世紀中葉の西インド史家リチャード・ペアーズのケース・スタディでよく知られた一族であり，ブリストル大学に一族の文書が所蔵されている．ピニー家は，ドーセット州の非国教系の小地主（ヨーマン）の一族である．西インドのピニー家の開祖アザレア・ピニーは，1685年モンマス公の反乱に荷担して死刑の判決を受けたが，姉が65ポンドの身請け金を支払ったおかげで流刑に減刑され，兄が渡航費などを用意してネヴィス島に送られ，植民地在住の商人となった[72]．イギリス西部地方の地主出身で非国教系，モンマス反乱に荷担といった要素は，第6章で取り上げたスキナー家

---

[72] Pares (1950), pp. 6-7; Wigfield (1985) p. 133; Earle (1977), p. 180.

表 10-3 ネヴィス島プランター,ピニー家からロンドンへの生産物の販売委託

年	日付	委託品	委託品の所有者	受託者(ロンドンのコミッション・マーチャント)	コミッション・マーチャントへの海上保険の注文
1777	5月7日	綿花 2bale	Pinney	Manning	○
		綿花 2bale	Pinney	Manning	○
		綿花 5bale	Pinney	Manning	○
1778	5月1日	砂糖 15hhd	Pinney	Manning	○
1779	5月10日	砂糖 10hhd	Pinney	Boddington	○
1779	5月24日	砂糖 9hhd	John Browne	Boddington	○
1780	3月31日	砂糖 15hhd	Pinney	Boddington	○
1780	7月31日	砂糖 8hhd	Pinney	Boddington	○
1781	1月31日	砂糖数hhd	Pinney	Manning	積載前で未発注
1782	5月28日	砂糖 10hhd	Pinney	Boddington	○
1783	5月6日	砂糖 12hhd	Thomas Bridgewater	Boddington	○

Pinney Letter Book, No. 4, 5.

やフーパー家と共通する.

アザレア・ピニーは,その後ネヴィス島とアンティグア島でプランテーションを購入し,プランターとしても西インドに基盤を築く.ピニー家は100年ほど西インドに本拠を置いて暮らした後,1784年に本格的に西インドから引き揚げブリストルで西インド商会を開業する[73].

ピニー家とボディントンがいつ頃から関係を持っていたかは不明である.アザレア・ピニーがアンティグアに着いた1686年頃には,すでにジェイムズ・ヴォーンは死亡していた.ただ第5節で取り上げるネヴィス島のプランター兼ロンドン商人のトマス・マイナー(d. 1712)の遺書には,友人としてサミュエル・ボールとネヴィス島プランター,リチャード・メリウェザー(d. 1714)の名前が出てくるが,このメリウェザーの遺書にはアザレア・ピニーの名が出てくる[74].したがって,アザレア・ピニーは,すでに1700年代ころからメリウェザーとマイナーを通してサミュエル・ボールやボール&メイト

---

73 Pares (1950), p. 163.
74 Thomas Minor; PROB piece 528; Richard Meriweather; PROB11 piece 538.

表 10-4　ピニー家からロンドンへの注文

注文日	注文した帰り荷の内容	注文者	受注者
1777 年日付不明	品目不明　総額約£319	Pinney	Manning
1777 年日付不明	品目不明	Mary Browne	Manning
1778 年 6 月 18 日	乾燥大豆　5hhd	Pinney	Manning
	エンドウ豆　1hhd		
	パン　1hhd		
	大麦　1hhd		
	燕麦　6puncheon		
	小麦粉　4lb		
	つほがね　3feet		
	銅板　2枚		
	ドア錠3個　（地下室・煮沸室用）		
1782 年 7 月 28 日	インチボード（木材），塗装用部材	Pinney	Manning
1782 年 11 月 10 日	食料品，マルムジ・ワイン	Pinney	Manning

Pinney Letter Book, No. 4, 5.

ランド商会を知っていた可能性がある．ただピニー家文書は1760年以降しかなく，そこにおいてボディントン商会の名前が出てくるのは1770年代以降である．

　ピニー家文書の検討に入る．ブリストル大学が所蔵しているピニー家文書は，ほとんどが送信した通信の控え帳からなる．受信文書はわずかしか残っていない[75]．

　ピニー家の1777-83年の送信文書に記載されている取引を整理したものが，表10-3である．この送信文書には，ピニー家の西インドのプランテーションの生産物の輸出の状況が書いてある．これによると，これらの生産物のロ

75　Pinney Letter Book No. 1-21. Pinney and Tobin Letter Book No. 37-42. Pinney West India Document. Pinney Papers, Library of Bristol University. このうち Pinney Letter Book は私的な通信，Pinney & Tobin Letter Book は会社の営業用通信で，ともに送信文書の控え帳であり，受信文書は残っていない．一方 Pinney West India Document は雑多な文書を入れた数個の箱からなる．このうち West Indies 1813-1814 と書かれた箱の中にのみ受信文書が残されている．

ンドンでの販売を代行するコミッション・マーチャントだったのは，ボディントン商会とマニング商会の2社であった．この2つの商会は，生産物の販売を引き受けるだけでなく，船荷の積載時に海上保険をつけるための仲介業も行った．ピニー商会は，砂糖1hhd（ホグスヘッド，大樽），金額にして21-36ポンドの砂糖に対し12-18ポンドの保険をかけており，船荷の価値の半分くらいの保険をかけるのが普通だったようである．

次に帰り荷について見ておく．西インド植民地は航海法によって外国との直接交易を禁止され，また本国製造業と競合する製品の製造も制限されていたため，必要な物資のほとんどを本国から輸入していたが，これらの物資の購入や西インドへの返送もロンドンのコミッション・マーチャントが行っていた．1777-82年の帰り荷は，表10-4である．この表に見るように，ピニー家は帰り荷はマニング商会に対してのみ発注しており，ボディントン商会には発注していない．しかし，支払いはしばしばボディントン商会宛の手形で行っている．このことは，ボディントン商会がピニー商会のメイン・バンク，つまりピニー家の売上金勘定のほとんどを預かっていたこと，つまりはピニー家の生産物のほとんどを販売する立場にあったことを意味している．

ペアーズによると，ピニーは，1788-92年にかけてネヴィス島のプランテーションを担保に総計10,488ポンドの手形をボディントン商会宛に振り出した．ボディントン商会は，これを全て引き受けるかわり，このプランテーションの生産する砂糖全ての独占的委託販売権を獲得した[76]．こうして，ボディントン商会はますますピニー家の生産物の売り上げの多くを掌握するようになった．

以上は，プランターとしてのピニーとロンドンのボディントン商会の関係であるが，先述したようにピニーは1784年に帰英してブリストル商人となっている．このブリストル商人してのピニーとボディントン商会の関係も見ておこう．ブリストルのピニーの商会はトビン家とパートナーシップを組んで行われており，ピニー＆トビン商会という屋号をとっていた．トビンは，アイルランド，ティペラリ（Tipperary）の地主出身の家系で，ネヴィス島の

---

76 Pares（1950），pp. 175-78, 367.

表10-5 西インドプランターからピニー商会（ブリストル）とロンドンの商会へ行われた販売委託 1784-88年

年	日付	委託者	委託品	量 hhd	積載船名	目的地	受託者（イギリスのコミッション・マーチャント）
1784	5月13日	Symonds	砂糖	20	Kent	London	Neave
1784	5月22日	John Pinney	砂糖	10	Elison	London	Boddington
1784	9月2日	John Pinney	砂糖	10	Friendship	London	Boddington
1785	5月22日	Symonds	砂糖	未定	Boddington	London	Neave
1785	6月7日	Symonds	砂糖	6hhd以上	Kent	London	Neave
1786	7月21日	Walter Maynard	砂糖	15	未定	Bristol	Pinney
1786	9月4日	Williamson	砂糖	未定	未定	Bristol	Pinney
1786	11月3日	Shaw	砂糖	10	未定	Bristol	Pinney
1787	5-8月	Webbe	砂糖	未定	未定	London	Boddington
1787	5-8月	Webbe	砂糖	20	未定	Bristol	Pinney
1787	9月20日	Edward Brazier	砂糖	15	Jenny	London	Boddington
1787	9月20日	William Colhoun	砂糖	24	Thomas	London	Boddington
1788	7月23日	Edward Brazier	砂糖	10	Brothers	London	Boddington

Pinney Letter Book, No. 7.

プランターとしては1700年代までさかのぼることのできる一族である[77].

ブリストルのピニー＆トビン商会は，自己のプランテーションの生産物だけでなく，その他の多くのプランターの生産物の委託販売を行っていた．1784-88年と89年の通信文書に記載されていた砂糖の委託販売を整理したものが，表10-5と表10-6である．これらの表からは，様々な西インドのプランターがピニー＆トビン商会を通してブリストルで砂糖を販売すると同時に，ロンドンでボディントン商会を通して砂糖を販売していることが解る．つまり，ピニー＆トビン商会は，自分の取引先の西インドプランターをボディントン商会に紹介している．これは，おそらくブリストルの砂糖市況とロンドンの砂糖市況を比較して，販売場所を選択していたからだろう．

---

77 Oliver (1894), Vol. 3, pp. 136-37, 455-56.

表10-6 西インドプランターからピニー商会（ブリストル）とロンドンの商会へ行われた販売委託　1789年

船積み日（空欄は日付不明）	委託者	委託者所在地	委託品	量（特に記入のない限りhhd）	目的地	受託者
	Edward Brazier	Nevis	砂糖	10	ブリストル	Pinney
4月23日			砂糖	5	ロンドン	Boddington
			砂糖	15	ロンドン	Boddington
6月27日			砂糖	20	ブリストル	Pinney
	William Colhoun	Nevis	砂糖	10	ブリストル	Pinney
	Anthony Somersall	St. Kitts	砂糖	31hhd+22barrel	ブリストル	Pinney
			モラセス	14puncheon	ブリストル	Pinney
	Joshuah Maynard	Nevis	砂糖	7	ブリストル	Pinney
8月3日以前	Edward Brazier	Nevis	モラセス	5puncheon	ロンドン	Boddington
8月3日以前	Tobin	Nevis	砂糖	未定	ロンドン	Boddington
6月27日	Edward Brazier	Nevis	砂糖	10	ロンドン	Boddington
	John Smith Budgen	Nevis	砂糖	10	ブリストル	Pinney
	Edward Huggins	Nevis	砂糖	5	ブリストル	Pinney
	Mrs. Kicks	Nevis	砂糖	10	ブリストル	Pinney
	Edward Brazier	Nevis	砂糖	2.5	ロンドン	Boddington
6月20日	Pinney	Nevis	砂糖	15	ブリストル	Pinney
6月22日	Thomas Caines	St. Kitts	モラセス	3puncheon	ブリストル	Pinney
	Joseph Richardson Herbert	Nevis	砂糖	30	未定	未定
	John Hendrickson	Nevis	砂糖	5	ブリストル	Pinney
7月31日	Michael Capin	Nevis	砂糖	5	ロンドン	Boddington
7月31日	George Webbe	Nevis	砂糖	8	ロンドン	Boddington
6月20日	John Hendrickson	Nevis	砂糖	1barrel	ブリストル	Pinney
	William Colhoun	Nevis	砂糖	30	ブリストル	Pinney
	William Colhoun	Nevis	砂糖	未定	ロンドン	Boddington
6月22日～8月1日	John Latoy	Nevis	砂糖	5	未定	未定
			砂糖	20barrel	未定	未定
7月16, 24日	Robert Pemberson	Nevis	砂糖	5	ブリストル	Pinney
6月20日	William Jones	Nevis	砂糖	8	ブリストル	Pinney
7月31日			砂糖	10	ロンドン	Boddington
6月24日, 7月2日	Tobin	Nevis	砂糖	未定	未定	未定
8月1, 11日	Pinney	Nevis	砂糖	未定	未定	未定
	Edward Brazier	Nevis	砂糖	36	未定	未定

Pinney Letter Book, No. 8.

ピニー家文書を読むと，ピニー＆トビン商会がいったん委託販売を引き受けた生産物を，ロンドンに再委託するという話も散見される．こうした再委託の場合は，ピニー＆トビン商会はボディントン商会と委託販売手数料（コミッション）を折半した[78]．

　また，表10-5のWebbe，表10-6のEdward Brazier, William Jones例からわかるように，ピニー＆トビン商会の取引先のプランターの多くは，最初から生産した砂糖を2分割してそれぞれロンドンのボディントン商会とブリストルのピニー＆トビン商会に委託する習慣だった[79]．

　ピニー＆トビン商会とボディントン商会は，プランターのために用意する帰り荷の購入においても協力し合っている．ロンドン側がブリストルへよく発注していた商品としては,鰊がある．ピニー＆トビン商会は通常鰊をスコットランドやアイルランドに注文して得ていたが，1786年11月には鰊の大群がブリストル近海に押し寄せたためブリストルでも鰊を購入している．ピニー＆トビン商会はこのときボディントン商会に引き合いの手紙を出しており，これに対してボディントン商会は翌年1月に100バレルの鰊をセント・キッツ島に送るよう注文している．ボディントン商会は翌1788年にも，セント・キッツ島に向けて140バレル，ネヴィス島にむけて60バレルの鰊を追加で注文している[80]．

　また土壌改良材の石灰も，ロンドンからブリストルへ頻繁に注文されているもののひとつであった．1798年には，ボディントン商会はセント・キッツ島のプランターから石灰の注文を受け，それをピニー＆トビン商会に発注している．ピニー＆トビン商会は3日後には買い付け・船積みを終了し，注文者のプランターとボディントン商会に送り状・船荷証券の原本とコピーをそれぞれ送付している[81]．

　逆に，ブリストルからロンドンに発注されたものは多様であった．1例のみあげるが，1794年には，ピニー＆トビン商会は，ネヴィス島プランター

78　Pinney & Tobin Letter Book, No. 37.
79　1788年6月29日．Pinney Letter Book, No. 8.
80　1786年11月20日，1787年1月2日，1788年1月9日．Pinney & Tobin Letter Book, No. 37.
81　1789年9月10日．Pinney & Tobin Letter Book, No. 40.

よりマスケット銃の注文を受け，4月10日にボディントン商会に発注している．ボディントン商会は同月26日に買い付け・船積みを終了している[82]．このほか，ブリストル側はロンドンに，衣服や書籍，家具，時計など実に多様なものを注文している．

フライトの確保に関しても，両者は連絡を取り合い協力し合っていた．1784年10月，ネヴィス島において植民地生産物を輸送する船舶が不足するという事態が起こった．このときピニー&トビン商会が所有するトビン号はロンドン港に停泊しており帰り荷の積載途中であったが，ボディントン商会はピニーからの依頼を受けてこのトビン号を急ぎ西インドに送り返している[83]．

ロンドンの商会がイギリス地方都市商人に対して持っていた大きな優位は，海上保険仲介業にあった．1814年にのみ残っているピニー家の受信文書の中には，ボディントン商会から受け取った手紙が数通残っている．これらを読むと，ボディントン商会の主要な役割は，ピニー&トビン商会宛てに西インドから送られてくる生産物につける海上保険をロンドンのロイズで仲介することであった．このころはイギリスの海上保険業の4分の3以上がロンドンのロイズに集中していた時期であり，地方商人は海上保険の仲介をロンドンの商会に全面的に依存せざるをえなかったようだ[84]．

以上主に1770-80年代のプランター兼ブリストル商人のピニー家とボディントン商会の関係を見てきた．ボディントン商会は，ピニー家がプランター専業であった時代に多大な融資を行ってピニー家の生産する砂糖を支配してきたが，ピニー家がブリストルで商会を開業して以降は，ピニー家に得意先のプランターを紹介させ，またピニー商会が委託販売する砂糖全てに関してボディントン商会に海上保険仲介を行わせることによって，さらに取引を拡大し収益を得ていたということができるだろう．

82　1794年4月10, 26日．Pinney & Tobin Letter Book, No. 42.
83　1784年10月25日．Pinney & Tobin Letter Book, No. 37.
84　Supple（1970），p. 53；Palmer（1984），p. 75；Gibb（1957），p. 51.

第5節　公私の中間的ビジネス——プランターの遺言執行者としての本国貿易商

　以上，ロンドンの西インド貿易商たるボディントン商会と，その取引先としての西インド・プランターやイギリス地方商会の関係を見てきた．しかし，彼らの関係は，時には取引の関係を超えて，プライヴェートな関係に発展することもある．以下では，この取引先でありながら私的な付き合いもあるというロンドン商人とプランターの関係について考えてみたい．
　この問題を分析する手がかりとして，遺言執行者（executor）という立場がある．遺言執行者とは，遺言者が遺書で指定した遺産の管理者で，葬式費用や遺産管理費用の支払い，債権の回収，債務の支払い，受遺者への遺産の分配などを行う者である．ほとんどの場合遺言執行者には，妻または長男である主たる相続人が任命される．しかし妻にそれほどの能力がないと考えられた場合や，息子がいない場合や未成年である場合，息子がいても信用できない人物であった場合は，遺言者の兄弟や義兄弟，存命の場合には父親や義父などが任命される．これ以外の親族関係が全くない友人やビジネス・パートナーが任命されることは，かなりまれである．
　ところが西インド・プランターの場合，遺言執行者は他人である本国貿易商が任命されている場合が多い．もちろんこのプランターと貿易商の間に親族関係がある場合もあるが，ない場合も多い．ボディントン家も，全く親族関係のないプランターの遺言執行者となっていることがたびたびある．親族でもないのに，プランターの遺産相続という家族的な問題にロンドン貿易商が関わることには，どういう意味があるのか．以下では，筆者が発見した遺書やヴェア・ラングフォード・オリヴァーが収集していた遺書の中で，ボディントン商会関係者が遺言執行者となっている遺書を7件とりあげ，ビジネスとプライヴェートを簡単に切り離すことのできないプランターと本国貿易商の複雑な関係を明らかにしておきたい．遺書の出典は，巻末の遺書リストを参照されたい．

①トマス・マイナー（1712 年 8 月 7 日検認[85]）

　この人物は，第 2 節①のスペイン継承戦争中のフランス侵攻の被害者で，サミュエル・ボールに政府との損害補償の交渉を代行させていた西インド・プランターの一人であった．また彼については，前節でもピニー家の間接的知人として言及した．彼の遺書によると，彼はブリストル出身で，ネヴィス島プランター兼ロンドン商人であり，またアイルランド＝西インド間の貿易も行っている．マイナーは遺書の中で，サミュエル・ボールを友人と呼び，遺言執行者の一人に任命した．またマイナーは，ボールに 300 ポンドの借金が残っていると述べ，この返済のためにマイナーが所有する船舶数隻分の持ち分を処分し，さらにはフランス侵攻以前にマイナーがネヴィス島に保有していた債権の 4 分の 1 をサミュエル・ボールに引き渡すように指示している．

　以上の関係を見ると，マイナーがボールを遺産執行者の一人に任命したのは，マイナーがボールに借金をしていたことと，ボールが戦災補償金の政府との交渉係になっていたことの 2 つの条件が重なった結果であると思われる．ボールが，政府との交渉の結果得た補償金で自分への債権を回収してくれれば，手続き的にも簡単であると考えたのだろう．

②エドワード・ジェサップ（Edward Jessup）（1770 年 4 月 9 日検認）

　この人物は第 2 節⑥でみた同姓同名の人物の親族と考えられる．この人物は，遺書作成時には，エセックス州，リトル・パーク（Writtle Park）に在住していた．彼はネヴィス島にプランテーションを持ち，そこから妻に年 400 ポンドの年金の支給を望んでいた．彼は，遺言執行者として，ロンドン商人リチャード・メイトランド，セント・キッツ島地主のジョージ・アーウィンとフランシス・フィリップス，妻，妻の兄弟のジョン・イードを任命し，前三者にはイギリス，ネヴィス島両方の遺産を管理することを条件としてそれぞれに 50 ポンドを遺贈している[86]．ここでは，妻への年金の確保が重視されており，そのためにジェサップは専門知識のある自分の委託代理商を妻本人，妻の親族，現地の知人とともに遺言執行者に任命したと思われる．

85　この遺書は以下で活字化されている．Oliver（1914），vol. 6, p. 10-11.
86　この遺書は以下で活字化されている．Oliver（1914），vol. 5, p. 46.

③バイアム・フリーマン（Byam Freeman）（1771年6月21日検認[87]）

　フリーマンはアンティグアのプランター．彼は，一人娘ハリエットを相続人とし，まだ未成年であるハリエットとその子孫のために，遺産を信託として，リチャード・メイトランドと兄弟アーサー・フリーマン他3名（おそらく現地のプランター）をこの信託の管理人（trustee）かつ遺言執行者，そして娘の後見人に任命した．フリーマンは，娘が未成年または未婚のうちは，この遺産（プランテーション）を信託管理人の判断で適切に経営し，収益を必要な奴隷や家畜の購入，建物の建造や修理に宛てるように指示している．

　以上の遺言は，プランテーションに深い知識を持ち経営手腕をもっていることが信託管理人＝遺言執行者の必須の条件であったことを物語っている．もしも長年の取引先で自分のプランテーションの状態を熟知しているロンドン貿易商が人間的にも信頼できるならば，その任務を彼にゆだねることが最も適切であったに違いない．そうした判断の下，フリーマンはメイトランドを遺産執行者に任命したと考えられる．

④アーサー・フリーマン（1780年3月4日検認）

　③のバイアム・フリーマンの兄弟のアンティグアのプランター．彼もまた，自分の遺産を信託として，ベンジャミン及びトマス・ボディントン他2名を信託管理人に任命している．そして彼ら4名に，遺産のプランテーションを適切に運営し，そこから子供たちにそれぞれ年一定額を支給するよう指示している．またこのトラスティ4名と妻を遺言執行者に任命している．

⑤エイブラハム・オーデイン（Abraham Audain）（1781年5月27日検認）

　オーデインはセント・キッツ島プランター．ロンドン商人メイトランド＆ボディントン商会と6名のセント・キッツ島のプランターを遺言執行者兼信託管理人に任命している．彼は，ロンドン，コーンヒルにも5件のリースホールドを持っており，これもまたボディントン商会他の遺言執行者にゆだねて，そこから借金の返済と家族への年金支払いを依頼している．彼についてはコ

87　この遺書は以下で活字化されている．Oliver (1894), vol. 1, p. 262.

ラム3でもふれる．

⑥ジョージ・デュワー（Dewar）（1786年7月14日検認[88]）

デュアーは死亡時，ハンプシャ，エナムの地主である一方で，ドミニカとセント・キッツ島に領地を持っていた．デュワーはジョン，デイヴィッドの2人の息子を持っていたが，父の言葉を借りると，長男ジョンは「度重なる無謀さや浪費により救いようのない窮境に陥っており…将来の改善や改心のごくわずかな望みさえない」人物であった．このため父ジョージは，トマス・メイトランド（c. 1740–98，リチャードの息子でハンプシャの地主となっていた）とトマス・ボディントン4世，およびおそらく弟と思われるジェイムズ・デュワーを管理人とした信託をつくり，そこに年100ポンドと年400ポンドの二つの年金を設定し，前者を長男ジョンの専用，後者をジョンと彼の妻の共用とした．また後者の400ポンドの年金は，週給の形式でジョンに渡すように依頼している．またその他全ての不動産・動産も以上3名に信託としてゆだね，次男デイヴィッド帰国後に彼に全て相続させることとした．

ジョージ・デュワーはマシュウ家，メイトランド家と姻戚関係にあり，トマス・メイトランドは義理の甥であった．（メイトランド（パートナー）系図）だがトマス・ボディントン4世とは単なるプランターと委託代理商の関係であった．しかし以上のような安定した年金支給という形の遺産の管理には，ボディントン商会の専門知識と能力が必要であったのである．

⑦デイヴィッド・デュワー（1794年11月4日検認）

⑥の次男で，同じくハンプシャ，エナムの地主．セント・キッツに領地を持っていた．妻への年金支払いを，ロンドンのチャイルド銀行とベンジャミン＆トマス・ボディントン商会に依頼している．遺言執行者としては，トマス・メイトランド，トマス・ベティスワース（一時リチャード・メイトランドのパートナーであった），妻の兄のブラウンロウ・マシュウを任命している．

88　デュワー家の系図は以下にある．Oliver（1894），vol. 1, p. 201.

以上 7 件の遺書は，いずれも英領西インドのプランテーション所有者が遺言者で，妻や未成年の子供たち，あるいは浪費家の息子に年金という形で遺産を与えたいと考えていたケースである．そのため，彼らは長期的に安定的にプランテーションが経営されることを願い，自分たちがビジネスで長年つきあっており，自己のプランテーションの状態を熟知しているロンドン貿易商のボディントン商会を遺産執行者に指定したのである．ボディントン商会のパートナーたちは，遺書の中で「非常に尊敬する」「最も信頼できる友人」と呼ばれており，プランターが彼らにいかに依存し，頼りとしていたかがわかる．

　最後に遺書ではないが，プランターとロンドン貿易商の関係を示す事例をもう一つだけ挙げよう．それは，20 世紀初頭の家族史雑誌『ペディグリ・レジスター』に掲載されているチャールズ・クラウチ（Crouch）（d. 1783）とボディントン家の関係である．クラウチはアンティグアのプランターで，なおかつセント・ルシア島で軍の糧食関係の業務についていた人物である．彼は 1780 年に 6 才の一人息子チャールズを単身ボディントン商会所有の船にのせ，教育のためにイギリスに送った．ベンジャミン・ボディントン 2 世は，この子供を家に預かり，1783 年に父親が死亡した後も面倒を見，1791 年には息子トマス 4 世とともにパリ旅行にも出したようである．その後息子のチャールズ・クラウチは発狂して死亡するが，その後は，彼が父から得た 15700 ポンドの遺産はボディントン商会によって運用され，1834 年になって遠縁に贈与されている[89]．

　以上，本章は，いずれの節も非常に断片的な情報を集めて，17 世紀後半から 18 世紀のボディントン家の西インドにおける活動を復元するという手法をとった．西インド貿易の基本型は，プランターが自己勘定で送付する砂糖を本国貿易商がコミッション・マーチャントとして販売手数料を取って売却し，その売上勘定を本国側で管理するというものであり，この基本型は 18 世紀を通してボディントン家の西インド貿易に一貫してみられる．また，こ

89　*Pedigree Register*, 3（27），1913, pp. 65-69.

の砂糖の輸送に対する海上保険はロンドンで集中して引き受けられ，ロンドンの商会がその仲介の労を執り，仲介手数料を得る．ただ西インド貿易は対本国で完結していたのではなく，アメリカからの米輸入，アフリカからの奴隷輸入，アイルランドからの食料輸入などと関係していた．しかし，これらの取引においてもプランターの支払い手形の引き受けは，売上勘定を握っている本国貿易商が行う．

　この他に，本国貿易商は，戦災や密輸，総督との不和など西インドがトラブルを抱えたときには政府との交渉役になり，植民地に有利な証言を行った．また最後に見たように，事業の延長においてプランターの家庭的事情にも深く立ち入った．

第 11 章

七年戦争後の新英領ウィンドウァード諸島の土地販売とボディントン商会

　前章では，ジョージ・ボディントン2世の姉婿であったジェイムズ・ヴォーンが1678-80年にアンティグア総督となり，植民地の土地を測量し販売していたことを見た．また，18世紀前半から中葉にかけては，ボール家のメンバーがセント・キッツ島やネヴィス島，ジョージア植民地のためロンドンで交渉役のような役割を担い，少し地域は異なるがマデラ島領事職の設置についても盛んに発言していたことも明らかになった．次いで七年戦争後の時期には，フランスから奪取した割譲諸島の植民地エージェントとして，リチャード・メイトランドが活動していたことも確認された．以上の人々は皆商人であったが，彼らは商業活動とともに植民地の行政に直接あるいは間接的に関与していたのである．

　本章では，ちょうどこのリチャード・メイトランドが割譲諸島の植民地エージェントをしていた時代に，この新領土の土地の販売を担当した植民地官僚ウィリアム・ヤング（1725-1788）について取り上げる．この土地販売事業では，ヤングは売上金金額を本国政府に納入することができず，窮地におちいった[1]．彼は，もともとボディントン商会と取引があり，土地販売事業が破綻すると，彼とイギリス政府，ボディントン商会の三者が，それぞれの利害の確保と問題解決のために交渉を重ねた．本章では，事件の経過とこの三者間の交渉過程を見ることで，18世紀後半の政府による植民事業に，ボディントン商会のような民間商人がどのように関わっていたのかを考える．

1　この問題について指摘している先行研究は筆者の知る限り以下のみ．Clark (1960), pp. 141–42.

第1節　七年戦争後の新領土における土地販売事業

　イギリスのアメリカや西インドにおける植民地は，最初期には勅許植民地という形をとった．これは，植民地経営を望む領主や会社，団体に特許状を与え，発見した土地の権利と運営を一任するものであった．しかしほとんどの領主や会社は植民地開発に不熱心だったため，入植者の中から本国の直轄支配を求める声が強く出て，多くの植民地が17世紀中に王領化されている．1701年にはイギリス政府は，全領主の統治権を収公することを目的とした法を制定し，1720年代までにほとんどのアメリカ本土植民地は王領となった[2]．残された領主植民地も，領主権を大幅に削減された[3]．

　しかし王領化が進展しても，18世紀前半までは植民地はいわゆる「有益なる怠慢」政策によって事実上放任状態にあった．また1732年になってもジョージアが領主植民地として新設されるなど，領主植民地もまだなお残存した[4]．

　七年戦争後にはこの放任政策を改めようという意欲が高まる．国王は，1763年10月7日の国王宣言において，この戦争で得られた獲得領土はほとんど全てを王領植民地とし，国王派遣の総督と委員に土地の販売と植民事業を遂行させると述べている．そして，確かにこの方針に沿って，総督と委員が選任され，土地の販売が進められる．

　7年戦争によってイギリスが獲得した領土は，北米本土ではカナダとフロリダ，西インドではセント・ヴィンセント島，ドミニカ島，グレナダ島およびグレナーディン諸島（当時はグレナダ諸島とも呼ばれた），トバゴ島であった．国王は先の10月の国王宣言において，これら新領土に4つの植民地政府―ケベック・東フロリダ・西フロリダ・グレナダ―を樹立すること，またこれらを王領とし国王が任命する総督を派遣することを表明した[5]．

2　Borene (1996), p. 962; Ubbelohde (1968), pp. 29–31; Hawke (1966), pp. 315, 334–40.
3　Ubberlohde (1968), pp. 79, 83.
4　Reese (1963), pp. 3, 18.
5　この宣言の原文は以下に所収されている．Shortt & Doughty (1918), pp. 260–280.

つまり，西インドの新領土に関しては，一つの政府がグレナダに置かれることになったわけである．旧西インド植民地の多くがリーウァード諸島に属していたのに対して，これらの新西インド植民地は全てがウィンドウァード諸島に属していた．またフランスから割譲されたということで，当事は割譲諸島（Ceded Islands）と呼ばれていた．本章でも，これらの島々をこの名前で呼ぶこととする．巻頭の地図を参照されたい．

　国王は割譲諸島については，1763年11月3日に「即時の植民地化が念頭に置かれており，この目的のため，土地は販売の条件に基づいて譲渡されるべきであり，それから生じた収入は国家の目的のため使用される」と演説している．また国王は，翌64年3月6日には，「余の島々の速やかな植民から，大きな利益が我が国の商業と余の臣下のために生じるだろう」と表明している[6]．このように，割譲諸島においては，早期の植民と土地の売却，その売却収入の本国国庫への納入が強く期待されていた．

　このころ商務省や財務省でも，割譲諸島の土地販売について議論が行われている．国王はこれらの省の意向を受けて，3月24日に「グレナダ，グレナーディン諸島，セント・ヴィンセント島，ドミニカ島，トバゴ島の土地を販売もしくはその他の方法によって処分するための委員（commissioners）」として，ヤング（William Young），グリーム（Alexander Greeme），ハント（John Hunt），ステュアート（Robert Stewart），ワイム（Robert Wyme）を任命している．またこのうちヤングが，土地販売代金の「全金額の徴収役」に任命された．ヤングの職務は，土地の販売と土地の貸与から得られるすべての金銭の徴収であった[7]．またグレナダ総督には，ロバート・メルヴィル（Mervill）が任命された[8]．

　商務省と財務省は，以上の土地販売委員と総督に，植民方針について20項目前後の指示を出している[9]．その指示内容の重要なものは3点で，①フ

6　"Memorial to His Majesty of Sir William Young, Jan., 1794", MSS. W. Ind. tl. vol. 4, ff. 55-60. William Young. Correspondence and Papers. Oxford University, Bodleian Library of Commonwealth & African Studies at Rhodes House.

7　"King's Commission. 24th, March, 1764", TS11/214, ff. 1-10, 12-14.

8　Gipson（1956），p. 237. "The Memorial of Robert Melvill Esq. to the Right Honorable the Lords Commissioners of His Majesty's Treasury", Tl/496, ff. 178-9.

表 11-1　割譲諸島で販売された土地の面積，金額

島名	販売年	販売総面積　acre	販売代金（£）
ドミニカ	1765-73 年	95134	313667
セント・ヴィンセント	1765-73 年	19497	164278
トバゴ	1765-71 年	57225	145721
総計		171856	623666

T1/485, ff. 42-45.

ランス系住民に対しては，イギリス国王に臣従を誓う限り，彼らの所有地に 40 年間の借地権を認め寛大に処遇すること，②セント・ヴィンセント島に在住する黒カリブ族の所有地を侵害しないこと[10]，③土地購入者が購入できる面積の上限を定め，また貧しい土地購入希望者用に小区画のプランテーションを各島に一定量用意すること，であった．特に最後の点が本章では重要である．イギリス本国は，土地を保有するだけで何もしない大地主ではなく，開拓・土地活用に熱心な自作農の入植を求めていたのである．

任命された割譲諸島の総督及び土地販売委員は，1764 年 4 月には現地に向かっている．そして，1 年後の 1765 年 5 月 10 日には，最初の報告書が財務省に送られ，測量が主要 4 島で終了し，土地販売が一部で開始されたことが報告されている[11]．また 1773 年には，グレナダを除く[12]主要 3 島の土地販売が完了し，62 万 3666 ポンドの売り上げがあった旨の報告が行われた．この土地売り上げの状況は，表 11-1 に示す．

ただ実際には，以上に述べた公的な土地販売の陰で，公的販売を大きく上回る量の土地が国王から個人に譲渡されている．セント・ヴィンセント島で

9　T1/449, ff. 243-5.
10　カリブ族は最も砂糖栽培に適した地域を所有しており，入植者の中では彼らの除去を求める声が強かったが，国王は少なくとも当初はカリブ族の権利を擁護しようとした．Ragatz (1928), p. 113.
11　"To the Right Honorable the Lords Commissioners of His Majesty's Treasury from John Hunt, Rob. Stewart and Robt. Wyme, Barbados, 10th May, 1765", T1/442, ff. 115-118.
12　グレナダでは戦争終結前に多くのフランス系住民が逃亡する一方イギリス系住民が上陸していたため，土地販売委員の派遣前から土地の分配が進展していた．この権利関係の再整理のため，土地販売は後れた．T1/442, ff. 115-118. Gipson (1956), p. 257.

は，合計2万5千エーカーの土地が，公的な土地販売の前に，国王の大権令状によって11人の個人に下賜されている[13]．これは同島で公的に販売された土地約2万エーカーよりも広い[14]．こうした国王が下賜した土地は，税制上も公的に販売された土地より優遇されている場合があり，しかもこれらはどんどん転売されていったため，公的土地販売を妨げる大きな原因になったと考えられる[15]．

　フランス系住民と黒カリブ族の権利尊重は，本章に余り関連のない話であるが，簡単に触れておく．フランス系住民の多くはすでに近隣のフランス領に逃避していたが，土地販売委員は残っているフランス系住民に対しては寛大に振る舞い，彼らの残留を支持した．土地販売委員は，植民地の早期開発を求められていたので，すでに現地で農業に従事してきた住民はフランス人であったとしても重要だったのである．一方黒カリブ族の所有地の尊重に対しては，最初から土地販売委員と入植者側から不満が生じている．それは，彼らがもっとも肥沃な土地を所有していたからである．また黒カリブ族は，逃亡奴隷と原住民の混血であり，奴隷制プランテーション社会には都合の悪い存在だった[16]．土地販売委員の長であったヤングは，1767年には，カリブ族の土地もいったん接収して測量し，土地代金をある程度負担させた上で彼らに再配分するという計画を，財務省に提出している．またヤングは，1771年には，カリブ族の所有地に奴隷がしばしば逃げ込むことや，カリブ族が逃亡奴隷に労働を強制したり殺害していること，またカリブ族が隣接フランス領と反英同盟を模索しているなどと指摘し，島からカリブ族を追放することを請願している[17]．この請願を受けて，1772年冬には政府はカリブ族に対して軍事行動に出るが，本国議会が強く反対したため，翌年カリブ族と和平条約を締結し，イギリス国王への臣従の誓いを条件に彼らの土地所有を認める

13　24000エーカーともされる．Edwards（1793），vol. 1, p. 421. Gipson（1956），pp. 257-8. Ragatz（1928），p. 116.
14　なお同様のことが同時期に，東西フロリダ，ケベック，ニューヨーク，ノヴァ・スコシア植民地でも行われており，全部で1185万6千エーカーもの土地が公的販売より以前に譲渡されている．Gipson（1956），pp. 196-7.
15　Ragatzも同様の推定をしている．Ragatz（1928），p. 116. Shephard（1831），p. 12.
16　Edwards（1793），vol. 1, pp. 422-424.
17　Gipson（1956），p. 262

ことが確認された[18]．しかし，この条約は，入植者側に不満を残し，結局 1795 年にはカリブ族はセント・ヴィンセント島から追放されることになる（第 6 節参照）．

　ヤングらの公的土地販売の話に戻そう．先述したように，土地販売委員は 1773 年に主要 3 島の土地販売を完了したという報告を財務省に行っている．この土地販売が実体あるものだったことは，1764 年以降アメリカ独立戦争時のフランス占領時点までの間に，ドミニカを除く地域からイギリスへの植民地物産輸送量が着実に増加していることが，証明している[19]．また同じ時期ドミニカではプランテーションが増加しており，こちらの土地販売も着手後順調だったことが明らかである[20]．全体として，この時期の割譲諸島から本国への輸出額は，北米・カナダ植民地からの輸出額をはるかに上回っている[21]．また 4 島ともに，白人人口はそれほどではないが，英領化後黒人人口が急増しており，奴隷制プランテーション経済が着実に成長していたことを示している[22]．

　以上から，1764-73 年の割譲諸島の土地販売は成功だったと総括できる．しかし，植民事業としての成功とは別に，この土地販売事業には大問題が生じていた．販売した土地の売上金のうち相当部分が，本国に送金されなかったのである．次節以降では，売上金徴収役のウィリアム・ヤングはこの問題をどのように釈明したのか，国家はこの問題にどのように対処したのか，ボディントン商会はこれらの問題にどのように関わっていたのかを見ていき，当時の植民地の土地販売・入植・開発という事業にはどのような問題性があったのかを考える．

18　Gipson (1956), pp. 259-60, 262-266. この間の黒カリブ族をめぐる植民地と本国の交渉，本国議会のカリブ族権利擁護の主張は，セント・ヴィンセント島総督（代理）だった Valentine Morris の伝記にも詳しい．Waters (1964), pp. 31-32.
19　Ragatz (1928), pp. 115-6, 119-120. ここで Ragatz が説明するように，ドミニカの各港は当時自由貿易港に指定されており，その結果ドミニカからイギリスへ輸送される植民地物産は全て外国産とみなされることになっていたため，この島については統計がない．
20　Gipson (1956), p. 253.
21　Gipson (1956), pp. 274-5.
22　Wells (1975), pp. 251-255.

第 2 節　植民地土地の売上金未納問題

　ヤング家は，1715年ジャコバイトの反乱を契機にアンティグアに移住したスコットランド系医師に始まる西インド地主である．つまり，ヤング家も宗教的政治的理由で移民した一族であるが，本書がこれまで扱ってきたピューリタンとは異なり，カトリック信仰を持っていたと考えられる．1764年割譲諸島の土地販売委員となったウィリアム・ヤング（1725-88）は1725年生まれで，おそらくこの植民地初代の医師の息子である．彼は1769年には土地販売の功績を評価されて準男爵となっている[23]．彼の息子のウィリアム・ヤング（1749-1815）は，植民地エージェント，下院議員，トバゴ島総督ともなり，奴隷貿易廃止期のロンドンで西インド利害を代表して議会で答弁したり，内閣との折衝を行った．彼については第12章第3，第4節でも見る[24]．

　ウィリアム・ヤング（1725-88）は，当時首相兼財務大臣であったグレンヴィル（George Grenville）に対して熱心に求職活動をして，割譲諸島土地販売委員になっている．グレンヴィルは，ヤングに西インドについての知識や政府の方針への支持の姿勢を示すためにパンフレットを著すことを薦め，ヤングはこの助言に従い2つのパンフレットを書き，その一つが出版された．そして実際にこの実績が評価されて，彼は土地販売委員に選ばれただけでなく，そのトップである売上金徴収役に選任された[25]．

　こうしてヤングは1764年3月末から初代土地販売委員及び売上金徴収役を務め，また1771年からは自分で政府に請願し新設されたドミニカ総督もつとめた．そして1773年9月に辞職を願い出，帰国した．しかし彼は，帰国後早々，首相ノース卿より呼び出され，新議会招集までに財務省へ土地売上金の未納金全額を納入するよう求められる．だが彼にはこれができず，代

23　*Burke's Peerage & Baronetage*, 106th Edition, 1999, vol. 2, pp. 3087-8.
24　息子ヤングの活動については川分（2011），89, 98-99頁．Sheridan（1999）．
25　"Memorial to the Right Honorable the Lords Commissioners of His Majesty's Treasury from Sir William Young, Baronet, 14th, Dec., 1773", TS11/214. ff. 15-6.

図 50　ウィリアム・ヤングとその家族

わりに彼は 1773 年 12 月 4 日に財務省に私財で完納すると申し出た[26]。

この申し出を受けた政府は，すぐに管轄区域の治安判事にヤングの身柄を拘束させ[27]，その一方で財務省はヤングの後任の徴収役に連絡を取り，未納金額の算出を依頼した[28]．この結果，1764 年 12 月 14 日から 1773 年 12 月 26 日までに割譲諸島土地代金として収受されたのは 34 万 4370 ポンドであるところ，ヤングが実際に財務省に納付した金額は 18 万 7607 ポンドであるという回答が得られた[29]．

ここで少し補足説明をしておく．表 11-1 では土地販売額の総額は 62 万 3666 ポンドとなっているが，土地購入者のほとんどは，代金全額を即金で払ったわけではなく，分割払いをしていた．そのため，土地販売額総額と実際にこの時点までに収受された代金の額にはかなりの差が出ているのである．

実際に収受されたはずの 34 万 4370 ポンドが，イギリス政府（国王）に納入されているべき金額であった．これに対しすでに納入されたのは 18 万 7607 ポンドにとどまっており，つまりこの差額の 15 万 6763 ポンドが，これからヤングが国家に納入しなければならない金額であった[30]．

26　TS11/214. ff. 15-6.

27　"Command by George III to the Sheriff of Middlesex, 1st, Jan., 1774", TS11/214, ff. 37, 38-9, 41-2.

28　"Copy of the Commission to Find Debts on Sir William Young. Command by George III", TS11/214, f. 18. 同内容のものが E219/105 にもある．

29　この額は，ヤング 2 世の請願では 17 万 4559 ポンドとなっている．MSS. W. Ind. tl. vol. 4, ff. 55-60.

30　"George Goodenough of North Audley Street, Middlesex Esq. Maketh Oath", TS11/214, ff. 19-20, 21-22. または E219/105.

第3節　未納金発生のメカニズム

「私は，真実，公共の役職において一財産を築いたりしてはおりません[31]」

以上は，ウィリアム・ヤングの訴えである．しかし，ではなぜこのような未納金が生じたのか．

ウィリアム・ヤングと彼の長男ウィリアム・ヤング2世は，政府に様々な釈明書や陳情書を提出して，なぜ未納金が発生したのかを説明している．以下ではこの当人たちの説明を通して，何が起こっていたのか，そもそも割譲諸島の土地販売という事業にはどのような無理が存在していたのかを考えたい．

まず徴収役であった父ウィリアム・ヤングは，以下のように述べる．事業開始にあたって，ヤングと他の土地販売委員は，まず最も古い植民地であるバルバドスに赴き，ここを拠点に，古い英領植民地プランター層から，割譲諸島に土地を購入して入植しようとする者を募ろうとした．だが，こうした旧来からの植民地のプランターたちは，割譲諸島の植民活動を歓迎していなかった．なぜなら，砂糖生産は土地を疲弊させるため，古い植民地ほど生産力は低下し，経営が苦しくなる．そのため，古い領土のプランターの中には，新しい植民地に移動しようとする意欲的な者がいる一方で，新植民地開発に敵意を持つ者もたくさんいたのである．

この結果ヤングは，「未開で野蛮な国を植民地化するのによくある障害と取り組まなければならないだけでなく，古くからの英領植民地のプランターたちの利己心や嫉妬と戦わねばならないことに気づいた．古い植民地のあらゆる新聞が，新しい植民地に関わる者が必ず被るだろう困難や危険，破滅的出費や不安定な収入について書き立てるために雇われており〈中略〉，こうした妨害があまりに全体にわたっていたため，最初の販売ではほとんど一人の入札者も現れず，次回の販売にゆだねなければならなかった[32]」．さらに「ト

31　TS11/214, ff. 15-6.
32　MSS. W. Ind. tl. vol. 4, ff. 55-60.

バゴ島の最初の土地販売では，事業活動は監視されており，土地販売委員の関係者で事業推進のため模範を示そうとした者以外では，たった3人の購入者しか見つからなかった[33]」.

ヤングは行き詰まりを打開するためいろいろ努力した．まず，「公衆がこの事業にもっと正当で好意的印象を持つ」ように「政府の計画について公開討論会を行った．」次に，「最も有効な奨励法」つまり「まったく慰安の手段や生活必需品を生産しない国（西インド地域を意味する）において，土地の競売に最初に参加しそうな者に対して，多額の経費で宿泊施設や楽しみを提供し，購入者を集め，この事業に活気を吹き込んだ[34]」.

こうしてかき集めた購入者が，資力不足や貨幣（支払い手段）そのものの不足のため，代金を支払えないという問題も起こった．そのためヤングは，「彼の徴収役という公的権能において，しばしば分割払い金を督促するのをやめたり，支払いに猶予期間を与えたり，現金の代わりに手形や生産物を受け取ったりした[35]」.

以上のように，ヤングは，宣伝（公開討論会），饗応などインセンティヴの提供，代金支払いの容易化など，様々な方法を駆使して，購入者を開拓した．

一方でヤングは，政府から「土地の販売譲渡に関して，可能な限り最良の会計報告を提出することを要求されていた．〈中略〉その結果彼は，まるで全額が実際に収受されたかのように，不良債務に対しても何の引当ても用意することのない完了した土地販売の会計報告を送付し，また国王へ支払われるべき分割払い金のいくつかに対して不用意に信用を供与した[36]」．つまりヤングは，土地購入者からの支払いが遅れているにも関わらず，代金の収受が完了しているかのような会計報告をイギリス政府に提出した．他方で土地購入者に対しては，分割払い金が支払えない場合，自ら借金の保証をしたり資金の提供も行った．

このような状態の上に，「1772年から73年に，ロンドンやその他のイギ

33　TS11/214, ff. 15-16.
34　MSS. W. Ind. tl. vol. 4, ff. 55-60.
35　MSS. W. Ind. tl. vol. 4. ff. 55-60.
36　"The Narrative, Case & Memorial of Sir William Young, Baronet to Lords Commissioners of Treasury, 28th, June, 1784", TS11/214, f. 146.

リス各地で商業不況」がおこった．この結果，ヤングが「土地代金として受け取りイギリスに送金した手形は〈中略〉引受を拒否され，ほとんどの代金が全く回収不能となった[37]」．植民地の支払い手形は，ロンドン貿易商のもとにある砂糖売上金の勘定に対して振り出されるものである．商業不況，つまり砂糖価格の下落は，砂糖売上金を減じるので，当然振り出せる手形の総額も減り，ロンドン貿易商は手形を引き受けなくなる．このような事態がおこった結果，土地代金の支払いのために振り出された手形のほとんどが無効なものとなってしまい，結局土地代金は未回収になった．また，ヤングは，自分はこうした手形に「安易に信用を供与した」とも述べている．つまり彼は手形の保証を行い，その結果これらの債務の支払い責任を負ったと考えられる．

　次にヤングは，割譲諸島の土地販売事業やその他の業務のために，多大な経費をかけたと説明する．表11-2は，ヤングが「西インドの彼の公務の期間中なされた様々な奉仕に対する支出額」，すなわち，彼が土地販売委員とドミニカ総督であった間に発生した必要経費や損失として，財務省に請求したものである．この表の各費目の請求が正当かどうかについては考えず，ヤングの主張の内容のみを検討したい．

　西インド＝イギリス間や西インド諸島間の交通費，現地での生活費，カリブ族との交渉費，戦費，送金手数料・為替手数料，裁判費用，彼の請求は多岐に渡る．特にカリブ戦争での戦費については，ヤングは「カリブ戦争指揮のための特別委員および顧問となったため私財に大きな損害を被ったが」，何の給与も報酬も得なかったと述べている．彼は，「士官や軍隊に様々な支援や必要品を提供し，住民に武器を配付し，要塞を建設し，大砲を設置するのに」多大な出費をしたとも述べている[38]．またこの時彼はすでにドミニカ総督に任命されていたが，戦争のためセント・ヴィンセント島にとどまったため，現地滞在が支払の要件だった総督の給与を支給されなかったとも主張している．

　付言すると，植民地官僚が任務完了後に本国政府に在任時の出費を請求すること自体は，当時当たり前の行動であった．ヤングと同時にグレナダ総督

37　MSS. W. Ind. tl. vol. 4, ff. 55-60.
38　MSS. W. Ind. tl. vol. 4, ff. 55-60.

表 11-2 ウィリアム・ヤングが財務省に請求した経費 1774年, 1777年

項目	請求額(£)
西インドへの公的任務のための6航海. 国王船は使用せず.	1200
バルバドスでの出費. また当時は森林で生活必需品を欠いていたトバゴへの旅費	500
グレナダ, アンティグアからセント・ヴィンセントへの最初の航海と, 内務に関わる出費. 同島は, 当時生活必需品が非常に不足していた.	300
土地販売の任務において, 割譲諸島滞在9年間のうちに行った110回の航海	4000
セント・ヴィンセント島のカリブ族へ, 自己負担で提供した贈り物・供応. 一切私的な用途や目的では行っていない.	1500
ドミニカ総督給与の損失分. ドミニカの法律により, 全総督は, 現地駐在を条件に, 現地通貨で年2000ポンドの給与を得ることになっているが, カリブ戦争終結までセント・ヴィンセント島にとどまったため, ほとんどこれを得られなかった.	1200
セント・ヴィンセント島カリブ戦争中の出費. 家屋賃貸料. キングスタウンでの会合場所の維持費. 軍に配給したラム酒と砂糖. ラバと黒人の供給. 自己負担による大砲を備えた5要塞の建設. 住民に配布した小銃器類.	3000
ヒルスバラ伯爵推薦によるグレナダ政府の役職(年1200ポンド)を断った後, 頼みもしないのに与えられたドミニカ政府役職は無給だった.	3600
事務費 事務員経費	5000
為替手形で送金することで被った損失	4500
土地購入者が現金あるいは信用ある為替手形で支払えない場合に, 国王への分割払い金を生産物で受け取ったことによる損失	2000
国王への分割払い金回収のため, 各島で行った裁判費用	1000
公的任務の間, 家族と離れていたため発生した費用	15,000 *
土地販売委員がイギリスに送金する際, 国王政府により認められた1%の控除は, ヤングがロンドンの取引先から徴収された送金手数料を支払うのにも十分ではなかった.	5,000
合計	47800

＊は1774年請願のみ記載. 1777年には記載なし
T1/529, ff.145-148; T1/500, f.117.

に就任していたメルヴィルからも，同様の請求書が提出されている[39]．ここでさらに，第2部第5章でとりあげたレヴァントにおけるジョージ・ウェイクマンについても思い起こしておきたい．ジョージ・ウェイクマンは，1730年代にはアレッポのトレジュラー，1750年前後にはキプロス領事であったが，軍艦士官・オスマン帝国役人への饗応などで不適切な出費が目立ったことや，またレヴァント会社に納入すべき領事手数料収入を送付しなかったことで，問題となっていた．このウェイクマンの問題は，国家と官僚の問題ではなく，特許貿易会社とその被雇用者の間の問題であるが，にもかかわらずヤングの話と共通点がある．つまりこの18世紀中葉当時は，国家によってであれ特許会社によってであれ，このような遠隔地で行政的業務に任命された者は，現場で必要な経費を自分の判断で私費も含めて手元資金で支払い，事後に国家ないし会社に請求して清算することになっていた．これは，業務担当者にとって大きな負担であるだけでなく会計処理としても杜撰であり，不正経理が起こる大きな原因になっていたと考えられる．

　もちろんこれらの出費の請求については，帳簿への正確な記入と支払伝票のような証拠が必要であった．ヤングは，以上のような証拠なしに表11-2の請求を政府に提出する際，「これらの業務の性質上，支払伝票（voucher）でこれらの請求を立証できず，また会計監査官もこれについて判断する権限を持っていない」[40]と述べており，本来は伝票や帳簿への記載・会計監査が必要だったことを認めている．ヤングはさらに，「（私は）この公務に対し自分が支払った様々な付随的費用や出費を，勘定の貸し方に記入するのを怠ってきた．それは一部には無思慮からきた脱漏であったし，また一部にはこのような付随的費用の性質からきたものでもあった[41]」と，出費を正確に記録することを怠った自分の否を認めている．

　以上，割譲諸島の土地販売事業は，そもそも購入希望者があまりいなかったため，かなり無理をして購入希望者を募ったこと，そのため代金の支払いも滞り，不良な手形での支払いを認めたり，そのような不確実な支払いをあ

39　T1/496, ff. 178-9.
40　T1/529, f. 145.
41　MSS. W. Ind. tl. vol. 4, ff. 55-60.

たかも確実な支払いのように記載した会計報告がつくられたこと，この間ヤングは様々な出費を自己負担してきたことなどの問題があったことが解った．

しかし，本当にヤング側には何も不正や着服などはなかったのだろうか．次節ではもうすこしこの点を追究してみよう．

第4節　植民地官僚による植民地資産形成の内実

ヤングは，割譲諸島で大量の土地を自ら購入している．しかし，彼はそれは私利私欲のためではなく，あくまで公的目的—販売の促進と価格の維持—のためであったと述べる．

> 「私は，病と長い苦しみにほとんど打ちひしがれながらも，セント・ヴィンセント島での販売を急がせ，私の模範と影響力と財産によって販売を奨励しようとした．私の初代土地販売委員兼徴収役としての立場は，ある人々にとっては特権の証拠，つまり低価格で私自身が土地を買い占める手段と思われたかもしれない．それゆえ，オークションでの入札においては，私の名前や姿は隠された．（中略）200エーカーの土地が，私のために1エーカーにつき59ポンドで入札された．」

つまりヤングは，自分が公職を利用して安値で購入しているという疑いを避けるために，自分の名前を伏せて代理人を通して土地を購入したと述べている．また彼は，自分の代理人は「最高額の入札者」であったと主張している[42]．

息子のウィリアム・ヤングもまた，父の購入は「土地の価格を高める」ためであり，父は「高価格の区画をいくつか取得した」こと，また父はこれらの土地を植民し開発したと述べている．このために，父ウィリアムは先祖伝来の世襲財産を抵当に入れて資金を調達した．その償務の大半は息子の代になっても未返済であった[43]．

42　TS11/214, ff. 15-6.

以上の父子の弁は，真実だろうか．次節でより詳しく見るが，1760-69年にかけて，ヤングの取引先のボディントン商会に対する債務は，1万2千ポンドから6万ポンド以上に増加している．またこの債務の担保は，最初アンティグアの領地のみだったが，その後クィーンズベリ（Queensberry），ペン

図51　ウィリアム・ヤングが描いたトバゴ島，クィーンズ・ヴァレー領地の奴隷居住区

ブローク（Pembroke），カリアグア（Caliagua）というセント・ヴィンセント島の3つのプランテーションが追加されている．以上の意味するところは明白である．ヤングは確かに世襲財産のアンティグア領地を担保としてボディントン商会から借金をし，その借金でこの3つの領地を購入してそれら自体も追加担保としたのである．

　表11-3は，ウィリアム・ヤングが1773年12月政府に身柄を拘束されたときに所有していた財産である．ここには確かにクィーンズベリ，ペンブローク，カリアグアの3領地が記載されている．その合計面積は1051エーカーで，冒頭の引用にあるように1エーカー59ポンドという価格で買われていたとしたら，総額約62,000ポンドとなる．先ほど見たように，ヤングのボディントン商会への債務はこのころ5万ポンド増加しているので，金額的には話が合う．つまり，ヤングが世襲財産を担保に割譲諸島で自ら主張するような価格で土地を購入したというのは，かなり真実に近いことだと思われる．

　だが実際には，ウィリアム・ヤングがこの時期購入した土地はこれだけではなかった．表11-3に見るように，彼はドミニカやトバゴ，セント・ジョン島（グレナーディン諸島）にも領地を持っているが，これらは七年戦争後の獲得領土であるから，この時期に購入されていたことは明らかである．また彼は，イギリスにおいてもこの時期土地を購入している．彼のバッキンガムシャのデラフォード領地は，1769年に購入されたものである．

　以上ヤングは，割譲諸島の土地販売代金の徴収役をしていたときに，植民

43　MSS. W. Ind. tl. vol. 4, ff. 55-60.

表 11-3 ウィリアム・ヤングの債務返済計画

	資産の内容，所在地	評価額	債務弁済のための措置	他の抵当権設定などの状況
1	Queensbury Estate, St. Vincent（330acre, 奴隷174人）	29944	競売	メイトランド＆ボディントン商会の抵当権設定（61690ポンド）
	Pembroke Estate, St. Vincent（440acre, 奴隷240人）	46140	競売	メイトランド＆ボディントン商会の抵当権設定（61690ポンド）
	Tobago, Dominica, St. John 島の全ての領地からの送金（A）	118757	競売	
2	Caliagua Estate, St. Vincent（281acre, 奴隷100人）	32715	競売	メイトランド＆ボディントン商会の抵当権設定（61690ポンド）
	Old Road Plantation, Antigua	30000	信託	ヤングの母への545ポンド（現地通貨900ポンド）の年金設定．ヤングの姉への303ポンド（現地通貨500ポンド）の年金設定．メイトランド＆ボディントン商会の抵当権設定
	Nanton Plantation, Antigua	8430		ワレン＆ジョンソン商会の抵当権設定（5000ポンド）娘婿オトリ（Ottley）の抵当権設定（持参金分10000ポンド）
	牧草地, Antigua	2000		
	アンティグア，セント・ジョンにある家屋	1000		
3	Delaford, Buckinghamshire	30000	競売	ウォリック卿の抵当権設定（7000ポンド）

（A）の内訳

マルシャン博士（Dr. Marchant）に賃貸中の黒人奴隷の付帯していない小領地	2000
砂糖プランテーションと牧草地，ベキア島*	11110
故ロバート・スチュアートとの共有プランテーションの持ち分（半分），トバゴ	26907
森林，ドミニカ島	6740
20000acre の土地，セント・ジョン島**	1000
1774年中に送金見込みの砂糖・債権	62600
財務省宛手形ほかイングランドにある債権	8400

*, ** は，グレナーディン諸島の島
TS11/214, ff. 46-7, 48-9.（おそらく1774年2月1日）

地とイギリス本国において大量の土地を購入していた．このうち割譲諸島での土地購入には，販売促進・価格維持など公的目的があったという主張は成り立つが，イギリスでの土地購入にはそのような言い訳は成り立たない．したがって，ヤングがこの公職にあった時に私財を貯えたという側面が全くなかったわけではない．

第5節　未納金弁済の過程

　未納金額が確定されると，ヤングとイギリス政府は返済方法について交渉を始めるが，返済方法の考案と実行において重要な役割を果たすのが，ヤングの取引先であったメイトランド＆ボディントン商会である．

　ヤングは，アンティグアに所有していたプランテーションの砂糖の委託販売を通して，メイトランド＆ボディントン商会と以前から取引があったと考えられる．同商会の筆頭パートナー，リチャード・メイトランドは前章で見たように 1740 年代前半までアンティグアに在住していたので，ヤングとは直接の知り合いであったと思われ，彼が帰国してロンドンで開業した後ヤングが彼の顧客となることは自然な成り行きであった．ヤングは，前節で見たように，このメイトランド＆ボディントン商会から借り入れることにより，割譲諸島でのプランテーションの購入を行っている．またリチャード・メイトランドは，このころグレナダ植民地（割譲諸島全体）の植民地エージェントとなっているが，植民地エージェントは植民地議会が選出するものである一方で，新領土グレナダではほとんど住民はおらず植民地議会は機能していなかったから，ヤングが彼を推挙したと考えられる[44]．前章に見たように，メイトランドは割譲諸島をめぐる諸問題の事情通・利害代弁者として，本国側で証言するようになる．

　ヤングは，未納金問題が政府に露見した 1773 年暮れよりも 1 年前から，この問題を自覚しており，メイトランド＆ボディントン商会に未納金をヤン

44　Penson（1924），pp. 121, 164.

グ所有の西インド領地の売却によって支払うよう頼んでいる[45]．この後もヤングは，同商会と連絡を取りながら解決策を探っていたが，結局未解決のまま政府に露見するに至った．

ヤングは，政府が問題を知った時点の1773年12月と74年2月1日に，未納金弁済計画を提出している．これは，ヤングの自宅で，ヤングとメイトランド，トマス・ボディントン4世が会談して作成したものであった[46]．この計画は，財務省に提出された後，何回かの議論の後修正され，74年7月に最終計画としてまとめられた[47]．そして，この弁済計画を執行する管財人としてメイトランドと財務省事務官2名が選定された[48]．

この計画は，まず表11-3の1欄の競売により弁済をめざし，それでも足りない場合は，2欄のカリアグア・プランテーションの競売と，アンティグア島の領地全てを信託としてそこから支払うというものであった．さらに足りない場合は，3欄，つまりイギリスの領地の競売で補うというものである．この順位は，ヤングの希望に添ったものであり，イギリスの領地，世襲の西インド領地，新たに購入した割譲諸島の順に残しておきたかったことがうかがえる[49]．また，この計画は，1775年クリスマスまで未納金に対しては利子を猶予し，以後は年5％の利子を付けることを定めた．

ヤングの資産は，この他に総額2240ポンドの船2隻の持ち分があり，表11-3の資産とあわせて総額30万1226ポンドであった．この金額は未納金の約2倍近くあるので，返済は十分可能に見えるが，実際には同表に整理されているように，以上の資産にはすでに様々な抵当権や年金支払い義務が設定されていた．これらは，未納金という政府に対する債権よりも以前に設定

---

[45] TS11/214, ff. 15-16.

[46] "Second Proposal. Sir William Young's Propositions Delivered in 1st, Feb., 1774", TS11/214, f. 43.

[47] "Abstruct of General Deed of Trust of Sir William Young's Estates as Settled in July, 1774", TS11/214, ff. 60-63, 64-67.

[48] TS11/214, ff. 223-25. この財務省事務官（Treasury Clerks）2名は，Sir Ferdinand Poole と Milward Rowe．この2人については，Rosebeare (1973), pp. 181-83.

[49] 「アンティグアの領地，カリアグア領地は，彼のその他の動産・不動産全てが彼に対する国王の憤権を弁済するのに不十分だということが判明するまでは販売されないこと．ヤングは，これらを，イングランドにある彼の動産とともに彼の家族のために残しておくことを，謹んで願いでるものである．」TS11/214, ff. 60-63, 64-67.

された権利であり，これらの方が債権としての優位は高かった．

　ヤングの最大の債権者は，メイトランド＆ボディントン商会である．すでに1760年にはヤングは同商会に対して12000ポンドの借金をしており，メイトランド＆ボディントン商会はこの借金の担保として，ヤングにアンティグアのオールド・ロード（Old Road）領地に抵当権を設定させていた[50]．この借金は，1769年2月25日までに6万1690ポンドにまで増加し[51]，セント・ヴィンセント島のクィーンズベリ，ペンブローク，カリアグアの3プランテーションにも抵当権が設定され，追加の担保とされた．さらにメイトランド＆ボディントン商会は，確実に返済を得るために，全借金が返済されるまで，これらの領地で収穫される砂糖全てを同商会に委託するように，ヤングに求めた[52]．つまりメイトランド＆ボディントン商会は，債権回収をより確実にするため，この3プランテーションの生産物全てを扱う専任委託代理商としての立場を確保した．これらの努力の結果，ヤングの同商会への借金は，1774年7月には3万8411ポンドにまで縮小していた[53]．

　借金は縮小していたがメイトランド＆ボディントン商会が最大の債権者であることには変わりなく，同商会よりも優位の低い債権者であるイギリス政府に未納金の一部でも返済するためには，同商会の譲歩が必要であった．そこで同商会は，「国王とヤングの便宜を図る」ために，1774年中に同商会が1万7千ポンドの返済を受けることと，オールド・ロード領地とカリアグア領地の抵当権を維持することの2つを条件に，クィーンズベリとペンブロークの2領地の抵当権を解除すると申し出ている[54]．つまり，メイトランド＆ボディントン商会は，1欄の不動産に関しては抵当権を放棄し，一方で2欄

50　TS11/214, ff. 60-63, 64-67.
51　"First Deed of Sir William Young's Mortgage Deed to Messrs. Maitland & Boddingtons of Lands in St. Vincent, by Indentures of Lease and Release between Sir William Young, Baronet of One Part and Richard Maitland, Benjamin Boddington & Thomas Boddington of the City of London Merchants and Partners of the Other Part, 24-5th, Jan., 1770", TS11/214, ff. 214-15.
52　Ibid.
53　TS11/214, ff. 60-63, 64-67.
54　"In order to accommodate the crown & Sir WIlliam Young and the Better to Enable him to Perform His Pro positions, 13th, March, 1774", TS11/214, ff. 60-63, 64-67, 222.

の不動産に関して抵当権を維持することにした．これはこうすることによって，1欄の不動産の迅速で有利な価格での売却を促進するねらいがあったと考えられる．

次に問題となった債権は，ヤングの母・姉の年金と娘婿に支払うべき持参金だった．これらにたいしては，2欄のアンティグアの領地を信託としてそれを信託管理人（トラスティ）にゆだね，その管理人がこの領地の収益から最初にこれらの年金や持参金を確保することが承認された[55]．

ヤングとその家族の生計維持のための費用を確保することも，大きな課題だった．これについては，2欄のアンティグアの領地とセント・ヴィセントのカリアグア領地の収益から年2000ポンドを，ヤング家のための手当として確保することが認められた．また両領地は，信託としてメイトランド＆ボディントン商会にゆだねられ，同商会が信託管理人として管理することとなった[56]．同商会は，これまで通りこれらの領地に「資材（肥料や燃料，農機具など）」を提供していくことも約束した．前段落で述べたように，アンティグアの領地からは，ヤングの母や姉の年金，娘婿の持参金も優先的に確保することになっていたので，メイトランド＆ボディントン商会はこうした家族の金銭に関わる問題の責任の一切を引き受けたことになる．

以上を再度整理しよう．第一にメイトランド＆ボディントン商会は，アンティグアの領地とセント・ヴィンセント島のカリアグア領地に対しては，すでに両領地の生産物の専任委託販売商となり全生産物を販売する権利を持っていた．次に，同商会は，他の領地の抵当権を放棄する一方これらには抵当権を保持し，ここの収益から優先的に借金を回収する権利を持った．しかしその一方で同商会は，これら領地を家族のための信託財産としても管理し，ここから家族への年金や手当を確保し支給する義務を負った．信託管理人は，もっぱら受益者（beneficiary，今の場合は年金を受け取るヤングの母，姉，手当を受け取るヤング家）のためにその財産を管理運営するものであり，受益者に対して重い法的責任を負うものであった．

このように，一方では債権の回収者，他方では家族に対する信託管理人と

---

55 TS11/214, f. 43.
56 TS11/214, f. 43.

いう立場になることで，メイトランド＆ボディントン商会は，ヤングから債権を回収しながらも，ヤング家を破滅に追いやることなく，むしろその保護を自らの義務とした．プランターの借金が増大した場合，このような解決策をとることは，当時一般的であったと考えられる．第10章で見たように多くのプランターが貿易商を遺言執行者にしたのは，貿易商が以上のような債権回収者，専任委託販売商，信託管理人といった立場を兼務していたからであろう．借財を抱えたプランターは，彼らを友人と呼んで，彼らのプランテーション運営能力と家族への紳士的配慮に全面的に依存するほかなかったのである．

第6節　イギリス政府の債権放棄

このあとイギリス政府は，ヤングから未納金の回収につとめるほか，土地代金を未払いだった土地購入者からも代金取り立てを行い，アメリカ独立戦争開始前にこれらの一部を回収することができた．しかし，アメリカ独立戦争が始まると，1778年にはドミニカ島，1779年にはセント・ヴィンセント島，1781年にはトバゴ島がフランスに占領された．この結果，イギリス政府は以上の土地販売代金の回収を断念する．ただし，トバゴのみに関しては，1783年の和平後フランス国王によって債務の一部が回収され，イギリス国王に送金された[57]．

戦争は，ヤングからの未納金回収にも大きな影響を与えた．先述したように，ヤングの未納金は，1欄のプランテーションの売却益からまず回収することになっていたが，戦争開始のため地価が暴落し，土地の競売も進まなかった．1欄のうち予定価格を大幅に下回らない価格で販売できたのは，2万6000ポンドで売れたクィーンズベリのみだった．他の領地は全て，トバゴ，ドミニカ，セント・ジョン島にあったものも含めて購入者は現れなかった[58]．結局，イギリス政府は競売をあきらめ，これらの土地の一部を接収することで

57　43640ポンドの送金が行われた．MSS. W. Ind. tl. vol. 4, ff. 55–56.
58　TS11/214, f. 146.

未納金の代わりとした.

　留意しておきたいのは,フランス領になったとしてもイギリス人は必ずしも土地の所有権を失うわけではないことである.ただ,ヤングの説明によると,フランス政府による領地の接収を防ぐためには,イギリス人地主が現地に在住し,自分の領地を現に占有し,またフランス政府に降伏し恭順の意を示すことが必要だった.ヤングは,実際そのために1780年3月にセント・ヴィンセント島に到着し,降伏者として,フランス支配下でこれらの領地の所有を許可されている[59].ヤングは,1781年にフランスに占領されたトバゴ島に関しても同様の行為をして,フランス政府に土地所有権を承認してもらっている.

　しかし土地所有権を維持できたとしても,外国領となった島からイギリスへ生産物を輸送することは,事実上不可能であった.イギリスの航海法は,外国領からイギリスへの植民地物産輸入に対し,禁止的な高関税を課していたからである[60].このためヤングは,中立のセント・ルシア島を通して生産物をイギリスに送付しようと努力したが,たびたび英仏双方の私掠船に襲撃され,船荷は掠奪された.この結果,フランスに再征服された地域のプランターたちは,生産物を運び出し販売するあらゆる手段を奪われ,「1779年から80年においては,彼らの砂糖やラム酒は大量に彼らの手元に余っていた[61]」.

　さらに不運なことに,1780年10月にはセント・ヴィンセント島を強力なハリケーンがおそう[62].この後,イギリス海軍がフランスから同島を奪回するため一時上陸するが,この時彼らはヤングの領地に侵入したため,彼の領地はさらに荒廃した[63].

　当時同様にハリケーンに見舞われたバルバドス島は,補償金として10万ポンドをイギリス政府から交付されているが,セント・ヴィンセント島はフランス領だったためこれも得られず,民間で集められた少額の募金を配布されるにとどまった.その後砂糖栽培は再開されるが,多くの負債が残った.

59　TS11/214, f. 146.
60　Sheridan (1973), p. 41; Beer (1913), vol. 1, p. 65; Harper (1939), pp. 403f.
61　TS11/214, f. 146.
62　TS11/214, f. 146.
63　TS11/214, f. 146.

ヤングは，ハリケーンと戦争が自分に与えた損害を，少なくとも6万6千ポンドと見積もっている[64]．

こうした状況の悪化の中で，ボディントン商会[65]もヤング家に対する手当の支給が困難になったようである．特にセント・ヴィンセント島が占領され，カリアグア領地からの生産物の確保が難しくなったときに，ボディントン商会は生産物売上げからヤング家に支給していた手当が支払えないとヤング家に通達している[66]．

1784年ヤングは財務省にあてて，未納金弁済の猶予と，1774年に要求した表11-2の必要経費の支払いを懇請する．しかし財務省とイギリス政府はこのときヤングの願いを却下し，ヤングは困窮の中で1788年に死亡した．

以上の問題が最終的に解決するのは1794年である．このとき財務省は，故ヤングの長男のウィリアム・ヤング2世に，父親の債務の計算書を監査し承認することを求めた．これに対し彼は，財務省が父の必要経費請求にいまだ応じていないこと，すでに政府は領地の販売や生産物の売上げからかなり未納金を回収していること，政府が競売できなかった領地の一部を接収していることなどを述べ，全体としてはむしろ10万ポンド以上ヤング側の過払いとなっていると主張した．そして，時間の経過や戦争による書類の喪失，未納金問題の発生した当該の領土が現在フランス領になっていることなどを考えて，双方からの債権放棄を政府に提案した[67]．これに対する国王政府側の対応を示した文書はないが，以後ヤング家の文書にはこの未納金問題についての言及は見あたらなくなるため[68]，ここで彼の提案通り政府は未納金回収を断念したと推測される．

全体としてみると，イギリス政府は1775-91年に5万6146ポンドを回収し，またトバゴ島に関してはフランス王が回収を代行し，4万3640ポンドをイギリスへ送金している．未納金はもともと約15万6000ポンドだったが，1776年以降年利5％の利息で計算すると1794年までにはこの金額の2.6倍

---

64 TS11/214, f. 146.
65 メイトランドは1775年に死亡し，以後屋号が変更された．
66 TS11/214, f. 146.
67 MSS. W. Ind. tl. vol. 4, ff. 55-56.
68 MSS. W. Ind. tl. vol. 6には彼の手記があり，債権整理の経過が詳述されている．

の約40万ポンドに達しており，30万ポンドほどの債権を放棄したことになる．しかし，戦争によって土地購入者も多大な損失を負ったことを考えれば，未納金の回収放棄はむしろ当然のことであっただろう．

最後に後日談を述べておく．1795年，セント・ヴィンセント島とそれに付属するグレナーディン諸島はふたたび英領に復帰し，ウィリアム・ヤング2世はその植民地エージェントとなった．彼はまた1784-1807年まで下院議員をつとめた[69]．彼が下院議員であった時期は，フランス革命から対仏戦争の時代にあたり，切実に英領西インドの防衛が必要とされた時期である．また次章で述べるように，奴隷貿易廃止運動が盛んとなり1807年に廃止法が成立するまで，廃止論者と西インド利害関係者の間で激しい駆け引きが繰り広げられた時代である．この間ウィリアム・ヤング2世は，西インド利害を代表する下院議員として精力的に活動した．彼が奴隷貿易廃止反対に関して，議会でどのように活動したかは筆者の別稿を参考にされたい[70]．西インド防衛に関しては，ヤング2世は，西インド利害関係者の業界団体西インド委員会（次章で詳述）の中で，1794年6月頃には「閣僚と会談し英領西インドの軍増強を依頼し，なおかつマルティニク，セント・ルシアに最高司令官を送ることについて話し合う委員会」のメンバーとなって，閣僚との交渉を行っている[71]．

ただヤング2世は，父の代からの借金に苦しんでおり，1806年末にはドミニカ・トバゴ総督に就任することを選び，現地に赴いた．彼はそのため，1807年2-3月の奴隷貿易廃止法成立期には議会に出席しておらず，最終法案には投票を行っていない．

ヤング家とボディントン商会の関係は，息子の代にも続いている．イギリス議会は，セント・ヴィンセント島の英領復帰後すぐに同島関係者及び同島と貿易する者に対し大蔵証券を発行して融資する法律を制定しており[72]，ま

---

69 "Willram Young", ODNB ; "William Young", HPHC1790-1820, vol. 5.
70 川分（2011）．
71 WIPM1793-1804. 1794年6月7日．
72 35 George III c. 127.

たこの融資を実施するための委員会を設置している．この委員会では約40件，総額約100万ポンドの融資申し込みが処理されているが，その中にウィリアム・ヤングが申し込んだ1万ポンドの融資があり，このうち6000ポンドをボディントン＆ベティスワース商会（メイトランド＆ボディントン商会の後継商会）が保証している[73]．これは，ヤングが同島の領地経営立て直しを図ろうとして，政府からの融資を受け，またその融資が受けられるように，ボディントン商会が支援したことを示している．本章のこれまでの経緯から見れば，ボディントン商会はヤングのプランテーションに多大な融資をしており，その経営改善に直接の利害を持っていたこと，だからこそ政府の融資を受けられるように最大限便宜を図ったことが，一目で了解できよう．

　ボディントン商会と息子ヤングの関係は，前世代と同様，ビジネスだけでなく植民地行政にもおよぶものだった．1795年セント・ヴィンセント島が英領に復帰してまもなく，同島の黒カリブ族はイギリスに対して大きな反乱を起こし，これを契機に彼らはこの島から全面的に追放された．ウィリアム・ヤング2世は，ボディントン商会のパートナー，サミュエル・ボディントンの強い要請のもとに，カリブ族の故地を，戦争・ハリケーンによって大きな被害を被った同島のプランターに賠償として分配することを政府に提案している[74]．

　結局イギリス政府は，これを許可せず[75]，その一方で先述した大蔵証券による融資を行っている．しかしこの挿話は，ヤングとボディントン商会が，

73　Minutes of Board of Commissioners for the Issue of Exchequer Bills advanced to Persons connected with or trading to the Islands of Grenada & St. Vincent appointed by Act of Parliament of 35th George III Cap. 127 intitled an Act for enabling His Majesty to direct the issue of Exchequer Bills to a limited Amount for the purposes and the manner therein mentioned. 27th June 1795. 筆者はこの史料を議会史料ではなく西インド委員会史料の中のコピーで読んだ．WIC reel 11. なおボディントン＆ベティスワース商会は，ヤングの他に，Patrick Cruikshankというプランターの6万ポンドの融資の申し込みに対し，45000ポンドの保証も行っている．また同委員会の委員の一人に，ボディントン家の姻戚のメイトランド家の人間であるエベニーザ・メイトランドが選出されている．

74　"Extract of a Letter from Dy. Ottley Esq. to Samuel Boddington Esq. as to the Necessity of Speedy Settlement of the Charaib Lands, St. Vincent, 3rd, March, 1798", "Sir William Young to Mr. Manning on the Same Subject, 4th, May, 1798", CO261/9, pp. 153–155.

次世代になっても割譲諸島のプランター利害の代弁者としてともに手を組み，ロンドンで活動していたことを示している．

　また第 10 章からの連続で考えてみると，このようなイギリス政府へ戦争被害への補償を求める活動は，すでに 1700 年代スペイン継承戦争の時代にボール家が行っている．つまり，ボディントン商会とその前身商会は，18 世紀を通して，貿易商である一方で，ロンドンでの現地の利害代弁者，政府との折衝役として，植民地全体の利益のために活動し続けていた．しかもこれらの植民地利害・プランター利害代弁者としての行動は，公的には全体の利益のためであるが，実際にはプランターに融資された彼らの資本を守るという個の利害と完全にオーヴァーラップしていたのである．

75　当時奴隷貿易反対論者は，カリブ族故地の開墾は黒人の輸入を奨励する恐れがあり，また開墾の激しい労働は黒人奴隷酷使であるとして，カリブ族故地の分配に反対しており，首相ピットはこれらの主張に抵抗できず，許可しなかった．Wilberforce & Wilberforce (1838), vol. 2, pp. 258-261.

第 12 章

奴隷貿易廃止時代の西インドとボディントン商会

　前章では，メイトランド＆ボディントン商会と，リチャード・メイトランド (d. 1775) 死後のベンジャミン＆トマス・ボディントン商会の時代を扱った．病弱であったベンジャミン・ボディントン 2 世は，体調が悪化した 1783 年 5 月にトマス・ベティスワース (Thomas Bettesworth, d. 1795) を 4 年の契約でパートナーに入れているが[1]，おそらくベティスワースは 1795 年に死亡する直前までボディントン商会と関係を持っていたと考えられる[2]．1791 年のベンジャミン 2 世の死後トマス 4 世は，ベティスワースの他，すでに商会に入っていたベンジャミン 2 世の長男サミュエル・ボディントン (1766-1843) とパートナーシップを組み[3]，さらに自分の息子ベンジャミン・ボディントン 3 世 (1773-1855) も商会に受け入れていく．しかし，第 8 章で述べたように，1797 年にベンジャミン 3 世がサミュエルの妻グレイスに横恋慕し二人が駆け落ちしたことによって，ベンジャミン 3 世はボディントン商会からはやばやと引退することになった．その後サミュエル・ボディントンは，全く血縁関係はないが，彼と同じく合理主義的非国教徒であったリチャード・シャープを 1799 年にパートナーとして受け入れ，さらに 1803 年以降はマンチェスタの綿紡績業者ジョージ・フィリップスが経営していた貿易商社を継承し，ボディントン＆フィリップス＆シャープ＆カンパニの屋号でしばらく事業を行う．

1　CLC/426/MS10823/004, p. 44.
2　巻末付表 1 の 1794 年の欄を見よ．
3　サミュエル・ボディントンは父の手記によると，1782 年 2 月，16 才でボディントン商会に見習いに入っている．CLC/426/MS10823/004, p. 42.

その後ボディントン商会には，シャープの父親違いの兄弟ジョージ・アダムズ・デイヴィス（1774-1833），その甥のリチャード・デイヴィス（1809-77），サミュエル・ボディントンの甥のトマス・ボディントン6世（c. 1807-81）が参加する．このトマス6世が，ボディントン商会における最後のボディントン家出身のパートナーとなる．
　本章では，サミュエル・ボディントン（1766-1843）の時代を中心に，ボディントン商会の活動を見ていきたい．本章では，事業活動だけでなく，この時代の西インド貿易を取り巻いていたさまざまな問題，特に奴隷貿易廃止問題とロンドン港改修問題を取り上げ，以上の問題に対してボディントン家がどのように関与していたかを見ていきたい．

第1節　リチャード・シャープとジョージ・フィリップス

　1800年代ボディントン商会のパートナーとなったのは，リチャード・シャープ（1759-1835）とジョージ・フィリップスである．以下ではまずこれらがどういう人物であったのか紹介したい．
　まずリチャード・シャープ（1759-1835）については，巻末系図シャープ＝デイヴィス家系図を参照されたい．彼は，ロンドン商工業界の人間である一方，多くのサロンやクラブに出入りした顔の広い文化人であり，座談家シャープ（Conversation Sharp）というあだ名で知られた人気のある人物であった[4]．サミュエル・ボディントンとは，事業上のパートナーであっただけでなく，非常に親しい友人であったことは，サミュエルの日記から明らかである[5]．
　シャープについては，彼の子孫にあたるクナップマンが詳しい評伝を書き，ODNBの記事も書いている[6]．またシャープの祖父や義父が遺書を残しており，ビジネスの内容もある程度わかる．それによるとシャープの高祖父エドマンド・シャープ（1630-94）はバークシャア出身だが，17世紀末にハンプ

4　"Richard Sharp", HPHC1790-1820；ODNB.
5　CLC/426/MS10823/005C.
6　Knapman（2003）.

シャアのラムジ(Romsey)近郊のティムズベリ(Timsbury)の地主となった。その後彼の孫の一人リチャード(1692–1775)がロンドンに出てきて、帽子屋となった。彼の息子リチャード(1736–65)は父の仕事を継いだが、父より早く死亡し、その後彼の妻エリザベス(b. 1739)は、舅と夫の事業のパートナーであったトマス・ケイブル・デイヴィス(d. 1800)と再婚した。リチャード・シャープ(1759–1835)は早世したリチャード(1736–65)の息子であり、母の再婚によってデイヴィス姓の義兄弟を得たわけである。(シャープ=デイヴィス家系図)

図52 サミュエル・ボディントン

リチャード・シャープ(1692–1775)は遺書で、アイロン台(press counter)、天秤と分銅(scales, weight)、書き物机(writing desk)を遺贈しており、また孫リチャード(1759–1835)とウィリアムを、義理の息子トマス・ケイブル・デイヴィス(d. 1800)の徒弟にするよう頼んでいる。この遺贈品の内容から見て、シャープ家の事業は、仕上げ加工の工程をともなうものだったと考えられる[7]。なおリチャード・シャープ(1692–1775)の遺贈は、約2万ポンドの現金と自宅兼店舗のリースホールドからなっており、中流のマーチャントに比肩しうるほど富裕であったといえる。

結局シャープ家の帽子業は、トマス・ケイブル・デイヴィス(d. 1800)の長男トマス・ケイブル(d. 1809)が継承し、リチャード・シャープ(1759–1835)は義父の徒弟に入りはしたが、1800年代には家族からも西インド貿易商と呼ばれており、家業にはあまり関与していなかったと思われる。また、帽子製造業を継承したトマス・ケイブル(d. 1809)の弟ジョージ・アダムズ・デイヴィス(1774–1833)も息子リチャード・デイヴィス(1809–1877)も、ボディントン商会に入って西インド貿易商となった。リチャード・デイヴィスは死亡時に3万5千ポンドの遺産を残しており、やはりかなり富裕であった。

---

7 以下の論文は、帽子の製造と流通は17世紀には圧倒的にロンドン中心だったが、18世紀後半には製造はチェシャやランカシャで行われるようになり、ロンドンのhatterは仕上げ・装飾と流通、輸出を行っていたとしている。Corner (1991), pp. 164–65.

次に，ジョージ・フィリップス（1766-1847）は，産業革命期の綿紡績業者として高名な一族の出で，同家の事業の一部は現代まで存続していたため，この一族の事業活動の内容はよく調査されている．この一族は非国教徒で，同じ非国教系の製造業者グレッグ家やヒバート家，グレッグ家を通してケネディ家と姻戚関係を形成していた．またユニテリアンのノッティンガムの商人ニーダム家とも姻戚であった[8]．彼らは，18世紀後半のマンチェスタの商工業界だけでなく地方政治の中核を担っており，また国政にも進出し，ジョージ・フィリップス（1766-1847）も1812-34年の間ほぼ間断なく下院議員をつとめ，準男爵にもなっている[9]．

　フィリップス家は16世紀にまでたどれるスタフォードシャアの地主の家系で，1700年前後に出生した4人兄弟の三男と四男がマンチェスタにでてきて，リボンやサッシュ，髪紐などの細幅織物（smallware）製造業に着手した．その後彼らの長兄の3人の息子たちも，1747年にオランダ人技術者に学んでスタフォードシャアのティーンでリボン製造業を開始し，それをマンチェスタ近郊のラドクリフ，ホワイトフィールドに展開し，さらに帽子製造業も開始した[10]．

　このような繊維関係の事業を手広く行っていたフィリップス家は，産業革命期に入ると綿紡績業に着手し，自社製品の輸出業やその他の商社活動も展開する．ジョージ・フィリップス（1766-1847）が関与した事業は，綿紡績（Philips, Wood, & Lee, 1791-1826年），アメリカ貿易業（Philips, Cramond & Co. 1800年以降），総合コミッション・マーチャント業（George Philips & Co. →Boddington, Philips, Sharp & Co. 1801年以降）の3つである．綿紡績業では，彼は優秀な技術者ジョージ・リーを雇用してソルフォードに大規模なミュール紡績工場を設立し，鉄筋による防火建築，ガス灯による照明，蒸気機関のスチームを利用した暖房設備などを取り入れた．この事業は1813年にはイギリスで最大規模と言われ，16年の議会報告においても第3位と言

8　フィリップス家の姻戚関係と信仰については，Howe (1984), pp. 56-7, 77. Rose (1986), pp. 16, 45-6. Thackray (1974), p. 704.
9　"George Philips", HPHC1790-1820, vol. 4. p. 793.
10　Wadsworth & Mann (1931), pp. 288-301.

われるほどのものだった[11].

　ジョージ・フィリップスのアメリカ貿易は，フィラデルフィア商人ウィリアム・クレイモンドとの共同経営で行われた．これについては詳細は不明であるが，この時期のマンチェスタの製造業者とアメリカ商人との取引は，アメリカからの綿花輸入とマンチェスタの綿製品の輸出が中心であり，この共同経営もそのためのものであったと考えられる[12].

　ジョージ・フィリップスは，1800年代末までは一族の製造業やその輸出業，その延長線上のボディントン商会での西インド貿易業に携わったと考えられるが，1811年に生家のセジリ（Sedgley）領地を継承し，その後下院議員となり，また1825年にはウォリックシャアにもウェストン・エステイトとよばれる所領を形成している．またその翌26年には，ジョージ・リーの死亡を機に，綿紡績業も売却している．おそらくこのころにはほとんど彼は実際のビジネスには携わっていなかったと思われる．

第2節　ジョージ・フィリップス商会の営業

　1800年代のサミュエル・ボディントンは，彼の西インド貿易業において，以上のような製品製造販売に携わる2人の人物とパートナーシップを組んだ．なぜこの2人を選んだかは，よくわからない．ただし，一つだけはっきりしていることがある．それは，ボディントン＆フィリップス＆シャープ＆カンパニは，ジョージ・フィリップスがいくつか経営していた事業のうちでも貿易商社業（コミッション・マーチャント）の会社であるジョージ・フィリップス商会を継承したものだということである[13].

11　フィリップス＆リーの綿紡績業については，鈴木良隆 (1982)，128-29頁；田中章喜 (1989)，27-48頁；Howe (1984), p. 93；Lee (1972), pp. 14, 57, 61, 77, 80, 130.
12　ジョージ・フィリップスは，1793年にはCramondと知己であり，英米関係が改善するのを待って彼との共同経営に入った．Chapman (1992), pp. 64-65.
13　次の脚注で説明するジョージ・フィリップス商会の史料の中で，同社の解散と後継会社について説明されている．たとえば以下の手紙．Nixon, Walker & Co., Philadelphia宛，1802年12月16日．CR456, vol. 31, p. 162. Warwickshire Record office.

ボディントン＝フィリップス＝シャープ＆カンパニが営業史料を残していないのに対し，ジョージ・フィリップス商会は営業史料を1年半ほど残している[14]．そこで以下では，この会社がどのような事業を営んでいたかを見ておきたい．それが，その後継会社のボディントン＆フィリップス＆シャープ＆カンパニの事業内容を推測する根拠になるだろうからである．

　筆者は，以前にフィリップス商会の海上保険営業について論考を著しているので[15]，ここでは詳細に立ち入らずに，事業内容の要点のみをまとめておきたい．

　まずフィリップス商会設立の目的は，同社が設立当初の回状で述べていることによると，マンチェスタのトマス・フィリップス商会およびフィラデルフィアのフィリップス＆クレイモンド商会が，ロンドンに海上保険仲介と総合的コミッション・ビジネスを行う会社を必要としていたことにあった[16]．つまり，マンチェスタとフィラデルフィアでは行えない海上保険仲介と「総合的」取引をロンドンで行うために開業された会社だったのである．海上保険業については，ロンドンに海上保険業が集中していたことは第10章でも述べた．また「総合的」コミッション・ビジネスとは，多地域で多商品を取引するコミッション・マーチャント業を意味していた．

　フィリップス商会の業務内容は，①委託販売と買い付け委託，②委託荷見返前貸・信用状発行業務，③海上保険仲介業務，④預金管理業務，⑤証券取引業務，にまとめられる[17]．

　①は，販売を委託された商品の販売，あるいは注文された商品の買い付けとそれに伴う船舶からの積み卸しや積載・通関・倉庫での管理などの業務であり，コミッション・マーチャント業の中核の業務である．フィリップス商会は，西インドプランターと取引があり，砂糖・ラム酒の委託販売を行って

14　Business Papers of George Philips & Co., 1801-24. CR456 vol. 28-45. Warwickshire County Record Office. 1801-24年とあるが実質的には1802年までの史料．川分（2001），4頁．

15　川分（2001）．

16　開業時の回状にそのように記載．たとえばJames Yard宛，1801年11月4日，CR456 vol. 31, pp. 1-2.

17　川分（2001），5-8頁．

いた．しかし同社はその他に，アメリカのフィラデルフィアのフィリップス＆クレイモンド商会とボルチモアの商会1社とも取引があり，それらから綿花・タバコ・トウモロコシなどを委託され，販売している．これらの大西洋生産物はイギリス国内に向けて販売されたが，それだけでなくハンブルク，ブレーメン，ウィーン，アムステルダム，ロッテルダム，アントウェルペン，ルーアン，ルアーブル，パリ，アミアン，リヴォルノ，カディスなどヨーロッパ各地に向かって販売されている[18]．

②は，前者が輸出者に対する信用供与で，後者が輸入者に対する信用供与である．前者は，輸出者が販売を委託して送ってきた商品が実際に売れるまでに，この輸出者にフィリップス商会に対して手形の振り出しを認めることと，後者は，現地に赴いて買い付けをする輸入商人に対してフィリップス商会に一定限度まで手形の振り出しを認める書状を与えるものである．前者は，「船荷証券の受け取りと保険の注文時に，送り状の総額の半額から3分の2まで」というのがルールであった[19]．つまり，船荷証券により委託品が船に積載されたことと委託品の内容・量を確認した上に，さらにその輸送に対して海上保険をフィリップス商会に注文したときに，前貸しを委託品の価値の半額から3分の2まで行うというのである[20]．このようなシステムになっていたから，フィリップス商会に委託販売を依頼しさらに委託荷見返前貸ももとめる者は，必ず海上保険も同商会に注文することになった．おそらくほとんどの委託者は前貸を必要としていただろうから，委託販売業務と海上保険業務は分離不可能な業務となっていた．

信用状は，マンチェスタやハル，リヴァプール，ハリファックスなどイギリスの製造業が盛んな地域を旅してイギリス製品を買い付け輸入するヨーロッパ商人の代理人のために発行されている．もちろんこうした地域には，フィリップス家の同族企業の製造業があり，信用状はそうした会社に宛てて出される．その定型文は，「この書面は，ハンブルクの○○商会の業務のた

18　川分（2001）14-17頁に，ジョージ・フィリップス商会の取引の詳細な表を掲載している．
19　開業時の回状．
20　コミッション・マーチャントが行っていた委託荷見返前貸制度については，Clapham (1926), pp. 256-57.

め旅行している我々の友人□□によって，あなた方に提示されるでしょう…総額200～300ポンドまで我々宛の彼の手形を受け取ってください」といったものである．フィリップス商会は，このような信用状を発行することで，信用状発行手数料を得るとともに，同族企業にヨーロッパからの買い付け人を多数紹介して，同族企業の製品の売上げを伸ばすことができた．

　③海上保険仲介業務は，適正な条件で海上保険引受人を捜してきて保険をつけるものであるが，これこそロンドンが得意とし独占できた業務であった．当時ロンドンの海上保険取引の9割以上はロイズで扱われていたが[21]，ジョージ・フィリップスはロイズのネーム（メンバー）であり，仲介業者（ブローカー）としても引受人（アンダーライター）としても活動していた．フィリップス商会の海上保険仲介業務は，1. 委託販売にともなうもの，2. 海上保険仲介サーヴィスを単独で行っているものの2種あった．

　2. の単独で海上保険の注文が来るのは，輸送品がロンドン港に来ない場合である．それは，同族企業を含むイギリスの会社がイギリスの地方港からイギリス製品をヨーロッパ・アメリカに向けて輸出する場合か，あるいはヨーロッパ・アメリカ・西インドからイギリス地方港が商品を輸入する場合がほとんどである．

　イギリスの海外貿易は16–18世紀はロンドンに集中しているが，産業革命以降製造業地域に近いリヴァプールやハルといった地方港の貿易が増大するので，これはそうした流れにそった動きである．フィリップス商会の史料でも，地方港とヨーロッパ・アメリカ等の直接貿易は頻繁に確認できる[22]．このように，ロンドン港は輸出入港としての地位は徐々に低下していたが，その一方で海上保険については相変わらずロンドンに注文が集中している．

　このほかに，フィリップス商会が委託販売をせずに単独に海上保険仲介

---

[21] 1720年南海泡沫法は，海上保険の法人会社をRoyal Exchange AssuranceとLondon Assuranceの2社に限定した．その結果，個人業者の海上保険営業がさかんとなる．また，上記法人会社2社は，火災，生命保険分野で成長し，海上保険はロンドンの個人業者に集中することになった．それら個人業者が出入りしたのがロイズ・コーヒー・ハウスで，そこは海上保険仲介業者と保険引受人が交渉する場となった．米山（1997），244–45頁；Supple（1970），p. 53；木村（1985），70頁；Gibb（1957），p. 33.

[22] 川分（2001），pp. 14–17の表を見よ．

サーヴィスを提供しているのは，外国の港同士の航海である．こうした航海は，クロスと呼ばれる．たとえばハンブルクからカディス，カディスからルアーブル，カディスからヴェラ・クルス，ヴェラ・クルスからガイアナといった航海に，フィリップス商会は保険をつけている．これらクロスの航海に対する海上保険は，ロイズだけが行っていたものである[23]．フィリップス商会はこの間に全部で20件のクロスの海上保険仲介を行っている．

フィリップス商会の基本業務はあくまで仲介業であったが，ジョージ・フィリップスはフィリップス商会が仲介した保険を自ら引き受けることもあった．彼が引き受けるのは，たいていアンダーライターの最末尾で，金額もシリング単位の端数が出ているようなものが多く，他の引受人が引き受けたのち最後に余ったものを彼が引き受けていたように見受けられる．あるいは，非常に少額の保険価額の時，1人で引き受けていることもある．これらジョージ・フィリップスの保険引受は，あくまで仲介業務を円滑に進めるための補助業務として行われたように見える．

フィリップス商会は，1801年7月[24]から1802年末の解散までに264件の保険を仲介した．仲介した保険価額の総額は334,810ポンドであった．これに対してフィリップス商会が得た保険仲介手数料収入は789ポンド，また保険引き受けで得た収入は388ポンド，つまりこの1年半ほどの間に海上保険では1177ポンドの収入を得た[25]．

④預金管理業務も，委託販売業に必ず伴う業務である．委託販売した商品の売上げは，コミッション・マーチャントがロンドンで預かるからである．ここから，注文された商品の支払いやさまざまな手数料の支払いなどが行われる．

⑤証券取引業務は，以上の4つとは異なり，委託販売業とは全く関連のない業務である．これは，ロンドンで発行される様々な公債を買い付けて，イギリスだけでなくヨーロッパやアメリカの顧客に売却するものであった．委

---

23 Raynes (1948), p. 175; John (1958), p. 133; De ruysscher (2016), p. 84.
24 7月となっているのは，9月に開業する前から，同族企業に保険仲介を行っていたからである．
25 これら264件の内容は以下に詳述している．川分 (2001), p. 11.

託販売業務とは全く関係ないこのような業務が行われていたことは，ロンドンの公債が投資対象として当時欧米で非常に人気があったことを示している．フィリップス商会は，1802年1月22日数名の公債引受業者から10万ポンドもの公債を購入しているが，これらは顧客に販売するためのものと考えられる[26]．フィリップス商会の顧客との通信文書には，大蔵証券やコンソル債の売買代行，配当の送金の話が頻出する．フィリップス商会は，この業務を非常に将来性のあるものとして考えており，イギリスの証券だけでなく，当時大量に発行されつつあったアメリカ公債の取引にも参入したいという希望を表明している[27]．

以上，ジョージ・フィリップス商会の事業内容を見てきた．同商会は，1802年暮れには取引先に回状を送って，ボディントン＆シャープ商会と共同経営に入り，1803年1月からボディントン＆フィリップス＆シャープ＆カンパニの屋号で事業を行うこと，事業内容は今後も同じであることを伝えている．1803年以降のボディントン商会の事業は，フィリップス商会時代よりも西インドとの取引の割合が増大したが，基本的には同じ業務を行い続けたと推測できる．

第3節　西インド委員会とボディントン商会

ボディントン商会が上記に見たような事業活動を行っていた時期には，西インド貿易をめぐっては，奴隷貿易廃止運動，ロンドン港の過密化などいくつか深刻な問題が持ち上がっていた．ボディントン商会とボディントン家の人々は，このような問題についてどのように考え，行動していたのだろうか．

これを知るためには，西インド利害関係者の業界団体である西インド委員会（West India Committee）という組織について理解しておく必要がある．ボディントン家の人々は，この組織に参加しその活動を担うという団体行動

26　CR456, vol. 32, pp. 37-39.
27　W. Cramond 宛，1802年6月17日，CR456, vol. 31, p. 73.

を通して，こうした諸問題に対処していたからである．

　西インドは自由貿易地域だったので，特許貿易会社が貿易独占権を持っていたような地域とは違い，特許会社の取締役会議・総会のような所与の同業者の会合組織がなかった．そのため，同業者組織として西インド委員会が徐々に成立する．西インド委員会がいつから開催されていたかははっきりしないが，政府が英領西インドの利害代表として認識し交渉相手とするような会合組織の存在がロンドンで確認できるのは，1740年代頃からである[28]．この会合組織は，最初は商人主体であったようで，西インド貿易商協会（Society of West India Merchants）などと呼称されていた．議事録は1769年4月から現存している．また1776年ころから，プランターと商人が同席する会合も行われるようになる．この商人委員会（Committee of West India Merchants, 以下WIMと略）と，プランター及び商人委員会（Committee of West India Planters & Merchants, 以下WIPMと略）は，最初は議事録も一緒だったが，1785年5月から正式に分離し，議事録も別となった[29]．西インド委員会は，この両委員会をまとめた総称である．

　西インド委員会は専用の建物を持たず，会合は議長を数十年にわたってつとめたビートン・ロングというジャマイカのプランター兼貿易商の自宅，彼の死亡後はロンドンのいくつかのタバーンで行われた．そのメンバーは，ロンドン港で西インド貿易を行うもの全てが対象であり，貿易額に応じて会費を納入することになっていたが，会費を払わず西インド委員会に参加しない業者も存在しており，ときどき問題となっている．同委員会のメンバーは，企業数で見ると，1799年時点では81社であった[30]．また人数で見ると，1769

28　Sheridan (1973), p. 67; Penson (1924), pp. 191-92, 197-98.
29　西インド委員会の議事録は，原本は現在西インド大学，トリニダード＆トバゴ・キャンパスにある．ロンドン大学英連邦研究所にマイクロフィルムがあり，筆者はそれを見た．West India Committee Archives. ICS Archives, M915 (16 Reels). 同史料については，Penson (1924), Appendix; Hall (1971b).
30　Sub Committee Minutes on Sugar Duties, 5th Oct., 1799 to 30th, July, 1800. West India Committee Archives. ICS Archives, M915, reel. 15. 砂糖税委員会という名称で議事録がまとめられているが，実際にはこの委員会は，砂糖在庫を担保に政府から融資を得るための委員会である．融資を受ける条件の一つが，西インド委員会のメンバー企業であることだったため，この中にメンバー企業のリストがある．

-80年代前半では110-120名くらい[31],1830年頃には256名であった[32].

同委員会はWIM,WIPMともに2週間に1回ほど会合を行っているが,これらの会合の出席者は,1780年代まではせいぜい数名から20名前後の中心的メンバーに限定されている.1790年代以降も常設委員会の出席者は十数名とあまり変化がないが,奴隷貿易廃止問題について報告・決議する総会などは外部にも解放され,200-300人が出席するようになっている.また1820年代に奴隷制廃止や砂糖税減税問題が議論される頃になると,常設委員会も2,30名程度に出席者が増え,総会にいたっては500人を超える出席者があったこともある[33].

筆者は,1769年から1834年までの西インド委員会の議事録から出席者のデータを集め,他稿で分析してきたが[34],その詳細についてはここでは述べない.ここで問題とすべきなのは,ボディントン商会やボディントン家の関係者がどれくらいこの委員会に関わっていたかである.

表12-1は,1769-1834年までのさまざまな西インド委員会議事録ごとに,ボディントン商会・ボディントン家関係者の出席状況を整理したものである[35].まず1770年代に注目すると,ボディントン商会のリチャード・メイトランド,ベンジャミン・ボディントン2世とトマス・ボディントン4世が出席していることが解る.彼らは,数名から20名前後の常設委員会にも頻繁に出席しており,この時期ボディントン商会がロンドンを代表する西インド貿易商であったことがよくわかる.このころの彼ら以外の出席者には,表12-1には載せていないが,第10章で見たピニー家の取引先マニング商会のウィリアム・マニングや,通常はアメリカ貿易商と考えられているアレクサ

---

31 この時期にはメンバー・リストは残っていないので,この間の議事録で一度でも会合に出席した者を筆者が数えた概数である.
32 1831年頃のメンバー・リストが残っている.West India Committee Archives. ICS Archives, M915, reel. 15.
33 1824年2月10日 WIPM総会など.
34 川分 (2011).
35 筆者は,各議事録別に全ての会合の出席者を集めて自分の手元データにしたが,各会合別にはデータ化しなかったため,各会合ごとに出席者がどのように推移したかをたどることまではしていない.また,元の史料は手書きで読みにくい箇所がたくさんあること,しばしば姓しか書かれていないこと,会合の回数も多く出席者も多岐にわたるため筆者が出席者を見落としている可能性があることなどの理由から,以上の数字はあくまで概数である.

ンダ・ベアリングの父フランシス・ベアリングなどもいる．また，ボディントン家パートナーのメイトランドだけでなく，ベンジャミン 2 世の最初の妻リチャーズ家の姻戚であるアレクサンダ・メイトランドも出席している．

次に 1780 年頃から奴隷貿易廃止の時期を見ると，ボディントン商会においては，リチャード・メイトランド死亡後しばらくボディントン商会のパートナーだったトマス・ベティスワース (d. 1792) とその親族と思われるジェイムズ・ベティスワースなどの出席が見られる．1791 年にベンジャミン・ボディントン 2 世が死亡したのちは，トマス 4 世の他サミュエル・ボディントン，ベンジャミン・ボディントン 3

図53　西インド委員会コモン・ルーム（20 世紀初頭）

図54　西インド委員会宴会（1905 年）

世の出席も見られるようになる．議事録を細かく見ると，サミュエルが西インド委員会の会合に出始めるのは 1793 年頃から，ベンジャミン 3 世は 95 年頃からと思われるが，1797 年のサミュエル・ボディントンの妻とベンジャミン 3 世との駆け落ち事件以降，ベンジャミン 3 世は当然ながら姿を消す．さらに 99 年以降に，リチャード・シャープの参加が始まる．のちに姻戚となるボウズンキットも出ている．

また 1810–40 年頃までを見ると，1835 年に死亡するリチャード・シャープは 1820 年代末から出席しなくなるが，サミュエル・ボディントンは 1830 年代にはまだ出席している．また彼のパートナーとなっていくジョージ・アダムズ・デイヴィスやその甥のリチャード・デイヴィスの出席も見られる．

以上から，ボディントン商会のパートナーはほぼ全員が 18 世紀後半から 19 世紀前半まで西インド委員会に出入りしていたことが解る．ただジョージ・フィリップスのみ参加がないが，フィリップスはマンチェスタの商業会

表 12-1　西インド委員会に出席した

	1769-79 WIM	1779-83 WIM	1784-1804 WIM	WIM砂糖税委員会 1799年10月-1800年7月	1804-27 WIM	1828-43 WIM	1785-92 WIPM
Bettesworth, James (Boddington & Bettesworth)		○			×	×	○
Bettesworth, Thomas (d. 1795)		○	○		×		
Boddington, Benjamin2世 (d. 1791)	○	○	○			×	○
Boddington, Benjamin 3世			○				
Boddington, Samuel (Boddington & Sharp)	×	×	○	○	○	×	×
Boddington, Thomas4世 (d. 1821)	○	○			×	×	○
Bosanquet, Charles (Manning, Anderdon & Bosanquet)		○	○	○	○	○	×
Davis, George Adams				×	○	○	
Davis, Richard						○	
Fuller-Maitland, Ebenezer (Robert, Ebenzer & J. Maitland)		○			×	×	
Maitland, Alexander	○				×	×	
Maitland, John			○		×	×	
Maitland, Richard (d. 1775)	○					×	
Maitland, Robert							○
Sharp, Richard			○		○（臨時議長）	×	
Young, Sir William			○		×	×	○

○は出席，◎は常設委員会メンバー．
West India Committee Archives, 1769-1834 をもとに筆者作成．

ボディントン商会・ボディントン家関係者

1793-1804 WIPM	1805-22 WIPM	1822-29 WIPM	1829-34 WIPM	WIPM奴隷貿易廃止反対委員会（1788年2月7日設置．1792年拡充．1804年再開．奴隷貿易廃止後WIPM常設委員会）	WIPMアイル・オヴ・ドッグズにおける西インドドックについて検討する委員会 1798年12月19日選出	WIPMジャマイカに利害持つプランター及び貿易商の会合 1800年3月-1801年1月	WIPMロンドン港で砂糖の風袋を設定する現行のやり方の不便についての委員会 1813年6月25日選出
◎							
				○			
×							
◎	○	◎	○	○1806年4月11日〜		○	○
◎	○				○		○
○	○						
×	○?	○	×				
○	○						
○	○	◎		○1806年4月11日〜			
○	○	○					

議所等に所属しており，あくまでロンドン港利用者の業界団体であった西インド委員会には参加しなかったと考えられる．ただしその一方で表12-1には記載しなかったが，彼の親戚のグレッグ家やヒッバート家などからは西インド委員会に参加がある．特にジョージ・ヒッバート（1757-1837）はジャマイカの大プランターで，WIPM の議長，ジャマイカ植民地エージェントとしても長く活躍し，WIPM 内に設置された奴隷貿易廃止反対委員会でも中心的メンバーとなって活動した[36]．

　以上，ボディントン家の人々が西インド委員会に参加していたことは解ったが，具体的にはどのようなことをしていたのか．

　本節冒頭で述べたように，当時の西インド委員会が抱えていた大問題は，奴隷貿易廃止問題とロンドン港問題であったが，以上の問題は別に節を設けて論じることとし，ここではその他の問題についてみておく．

　サミュエル・ボディントンは，1798年2月には，WIM の「護衛艦と新輸出入関税に関する法案についての小委員会」（表12-1には不掲載）のメンバーに選出されており，主に新たに砂糖税が増額される見込みであることに関して，政府との対応方法を検討している[37]．砂糖税は英領西インド産砂糖の輸入に課されている関税であるが，対仏戦争の間を通して戦時税が課され，増加の一途にあり，課税前砂糖価格の50％前後に達して西インド利害関係者の不安の種となっていた．砂糖税については，筆者は別稿でより長期にわたって詳細を論じたので，参照されたい[38]．

　またサミュエル・ボディントンは，1799年10月3日には，「現在商人たちが所有しており，予想外の諸条件のもとで買い手が見つからない資産（砂糖など）に対して，一時的に融資を獲得する最もよい手段を講じるためイングランド銀行総裁と面談するため選出された小委員会」（砂糖税委員会とも略称，表12-1に掲載）のメンバー14名のうちに選ばれている[39]．1799年は，世界最大の砂糖生産地であったフランス領サン・ドマング（ハイチ）の黒人反

36　"George Hibbert", HPHC1790-1820.
37　1798年2月27日，West India Committee Minutes (merchants), 1794-1802. West India Committee Archives. ICS Archives, M915, reel. 2-3.
38　川分 (2008b).
39　Sub-Committee Minutes on Sugar Duties, 5th Oct., 1799 to 30th, July, 1800. reel 11.

乱により引き起こされた英領産砂糖の好況が一段落し，供給過剰に陥った年で，イギリス各地の港湾で砂糖が売れずに在庫が急増した年であった．商人たちは，砂糖が売れなくても輸入した段階で支払わなければならない砂糖税に苦しんでいた[40]．また商人たちは，砂糖の売り上げにあてて振り出される来年の作付け準備のための手形を引き受けることができず，その結果植民地では作付けを開始できなくなっていた．このため，以上の委員会は，在庫の砂糖を担保に政府から融資を受けることで，砂糖税の支払いや必要物資の購入を行えるように政府とイングランド銀行に掛け合った．これに対して，政府は上限150万ポンドまでの融資を認める．

この委員会は，月曜から金曜日まで毎日，午後1時半から2時半まで借り入れを申し込む商会の受付を行っていたが，99年11月には申し込みが減少してきたため，サミュエル・ボディントンの提案で受付日を火曜と金曜に絞っている[41]．

また表12-1にあるように，サミュエル・ボディントンは1800年3月設置の「ジャマイカに利害を持つプランター及び貿易商の会合」のメンバーとなっている．この委員会は，隣接するフランス領サン・ドマング（ハイチ）の黒人奴隷反乱の影響がジャマイカに及ぶことを懸念して設置されたものであった．イギリス政府は当時，対仏戦のためにジャマイカに黒人とムラト（白人との混血の有色民）からなる混成政府軍を駐屯させることを計画していたが，ジャマイカ利害関係者はこれを「最も危険な政策」と批判し，白人のみの軍の駐留を政府に強く要請している[42]．

少し後の時代になるが，表12-1に示すように，サミュエルは1813年6月25日には，WIPMで設置された「ロンドン港で砂糖の風袋を設定する現行のやり方の不便についての委員会」にも選出されている[43]．これは，関税局

40　砂糖税（輸入関税）は，輸入した段階，つまり売却する前に支払わなければならなかった．
41　1799年11月5日．Sub-Committee Minutes on Sugar Duties, 5th Oct., 1799-30th, July, 1800.
42　1800年3月13日，4月17日．West India Committee Minutes（planters & merchants）, 1793-1800. West India Committee Archives. ICS Archives, M915, reel. 3.
43　1813年6月25日．West India Committee Minutes（planters & merchants）, 1805-1822. West India Committee Archives. ICS Archives, M915, reel. 3.

が輸入された砂糖の風袋（包装・容器などの重さ）とみなす重量について西インド利害関係者側に不満があったためで，品質や気象・航海などの諸条件に関わってより大幅に風袋を認めるべきだとした議論が行われ，関税局に意見書が提出されている．

第4節　奴隷貿易廃止問題とボディントン家

　次に，奴隷貿易廃止問題に関して，西インド委員会がどのような動きをしたのか，またそこにおいて，ボディントン家やボディントン商会の人々はどのような行動をしたのかについて，見ておこう．

　まず，奴隷貿易廃止運動がどのように展開したかについて，簡単に述べておく．筆者は別稿で，奴隷貿易廃止がイギリス議会でどのように実現されていくか，その当時どのような西インド利害関係者の下院議員がいたか，彼らが下院でどのように行動したかについて調査したので，詳細はそちらを参照されたい[44]．

　イギリスの奴隷貿易・奴隷制廃止運動は，1783年6名のロンドンのクェーカー教徒の銀行家・毛織物商などが運動組織をつくったことに始まる．彼らはその後，別個に奴隷問題と取り組んでいたグレンヴィル・シャープや若手下院議員ウィリアム・ウィルバーフォースと接触し，1787年5月には国教徒も含む超宗派的性格のロンドン奴隷制廃止委員会（London Abolition Committee）を結成した[45]．また同委員会は，アメリカ・フランスの奴隷貿易廃止論者とも連携するほか，イギリス地方都市に支部，協力者をつくり，各地から議会に請願を送らせ，またその一方で奴隷貿易港での証拠集めなどを行って，議会審議のための準備を行った．

　同委員会はまた，結成当初から奴隷制廃止の困難性を見て取り，奴隷貿易のみの廃止を先行させる戦略をとる．これは，その後の廃止運動の流れを決

44　川分（2011）．
45　同委員会の議事録は大英図書館に所蔵されている．London Abolition Committee Minutes. 3 vols. MSS 21254-21256. BL

表12-2　ロンドン奴隷貿易廃止委員会メンバー

Allen, William	Grant, L. A.	Mayo, Dr.
Babinton, Thomas	Harford, Truman	Montague, Matthew
Baker, Dr.	Harrison, George	Ormerod, Rev.
Barclay, Robert	Hartley, David	Philips, Richard
Barton, John	Hoare, Samuel	Phillips, James
Birkbeck, Wilson	Hodson, Septimus	Phillips, William
Bowen, Capt.	Hooper, Joseph, Dr.	Pitt, William Morton (MP)
Brougham, Henry (MP)	Hunter, Robert	Sansom, Philip
Burgh, Dr.	Kippis, Andrew Dr.	Sharp, Grenville
Clarkson, Thomas	Langton, Bennet	Sharp, Richard (1789年4月28日–12月15日)
Coombe, Dr.	Lloyd, John	Smith, Joseph
Dickson, William	Lord Kinnaird	Smith, William
Dillwyn, William	Lord Manchester	Stephen, James
Dolben, Sir W.	Lord Teignmouth	Thornton, Henry
Forster, B. M.	Luthington, William	Taylor, Vickris, John
Forster, T. F.	Macaulay, Zachary	Wedgwood, Joshuah
Fox, Charles James	Mackworth, Sir Herbert	West, James
Furly Foster, Thomas	Manser, William	Wilberforce, William
Grant, Charles	Martin, John (MP)	Woods, Joseph

MSS. 21254-6. BL

定した重要な判断であった[46]．

　同委員会の活動は，利害関係者からの激しい抵抗を受けた一方で，当初より世論，多数の高位聖職者や貴族，政治家，財界の有力者から支持を得ている．政治家ではウィルバーフォースの他，彼の友人で1783年から24才にして首相となっていたウィリアム・ピット，野党リーダーのチャールズ・ジェイムズ・フォックス，その甥のホランド卿，ヘンリ・ブルームらが早くから共感を示している．特にフォックス，ブルームは，廃止委員会のメンバーとなり，たびたび会合に出席している．表12-2は，大英図書館にある同委員

46　川分（2011），75，90頁．

第12章　奴隷貿易廃止時代の西インドとボディントン商会 | 501

会議事録から筆者が集めたメンバーである.

奴隷貿易廃止問題が議会に到達するのは,1788年2月以降である.1788年2-4月には100通を超える奴隷貿易廃止請願が提出され,これを受けて議会は枢密院に奴隷貿易調査委員会を設置した.また,首相ピットは下院でこの問題を議会で真剣に取り上げるべきものと論じて,全会一致の支持を得た.同年5月には,奴隷船における奴隷の輸送状況を改善する中間航路法も可決された[47].

1789年5月には,先の枢密院委員会の報告が提出されるとともに,ウィルバーフォースによる初の奴隷貿易廃止法案が提出されている.ウィルバーフォースは,これ以降,1800-3年を除いて毎年廃止法案を提出し続ける[48].

廃止法案への支持が最も高まり,可決まで後一歩のところまで近づいたのは,1792年である.このときは,500通以上の奴隷貿易廃止請願が提出され,西インド産砂糖のボイコット運動も盛り上がりを見せた[49].しかしその後フランス革命の過激化やフランス領サン・ドマング(ハイチ)の反乱などにより,世論は保守化し,廃止運動は支持を失った.このため,奴隷貿易廃止法が最終的に可決されるのは,1807年3月を待たなければならなかった.

西インド委員会は,以上の奴隷貿易廃止運動に対して即応した.西インド委員会が最初にこの問題を取り上げたのは1788年2月7日で,このときWIPMにおいて「奴隷貿易廃止反対のための下部委員会」(WIPM奴隷貿易廃止反対委員会と略)(表12-1に掲載)を設置している[50].このタイミングは,下院に最初の奴隷貿易廃止請願が届き,議会が枢密院に奴隷貿易調査の委員会の設置を命ずる数日前のことであった.また西インド委員会は,ウィルバーフォースが最初の奴隷貿易廃止法案を下院に提出する1ヶ月前の1789年4月9日には,「まもなく議会で検討されることになる,アフリカ貿易廃止提案による現在の不安な状況において(中略),砂糖植民地の安寧と繁栄に利

---

47 川分 (2011), 90頁;Jennings (1997), pp. 45-46;Anstey (1975), pp. 267-70.
48 川分 (2011), 90-94頁;Jennings (1997), pp. 71-112;Anstey (1975), pp. 321-349, 366-392.
49 川分 (2011), 91頁;Anstey (1975), p. 275.
50 1788年2月7日. West India Committee Minutes(planters & merchants), 1785-92. West India Committee Archives. ICS Archives, M915, reel. 3.

害を持つプランター，貿易商，抵当権や年金や債券証書による債権者，船主，商人，製造業者などその他全ての人びととの総会」を開催し，283名もの出席者を集めた[51]．これは，それまでの西インド委員会会合ではなかった異例の巨大な総会であった．ここで重要なのは，西インド委員会が，西インド利害関係者を単なるプランターと西インド貿易商に限定せず，西インドのプランテーションから年金を得ている者や西インド・プランテーションを担保に融資している者などに対象を広げ，彼らに注意を喚起し，広くイギリスの有産階級全体に関係する問題として訴えかけた点である．

一方，1788年2月7日に設置されたWIPM奴隷貿易廃止反対委員会は，1792年1月19日と3月19日にメンバーを拡充されている（表12-1[52]）．このタイミングは，やはりこの時の奴隷貿易廃止運動の盛り上がりに対応してのことだったと感じられる．同委員会は，92年前半期には精力的に出版活動や議員との交渉などを繰り返している．この年4月に提出されたウィルバーフォースの奴隷貿易廃止法案を，漸進的廃止に修正させて可決させ，即時廃止を回避したのはヘンリ・ダンダスであるが，彼はこの間西インド委員会と連絡を取りあっている[53]．

WIPM廃止反対委員会は廃止支持が減った94年以降ほとんど活動しなくなるが，1804年6月から活動が再開される[54]．これもまた，ウィルバーフォースが1800年以来4年間断念していた奴隷貿易廃止法案をこの年から再提出し出したことに即応したものであった．

では，以上のような西インド委員会内での奴隷貿易廃止反対の活動におい

51　1789年4月9日．West India Committee Minutes(planters & merchants), 1785-92. West India Committee Archives. ICS Archives, M915, reel. 3.

52　Minutes of Sub-Committee of WIPM appointed by the Standing Committee to oppose Abolition of Slave Trade, 23th, January, 1792 to 7th, June, 1804. West India Committee Archives. ICS Archives, M915, reel. 11.

53　たとえば1792年9月6日にダンダスよりWIPMに手紙が来ている．West India Committee Minutes (planters & merchants), 1785-92. West India Committee Archives. ICS Archives, M915, reel. 3.

54　1804年6月5日．West India Committee Minutes(planters & merchants), 1801-04. West India Committee Archives. ICS Archives, M915, reel. 3. 1804年6月6日．Minutes of Sub-Committee of WIPM appointed by the Standing Committee to oppose Abolition of Slave Trade, 23th, January, 1792 to 7th, June, 1804. West India Committee Archives. ICS Archives, M915, reel. 11.

て，ボディントン家・商会のメンバーはどう行動していただろうか．
　実は，ロンドン奴隷制廃止委員会の議事録には，興味深い記録が残っている．それは，1789年4月28日リチャード・シャープなる人物がメンバーに選出されていること，しかし，その年の12月15日にはこのシャープは退会の意志を表明し，それも認められていることである[55]．表12-2を参照されたい．
　このリチャード・シャープが，ボディントン商会のシャープであるかどうかについて明確な根拠はない．しかし，先述したように，シャープはロンドンのさまざまなクラブに出入りして人望もあった人物であり，また合理主義非国教徒として政治的自由主義者でもあった．さらに，重要なのは，奴隷制廃止委員会の一部のメンバー，ウィリアム・スミス，ジョサイア・ウェッジウッド，キネアード卿，ヘンリ・ブルームなどは，1798年に設立されシャープもメンバーとなるキング・オヴ・クラブズ（第8章第6節参照）のメンバーであったということである．このほか，ハクニ・ニュー・カレッジに関わった非国教聖職者アンドリュウ・キッピス師も，奴隷制廃止委員会メンバーであった[56]．以上から考えて，このシャープがボディントン商会パートナーのリチャード・シャープと考えることは無理ではない．
　ではなぜシャープは，いったんメンバーとなった奴隷制廃止委員会をすぐに退会したのか．それはやはり，彼のビジネス上の立場に関係していたのではないかと思われる．シャープがボディントン商会のパートナーとなるのは1799年であるので，この時点ではシャープは西インド貿易商ではなかったとも考えられる．しかしシャープは，ボディントン商会に入る以前から西イ

55　London Abolition Committee Minutes. vol. 2, f. 103, f. 122. BL MSS 21255.
56　ウィリアム・スミスは1788年7月5日には同委員会に賛同示す．London Abolition Committee Minutes. vol. 1, BL MSS 21254, p. 11. キッピスは1788年4月22日にメンバーに選出されている．キネアード卿，ランズダウン侯は1789年3月3日上院議員メンバーのリストの中に入っている．London Abolition Committee Minutes. vol. 2, BL MSS 21255, f. 14, f. 88. チャールズ・ジェイムズ・フォックスは1791年4月26日にメンバーに選出されている．ジョサイア・ウェッジウッド（子）は1791年5月3日，ヘンリ・ブルームは1804年5月23日にメンバーに選出されている．London Abolition Committee Minutes. vol. 3, BL MSS 21256.（この巻は頁，フォーリオ番号不明）キング・オヴ・クラブズのメンバーについては第8章を見よ．

ンド貿易にある程度は関与していたのではないか．おそらくシャープは，いったんは廃止委員会に入ってみたものの，自分の職業上の立場を改めて顧みて，退会したと考えられる．

　この一方で，シャープとサミュエル・ボディントンは，1806年4月11日に同時にWIPM奴隷貿易廃止反対委員会メンバーに選出されている（表12-1[57]）．つまり結局二人は，西インド利害関係者として味方すべき側についたことになる．しかしこの一方で，この二人は，第8章で見たように，この年の11月にはホランド卿の支援を受けて下院議員選に出馬した．ホランド卿は，1806年9月に叔父のチャールズ・ジェイムズ・フォックスが死亡した後，野党ウィッグのリーダーの地位を引き継いでおり，フォックスの奴隷貿易廃止法案支持の姿勢も継承していた[58]．表12-2のようにC・J・フォックスはロンドン奴隷制廃止委員会メンバーでもあった．このため，1806年秋のホランド卿は，廃止支持票を集めることに努力しており[59]，ボディントンもシャープもそうしたホランド卿の支援を受けて出馬したからには，廃止支持派であったと考えられる．つまり彼らは，1806年には，一方で西インド委員会の奴隷貿易廃止反対委員会に入り，一方で廃止支持派として下院議員に出馬したことになる．

　1807年2-3月の最後の奴隷貿易廃止法案の投票時点で議席を持っていた西インド利害を持つ下院議員は，約40名ほどであった[60]．サミュエル・ボディントンとリチャード・シャープは，この中にいた[61]．では彼らは実際どう投票したのか．残念ながら，1807年2月23日の下院第2読会での投票（廃止

57　1806年4月11日．West India Committee Minutes (planters & merchants), 1805-1822. West India Committee Archives. ICS Archives, M915, reel. 3.
58　Chancellor (1980), p. 261.
59　ホランド卿はこのころ，下院議員を「熱心な廃止支持者 staunch friend for the abolition」，「敵対的 adverse to the abolition」，「態度不明 doughtful」に分類し，支持票を数えている．"Introductory Survey", HPHC1790-1820, vol. 1, p. 186. 川分（2011），95頁．
60　このときの西インド利害を持つ下院議員の人数は，筆者の計算．研究者によって西インド利害関係者の数え方にはかなりの幅がある．川分（2011），89頁．
61　川分（2011）では，サミュエル・ボディントンを1807年2-3月時点で議席を持つ西インド利害を持つ下院議員のリストの中に入れていない．というのは，ボディントンは，一度別選挙区で敗退した後1807年に入ってからトラリ選挙区で選出されており，2-3月時点で正式に下院議員として活動できる状態であったかどうかが曖昧であるからである．

支持283票,反対16票)と3月6日の下院委員会での投票(廃止支持175票,反対17票)の投票リストは残っていない[62]. しかし最後まで奴隷貿易廃止法案に反対投票した者16名の姓名は,把握されている. この中で西インド利害を持つ下院議員と特定できる者は,9名である[63]. この9名の中に,ボディントンもシャープも入っていない.

以上から,ボディントンとシャープは,西インド委員会の中では奴隷貿易廃止に反対しながらも,下院議員としては賛成しており,最終投票の際には少なくとも廃止に反対票は投じなかったことがわかった. しかし彼ら以外の西インド利害を持つ下院議員にしても,奴隷貿易廃止法案に最後まで反対したのはわずか9名である. つまり1807年2-3月には,西インド利害関係者でも奴隷貿易廃止に反対する者は少数派であり,廃止法案に賛成投票しないまでも棄権した者の方が多かった.

そもそも,当時下院で奴隷貿易廃止法案支持派のリーダーをしていたのは,ジャマイカ地主の娘だった妻を通して自身西インド利害関係者であるホランド卿だった. したがって,西インド利害を持ちつつ奴隷貿易廃止にも共感したり理解を示すのは,もはや当たり前となっていたといえる.

表12-3には,筆者の調査にもとづき,西インド利害を持ちながら,最終的に奴隷貿易廃止に賛成したり,あるいは基本的には反対だが一定の理解を示した下院議員をリスト・アップしている. チャールズ・ロングを除く全員が西インド委員会の出席者であり,ロングは,自身は出席していないが,父ビートンが長年西インド委員会議長を務め,彼の自宅は西インド委員会会合場所であったほど西インド委員会と関係が深い. また,ほとんどがWIPM奴隷貿易廃止反対委員会メンバーである.

興味深いのは,このうちの多くの人々が,ホランド卿やボディントン家に何らかの関係を持つことである. フォスタ=バーナムは,ジャマイカのプランターでホランド卿夫人の従兄弟である. エリス家もジャマイカ・プランターで,ホランド卿夫人とジャマイカ時代から深い関係を持つ.

また,ウィリアム・ヤングは,第11章で見たヤングの息子であり,ボディ

---

62 "Introductory Survey", HPHC1790-1820, vol. 1, p. 186.
63 川分 (2011), p. 102.

ントン商会とは非常に深い関係を持っていた．エヴァン・ベイリは，第10章でふれたボディントン商会の取引先の西インド・プランター兼商人である．ウィリアム・マニングは，第10章のピニー家の取引先として出てくるマニング商会の2代目であるが，彼もまたボディントン商会と取引があり[64]，また以下に述べるベンジャミン・ヴォーンの姻戚，一時はパートナーでもあった[65]．またマニングは，スキナー家の末裔ジョン・レイモンド＝バーカーの姻戚ボウズンキット家とも一時パートナーであった[66]．アレクサンダ・ベアリングの父親フランシスは，ベンジャミン・ボディントン2世とともに非国教徒銀行家のウィリアム・フラー（c. 1705-1800）の会計学校に通っていた[67]．ジョン・メイトランドは，ベンジャミン・ボディントン2世の最初の妻リチャーズの姻戚であり，彼の弟エベニーザは前記のウィリアム・フラーの娘と結婚し，彼らの息子はフラーの莫大な財産を相続している[68]．ベンジャミン・ヴォーンは，先述したようにマニングの義兄弟かつパートナーであるが，彼の父サミュエル・ヴォーンはPDD代表で，彼自身はハクニ・ニュー・カレッジの出資者であり，また審査法・自治体法廃止委員会メンバーでもあった[69]．同委員会において，ベンジャミン・ヴォーンは，トマス・ボディントン4世やベンジャミン・ボディントン2世，ジョン・レイモンド＝バーカー，トマス・ロジャーズ，ジョン・ヤーバリ，ウィリアム・フラー，エドマンド・カラミ（同姓同名の追放牧師，歴史家の子孫）等と一緒に会合に出席している[70]．つまり，ヴォーン家はハクニ非国教コミュニティの一員であった．

　以上の人びとのうち，ある程度明確に奴隷貿易廃止を支持しているのはベアリング，ロング，フォスタ＝バーナム，ヴォーンぐらいで，後の人々は1790年代には強固な反対姿勢を貫き，1800年代後半になってようやく軟化した

64　Sheridan（1961）と川分（2008a）は，マニング商会の破産の過程を扱っている．そこでボディントン商会と若干取引があったこと，ベアリングには非常に大きな負債をおっていたことなどを明らかにしている．
65　"William Manning", HPHC1790-1820. "Benjamin Vaughan", HPHC1790-1820.
66　川分（2008a）．
67　第8章第5節．
68　リチャーズ＝ハドフィールド＝メイトランド（親戚）系図．
69　Davis（1978），p. 109；CLC/181/MS083083/3の1791-1805年．1795年の名簿；DWL.12.90（1）．
70　Davis（1978），pp. 54, 109.

表12-3 奴隷貿易廃止に一定の理解を

氏名	生没年	西インド委員会への出席	WIPM奴隷貿易廃止反対委員会メンバー	1807年2，3月の議席，選挙区
Baillie, Evan	c. 1742-1835	○	親族○	Bristol
Baring, Alexander	1774-1848	○	×	Taunton
Ellis, Charles Rose	1771-1845	○	親族○	なし
Ellis, George	1754-1815	○	○	なし
Foster-Barham, Joseph	1759-1832	○	○	Okehampton

示した西インド利害を持つ下院議員

議会における奴隷貿易廃止に対する行動	利害・役職，ボディントン家やホランド卿との関係
1789年ブリストル奴隷貿易擁護委員会を設立．1803年3月下院のグレナダおよびセントヴィンセントのプランター財政支援要請調査委員会議長．<u>1806-7年には，ホランド卿によって，奴隷貿易廃止に敵対的（adverse）とは分類されず．1807年3月にも貿易廃止に反対せず</u>．	ブリストル西インド貿易商．ブリストル市議会議員，シェリフ，市参事会員．ボディントン商会の取引先（本書第10章）．
<u>奴隷貿易廃止を一貫して支持．ホランド卿によって，奴隷貿易廃止の「堅固な支持者Staunch Friend」に分類される．</u>	アメリカ貿易商，証券仲介業，ロンドンのアメリカ政府代理人，イングランド銀行取締役，商務省総裁，アメリカ大使．父フランシス・ベアリング（1740-1810）は，ベンジャミン・ボディントン2世とウィリアム・フラーの会計学校に通う．
1794年1月31日，奴隷貿易廃止に反対投票．1796年3月15日には，反対投票せず．1797年4月6日には，奴隷貿易は忌まわしいが現在は必要不可欠とし，その<u>即時廃止ではなく，植民地議会による漸次的廃止を提案し，可決される</u>．1797年5月15日，1798年4月3日，ウィルバーフォースの廃止動議に反対．1802年5月27日，<u>新領土開拓に奴隷労働を使用することを防止するカニングの動議を支持</u>．1804年6月13日，奴隷貿易廃止法案に反対．1806年には一時引退を希望．1807年秋以降，下院議員に復活．	ジャマイカ・プランター．ホランド卿夫人と幼なじみ．WIPM議長．初代Seaford男爵．カニング派．
奴隷貿易即時廃止には反対．<u>奴隷貿易制限と最終的廃止には賛成．</u>	チャールズ・ローズの従兄弟．ジャマイカ・プランター家系．母方はロング家．カニング派．
1794年2月25日，<u>ウィルバーフォースのイギリス船による奴隷輸送禁止の提案を支持しながらも，奴隷貿易廃止の延期を主張</u>．1795年2月25日にはプランターの滅亡と奴隷反乱に懸念示し，奴隷貿易廃止よりも制限を支持．4月6日，チャールズ・ローズ・エリスの植民地議会による奴隷貿易の漸次的廃止法案を支持．1797年5月15日，1798年4月3日，ウィルバーフォースの即時奴隷貿易廃止法案を非現実的として反対．4月30日には，奴隷輸送の状態改善法案を支持．<u>1802年5月30日，ウィルバーフォースの奴隷貿易反対法案を支持し，集票役として活動</u>．6月12, 27日，プランターへの賠償の必要性を主張．1805年2月28日，	ジャマイカ・プランター，西インド貿易商．ホランド卿夫人の従兄弟．フォックス派からピット派へ移行．

Long, Charles	1760–1838	兄弟が出席	兄弟○	Haslemere
Maitland, John	c.1754–31	○	×	Chippenham
Manning, William	1763–1835	○	○	Evesham
Vaughan, Benjamin	1751–1835	○	○1792 より	なし
Young, William	1749–1815	○	×	Buckingham

川分（2011），76-89 頁の表の一部を抜粋，改変．

奴隷貿易廃止を支持しつつ，インドからセポイの移入を提案． 1806年6月10日，賠償付の廃止支持を表明し，ホランド卿によって「堅固な支持者」に分類される．1807年2月には，労働力不足，議会の責任などを指摘しつつ，即時廃止を支持．	
<u>廃止を支持</u>	ジャマイカ・プランター家系．父ビートンはロンドン西インド貿易商，WIM議長を長くつとめた．商務省メンバー．財務省主計長官．首相ウィリアム・ピットの友人．ピット派．
ホランド卿によって，<u>奴隷貿易廃止に好意的（Friendly）に分類される．1807年3月は欠席．</u>	西インド貿易商．ボディントン家姻戚．弟エベニーザは，会計学校経営者ウィリアム・フラーの娘と結婚．
1796年4月11日の演説で，植民地議会に判断をゆだねるべきという考えから，奴隷待遇改善法案には反対．<u>1804年5月，6月には奴隷貿易廃止には反対しないが，奴隷所有者への賠償を保証するよう提案し，否決される．1806年6月10日に再び賠償付き廃止を求め，奴隷貿易廃止に「敵対的adverse」にリストされている．しかし，1807年2月には廃止が損害に招くとは考えないと述べ，反対投票はせず．</u>	セント・キッツのプランター．ロンドン西インド貿易商．一時，ベンジャミン・ヴォーン，チャールズ・ボウズンキットをパートナーとする．イングランド銀行取締役，副総裁，総裁．セント・ヴィンセント植民地エージェント．ウィリアム・ウィルバーフォースと姻戚，友人．ピット派．
奴隷解放には反対　<u>1794年2月25日　奴隷貿易廃止に賛成</u>	父はジャマイカ・プランター兼商人．ハクニ非国教コミュニティに属する．
1790年12月10日最初のスピーチで奴隷貿易廃止の延期を支持．以来98年4月3日まで一貫して反対．<u>1798年5月10日，奴練貿易制限には賛成だが，植民地議会により導入される漸進的廃止法案に配慮してほしいと望む．1804年奴隷貿易廃止に抵抗を再開．1804年6月12日にはイングランドの労働者階級は彼の領地の奴隷より悪い暮らしであると主張．1806年6月10日にも，奴隷貿易廃止に反対．</u>	父はドミニカおよびトバゴ総督．1807年よりトバゴ総督．

か，あるいは沈黙したに過ぎず，奴隷貿易廃止に理解を示したとは言い難い部分もある．しかし彼らは，少なくとも1800年代には奴隷貿易が悪いことであり，即時にせよ漸進的にせよ廃止しなくてはならないことは認めていた．また表12-3の中で初期に奴隷貿易廃止に強固な姿勢をとったのは，奴隷貿易港ブリストル選出下院議員エヴァン・ベイリ，WIPM議長チャールズ・ローズ・エリス，セント・ヴィンセント植民地エージェントのウィリアム・マニング，やはり植民地エージェントのウィリアム・ヤングなどで，彼らは，立場上必ず奴隷貿易廃止に反対しなければならなかった．そのような彼らでさえ，1790年代末から1800年代には，奴隷貿易廃止をある程度理解するような発言をしている．

以上から考えて，1800年代には西インド利害関係者でも奴隷貿易廃止に反対しないことが普通になりつつあったと言えよう．まして新教非国教徒として伝統的に自由主義的な考え方を持ってきたサミュエル・ボディントンとリチャード・シャープが，1806年という段階でホランド卿の後援を受け，下院議員となり，消極的であれ積極的であれ奴隷貿易廃止を支持したことは，むしろ自然な行動であったと言える．彼らと同じ新教非国教徒であり，彼らよりもずっと以前からWIPM奴隷貿易廃止反対委員であったベンジャミン・ヴォーンにしても，かなり明確に奴隷貿易廃止賛成の姿勢を示している．彼ら新教非国教徒は，すでに長年自分たちの良心の自由のために闘ってきており，特に1790年前後という近い過去において審査法自治体法廃止のために議会で活動していた[71]．そのような彼らは，世論がすでに奴隷貿易廃止を強く支持している時期には，いかに経済的損失が大きくとも，奴隷貿易廃止に明確に反対することはできなかったと考えられる．

第5節　ロンドン港問題とボディントン家

この時期の西インド委員会の議題で，ボディントン家が大きな関わりを

71　奴隷制度廃止時代のこととなるが，1830年頃のPDDは組織として奴隷制反対を決議している．1830年5月28日．CLC/181/MS03083/7.LMA.

持ったのは，ロンドン港の問題である．ロンドン港は，中世以来1790年代まで，シティ・オヴ・ロンドン領域内のテムズ北岸，ロンドン塔からロンドン・ブリッジまでの約400メートルほどの区間の河岸にもうけられた埠頭や波止場にとどまっており，対岸のサザックやロンドン塔より下流の区域も許可制で使用されていたが，狭さや不便さ，旧式さは限界の域に達していた．1790年代はさらに戦争の影響でテムズ川を航行する艦隊も増加しており，問題はますます深刻化した．このためこの時期から，シティの域内ではなく，テムズ川下流の広い空間に大規模な湿ドックを建設するべきだという声が高まっていた．

　筆者は，この湿ドック建設についても別稿で論じたので，ここでは簡単に述べる[72]．この湿ドック建設問題は，西インド貿易と特に深い関わりがあった．西インド貿易は，18世紀最大の貿易分野であるにもかかわらず，東インド貿易のような専用ドックを持っておらず，ロンドン港の混雑に苦慮していた[73]．西インド貿易商は，特に法廷埠頭の埠頭主や艀業者からの混雑についての苦情や再三の値上げに悩まされていた．そのため西インド委員会は，1793年9月には砂糖の陸揚げ方法の改善について議論を開始して専門委員会も設置し，同年12月にはその委員会の報告書「法廷埠頭の砂糖陸揚げと配送業務に関するWIM委員会報告」もまとめている[74]．しかし，その後も法廷埠頭埠頭主などからの値上げ要求はやまなかった[75]．このため，西インド委員会は，テムズ下流域でのドック建設に強い関心を示し，その建設に関

72　川分（2006）．また以下を見よ．林田（2013），115-17頁．

73　東インド会社は，早くから船舶が大型化し，シティまで遡航は無理だったため，ブラックウォールに土地を獲得し，そこで船舶を係留していた．川分（2006），331頁．ロンドン港改修問題は，特に西インド貿易に関わるものだという議論は以下．Vaughan (1793), pp. 8-10, 19.

74　川分（2006），333頁；"Report of a Committee of WIM, Respecting the Business of Landing and Delivering Sugar of Legal Quays", Appendix (Rr.), Report of the Committee appointed to enquire into the best mode of providing sufficient accommodation for the increased trade and shipping of the Port of London, 1796. WIM議事録は1783年8月から94年3月まで欠落しており，またWIPMはもう少し後になるまでドック問題は扱っていないため，この間の西インド委員会の動きは，以上のような議会史料からわかるのみ．

75　WIMは，1794年6月27日にも，法廷埠頭主組合議長から艀料，埠頭使用料を値上げするという通達を受け取っている．West India Committee Minutes(merchants), 1794-1802. West India Committee Archives. ICS Archives, M915, reel. 2-1.

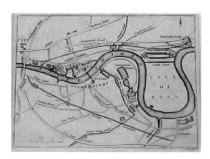

図55 テムズ川とシティ，ロンドン・ドック，西インド・ドック

してロンドン商業界の主導権をとっていく．

当時さまざまなロンドン港改修・湿ドック建設案が出されているが，主流となったのは，マーチャント案と呼ばれるのちにロンドン・ドックとして実現した案と，シティ案と呼ばれる西インド・ドックとして実現した案の2案である[76]．

マーチャント案（ロンドン・ドック）は，ウィリアム・ヴォーン（1752-1850）が1793年に提案したものであり[77]，「ロンドン商人委員会」または「公的諸団体及び商人会合」などと自称するロンドン港改修を話し合うロンドン商人の会合組織によって支持されていた．この案の骨子は，シティより少し下流のワッピングにドックをつくるというもので，またこのドックは全ての外国貿易が利用するものと想定されていた．

ヴォーンは，ジャマイカ・プランター兼ロンドン貿易商の息子で，前節で見たベンジャミン・ヴォーン（1751-1835）の弟である．彼は，兄とともに西インド委員会メンバーでもあった．西インド委員会商人部会である WIM はヴォーンの案を同部会の案として採用し，1795年7月14日には議会請願でこの案を推奨する[78]．

マーチャント案は，1795年7月には議会に請願され，96年3月には検討のための下院委員会が設置される．他方で，1795年12月22, 23日には，ロンドン・ドック会社設立のための出資募集が行われ，80万ポンドが集められた．そして1796年1月5日には，最初の出資者集会が開催され，ロン

---

76 両者の案の名称は，1796年下院委員会の命名．川分（2006），335頁；Report of the Committee appointed to enquire into the best mode of providing sufficient accommodation for the increased trade and shipping of the Port of London, 1796.

77 Vaughan (1793).

78 川分（2006），334頁；Appendix (A), Report of the Committee appointed to enquire into the best mode of providing sufficient accommodation for the increased trade and shipping of the Port of London, 1796.

ドン・ドック会社が設立される[79]。

しかし、1797年2月以降[80]、西インド委員会内部、特にWIPMにおいてもう一つの案が浮上する。それは、ロバート・ミリガンが提案したもので、ワッピングよりさらに下流のアイル・オヴ・ドッグズに、西インド貿易専用のドックを建設するというものであった。ミリガンの提案の趣旨は、主に以下の3点である。第一に、テムズ川はアイル・オヴ・ドッグズのところで大きく蛇行しており、その周航が大型船にとって危険となっているが、ここ自体にドックをつくれば、この危険な周航をしなくてすむ。他方でより上流のワッピングにドックをつくるのであれば、このアイル・オヴ・ドッグズの危険な周航をしなければならない。第二に、現在のロンドン港は、西インド貿易さえ出て行けば、十分他の外国貿易に対応できる。従って、西インド貿易専用ドックのみつくればよい。第三に、ワッピングは、地価が高い上に、すでに多数の家屋や水道会社などが存在し、その立ち退きに対して多大な賠償の必要があり、巨額の初期投資を必要とするため、十分な収益性が見込めない。それに対し、アイル・オヴ・ドッグズは地価も安く、ほとんど立ち退きの必要もない[81]。

総じてミリガンの案はロンドン・ドック案より優れていたため、西インド委員会は1797年12月には同案を委員会の正式な案として採用した[82]。翌1798年1月には西インド委員会は、シティ自治体との協議に入り、自治体の支持と資本金の1割の出資を取りつけた[83]。以降この案は、シティ案と呼

---

79 川分(2006), 334頁; Capper(1862), p. 147."The Resolutions of a General Meeting of Subscribers to the London Docks, 5th, Jan., 1796", in Vaughan (1797).

80 このころまでは、WIPMもワッピング案を支持している。1797年2月10日。West India Committee Minutes (planters & merchants), 1793-1801. West India Committee Archives. ICS Archives, M915, reel. 3-2.

81 ミリガンの意見は、1796年下院委員会の証人喚問において、つぶさに述べられている。Robert Milligan 18th, April, Report of the Committee appointed to enquire into the best mode of providing sufficient accommodation for the increased trade and shipping of the Port of London, 1796.

82 1797年12月12日。West India Committee Minutes (planters & merchants), 1793-1801. West India Committee Archives. ICS Archives, M915, reel. 3-2.

83 1798年1月29日、2月20日。West India Committee Minutes (planters & merchants), 1793-1801. West India Committee Archives. ICS Archives, M915, reel. 3-2.

ばれるようになる.

マーチャント案（ロンドン・ドック）はWIMでずっと以前から議論されてきた案であるのに対し，シティ案（西インド・ドック）はマーチャント案が実現段階まで来た後でWIPMで急に浮上してきた案であった．すでに会社設立にいたっていたロンドン・ドック側は強い不満を持っていたようだが，西インド・ドック側は自己の案に強い自信を持っており，ロンドン・ドック側が計画を放棄して合流することを期待していた．しかし結局両案が一つにまとまることはなく，両案ともに議会に提出され，別々の法案として審議される[84].

議会審議の過程は，西インド・ドックの審議が順調だったのに対し，ロンドン・ドックの審議はいろいろな問題点が指摘され難航している．西インド・ドック側は，法案の早期成立を見込んで，1799年6月には最後の出資枠の募集に入り，8月には西インド・ドック会社を設立する．この年暮れには建設が開始され，1802年には西インド・ドックは開業される[85].

他方，ロンドン・ドックは1年遅れで法案が成立する．また議会審議の過程で，同ドックは大型西インド船には不適切だが，喫水の浅いアメリカ船には適切であるとされ，その結果アメリカ産タバコの陸揚げの独占権が同ドックに認められた．その他，米，ワイン，ブランディの陸揚げの独占権も同ドックに認められた[86]. しかし同ドックは，予想されていたように用地取得や建設に時間がかかり，開業は1805年となる.

以上のように西インド・ドック会社は初期投資も少なくてすみ，年10％の配当を株主に支払っている[87]. 他方，ロンドン・ドック会社の配当は，年6％以下にとどまった[88]. このように，両ドックの勝敗は明らかであった．

---

84 両案を議論した下院委員会は以下. Committee on the Bill for Making Wet Docks, Basins, Cuts and Other Works, for the Greater Accommodation and Security of Shipping, Commerce and Revenue with the Port of London (Merchant Plan), 1799. Committee on the Bill for Rendering More Commodious and for Better Regulating the Port of London (City Plan), Parliamentary Papers, 1799.

85 Capper (1862), pp. 148–50.

86 Capper (1862), pp. 151.

87 Brookbank (1921), p. 140. Capper (1862), p. 150. Greeves (1980), p. 4.

88 Brookbank (1921), p. 140.

では，ボディントン家の人々はこのどちらの側にいたのか．実は彼らは，ロンドン・ドック側の中心メンバーであった．表12-1を見ると，1798年12月19日にWIPMの内部に「アイル・オヴ・ドッグズにおける西インド・ドックについて検討する委員会」が設置されているが[89]，この委員会は，ロンドン・ドック支持者と西インド・ドック支持者を調停するためにつくられた委員会であったと推測される．なぜなら，この前日の1798年12月18日にWIPMはロンドン・ドックに反対する請願を提出しており，WIPM支持する西インド・ドック側と，WIMが支持するロンドン・ドック側の対立は，頂点に達していたからである[90]．これが，翌年からの両ドック案の議会審議を前にしての緊張の高まりであったことは言うまでもない．

　1798年12月19日委員会の委員は全10名であり，そのうちジョージ・ヒッバート，ウィリアム・ラシントン（Lushington），ジョン・ウィリアム・アンダーソン3名は，西インド・ドック支持者と考えられる[91]．また，トマス・ボディントン4世，エドワード・フォスター，フィリップ・サンソム（Sansom），ウィリアム・マニングはロンドン・ドック側であった[92]．他3名については不明だが，おそらく両陣営に公平な人数を選出して話し合いがもたれたものと思われる．ただ，この委員会に関しては議事録が全く残っていないので，どのようなことが話し合われたかは解らない．

　トマス・ボディントン4世は，ロンドン・ドック法成立後の会社初会合である1800年7月9日には，初代の取締役24名のうち一人に選出されている．また，このときロンドン・ドック法にそって事業を具体的に実施していくための5人委員会メンバーとして，ウィリアム・ヴォーンとともにサミュエル・ボディントンが選出されている[93]．サミュエル・ボディントンはその後，ロンドン・ドック会社のチェアマン，トレジュラー，セクレタリの三役を何

89　West India Committee Minutes (planters & merchants), 1793-1801. West India Committee Archives. ICS Archives, M915, reel. 3-2.
90　1798年12月19日．West India Committee Minutes (planters & merchants), 1793-1801. West India Committee Archives. ICS Archives, M915, reel. 3-2.
91　3人とも西インド・ドック会社の取締役になっている．Brookbank (1921), p. 93.
92　この4人はロンドン・ドック会社の取締役となっている．Brookbank (1921), p. 115.
93　Broodbank (1921), vol. 1, pp. 115-16.

度も歴任する.

　なぜボディントン家の人々は，旗色の悪いロンドン・ドック会社に肩入れしていたのか．第一に考えられる理由は，ボディントン商会の事業が，西インド貿易だけでなく他の地域との貿易にもわたっていたということである．第10章で見たように，ボディントン商会はアメリカからの米輸入にも携わっていた．また本章第2節で見たジョージ・フィリップス商会は，アメリカからのタバコ，コーヒー，綿花の輸入や，ヨーロッパ向けのそれらの輸出なども行っており，同社を継承したボディントン商会も同様の事業を行っていたと推測される．

　もう一つ考えられるのは，ロンドンの信教非国教徒としての人的つながりである．何度か述べてきたように，ロンドン・ドック案を最初に考案したウィリアム・ヴォーンは合理主義非国教徒で，彼自身は非国教アカデミの名門ウォリントン・アカデミの出身であり，彼の父サミュエルや彼の兄ベンジャミン（1751-1835）はハクニに在住し，PDD，ハクニ・ニュー・カレッジ，審査法自治体法廃止委員会の活動を通じてボディントン家と接触があった．またサミュエル・ボディントンとともに会社三役を歴任するアイザック・ソーリ（Solly）は，ウィリアムズ博士信託財団の信託管理人を代々つとめた家系であり[94]，ボディントン家の非常に遠い姻戚でもある（ボディントン家系図No. 2）．またソーリは，ハクニ・ニュー・カレッジの出資者であった（第8章表8-2）．さらに，やはりロンドン・ドック会社の取締役となるアレクサンダ・チャンピオン（d. 1809）も，ソーリと同じくウィリアムズ博士財団の信託管理人だった[95]．

　その他，西インド委員会内の強力なロンドン・ドック支持者としては，ロイズのメンバーで保険引受業者としても有名なジョセフ・マルヤット（1757-1824）がいるが，彼の一族もPDD代表を務めている[96]．

　またロンドン・ドック会社の初代取締役の中には，2人のロンドン奴隷制廃止委員会メンバー，フィリップ・サンソム（Sansom）とロバート・ハンター

94　Jeremy (1885), p. 180.
95　Alexander Champion については Jeremy (1885), p. 130. *Gentlemans' Magazine*, vol. 79, 1809, p. 389. ロンドンの市参事会員，イングランド銀行取締役などを務めた.

がいる（表12-2）．サンソムは，西インド委員会メンバーでもあった[97]．

なぜロンドン・ドック支持者に合理主義的非国教徒や奴隷貿易廃止支持者が多かったのかを説明することは困難である．しかし，ロンドン・ドック支持者は，このドックが全外国貿易に解放されていることを大きな支持の理由としており，西インド・ドックは独占的性格であるとして，批判していた．彼らは，政治的にも経済的にも自由主義者であった．

他方で西インド・ドック会社支持者のうち，ジョージ・ヒッバートとウィリアム・ラシントンは，ともに西インド植民地エージェントで，奴隷貿易廃止に最後まで反対した下院議員でもあった[98]．ヒッパートは非国教徒ではあるが，彼らの西インドに対する利害と責任は，ロンドン・ドック派よりも強かったとも考えられる．

なお1830年代まで視野を広げてみると，西インド・ドック会社の経営は悪化している．これは英領西インド貿易が半永久的な不況に入っていくからである．砂糖生産地が世界的に増加し始め，価格も下落し始めると，特に英領西インドから砂糖を輸入する理由はなくなっていく．このようになってきたとき，西インド・ドック会社は，西インド貿易取扱の独占権を付与されそれ専用で経営していたことが，逆にマイナス要因となった[99]．従って，ロンドン・ドック会社が広く全ての外国貿易に門戸を開く方針を堅持したことは，長い目で見れば経営的に見ても決して間違った方針ではなかった．

以上，ボディントン家の人々は，西インド貿易に限られない営業，新教非国教徒の人的つながり，経済的・政治的自由主義の支持という立場から，ロンドン・ドック会社に中心的に参加することを選択した．1800年代の彼ら

96　Joseph Marryat の父 Thomas（d. 1792）は長老派聖職者．"Joseph Marryat", HPHC1790-1820．また1769, 1770, 1771年のPDD名簿にJoseph Marryatの名前がある．年齢からみて，当人ではなく，伯父などと思われる．

97　Philip Sansom は，1790年7月20日には出席が確認できる．London Abolition Committee Minutes. vol. 3, BL MSS 21256. Robert Hunter は1788年1月15日に奴隷制廃止委員会のメンバーになっている．London Abolition Committee Minutes. vol. 1, BL MSS 21254. p. 56. この二人がロンドン・ドック会社取締役であることは，Brookbank (1921), p. 115.

98　George Hibbert はジャマイカの植民地エージェントで，1807年2-3月に議席を持ち，最後の奴隷貿易廃止法案に反対投票した．William Luthington はグレナダの植民地エージェント．1807年2-3月には議席は持っていなかった．川分（2011），100, 102頁．

99　Capper (1862), p. 150.

は，確かに西インド貿易商ではあったが，それだけに縛られない総合商社的な事業活動の幅広さを持ち，その結果として精神的自由も持ち合わせていたといえるのではないか．

第 13 章

奴隷解放時代の西インドとボディントン商会

　1807年奴隷貿易廃止法成立以降は，各植民地で奴隷登録制度が敷かれ，プランテーション間の奴隷の売買や移動も制限されるようになり，奴隷の教会参加，裁判所における証言能力，むち打ち制限，休暇や衣服・食事の支給などに関しても改善が図られた．しかし 1830 年以降は本国政府は，植民地政府が奴隷待遇改善に真剣に取り組んでいないと結論し，本気で奴隷制廃止実現をめざすようになる．この結果，1833 年に奴隷制廃止法（奴隷解放法）が成立する[1]．

　ただ 1833 年奴隷制廃止法（3 & 4 William IV c. 73）の主たる内容，奴隷所有者への経済的配慮であった．まず第一に，同法は奴隷制廃止後に徒弟制という制度を導入した．これは，元奴隷に元主人の下で 4-6 年の労働義務を課すもので，この間元主人は元奴隷に衣食住を提供する義務を負う一方，元奴隷は労働分の 4 分の 1 のみしか賃金を支給されなかった[2]．第 2 に，同法は奴隷所有者に奴隷価格の 4-5 割に達する賠償金を支払った．その賠償金総額は 2 千万ポンドで，当時の国家歳入の 4 割に到達する膨大な金額であった[3]．

　このように，奴隷制廃止法は徒弟制と奴隷所有者への賠償により，奴隷解放によるプランター・商人への経済的ショックを大幅に緩和した．しかしそれにもかかわらず，1830 年代以降，英領西インド砂糖生産は半永久的な衰

---

[1] 奴隷貿易廃止から奴隷制廃止までの流れについては，川分（2015），226-236 頁．
[2] 川分（2015），224-226 頁．
[3] Draper（2010），pp. 114. 奴隷賠償金については，その他以下の研究がある．Wastell（1933）; Butler（1995）.

退に向かった．この英領西インドの衰退には，他国に先駆けて奴隷制を廃止したことも大きく作用したが，それよりも，奴隷制廃止とほぼ同時期に，世界規模で砂糖生産が増大し，砂糖価格が下落したことが大きく関わっていた．またこの一方で，イギリスは自由貿易主義を採用したので，英領西インド産砂糖は外国産の安価な砂糖と対等に競争しなければならなくなった．こうした情勢の中で，1880-90年代には英領西インドの多くの地域は，砂糖生産を完全に放棄し始める．

この19世紀末の本格的な英領西インド産砂糖の終焉については，次章に譲る．本章では，奴隷制廃止とその後の数十年に焦点をあて，この砂糖プランテーションの不況と再編の時代にサミュエル・ボディントンとボディントン商会がどのような活動を行っていたかを検討する．

第1節　ボディントン商会と奴隷賠償金

最初に1833年奴隷制廃止法でボディントン商会がどの程度の奴隷賠償金を得たかを確認する．

表13-1は，ボディントン商会が得た奴隷賠償金のリストである．ボディントン商会は，奴隷制廃止時点で1702人の奴隷を所有しており，総額約34000ポンドの奴隷賠償金を受け取っている．

ボディントン家がこれらの賠償金を獲得するにいたった立場は，所有者，抵当権者，判決債権者（裁判所判決により強制執行による債権回収を認められた債権者），判決債権の譲受人，遺産管理人などである．このうち遺産管理人は，自己のためでなく遺産相続人へ渡すために，代理人的な立場で賠償金を得たものである．それ以外の立場は，すべて自己のために賠償金を取得したものである．

ボディントン商会のような本国貿易商にとって，所有者，抵当権者，判決債権者の三つの立場には，それほど大きな差はない．抵当権者は債権の担保として抵当権を持っている立場，判決債権者は裁判所で係争してプランテーションの売り立てや取得により債権回収の権利を得た立場，所有者は債権と

表13-1 サミュエル・ボディントン，リチャード・デイヴィス，トマス・ボディントン6世が受け取った奴隷賠償金

島／教区	プランテーション名称	プランテーション所有者	ボディントンの立場	賠償金額（£）	賠償対象の奴隷人数（人）
Antigua	Mackinnon's Estate	William Alexander Mackinnon	抵当権者（債権額£4424）	1614	112*
Antigua	Hope Estate	Richard Garland	抵当権者の遺産管理人	707	46**
Antigua	Bendals	Robert Hyndman	債権者の遺産管理人	872	68***
Jamaica/Hanover	Rhode Hall Estate	Thomas Nasmyth	判決債権の譲受人（債権額£13250）	2283	126
Jamaica/Hanover	Success	Robert Scarlett → William Gordon	所有者	1904	108
Jamaica/St. James	Catherine Mount	William Raynolds	抵当権者（債権額£7728）	2299	133
Jamaica/St. James	不明	不明	不明	474	23
Jamaica/Vere	Greenwich	George Ratcliffe	所有者	2359	107
Jamaica/Vere	Greenwich	George Ratcliffe	所有者	1174	61
Nevis	Willets Estate	Samuel Long	判決債権者（債権額£7309）	2037	112
St. Kitts	Penteny?	Daniel Byam Matthew	抵当権者（債権額£10971）	2910	182
St. Kitts	不明 おそらく Key or Lavington §	不明	不明	1105	68
St. Vincent	North Union	John Roche Dasent	抵当権者（債権額£77651）	8110	316
St. Vincent	South Union	John Roche Dasent	不明	6367	240
合計			（債権額 £121,333）	34215	1702

§この領地は，奴隷賠償金請求時 Seton という人物と係争中で，議会史料においても係争中のリスト（List C）に掲載されている．ロンドン大学の調査結果には，これは掲載されていない．
* この領地からは，総額£3952（奴隷276人）の請求があり，そのうち£1614がボディントン等の請求だった．史料にはこの金額に対する奴隷人数は書かれていないが，この表では，金額の比率で奴隷人数を筆者が計算して記入している．
** *と同様．総額£1751（奴隷114人）の請求から計算．
*** *，**と同様．総額£2854（奴隷225人）の請求から計算．
出典：'Accounts of Slave Compensation Claims', Accounts and Papers：Negro Apprenticeship；Negro Education；Slavery Abolition. Parliamentary Papers, Session 1837-38, vol.48, pp.331-695. 領地名，ボディントンの立場は以下のロンドン大学の調査結果による．https://www.ucl.ac.uk/lbs/person/view/772

引き替えにプランテーションの所有権を取得した立場であり，いずれにしても貿易商がプランターの債権者となった結果到達する立場である．また，判決債権の譲受人は，債権の回収のために別な債務者から判決債権を譲り受けたという立場であって，やはりプランターに対する債権者という立場であることには変わりない．以上，ボディントン商会は，基本的にプランターに対する債権者という立場に立って，以上の奴隷賠償金を取得したのである．

表13-1のうち§印のついたプランテーションは，奴隷賠償金支払い時に裁判所で係争中だったものである．この裁判は，ボディントンを原告，シートンを被告とするものだった．この裁判は，おそらく1836年3月22日のロンドン・ガゼットにでているプランテーション競売の告示と直接関わるものである．このガゼットの記事は，大法官府裁判所においてサミュエル・ボディントンを原告，ジェイムズ・シートンを被告とした裁判が行われた結果としてセント・キッツ島のキーまたはラヴィントン領地というプランテーションの競売が行われることを告示している[4]．以上は，ボディントンがシートンの債権者であったこと，裁判に勝訴しプランテーションの売却によって債権を回収する権利をえたことを物語る．従って，ボディントンは，奴隷賠償金に関してもシートンより優位にあり，その大半を取得したと推測される．

第2節　サミュエル・ボディントンの遺書とそこに見る奴隷解放後の経営の方向性

　奴隷制廃止の10年後の1843年，サミュエル・ボディントンは死亡した．息子が2人とも早世したため，ホランド卿夫人の息子と結婚した娘グレイスのみがサミュエル直系の相続人であったが，サミュエルは娘には一切ロンドンの商会に関わるものや西インド関係の資産を残さず，他の資産から潤沢に遺贈した．その一方で，商会と西インドに関わる資産は全て，自分の事業を継承する甥のトマス・ボディントン6世に残した．これは，ひとつには，西インドに関する資産は，会社のパートナーと共同名義で保有していたものが多かったからで，事実上会社の資産であったからである．ただ，どれが共同名義の資産で，どれがそうでないかについては，サミュエルははっきり記述してはいないので，以下ではこれらの資産は基本的にサミュエルの個人資産として記述し，また甥のトマス6世個人に遺贈したものとして論述する．
　サミュエルは，死亡時にどのような西インド資産を持っていただろうか．

4　*London Gazette*, 1836/3/22, p. 546.

表13-2は，サミュエル・ボディントンが最後の遺言補足書を書いた1841年12月までに保有していたプランテーションである．サミュエルは遺書本体には西インド資産のことは記述しておらず，1838年2月，1839年4月，1841年12月の3つの遺言補足書に詳しく書いている．1839年4月の遺言補足書に記載のものは1838年2月の遺言補足書作成以降に取得されたプランテーションであり，また1841年12月のものは1839年4月の遺言補足書作成以降に取得されたものと考えられるので，表13-2では，遺言補足書の日付ごとに3つの欄に分けて表記している．

　1838年2月の遺言補足書では，プランテーションを，トマス・ボディントン6世（c.1807-1881）に直接遺贈するものと，信託として信託管理人にゆだね，信託の収益10％を信託の管理費に充てたのち残りの収入をトマス・ボディントン6世の使用に宛てるとしたものに，分けてある．後者は，資産として確実性の低いもの，おそらく多重債務状態にあるプランテーションであり，それゆえに信頼できる者を信託管理人として管理させる形をとったと考えられる．また，1839年4月，1841年12月の遺言補足書に記入されている新しく取得されたプランテーションは，全てこの信託に統合するように遺言している．

　次にこれらのプランテーションを，表13-1の奴隷賠償金取得時に保有していたものと比べてみよう．表13-2では，表13-1に存在すると考えられるプランテーションについては，最後列の欄に○印を入れている．完全に1対1では対応しない——アンティグアのマッキノン家の領地は個数が増加し，その一方でジャマイカのグリニッジ領地やセント・ヴィンセントのユニオン領地は統合されたらしい——が，表13-1にあったプランテーションの多くは表13-2に存在する．この間に手放されたと思われるのは，アンティグアのホープ領地とベンダルズ領地，ジャマイカのキャサリン・マウント領地，ジャマイカの名称不明の474ポンドの賠償金が支払われた領地であるが，これらはキャサリン・マウント以外は表13-1のなかで最も小規模な領地である．

　他方で，表13-2には，表13-1にないプランテーションがたくさん見つかる．つまり奴隷賠償金が支払われた1836年から最後の遺言補足書を書いた1841年12月のわずか5年ほどの間に，サミュエル・ボディントンは新しい

表13-2 サミュエル・ボディントン

		場所	プランテーション名または所有者
1838年2月14日の遺言補足書	甥 Thonas Boddingtonにそのまま遺贈	Antigua	James Hanmer Baker(Mackinnonの代理人)
		Antigua	故 William Mackinnon
		Antigua	故 Daniel Mackinnon（Williamの子）
		Antigua?	George Henry Mackinnon（Wiliamの甥）
		Antigua?	故 George Henry Mackinnon（Williamの兄弟，George Henryの父）
		Jamaica	Success
		Jamaica	Carthagena
		Jamaica	Rhode Hall estate
		Jamaica	Philip Anglin Scarlett
		Nevis	Governors
		St. Kitts	Key
		St. Kitts	Needsmust
		St. Kitts	Pennitinnoy
		St. Kitts	記載なし
		St. Kitts	J. T. Caines
		St. Kitts	故 Richard Wilson Greatheed
		St. Kitts	William McMahon（現在ロンドン在住）
	信託とした後，甥の使用に付すもの*	Jamaica	Greenwich
		St. Vincent	Union
		その他のプランテーション	
1839年4月12日の遺言補足書	上記信託に統合	Jamaica/Westmoreland	Friendship & Greenwich
		Jamaica/Westmoreland	Sweet River
1841年12月19日の遺言補足書	上記信託に統合	Trinidad	Union
		Guiana	L'Union & Alliance

＊に関しては「以下は信託とし，信託管理人に預け，評価額を計算の後，そのうち10%を除外疑わしさなどあらゆる条件を検討した上で資産評価すること．」と説明されている．この信託は Samuel Boddington の元妻の甥．James Weston は事務弁護士で，ボディントン商会のさま信託管理人に預け，10年以内の借用期間で借用証書により3%の利子により甥に貸す．甥の経

遺書にあるプランテーション

（もと）所有者	奴隷賠償金受給時にすでに持っていたもの（○）
	○
	○
	○
	○
Scarlett→故 William Gordon	○
故 John Henderson Hay	
故 Thomas Nasmyth	○
故 Samuel Long	○? Willett Estate?
故 Lord Lavington	○
Captain Woodley（海軍）	
Daniel Byam Matthew	○
故 Samuel Long	
故 George Ratcliffe	○
故 John Roche Dasent	○
Henry Webster→Samuel Boddington	
Henry Webster→Samuel Boddington	
売り手不明→Samuel Boddington	
Mary Hawes Ware →Samuel Boddington	

し，残りを甥の使用に付す．領地・担保・当事者の無秩序，不十分さ，の管理人（Trustee）は John Ashburner, James Weston. Ashburner ざまな業務を担当していた．甥に対しては，以上の他に「2万ポンドを営を助けるため」という文言も見える．PROB11 piece 1980.

プランテーションをかなり取得したことになる.

なぜ,彼はこの間にたくさんのプランテーションを取得したのか.これは第一には,奴隷制廃止と同時に起こってきた砂糖不況のあおりで,プランターが債務を増加させ,プランテーションを手放した結果であると考えられる.これに該当すると思われるのは,ジャマイカのカーサジェーナ(カルタヘナ)領地である.サミュエル・ボディントンは,奴隷解放前の1832年の段階からこの領地の抵当権者であった[5].おそらく,このプランテーションの持ち主は,奴隷賠償金を受給したのちも,ボディントンに債権を支払いきれず,最終的にボディントンに所有権を譲渡するにいたったものと考えられる.またセント・キッツ島のニーズマスト領地の所有者ウッドリも,後述するようにボディントン商会にかなり債務を負っており,同様のことがおこったと考えられる.

第2には,この時期,余り価値のない西インドの不動産権を手放す者がいたことである.ロンドン大学の奴隷賠償金調査によれば,表13-2のジェイムズ・ハンマー・ベイカーは13人の奴隷に対し327ポンド[6],J・T・ケインズは19人の奴隷に対して354ポンド[7],ウィリアム・マクマホンは3人の奴隷に対して52ポンドの賠償金を得ており[8],いずれもごくわずかしか奴隷を所有していなかったことが解っている.通常,わずかの奴隷しか所有していない者は,プランテーションを持たず奴隷のみ保有して,それを周辺プランテーションに貸し出していた場合が多いが,サミュエルの遺書は彼らをプランテーションの所有者として扱っているので,彼らがプランテーションを所有していたことは間違いない.しかし,彼らが持っていた奴隷の人数から考えて,彼らのプランテーションは,非常に小規模であったか,だいぶ以前から耕作が放棄されていたかどちらかであったと考えられる.このようなプランテーション所有者は,奴隷賠償金を得たのちは,西インドの不動産権を進んで手放したと思われる.

---

5 https://www.ucl.ac.uk/lbs/person/view/7249
6 https://www.ucl.ac.uk/lbs/claim/view/1003
7 https://www.ucl.ac.uk/lbs/person/view/25514
8 https://www.ucl.ac.uk/lbs/person/view/26030

全く異なった理由で，取得されたプランテーションもある．それは，1839年4月の遺言補足書にあるジャマイカのフレンドシップ＆グリニッジ領地とスィート・リヴァー領地である．これらは，サミュエル・ボディントンが，娘婿のヘンリ・ウェブスタから，彼の自分に対する借金の担保として，ヘンリの持ち分のうち3分の1を取得したものであった．遺言の中でサミュエルは，もしもヘンリが残りの持ち分を譲渡し，受け戻し権（担保物件を取り戻す権利）も放棄するならば，ヘンリを全ての債務から解放すると述べている．
　以上のプランテーションは，ヘンリ・ウェブスタの母ホランド卿夫人（エリザベス・フォックス，1771-1845）が自分の生家ヴァサル家から受け継いだ領地である．彼女は，ゴドフリ・ウェブスタ（d. 1800）との最初の結婚時に，これらを持参金としたが，1797年の離婚後にこれらを夫から取り戻したと思われる．この領地は，奴隷賠償金が支払われた1836年の時点では，ホランド卿夫人の長男ゴドフリ・ヴァサル・ウェブスタ（1789-1836）の所有として扱われているが[9]，彼の死亡後ホランド卿夫妻を経て次男のヘンリ・ウェブスタに譲渡されたと考えられる．
　おそらくヘンリ・ウェブスタは，1824年10月にサミュエル・ボディントンの娘グレイスと結婚したときに，サミュエルおよびグレイスと契約した寡婦給与産の金額に足るだけの資金を準備できず，サミュエルから借金することになったと考えられる[10]．母親ホランド卿夫人が上記プランテーションを長男死後の1836年以降にヘンリに与え，その後ヘンリが寡婦給与産設定の不足分を埋めるためにその3分の1の権利をサミュエル・ボディントンに譲渡したと考えるのは，遺言補足書のタイミング的にも無理のない推測である．サミュエルが晩年にこれらのプランテーションの全ての権利を確保しようとしたことは，これらのプランテーションの収益性が低下していたからであっ

9　ロンドン大学のデータベースによると，これらの領地の奴隷401人に対して7211ポンドの賠償金が支払われているが，そのうち2211ポンドが，直前に死亡した長男ゴドフリ・ヴァサルの名義で，ホランド卿夫妻にわたっている．なおホランド卿夫妻はこれ以外に奴隷賠償金は得ていない．https://www.ucl.ac.uk/lbs/claim/view/22693

10　寡婦給与産は，通常持参金の3倍程度設定するものであった．Earle (1989), p. 195. サミュエル・ボディントンは，自分の結婚時には妻の持参金5000ポンドに対し，15000ポンドの寡婦給与産を設定している．ただサミュエルが娘グレイスに対してどれくらい持参金を与えたかについては，手記等に記述がなく不明．

たと考えられる．

　以上の3つのプランテーション取得の理由はいずれも消極的なものであるが，生産性に期待して積極的に取得されたと考えられるプランテーションもある．それは，表13-2一番下の1841年の遺言補足書に書かれているトリニダードとガイアナのプランテーションである．

　トリニダードとガイアナは，いずれも1800年代前半にナポレオン戦争の最中に英領となった植民地であり，両方とも処女地に近く土壌が疲弊していないこと，さらに土地が広大なことから，労働力さえ確保すれば収益性の高いプランテーションが開発できると期待されていた．実際次章で見るように，これらの植民地は，英領西インドの中で最後まで高度な生産性を維持した地域であった．

　サミュエル・ボディントンは遺書の中で，両地域に対する大きな期待感を示しており，信託管理人に対し，適切な領地管理人を捜して経営すること，あるいは十分な借地料を取って貸し出すことを求めている．また，自分の死亡時にこれらの領地取得が完了していなければ，速やかに取得を完了させることを強く求め，さらには，信託管理人が適切と判断する範囲で，トリニダードとガイアナで「他のプランテーションや領地」を自分の残余資産から支払って購入することも依頼している．

　なお，サミュエル・ボディントンは，その他の信託に付したプランテーションに関しても，信託管理人に適切な領地管理人を配置し必要物資を送って運営していくように依頼しており，特に売却などの指示は出していない．

　以上から見て，サミュエルは，徒弟制が終了し全面的な有償労働体制が始まった1840年前後の時期においても，西インド砂糖生産に絶望はしておらず，今後も適正な経営さえ行えば収益性が見込めると考えていたと思われる．また彼は，トリニダードとガイアナについては大きな将来性を見ており，両地域でプランテーション所有を拡大したいと考えていた．

　ただその一方で，サミュエルのトマス・ボディントン6世に対する遺贈は，非常に寛大で，なおかつ用意周到なものであった．彼は，安全な資産を甥に直接遺贈する一方，権利関係の複雑な多重債務プランテーションは甥を受益者とする信託として信用できる第三者に管理させ，さらには別個に用意した

現金から甥に経営資金を低利で提供する仕組みを作った（表13-2付記を参照）．サミュエルは，西インドの砂糖プランテーション経営を決して楽観視してはおらず，事業を継承する甥に対して，できる限りの配慮をしたのである．

第3節　プランテーション取得の過程

　奴隷解放後の砂糖プランテーション経営において重要だったのは，いわゆるリストラ（生産体制再編）である．労働コストが上昇する一方，世界的砂糖生産量が増加し，砂糖価格は低下し続け，さらに自由貿易化が進む．やる気のないプランターから経営意欲あるプランターへのプランテーションの譲渡を速やかに進め，経営の合理化を進めて，生産性を向上させていくことが，絶対に必要な時代となったのである．

　しかし，経営の合理化以前に重要だったのは，プランテーションに課されていた多重債務を解除することであった．これらの債務は多種多様であり，商人等取引先への債務やそのための利子支払い，親族への年金支払いや，婚資・教育資金などの遺贈の約束など，ビジネス上のものから家族的なものにまで渡っていた．これらの債務の多くは，プランテーションの収益が多かった時代に設定されていたもので，そのまま支払い続けることは，プランテーション経営を赤字に陥らせ，結局は耕作放棄にいたらせるものだった．また，多重債務付きのプランテーションは売買が困難であり，そのままにしておくとプランテーション統合や再編も進展しなかった．

　以上のリストラ業務を実際に進めていったのは，イギリスの貿易商である．貿易商は，最大の貸し手であり，最も発言力の大きい債権者であったからである．またそれだけでなく，彼らはプランテーション経営とプランターの家族的事情の両方を熟知していた．貿易商は，プランテーション経営については，砂糖販売という収益面だけでなく，西インドが必要とする肥料・農具・資材・生活物資やフライト・通関・保険等の費用などコスト面も管理していた．また第10章第5節で見たように，彼らは多くの場合プランターの遺言執行者であり，また遺言の中で設定された信託の管理人であり，これらから

家族に年金などを支給する業務も彼らが行っていた．

ボディントン商会もまた，こうした貿易商として，19世紀を通してプランテーションの多重債務の整理精算と，生産体制の合理化の両方に関わっている．本節と次節では，いくつかの事例を通して，ボディントン商会が奴隷解放後から19世紀後半にかけてどのような活動をしていたかを見ていくこととする．

ボディントン家史料には経営史料がないことは何度も述べてきたが，1830–50年代の13枚のプランテーション関係の契約書のみが残っている．これらは全てセント・キッツ島セント・ポール教区のキャンプ領地とブラザソン領地に関わるものである[11]．この契約書を読み込むことで，これらの領地が，どのようにボディントン商会に取得されていったかを解明してみたい．

以上の領地は，1830年頃には両方ともジョージ・ヘンリ・バートという人物が所有していた．ただキャンプ領地には，フランシス・ロングという人物が1788年以前に貸与した年利6％，元金9000ポンドという債権がまだ残っており，ロングの子孫及び遺言執行者から支払いの請求を受けていた．1830年4月バートは，ロンドン商人アーチボルド・ポールに対して3150ポンドの手形を振り出し，ロング家の子孫及び遺言執行者に支払うことで，彼らの請求権を解除した．

他方，ブラザソン領地に関しては，バートは1826年にこの領地を担保に，先述のロンドン商人ポールから17000ポンドの借金をしている．

1837年10月19日，バートは，ボディントン商会から新たに借り受けることで，ポールへの借金を返済する．この時点で，キャンプ領地及びブラザソン領地に関わるバートのポールに対する借金総額は4800ポンドにまで減少していた．ボディントン商会は，バートに5000ポンドを貸与して，それでポールへの債務を全て清算させ，ポールは両領地に対する全ての権利を放

---

11 Boddington Family, Personal Papers. C. 1640–1843. CLC/426/MS16796. 前記のボディントン家史料によると，Camp Estate の面積は94エーカー．Brothersonについては書いていない．ロンドン大学のデータベースによると，奴隷解放時でキャンプ領地の奴隷は65人前後，ブラザソンは153人であった．

棄した．

　これとはべつに，ボディントン商会はバートに年200ポンドずつ総計5000ポンドを支払い，それによって将来的にキャンプ領地とブラザソン領地の完全な所有権（freehold）を獲得する契約を行った．他方で，ジョージ・ヘンリ・バートは，この間に借金の5000ポンドを年5％の利子付きで上限1万ポンドの範囲で返済すること，今後もこの領地の運営にあたり，ボディントン商会にこれらの領地が生産する全ての砂糖を委託し，生産・輸送・販売等にかかる費用全てをこの売上げから支払うことを，契約した．

図56　プランテーション動力の風車の土台跡（ブラザソン領地とキャンプ領地があったあたりと推定される）

　キャンプ領地には1773年から200年の定期不動産権の契約がついており，ブラザソン領地にもいつからか不明だが500年の契約がついていたが，ボディントン商会はこれらの権利も1837年10月の時点で買い取っている．

　また1850年には，ボディントン商会は，イギリスの独身女性ペネロペ・ヴァーチャイルド・ブラザソンが持っていたブラザソン領地から生涯にわたり年100ポンドの年金を受け取る権利を，200ポンドを支払って買い取っている．この年金支払いは，ブラザソン領地の生産物売上げが不十分なために，すでに滞っていた．

　以上は，プランターがロンドン商人から借金をしつつ，それまでの債務を解除していく過程，また債務を整理する過程で所有権を喪失していく過程を明らかにしている．まずバートは，ロンドン商人ポールから借金することにより，18世紀以来のロング家子孫の債権を解除した．次にバートはボディントン商会から借り換えるが，ボディントン商会は5000ポンドを貸与し，またさらに5000ポンドを25年間分割払いで支払うという複雑なやり方で，バートからプランテーションの所有権を将来的に取得する．

　以上の話の中で少し奇妙なのは，1830-37年の間にバートのポールに対する借金が総計2万ポンド以上から4800ポンドまで，約1万5千ポンドも縮

小したことである．この債務の縮小には，おそらく奴隷賠償金がある程度貢献している．キャンプ領地とブラザソン領地においては，ジョージ・ヘンリ・バートが賠償金を請求しているが，それに対してアーチボルド・ポールが反訴を行い，結局ポールが両領地ともに賠償金を全額獲得している[12]．その金額は約3700ポンドである．バートは奴隷賠償金を得なかったが，債権者のポールが直接得たことで，バートのポールに対する債務はその分縮小したと考えられる．

以上のキャンプ領地，ブラザソン領地は，両方とも表13-2にはでていないが，これはサミュエル・ボディントンが遺書を書いた1838–41年の時点では，両領地の所有権はまだバートにあったためか，「その他のプランテーション」の中に分類されていたと考えられる．

第4節　多重債務領地裁判所の時代

前節のように，個々の貿易商とプランターの間で債務の整理が進む場合もあったが，多重債務プランテーションの問題は政府による特別法の制定がなければ簡単には解決しない状態になっていた．イギリス政府はすでに，1849年大飢饉後のアイルランドに対し多重債務領地整理法という法律を制定し，領地整理を進めていた．政府はこれをモデルに，1854年西インド多重債務領地整理法（West India Encumbered Estate Act）を制定し，これに基づいて西インド領地の売買を専門的に管理する裁判所をロンドンと西インド現地数カ所に設置する．

この多重債務領地整理法は，1856年にはセント・ヴィンセント島とトバゴ島，60年にはヴァージン諸島とセント・キッツ島，61年にはジャマイカ，64年にはアンティグア，65年にはモンセラート，66年にはグレナダ，67年にはドミニカとネヴィスに適用された．一方，現地在住の中小規模の地主が多くプランテーションの経営状態が良好だったバルバドス，フランス法のも

12　https://www.ucl.ac.uk/lbs/claim/view/23760.
　　https://www.ucl.ac.uk/lbs/claim/view/25562.

とで簡便な手続きが存在したセント・ルシア，新植民地ゆえに多重債務プランテーションがほとんど存在しなかったガイアナとトリニダードはこの法律を導入しなかった[13]。多重債務領地裁判所は，1892年まで活動を続け，この間に382領地，総額57万5000ポンドの領地を売却した[14]。

多重債務領地裁判所の活動については，植民地現地にも裁判所が開設されたにもかかわらずほとんどの裁判と競売がロンドンで行われたこと，本国代理商が耕作に融資している場合はそれらにリーエン（先取特権／留置権，債権回収のための競売権・優先弁済権をもつこと）を認めたこと，以上の結果本国代理商が大半のプランテーションを取得してしまったことなどの点で，植民地から強い批判を受けている[15]。また，ロンドンの西インド委員会が多重債務領地裁判所裁判官の給与のため寄付をしていることが明らかになると，これらの批判はさらに高まり，同裁判所の活動を調査する王立委員会が設置され，その結果同裁判所の廃止が決定されている[16]。

ただ，20世紀以降の研究者は，同裁判所はプランテーションの再編統合に大きな役割を果たしたと評価している[17]。ビーチィは，同裁判所が1862-74年に売却したプランテーションのうち3分の1はすでに耕作放棄地であったと述べ，幼児がプランテーション所有者で経営赤字が累積し続けていても有効な手が打たれないまま放置されているようなプランテーションもあり，政治的介入は妥当だったと位置づけている[18]。

ボディントン商会も，この多重債務領地裁判所を通してプランテーションの競売を行っている．以下では，その事例を2つ取り上げ，同裁判所がどのように機能していたか，ボディントン商会はこの裁判所を通してのプランテーション再編にどのように関わっていたかを考察する．

13　Beachey（1957），pp. 4-10.
14　Beachey（1957），pp. 35-36.
15　Beachey（1957），pp. 21-24.
16　Beachey（1957），pp. 24-27.
17　Lowes（1994），p. 20 ; Schnakenbourg（1984），pp. 89-90.
18　Beachey（1957），pp. 2, 22.

1. セント・ヴィンセント島アーノス・ヴェイル（Arnos Vale）領地をめぐる訴訟

多重債務領地裁判所の訴訟レポートによると[19]，この領地は，1792年にサミュエル・グレイトヘッド（1752-1829）が母親から相続し所有していた440エーカーの領地である[20]．グレイトヘッド家は，セント・キッツの西インド・プランターの一族で，サミュエル・グレイトヘッド（c. 1710-65）という下院議員も出している家系である[21]．なおこの下院議員のサミュエル・グレイトヘッドは，ボディントン家のパートナーであったリチャード・メイトランド（d. 1775）の姻戚であるバーティ家から妻をもらっている（メイトランド家（パートナー）系図中央）．サミュエル・グレイトヘッド（1752-1829）は，彼の甥に当たる[22]．

サミュエル・グレイトヘッド（1752-1829）は，この領地を相続後，これに対して妻ソフィアの寡婦給与産の一部である600ポンドを設定した．彼はまた，全領地を長男サミュエルに残す一方で，それらから次男ジョン，娘メアリとソフィアのために合計24000ポンドを遺贈するように遺言した．つまり，長男サミュエルは全領地を相続する一方で，その中から母への寡婦給与産600ポンドと，弟と姉妹2人のために24000ポンドを支払う義務を負ったわけである．

1833年，ジョンとメアリ，ソフィアおよび彼らの母のソフィアは，長男サミュエルに対し父の遺言通り24000ポンドと寡婦給与産600ポンドを支払うことを求めた裁判を起こし，この結果長男サミュエルは裁判所から領地の占有を認められる一方で，これらの支払いを命じられた．その後1836年には，この領地の所有者である長男サミュエルへ，283人の奴隷に対する7648ポンドの奴隷賠償金が支払われている[23]．

19　以下の訴訟レポートは，同裁判所裁判官カストが残した記録．以下の本文での記述は，特に断りがない限り，このレポートによる．Cust (1865), pp. 219-30.
20　https://www.ucl.ac.uk/lbs/estate/view/3640　領地の面積については，*Times*, 1859/5/13, p. 10の競売記事にある．
21　"Samuel Greatheed", HPHC1715-54.
22　以下の彼の息子の記事による．https://www.ucl.ac.uk/lbs/person/view/27367
23　https://www.ucl.ac.uk/lbs/claim/view/27330

その後のこの領地の経営は思わしくなく，グレイトヘッドはボディントン商会に多大な債務を負うようになった．その結果1843年，ボディントン商会はアーノス領地の抵当権と全生産物の専任委託販売権を獲得し，一方で今後耕作に必要な物資全てを送るという契約を結んだ．当時は，領地の実際の運営はウィリアム・ゴードン・マクレガ・グラントという人物が行っており，彼がボディントン商会に必要物資を注文し，その支払いはサミュエル・グレイトヘッドがボディントン商会に振り出す手形で行われた．しかし1845年ボディントン商会は，グレイトヘッドの口座残高が少ないために，この手形の引き受けを拒否した．

　このままでは耕作が止まってしまうため，グラントは次男ジョン・グレイトヘッドらと相談して，自分で耕作に必要なものを購入して，プランテーションの耕作を続けた．一方で次男ジョンは，兄サミュエルを訴えてイギリスの大法官府裁判所に訴訟を提起した[24]．ジョンは，この訴訟で，裁判所が適切な代理商と現地管理人を任命すること，またグラントが必要物資のために振り出した金額を確定するよう求めている．ただこれは，ボディントン商会の反対のためできず，代わりにボディントン商会はプランテーションの必要物資の手形を引き受け，耕作を継続できるようにすることを承諾したようである．

　その後1847年に長男サミュエルは死亡した．また領地を管理していたグラントは，49年に死亡するまで管理人を務めたが，死亡時にはプランテーションに対し1800ポンドの債権を有していた．

　この後もアーノス・ヴェイル領地の経営状態は改善されなかったようで，ボディントン商会は1858年8月に多重債務領地裁判所に訴訟を提起して，同領地の競売によって自分たちの債権約3286ポンドの回収を実現するように要求した．この要求は受け入れられ，同領地は8月7日に競売に出され[25]，1万ポンドで売却された．この金額は全債権者の請求を満たすには不十分であったため，債権者の間で優位が争われたが，多重債務領地裁判所は，現地管理人のグラントの相続人よりもロンドンの代理商にリーエン（先取特権）

24　この訴訟については，以下に説明がある *Times*, 1859/5/13, p. 10.
25　*Times*, 1858/8/7, p. 3.

を認め,ボディントン商会と,1850-55年に代理商をしていたトマス・チャプマンの債権を優先すべきとした判決を下している[26].

　グラントの遺言執行者はこれを不満として上訴し,1860年3月29日に本国の枢密院司法委員会で審議が行われた.ここでは,グラントは,正式には任命されなかったが,事実上本国大法官府裁判所が任命した財産保全管理人にあたる立場で,全関係者のためにプランテーションを経営していたとみなされ,グラントへの支払いこそが優先されるべきであるという判決がおりた.

　多重債務領地裁判所は,新しい所有者にはこれまでの債務を継承させない制度であり,売却の段階でこれまでの債務は,親族の請求分も代理商などの請求分もすべて清算された.

　以上の経過は,19世紀中葉にはプランテーションの実際の収益は,豊かな時代に設定された親族への遺贈総額を大きく下回っていたこと,従って親族からの遺贈請求がプランテーションを相続した長男にとって大きな負担になっていたことを明らかにしている.ただ被遺贈者も全く無理解ではなく,次男ジョンは現地管理人のグラントの相談相手になり,本国の裁判所に訴えて,その管理のもとで経営を立て直すための努力を払っている.また,現地管理人のグラントも,私費を投じてまでも耕作を続けようとした.しかし,同領地はすでにボディントン商会に対して大きな債務を負っており,彼らが債権の回収を要求したために,結局は多重債務領地裁判所を通して売却せざるをえなかった.おそらくグレイトヘッド家の家族は,遺贈分のごく一部しか得られなかっただろう.しかし彼らがそうした請求を放棄することによって,プランテーションは債務から解放され,新たな所有者のもとで収益性を回復する可能性が開けた.

２.セント・キッツ島ニーズマスト領地の場合

　1860年1月24日のタイムズには,大法官府裁判所でのスミス対ボディントン訴訟の報告が要約されている[27].タイムズ記事にははっきり書いていないが,所有者等の氏名から,この訴訟の対象になっていたプランテーション

26　Cust (1865), p. 220.
27　*Times*, 1860/1/24, p. 10.

は，セント・キッツ島ニーズマスト領地であることが解る[28]．

ニーズマスト領地は，表13-2に掲載されている領地，サミュエル・ボディントンが1838年2月遺言補足書作成時点で自分の所有としていた領地である．

1836年には，この領地の174人の奴隷に対する2770ポンドの奴隷賠償金は，バービス（Berbice ガイアナ）

図57　セント・キッツ島，ホテル・マリオットのゴルフ場（このあたりにニーズマスト領地があったと推定される）

総督であったウィリアム・ウッドリの遺産執行者が獲得している[29]．1838年2月の段階でサミュエル・ボディントンがこの領地を自己所有と認識していたことは，同領地がすでにボディントン商会に対して非常に大きな債務を負っており，ウッドリ家関係者は手放す寸前まで追い詰められていたことを意味する．実際タイムズの記事によると，ウッドリは，この領地の代理商であったボディントン商会に対し多大な債務を負い，ボディントン商会は抵当権者となっていた．1848年債務超過者裁判所（Court of Insolvency）は，ウッドリを返済不能と判断し，ニーズマスト領地を競売にかけた．このとき同領地は，5000-6000ポンドの価値であり，それに対して総額12000ポンドの債権がついていた．

この裁判所競売の時点で，同領地の購入希望者はボディントン商会のみで，同商会の事務弁護士は購入価格20ポンドを提示した．しかしこれに対しては法律上の異議が出されて，売却はなされなかった．この異議の内容については特に説明はされていないが，ボディントン商会がこの領地を購入すれば，債権者の1人が他の債権者の同意なく債権対象の全財産を取得することになり，それに問題性があったと考えられる．

1850年8月には，この領地に対する債権総額は1万ポンドまで縮小していた．このとき，この領地はもう一度競売に出され，ランブリという人物が

28　https://www.ucl.ac.uk/lbs/estate/view/3135
29　父 William Woodley（1728-93）は下院議員．

20ポンドで購入した．しかしその後，このランブリがボディントン商会の代理人であったこと，債務超過者裁判所から競売に入札する資格を得ていなかったことが明らかとなった．またこのランブリの購入後，実際このプランテーションを所有し，耕作をしているのはボディントン商会であることも明らかとなった．ボディントン商会は，機械を設置するなど新たな投資を行い，また他の近隣のプランテーションと統合して合理化を進めていた．

　1860年11月24日のタイムズに出ている大法官裁判所訴訟は，スミスという人物が，1850年のボディントン商会のランブリを通してのニーズマスト領地購入は無効であると主張した裁判である．スミスの立場ははっきりしないが，おそらくウッドリの破産債権譲受人（assignee 債権者のために破産した者の財産を譲り受ける者，破産管財人とほぼ同じ）であったと考えられる．しかし，裁判所はスミスの訴えを退け，ボディントンのプランテーションの購入を有効とした．

　この後，ニーズマスト領地について情報が出てくるのは次の記事である．1886年9月7日タイムズは，多重債務領地裁判所の命令によるものにして，故A・ハミルトン・ベリッジが所有していたセント・キッツ島の2つの砂糖プランテーション，ニーズマスト領地とモーンズ領地の競売を広告している[30]．この競売の申立人は，ランバート，マーシャル，ハナムという人物であるが，これは後述するようにこの時期のボディントン商会のパートナーであった．また，この領地の詳細の問い合わせ先は，ボディントン商会とされている．

　以上からは，ボディントン商会は1860-86年の間にニーズマスト領地をベリッジに売却したが，ベリッジは購入資金全額を支払うことができずボディントン商会に債務を負い，しかもベリッジの経営は行き詰まったため，ボディントン商会は債権回収のため多重債務領地裁判所に訴訟を提起して同領地の競売を求めたという経過が推測される．

30　*Times*, 1886/6/30, p. 4；*Times*, 1886/9/7, p. 14.

第5節　ガイアナのリュニオン領地とボディントン商会

　最後に，ボディントン商会が19世紀を通して所有を続けたプランテーションの例を挙げよう．さきに第2節で，サミュエル・ボディントンがトリニダードとガイアナに関しては新たなプランテーション獲得に強い意欲を示していたことを述べた．また表13-2では，サミュエルが1839–41年の間にトリニダードとガイアナでプランテーションを購入していることが確認された．

　このうち，ガイアナのリュニオン＆アライアンス領地に関しては，サミュエル・ボディントンがどのように取得にいたったか，またその後どうなったかを示す情報がある．

　まず，1834年3月4日のロンドン・ガゼットには，英領ガイアナ最高裁判所の1月9日の競売の告示が転載されている．この競売物件は，リチャード・ロバートソンが所有する二つの領地，リュニオン（L'Union）とよばれる350エーカーのプランテーション（200エーカーが砂糖，10エーカーが食糧生産）と，アライアンス（Alliance）と呼ばれるほとんどが耕作放棄された250エーカーのプランテーション，そしてそれに所属する奴隷147人であった．また，これらの領地の詳細のロンドンにおける問い合わせ先は，ボディントン商会となっている[31]．

　サミュエル・ボディントンが遺書で述べているリュニオン＆アライアンス領地の所有者はメアリ・ハウズ・ウェアであり，1837年に両領地の奴隷賠償金を得たのも彼女であった[32]．他方でこのガゼット記事で所有者がリチャード・ロバートソンとなっているのは奇妙だが，ここではロバートソンは彼女の共同所有者または彼女が名を隠すための代理人であったと推測しておく．ボディントン商会は，この競売において詳細問い合わせ先となっており，すでにこの領地の代理商であったと考えられる．ボディントンは，これらの領地に大きな将来性があると考えて，結局この競売で自らこれらの領地を購入したと推定される．

31　*London Gazette*, 1834/3/4, p. 386.
32　http://www.ucl.ac.uk/lbs/claim/view/7201.

一方，1871年の議会文書「英領ガイアナの移民の待遇に関する調査委員会の報告」に，この領地に関する報告がでている．この報告は，総計約30のプランテーションにおける移民，すなわち契約移民労働者の生活実態に関する調査報告書である．少し補足説明しておくと，ガイアナやトリニダードは，1800年代に英領になったが，未開拓で広大な土地を持つにもかかわらずすぐに奴隷貿易が廃止されたため，労働力を渇望していた．そのため，イギリス政府は，インド人や中国人の苦役労働者を契約移民労働者として大量に導入する．ただこれらの移民労働者が新たな奴隷にならないように，その契約年数や労働条件，帰国費用の支給などについては，いろいろな規制が課されていた．1871年の報告書は，そうした規制の遵守状況を調査したもので，調査内容は，病院，住居，食糧農場の状態，給与支払い，労働者の不満など多岐にわたっている．

　同報告の中に，リュニオン領地が掲載されており，ボディントン商会が所有者となっている．ボディントン商会は，不在所有者（Absentee Owner）と呼ばれ，現地在住の所有者とは区別されている．このリュニオン領地には，合計125名の契約移民労働者，さらに非契約労働者が30人いた．また契約労働者は113名がインド人，12名のみが中国人で，非契約労働者は全員インド人だった．

　報告書は，リュニオン領地では，労働者から，労働中に監督が中国人労働者を殴って死亡させたという申し立てがあったことを述べている．また，これが原因で労働者の不満が高まっていたことも述べられている．しかし報告は，全体としてプランテーションの施設や管理の状況は良好であり，この事件についても労働者側の申し立てに十分な信憑性があるとは言えず，中国人労働者の死亡は監督の故殺とは言えないという結論を出している[33]．

　本当にリュニオン領地の労働状況が良好であったかどうかは，解らない．しかし，本章に関わって重要なのは，ボディントン商会がこのガイアナのプランテーションを1830年代末から71年まで30年間以上にわたって保有し，契約労働者を導入して熱心に経営していたことである．第4節や第5節で見

33　"Report of Commissioners Appointed to Enquire into the Treatment of Immigrants in British Guiana, 1871", *Parliamentary Papers*, 1871［c. 393］［c. 393–I］［c. 393–II］．

たプランテーションにおいては，ボディントン商会が取得に熱意を示したのは，セント・キッツ島のニーズマスト領地のみであり，他のプランテーションに関しては，その生産物の専任代理商となることは欲したが，所有者となることは望んでいなかった．それと比して，ガイアナに対する熱心さはきわだっている．

以上からみて，奴隷解放・自由貿易時代においても，ボディントン商会は，西インド砂糖貿易を継続する意欲をもっていたと言える．ただ，同商会は，生産性の高い新植民地に関しては領地の所有者となり直接の生産者となることをいとわなかったが，生産性の低い旧植民地に関しては，あくまで委託代理商という立場にとどまり，プランテーションの所有者・生産者になることは回避していたように感じられる．

第6節　ボディントン商会のその後

最後に，19世紀後半のボディントン商会のパートナーシップの変遷を確認しておこう．1830年代以降は，シャープの義兄弟と甥であるジョージ・アダムズ・デイヴィス（1774-1833）とリチャード・デイヴィス（1809-1877）がパートナーとなり，またサミュエル・ボディントンの甥のトマス・ボディントン6世（c. 1807-81）が事業に参加し，しばらくボディントン＆デイヴィス・カンパニという屋号で経営を続けている．トマス・ボディントン6世の引退後は，ボディントン一族の中には誰も商会を継ぐ者がいなくなり，ここでボディントン家の商会への参加は絶える．

こうして，ボディントン家の人々は，1880年代になってとうとうロンドン貿易商であることを止めてしまう．ただ，ボディントン商会は，ボディントン家のメンバーの参加がなくなってからも，少なくとも1941年まではボディントン商会の屋号を使用し続ける[34]．そこで本書では，ボディントン家のメンバーがいなくなった後のボディントン商会についても，たどっておく

34　*Post Office London Directory 1941*（London: Kelly & Company, 1940).

こととしたい．

　トマス6世の引退後は，ボディントン商会のパートナーは，サー・ジョン・アレクサンダ・ハナム（準男爵），アラン・ランバート，アーネスト・ラクスモア・マーシャルになっている[35]．ランバートは1886年まで，マーシャルは1897年まで，ボディントン商会のパートナーであった．

　以上の3人の人物について，簡単に確認しておく．ジョン・アレクサンダ・ハナムは，法廷弁護士であった．ハナム家は，『バーク貴族・準男爵要覧』によると，17世紀にはグロスタシャアとサマセットシャアの地主であった．また同家には，創立時のウィッグ党のリーダーであったアンソニ・アシュリ・クーパー（初代シャフツベリ伯）の血筋が入っている[36]．シャフツベリ伯は，第6章で見たようにフーパー家の姻戚であり，スキナー家を通してボディントン家ともつながっている．ただハナム一族と西インドとの関係は，全く不明である．

　アラン・ランバートは，ロンドン・ガゼットによると1875年末に解散したロンドンの貿易商会コタム＆モータン商会のパートナーであった[37]．ロンドン・ガゼットは同商会を単に商社（マーチャント）としているが，同商会のほかのパートナー，フレデリック・モータン，ウィリアム・マンロ・ロス，フランシス・ジョン・ブランストン・ベックフォード，チャールズ・ミルフォード・コタムはいずれも西インド貿易商・プランターの家系である．モータン，ロス，ベックフォード，コタムはいずれも18-19世紀の西インド委員会の議事録で頻出する姓である．ゆえにこの商会が西インド貿易商社であったことは疑いの余地がない．

　この会社は大きな債務を残して解散したらしく，ロンドン・ガゼット上に何度か債権者集会の告示がでており，1883年頃までかけて債務の清算を行っ

35　Sir John Alexander Hanham Bart.; Alan Lambert; Ernest Luxmoore Marshall. 以上の人物がボディントン商会のパートナーであることは，最初に以下から情報を得た．https://www.ucl.ac.uk/lbs/firm/view/-1616666440

36　*Burke's Peerage & Baronetage*, 106th Edition, 1999, vol. 1, pp. 1293-94.

37　Frederic Mortan; William Munro Ross; Alan Lambert; Francis John Bramston Beckford; Charles Milford Cottam. 同社はロンドンのライム・ストリート，その後グレイスチャーチ・ストリートで開業していた．*London Gazette*, 1878/1/1, p. 22.

ている[38]。アラン・ランバートは，この商会の解散後にボディントン商会に参加したと考えられる。ランバートは事務弁護士（solicitor）でもあり，破産した故人・会社の資産の清算業務を専門としていたようである。彼は，コタム&モータン商会のパートナーであった 1875 年には，ガイアナのバークレイ・オルヴズという女性の遺産執行者から法廷代理人に任命され，彼女の死後の債務処理を行っている[39]。またボディントン商会のパートナーを辞任した直後の 1887 年 3 月 10 日には，彼は大法官府裁判所によってブラジル中央製糖所株式会社の解散に関する公認清算人に任命されており[40]，1892 年 2 月にはユニオン石油製造所株式会社という会社の解散に関しても清算人として活動している[41]。

　アーネスト・ラクスモア・マーシャルについては，出自などの情報は今のところ皆無である。1883 年 7 月 6 日のタイムズの記事では，マーシャルは，資本金 12 万ポンドで設立された新しい株式会社アリカンテ水道会社取締役に，ボディントン商会パートナーという肩書きで就任している[42]。また次章で後述するように，1896–97 年の英領砂糖生産に関する王立委員会では，彼はガイアナとリーウォード諸島の砂糖生産についての有識者として証言している。

---

38 *London Gazette*, 1878/8/23, p. 4844; *London Gazette*, 1878/10/1, p. 5414; *London Gazette*, 1883/11/6, p. 5278.
39 *London Gazette*, 1875/10/26, p. 5039.
40 *London Gazette*, 1887/3/11, p. 1462; *London Gazette*, 1892/5/20, p. 2998.
41 *London Gazette*, 1892/2/5, p. 622.
42 *Times*, 1883/7/6, p. 13. また以下の死亡記事では，彼の遺産は 69000 ポンドあまりであった。*Times*, 1947/6/11, p. 6. この遺産は彼の遺書でも確認できる。（遺書リスト）

第 14 章

終焉
——19–20 世紀転換期の英領西インド砂糖生産

　イギリス領西インドの砂糖生産は，1880 年代以降最終章に入る．この最終段階は淘汰の時代であり，20 世紀以降砂糖生産が持続できた地域と，世紀転換期に砂糖生産を全面的に放棄した地域の 2 つに分かれた．前者にはジャマイカ，バルバドス，アンティグア，セント・キッツ，トリニダード，ガイアナが含まれ，後者にはセント・ルシア，グレナダ，セント・ヴィンセント，ドミニカ，トバゴ，モンセラートが含まれる．しかし，砂糖生産が持続した地域も，それらが世界の砂糖生産体制の中で占めた地位はごく微々たるものであった．この時点をもって，西インド産砂糖が世界貿易において存在感を持っていた時代は，完全に終焉する．

　また 19–20 世紀転換期を越えて砂糖生産が持続できた地域は，自然に生き残れたわけではなく，イギリス政府の支援を受けていた．1896 年以降イギリスでは保守党政権がしばらく安定するが，この政府は帝国領土に対する宗主国の責任を重く受け止めており，植民地に支援の手をさしのべたのである．つまり自由貿易主義から帝国主義への政策転換が，一部のイギリス領西インドの砂糖生産の命脈を支えた．この帝国主義のパターナリズムがなければ，英領西インドの砂糖生産はこの段階で全面的に滅びていただろう．

　本章では，まず貿易統計をたどり，19 世紀を通してイギリス領西インド砂糖生産がどのような原因により衰退していったかを見る．そののち，1890 年代になってイギリス政府がどのような支援策を行ったのか，その支援策にボディントン商会はどのように関わっていたのかを，明らかにする．

第 1 節　19 世紀世界における砂糖生産と英領西インドの経済情勢

　19 世紀の世界の砂糖生産を大きく変えたのは，①甘蔗糖生産地域の世界規模での拡大，②ヨーロッパにおける甜菜糖生産の成長，それらの結果としての③国際的砂糖価格の下落である．これらにともない，イギリス領西インド産砂糖の消費構造も大きく変化した．まず，④イギリスが自由貿易主義を採用し，最も近く安価な生産地域のヨーロッパの甜菜糖を主に輸入し，英領西インド産砂糖を輸入しなくなり，他方で，⑤新たな巨大な砂糖市場としてアメリカ合衆国が登場する．以下では，ここに記した番号順に，それぞれの現象を統計によって検証していく．

①甘蔗糖生産の世界的拡大と英領西インド諸島の動向
　表 14-1〜表 14-5 は，ディアの『砂糖史』の統計値に基づき作成したものである[1]．まず表 14-1 最後列によって，全世界の砂糖生産量が 19 世紀中葉以降どれほど増大したか確認しておこう．全世界の砂糖生産量は，18 世紀にはおそらく数万トン規模であったが，1840 年頃には 80 万トンになり，1880 年代には 200 万トン前後，19-20 世紀転換期には 1 千万トン規模，第 2 次世界大戦前夜の頃には 3 千万トン規模となっている．
　次に，表 14-2，表 14-3 から明らかなように，この 19 世紀から 20 世紀にかけての世界の砂糖生産量の伸びを支えたのは，キューバ，ブラジル，ジャワ，インド，ハワイ，少し遅れてプエルトリコ，台湾，フィリピンなどであり，その他ドミニカ共和国やメキシコやアルゼンチン，ペルー，アメリカのルイジアナ州，オーストラリア，南アフリカなどがそれに続いていた．
　それに比べて，表 14-2，表 14-4，表 14-5 から見て取れるように，英領西

---

[1] Deerr（1949-50）．現在でもほとんどの研究者がディアの統計値を利用している．その他に以下のデータも使用した．Galloway（1989），pp. 86, 151, 159, 212, 220. Schnakenbourg（1984），p. 93. Chalmin（1990），pp. 25, 27-28. ギャロウェイは基本的にディアの数値を採用している．シャルマンも 19 世紀前半までについてはディアに依拠している．

表14-1 世界の甘蔗糖・甜菜糖の生産量（単位1000ton）

年	甘蔗糖（占有率）	甜菜糖	合計
1840年	788（93%）	48	836
1850年	1,043（87%）	159	1,202
1860年	1,376（80%）	352	1,728
1870年	1,662（64%）	939	2,601
1880年	1,883（50%）	1,857	3,740
1890年	2,597（41%）	3,680	6,277
1900年	5,253（47%）	6,006	11,259
1910年	8,156（49%）	8,668	16,824
1920年	11,925（71%）	4,906	16,831
1940年	19,255（67%）	11,244	30,499

Deerr (1949–50), vol. 2, pp. 490–91.

表14-2 19-20世紀アメリカ世界（イギリス領以外）の砂糖生産量（ドミニカ共和国は輸出量）（単位1000ton）

年	マルティニク	グアドループ	キューバ	プエルトリコ	ドミニカ共和国（スペイン領）	メキシコ	ブラジル	アルゼンチン	ペルー	ルイジアナ
1830	27	31	118	13	—	—	83（1834年の数値）	—	—	37
1914	37	37	1977	324	94	140	345	215	205	277
1940	59	52	2809	871	427	303	1064	382	403	350

Deerr(1949–50), vol. 1, pp. 112–3, 123, 126, 131, 136, 139, 141, 235–36, 250 プエルトリコの1830年は1827, 29, 30年の平均．キューバの1830年は1829年と36年の平均．ルイジアナの1830年は，1826, 27, 28, 29, 32年の平均．それ以外は，1830年は1826-30年，1914年は1910-14年，1940年は1936-40年の5年間の平均．

　インドおよびフランス領西インドのマルティニクやグアドループは18世紀と比べ19世紀ほとんど生産量を伸ばしておらず，全世界の砂糖生産のダイナミックな動きから大きく後れをとっている．細かく見ると，バルバドスとトリニダードとガイアナのみ19世紀に成長が見られる．これはまずバルバドスでは現地在住の中産層が成長しており元奴隷も労働力として安定し，多重債務の領地も少なかったこと，後者2つの植民地は新しく，領域が広大な上にほとんど未開拓であったため，大規模化・機械化する近代的砂糖生産に

第14章 終焉 | 549

表14-3　19-20世紀インド洋・太平洋地域の砂糖生産量（単位1000ton）

年	台湾	ジャワ	フィリピン	モーリシャス諸島	インド	ナタール（南アフリカ）	フィジー諸島	クィーンズランド（オーストラリア）	ハワイ
1830	—	3	—	25	8（輸出量）	—	—	—	—
1914	195	1,404	267	224	2,383*	87	77	193	518
1940	1,195	1,516	963	296	1,031	472	131	815	871

＊グル（サトウキビの汁を煮詰めたもの）での重量．白糖の倍の重さ．
Deerr (1949-50), vol. 1, pp. 39, 59-60, 143, 191, 193, 203-04, 224, 258. 台湾の1914年は1913, 14年の平均．それ以外は，1830年は1826-30年，1914年は1910-14年，1940年は1936-40年の5年間の平均．

表14-4　18世紀西インド諸島とブラジルの砂糖生産量（単位1000ton）

年	ジャマイカ	バルバドス	アンティグア	ネヴィス	セント・キッツ	キューバ	サン・ドマング	マルティニク	ブラジル
1724	10	8	5	3	5	—	10	8	22
1774	42	5	8	3	9	10	63	11	20

Deerr (1949-50), vol. 1, pp. 112, 131, 194-98, 235, 240. キューバとブラジル，サン・ドマング，マルティニク以外は，1724年は1720-24年の5年間の平均．キューバとブラジル，サン・ドマング以外は1774年は70-74年の年平均．キューバは，1774年の欄は1770-8年の平均．サン・ドマングは1724年は1720-22年，1774年は1774年と76年の平均．マルティニクは1724年は1722年の値．ブラジルは，1724年は1710年，1774年は1776年の値で代替．

表14-5　19世紀イギリス領西インド諸島の砂糖生産量（単位1000ton）

	ジャマイカ	バルバドス	ドミニカ	グレナダ&グレナディン	アンティグア	セント・キッツ&ネヴィス	セント・ルシア	セント・ヴィンセント	トリニダード&トバゴ	ガイアナ
1830	81	14	3	11	8	8	4	13	17	56
1860	23	32	3	4	10	8	4	6	28	50
1890	18	59	2	—	14	17	5	5	57	112
1914	15	28	—	—	13	10	4	0.5	46	91
1940	120	95	—	—	20	33	7	—	128	186

Deerr (1949-50), vol. 1, pp. 194-203. 1830年は1826-30年，1860年は1856-60年，1890年は1886-90年，1914年は1910-14年，1940年は1936-40年の5年間の平均．

対応できたからである．多くの本国貿易商や余裕のあったプランターは，古い植民地から資本・機械・労働者を引き上げて，これらの新しい植民地に積極的な投資を行った．真空釜・遠心分離機の採用とその設置に必要な中央製糖所の設立，グアノ（鳥糞石）などの肥料の使用など新しい技術も早くから採用され，他島からの黒人労働力の移動や，インド人・中国人契約労働者の

導入も盛んに行われた．しかし，これらの英領の中の優等生であったトリニダードやガイアナでさえ，他の地域と比べればその生産量はわずかである．

その他の英領西インドの島々は，19世紀には全く精彩を欠いている．特にジャマイカは，大きな島で奴隷解放前は最も重要な生産地であったにもかかわらず，奴隷解放後は砂糖生産が大きく後退した．これは，ジャマイカが古い植民地であるにもかかわらず未開拓地が多かったために，奴隷解放後は黒人が砂糖プランテーション労働を拒否し，未開拓地での自給自足生活を選んだためであったと言われている．インド人などの契約労働者導入も，元奴隷が抵抗し，社会不安も起こったためにあまり大規模には進まなかった[2]．

その他の伝統的な砂糖生産地，バルバドス，アンティグア，セント・キッツなどでは未開拓地が少なかったため，奴隷解放後も黒人労働者の確保が容易で，生産が維持できた．特にバルバドスは，現地在住の白人地主も比較的多く19世紀を通して生産をある程度持ちこたえた．しかし，そうは言っても世界的な砂糖生産の拡大とは全く比べるべくもない規模であった．その他の小島——セント・ルシア，ドミニカ，グレナダ，セント・ヴィンセント，モンセラートなど——は，島の面積が狭すぎ地形も急峻で，真空釜や遠心分離機を備えた中央製糖所の設置のための大規模な投資を行うことは不可能だった．そのためこれらの島々は，こうした機械化・大規模化が不可避となる19–20世紀転換期に砂糖生産を完全に停止する（表14-5）[3]．

② 甜菜糖の伸張

19世紀後半は，甜菜糖の時代といってもよいほど甜菜糖の生産量が伸びる．甜菜糖から砂糖を抽出する技術は，18世紀後半以降プロイセンで発明され，18世紀末にはフランスやオランダもこれに強い関心を持つようになった．ナポレオンが大陸封鎖を行いイギリスとイギリス領の製品・生産物がヨーロッパに入ってこなくなると，ナポレオンは甜菜糖生産の技術開発に力

---

[2] なおジャマイカの砂糖生産は1900年代まで非常に低迷するが，1920年代以降顕著に回復する．Chalmin (1990), p. 310.

[3] これらの島の状況については，以下の雑誌に再録されている1897年のノーマン王立委員会報告に詳しい．"West India Royal Commission", *Royal Gardens, Kew, Bulletin of Miscellaneous Information*, No. 131, 1897, pp. 371, 373, 376, 378, 381, 382.

を入れ，また甜菜の作付けも奨励した．ナポレオン戦争が終了すると，再び西インドから砂糖が入ってきたため甜菜糖生産の必要性は低下したが，フランスは甜菜糖開発の努力を持続した[4]．19世紀中葉になると，イギリス領植民地の奴隷制廃止（1833年）やフランス領の奴隷制廃止（1848年）が甜菜糖生産への追い風になる．また，輪作のサイクルに甜菜を入れると他の作物の収穫量が増大すること，甜菜の葉や根は牛の飼料としても優れていることが知られるようになり，甜菜糖生産は勢力を盛り返した．伝統的に輸入関税が課せられていた植民地産の甘蔗糖と異なり，国内で実験的に生産されていた甜菜糖には当初は何の税金も課せられていなかったことも有利に働いた．

しかし，甜菜糖の生産が真に伸びるのは，世界最大の砂糖消費地だったイギリスが自由貿易主義を採用した1850年代からである．このころから，甜菜糖生産国は，国内消費向けには消費税を課す一方，輸出に対しては戻し税（輸出奨励金）を行って，輸出を意識的に支援するようになる．戻し税は，原材料の甜菜に課されていた税金を輸出に際して返金するもので，輸出される精製糖から原材料の量を計算して返金されたが，この比率が固定化されていたために，同量の原材料から精製される精糖の量が増大すればするほど，輸出の際にたくさんの戻し税を得ることができた．このため，甜菜糖生産者は糖の抽出率向上のために努力し，その結果甜菜糖の生産技術は非常に進歩した．戻し税，技術革新，そしてイギリスの自由貿易主義を背景に，甜菜糖の生産と輸出は急速に成長し，そしてついに1880年頃には甘蔗糖の生産量を追い抜き，1900年頃には世界の全砂糖生産に占める割合は7割近くに到達した[5]．

表14-1は世界の砂糖生産量とその中の甘蔗糖と甜菜糖の生産量を示したものであるが，これからは甜菜糖が特に1870年代頃から甘蔗糖を圧倒し始めることが明白に見て取れる．

甜菜糖の成長は，英領西インド砂糖生産だけでなく，イギリス国内の精糖業にも深刻な影響を及ぼした．イギリスの精糖業は，英領西インドの砂糖生

---

4 Chalmin（1990），pp. 5-8．
5 Galloway（1989），pp. 131-32．なおこの戻し税（輸出奨励金）の制度は生産国（フランス，ドイツ，ロシア）と時期によって様々であり，ここの説明は概略である．

産者に200年にわたって精糖を禁じ，粗糖のまま輸出することを強制してきた航海法体制のもとで発達してきたものであった．しかし甜菜糖は，最終的精製段階まで一連の工程で製造されており，ほぼ全てが精製糖として輸出された．そのため，甜菜糖の輸出急増は，イギリスの精糖業に大打撃を与え，消滅の危機においやる[6]．

③国際的砂糖価格の下落

以上の甘蔗糖生産地域の世界的拡大と甜菜糖生産の開始・急増の必然的結果として，国際的砂糖価格は19世紀を通して大幅に下落する．表14-6は，18世紀から20世紀初頭にかけての砂糖価格を示したものであるが，1800年頃の砂糖価格に比べ1900年頃の砂糖

表14-6 18-19世紀のロンドンでの粗糖価格（運賃保険料等込み価格）（単位 1s/cwt）

年	砂糖価格
1730年	22
1750年	28
1770年	31-43
1800年	32-70
1830年	25-30
1850年	23
1870年	23
1880年	20s 6d
1890年	13
1900年	10
1910年	11s 3d
1930年	6s 7d

Lowndes (1956), Appendix 13.

価格は3分の1から7分の1くらいのレヴェルにまで下落している．砂糖価格が上昇した18世紀と比べ，19世紀がいかに砂糖生産者にとって厳しい時代であったかはここから明白である．

④イギリス自由貿易主義の進展と輸入構造の変化

17, 18世紀の航海法体制の時代には，イギリスは，イギリス領西インドに対し本国以外との直接貿易を禁止するなどさまざまな制限を課す一方で，外国産砂糖に対して圧倒的な高関税を課すことによって，イギリス領西インドの砂糖生産を保護してきた．この保護体制が崩れるのは，1820年代からである．まずイギリス政府は1825年に，ナポレオン戦争後新たに英領となったモーリシャス産砂糖に対する関税を，英領西インド産砂糖に対する関税と同率とした．次に1846年には，奴隷労働を使用していない外国産砂糖と英

---

6 Chalmin (1990), pp. 35, 54-55, 64-65.

表14-7 イギリスの砂糖輸入（1000 long ton）

輸入元/年	英領西インド（ガイアナ含む）産甘蔗糖（括弧内はイギリス砂糖総輸入に占める割合）	英領西インド以外の甘蔗糖（括弧内は，西インド以外の英領甘蔗糖）	甜菜糖（粗糖＋精製糖）（括弧内はイギリス砂糖総輸入に占める割合）	イギリスの砂糖（粗糖＋精製糖）総輸入量
1846	108（39%）	27*	—	274
1850	129（37%）	47*	—	353
1854	172（45%）	111*	—	380
1858	175（43%）	83*	—	405
1870-74	190（24%）	398（91）	207（26%）	798
1880-84	172（16%）	439（72）	472（43%）	1099
1890-94	68（5%）	272（63）	1004（74%）	1352
1900-04	47（3%）	149（34）	1419（88%）	1615
1913	47（2.5%）	307（23）	1619（87%）	1856

＊は，イギリスに輸入されたキューバとプエルトリコ産の砂糖およびブラジル産粗糖の合計額で，その他地域からの甘蔗糖輸入は含まれていない．
Delson (1984), pp. 75-77. Chalmin (1984), p. 15.

領産砂糖の関税を同率とする．さらに1854年には，イギリス政府は，奴隷労働を使用している外国産砂糖も含め，全ての砂糖の輸入関税の全面的同率化を行った．1874年になると，イギリス政府は砂糖の輸入関税を全廃し，1901年まで甘蔗糖にも甜菜糖にも全く課税しない時代が続いた[7]．

　表14-7は，1840年代以降のイギリスの砂糖輸入の状況を見たものである．イギリスの総砂糖輸入量に英領西インド産砂糖が占める割合は，1854年をピークとして減少し，1890年代から1900年代には5%以下となる．またこの減少は，1880年代までは英領以外からの甘蔗糖の輸入と甜菜糖の輸入両方に原因があったが，それ以降はもっぱら甜菜糖の輸入が伸び，それがイギリスの総砂糖輸入量の8-9割を占めるようになる．

　中央列の「英領西インド以外の甘蔗糖」では，（　）で西インド以外の英領産砂糖の輸入量が示してあるが，これは1870年代をピークに減少の一途

7　Galloway (1989), p. 133. 川分 (2008b) 106, 121頁.

をたどっている．つまり，イギリスの自由貿易主義は，英領西インド産砂糖に対して打撃を与えただけでなく，モーリシャス諸島など他の英領の砂糖生産にも打撃を与えた．イギリスの自由貿易主義は，少なくとも砂糖に関しては，徹底的にイギリス領植民地に冷酷であったのである．

⑤消費大国アメリカ合衆国の出現とその市場の喪失

イギリスは，19世紀後半突出して世界最大の砂糖消費国であった．それに次ぐ砂糖消費国として登場したのがアメリカであり，アメリカは20世紀にはイギリスを抜いて世界最大の消費国となる．しかもアメリカは，英領西インドにとっては地理的に近く，重要な市場となり得る潜在性をもっていた．

ただアメリカは，国内にはルイジアナ州，また政治的・経済的従属地域としてはフィリピン，プエルトリコ，キューバ，ハワイといった甘蔗糖生産地を保有しており，それらに大きな投資をしていた．そのため，アメリカは消費国，生産国両面の性格を持っていた．

ルイジアナは，18世紀フランス領の時代にはニューオリンズのインディゴ生産者が砂糖栽培を試みていたが，その後フランス領サン・ドマング（ハイチ）から亡命してきた砂糖プランターを受け入れ，さらに1803年にはアメリカにより買収されアメリカ市場と直結したため，砂糖栽培が盛んになった[8]．ただ，ルイジアナの砂糖産業は，奴隷制廃止やハワイやキューバ等との競争の中で，1904年をピークに減少し衰退した[9]．

ハワイは，19世紀中葉からアメリカの影響下に置かれるようになる．1875年には，アメリカはハワイ産砂糖に対する関税を廃止し，その結果ハワイの砂糖生産は飛躍的に増加した[10]．

イギリス領西インド産砂糖にとっては，アメリカは消費地として大きな潜在性を持っており，英領砂糖生産者は，イギリス市場が完全にヨーロッパ産甜菜糖に奪われてからは，アメリカ市場と密な関係を築こうと努力する．イギリス政府もその方向性を支援し，1884-5年には，アメリカと英領西イン

8　Galloway (1989), p. 189.
9　Galloway (1989), p. 193.
10　Galloway (1989), p. 192.

ドの間に特恵貿易協定を結ぶための努力が払われた．しかし，このときにはすでに，ハワイや，キューバ，プエルトリコなどスペイン領カリブ諸島の砂糖生産に巨額のアメリカ資本が投じられており，これらの資本家の抵抗を背景に，交渉は失敗に終わった[11]．

この後アメリカは急速にスペイン領カリブ諸島への影響力を強め，マッキンリ大統領は1891-94年にかけて関税改革を行い，キューバの粗糖とモラセスに対する輸入関税を廃止した．さらにアメリカは，99年にはプエルトリコを併合し，翌1900年にはプエルトリコ産砂糖関税を85％減税し，1901年には廃止した．さらにこの1901年にはフィリピンもアメリカ領とし，1902年にフィリピン産砂糖関税を25％削減，1909年には30万トンまで無関税，1913年には全面的に砂糖関税を廃止する．

これらの太平洋と旧スペイン領西インドからの大量の砂糖の流入を受けて，アメリカではルイジアナ州の砂糖生産が衰退している．アメリカ砂糖市場は，もはや飽和状態であった．20世紀に入ると，英領西インド諸島にとってアメリカ市場はもはや参入する隙のない場となった．

ただ他方で，カナダ市場がこのころ急成長したことが，英領西インドにとって唯一の救いとなった．英領西インドからカナダへの輸出は，1897年の8万9千ポンドから，1906年には29万1千ポンドにまで増加する[12]．

第2節　甜菜糖輸出奨励金の問題化と国際商品協定への歩み

以上のような世界的砂糖生産構造の変化と，イギリスの砂糖輸入構造の急激な変化は，英領西インドだけでなくモーリシャス諸島など英領東インドの砂糖生産にも，国内の精糖業者にも壊滅的な打撃を与えた．そのため，まだなお世論・政府の中で自由貿易支持が優勢だったにもかかわらず，1880年頃から英領の砂糖生産を擁護する声が強く出始める．

このころ最も問題となっていたのは，甜菜糖生産国政府がその輸出に膨大

11　Beachey (1957), pp. 139-40.
12　Richardson (1986), p. 35.

な奨励金を支払っていたことである．この輸出奨励金は，甜菜糖生産国間の競争を背景に，1870年代以降ますます増額され，その結果前節の表14-1や表14-7にみるように，甜菜糖の生産・輸出はこのころから急増した．この一方で，甜菜糖生産国は，国内の砂糖消費には高率の消費税を課しており，これを輸出奨励金の財源としていた．つまり甜菜糖生産国は，国内の砂糖消費者を犠牲にして生産者・輸出者を支援するという政策をとっていた．このような政策の結果，イギリスの消費者は非常に安価に砂糖を享受できたが，その一方でイギリス領内の砂糖生産者やイギリス国内の加工業者は壊滅的状態に追い込まれていた．

1876年以降1890年代にかけて世界的な長期不況が起こるが，イギリスではこの不況を背景に，強硬な自由貿易主義者たちに対して国内産業の保護を訴える声が高まっていた．1881年には，公正貿易連盟（Fair Trade League）も結成され[13]，単なる自由貿易ではなく，諸外国の不公正な生産輸出奨励策には対抗して，公正な貿易を実現すべきだという主張が展開されるようになった[14]．砂糖に関しては，イギリスの貿易商と英領の砂糖生産者および精糖業者が反輸出奨励金同盟（Anti-bounty League）を結成し，意見広告を新聞等に出したり，請願を政府に提出するなどの活動を展開した[15]．

反輸出奨励金同盟の主張も，基本的には公正貿易の議論に立脚している．彼らは，自由貿易主義に反論するのではなく，輸出奨励金こそが自由貿易原理に違反しているという論理構成をとった．輸出奨励金制度の問題性は，それが砂糖価格を下落させたからではなく，それが政府の介入だからである．この介入の結果，自然な状態で市場が決定していくはずの砂糖の「自然な」価格が実現されなくなっている．自由貿易の目的は，単に消費者が最も安い価格で商品を受け取ることではなく，消費者が最も安い「自然な」価格で商品を受け取ることである．輸出奨励金は，保護主義の一種の形態にすぎない．甜菜糖生産国政府は，自国民から徴収した国税を使って砂糖という特定産業を支援しており，その行為は不当である．またその行為は，甘蔗糖生産地域

13　Howe（1997），p. 130.
14　Fakhri（2014），pp. 52f.
15　Howe（1997），p. 204.

に，甜菜糖の奨励金がさらに加増されるかもしれないという恐怖を与え，その生産をさらに萎縮させている[16]．

彼らは以上のように論じて，この逸脱状態の矯正と砂糖の自然な価格への回復のために，対抗措置として相殺関税（countervailing duty）を設置することが妥当と主張した．相殺関税とは，輸出国がつけている輸出奨励金と同額の関税を，輸入国が輸入時に課すことである．これによって，輸出国政府が輸出奨励金のために行っている国税の支出は，そっくりそのまま輸入国の関税収入となる．これは実にばかげた状態なので，通常輸入国が相殺関税を課せば，輸出国は輸出奨励金を取りやめる[17]．

反輸出奨励金同盟には，多くの西インド貿易商が参加しているが，ボディントン商会もまた同同盟のメンバーであり，同盟の請願にも署名している[18]．

このような反対運動が展開されている一方で，甜菜糖の輸出攻勢は続き，1884年には砂糖価格の大暴落がおこる．その後も砂糖価格は大きく回復することはなかった．1880年代から90年代にかけての砂糖価格の急落は，表14-6にも明らかである．

1885年6月グラッドストンの自由党内閣が総辞職し，ソールズベリ侯爵による保守党内閣が成立すると，そのもとで1885年8月「通商産業の不況に関する王立委員会（政府調査委員会）」が設置され，おりからの不況問題が検討された．ここで砂糖と輸出奨励金問題についても，貿易商・精糖業者から証人が集められ聴取されている[19]．同王立委員会は，これらの証人の主張をほぼ全面的に受け入れて，砂糖価格暴落の原因をドイツとフランスの甜菜糖への過重な輸出奨励金とダンピング輸出であると結論づけた[20]．

---

16 Martineau（1889），p. 5-10, 18 19, 23, 71-73など．Parliamentary Papers. 1888［c. 5604］Commercial. No. 15（1888）Further Correspondence reporting the International Conference on the Sugar Question. No. 45. British & Colonial Anti-Bounty Association to Marquis Salisbury.

17 Fakhri（2014），p. 55.

18 1888年2月28日ロンドンのライム・ストリート51番地で行われた「イギリス及び英領植民地反補助金連盟」の集会での決議において，46件の署名の中に，活動地を英領ガイアナ及びウィンドウァード諸島としてボディントン商会の署名が入っている．"At a Meeting of British and Colonial Anti-Bounty Association", *The Sugar Cane. A Monthly Magazine devoted to the Sugar Cane Industry*, vol. 20, 1888, pp. 194-95.

ソールズベリ侯爵の第二次内閣（1886年8月-1892年8月）において，砂糖問題は大きく取り上げられ，甜菜糖生産諸国とイギリスなど消費国による砂糖に関する国際会議が1889年に開催される．これは，現在に続く国際商品協定，多角的貿易協定につながる最初の動きとして注目される会議である[21]．ここにおいて，イギリスは甜菜糖諸国の輸出奨励金政策がイギリス領内の生産者にとって圧迫になるだけでなく，甜菜糖諸国国内の消費者にとっても不利な政策であり，甜菜糖生産国政府にとっても不都合な政策であると主張した．甜菜糖諸国はその主張の一部を認めたものの，奨励金廃止の約束にはいたらなかった．またイギリスも，会議の結果を受けて議会において相殺関税などの制定を行おうとしたが，保守党が議席の過半数に達していないこと，保守党内にも自由貿易支持者が一定数いることなどから，反対意見が多く，結局何ら具体的政策の決定にはいたらなかった[22]．

　イギリス政府がようやく具体的な政策に踏み出すのは，ソールズベリ第三次内閣（1895年6月-1902年7月）においてである．この内閣において植民省大臣に就任したジョセフ・チェンバレンは，1896年に「英領西インド砂糖生産の苦境を調査する王立委員会」（ノーマン委員会）を設置した[23]．またチェンバレンは，ふたたび甜菜糖諸国に働きかけ，砂糖貿易に関する協定を結ぶことを提案する[24]．このころには，甜菜糖諸国は輸出奨励金のための財政支出に苦しみ始めており，外圧によって問題解決を図ることに対して，前向きになっていたと言われている．

19　西インド委員会からはG. Chambers，リヴァプールからはJ. Duncan，その他全英精糖業者委員会からのGeorge Martineauおよびランカシャとスコットランド，クライドの精糖業者などが証人となっている．Final Report of Royal Commission Appointed to Enquire into the Depression in Trade and Industry with Minute of Evidences and Appendices, London, HMSO, 1886, pp. 99, 110, 111, 112, 116, 117.
20　Fakhri (2014), pp. 52f.；Royal Commission on Depression in Trade and Industry, pp. xxxv, lxv.
21　Howe (1997), p. 205；Fakhri (2014), p. 50.
22　Howe (1997), p. 206.
23　'Royal Commission, West Indies, 1897. Report, London Evidence, British Guiana, Barbados & Trinidad and Tobago Evidence, Windward & Leeward Islands and Jamaica Evidence. Analysis of Evidence', *Parliamentary Papers*. 1898 [c. 8655] [c. 8656] [c. 8657] [c. 8699] [c. 8789].
24　Howe (1997), p. 208.

ノーマン王立委員会は，97年8月に報告書を出した．そこではまず，英領西インドの砂糖生産は，多くの島ですでに消滅したか，消滅の危機にあること，苦境の原因が主に甜菜糖諸国の輸出奨励金にあること，英領西インド経済が砂糖生産にほぼ全面的に依存しており，砂糖生産の崩壊は社会全体の崩壊につながることが，現状の認識として確認された[25]．またこの報告書には，「母国の義務」という章が設けられ，「これら植民地の黒人人口は，もともと奴隷として強制的にそこに連れてこられた」「植民地に彼らが存在すること自体が，イギリスの行為のせいである」といった自責の言葉が並んでいる．また，この章の末尾には，イギリス人は甜菜糖諸国の「輸出奨励金によって砂糖が安くなったことから，おそらく年に200万ポンドも得をし続けている」という言葉も見られ，それがゆえに植民地を助けなければならないと結ばれている[26]．また，アメリカ市場についても1章が設けられ，アメリカ市場が近い将来喪失されることが見込まれている[27]．

　この報告書は，これからの対策として，植民地政府の統合などによる行政費の削減，小土地保有の自作農創出，他作物への転換，道路改修や蒸気定期船による島内・島間の交通輸送手段の改善，ニューヨーク市場と本国への果物輸出，政府貸付によるバルバドスへの中央製糖所の設置などを提案している[28]．また他作物への転換が見込めない島として特にアンティグアとセント・キッツ＆ネヴィスをあげており，アンティグアにはバルバドスよりは順位が劣るが中央製糖所の建設をする必要があるとしている[29]．他方で，相殺関税をかけることについては，否定的見解を示している[30]．

---

25 "West India Royal Commission", *Royal Gardens, Kew, Bulletin of Miscellaneous Information*, No. 131, 1897, pp. 345-47.
26 "West India Royal Commission", *Royal Gardens, Kew, Bulletin of Miscellaneous Information*, No. 131, 1897, 392-393.
27 "West India Royal Commission", *Royal Gardens, Kew, Bulletin of Miscellaneous Information*, No. 131, 1897, p. 393-94.
28 "West India Royal Commission", *Royal Gardens, Kew, Bulletin of Miscellaneous Information*, No. 131, 1897, pp. 350-54, 401.
29 "West India Royal Commission", *Royal Gardens, Kew, Bulletin of Miscellaneous Information*, No. 131, 1897, pp. 385, 387.
30 "West India Royal Commission", *Royal Gardens, Kew, Bulletin of Miscellaneous Information*, No. 131, 1897, p. 401.

一方チェンバレンの提案を受けて，1902年にイギリスと甜菜糖生産国のドイツ，フランス，ベルギーが参加して議論が行われ，ブリュッセル協定が結ばれた．この会議においてイギリス政府は，輸出奨励金の削減と，自国領土の生産利害保護のための相殺関税設置の自由をもとめた．輸出奨励金のための財政負担に苦しんでいた甜菜糖生産国政府は，このたびはイギリス政府の主張を全面的に受け入れて，協定に調印する[31]．

　このブリュッセル協定は，イギリス領西インドの砂糖生産にどの程度有効なものだったのだろうか．この点については，ブリュッセル協定は具体的内容としてはむしろ英領西インド植民地には不利なものであったという見解が一般的である．同協定は，全ての国家に，その植民地や元植民地を優遇する関税措置をとる権限を認めた[32]．そのため，英領西インドにとってもっとも市場として潜在性の高かったアメリカは，これ以降キューバやプエルトリコ，つづいてハワイやフィリピンなど自国の政治的・経済的従属地域の砂糖につぎつぎと優遇関税措置をとり，ほとんど英領産砂糖を輸入しなくなった．

　ただ多くの研究者は，同協定は心理的には大きなプラスの効果を持ったと述べている[33]．同時代の大半の人々は，ブリュッセル協定は英領西インドに有利なものと受け止めた．その結果，西インド砂糖プランテーションへの投資は，回復する．第4節で見るように，アンティグアでは同協定の結果，投資をやめると宣言していたロンドン貿易商たちが翻意し，中央製糖所の建設のため大規模な投資を行っている．そしてこの製糖所建設の結果，アンティグアの砂糖生産は20世紀後半まで命脈を保つことになる．

第3節　ノーマン委員会とボディントン商会

　前節で，ソールズベリ第三次内閣において1896年に設置された「英領西インド砂糖生産の苦境を調査する王立委員会」について言及した．この委員

31　Fakhri（2014），pp. 61-65.
32　Fakhri（2014），p. 64-65, 71.
33　シャルマン，ファクリはこの意見である．Chalmin（1990），p. 40. Fakhri（2014），p. 64.

会において 1897 年 1 月 6 日，ボディントン商会のパートナーであったアーネスト・ラクスモア・マーシャルが，現地の事情に詳しいイギリスの貿易商社の代表として証言に立っている[34]．そこで，本節ではマーシャルの証言を検討して，マーシャルと彼が所属するボディントン商会は当時どのような事業を行っていたのか，マーシャルは同王立委員会の調査に対してどのような意見を持っていたか，彼の意見は同王立委員会にどのように受け止められ，その後の政策に反映されていくかを考えてみたい．

まずマーシャルの証言のうち，彼自身，つまりボディントン商会のビジネスの内容について述べているところを見てみよう．

マーシャルは，自分のことを，リーウァード諸島とガイアナの両方の砂糖産業に詳しく，またリーウァード諸島にもガイアナのデメララ地域にもプランテーションを所有している者であると，説明している．また彼は，毎年この 2 つの地域を訪問しており，時にはジャマイカにも赴くと述べている．

彼はまた，自己の所有地が生産する砂糖だけでなく，他者が所有するプランテーションの代理人もしていると述べ，後者の代表としてリーウァード諸島のいくつかの島にまたがるカンバーメア領地をあげている．

カンバーメア領地は，セント・キッツ島及びネヴィス島にある合計 700 トンの砂糖を産出する 3 つのプランテーションと，アンティグアにある合計 800 トンの砂糖を産出する 2 つのプランテーションの総称で，それらは合計で 1200 エーカーの面積であった．

彼は，砂糖生産が衰退の危機にある証拠として，このカンバーメア領地はすでに 2 ヶ月間売りに出されているが，まったく買い手が見つからないと述べている．

彼はまた，現在セント・キッツ島及びネヴィス島全体で 13000 から 14000 トン，アンティグアで 14000 から 15000 トン，合計で 3 万トンから 32000 トンほどが生産されているが，そのうち彼の会社が関わっているのは年 3000

---

34 Report on the West India Royal Commission (Norman Commission), 1897. Appendix C. Part 1. Minutes of Proceedings, Reports of Evidence and Copies of Certain Documents Received in London pp. 79–84.

トンほどであると述べる．また，これらの島々には現在100万ポンド程度が投資されているが，彼の会社は10–12万ポンド投資していると述べている．つまり，彼の証言によれば，ボディントン商会のリーウァード諸島の砂糖生産におけるプレゼンスは，1割程度だったことになる[35]．

以上の証言の中には，ウィンドウァード諸島とバルバドスが全く出てこないが，本章冒頭で述べたように，この時期にはトリニダードを除くウィンドウァード諸島ではほとんど砂糖生産が消滅しつつあった．またバルバドスがないのは，もともとボディントン商会がこの島にほとんど関係を持たなかったことを反映していると思われる．もう一度，第13章表13-2を見直してみると，1840年ころにはボディントンはリーウァード諸島とガイアナ，ジャマイカに主に領地を持っていた．マーシャルの証言は，1890年代にも同社が同様の領域で活動していたことを示している．ただ，ジャマイカに関しては，マーシャルは領地を所有しているとは述べていないので，表13-2の時点（1838-41年）から1897年の間にボディントン商会はジャマイカのプランテーションを手放したと推測される．

次に，マーシャルが，当時の英領西インドの状況についてどう考えていたか見ておこう．マーシャルは自分がリーウァード諸島とガイアナに詳しいと述べているが，彼はリーウァード諸島の証人として召喚されていたので，彼の証言はリーウァード諸島，特にセント・キッツ＆ネヴィスとアンティグアについてが中心であり，それらの砂糖生産の潜在性の高さを強調するものとなっている．彼がガイアナに言及したのは，リーウァード諸島にガイアナと同等の可能性があることを示すために引き合いに出した時のみである．

マーシャルは，セント・キッツやアンティグアでは近年生産体制の改善が進展しており，最新の機械や強力なボイラー，真空釜などが投入され，甘蔗からかつてより良質の砂糖が抽出できるようになっていること，また甘蔗も改良新種が増えていることなどを強調している．また，リーウァード諸島は，ガイアナと比べても生産コストは安いと述べている．ただその一方で，真空釜を備えた領地はセント・キッツにもアンティグアにも一つしかないことを

35　Report on the West India Royal Commission, 1897, Appendix C. Part 1, pp. 79–80.

認めている[36].

　また彼は，セント・キッツ島やアンティグアでは，抵当権が設定されている領地が少ないことも強調している．この点でこれらの島は，バルバドスより状態がいいと彼は主張している．このように良好な状態にもかかわらず，現在はイギリスからはほとんど融資を得ることができず，植民地銀行も設立されているがその資金力は貧弱で，ほとんど役に立っていない．つまりこれらの島にとって問題なのは，生産性や生産体制ではなく融資が得られないことだという認識を示している[37].

　マーシャルはまた，現地在住者が所有している領地と不在地主の領地の経営状態を問われた際に，不在地主の領地のほうがはるかによく機械化が進み，耕作もよい状態にあると，不在地主を弁護している．

　その後マーシャルは，現在の深刻な問題として，市場の縮小と，甜菜糖への輸出奨励金をあげている．まず市場については，彼は最初にイギリス市場は全く絶望的であると述べる．彼は，一昨年イギリスへ100トン送ったが7ヶ月近くも売れなかったことを述べ，以来イギリスに砂糖を送るのを止めたと述べる．そして彼は，現在はもっぱらアメリカ市場に売っているが，アメリカ市場は全く先行きが期待できないと述べる．アメリカ市場は1894年まで英領西インドの砂糖を無関税で受け入れていたが，95年以降関税が設置されたこと，他方で，アメリカはルイジアナ州の生産に補助金を与え，ハワイの砂糖を無関税で輸入しており，そのうちキューバに対してもハワイと同じような互恵条約を結ぶことが予測されていると述べる[38].

　次に，甜菜糖の輸出奨励金については，それこそが英領西インド産砂糖の不況の原因であり，英領産をイギリス市場から閉め出した元凶であると述べている．また彼は，そもそも砂糖は世界的に見て過剰生産の状態にあり，その原因も輸出報奨金にあると見ている．彼は，現在の砂糖の低価格では，甜菜糖産業も全く利益を出せていないと述べ，輸出奨励金は値上げされているが，その値上げ分よりも砂糖価格の下落幅の方が大きいと述べている．

36　Report on the West India Royal Commission, 1897, Appendix C. Part 1, pp. 80.
37　Report on the West India Royal Commission, 1897, Appendix C. Part 1, pp. 82.
38　Report on the West India Royal Commission, 1897, Appendix C. Part 1, pp. 83.

彼は，相殺関税の効果について問われると,「第一に，それを課すという脅しだけで十分であると考えています．諸国は輸出奨励金の生む悪い効果に気づき始めていますし，それをやめる口実ができれば喜ぶでしょう．」と答えて，甜茶糖生産国政府も実は奨励金をやめたがっているとほのめかしている[39]．また相殺関税が課せられたなら，たとえ甜菜糖諸国が輸出奨励金を廃止しなくても，英領西インド産砂糖は甜菜糖より高いフライト料を払いながらもイギリス市場で十分競争できるようになるとも主張している．

　その他に，彼はリーウァード諸島での砂糖以外の産業の可能性を問われているが，ココア，ライム，コーヒー，パイナップル，バナナなどが生産されているが，果物はすでに生産過剰であり，ココアやライムは価格の下落が激しく，いずれの産業も砂糖に代わりうるものではないと述べている．また植民地官僚が多すぎ行政費が植民地に大きな負担になっていることや，リーウァード諸島においては中国人・インド人契約移民は必要ないという見解も示している[40]．

　以上のマーシャルの証言の要点は，①リーウァード諸島，特にセント・キッツ島とアンティグアの砂糖生産地としての潜在性の強調，②近い将来におけるアメリカ市場の消滅，③相殺関税の要請，である．第2節で見たように，王立委員会の最終報告には③の相殺関税については否定的な見解がのせられたが，①と②についてはマーシャルと同意見が記載され，アメリカ市場喪失が確実になる中でイギリス政府から英領西インドへの支援が必要であることが主張された．またセント・キッツとアンティグアは，この報告の中で他作物への転換が困難で，政府が砂糖生産持続の方向で支援すべき地域として位置づけられた．つまり，マーシャルの証言は，リーウァード諸島の砂糖生産への政府の支持を得る上で，重要な役割を果たしたと言える．

39　Report on the West India Royal Commission, 1897, Appendix C. Part 1, pp. 84.
40　Report on the West India Royal Commission, 1897, Appendix C. Part 1, pp. 83-84. 現地に不在の引退した官僚の年金も植民地に負担させられるといった議論は以下にもある．Root (1899), PP. 118-19.

第 4 節　アンティグア中央製糖所の設立とボディントン商会

　1896 年ノーマン王立委員会が 97 年 8 月に報告を提出したのち，植民省は中央製糖所をバルバドス，あるいはアンティグアに建設できないかどうか，財務省と交渉を開始した．王立委員会自身はイギリス帝国ローンを 12 万ポンド組み，それによってバルバドスに中央製糖所を建てようと提言していたが[41]，1899 年ころから植民省大臣チェンバレンはバルバドスよりアンティグアに建設する方が適切と考えるようになった[42]．

　1901 年 7 月には，植民省はグラスゴーのロバート・ハーヴィを顧問技師としてアンティグア工場の具体化に乗り出している．ハーヴィは健康上の理由で政府の依頼を断ったが，植民地エージェントと連絡を取り，基本的な案を提案した．その案では，政府が 11 万 5 千ポンドを出す一方，民間資本から 2 万ポンドの出資を調達することが提案されていた[43]．この民間資本がどこから調達できるかが問題だったが，アンティグアの植民地エージェントは，イギリスの貿易商が，ヨーロッパ諸国の甜菜糖輸出奨励金や，アメリカがキューバ，プエルトリコを優遇していく可能性などから出資を渋っていることを，懸念している．この後，植民省は，建設契約書案，会社設立案，設置する機械の明細，予想バランスシートなどを作成して建設コストや事業収支の見込みなどを検討し，1901 年 11 月にはアンティグア中央製糖所設立に関する貸付について財務省と交渉を開始した[44]．

　ただ植民地とイギリスの砂糖貿易商の間では，1896 年王立委員会報告提

41　"West India Royal Commission", *Royal Gardens, Kew, Bulletin of Miscellaneous Information*, No. 131, 1897, p. 402.

42　バルバドスに関しては，結局政府支援の製糖所は設立されない．原因は，現地在住の小規模地主が多く，製糖所をつくる場所などをめぐって利害の調整がつかなかったことや，1900 年代後半からパナマ運河建設の出稼ぎブームが起こり，現地に民間資本がある程度蓄積されたことによる．他方で，イギリス政府が提供した 8 万ポンドを原資にバルバドス農業銀行が設立され，低利で現地の地主に貸し付けられることとなった．1910 年代以降は，現地民間資本による製糖工場の設立が進展した．Richardson(1986), pp. 40-41, 178-79. Galloway(1989), p. 154.

43　CO152/267, 1901/7/8.

44　1901 年 11 月 13 日には，植民省から財務省宛の書簡の草案が書かれている．CO152/267.

表14-8　アンティグアに融資しているイギリスの貿易商(1901年12月31日頃)

社　　名	住　　所	融資額£
Messrs. Thomson Hankey & Co.	7 Minicing Lane	6,000
Messrs. Boddington & Co.	9 St. Helen's Place	10,000
Messrs. A. M. Lee & Co.	Fenchurch St.	14,000
Messrs. Henckell, DuBuisson & Co.	18 Laurence Pountney Lane	8,000
総計		38,000

CO 152/266

出後の植民省の動きは非常に遅いと感じられていたらしい．植民省大臣チェンバレンは，1901年12月31日，アンティグア総督 H. W. ジャクソンから親展の手紙を受け取る．そこには，植民地の急を要する状況と，中央製糖所についての政府の早い決定を求める言葉が書かれていた[45]．

　ジャクソン総督は，この手紙を出す前日，同島の砂糖生産量の3分の1に達する領地の管理を行っているプランテーション管理業者のジョン・フリーランド・フート[46]から内密の知らせを受けた．フートは，イギリスの複数の貿易商の連名の手紙を受け取ったばかりであり，彼らはその手紙で，今年度の砂糖を販売した後は，来年以降の作付と耕作準備のためには一切融資をしないと宣告してきた．これらのイギリスの貿易商は，アンティグアが生産する砂糖のほとんどを販売し，またそれに融資してきた人々であり，彼らが今後融資をしないということは，アンティグアがもはや砂糖生産を続けられないということを意味していた．

　ジャクソン総督は，フート以外の領地管理人も同様の通告を受けていること，これらの代表的な貿易商が融資を拒絶すれば他の会社も同じ行動をとるに違いないこと，これらの融資が引き上げられればアンティグアの砂糖生産は終わり，それに依存する全労働者人口が生活手段を失うと，チェンバレン

---

[45] CO152/266.
[46] John Freeland Foote は，代々現地で領地管理人をしていた一族の子孫であった．19世紀末には，こうした現地管理人の一族に政治的経済的実力者が台頭してきていた．Lowes (1994), p. 22.

に訴えた．

このフートに連絡をしてきたというイギリスの貿易商の社名とそのアンティグアに対する年当たりの投資額は，ジャクソンのチェンバレンへの手紙の中に記載されている．それを書き写したものが，表14-8である．ボディントン商会が2番目に融資の多い会社として，記載されている．

ジャクソンは，以上のイギリスの貿易商を翻意させるためには，「イギリス政府がアンティグアに中央製糖所をすぐに設立する意図をもっているという積極的な保証をこれらの委託代理商たちに与えること」だと述べ，チェンバレンをせき立てた．ジャクソンは，フートと精糖技師フランシス・ワッツの手紙を添付し，彼らも同じことがセント・キッツ島でも起こると予測していると述べる．ジャクソンは，「中央製糖所計画はあまりにも長期間手間取っていたため，みんな意気阻喪してしまった」上，「現在砂糖価格は1884年不況時の1cwtあたり8シリング2.5ペンスをさらに下回って6シリング6ペンスにまで下落しており」「この現在の低価格が彼ら（本国貿易商）に決定的行動をとることを決意させた」とも述べている[47]．

以上の話は，政府の対策の遅さにしびれを切らしたのは，だれよりもまずイギリスの貿易商であったことを物語っている．その結果彼らは，自分たちで直接政府に圧力をかけるのではなく，植民地に圧力をかけて，植民地からイギリス政府に陳情させた．彼らにしてみれば，英領西インドから融資を引き上げても自分たちは困らないが，英領西インドとイギリス政府は困るのだということを，両者にはっきり思い知らせたかったのであろう．

ジャクソン総督は，1902年1月11日にふたたびチェンバレンに電報と手紙を送り，貿易商たちが今期の収穫以後融資しないという主張を繰り返していること，アンティグアの地主は作付けをやめると宣言していること，アンティグアのプランター及び現地管理人はイギリス政府に，英領西インド産砂糖への優遇関税，甜菜糖に対する相殺関税および甜菜糖輸出奨励金の廃止，中央製糖所の設立を強く要求していると述べた[48]．

度重なる植民地からの要求を受けて，植民省は財務省と交渉を重ねる．し

47　ワッツ氏から総督宛の1901年12月31日付けの手紙．

かし，財務省は，当時交渉中であったブリュッセル協定の最終内容がはっきりするまで，アンティグア中央製糖所計画を検討するのを拒否する[49]．この一方で財務省は，今年度の耕作のため，1903年9月までにかけて西インドに25万ポンドを融資することを約束し，そのうち2万ポンドがアンティグアに提供されることになった．

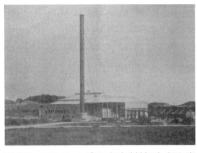

図58　アンティグア中央製糖所（20世紀初頭）

ブリュッセル協定が甜菜糖諸国の輸出奨励金の廃止を決定して調印されると，ようやく財務省もアンティグア製糖所設立のための貸付について検討を開始した．植民省は1902年には現地の砂糖の耕作状態の調査を行っている[50]．

図59　アンティグア中央製糖所の現在（使用されていないが博物館化の計画がある）

1903年以降，植民省は中央製糖所の具体的計画の検討を始める．アンティグア近現代史の研究者ローズによると，アンティグア在地のプランターは，1890年代以来ずっと，政府貸付を得た上で在地プランターの合弁企業として複数の中央製糖所を設立することを提案していたようである[51]．在地プランターが複数の製糖所を求める例は他島にも見られるが，これは製糖所の立地によって不公平が生じるのを防ぐためであった．しかしイギリス政府は，この提案を実現可能なものとは見

48　CO152/269. アンティグア・プランター及び現地管理人の総督宛の手紙の署名者は以下．Thomas D. Foote, Jno. J. Camacho, J Freeland Foote, Frank Holborow, Archibald Spooner, W. H. Ledeatt, R. S. D. Goodwin, A. P. Cowley. トマス・D・フート（c. 1822–1908）はJ・フリーランドの父親．

49　1902年6月頃のメモにそう書かれている．CO152/267.

50　CO152/273.

51　Lowes（1994），pp. 47–48.

ていなかった．他方で政府は，1897年9月に，表14-8にある大手貿易商の一つアーサー・モリア・リーから，リーが所有する製糖所の近代化について相談を受けていた．リーは，18世紀以来の老舗西インド貿易商リチャード・ニーヴ商会の後継会社リー＆クレア商会 (Lee, Crerar & Co.) のパートナーで[52]，西インド委員会の議長も務めた人物である．彼は，1890年代に，アンティグアの大地主であった精糖業者フライヤ商会 (Fryer and Co.) からその全所有プランテーション3700エーカーを購入し，フライヤ商会がその領地内に建設していたベルベデーレ製糖所を獲得していた[53]．おそらくこのベルベデーレが，1897年のマーシャルの証言にあるアンティグアで唯一の真空釜を備えた工場であった．リーは，ベルベデーレ領地を隣接するベンダルズ領地と合併させており，ベルベデーレ製糖所をさらに近代化したいと考えていたが，イギリス政府が西インド砂糖利害をもっと熱心に支援しない限り，これ以上の投資はできないと政府に伝えている[54]．

1903年3，4月頃の植民省史料には，2つの製糖所の計画案が残っている[55]．一つはアンティグア在地プランターから提出された案であるが，これは先述した1890年代から出され続けていた案の修正案であろう．もう一つは，表14-8のイギリス貿易商4社のうち2社，ボディントン商会とヘンケル＆デュ・ビュイソン商会の共同案である．

イギリス政府は，このうち在地プランター案は却下し，その一方で，貿易商の案に沿って政府支援の中央製糖所を設立し，さらにリー私有の製糖所にも少額の支援を行うこととしたようである．ローズによると，リーは，1903年に政府から3000ポンドの融資を受け，さらに資材・肥料などの輸入関税

---

52 Richard & Thomas Neeve Co. は1880年代以降 Lee & Clare Co. となり，1920年代には Lee & Spooner Co. となっている．Neeve, Spooner は古い西インド貿易商，プランターの家系．Neeve家は，西インド委員会商人部会議長を18世紀末から19世紀半ばにわたって務めた人物を出している．Neeve は，第13章で扱ったドック開設問題においては，ボディントン家と同様ロンドン・ドックを支持し，その取締役になっている．リー家については，以下のODNBの記事に詳しい．"Lee [nee Spooner], Catharine Anna [Kate] (1859-1904), singer and folk-song collector", ODNB.
53 Beachey (1957), p. 125.
54 Lowes (1994), p. 47.
55 CO152/277.

免除という措置も得て，さらに自身で7500ポンド出して，ベルベデーレ製糖所を改修し，ベンダルズ製糖所と改名して，操業を継続した[56]。

他方政府支援の中央製糖所については，理由は不明であるが，ボディントン商会は途中でこの計画からおり，その名前は一切植民省史料に出てこなくなった。その後，デュ・ビュイソンと

図60　セント・キッツ中央製糖所の廃屋

リーが同製糖所の設立に入札し，ヘンケル&デュ・ビュイソン商会の方が事業を落札した。その後，同商会は，政府から無利子貸付15000ポンドと有利子貸付25000ポンドを得て，ガンソープ（Gunthorpe）地区に製糖所を建設するとともに，また運営のための株式会社アンティグア製糖所会社（Antigua Sugar Factory Ltd.）を設立した[57]。

ヘンケル&デュ・ビュイソン商会について，補足説明をしておく。ヘンケル家は，1697年にロンドンで開業したハンブルク出身のドイツ系貿易商で，1700年前後にはポルトガルやスペイン，カナリー諸島との貿易やイギリス毛織物のドイツ向け輸出を行っていたようである[58]。他方，デュ・ビュイソンはナントの勅令廃止時にオルレアンから亡命したユグノーの一族であり，1770年代にヘンケル家と姻戚関係に入った[59]。いつ頃から西インド貿易を行っていたのかははっきりしないが，デュ・ビュイソンとパートナーシップに入った1778年には，彼らは西インド貿易商であった[60]。

ヘンケル&デュ・ビュイソン商会は，20世紀以降，西インドでのプレゼンスをどんどん増大させていったようである。同商会は，アンティグア中央製糖所の成功後，1912年には同様の政府支援を受けてセント・キッツ中央製糖所も設立した[61]。このほかに，ヘンケル&デュ・ビュイソン商会は，ト

56　Lowes（1994），p. 49.
57　CO152/278.
58　Beerbühl（2015），pp. 43, 47, 70, 113.
59　Breton（1947），p. 12；Smiles（1868），p. 388.
60　Stahl（1951），p. 7.

図61 ムーディ・スチュアート（アンティグア中央製糖所廃屋壁面に描かれている）

図62 アンティグア中央製糖所廃屋壁画の一部

リニダードとジャマイカに広大な領地を持ち，そこにもそれぞれ製糖所を設立している．同商会は，1930年代には全英領西インド砂糖生産量総計50万トンのうち10万ポンドを支配していた．しかし同社はこの時期にも株式会社にならずパートナーシップ経営を保ち，その一方で各製糖所は株式会社として，そこに経営陣を送ってそれらを管理していた[62]．

20世紀初頭の同商会のパートナーには，優秀な技師であったジョージ・ムーディ・ステュアート（1851-1940）や，首相ロバート・ピールの大甥にあたるホレス・ピール（1857-1940）[63]がいる．ステュアートは，50年以上にわたって同商会のパートナーであり，アンティグアとセント・キッツの製糖所をめぐる政府との交渉とその後の経営を行った．

ヘンケル＆デュ・ビュイソン商会は，1959年にトリニダードの事業をテイト＆ライル社系列の企業に売却している[64]．同商会は，1961年にはようやく株式会社となり，その後同社の一部はイギリス第2の砂糖商社で大手小売業者でもあるブッカー＆マコンネル社に譲渡された[65]．

以上のヘンケル＆デュ・ビュイソン商会の簡単な社史から解るように，ア

---

61 Galloway (1989), p. 155；Chalmin (1990), p. 311；Breton (1947), p. 20.
62 Stahl (1951), pp. 39, 43, 46-7.
63 *Times*, 1940/10/22, p. 7.
64 Chalmin (1990), p. 354. テイト＆ライル社は現存する巨大砂糖商社・製糖企業．製菓業でも知られる．創業者の1人 Henry Tate（1819-99）はロンドンのテイト・ギャラリの設立者としても有名．

ンティグア中央製糖所とセント・キッツ中央製糖所はヘンケル＆デュ・ビュイソン商会の傘下企業となり，20世紀半ばまで順調な経営を続けたようである．しかし，アンティグア製糖所会社は1970年に自主解散され[66]，製糖所は操業を停止した[67]．一方セント・キッツ製糖所会社は，1978年にオーストラリアのインダストリアル・エクィティ社に売却され[68]，その一方で製糖所は独立後のセント・キッツ＆ネヴィス政府に国有化され，観光事業化されている[69]．

最後にボディントン商会について述べておかなければならない．同社については，植民省史料から姿を消した後は，ほとんど情報がない．しかし1906年3月1日のタイムズには，ボディントン商会に関係するアンティグアの広大なプランテーションの競売の公告がでている[70]．競売の対象は，砂糖と海島綿のプランテーションであるギャンブルズ（Gambles），ヴィラ（Villa），マッキノンズ計1427エーカーと，砂糖プランテーションであるドラップ（Delap），ルーカス（Lucas's），リトル・デュアー（Little Duer）計767エーカー，あわせて2194エーカーの領地であった．以上の領地については，「中央製糖所の立地から見て，特によい場所にある」との推奨の言葉がつけられている．また，これらプランテーションの詳細の問い合わせ先として，事務弁護士とオークショナーの他に，アンティグアではJ・F・フート，ロンドンではボディントン商会が指定されている．このフートは，当然ながら，本章第4節

65　ブッカー＆マコンネル社は，リヴァプールの卸売商，軍需物資商人で，1834年にガイアナに砂糖プランテーションを購入して以後砂糖産業に従事し，1950年代以降はアフリカにも進出．また優れた小説に贈られるブッカー賞を後援している企業．同社については，Chalmin (1990), pp. 691-93. ヘンケル＆デュ・ビュイソン商会は，1970年西インド委員会メンバーの企業として，西インド大学に寄付を行って以降，ほとんどタイムズ記事には出てこない．*Times*, 1970/7/17, p. 10. 以下のタイムズの記事には，アンティグア製糖所を設立したGeorge Moody Stuart (1851-1940) の親族と思われる全く同姓同名の人物 George Moody Stuart (1931-2004) の死亡記事があり，この人物もヘンケル＆デュ・ビュイソン商会のパートナーであった．1961年以降の同商会については，この記事に基づく．*Times*, 2004/11/24, p. 69.

66　同社自主解散については *Times*, 1970/1/24, p. 18.

67　http://www.internationalsteam.co.uk/trains/antigua01.htm の情報．

68　*Times*, 1978/5/24, p. 26.

69　http://www.internationalsteam.co.uk/trains/stkitts02.htm の情報．

70　*Times*, 1906/3/1, p. 16.

図63 セント・キッツ首府バセテールの路上に残る砂糖運搬用軌道の跡

図64 セント・キッツ島観光鉄道（砂糖運搬用軌道の観光への転用）

頁で見たアンティグア最大手の領地管理業者ジョン・フリーランド・フートであろう．

　以上の広告にある領地は，ボディントン商会が所有していたとは確定できないが，少なくともボディントン商会が委託代理商をしており，毎年作付けのために融資し続けてきた領地と考えられる．少なくともマッキノン領地は，第13章表13-2にも出てくる領地であり，ボディントン商会が所有していたと思われる．ではなぜボディントン商会は，この時これほど大量の領地を売却しようとしたのだろうか．

　先述したように，アンティグア中央製糖所は1905年に最初の精製糖を製造している．その順調な滑り出しは，アンティグアの砂糖産業にふたたび将来性を与えた．しかし，ボディントン商会は，中央製糖所への関与も途中で放棄した．そして，この1906年には，プランテーションの大規模な売却を選択したのである．つまりボディントン商会は，アンティグア製糖所設立を，砂糖産業経営の好機としてではなく，プランテーション売却の好機と見るようになっていたのだと考えられる．

　確かにボディントン商会は，1890年代から1900年代初めにかけての本当に危機的状況の中では，この島のために努力した．同商会のメンバーは，王立委員会でこの島に利益を誘導する発言を行い，対応の遅い政府を融資引き上げという脅しでせきたてた．また，同商会は，中央製糖所設立にも具体案を提出するなどして，積極的な姿勢を示した．しかし，それらの努力の結果，アンティグア製糖所が実現し砂糖産業が回復の兆しを見せるやいなや，ボ

ディントン商会は速やかに同島から資本の回収を開始する.

　ボディントン商会が，これ以降完全にこの島から投資を引き上げるのか，セント・キッツやガイアナにおいても同じような行動をとり，全西インドから撤退しはじめるのかについては，全く情報がない．しかし，20世紀前半の砂糖産業や西インドに関する文献で，同社についての記述を見つけることは今のところできていない．ただ，巻末付表1で見るように，郵便局住所録上でのみ，同社は1941年まで「西インド貿易商」という職業名で記載され続けている[71].

　以上，本章の調査は，19世紀後半の自由貿易主義が英領西インドの砂糖生産を滅ぼし，19–20世紀転換期の帝国主義がその一部を救済したという結論となった．これは，エリック・ウィリアムズ（1911-81）のテーゼ，奴隷貿易廃止・奴隷制廃止の背景には英領砂糖生産の衰退とイギリス工業利害の成長があり，イギリスはそれゆえに自由貿易主義を採用し植民地を見捨てたという主張と重なり合うところがある．ただウィリアムズは1807年（奴隷貿易廃止）という早い段階にこの議論をあてはめており，そこには無理がある．砂糖の自由貿易は，1840年代以降にのみ始まるからである．筆者は，ウィリアムズは彼にとっては記憶に新しい近い過去（19世紀後半）に生じ

71　アンティグアとボディントン商会の関係について，先行文献で散見されたことなどを，少し補足しておく．

　ビーチィは，19世紀末のアンティグアでは，ボディントン商会とリー商会，フライヤ商会が三大地主であったと述べている．Beachey (1957), p. 125. ただビーチィのこの叙述は脚注がなく，根拠がはっきりしない．

　他方で，西インド史研究者のダグラス・ホールが，アンティグアの年鑑をもとに1829, 1843, 1878, 1921年の各領地の所有者を明らかにした表を作成している．この表では，フライヤ商会は1878年にはいくつかのプランテーションの所有者として出てくる．しかしボディントン商会とリー＆クレア商会については，全ての年代を通して社名もパートナーの氏名も出てこない．Hall (1971a), Appendix.

　このためビーチィの記述を疑いたくなるが，しかし近年のアンティグア史研究者スーザン・ローズの博士論文にも，ボディントン商会が19–20世紀転換期のアンティグアに大きな利害を持っていたことを示す記述がある．Lowes (1994), pp. 47f. また，母方がアンティグア出身のドミニカの小説家フィリス・シャンド・オルフリは，アンティグアの砂糖プランテーションは19世紀後半にボディントン商会やフライヤ商会などイギリスの大会社の手に移ってしまったという家族の記憶を持っていた．Paravisini-Gebert (1996), p. 10. 本章の本文で見た植民省史料などからも，ボディントン商会が19世紀後半にアンティグアの砂糖生産に強い支配力を持っていたことは確かである．

ていた不当に対する批判を奴隷貿易廃止の時代まで遡って論じ，その結果歴史叙述としては正確性を欠くが，政治社会的には強いメッセージを持った著述を行ったのだと考えている．

コラム3

遺書の中の奴隷解放

　民主主義が進展する近世近代の西洋社会に生きた中産階級の人々は，どのように黒人奴隷制を容認し得たのだろうか．奴隷制支持と反対の思想がヨーロッパ社会でどのように発達しせめぎ合っていたのかについて，古代・中世から近代まで通して論じたデイヴィッド・ブリオン・デイヴィスは，近代西洋市民社会の発達にもっとも貢献したロックやモンテスキュー，ヴォルテールなどの啓蒙主義思想家が，奴隷制を公然と容認していたことを明らかにしている．デイヴィスは，人間の不平等を当然のこととした古代社会だけが奴隷制を擁護したのではなく，近代市民社会の私有財産権思想や各植民地・地方政権の自治の思想こそが奴隷制を擁護する上で大きな役割を果たしたと述べる．ヨーロッパにおける市民的自由の確立期は，植民地における奴隷制プランテーションの黄金期でもあったのである[1]．

　近代西洋の人々は，自己の経済的必要と社会秩序維持の観点から，奴隷制を肯定し，それについて深く考えずに生きた．ただこの問題についてどんなに思考停止状態にあったとしても，人と人との接触は，人間同士に共感や情愛を生み出すものである．彼らは，制度としての奴隷制は否認しなかったにせよ，個人としての奴隷に人間的共感を持ち，救済したいと考えることはなかったのだろうか．

　筆者は，本書のために多くの遺書を読んだが，その作業の中で奴隷への遺贈や奴隷解放を遺言するものを見ることがあった．遺書という史料の性格上感情が詳しく書かれることはないが，それでもそこには遺言者の奴隷個人に対する人間愛の発露がある．このコラムではこうした遺書をいくつか取り上げ，奴隷制という社会制度が否定するもの——人間同士の愛着や友情——が，どんなに否定しても時には生まれていたことを示しておきたいと思う．

①トマス・パピヨン（1623-1702）

　トマス・パピヨンは，ベンジャミン・ボディントン1世の妻エリザベス・ボールの大伯父であり，ユグノーの亡命家系の一族で，カルヴァン派であり，熱心なホィッグ

の下院議員であった．彼は1701年6月13日に遺言を作成している．このパピヨンは，通常東インド貿易商として知られており，西インド貿易との関連はほとんど言及されたことがないが，しかし彼の遺書には一人の黒人奴隷についての記述がある．

その記述は以下の通りである．「(長男) フィリップ・パピヨンに，通称ブラウンという黒人を与える．私は，彼を動産（goods & chattels）という法的立場で所有している．私は，前記の息子に，聖なる真実（キリスト教信仰）の知識を彼（ブラウン）に教えるよう努力することをお願いする．そしてもしブラウンが，読み書きができるようになり，またプロテスタントのキリスト教の教理を十分に説明できるくらい学習した場合は，彼に100ポンド与え，前記の息子の同意と賛同のもとで，なにかまっとうな職業につけるようにしてやって欲しい．また前記の息子が彼を従僕のままにしておくほうが適切だと考えるのであれば（以下は原文で文が中断されている）」

以上の引用の末尾は文が中断され，次の話題に移っているので，「従僕のままにしておく方が適切な」場合の結論は不明である．しかしパピヨンがこのブラウンという奴隷に最大限の配慮を払っていることは，以上の引用から十分わかるだろう．パピヨンは，ブラウンが基礎学力と正しいキリスト教信仰を身につけられるくらい優秀であれば，彼に商売を身につけさせ自立した人生を送らせたいと考えており，またもしそれほど能力がない場合はおそらく息子の庇護のもとにおいて欲しいと願っていた．

彼の遺書にはほかに西インドに関する記述はないので，彼が保有していた奴隷はこのブラウンのみであり，またこのブラウンは西インド砂糖プランテーションの労働者としてではなくパピヨンの個人的従者としてイングランドで暮らしていたとも考えられる．そのような関係の場合，主人と奴隷の間には，プランターとプランテーション奴隷の間よりもはるかに人間的情愛がわきやすかったに違いない．1701年という段階で，このような白人と黒人の関係について文章で見ることは少ないので，その意味でこのパピヨンの遺書は貴重であると言えよう．

②マーガレット・トーヴェイ（d. 1725）[2]

マーガレット・トーヴェイは，1715年4月19日に遺書本体を書き，1718年8月22日と23年2月3日に遺言補足書を書いている．彼女は，遺書作成時はブリストル在住の未亡人で，かつてはネヴィス島に住んでいた．彼女は，ネヴィス島首府のチャールズタウンに土地家屋を持っていたほか，奴隷3人（男1人，女2人）を義理の娘メアリ（夫の連れ子か？）の夫ジェイムズ・ミリキン（Millikin/Milliken）と共同名義で保有していた．さらに彼女はこの他に早死した息子リチャードから数人の奴隷を遺贈され，それもジェイムズ・ミリキンに貸しだしていた．また彼女は，ロバート・イェイト（Yate）という兄弟を持っていたが，これはブリストル選出下院議員のロバー

ト・イェイト（1643-1737）である可能性が高い[3]．

　彼女は，ミリキンと共有する3奴隷の自分の持ち分を彼の妻メアリに遺贈し，この3奴隷のうち女奴隷2人から生まれる子供たちをメアリの娘2人に遺贈した．また息子リチャードから遺贈された残り「全ての私が所有する奴隷」は，リチャードの娘である自分の孫娘メアリ・トーヴェイに遺贈している．

　ただ彼女は，以上の娘や孫娘へ遺贈する奴隷について述べたのとは別の，友人や従姉妹などへの遺贈を書き並べた箇所で，「私の黒人女のデイム（Dame）に自由（freedom）を与え，さらに5ポンド与える」と書いている．また1718年の遺言補足書においても，姉妹や従兄弟などへの遺贈を書き並べた箇所で「かつてデイムと呼ばれ現在はキャサリンと呼ばれている私の黒人女に，以前私の遺書で与えたもののほかに2ポンド与える」と書いている．

　親しい親族や知人への遺贈と同じ箇所で取り上げられ，7ポンドの金銭贈与だけでなく身分解放まで与えられたデイムまたはキャサリンと呼ばれた黒人女が，マーガレット・トーヴェイにとって別格の存在だったのは明らかだろう．彼女は，マーガレットにとって友人とも言える存在だったのではないかと感じられる．デイム（貴婦人）というあだ名も，この黒人女性の人格と風貌を彷彿とさせるものがある．

　以上のマーガレット・トーヴェイの遺書は，一方では黒人奴隷を財産として処理しながら，他方で1人の奴隷のみをほかの白人友人と同等に扱うという，白人主人側の恣意的な判断と行為をよく現している．

③トマス・シェパード（d. 1749）

　シェパードは，1749年4月に遺書本体，5月に補足書を書いている．彼は，元アンティグア在住のロンドン商人で，アンティグアにプランテーションを持ち，また北米のフィラデルフィアにも土地家屋を持っていた．彼は，長男にアンティグアの主な領地や奴隷を残し，またほかの息子たちにアンティグア首府のセント・ジョンにある土地家屋やフィラデルフィアの不動産を遺贈するが，やはりそれとは別の箇所で，「私の黒人ロンドンに，私の死後ただちに完全な自由と奴隷制からの解放を付与し」ている．また彼は，妻には寡婦給与産分を十分に遺贈しており，彼女はこの黒人ロンドンに対し何ら請求権を持たないことを特に強く念押ししている．またシェパードは，さらに「私の死後ただちに，週1回月曜日彼（ロンドン）の手に直接アンティグア通貨で3シリングを彼の生涯の間支払う」ように，書き残している．

④エイブラハム・オーデイン（d. 1781）[4]

　オーデインは，メイトランド＆ボディントン商会を遺言執行者としていることで，第10章第5節でも扱ったセント・キッツ島のプランターである．彼の遺書は，二人の女奴隷とその子供たちに非常に手厚い遺贈を残していることで，実に興味深い．

　彼は，まず「住所地サンディ・ポイントの故ロバート・ストラフォードの奴隷であった通常ナンシーと呼ばれている私の黒人女アンに，奴隷制からの完全な身分解放と永遠の自由を与える」．次に彼は，彼女の子供たちで「私がすでに身分解放したムラト（白人と黒人の混血）のポリーとトムにキングズ・ハイウェイの下方で海に面した土地の1区画」を与え，それを彼らの子孫に永遠に遺贈するとしている．さらに彼は，このナンシー（アン）と子供たちポリーとトムに，下の子が21才になるまで住む家を提供し，さらには子供たちの通学と衣服のために現地通貨で年10ポンドをそれぞれが15才になるまで付与する．その上彼は，子供たちそれぞれに1人黒人奴隷を購入するよう，1人あたり25ポンドの遺贈を残している．

　また彼は別の黒人女性にも同様のことを行っている．すなわち彼は，「私の黒人女ダイナの娘で通常ベッツィと呼ばれている私のムラト女のエリザベスを，彼女の子供のハンナとメアリその他彼女が私の死後持つ全ての子供たちとともに，奴隷制から完全に身分解放し自由とする」としている．ただその一方で，彼はダイナの別のムラトの娘レイチェルを，身分解放することのないまま，自分の孫娘に与えている．

　オーデインが2人の女奴隷とその子供たちに与えた処遇は，破格とも言える扱いであり，彼と女奴隷たちの特別な関係—親子や事実上の夫婦関係—を推測させるものである．オーデインのように死亡時まで西インド現地にいた男性には，このようなことがあってもおかしくはなかっただろう．この一方で彼は妻にも十分な遺産を残しているが，妻へ残した家屋や家財は全てイングランドにあるものであり，妻はオーデインとは別居してイングランドで暮らしていたとも思われる．なおオーデインは，妻への遺贈を述べた後，以上を持って妻に対して与えるべき寡婦給与産を全て満たしたことを特に宣言し，それ以上妻には請求権がないことを明記している．

⑤ジョン・マイナー（d. 1781）

　ジョン・マイナーは遺書冒頭で，自分はロンドン商人であり，近くアフリカ沿岸に向けて出港するため，遺書を書き残すとしている．彼は，友人である船長ウィリアム・ボーリンゴール（Ballingale）を遺言執行者に任命して，彼に3人の女奴隷の身分解放を依頼している．

⑥ウィリアム・ヤング（d. 1788）

　この人物は，第 11 章の主人公で割譲諸島の土地販売を担当した植民地官僚である．彼もまた，遺書の家族への遺贈を書いた箇所で，「混血児（mustee）のサリ・ビショップには年 33 ポンド（を遺贈する）．また混血児（mustee）のベティ・ナントンと彼女の子供たちを解放する」，「私のムラトのジョンを解放する．私のそれぞれのプランテーションの奴隷たちに，10 樽の上等のニシンと 1 日の休暇を与える」としている．

　以上の遺書は，筆者がたまたま目にしただけのものであり，西インド関係者に絞って網羅的に遺書を読むという作業を行えば，もっとこうした記述は出てくるかもしれない．筆者が目を通した遺書の中にも，もう少し精読すればこのような記述が見つかるものもまだ含まれているかもしれない．従ってここでは，このような奴隷個人への愛着や奴隷解放や財産の遺贈がどの程度一般的であったかといった議論はできない．

　これらの遺書で依頼された身分解放や財産の遺贈が実際に行われたかどうかについても，疑問は残る．ブリオン・デイヴィスは，ラテン・アメリカ世界では金銭による奴隷解放（manumission）が一般的であった一方で，イギリス領やフランス領においては奴隷解放を禁止したり最小限にとどめるような植民地法制が存在したとしている．イギリス領西インド及び北米植民地では，奴隷解放の際には，解放奴隷が公の負担にならないよう元主人に保証金を積むことを要求する法律や，解放奴隷を植民地の外に移送する責任を課す法律などがあり，フランス領では奴隷解放に植民地政府の個別の許可が必要なケースもあった[5]．

　しかし，こうした上からの全体的規制がなかったとしても，奴隷は法的権利を一切持たないのだから，遺言執行者が彼らに対する遺言の約束を履行しなかったとしても，奴隷側から不満を訴えるすべは全くなかっただろう．シェパードやオーデインの遺書は，こうした黒人への遺贈に異議を申し立てかねない最大の危険人物として，妻が念頭にあったことも，暗示している．これら親族の掣肘や手続きの煩わしさを乗り越えて，黒人奴隷の身分解放を実施し遺産を付与することは，遺言執行者の誠意のみにかかっていた．オーデインの場合，遺言執行者はメイトランド＆ボディントン商会であったわけで，彼らがオーデインの 2 人の女奴隷とその子供たちのために粛々と業務をこなしたかどうかは非常に興味あることであるが，残念ながらどうなったかはわからない．

1　Davis（1966），第 13 章．
2　彼女の遺書は以下で活字にもされている．Oliver（1914），pp. 15-16．

3 Margaret Tovey は遺書の中で伯（叔）父として Robert Cann という人物の名前を揚げている．一方下院議員 Robert Yate の母はブリストル市長 William Cann の娘である．"Robert Yate", HPHC1690-1715.
4 第 10 章で見たように彼の遺書は以下にもある．Oliver（1914），vol. 4, pp. 213-15.
5 Davis（1966），第 9 章．

終　章

　「18世紀につくられた袋小路で，現代の改良工事によってまだそれほどだめにはなっていないビショップスゲイト・ストリートのセント・ヘレンズ・プレイスには，今なお西インド貿易商ボディントン商会と書いた真鍮製の表札が見られるだろう．この会社の古文書には，ポンペイやクワシ[1]などの西インドの奴隷の名前が記入されたかび臭い羊皮紙が，袋や箱，トランク，施錠・無施錠さまざまな引き出しの中に保管されている．これらは，まだ奴隷たちの身体が，ほかの動産とともにプランテーション付属の人的財産（chattel）として売買可能であったときのものである．こうしたプランテーションから，我々の祖先の年代物のジャマイカのラム酒やデメララの砂糖はやってきたのだ．この会社は，1677年にはすでに，現在のオフィスのごく近いところに設立されていた．この年のロンドン商工住所録はそれを証拠づけている．」（『ペディグリ・レジスタ』1913年12月）[2]

　以上は，家族史協会（Society of Genealogists）の創立者ジョージ・フレデリック・テューダー・シャーウッドが同協会発行誌の『ペディグリ・レジスタ』に寄せた18世紀のボディントン家に関わる記事の冒頭である[3]．この文は，1913年の段階で，まだボディントン商会が存在していたことを示している．

1　quashi/quashie 怠け者や田舎者の黒人といった侮蔑的呼称．
2　*Pedigree Register*, vol. 3, no. 27, Dec., 1913, p. 65.
3　この記事自体は，18世紀後半ベンジャミン・ボディントン2世が預かったプランターの遺児に関わるもの．"Crouch, Boddington and "Cox versus Cox"", *Pedigree Register*, vol. 3, no. 27, Dec., 1913, pp. 65-69. この記事末尾にG. S. という署名があり，George Frederick Tudor Sherwoodは常にそう署名していたことから，彼の書いた記事と考えられる．この記事の内容については，第10章第5節とコラム2で言及した．

図65 セント・ヘレンズ・プレイスの現在

現在筆者が把握している限りにおいては，この記事が同商会について少しでもまとまったことの書いてある最後の史料であり，それ以外は巻末付表1に示した電話帳，郵便局商工住所録における記載しかない．これら電話帳や商工住所録においては，ボディントン商会は，1941年まで西インド貿易商社として記載されている．

ただ筆者は，すでに第14章末尾で，1900年代のボディントン商会は，中央製糖所設立やブリュッセル協定など英領西インド砂糖生産にとっての好条件が出始めたのを幸いとして，砂糖プランテーションを売り抜け，英領西インドから撤退しはじめたのではないかという見方を示した．第14章で示したように，ボディントン商会は，1890年代から1900年代初頭にかけては，ヘンケル&デュ・ビュイソン社と共同して，イギリス政府に圧力をかけアンティグア中央製糖所の計画案まで提出していたが，その後ヘンケル&デュ・ビュイソン社が実際に中央製糖所建設に出資し20世紀半ばまで非常に積極的に砂糖商社として活動するのに対し，ボディントン商会については全く情報が得られなくなる．従って，現時点では，筆者は，ボディントン商会は一応1941年まで存続してはいるが，1900年代末以降はほとんど休眠状態であったのではないかと考えている．

1941年は，ロンドン史において非常に重要な年である．1940年9月から1941年5月にかけて，ロンドンはドイツにより連続的に空襲（blitz）を受けた．これによってロンドンは壊滅的被害を受け，ロンドン市民は地下鉄の中で生活するなどたいへんな困難を強いられた．ボディントン商会の存在したセント・ヘレンズ・プレイスは全面的被害は免れたが，それでも高性能爆弾を落とされている．筆者は，すでに休眠状態にあったボディントン商会が完全に終焉を迎えるのはこれが契機だったのではないかと考えている．

しかし，新しい情報が得られれば，この結論は変わりうる．19世紀後半

以降の西インドについては十分な先行研究がないし，筆者も近現代のボディントン家については調査し始めてからまだ1，2年というところである．今後も，この時期については調査を続け，新しい情報があればまたご報告したい．

　最後に，本書が調査し明らかにしたこと，その結果としての本書の主張を，まとめておきたい．

　本書は，まず序章で，近世から近代初頭にかけての民主主義と資本主義は，独立した私有財産を持ち，それがゆえに自由な政治的意見を持ち得た中産階級以上の者が主体的に参加するものであり，19世紀末以降の大衆民主主義・株式会社資本主義とは質的に異なるということを，本書の前提的主張として示した．その上で本書は，ボディントン家という一族をこうした中産階級の一つのサンプルとして取り上げ，彼らが近世から近代にかけてどのような政治活動や経済活動を行ったかを明らかにすることで，この時期の民主主義と資本主義について考察した．

　ボディントン家は，17世紀はじめから19世紀後半になるまで，政治・宗教的には非国教徒という立場を一貫して維持し，また経済的にはパートナーシップという企業形態による貿易商会経営という立場を一貫して維持していた．本書では，まずこの時期非国教徒であったということはいったいどういうことだったのかを，第1部と第3部で明らかにした．本書で扱う17，18世紀の非国教徒は，19世紀以降の非国教解放時代の非国教徒とは異なる存在である．一番重要なことは，17，18世紀非国教徒であるということは，宗教的立場というだけでなく，政治的立場でもあったということである．また，この時期の非国教は，思想及び人的意味において明確に清教徒革命に起源を持っていた．こうした意味で，1662年信仰統一法から1828年非国教解放法までの間は，間違いなく一つの時代であった．この間非国教徒であるということは，政府と国教を不可分一体のものとみなしなおかつ国教のこれ以上の改革を拒否するトーリとは決して相容れないということであり，必然的にホィッグを支持するということを意味していた．もちろんホィッグの中には国教徒はたくさんいるが，新教非国教徒はほぼ全員がホィッグ支持者で

あった．宗教という政治的党派よりも堅固で変動しにくいものが一部のイギリス人の政治行動のベースにあったことは，イギリスの二大政党制システムの発生と安定に，現代の我々が想像するよりもはるかに大きな意味を持っていたと，筆者は考える．

さらに，17, 18世紀の非国教徒は，単に思想的に非国教を支持する集団だったのではなく，血族として団結した上に共通の歴史解釈と歴史的記憶を持つ集団であった．ボディントン家だけでなく，同家の重要な姻戚スキナー家は，清教徒革命終了後クロムウェル家を含む元革命期政治家・軍人，そしてピューリタン系聖職者と積極的に通婚を行い，王政復古後の反動化する社会の中で，革命の大義に対する肯定的態度を堂々と示した．しかも彼らは，この通婚関係をその後2世紀に渡って持続し，非国教の思想だけでなく，革命を肯定的に記憶する歴史解釈や政治的態度，そしてそれらを共有する非国教コミュニティを，子々孫々にわたって再生産し続ける．こうした家族愛や血縁的帰属意識，歴史的価値観に支えられた信念は，単なる宗教的政治的理念よりも，はるかに度し難く強固なものである．彼らは，このようなものに支えられて，2世紀以上に渡って非国教徒であり続け，自らを正しいと信じ続けた．

ただ，これほど強固だったピューリタン信仰も，19世紀に向かうにつれて変容し，新たな宗教的エネルギーを持った福音主義を前にして消滅していく．ピューリタンの信者たちは，国教に転向し既存のエスタブリッシュメントに融合するか，福音主義非国教を支持するかに二分されていく．

本書の第2部と第4部は，ボディントン家の経済活動を取り上げた．彼らの経済活動は，彼らの政治行動や宗教信念とは，内容的には全く無関係のものである．しかし，ボディントン家が17, 18, 19世紀の3世紀にもわたって反骨精神にあふれ，自由にものを考え発言する中産階級であり得たのは，この経済活動のおかげに他ならなかった．落ちぶれた地主の3人息子であったボディントン家第1世代は，17世紀のロンドンが土地以外の富裕化のチャンスをふんだんに提供してくれたおかげで中産階級にとどまることができ，しかもその後300年近くにわたって同じ経済活動—貿易商社業務—によって中産階級であり続けることができた．この間彼らは，ロンドンで選挙権を持

ち続け，時には国会議員，市会議員となり，貿易，銀行，保険，港湾などの大法人株式会社が設立される場合にはそれらに出資者，経営陣として関わり，公益団体や政治圧力団体などにも主導的メンバーとして参加し，ロンドンの名望家としての面目を保持し続けた．

　彼らの経済活動には，時として問題がなかったわけではなかった．第4章で見たように，ボディントン家のレヴァント貿易への参入の仕方は，明らかにルール違反であり，ロンドンの伝統的商業コミュニティの中では眉をひそめられるような強引なものであった．それよりもはるかに問題だったのは，西インド貿易である．何度も述べてきたように，ボディントン家は砂糖を取引する商社であって，決して奴隷貿易商ではなかったし，現地で奴隷を直接使役する砂糖生産者（プランター）でも本来はなかった．ただ，債権回収の過程で，プランテーションと奴隷の所有者になっていったに過ぎない．しかし，彼らが，人間の強制的な居住地からの移送や無給強制労働により得られた経済的成果から，長期にわたって大いに収入を得ていたことは，否定できない事実である．しかも彼らは，世論の大勢が反奴隷制に傾くまで，この行為の問題性に気づかなかった．

　本書は，ボディントン家の政治宗教的行動と経済活動の両方をともに取り上げることで，イギリス本国での民主主義の発達に貢献した人間と，イギリス海外進出・経済成長の過程において利益を優先し非道な行動を等閑視した人間は，同じであることを，述べたい．またこれは，過去のイギリスにとどまる現象ではない．これは，基本的に民主主義と資本主義が，参加者が自由に自己主張と自己実現を求める仕組みであるからである．そこに参加しない者や発言することができない者――かつては黒人奴隷やカリブ族などの原住民，現在は将来世代や動植物などがそれに含まれるだろう――の不利益を，これらのシステムの中で代弁することは非常に困難であり，無視することの方がはるかにたやすいのである．ボディントン家の人々は，国内の政治過程においても，海外の経済活動においても，民主主義と資本主義の枠組みの中で，自己の利益を実現するために，勤勉に活動した．その意味で彼らは，われわれ現代の先進国中産階級の人々と同じであり，彼らを我々に比して特に利己的であったと断罪することはできない．

先ほども述べたように，ボディントン家の歴史はまだ未完成である．20世紀以降の同商会について今後新しい情報が入手できるかもしれないし，また本書に掲載した家系図を修正したり増補しなければならないような人間関係の事実が出てくることは必定である．筆者は一応ここで筆を置くが，今後もボディントン家とその周辺の人々についての情報が得られれば，本書の内容を修正していきたいと考えている．本書を，そのような研究途上にあるものとして，受け止めていただければ幸いである．

関連系図

目　次

大系図

1. Boddington 家系図 No. 1
2. Boddington 家系図 No. 2
3. Boddington 家系図 No. 3
4. Skinner 家系図
5. Hooper 家系図
6. Cromwell 家系図
7. ドーセット州地主通婚相関図
8. Ball＝Lavender 家系図

小系図

9. Bourne 家系図
10. Brindley/Brinley＝Jackson＝Treby 家系図
11. Disney＝Staniforth 家系図
12. Fleming＝Willis 家系図
13. Maitland 家（パートナー）系図
14. Marshall 家系図
15. Papillon 家系図
16. Price＝Morgan 家系図
17. Raymond＝Baker 家系図
18. Richards＝Hadfield＝Maitland（親戚）家系図
19. Sharp＝Davis 家系図
20. Swayne（ウィルトシャア）家系図
21. フーパー家と近郊地主通婚相関図

凡例および略号

1) 凡例

　　Nicholas Skinner　　　姓名
　　（d. 1670）　　　　　生没年
　　Salter　　　　　　　　身分，職業，役職などの情報
　　Dewlish, Dorset　　　　住所地（数ヵ所ある場合あり）（州名の略号は以下）

　　Thomas　　　　　　　物的財産法定相続人（heir/heiress）
　　＝＝＝　　　　　　　婚姻　上の数字は結婚年，①，△は初婚，再婚等の順

　　Thomas
　　×　　×　　　　　　子孫が絶えたと思われる家系

　　┄┄┄→　　　　　　　直系でない場合の相続

2) 略号

d.：died　　　　　　　没年
b.：born　　　　　　　生年
c.：circa　　　　　　　およそ
m.：married　　　　　　結婚年
fl.：flourish　　　　　　在世
MP：Members of Parliament　下院議員
Kt.：Knight　　　　　　騎士，ナイト爵
BF：Bunhill Field　　　　非国教徒墓地
Bt.：Baronet　　　　　　準男爵

（州名略号）

Beds.：Bedfordshire
Berks.：Berkshire
Bucks.：Buckinghamshire
Derbys.：Derbyshire

Gloucs. : Gloucestershire

Hants. : Hampshire

Herefords. : Herefordshire

Herts. : Hertfordshire

Lancs. : Lancashire

Lincs. : Lincolnshire

Middx./Mx. : Middlesex

Northants. : Northamptonshire

Notts. : Nottinghamshire

Salop. : Shropshire

Staffs. : Staffordshire

Warwicks. : Warwickshire

Wilts. : Wiltshire

Worcs. : Worcestershire

Yorks. : Yorkshire

[Bourne 家系図]

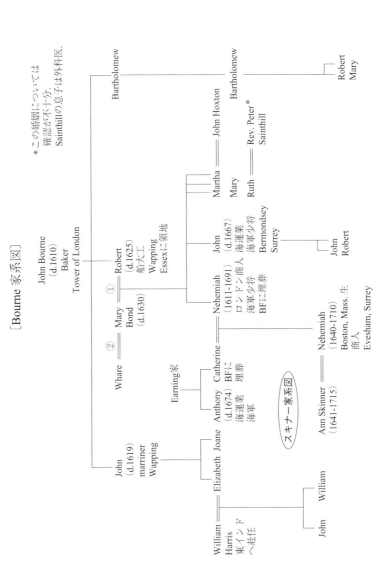

系　図　603

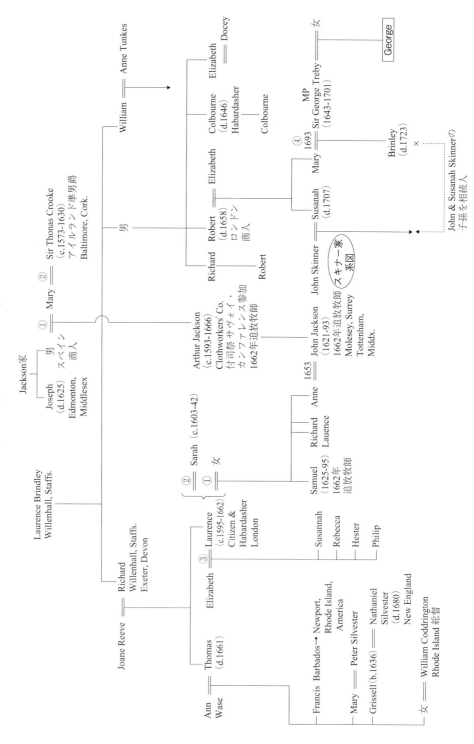

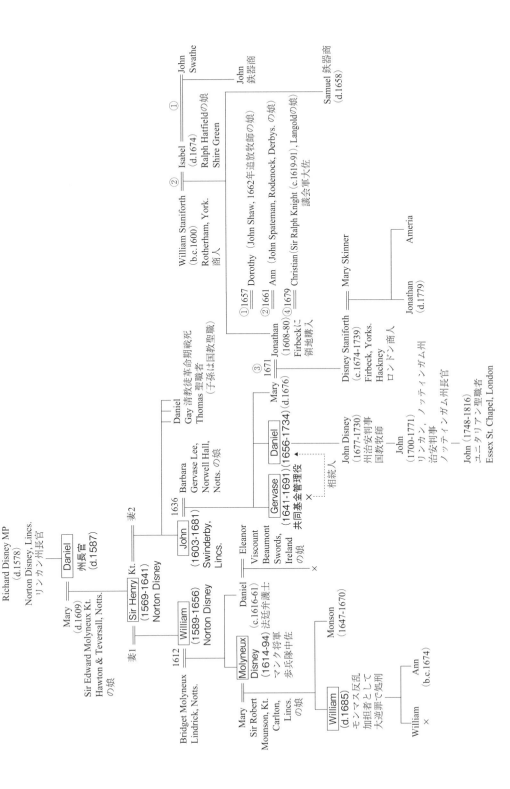

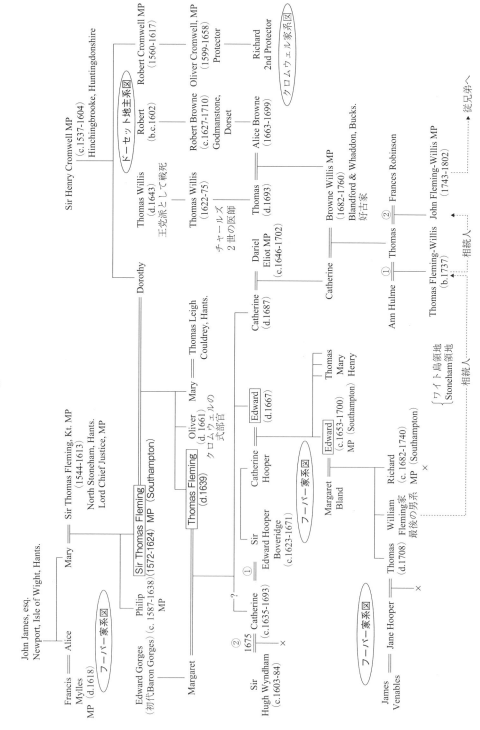

[Maitland家（パートナー）系図]

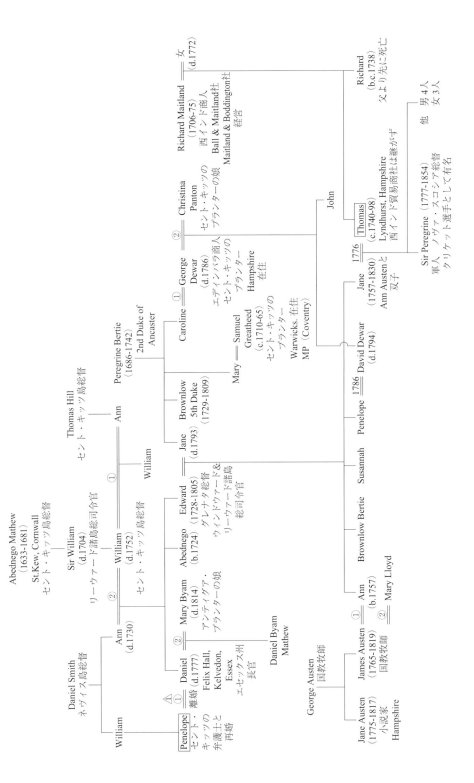

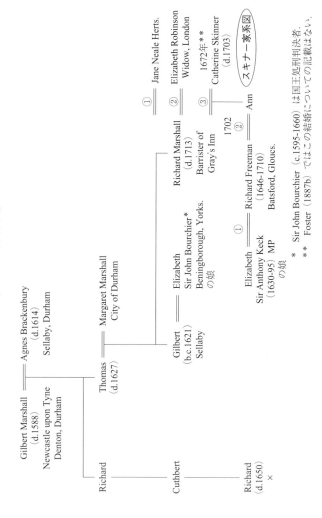

[Papillon 家系図]

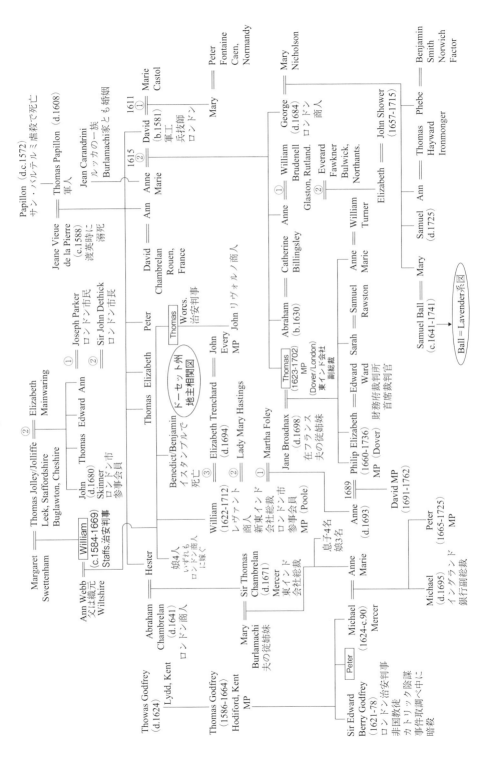

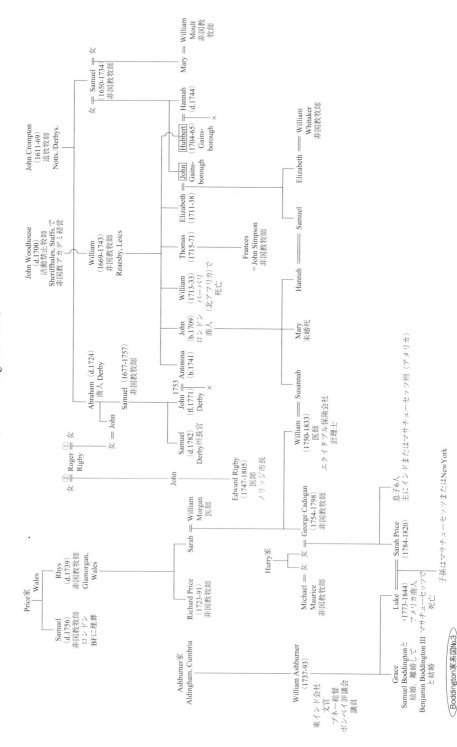

[Raymond-Barker 家系図]

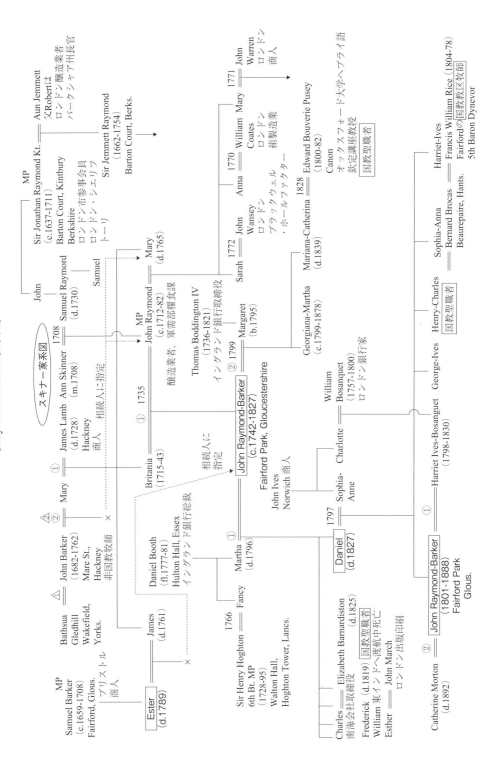

[Richards = Hadfield = Maitland（親戚）家系図]

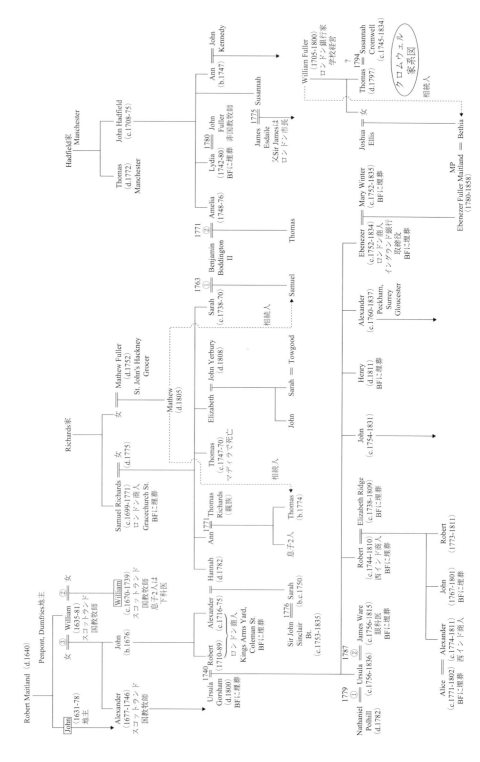

[Sharp = Davis 家系図]

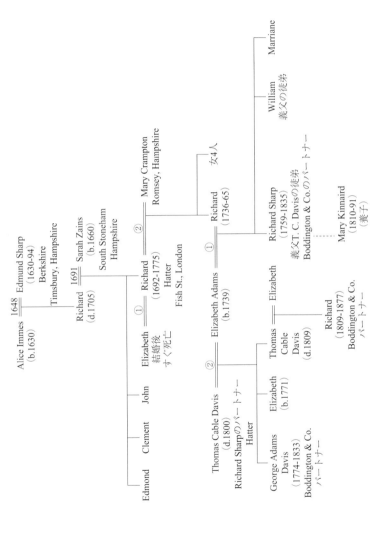

系 図 | 613

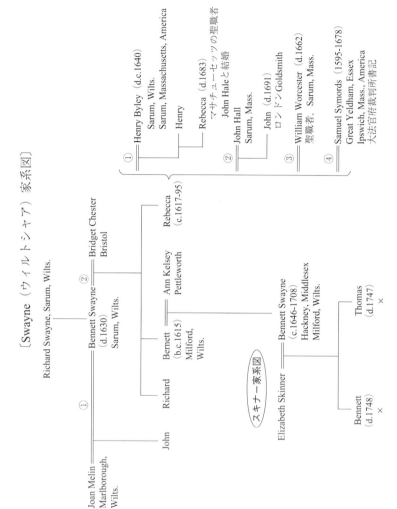

〔Swayne（ウィルトシャア）家系図〕

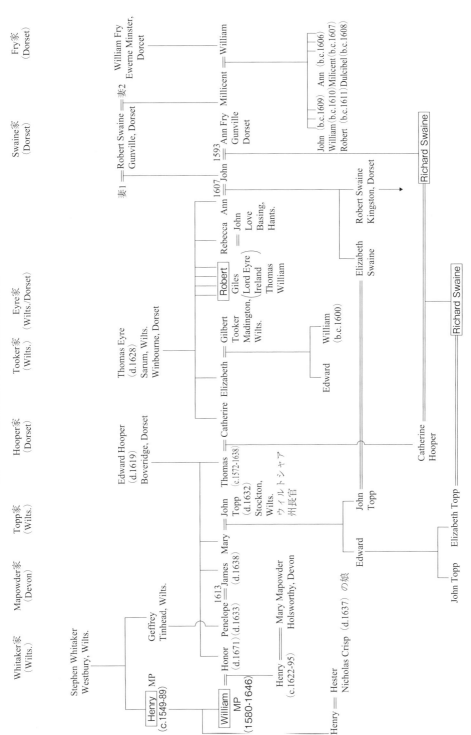

系図の出典と解説

　どの系図でも，スペースがない場合は，幼死者，女性，独身のままあるいは既婚でも子孫を残さず死亡した者などを省いた．子供の人数も，頻繁な死亡出産・同名者があるため正確に把握できない場合がある．婚姻回数が多い場合も，記載が不可能なので省いた．重要な人物でも，親族関係の証明不可能さや筆者・先行研究者の看過により，記載されていない可能性がある．

　本書の系図は，①当該一族のこれまでに作成された系図，②親戚姻戚の系図，③人物評伝，④その他情報，⑤当該一族・親戚姻戚構成員や友人の遺書を用いて，作成されている．遺書については別に遺書リストを用意したので，ここでは出典として掲載しない．系図上で没年がはっきりしている人物は，遺書が存在する可能性があるものとして遺書リストで検索し，リストに掲載されていれば，全て本書での系図作成の史料となっていると理解していただきたい．

1. Boddington 家系図 No. 1
2. Boddington 家系図 No. 2
3. Boddington 家系図 No. 3

①Boddington：FMG, vol. 3, pp. 1110-13；Boddington Pedigree, LMA；MGH, new ser., vol. 1, 1874, p. 428；MGH, 2nd ser., vol. 3, 1890, p. 348.

②Brassey：R. S. Boddington, *Pedigree of Brassey*, no date.

Browne & Hawkins：MGH, new ser., vol. 3, 1880, pp. 42-45；Boddington (1878a).

Collier：MGH, new ser., vol. 3, 1880, p. 125-29；Boddington (1878b).

Cooke-Fremeaux：MGH, new ser., vol. 1, 1874, pp. 346-48.

Fremeaux/Fremaux：MGH, 2nd ser., vol. 1, 1886, p. 212.

Gray：MGH, new ser., vol. 2, 1876, p. 258.

Onslow：MGH, new ser., vol. 3, 1880, pp. 427-29.

Steele：Adams (1941)；Earwaker (1890), p. 20.

Townsend：MGH, new ser., vol. 1, 1874, p. 254–56；Boddington (1881).
Vaughan： Oliver (1894), vol. 3, pp. 168–72；MGH, 2nd ser., vol. 5, 1894, pp. 157–58.
③"George Boddington", HPHC1690–1715；"Samuel Boddington", HPHC 1790–1820；"George Boddington", ODNB.
④MGH, new ser., vol. 3, 1880, pp. 207–16；MGH, new ser., vol. 4, 1884, pp. 36, 230；MGH, 2nd ser., vol. 4, 1892, pp. 271–72；*Pedigree Register*, vol. 3, 1913–16, p. 215；Malleson (2012).
以上のうち，FMGのボディントン家系図，スティール家系図，④以外は，全てレジナルド・スチュアート・ボディントンの仕事である．

4. Skinner 家系図
①Skinner： Hutchins (1861–70), vol. 2, p. 609；FMG, vol. 1, pp. 414–15.
②Babington： Howard&Chester (1880–83), vol. 1, p. 36.
Gray：MGH, new ser., vol. 2, 1876, p. 258.
③"Thomas Skinner (1662–1732)", HPHC1660–90；"Thomas Owen (c. 1637–1708)", HPHC1690–1715；"Nehemiah Bourne (1611–91)", "Nicholas Clayton (1730–97)", "Robert Paltock (1697–1767)" ODNB；"James Collett", "Henry Gray", "Leonald Robinson", "Nicholas Skinner", Woodhead (1965), pp. 51, 79, 140, 150.
④St Nicholas Acons, Composite register：Register of baptisms 1539/40–1812, marriages 1539–1664, burials 1540–1812, P69/NIC1/A/001/MS 17621, LMA；MGH, new ser., vol. 1, 1874, pp. 212–13；MGH, 2nd ser., vol. 3, 1890, p. 128；Wilson (1808–14), vol. 1, p. 125, vol. 2, p. 228.
⑤Ann Paltock (d. 1712) はおそらく Robert Paltock (1697–1767) の母．
スキナー家系図は，Hutchins と FMG の誤りを，Catherine Marshall (d. 1703) の遺書からの情報で修正した上で，家族構成員の遺書と人物評伝を中心に作成した．系図5，6，10，11の出典も参照せよ．

5. Hooper 家系図

①Hooper: Rylands (1885), pp. 55-56; Marshall (1882), p. 54; Hutchins (1861-70), vol. 3, p. 384; Smart (1841), p. 310.

②Ashley-Cooper (Earl of Shaftesbury): Hutchins (1861-70), vol. 3, p. 594. Duckett: Marshall (1882), p. 82; *Wiltshire Archaeological & Natural History Magazine*, vol. 24, 1888-89, pp. 192, 218.

James: Rylands (1913), p. 170.

Whitaker: Rylands (1885), p. 97; Hutchins (1861-70), Vol. 3, p. 628-29.; Wiltshire Note&Queries, vol. 4 (1902-4), p. 107f.

③"John Hooper (b. before1532-72)", HPHC1509-58; "Francis Mylles (d. 1618)", "Henry Whitaker (c. 1549-89)", HPHC1558-1603; "William Whitaker (c. 1580-1646)", "John More (c. 1578-1638)", HPHC1604-29; "John Mylles (c. 1604-76)", "Thomas Skinner (1662-1732)", "Henry Whitaker (c. 1622-95)", HPHC1660-90; "Henry Whitaker (c. 1686-1746)", HPHC1690-1715; "Edward Hooper (c. 1700-95)", HPHC1715-54; "Hugh Wyndham (c. 1603-1684)",, "Hans Sloane (1660-1753)", ODNB.

④Smart (1841), pp. 29, 34-37, 41-42, 47-48, 87-88.

⑤John Barton (d. 1657); Catherine Marshall (d. 1703); John Mylles (d. 1676); Phillipa Mylles (d. 1684); George Stanley (d. 1706); George Stanley (d. 1734).

6. Cromwell 家系図

①Cromwell: FMG, vol. 2, pp. 434-40.

②Gould: Boddington (1880); Burke (1879), vol. 1, pp. 669-70.

③"William Kyffin", "Benjamin Hewling", Woodhead (1965), pp. 89, 104; Robinson (1820), pp. 75-83.

Cooke-Fremeaux, Fremeaux→Boddington 家系図

④*London Magazine*, vol. 43, pp. 73-75, 130-33, 225-26; Noble (1787); Fitzgerald-Uniacke (1916), pp. 604-06.

クロムウェル家系図は大半をFMGに依拠した。

7. ドーセット州地主通婚相関図

①②Bankes：Hutchins（1861-70）, vol. 3, p. 240.

Bingham：Colby&Rylands（1888）, pp. 27-28；Hutchins（1861-70）, vol. 4, pp. 374-75；MGH, 2nd ser., vol. 2, 1888, pp. 265-66.

Browne：Hutchins（1861-70）, vol. 2, pp. 298-99.

Coker：Rylands（1885）, p. 31；Colby&Rylands（1888）, pp. 17-18；Hutchins（1861-70）, vol. 3, p. 723.

D'Oyly：Burke（1838）, pp. 164-65.

Eyre：Burke（1833-37）, vol. 3, pp. 290-94.

Fry：Hutchins（1861-70）, vol. 3, p. 537. "John Fry（1609-57）", ODNB.

Gorges：Hutchins（1861-70）, vol. 3, pp. 342-43. Sydenham：Hutchins（1861-70）, vol. 2, pp. 703-05.

Mitchel：Hutchins（1861-70）, vol. 2, p. 610.

Prideaux-Brune：Rylands（1885）, pp. 22-23；Hutchins（1861-70）, vol. 4, p. 190；Burke（1833-37）, vol. 1, pp. 205-06.

Smith：Hutchins（1861-70）, vol. 1, p. 166.

Speke：Burke（1833-37）, vol. 4, pp. 536-37.

Swaine：Hutchins（1861-70）, vol. 1, p. 515；vol. 3, pp. 452-53.

Trenchard：Rylands（1885）, pp. 93-94；Hutchins（1861-70）, vol. 3, pp. 326-27.

Turberville：Rylands（1885）, p. 95；Colby&Rylands（1888）, pp. 13-14；Hutchins（1861-70）, vol. 1, p. 138-39；MGH, 2nd ser., vol. 2, 1888, pp. 133-34.

Wyndham：Hutchins（1861-70）, vol. 4, pp. 48-49.

③"John Sadler（1615-74）", "John Harvard（1607-38）", "John Owen（1616-83）", "Hugh Speke（1656-c. 1724）", ODNB.

この相関図は，当該家族構成員の遺書は読まず，既存の系図と人物評伝からのみ作成している．スキナー家が中心になるようにまとめたが，スキナー家は新興の一族であり，中世以来のドーセット州の地主同士にはもっと古くからの他の多数の家族を含む複雑な通婚関係があり，この相関図ではとてもそ

れらの関係は描き切れていない．

8. Ball=Lavender 家系図
①Ball, Ball-Lavender：MGH, new ser., vol. 1, 1874, p. 315；MGH, new ser., vol. 3, 1880, pp. 184-86.
Lavender/Lavinder：Howard&Chester（1880-83），vol. 2, p. 52.
④Wright（1908），pp. 163-67；Marriage Bonds and Allegations, London, DL/A/D/24/Ms1009/E/001002, LMA.
⑤James Wroth（d. 1662）；William Rimmer（d. 1663）；John Wroth（d. 1676）；Thomas Came（d. 1679）その他 Ball 家，Lavender 家系図．
この系図は情報が少なく試作段階にとどまる．

9. Bourne 家系図
③"Nehemiah Bourne", ODNB.
④GGE, vol. 1, 1885, pp. 1251-55；NEHGR, vol. 27, 1873, pp. 26-36；NEHGR, vol. 51, 1897, pp. 113-14.
⑤Mary Where（d. 1639），Anthony Earning（d. 1674），その他 Bourne 家の遺書
バーン家系図は，ほぼ遺書だけで作成している．遺書同士の情報に整合性がないところがあり，この系図も試作にとどまる．

10. Brindley/Brinley=Jackson=Treby 家系図
①Brindley：Howard&Chester（1880-83），vol. 1, p. 101；GGE, vol. 1, 1885, pp. 13-15, 325；NEHGR, vol. 37, 1883, pp. 381-85.
③"Sir George Treby（1643-1700）", HPHC1690-1715；"Arthur Jackson（c. 1593-1666）", ODNB；"Arthur Jackson",．"John Jackson", Matthews（1934），pp. 290-91.
④NEHGR, vol. 43, 1889, p. 166；GGE, vol. 1, 1885, pp. 13-19.
GGE と NEHGR の情報は重複している．両方とも主要メンバーの遺書が活字として掲載．

11. Disney＝Staniforth 家系図
①Disney：Hutchins (1861–70), vol. 2, pp. 99–101； Maddison (1902–6), vol. 1, pp. 303–13.
Staniforth：FMG, vol. 2, p. 734.
③"John Disney (1677–1730)", "John Disney (1746–1816)", ODNB； "John Shawe", "Johnathan Staniforth", "Nathaniel Staniforth", "Timothy Staniforth", Matthews (1934), pp. 434–35, 458–59.

12. Fleming＝Willis 家系図
①Fleming：Rylands (1913), pp. 156–57； Burke (1833–37), vol. 2, pp. 372–73.
Willis：Burke (1833–37), Vol. 2, pp. 323–24.
②Browne：Hutchins (1861–70), vol. 1, p. 165.
③"Sir Thomas Fleming (1544–1613)", "Sir Thomas Fleming (1572–1624)", "Philip Fleming (c. 1587–1638)", HPHC1604–29； "Edward Fleming (c. 1653–1700)", HPHC1660–90； "Daniel Eliot (c. 1646–1702)", "Browne Willis (1682–1760)", HPHC1690–1715； "Richard Fleming (1682–1740)", HPHC1715–54； "John Fleming-Willis (d. 1802)", HPHC1754–90； "Thomas Willis (1622–75)", "Oliver Fleming", "Hugh Wyndham (c. 1603–1684), ODNB.
⑤Catharine Wyndham (d. 1693).
この系図はフレミング，ウィリス家の遺書は使用せず，先行の系図と人物評伝から作成．

13. Maitland 家（パートナー）系図
①Maitland：*Pedigree Register*, vol. 1, 1908, pp. 154–55.
②Buckley：Oliver (1894), vol. 1, pp. 82–83.
Byam：Oliver (1894), vol. 1, p. 100.
Dewar：Oliver (1894), vol. 1, pp. 199–202.
Lyon：Oliver (1894), vol. 2 pp. 213–17.
Mathew：Oliver (1894), vol. 2, pp. 252–53.

Payne: Oliver (1894), vol. 3, pp. 7-9.
Smith: Oliver (1894), vol. 3, pp. 89-91.
③"Sir Peregrine Maitland", ODNB.
④*Monthly Magazine*, vol. 9, 1800, p. 299; *Topham (1802), pp. 35-39.*
⑤Richard Maitland (d. 1763) は Richard Maitland (1706-1775) の父ではないかと思われるが証明は不可能.
メイトランド家（パートナー）は，Richard Maitland (1706-1775) よりさかのぼる有効な手立てがない．

14. Marshall 家系図
①Marshall: Foster (1887b), pp. 230-31.
③"Sir John Bourchier (c. 1595-1660)", ODNB. "Richard Freeman", Ball (1926), vol. 2, pp. 67-68.

15. Papillon 家系図
②Jolliffe/Jolley: Metcalfe (1883), pp. 65-66; Armytage&Rylands (1912), pp. 144-45; Jolliffe (1892). pp. 13-16, 18, 42.
③"Thomas Papillon", "Philip Papillon (1660-1736)", HPHC 1690-1715; "David Papillon (1691-1762)", HPHC 1715-54; "Sir Edward Berry Godfrey (1621-78)", "Michael Godfrey (d. 1695)", "John Shower (1657-1715)", ODNB.
④Papillon (1887); MGH, new ser., vol. 3, 1880, pp. 207-16.
Papillon (1887) の記述からほとんど作成．

16. Price＝Morgan 家系図
①Price-Morgan: FMG, vol. 1, pp. 184-85.
②Ashburner: MGH, new ser., vol. 1, 1874, pp. 224-31.
Rigby: FMG, vol. 1, p. 22; vol. 3, pp. 1106-07.
Woodhouse: FMG, vol. 1, pp. 21, 22, 24, 26-30.
③"John Woodhouse", Matthews (1934), p. 544.
この系図は遺書は用いず，先行の複数の系図を本書の内容に合わせて整理．

削減，統合した．

17．Raymond＝Baker 家系図
①Raymond：FMG, vol. 1, pp. 368-69；Burke (1879), vol. 1, p. 77.
②Lamb：FMG, vol. 1, p. 370.
Warren：FMG, vol. 1, p. 370.
③"Samuel Barker (c. 1659-1708)", HPHC1690-1715；"John Raymond (c. 1712-82), "Sir Henry Hoghton (1728-95)", HPHC1754-90；"John Barker (1682-1762), ODNB.
④MGH, new ser., vol. 3, 1880, pp. 207-16.
19世紀，特に国教化してからは，親族姻族に富裕，著名人が増加するが，それらの人物評伝，遺書は十分に調査していない．

18．Richards＝Hadfield＝Maitland（親戚）家系図
①Richards：MGH, 2nd ser., vol. 1, 1886, p. 211.
Hadfield：MGH, 2nd ser., vol. 1, 1886, pp. 211-12.
Maitland：MGH, new ser., vol. 2, 1876, pp. 205-13.
②Esdaile：FMG, vol. 3, p. 1123.
③"Ebenezer Fuller-Maitland (1780-1858)", HPHC1820-32.
④Dr. Williams' Library Registry. Birth Certificates 1792-1805, RG4：piece4660.

19．Sharp＝Davis 家系図
④Knapman (2003).
本書のシャープ＝デイヴィス系図は，本書に関わる期間と範囲にとどめて，基本的に家族構成員の遺書から作成した．

20．Swayne（ウィルトシャア）家系図
①Swayne：Appleton (1870), pp. 132-37. NEHGR, vol. 47, 1893, pp. 136-40；GGE, vol. 1, 1885, pp. 680-84.

本書の系図はほぼ①の転載である．

21．フーパー家と近郊地主通婚相関図
①②Baskett: Rylands (1913), pp. 132-43; Hutchins (1861-70), vol. 2, p. 608.
Tooker: Marshall (1882), p. 101.
Topp: Marshall (1882), p. 64; *Wiltshire Archaeological & Natural History Magazine*, vol. 12, 1869-70, no. 34, pp. 105-21; no. 35, pp. 198-99; Hoare (1824), p. 242.
系図 5, 7 の出典も見よ．

巻末付表 1　ボディントン商会所在地

典拠とした商工住所録など (directory)	商会・経営者名	業種	住所
1677 London Directory	George Boddington	Merchant	Great St. Helens
1695 London Inhabitants within the Wall	George Boddington	—	St. Helens
	James Boddington	—	St. Margaret, Lothbury
1738 The Intelligencer or, Merchant's Assistant. Showing in Alphabetical Manner, the Names and Places of Abode of All the Merchants and Considerable Traders Throughout the Cities of London and Westminster, and Borough of Southwark.	Benjamin Boddington	Turkey merchant food/drink	Camberwell
	Thomas Boddington	Turkey merchant food/drink	Creechurch, Leadenhall St.
1740 Kent's Directory	Benjamin Boddington	Turkey Merchant	Sword Blade Coffee House 経営者の自宅は Camberwell
	Joseph Boddington	Stationer	Fenchurch St. near Lombard St.
	Thomas Boddington	Turkey Merchant	Creechurch, Leadenhall St.
1745 Universal Pocket Companion 2nd ed.	Benjamin Boddington	Turkey Merchant/ commerce	Camberwell
	Thomas Boddington	Turkey Merchant/ commerce	Creechurch, Leadenhall St.
1749 Complete Guide to all persons 3rd ed.	Ball & Maitland	merchant, commerce	Crutched Friars
1752 Complete Guide to all persons 6th ed.	Ball & Maitland	merchant, commerce	Crutched Friars 経営自宅は Hackney
	Joseph Boddington	merchant, commerce	Fenchurch St.
1755 Kent's Directory 22nd ed.	Joseph Boddington	broker financial/ brokering services	Fenchurch St.
	Thomas Boddington	Linnen Draper	Poultry
1760 Universal Pocket Companion 3rd ed.	Ball & Maitland	merchant, commerce	Mark Lane*
	Benjamin Ball	Royal Exchange Assurance Director	Mark Lane
	Boddington & Butt	hosier	Bishopsgate St. Without
1761 Kent's Directory	Maitland & Boddington		
1763 Complete Compting House Companion	Ball & Maitland	merchant, commerce	Mark Lane
	Benjamin Ball	merchant, commerce	Mark Lane
1767 Kent's Directory	Thomas Boddington	Linnen Draper /textile	11 Cripplegate Buildings
1767 Universal Pocket Companion	Ball & Maitland	merchant, commerce	Mark Lane
	Benjamin Ball	Royal Exchange Assurance Director	Mark Lane
	Boddington & Butt	hosier	Bishopsgate St. Without
1768 Kent's Directory	Thomas Boddington	Linnen Draper/textile	94 Cheapside
1775 Kent's Directory	Thomas Boddington	Linnen Draper/textile	94 Cheapside

1786 Universal Pocket Companion	Ball & Maitland	merchant	Mark Lane
	Benjamin Ball	Royal Exchange Assurance Director	Mark Lane
1791 Universal British Directory	B. & T. Boddington Co.	Merchant	15 Mark Lane
	Henry Boddington	Linnen Draper	42 Coleman St.
1794 Kent's Directory	Boddingtons & Bettesworth.	Merchant	17 Mark Lane
1803 Kent's Directory	Boddington, Sharp & Co.	Merchant	17 Mark Lane
1811 Holden's Annual London and Country Directory	Boddington, Philips, Sharp & Co.	Merchant	17 Mark Lane
	Boddington, Joseph William	Merchant	3 Mark Lane
1814 Post Office Annual Directory	Boddington, Philips, Sharp & Co.	Merchant	17 Mark Lane
	Boddinton & Sharp Co.	Merchant	17 Mark Lane
	Boddington, Joseph William	Merchant	11 Mark Lane
1819 Post Office Directory	Boddington, Philips, Sharp & Co.	Merchant	3 Mansion House Place
	Boddinton & Sharp Co.	Merchant	3 Mansion House Place
	Boddington, J. W. & De la Chaumette	Merchant	17 Mark Lane
1825–6 Pigot's Directory	Boddington & Davis	Merchant	3 Mansion House Place
	Boddington, Philips, Sharp & Co.	Merchant	3 Mansion House Place
1833 Pigot's Directory	Boddington & Co.	West India Merchant	9 St. Helen's Place
	Boddington & Davis	West India Merchant	9 St. Helen's Place
1843 Post Office Directory	Boddington & Co.	West India Merchant	9 St. Helen's Place
	Boddington & Davis	West India Merchant	9 St. Helen's Place
1856 Post Office Directory	Boddington & Co.	West India Merchant	9 St. Helen's Place
1884 Phone Book	Boddington & Co.	Merchants	9 St. Helen's Place Tel:4279
1913 Phone Book	Boddington & Co.	言及なし	9 St. Helen's Place Tel:7429
1921 Phone Book	Boddingtons & Co.	West India Merchant	9 St. Helen's Place Tel:7429
1921 Hughe's Business Directory	Boddington & Co.	merchant	9 St. Helen's Place
1927 Post Office Directory	Boddington & Co.	不明	55 Great Tower Street
1924–41 Post Office Directory**	Boddington & Co.	West India Merchant	9 St. Helen's Place

*BenjaminIIの手記によると，1755年6月12日にMaitland氏は，Crutched FriarsからMark Laneへ引っ越した．
**1924-41年は連続して記載がある．しかし1942, 50, 55, 60年の *Post Office Directory* にはBoddington & Co.は見あたらない．

巻末付表2　非国教礼拝所一覧

(City of London & Southwark / Middlesex & Surrey / その他 に分け，それぞれで ABC 順に配列)

ロンドンとその近郊，創立から19世紀初頭までに限定．また，ボディントン＝スキナー家に関わるもののみ．Wilson は主祭と補助牧師の区別をつけているが，ここでは一つにまとめている．欄外の S, N, 中立はソルターズ・ホール合同会議の時の態度．S, N の別は以下によった．*The Layman's Letters to the Dissenting Ministers of London*, 1719；Oldmixon (1735), p. 681.

City of London & Southwark

Bury Street, St. Mary Axe 会衆派

Joseph Caryl	1600-73	
William Bearman	時期不明	
John Owen	1673-83	
Robert Ferguson	時期不明	
David Clarkson	1682-87	
Isaac Loeffs	1680s-89	
Isaac Chauncey	1687-1702	
Edward Terry	?-1697	
Isaac Watts	1698-1748	中立
Samuel Price	1703-56	
Meredith Townshend	1742-46	
Samuel Morton Savage	1747-1787	
Thomas Porter	?-1764	
Josiah Thompson	1765-	
Thomas Back	1788-	

出典：Wilson (1808-14), vol. 1, p. 254.

Carter Lane, Doctor's Commons 長老派

Mathew Sylvester	1667-1708	
Richard Baxter	1687-91	
Edmond Calamy（歴史家）	1692-96	中立

Samuel Stephens	?–1694	
Samuel Wright	1708–46	N
Jeremiah Burroughs	?–1718	
Thomas Newman	1718–58	N
Edward Pickard	1746–78	
John Tailor	1760–66	
Thomas Tayler	1767–	
John Fuller	1778–83	
George Lewis	1785–96	
George Watson	1797–99	
Joseph Barrett	1804–	

出典：Wilson（1808–14）, Vol. 2, p. 108.

Fetter Lane 会衆派

Thomas Goodwin	1660–80	
Thankful Owen	1680–81	
Stephen Lobb	1681–99	
Thomas Goodwin（子）	1681–99	
Benoni Rowe	1699–1706	
Thomas Bradbury	1707–28	S
Peter Bradbury	1710–28	S
Thomas Tingey	1729	
Richard Rawlin	1730–57	
John Farmer	1730–39	
Edward Hitchin	1743–50	
Edward Hickman	1752–58	
James Webb	1758–82	
Benjamin Davies	1783–95	
William Maurice	1797–1802	
George Burder	1803–	

出典：Wilson（1808–14）, vol. 3, p. 428.

Haberdashers' Hall 会衆派

John Owen の創立？	
Wiliam Strong	1650–54
John Rowe	1654–77

Seth Wood	1650–60	
Theophilus Gale	1666–78	
Samuel Lee	1677–	
Thomas Rowe	1678–1705	
John Foxon	1705–23	S
David Jennings	1716	N
Henry Francis	1718–23	S
Robert Wright	1723–43	
Thomas Gibbons	1743–85	
Joseph Brookbank	1785–	

出典：Willson (1808–14), vol. 3, p. 148, 151.

Hand Alley, Bishopsgate Street→1729年 New Broad Street, Petty France 長老派

Thomas Vincent	1660s–1678	
John Oakes	1678–88	
Daniel Williams	1688–1716	
Edmund Calamy（歴史家）	1696–1703	
John Evans	1704–30	N
James Read	1720–55	N
John Allen	1730–58	
John Palmer	1759–80	

1780年 Palmer の引退と会衆の減少により閉鎖
出典：Wilson (1808–14), vol. 2, pp. 191, 229.

Monkwell Street 長老派

Thomas Doolittle	1666–1707	
Thomas Vincent	時期不明	
John Mottershed	?–1697	
Samuel Doolittle	1697–1700	
Daniel Wilcox	1706–33	S
Henry Read	1718–24	N
Samuel Lawrence	1733–60	
James Fordyce	1760–82	
Thomas Toller	1760–74	
James Lindsay	1783–	
John Armstrong	1791–96	

出典：Wilson (1808–14), vol. 3, p. 190.

New Court, Carey St. 会衆派

Daniel Burgess	1687-1713	
James Wood	1713-27	S
Henry Francis	1720-26	S
Thomas Bradbury	1728-59	S
Peter Bradbury	1728-31	S
Jacob Fowler	1731-41	
Joseph Pitts	1742-58	
Richard Winter	1759-99	
Frederick Hamilton	?-1799	
William Thorp	1800-1806	
Robert Winter	1806-	

出典：Wilson（1808-14），vol. 3, p. 494.

Old Jewry 長老派

Edmund Calamy（子）	1662-85（死亡）	
Samuel Borfet	1685-91	
John Shower	1691-1715	
Timothy Rogers	?-1708	
Joseph Bennett	1708-26	N
Simon Browne	1716-23	N
Thomas Leavesley	1723-37	N
Samuel Chandler	1726-66	N
Henry Miles	1737-44	
Richard Price	1744-	
Thomas Amory	1756-74	
Nathaniel White	1766-83	
Abraham Rees	1784-	

出典：Wilson（1808-14），vol. 2, p. 306.

Paved Alley, Lime Street 会衆派

Thomas Goodwin	1640-50
Thomas Harrison	1650-
Thomas Mallory	時期不明
John Collins	?-1687
Francis Howel	?-1679

John King	1680–1688	
Nathaniel Mather	1688–1697	
Robert Trail	1688–1697	
John Collins（子）	1698–1714	
Robert Bragge（子）	1698–1738	S
Philip Gibbs	1715–29	S
John Atkinson	1732–35	
John Hill	1735–36	
John Richardson	1736–55	

1755 年に 2 会派に分裂
出典：Wilson（1808–14）, vol. 1, pp. 213, 250.

Pewterers' Hall, Lime Street 会衆派

Robert Bragge（父）	1662–1704（死亡）
Ralph Venning	1662–1673（死亡）
John Women	1702–1715（バプテストに転向）

1715 年で閉鎖
出典：Wilson（1808–14）, vol. 1, pp. 208–211.

Poor Jewry Lane 長老派

Timothy Cruso	?–97	
Francis Fuller	?–1701	
William Harris	1698–1740	N
Samuel Rosewell	1701–05	N
John Billingsley	1706–22	N
Samuel Harvey	1722–29	
Nathaniel Lardner	1729–51	N
George Benson	1740–62	
Ebenzer Radcriffe	1760–74	
Richard Price	1763–70	
John Calder	1770–74	

出典：Wilson（1808–14）, vol. 1, p. 56.

St. Thomas's, Southwark 長老派

Nathaniel Vincent	?–1697		Thomas Vincent の兄弟
John Sheffield	1697–1726（死亡）	N	

Edmund Batson	1697-1706
Joshua Bayes	1707-23
Henry Read	1723-74
James Read	1724-30
Thomas Newman	1724-46
Philip Furneaux	1747-53
Benjamin Dawson	1754-59
Benjamin Corbyn	1760-
Abraham Rees	1774-84
Thomas Jervis	1785-96
James Taylor	1796-
John Coates	1800s
Thomas Kentish	?-1802

出典：Wilson (1808-14), vol. 4, p. 296.

Salters' Hall 長老派

Richard Mayo	?-1695	
Nathaniel Taylor	1688-1702	
William Tong	1703-27	S
John Newman	1696-1741	S
Samuel Newman	1728-35	
Jeremiah Tidcomb	1735-40	
John Barker	1741-60	S
Francis Spilsbury	1742-82	
Hugh Farmer	1761-72	
Hugh Worthington (子)	1773-82	
Robert Jacomb	1782-92	
Robert Winter	1792-1802	
John Saville	1805-	

出典：Wilson (1808-14), Vol. 2, p. 8.

Silver Street 会衆派

Philip Nye	1650s-72
John Loder	1650s-73
Thomas Cole	1674-97
John Singleton	1698-1706

Daniel Neal	1704–43	中立
William Lister	1739–43	
Roger Pickering	1743–52	
Samuel Hayward	1752–57	
John Chater	1758–65	
Jacob Dalton	1766–69	
William Smith	1770–90	
David Bogue	1774–77	

出典：Wilson (1808–14), vol. 3, p. 71.

Silver Street 長老派

Lazarus Seaman	?–1675	
Thomas Jacomb	?–1685	
John Howe	1675–1705	
Daniel Williams	1687–89	
John Shower	1690–91	
Thomas Reynolds	1691–95	
John Spademan MA	1696–1708	
Samuel Rosewell	1705–22	N
Jeremiah Smith	1709–23	S
Daniel Mayo	1723–33	S
Thomas Bures	1722–47	
William Langford	1734–42	
Thomas Gibbons	1742–43	
Joseph Greig	1743–47	

出典：Wilson (1808–14), vol. 3, p. 5.

Middlesex & Surrey

Baker Street, Enfield 会衆派

Obadiah Hughes 長	1689–1705	
John Fuller 会→長	1775–1778	Lydia Hadfield と 1780 年結婚
Thomas Thomas	1797–	Petrie 姉妹と結婚
Abraham Barfield	1804–1806	
William Brown	1807–1831	

以後 20 世紀まで持続
出典：Surman Index Online

Enfield 長老派

Frederick Fox Thomas	時期不明	
Daniel Manning	1658–1662	
Samuel Fairchild	1672–	
John Sheffield	1672–1680（死亡）	同名の息子（d. 1726）は N
John Bradley	1709–1726（死亡）	N
William Bush	1727–1775（1777 年死亡）	N
Timothy Laugher	1752–	
John Howell	1757–1758	
Benjamin Axford	1765–	
Samuel Till	1773–	
Thomas Wheatley	?–1775（死亡）	*Gentlemans Magazine*, vol. 45（1775）の死亡記事のみで確認出来る．Baker St., の牧師かもしれない
Sayer Walker	1779–	

出典：Surman Index Online

Epsom, Surrey 会衆派

Richard Cobden Porter	時期不明
Ewell	1688–
Benoni Rowe	1690–1699
Thomas Valentine	1700–1756
George Anderson	1715–
Samuel Highmore	1718–
John Barker	1738–1741
John Southwell	1738–1739
John Thawyer	1757–1764
William Sutton	1772–1780

出典：Surman Index Online サーマン・インデックスは礼拝所の宗派を特定していない．

Gravel Pitt（1716 年 Mare Street より分離）→New Gravel Pitt（Unitarian）1810–

Daniel Mayo（1672–1733）	1715–23	S
George Smith（1689–1746）	1716–46	N
Thomas Mole（d. 1780）	1746–53	
Thomas Dawson（1725–82）	1754–58	
Timothy Laugher（1724–69）	1759–69	

Richard Price (1723-91)	1770-91
Nathaniel White (1730-83)	1770-74
William Metcalfe (d. 1790)	1774-83
Thomas Cadogan Morgan ?	1791-92
Joseph Priestley (1733-1804)	1791-94
Michael Maurice (1766-1855)	1793-94
Thomas Belsham (1750-1829)	1794-1805
Robert Aspland (1782-1845)	1805-1845
Thomas Sadler (1822-91)	1843-46

出典 Davies (1853), pp. 14-45；Ruston (1980), p. 40.

Mare Street→1771 St. Thomas's Square, Hackney（長老派（三位一体派）→会衆派）

William Bates (1625-99) 長	c. 1668-99	
Philip Nye	時期不明	
Onesephrus Rood (1621-c.1712)		
Robert Billio (1655-1710) 長	1700-10	息子がNでのち国教に改宗。Bogue&Bennett (1808-12), vol. 3, p. 324.
Matthew Henry (1662-1714) 長	1712-14	
John Barker (1682-1762) 長	1714-38	S→アルミニウス主義に移行
Samuel Rosewell (1679-1722) 長		N
Philip Gibbs 会		S→ユニテリアンへ転向
William Hunt (d. 1770) 長	1738-64	1726年 Edmund Calamy に叙任される。Calamy (1829-30), vol. 2, 486.
Samuel Palmer (1741-1813) 会	1766-1813	

出典：Ruston (1980), p. 40；Bogue&Bennett (1808-12), vol. 2, p. 205；Wilson (1808-14), Vol. 2, pp. 42-43.

Miles Lane, Middlesex 会衆派

Mathew Clarke (子)	1690-1726
Stephen Ford	1694-
John Short	1698-1617
James Peirce	1699-1701
Timothy Jollie	1720-1726
William Ford	1757-1781
Wlliam Porter	1766-1773
Alexander Easton	1795-1800

John Rae	1805–1809

出典:Surman Index Online サーマン・インデックスは礼拝所の宗派を特定していない.

Newington Green 長老派→ユニテリアン

Daniel Bull	1662–70s	
James Ashurst	時期不明	
Charles Morton	時期不明	
Samuel Lee	1672–	
Edward Terry	時期不明	
John Starkey	1686–92	
William Wickens	?–1699	
Joseph Bennet	?–1708	
Robert Watkins	1696–n. d.	
Joseph Cawthorn	1706–07(死亡)	
Richard Biscoe	1716–27	N 国教へ改宗
Paterson	1727–32	国教へ改宗
Robert Whitehear	1732–36	
Thomas Loveder	1732–38	国教へ改宗
Hugh Worthington(父)	1738–41	
Israel Lewis	1742–45	
Smith	?–1748	
John Hoyle	1748–57	
Richard Price	1758–70	
Thomas Amory	1770–74	
Joseph Towers	1778–99	
James Lindsay	1788–1805	
John Kentish	1799–1802	
Rochemont Barbauld	1802–08	Anna Letitia Aikin の夫
Thomas Rees	1807–13	

出典:Gordon (1917), pp. 213, 383, 359;Bogue&Bennett (1808–12), vol. 2, pp. 47–48, vol. 3, p. 324;Baker (1985), pp. 211–213;Surman Index Online. 以上の文献には相互にかなり矛盾がある.

Peckham, Surrey 会衆派→長老派→福音主義

Bartholomew Ashwood 会	1660s–1678	
Joseph Osborne	1681–89	
John Beaumont	1689–98	N

John Ashwood 会	1698-1717
George Davy	1716 ?
Samuel Chandler 長	1717-29
Thomas Hatfield	1726-41
John Milner	1741-57
Samuel Bilingsley	?-1770
Richard Jones	1770-1800
William Bengo Collyer 福音主義	1802-55

Bartholomew の息子．モンマス反乱荷担，死刑判決その後赦免

出典：Cleal&Crippen（1908），pp. 17-25.

Ponders' End, Enfield, Middlesex

Samuel Allison	1769-1803
John Knight	1804-

出典：Surman Index Online サーマン・インデックスは礼拝所の宗派を特定していない．

Stepney 会衆派

William Greenhill	1644-71（最初は自宅）	
Matthew Mead	1671-	
Thomas Bradbury	1703-	S

出典：Gordon（1917），pp. 359-60. ODNB.
この礼拝所は現在まで存続．TNA によると以下の個別研究のパンフレットがあるようだが，筆者は未見．
L. G. Ward, *Stepney Meeting House. A History, 1644-1978*.

Stoke Newington 会衆派

Sidrach Simpson（子）	1665-死亡まで
Martin Tomkins	?-1719
John Eaton	1719-33
Robert Whitehear	1732-56
John Hill	1735-35
Loveder	1736-
Samuel Snashall	1737-50
Lewis	1742-
Richard Price	1744-56

Fleetwood, Hartopp などクロムウェル家親族の後援
N→辞任

Smith	1745-
John Hoyle	1748-
Thomas Taylor	1760-
George Hodgkins	1789-
Thomas Rees	1807-1813

出典：Gordon (1917), p. 318；Wilson (1808-14), vol. 2, p. 82, vol. 4, pp. 90-92；Baker (1985), p. 213；Surman Index Online. 以上の文献の記述には相互に矛盾がある．

その他地域

Hertford

John Vincent	1634-	Thomas Vincent の父
William Haworth	1669-	
John Guyse	1700-	
John Saunders	1728-68	
Nicholas Phene	1769-73	
James Kello	1775-81	
John Crisp	1781-1800	

現在まで継続
出典：Surman Index Online

巻末付表 3　ボディントン＝スキナー親族網に関係を持つ非国教牧師

聖職者 おおよその生年順で配列 ? は人物の同定が 不十分なもの	礼拝所・学校	礼拝所の宗派* 1719 年ソルター ズ・ホールの Subscriber (S) Non-subscriber (N)	史料上確認できるボディントン＝スキナー 親族網との関係
Arthur Jackson (c. 1593-1666)	Clothworkers' Company 付司祭 サヴォイ・カンファレンス出席	長老派	John Jackson の父 Brinley/Brindley 家と姻戚
Edmund Calamy (父 1600-1666) (子 1635-85)？	Old Jewry	長老派	Laurence Brinley (d. 1662) が遺贈
Nathaniel Staniforth (c. 1612-fl. 1663)	Glympton, Oxfordshire	長老派？	Mary Skinner (m. 1698) の夫の父が遺贈
John Owen (1616-1683)	Bury Street, St. Mary Axe	会衆派	Leonard Robinson (Sir James Collett の義兄 弟) が会衆. Thomas Skinner (1662-1732) の妻の姉妹 Penelope の夫 John Mitchel の姉 の再婚相手
William Kiffin (c. 1616-1701)	Devonshire Square　富裕なロ ンドン商人，俗人説教師	特定洗礼派	William Dashwood が Kiffin の息子に遺贈
Ralph Venning (c. 1620-1674)	Pewters' Hall, Lome Street	会衆派	George Boddington II の 2 度めの妻の母の 再婚相手
John Jackson (d. 1686)	St. Bennet's Paul's Wharf→ Brentford, Middlesex	長老派	Laurence Brinley (d. 1662) が舅
Samuel Brinley/ Brindley (1624-95)	Alphamstone, Essex→ Dedham/Bardfield	長老派	Robert Brindley (d. 1658) が父
Robert Tatnal (fl. 1648-1676)	St. John the Evangelist→ Broad Street	長老派	Ball の親戚の James Wroth の牧師
Thomas Cole (1627-97)	Silver St.	会衆派	Cole の遺書で John Skinner (d. 1701) に貧 民への給付を依頼
Jonathan Staniforth (c. 1627-1681)	Hognaston, Derbyshire→ Chaddesden, Derbyshire	長老派	Mary Skinner (m. 1698) の夫の父が遺贈
Timothy Staniforth (c. 1629-1684)	Allestree, Derbyshire→ Chaddesden, Derbyshire	長老派	Mary Skinner (m. 1698) の夫の父が遺贈
Charles Nichols (c. 1628-1680)	Adisham, Kent	会衆派	Sir James Collett が息子の医師 Dr. Charles Nichols に遺贈
Nathaniel Mather (1631-91)	Minories→Paved Alley	会衆派	1690-91 Boddington 家を洗礼. Boddington 家礼拝所
John Collins (c. 1632-87)	Paved Alley	会衆派	1675-86 Boddington 家を洗礼. Boddington 家礼拝所
Thomas Browning (c. 1633-1685)？	Rothwell, Northamptonshire	会衆派	Sarah Whiddon (d. 1739, 遺書作成 1727 年) が故 Browning の娘 Elizabeth Beer に遺贈
Thomas Vincent (1634-78)	Hand Alley, Bishopsgate (New Broad Street)	長老派	Boddinton 家を洗礼. Boddington 家礼拝所
John Oakes (d. 1688)	Hand Alley, Bishopsgate (New Broad Street)	長老派	George Boddington 2 世がもと所属. のち離脱
Thomas Moore (d. 1699)*	Milton Abbas, Dorset	長老派	Catherine Marshall (d. 1703) (遺書作成年 1700 年) が遺贈
Obadiah Hughes (c. 1639-1704)	Baker St., Enfield	長老派	John Skinner (d. 1701) が遺贈

巻末付表 | 639

Dr. John Singleton (d. 1706)	Silver St.	会衆派	John Skinner (d. 1701), Nicholas Skinner (d. 1706), James Collett (Sir James の父　d. 1678) が遺贈.
Richard Wine (d. 1701)	All Saints, Dorchester	不明	Catherine Marshall (d. 1703) (遺書作成 1700年) が遺贈
John Short (1649-1717)	Mile's Lane	会衆派	Ann Bourne (d. 1715) がその息子に遺贈
William Clark (1649-1722)	Waresham, Dorset	会衆派	Catherine Marshall (d. 1703) が遺贈
Robert Billio, jur. (1655-1710)	Mare Street, Hackney	長老？	Bennett Swayne (d. 1708) が遺贈
John Shower (1657-1715)	Silver St.→Old Jewry	長老派	1705年 George Wakeman を洗礼：Thomas Papillon の姪の夫：Thomas Papillon が遺贈
Benoni Rowe (1659-1706)	Fetter Lane	会衆派	Thomas Owen, Gray's Inn (Nicholas Skinner (d. 1706) の妻の義父) に遺贈
Speed？	ロンドンの説教師	不明	Catherine Marshall (d. 1703) が遺贈
Joseph Stennet (1663-1713)	Devonshire Square→Currier's Hall	サバタリアン洗礼派	Catherine Marshall (d. 1703) が遺贈
Joseph Bennet (1665-1726)	Old Jewry	長老派 N	Henry Boddington (d. 1718) が遺贈
Robert Bragge (1665-1738)	Paved Alley	会衆派 S	1714-33年 Boddington 家を洗礼
Benjamin Robinson (1666-1724)	Little St. Helens	長老派 S	Thomas Papillon (1623-1702) が遺贈
John Collins (息子) (c. 1673-1714)	Paved Alley	会衆派	1706-14年 Boddington 家を洗礼　Boddington 家礼拝所
Thomas Bradbury (1677-1759)	Fetter Lane →New Court, Carey St.	会衆派 S	1714年 Isaac Collier を洗礼
Thomas Valentine (1677-1756)	Epsom, Surrey	会衆派	Ann Bourne (d. 1715) が遺贈
Daniel Neal (1678-1743)	Silver St.	会衆派（中立）	Susanna Skinner (d. 1707), Mary Skinner (d. 1738) Sir James Collett (1645-1711) が遺贈
Samuel Rosewell (1679-1722)	Poor Jewry Lane→Silver St.→Mare St., Hackney	長老派 N	1716 洗礼　Henry Boddington の妻の姉妹と結婚　義父 Richard Russell が遺贈
Simon Browne (c. 1680-1732)	Old Jewry	長老派 N	Henry Boddington (d. 1718) が遺贈
John Barker (1682-1762)	Mare Street, Hackney	長老派 S	John Raymond (1712-82) の妻の母親の再婚相手
John Warren (d. 1742)	Coventry	長老派	John Raymond (1712-82) の娘 Mary の舅
John Disney (1700-71)	Lincoln	長老派	Mary Skinner の夫の母の親族
Robert Wright (d. 1743)	Haberdashers' Hall	会衆派	Thomas Cromwell (1699-1748) (Mary Skinner の夫) が遺贈
Samuel Wright (1683-1746)	Carter Lane, Doctors' Commons	長老派 N	Henry Boddington の義父 Richard Russell が遺贈
Jeremiah Tidcomb (d. 1740)	Salter's Hall→Beckington, Somerset	長老派	Samuel Richards がこの人の娘に遺贈
Nathaniel Lardner (1684-1768)	Poor Jewry Lane	長老派 N	Mary Treby (m. 1693) の息子の家庭教師兼お抱え司祭

人物	場所	派	備考
Timothy Jollie (1692-1757)	Miles Lane, Middx.	会衆派	Elizabeth Collett (c. 1672-1758) が遺贈
Dr. Samuel Chandler (1693-1766)	Old Jewry	長老派 N	Robert Ford が遺贈 George Ford の洗礼
Philip Gibbs (fl. 1729-40)	Paved Alley→ Mare Street, Hackney	会衆派 S	1731 年 Boddington 家を洗礼
William Bush (d. 1777)	Enfield	長老派 N	1766 年 Samuel Boddington を洗礼
Dr. Thomas Hatfield (1701-41)	Peckam, Canverwell, Surrey→ Yorkshire	長老派	Sarah Ford が遺贈 Thomas Boddington (1736-1821) の洗礼
Dr. Thomas Amory (1701-1774)	Old Jewry	長老派	Samuel Richards (c. 1699-1771) が遺贈
Dr. John Allen (c. 1701-1774)	New Broad Street	長老派	Samuel Richards (c. 1699-1771) が遺贈
Francis Spilsbury (1706-1782)	Salter's Hall	長老派	Samuel Richards が遺贈 Richards 家を 1769, 82 年に洗礼
William Thomson (c. 1709-1782)	Workington, Cumberland	スコットランド 長老派	Alexander Maitland (1716-75) が遺贈
Nicholas Billingsley (fl. 1710-40)	Ashwick, Somersetshire	長老派	Richard Yerbury (d. 1754) が遺贈
John Bowden (d. 1750)	Frome, Somersetshire→ Birmingham	長老派	Richard Yerbury (d. 1754) が遺贈
John Conder (d. 1746)**	Hare Court, London（1719 年 ソルターズ・ホール集会で反対派、賛成派両方に署名したことで批判される）	会衆派 N&S	Mary Skinner (d. 1723) が遺贈
Dr. James Fordyce (1720-96)	Monkwell Street	長老派	1772 洗礼
Richard Price (1723-91)	Gravell Pitt, Hackney の牧師・ Hackney New College 教師	会→長→ ユニテリアン	Samuel Boddington, Thomas Boddington の先生
Thomas Towle (1724-1806)	Hackney	会衆派	Elizabeth Grace (1728-88) が遺贈
Timothy Laugher (1724-69)	Gravell Pitt, Hackney の牧師	長老派	Samuel Clayton の娘婿
John Hubbard (fl. 1726-1740)	Plasters' Hall の会衆派牧師養成学校（のちの Homerton Academy）教師	会衆派	Mary Skinner (d. 1738) が遺贈
Nicholas Clayton (1730-97)	リバプールの非国教牧師		Samuel Clayton の息子
Joseph Priestley (1734-1804)	Gravell Pitt, Hackney の牧師・ Hackney New College 教師	会→長→ ユニテリアン	Samuel Boddington の先生
Meredith Townsend (d. 1789)	Bury Street St. Mary Axe→ Hull→Stoke Newington	会衆派	Alexander Maitland (1716-75) の遺贈
Dr. Henry Hunter (1741-1802)	London Wall	スコットランド 長老派	Alexander Maitland (1716-75) が遺贈
James Wood (d. 1742)	New Court, Carey St. Lincoln's Inn Field	会衆派	1718 年 Sarah Collier を洗礼
John Richardson (fl. 1736-1755)	Paved Alley	会衆派	1742-47 年 Ives 家を洗礼
John Saunders	Hertford		1752-61 年 Ives 家を洗礼
James Pickburn	ロンドン近郊学校経営	長老派	Samuel Boddington が在学

William Hunt (d. 1770)	Mare Street, Hackney	長老派	1765 年 Benjamin Boddington を洗礼 Papillon Ball (d. 1743) が遺贈．Benjamin Ball (d. 1763) が遺贈
Samuel Palmer (1741-1813)	Mare Street, Hackney	長→会	1767-84 年 Boddington 家を洗礼 Elizabeth Grace 等が遺贈
Sayer Walker (1748-1826)	Enfield	医師に転向	Boddington 家礼拝所
Thomas Toller (fl. 1754-75)	Monkell Street	長老派	Samuel Richards (c. 1699-1771) が遺贈
Hugh Farmer (fl. 1761-72)	Salters' Hall	長老派／会衆派	Samuel Richards (c. 1699-1771) が遺贈
George Cadogan Morgan (1754-98)	Hackney New College	会→長→ユニテリアン	Samuel Boddington, Thomas boddinton の先生／Samuel boddington の 1789 年フランス旅行同行者／Samuel 妻 Grace の兄の舅
John Fuller (fl. 1772-1808)	Enfield→Carter Lane	会→長	Lydia Hadfield (1742-80) と 1780 年結婚
Hugh Worthington (fl. 1773-1808)	Salters' Hall	長老派	Yerbury 家 1782 年洗礼
Thomas Thomas	Baker St., Enfield→Old Meeting, Wareham, Dorset		Mary Coney/Petrie/Boddington (c. 1742-1822) の姉妹エリザベスの夫
William Smith (fl. 1770-1790)	Silver St.→Camberwell, St. Giles, Surrey	会衆派，スコットランド長老派	Robert Maitland (1710-89) の娘 Ursula と Nathaniel Polhill (1756?-1782?) の子供の洗礼
Robert Jacomb (fl. 1782-1803)	Salters' Hall	長老派	Robert Maitland (1710-89) の娘 Ursula と James Ware (1756-1815) の子供の洗礼 1790 年前後
良心故に地位を追われた貧しい長老派牧師			Lawrence Brinsley (d. 1662) が遺贈
貧しい非国教聖職者と貧しい非国教聖職者の未亡人			John Skinner (遺書作成 1698 年), Nicholas Skinner (遺書作成 1702 年), Susanna Skinner (遺書作成 1705 年) が遺贈
French Church, Threadneedle St. London の聖職者			Thomas Papillon (1623-1702) が遺贈
Dewlish と Dorchester において Mary Turbeville と Geroge Trenchard が選任する Godly Minister			Samuel Skinner (d. 1713) が遺贈
ドーセット州の新教非国教会衆の牧師，未亡人			Katherine Marshall (d. 1703) が遺贈
長老派または会衆派牧師			Sarah Ford (d. 1741) が遺贈
Enfield Meeting の非国教牧師			Mary Coney/Petrie/Boddington (c. 1742-1822) が遺贈

洗礼牧師については本書表 7-2, 遺贈については各人の遺書から情報を集めた．これらの史料中では，姓しか書かれていない場合や，手稿史料のため文字自体の判読が困難な場合もあり，聖職者の特定が推量の域を超えていないものもある．各聖職者の生没年や司牧先の礼拝所の特定については，Wilson(1808-14) と ODNB, Gordon(1917), Murch(1835), Matthews (1934) によった．Subscriber, Non-subscriber の別は，Oldmixon (1735) と *The Layman's Letters* によった．
＊遺書作成の少し前に死亡しているため，違う人物の可能性がある．
＊＊Plasterers' Hall の会衆派牧師養成学校（のちの Homerton Academy）教師 John Conder (1714-81) とは別人．

遺書リスト

　以下の遺書リストでは，特に断りのない限りイギリス国立公文書館（TNA）に所蔵の PROB として分類されているものである．また以下は，あくまで本書の記述や本書系図の作成のために筆者が使用した遺書のリストであり，本書や本書の系図に登場する人物が残した全ての遺書を網羅しているわけではない．筆者は，これまでに詳しい人物評伝や系図が書かれている著名な人物や家系の場合は，それらの記述に依拠し，遺書まで調査していない．そのため以下のリストには，著名人や著名な家系の遺書はほとんどなく，無名人の遺書が中心である．

　née. 女性の婚前姓（処女姓）　ex. 複数回結婚した女性の以前の夫の姓

Ackhurst, Radus（d. 1666）　PROB11 piece322
Audain, Abraham（d. 1781）　PROB11 piece1078
Babington, John（d. 1652）　PROB11 piece224
Ball, Benjamin（1700–63）　PROB11 piece887
Ball, Elizabeth（1701–56）née. Sykes/Sikes　PROB11 piece821
Ball, Papillon（1794–1743）　PROB11 piece724
Ball, Samuel（1585–1625）遺書は主教裁判所（Consistory Court）で検認．筆者未見．以下に要約あり．Wright（1908）, pp. 164–65.
Ball, Samuel（1616–60）　PROB11 piece305
Ball, Samuel（d. 1741）　PROB11 Piece712
Ball, Thomas（c. 1625–1679）　PROB11 piece361
Barker, John（1682–1762）　PROB11 piece876
Barker, Samuel（c. 1659–1708）　PROB11 piece506
Barton, John（d. 1657）　PROB11 piece261
Baskett, Elizabeth（d. 1670）　PROB11 piece333
Bettesworth, Thomas（d. 1795）　PROB11 piece667
Bingham, John（1615–75）　PROB11 piece349

Boddington, Ann (d. 1767) née. Townsend　　PROB11 piece927
Boddington, Benjamin (d. 1779)　　PROB11 piece1056
Boddington, Benjamin (d. 1791)　　PROB11 piece1208
Boddington, Benjamin (1773-1855)　　PROB11 piece2220
Boddington, Daniel (1703-1725)　　PROB11 piece603
Boddington, Eleanor (d. 1795)　　PROB11 piece1259
Boddington, Frances (d. 1727)　　PROB11 piece618
Boddington, George (1617-1671)　　PROB20 piece250　PROB11 piece337
Boddington, George (1646-1719)　　PROB11 piece569
Boddington, George (d. 1705)　　PROB11 piece484
Boddington, Hannah (d. 1687) née. Adams　　PROB11 piece 387
Boddington, Henry (d. 1718)　　PROB11 piece567
Boddington, Isaac (1668-1712)　　PROB11 piece525
Boddington, Isaac (d. 1732)　　PROB11 piece653
Boddington, James (Jacob) (d. 1711)　　PROB11 piece516
Boddington, James (1653-1732)　　PROB11 piece649
Boddington, James (d. 1747)　　PROB11 piece758
Boddington, James (d. 1770)　　PROB11 piece 955
Boddington, Joseph William (d. 1838)　　PROB11 piece1889
Boddington, Mary (1700-1779) née. Skinner　　PROB11 piece1057
Boddington, Mary (d. 1797) ex. Watts, née. Graham?　　PROB11 piece1295
Boddington, Ruth (d. 1738) née. Russell　　PROB11 piece695
Boddington, Samuel (d. 1843)　　PROB11 piece1980
Boddington, Sarah (d. 1785)　　PROB11 piece1137
Boddington, Thomas (d. 1680)　　PROB11 piece371　検認は1682年.
Boddington, Thomas (d. 1741)　　PROB11 piece712
Boddington, Thomas (d. 1779)　　PROB11 piece1057
Boddington, Thomas (1736-1821)　　PROB11 piece1645
Boddington, Thomas (d. 1862) Principal Probate Registry. CGPLA, Baas-Britton for 1862, p. 249.

Boddington, Thomas（c. 1787-1881）Principal Probate Registry. CGPLA, Bianch-Bywater for 1881, p. 80.

Bourne, Ann（1641-1715）née. Skinner　　PROB11 piece549

Bourne, John（d. 1610）　　PROB11 piece116

Bourne, John（d. 1619）　　PROB では未発見　GGE, vol. 1, p. 1252.

Bourne, John（d. 1667）　　PROB11 piece325

Bourne, Nehemiah（1611-1691）　　PROB11 piece407

Bourne, Nehemiah（1640-1710）　　PROB11 piece513

Bourne, Robert（d. 1625）　　PROB11 piece146

Brinley/Brindley, Colbourne（d. 1646）　　PROB11 piece198

Brinley/Brindley, Laurence（c. 1595-1662）　　PROB11 piece309

Brinley/Brindley, Richard（d. 1721）　　PROB11 piece578

Brinley/Brindley, Robert（d. 1658）　　PROB11 piece285

Brinley/Brindley, Sarah（c. 1603-1642）　　PROB11 piece190

Brinley/Brindley, Thomas（d. 1661）　　PROB11 piece304

Browne, Elizabeth Hawkins（1769-1839）née. Boddington　　PROB11 piece 1918

Bush, William（d. 1777）　　PROB11 piece1034

Came/Carne, Thomas（d. 1679）　　PROB11 piece 359

Chambrelan, Abraham（d. 1641）　　PROB11 piece185

Chambrelan, Hester（d. 1692）　　PROB11 piece410

Chambrelan, Sir Thomas（d. 1671）　　PROB11 piece337

Clayton, Elizabeth（d. 1752）née. Collett　　PROB11 piece793

Clayton, Samuel（c. 1727-1800）　　PROB11 piece1344

Collett, Elizabeth（c. 1672-1758）née. Skinner　　PROB11 piece835

Collett, Sir James（1645-1711）　　PROB11 piece521

Collett, James（d. 1678）　　PROB11 piece357

Collier, Ebenzer（d. 1722）　　PROB11 piece591

Collier, Sarah（d. 1743）née. Boddington　　PROB11 piece724

Cole, Thomas（d. 1697）　　PROB11 piece440

Coney, Bicknel (d. 1812)　　PROB11 piece1529
Coney, Mary (d. 1822) ex. Boddington, née. Petrie　　PROB11 piece1656
Cooke, Thomas (d. 1752)　　PROB11 piece796
Crisp, Nicholas (d. 1637)　　PROB11 piece175
Cromwell, Mary (1711-1813) née. Skinner　　PROB11 piece1542
Cromwell, Oliver (d. 1821)　　PROB11 piece1645
Cromwell, Thomas (1699-1748)　　PROB11 piece768
Crooke, Sir Thomas (c. 1573-1630) 以下に活字化, 掲載. NEHGR, vol. 43, p. 166.
Dagnall, Richard (d. 1663)　　PROB11 piece311
Davis, George Adams (d. 1833)　　PROB11 piece1820
Davis, Richard (1809-1877) Principal Probate Registry. CGPLA, Dabbs-Eyton for 1877, p. 82.
Davis, Thomas Cable (d. 1800)　　PROB11 piece 1348
Davis, Thomas Cable (d. 1809)　　PROB11 piece 1495
Dewar, David (d. 1794)　　PROB11 piece1252
Dewar, George (c. 1749-1786)　　PROB11 piece1144
Disney, John (1603-1681)　　PROB11 piece366
Earning, Anthony (d. 1674)　　PROB11 piece 346
Ford, Robert (d. 1727)　　PROB11 piece 615
Ford, Sarah (d. 1741) née. Boddington　　PROB11 piece 712
Freeman, Arthur (1780)　　PROB11 piece1062
Freeman, Byam (1771)　　PROB11 piece968
Fremeaux/Fremaux, James (1704-99)　　PROB11 piece1324
Fremeaux/Fremaux, Peter-John (d. 1784)　　PROB11 piece1119
Fuller, Mathew (d. 1752)　　PROB11 piece792
Fuller, Mathew (d. 1805)　　PROB11 piece1434
Fuller, Thomas (d. 1797)　　PROB11 piece1284
Fuller, William (1705-1800)　　PROB11 piece1338
Gale, Theophilus (1628-1679)　　PROB11 piece360

Grace, John (1717–1770)　　PROB11 piece956
Grace, Samuel (1724–1803)　　PROB11 piece1390
Grace, William (1727–1775)　　PROB11 piece1006
Grace, Elizabeth (1728–1788) née. Boddington　　PROB11 piece 1169
Gray, Henry (d. 1683)　　PROB11 piece 374
Hall, John (d. 1691)　　PROB11 piece404.
Hays, Claude (d. 1696)　　PROB11 piece434
Hays, Claude (d. 1728)　　PROB11 piece625
Hays, Eleanor (d. 1699)　　PROB11 piece453
Hewling, Benjamin (d. 1684)　　PROB11 piece376
Hooper, Edward (d. 1619)　　PROB11 piece133
Hooper, Edward (c. 1593–1664)　　PROB11 piece315
Hooper, Sir Edward (c. 1623–71)　　PROB11 piece350　1676年に検認.
Hooper, Edward (d. 1673)　　PROB11 piece343
Hooper, Edward (d. 1682)　　PROB11 piece369
Hooper, Edward (d. 1715)　　PROB11 piece457
Hooper, Giles (d. 1679)　　PROB11 piece359
Hooper, James (d. 1638)　　PROB11 piece176
Hooper, John (b. before 1532–1572)　　PROB11 piece54
Hooper, John (d. 1706)　　PROB11 piece487
Hooper, Thomas (c. 1572–1638)　　PROB11 piece177
Hooper, Thomas (d. 1654)　　PROB11 piece237
Hooper, Thomas (c. 1562–1661)　　PROB11 piece306
Hooper, Thomas (d. 1694)　　PROB11 piece419
Jackson, Arthur (c. 1593–1666)　　PROB11 piece321
Jackson, John (1621–93)　　PROB11 piece414
Jackson, Joseph (d. 1625)　　PROB11 piece145
Jessup, Edward (d. 1770)　　PROB11 piece956
Keck, Sir Anthony (1630–95)　　PROB11 piece435
Kiffin, William (1616–1701)　　PROB11 piece551　この遺書は，キフィ

ンの死亡よりだいぶ後の1715年になってようやく検認を受けている．理由は未確認．

Kiffin, Henry (d. 1699)　　PROB11 piece449

Lamb/Lambe, Ester/Esther (d. 1789) née. Barker　　PROB11 piece1178

Lamb/Lambe, James (d. 1728)　　PROB11 piece619

Lamb/Lambe, James (d. 1761)　　PROB11 piece864

Laugher, Timothy (1724–69)　　PROB11 piece952

Lavender, Thomas (d. 1664)　　PROB11 piece315

Lawson, Mary (c. 1740–1805)　　PROB11 piece1430

Maitland, Alexander (1716–1775)　　PROB11 piece1005

Maitland, Ebenzer (c. 1752–1834)　　PROB11 piece1837

Maitland, Hannah (d. 1782)　　PROB11 piece1096

Maitland, John (1767–1801)　　PROB11 piece1357

Maitland, Robert (1710–1789)　　PROB11 piece1185

Maitland, Ursula (d. 1800) née. Gorsham　　PROB11 piece1350

Maitland, Jane (c. 1757–1830) née. Mathew　　PROB11 piece1772

Maitland, Pregrine (1777–1854)　　PROB11 piece2193

Maitland, Richard (d. 1763)　　PROB11 piece891

Maitland, Richard (1706–1775)　　PROB11 piece1008

Maitland, Thomas (c. 1740–1798)　　PROB11 piece1301

Marshall, Catherine (d. 1703) ex. Skinner, née. Hooper　　PROB11 piece475

Marshall, Richard (d. 1713)　　PROB11 piece534

Marshall, Ernest Luxmoore (d. 1947) Principal Probate Registry. CGPLA, Kaberry-Mytton for 1947, p. 549.

Mathew, Edward (1728–1805)　　PROB11 piece1437

Meriweather, Richard (d. 1714)　　PROB11 piece538

Mitchell, John (d. 1670)　　PROB11 piece334

Miller, Ann (d. 1770)　　PROB11 piece 958

Minor, John (d. 1784)　　PROB11 piece1112

Minor, Thomas (d. 1712)　　PROB11 piece528
Mylles, John (c. 1604–76)　　PROB11 piece350
Mylles, Phillipa (d. 1684)　　PROB11 piece376
Owen, John (1616–83)　　PROB11 piece374
Owen, Thomas (c. 1637–1708)　　PROB11 piece505
Paltock, Ann (d. 1712)　　PROB11 piece526
Paltock, Robert (d. 1705)　　PROB11 piece482
Papillon, George (d. 1684)　　PROB11 piece381
Papillon, Samuel (d. 1725)　　PROB11 piece606
Papillon, Thomas (1623–1702)　　PRIOB11 piece465
Raymond, John (c. 1712–1782)　　PROB11 piece1088
Raynond-Barker, John (c. 1742–1827)　　PROB11 piece1722
Richards, Samuel (c. 1699–1771)　　PROB11 piece964
Richards, Thomas (d. 1771)　　PROB11 piece969
Rimmer, William (d. 1663)　　PROB11 piece312
Robinson, Leonald (d. 1696)　　PROB11 piece435
Rowe, Benoni (1659–1706)　　PROB11 piece488
Russell, Richard (d. 1713)　　PROB11 piece534
Rutt, Henry (1729–1802)　　PROB11 piece1373
Sharp, Richard (1692–1775)　　PROB11 piece1011
Sharp, Richard (1759–1835)　　PROB11 piece 1846
Sheppard, Thomas (d. 1749)　　PROB11 piece774
Shower, John (d. 1715)　　PROB11 piece549
Silvester, Peter (d. 1657) 以下に活字化, 掲載のものを使用. GGE, vol. 1, p. 16.
Skinner, Benjamin (d. 1686)　　PROB11 piece382
Skinner, Brinley/Brindley (1696–1764)　　PROB11 piece904
Skinner, Elenor (1698–1741)　　PROB11 piece 717
Skinner, George (1699–1753)　　MS. 9172/160 Will no. 171, LMA
Skinner, Joan (d. 1748)　　PROB11 piece761

Skinner, John (c. 1640–1701)　　PROB11 piece462
Skinner, John (1671–1741)　　PROB11 piece709
Skinner, Joshua (d. 1719)　　PROB11 piece571
Skinner, Mary (d. 1723) née. Worth　　PROB11 piece589
Skinner, Mary (d. 1738)　　PROB11 piece693
Skinner, Mathew (d. 1747)　　PROB11 piece 758
Skinner, Nicholas (d. 1670)　　PROB11 piece337
Skinner, Nicholas (d. 1706)　　PROB11 piece487
Skinner, Nicholas (1675–1763)　　PROB11 piece893
Skinner, Samuel (c. 1660–1713)　　PROB11 piece532
Skinner, Susannah (d. 1707) née. Brinley/Brindley　　PROB11 piece492
Skinner, Susannah (1706–61)　　PROB11 piece869
Skinner, Zachary (d. 1723)　　PROB11 piece590
Skinner, Ephraim (d. 1654)　　PROB11 piece239
Skinner, Ephraim (d. 1678)　　PROB11 piece356
Solly, Isaac (d. 1802)　　PROB11 piece1372
Staniforth, Disney (c. 1674–1739) vol. 87, f. 1737061741030202.tif/16 Prerogative & Exchequer Courts of York Probate Index, 1688–1858,
Staniforth, Jonathan (d. 1680) 遺書は筆者未見．内容の要約は以下．FMG, vol. 2, p. 734.
Steele, William (1610–80)　　PROB11 piece 364
Strengfellow, Frances (d. 1747) née. Boddington　　PROB11 piece758
Swayne, Bennett/Benedict (d. 1631)　　PROB11 piece159
Swayne, Bennett (1646–1708)　　PROB11 piece501
Swayne, Bennett (d. 1748)　　PROB11 piece764
Sykes/Sikes, Thomas (d. 1759)　　PROB11 piece847
Symonds, Rebecca (c. 1617–95) ex. Byley/Hall/Worcester, née. Swayne 以下に活字化，掲載のものを利用．Appleton (1870), pp. 134–37.
Symonds, Samuel (1595–1678) 以下に活字化，掲載のものを使用．Appleton (1870), pp. 89–99.

Tovey, Margarett（d. 1725） PROB11 piece602
Townsend, Thomas（d. 1706） PROB11 piece488
Treby, Brinley/Brindley（d. 1723） PROB11 piece593
Treby, Sir George（1643–1701） PROB11 piece459
Treby, Lady Mary（d. 1720）née. Brinley/Brindley PROB11 piece579
Vaughan, James（d. 1683） PROB11 piece373
Vaughan, Thomas（d. 1728） PROB11 piece625
Venables, Catherine（d. 1691）née. Hooper PROB11 piece407
Venables, Catherine（d. 1789） PROB11 piece1182
Venables, James（d. 1737） PROB11 piece683
Venning, Hannah（d. 1718） PROB11 piece564
Venning, Ralph（d. 1674） PROB11 piece 345
Voguell, Henry（d. 1746） PROB11 piece751
Wakeman, Hannah（d. 1714）née. Boddington PROB11 piece540
Whare, Mary（d. 1630）ex. Bourne, née. Bond PROB11 piece158
Whiddon, Sarah（d. 1739）née. Skinner PROB11 piece696
Whitaker, Honor（d. 1671）née. Hooper PROB11 piece337
Worth, Zachary（d. 1664） PROB11 piece 315
Wroth, James/Jacob（d. 1662） PROB11 piece309
Wroth, John（d. 1676） PROB11 piece352
Wyndham, Catherine（c. 1635–93） ex. Hooper, née. Fleming PROB11 piece416
Yate, Robert（d. 1682） PROB11 piece374
Yate, Robert（1643–1737） PROB11 piece687
Yerbury, John（d. 1808） PROB11 piece1475
Yerbury, Richard（d. 1754） PROB11 piece808
Young, William（d. 1788） PROB11 piece1168

参考文献

[欧文]
Manuscripts
Bristol University
  Pinney West India Document. Pinney Papers
  Pinney Letter Book No. 1–21; Pinney and Tobin Letter Book No. 37–42
British Library
  London Abolition Committee Minutes 3 vols
  BL MSS 21254, 21255, 21256
  B. M. Lansdowne MS. 41/43
  Holland House Papers
  BL ADD 51573, 51584, 51591, 51593, 51807, 51819, 51820, 51584, 59390
Dr. Williams Library
  Hackney College Minutes. DWL MS38.14
Hackney Archive Department
  XP250, 252, 254, 258, 259, 263.
  D/F/BAG/9 Note by Florence Bagust
Institute of Commonwealth Studies. University of London
  West India Committee Archives. M915 (16 Reels)
Keele University, Staffordshire
  William Davenport & Co. Papers
  Register of Bills of Exchange 1768–1787; Miscellaneous Other Documents
London Metropolitan Archives
  Boddington Family, Personal Papers. C. 1640–1843. CLC/426/MS10823/001; 002; 003; 004; 5A; 5B; 5C; MS16796
  St. Alphage, Composite Register: Baptisms 1613–1812, Marriages 1613–1754 and Burials 1613–78 and 1699–1812. P69/ALP/A/001/MS05746
  St. Mary Magdalen Old Fish Street, Composite Register: Baptisms 1664–1717, Marriages 1664–1712 and Burials 1664–1717. P69/MRY10/A/002/MS010221
  St. Nicholas Acons, Composite Register: Baptisms 1539/40–1812, Marriages 1539–1664, Burials 1540–1812. P69/NIC1/A/001/MS17621
  London, England Freedom of the City Admission Papers, 1681–1925
    COL/CHD/FR/02/0014–0020; COL/CHD/FR/02/0071–0076; COL/CHD/

FR/02/0114-0121; COL/CHD/FR/02/0147-0150; COL/CHD/FR/02/0151-0156; COL/CHD/FR/02/0157-0164; COL/CHD/FR/02/0254-0259; COL/CHD/FR/02/0279-0285; COL/CHD/FR/02/0396-0401; COL/CHD/FR/02/0409-0415; COL/CHD/FR/02/0451-0456; COL/CHD/FR/02/0518-0519; COL/CHD/FR/02/0547-0553; COL/CHD/FR/02/1604-1609

Minutes of Protestant Dissenting Deputies
    L18 Ms 3083/1-7
    Ms 10091/69

Marriage Bonds and Allegations. London, England
    DL/A/D/24/Ms1009/E/001002
    MS9172/160 will number. 171
    Ms3084/1, 2

The National Archives (Public Record Office)
    English Census for 1841
    ADM106/1225/116
    C6/341/36
    C6/34/53
    C108/414
    C114/9-22 Million Bank
    CO5/5, 670, 667, 690
    CO152/17, 197
    CO152/266, 267, 269, 273, 277, 278 (アンティグア中央製糖所)
    CO153/12
    CO243/2
    CO261/9
    CO318/282
    E219/105 (young)
    E134/8 ANNE 1 Mich no. 7 (ボディントン西インド)
    HCA26/9/33
    PROB11
    Dr. Williams Library Registry. Birth Certificate 1792-1805.
    RG4 piece4660
    SP105/114, 115, 116, 117, 118, 119, 120, 121, 152, 153, 154, 155, 156
    SP110/20, 22, 26, 27, 28, 29, 69, 72, 90
    T1/442, 449, 485, 496, 500, 529, 542, 555
    T1/461/257, 258

T1/494/226-231, 262, 263

T1/496

T1/500/95-98

T70/75-78（王立アフリカ会社議事録）

TS11/214-17
 Capt. Jebb, Royal Regiment of Horse Guard tried at Knightbridge, 14-16 Sept. 1822.

WO71/266

Principal Probate Registry. *Calendar of the Grants of Probate and Letters of Administration made in the Probate Registries of the High Court of Justice in England.* London, England.（CGPLA）筆者は以下で検索 Ancestry. com. *England & Wales, National Probate Calendar（Index of Wills and Administrations）, 1858-1966, 1973-1995* [database on-line]. Provo, UT, USA : Ancestry. com Operations, Inc., 2010.

Oxford University, Bodleian Library of Commonwealth & African Studies at Rhodes House.
 William Young. Correspondence and Papers, MSS. W. Ind. tl. vol. 1-6

Shropshire Archives
 Thomas Fremeaux Boddington
 XP20/Q2 ; XP20/Q2/1
 Badger Court
 X513/2/1/4/10-11 ; X513/2/2/2/7

Warwickshire County Record Office
 Business Papers of George Philips & Co., 1801-24. CR456 vol. 28-45
 Brinklow Parish Registers. Warwickshire, England, Baptisms, Marriages, and Burials, 1535-1812

Printed Source

Official Publication

Act and Ordinance of Interregnum, eds. by Firth C. H. and Rait, R. S.(London : His Majesty's Stationery Office, 1911)

Act of Privy Council, Colonial Series, eds. by Grant, W. L. et al. (Hereford : His Majesty's Stationery Office, 1908-12)

Calendar of State Papers, Colonial Series, America and West Indies, 1574-1739 CD-ROM, consultant editors Karen Ordahl Kupperman, John C. Appleby and Mandy Banton (London : Routledge, published in association with the Public

Record Office, copyright 2000)

Calendar of State Papers Domestic. Interregnum ; Charles II (London : Her Majesty's Stationery Office, 1875)

House of Lords Journal

House of Commons Journal

Journal of Commissioners for Trade and Plantations (*Board of Trade Journals*), 14 vols (London : His Majesty's Stationery Office, 1920-38)

Statutes of the Realm

Parliamentary Papers, Command Papers etc.

"Accounts of Slave Compensation Claims", *Accounts and Papers : Negro Apprenticeship ; Negro Education ; Slavery Abolition. Parliamentary Papers.* Session 1837-38, vol. 48, pp. 331-695.

Report of Commissioners Appointed to Enquire into the Treatment of Immigrants in British Guiana. *Command Papers.* 1871 [c. 393] [c. 393-I] [c. 393-II]

Commercial. No. 15. Further Correspondence Reporting the International Conference on the Sugar Question. No. 45. British & Colonial Anti-Bounty Association to Marquis Salisbury. *Command Papers.* 1888 [c. 5604]

Report on the West India Royal Commission (Norman Commission), 1897. Appendix C. Part 1. Minutes of Proceedings, Reports of Evidence and Copies of Certain Documents Received in *London Royal Gardens, Kew, Bulletin of Miscellaneous Information,* 31.

Royal Commission, West Indies, 1897. Report, London Evidence, British Guiana, Barbados & Trinidad and Tobago Evidence, Windward & Leeward Islands and Jamaica Evidence. Analysis of Evidence. *Command Papers.* 1898 [c. 8655] [c. 8656] [c. 8657] [c. 8699] [c. 8789]

Final Report of Royal Commission Appointed to Enquire into the Depression in Trade and Industry with minute of Evidences and Appendices. *Command Papers.* 1886 [c. 4621] [c. 4715] [c. 4797] [c. 4893]

Pamphlets, Catalogues

Catalogue of the Valuable Library formed by the late Samuel Boddington...which will be sold by auction, by Messrs. Christie, Manson & Woods...March 29, 1881, and following day etc. (British Library : S. C. 1739 (1.) Mic. B. 619/387)

Committee on the Bill for Making Wet Docks, Basins, Cuts and Other Works, for the Greater Accommodation and Security of Shipping, Commerce and Revenue with the Port of London (Merchant Plan) 1799.

Committee on the Bill for Rendering More Commodious and for Better Regulating the Port of London (City Plan) 1799.

Minutes of Board of Commissioners for the Issue of Exchequer Bills Advanced to Persons Connected with or Trading to the Islands of Grenada & St. Vincent Appointed by Act of Parliament of 35th George III Cap. 127 Entitled an Act for Enabling His Majesty to Direct the Issue of Exchequer Bills to a Limited Amount for the Purposes and the Manner therein Mentioned. 27th June 1795.

"Report of a Committee of WIM, Respecting the Business of Landing and Delivering Sugar of Legal Quays", Appendix (Rr.), Report of the Committee Appointed to Enquire into the Best Mode of Providing Sufficient Accommodation for the Increased Trade and Shipping of the Port of London. 1796.

Report of the Committee Appointed to Enquire into the Best Mode of Providing Sufficient Accommodation for the Increased Trade and Shipping of the Port of London. 1796.

The Special Report, from the Committee Appointed to Enquire into, and Examine the Several Subscriptions for Fisheries, Insurances, Annuities for Lives, and All Other Projects Carryed [sic] on by Subscription, London. 1720.

Directory

The Little London Directory of 1677. The Oldest Printed List of the Merchants and Bankers of London. Reprinted from the Exceedingly Rare Original; with an Introduction Pointing out Some of the Most Eminent Merchants of the Period (London: J. C. Hotten, 1863)

The Intelligencer or, Merchant's Assistant. Showing in Alphabetical Manner, the Names and Places of Abode of All the Merchants and Considerable Traders Throughout the Cities of London and Westminster, and Borough of Southwark (London: W. Meadows, L. Gilliver, J. Clarke, 1738)

Kent's Directory for the Year of 1740 Containing an Alphabetical List of the Names and Places of Abode of the Directors of COMPANIES, Persons in Publick [sic] Business, Merchants and other Eminent Traders in the Cities of London and Westminster, and the Borough of Southwark (London: Henry Kent)

1745 Universal Pocket Companion Containing a Geographical Description of the World 2nd ed. (London: Fox)

1749 Complete Guide to all Persons Who Have Any Trade or Concern with the City of London, and Parts Adjacent 3rd ed. (London: J. Osborn)

1752 Complete Guide to all Persons 6th ed. (London: T. Longman et al.)

1755 Kent's Directory (London: Henry Kent)

1760 Universal Pocket Companion Containing, Among Many Other Necessary and En-

tertaining Particulars (London: C. Hitch et al.)

1761 Kent's Directory (London: Henry Kent)

1763 Complete Compting House Companion or Young Merchant and Trademan's Sure Guide (London: W. Johnston)

1767 Kent's Directory (London: Henry Kent)

1767 Universal Pocket Companion Containing, Among Many Other Necessary and Entertaining Particulars (London: L. Hawes & Co. et al.)

1768 Kent's Directory (London: Henry Kent)

1775 Kent's Directory (London: Henry Kent)

1786 Universal Pocket Companion Containing among Many Other Necessary & Entertaining Particulars (London: L. Hawes & Co. et al.)

1791 Universal British Directory

1794 Kent's Directory (London: R. & H. Causton)

1803 Kent's Directory (London: Henry Kent)

1811 Holden's Annual London and Country Directory (London: W. Glendinning)

1814 Post Office Annual Directory 15th ed. (General Post Office)

1819 Post Office Directory (London: Woods)

1825–6 Pigot's Directory (London: James Pigot & Co.)

1833 Pigot's Directory (London: James Pigot & Co.)

1843 Post Office London Directory (London: Frederic Kelly)

1856 Post Office Directory (London: Frederic Kelly)

Phone Book, 1884, 1913, 1921.

1921 Hughes' Business Directory (London: Hughes & Harper Ltd.)

Post Office Directory, 1924–42, 1950, 1955, 1960 (London: Kelly's Directories Ltd.)

Periodicals

Annual Register

Genealogical Gleanings in England

Gentleman's Magazine

London Gazette

London Magazine

Miscellanea Genealogica Heraldica

Monthly Magazine or British Register

New England Historical and Genealogical Register

Pedigree Register

Scots Magazine

Sugar Cane. A Monthly Magazine devoted to the Sugar Cane Industry

Times

West India Committee Bulletin

West India Committee Circular

Wiltshire Archaeological and History Magazine

Wiltshire Note & Queries

Biographical Dictionaries, Peerage, Baronetage, etc.

History of Parliament : The House of Commons

Oxford Dictionary of National Biography

Burke, John (1833-37) *A Genealogical and Heraldic History of the Commoners of Great Britain and Ireland, Enjoying Territorial Possessions or High Official Rank, but Uninvested with Heritable Honours,* first published 3 volumes 1833-35, reissued 1836-37, additional volume 4, 1837 (London: Colburn)

Burke, John and Burke, J. B. (1838) *A Genealogical and Heraldic History of the Extinct and Dormant Baronetcies of England* (London: Scott, Webster & Geary)

Burke, John (1879) *A Genealogical and Heraldic History of the Landed Gentry of Great Britain and Ireland* 2 vols (London: Harrison)

Burke's Peerage & Baronetage, 106th Edition, 2 vols (Crans, Switzerland: Burke's Peerage Ltd., 1999)

Cokayne, George Edward (1887-98), *Complete Peerage of England, Scotland, Ireland, Great Britain and the United Kingdom, Extant, Extinct or Dormant,* 8 vols.

Cokayne, George Edward (1910-16) ed. by Gibbs, Vicary. *The Complete Peerage of England, Scotland, Ireland, Great Britain and the United Kingdom, Extant, Extinct, or Dormant,* New Edition, revised and much enlarged 4 vols (London: St. Catharine Press)

RCHME Inventories

An Inventory of the Historical Monuments in Dorset : Volume 3, Central (London: Her Majesty's Stationery Office, 1970)

An Inventory of the Historical Monuments in Dorset : Volume 5, East (London: Her Majesty's Stationery Office, 1975)

Printed Works

Anonymous. *A Compleat* [sic] *Collection of Farewell Sermons, preached by Mr. Calamy, Mr. Mead, Mr. Pledger, Dr. Manton, Dr. Seaman, Mr. Bull, Mr. Caryl, Mr. Venning, Mr. Lamb, Mr. Case, Mr. Brooks, Mr. Wadsworth, Mr. Jenkins, Mr. Collings, Mr. Cooper, Mr. Baxter, Mr. Newcomen, Mr. G. N., Dr. Jacomb, Mr. Beerman, Mr. Gaspine, Dr. Bates, Mr. Cradacott, Mr. Evank, Mr. Watson, Mr. Sclater, Mr. George Thron, Mr. Lye together with Mr. Ash his Funeral Ser-*

mon, *Mr. Nalton's Funeral Sermon, Mr. Lye's Rehearsal at the Conclusion of the Last Morning Exercise, at Allhallowes Lombard-Street, Mr. Calamy's sermon Preached at Aldermanbury, Devem., 28*th *last. And Mr. Watson's Sermon against Popery with their several Prayers* (London, 1663)

Anonymous. *The Layman's Letters to the Dissenting Ministers of London ; with a List of Their Names on Both Side : Consisting of a Letter of Thanks to Those Divines Who Subscribed the Declaration for the Trinity. A Letter of Perswasion* [sic] *to Those Ministers Who Refused It. And a Letter to the Reverend Mr. John Conder, Who Sign'd on Both Sides.* 2nd Edition (London, 1719)

Anonymous. *Mercers-Hall. A List of the Names of the Subscribers for Raising the Summe of One Million Sterling, as a Fund for Insuring Ships and Merchandize at Sea ; ... Completed the Sixteenth of January 1717–8.*

Anonymous. "Historical Account and Genealogical Descent of the Cromwell Family", *London Magazine or Gentleman's Monthly Intelligencer* 43, 1774, 225–26.

Anonymous. "At a meeting of British and Colonial Anti-Bounty Association", *The Sugar Cane. A Monthly Magazine devoted to the Sugar Cane Industry* 20, 1888, 194–95.

Anonymous. *Twenty Years of Sugar Bounties : the Moral of the "Policy of inaction" as Pointed in Speeches Delivered in the Debate on the Indian Countervailing Duties Act in the House of Commons, June 15*th*, 1899* (London : Anti-Bounty League, 1877)

Anonymous. *The Grand Duke of Tuscany's Proceedings against William Plowman : with Remarks Thereupon* (London, 1705)

Anonymous. "The Travels of Fourteen English Men in 1669, to Jerusalem, Bethlehem, Jericho, the River Yordan [sic], Lake Sodom & Gomorah, with the Antiquities, Monuments and Memorable Places mentioned in Scripture by T. B.", Robert Burton (Nathaniel Crouch) ed., *Two Journeys to Jerusalem*, 9th edition (London, 1738)

Abbott, Wilbur Cortez (1929) *Bibliography of Cromwell. A List of Printed Materials relating Oliver Cromwell, together with a List of Portraits and Caricatures* (Cambridge Mass.: Harvard University Press)

Ackrill, Margaret and Hannah, Leslie (2001) *Barclays. The Business of Banking 1690 –1996* (Cambridge : Cambridge University Press)

Adams, Arthur, ed. (1941) *Cheshire Visitation Pedigrees 1663* (London : Harleian Society)

Adamson, J. S. A. (1991) "Eminent Victorians : S. R. Gardiner and the Liberal as

Hero", *Historical Journal* 33 (3): 641–657.

Albert, Bill and Graves, Adrian, eds. (1984) *Crisis and Change in the International Sugar Economy 1860–1914* (Norwich: ISC Press)

Albert, Bill and Graves, Adrian, eds. (1988) *The World Sugar Economy in War and Revolution 1914–1940* (London: Routledge)

Anderson, Sonia P. (1989) *An English Consul in Turkey. Paul Rycaut at Smyrna 1667–1678* (Oxford: Clarendon Press)

Andrew, Donna T. (1989) *Philanthropy and Police. London Charity in the Eighteenth Century* (Princeton: Princeton University Press)

Anstey, Roger (1975) *The Atlantic Slave Trade and British Abolition 1760–1810* (London: Macmillan)

Appleton, William S. (1870) *Ancestry of Priscilla Baker, Who Lived 1674–1731 and Was Wife of Isaac Appleton of Ipswich* (publishers unshown)

Armytage, Sir George J. and Rylands, W. Harry eds. (1912) *Staffordshire Pedigrees based on the Visitation of that County Made by William Dugdale esq. Norroy King of Arms in the Years 1663–64, from the Original Manuscript Written by Gregory King (successively Rouge Dragon and Lancaster Herald), During the Years 1680–1700* (London: Harleian Society)

Ashton, Robert (1979) *The City and the Court 1603–1643* (Cambridge: Cambridge University Press)

Bailyn, Bernard (1979) *The New England Merchants in the Seventeenth Century* (Cambridge Mass.: Harvard University Press)

Baker, T. F. T., ed. (1985) *A History of the County of Middlesex: Volume 8, Islington and Stoke Newington Parishes. The Victoria History of the Counties of England*, Institute of Historical Research (Oxford: Oxford University Press)

Baker, T. F. T., ed. (1995) *A History of the County of Middlesex: Volume 10, Hackney. The Victoria History of the Counties of England*, Institute of Historical Research (Oxford: Oxford University Press)

Ball, F. Elrington (1926) *The Judges in Ireland 1221–1921* (London: John Murray)

Bancks, John (1739) *A Short Critical Review of the Political Life of Oliver Cromwell, by a Gentleman of the Middle Temple* (Dublin: S. Powell)

Bannerman, W. Bruce, ed. (1904) *The Registers of St. Helens, Bishopsgate, London, 1575–1837* (London: Harleian Society)

Barber, Sarah (1998) *Regicide and Republicanism. Politics and Ethics in the English Revolution, 1646–1659* (Edinburgh: Edinburgh University Press)

Barber, Sarah (2014) *The Disputatious Caribbean. The West Indies in the Seventeenth*

Century, (New York: Palgrave Macmillan)

Barbour, Hugh (1986) "The Young Controversialist", in Dunn, Richard S. & Dunn, Mary Maples eds., *The World of William Penn* (Philadelphia: University of Pennsylvania Press), pp. 15–36.

Barlow R. and Yule, H. eds. (1888) *The Diary of William Hedges during His Agency in Bengal as well as on his Voyage out & Return England, 1681–87*, 3 vols., Hakluyt Society, vols. 74, 75, 76 (London: Hacluyt Society) (Reprint. Cambridge: Cambridge University Press, 2009)

Barnard, T. C. (1975) *Cromwellian Ireland. English Government and Reform in Ireland 1649–1660* (Reprint. Oxford: Clarendon Press, 2007)

Baxter, Richard (1931) *The Autobiography of Richard Baxter*, ed. by N. H. Keeble (Reprint. London: J. M. Dent & Sons, 1985)

Beachey, R. W. (1957) *The British West Indies Sugar Industry in the Late 19th Century* (Westport, Connecticut: Greenwood Press)

Beaven, Alfred P. (1908) *The Aldermen of the City of London Temp. Henry III–1908 with Notes on the Parliamentary Representation of the City, the Aldermen and the Livery Companies, the Aldermanic Veto, Aldermanic Baronets and Knights, etc.* vol. 1 (London: Fisher & Co.)

Bebb, E. D. (1935) *Nonconformity and Social and Economic Life 1660–1800* (London, Epworth Press)

Beer, George L. (1913) *Old Colonial System*, 2 vols (New York: Macmillan Co.)

Beerbühl, Margrit Schulte (2015) Translated by Cynthia Klohr, *The Forgotten Majority. German Merchants in London, Naturalization, and Global Trade, 1660–1815* (New York: Berghahn) (German Language Edition, München, 2007)

Beldam, Joseph (1827) *A Summary of the Laws Peculiarly Affecting Protestant Dissenters with an Appendix Containing Acts of Parliament, Trust Deeds, and Legal Forms* (London: Joseph Butterworth & Son)

Bennett, James (1839) *The History of Dissenters during the Last Thirty Years* (London: Hamilton, Adams & Co.)

Bogue, David & Bennett, James (1808–12) *The History of Dissenters from the Revolution in 1688, to the Year 1808*, 4 vols (London: Hamilton, Adams & Co.)

Bennett J. Harry (1958) *Bondsmen and Bishops: Slavery and Apprenticeship on the Codrington Plantations of Barbados, 1710–1838* (Berkley: University of California Press)

Bennett, T. Kirsty ed. (2013) *The Cardew-Rendle Roll: A Biographical Directory of Members of Honorable Artillery Company*, c. 1537–1908, 2 vols (London: Honorable Artillery Company)

Boddington, Mary (1839) *Poems* (London: Longman, Orme, Brown, Green & Longmans)

Boddington, Reginald Stewart (1878a) *Genealogical Memoranda Relating to the Browne and Hawkins Families* (privately printed)

Boddington, Reginald Stewart (1878b) *Pedigree of the family of Collier* (privately printed)

Boddington, Reginald Stewart (1880) *Pedigree of the family of Gould* (privately printed)

Boddington, Reginald Stewart (1881) *Pedigree of the family of Townsend* (privately printed)

Boddington, Reginald Stewart (1890) *Boddington Pedigree* (privately printed)

Boddington, Reginald Stewart (no date) *Pedigree of the family of Brassey* (privately printed)

Bohun, W. (1723) *Privilegia Londini: or the Rights, Liberties, Privileges, Laws, and Customs, of the City of London.* 3rd edition (London: D. Browne)

Bolam, C. G. et al. (1968) *The English Presbyterians from Elizabethan Puritanism to Modern Unitarianism* (London: George Allen & Unwin Ltd.)

Borene, Margaret M. (1996) "Royal Colony", in Olson James S. & Shadle, Robert eds., *Historical Dictionary of the British Empire* (Westport: Greenwood Press)

Bosher, Robert S. (1951) *The Making of the Restoration Settlement. The Influence of the Laudians 1649–1662* (London: Dacre Press)

Bowen, H. V. (1996) *Elites, Enterprise and the Making of the British Overseas Empire, 1688–1775* (Basingstoke: Macmillan)

Bradley, James E. (1990) *Religion, Revolution and English Radicalism. Non-comformity in Eighteenth-Century Politics and Society* (Cambridge: Cambridge University Press)

Braidwood, Stephen (1994) *Black Poor and White Philanthropists: London's Blacks and the Foundation of the Sierra Leone Settlement 1786–1791* (Liverpool: Liverpool University Press)

Brenner, Robert (1993) *Merchants and Revolution. Commercial Change, Political Conflicts, and London's Overseas Traders, 1550–1653* (New York: Princeton University Press)

Breton, Norton (1947) *History of Henkel, Du Buisson & Co., 1697–1947* (privately printed)

Briscoe, John (1696) *A Discourse on the Late Funds on the Million Act, Lottery Act*

& Bank of England Shewing that they are injurious to the nobility and gentry & ruinous to the trade of Nation. Together with proposals for the supplying their Majesties with money on easy terms exempting the nobility Gentry etc. from taxes, enlarging their yearly estates and enriding all the subjects in the Kingdom by a national Land Bank, 3rd edition with an appendix (London)

Brookbank, Joseph G. (1921) *History of the Port of London*. 2 vols (London: Daniel O'Connor)

Browne, Michael J. (1970) *Itinerant Ambassador: the Life of Sir Thomas Roe* (Lexington: University Press of Kentucky)

Brunton, D. and Pennington, D. H. (1954) *Members of the Long Parliament* (Cambridge, Mass: Harvard University Press)

Butler, Kathleen Mary (1995) *The Economics of Emancipation: Jamaica and Barbados, 1823-43* (Chapel Hill: University of North Carolina Press)

Calamy, Edmund (1713) *Abridgement of Mr. Baxter's History of His Life and His Time with an account of Ministers Who were Ejected after the Restoration of King Charles II* (2nd Edition), 2 vols. (London: John Lawrence)

Calamy, Edmund (1829-30) ed. by John Towill Rutt. *An Historical Account of My Own Life with Some Reflections on the Times I Have Lived in (1671-1731)*, 2 vols (London: Henry Colburn)

Campbell, R. (1747) *The London Tradesman* (London: T. Gardner)

Capp, Bernard (1972) *The Fifth Monarchy Men. A Study in Seventeenth Century English Millenarianism* (London: Faber & Faber)

Capp, Bernard (1989) *Cromwell's Navy. The Fleet and the English Revolution. 1648-1660* (Oxford: Clarendon Press)

Capper, Charles (1862) *The Port and Trade of London, Historical, Statistical, Local, and General* (London: Smith, Elder & Co.)

Carr, Cecil Thomas ed. (1913) *Select Charters of Trading Companies, A. D. 1530-1707* (London: Selden Society)

Chalmin, Philippe G. (1984) "The Important Trends in Sugar Diplomacy before 1914", in Bill Albert and Adrian Graves eds. *Crisis and Change in the International Sugar Economy 1860-1914* (Norwich: ISC Press), pp. 9-20.

Chalmin, Philippe G. (1990) *The Making of a Sugar Giant. Tate & Lyle 1859-1989* (London: Harwood Academic Publishers) (Originally published in French in 1983)

Chancellor, V. E. (1980) "Slave-owner and Anti-Slaver: Henry Richard Vassall Fox, 3rd Lord Holland, 1800-1840", *Slavery and Abolition*, 1, 263-75.

Chapman, Stanley (1992) *Merchant Enterprise in Britain. From the Industrial Revolution to World War I* (Cambridge: Cambridge University Press)

Checkland, S. G. (1957) "Two Scottish West Indian Liquidations after 1793", *Scottish Journal of Political Economy,* 4, 127–43.

Checkland, S. G. (1958) "Finance for the West Indies, 1780–1815", *Economic History Review 2nd. S. 10* (3), 461–69.

Checkland, S. G. (1971) *The Gladstones: A Family Biography, 1784–1851* (Cambridge: Cambridge University Press)

Chesnutt, David R. ed. (1968–2002) *Papers of Henry Laurens,* 16 vols. (Columbia, S. C.: University of South Carolina Press)

Chitnis, Anand C. (1986) *The Scottish Enlightenment & Early Victorian English Society* (London: Croom Helm)

Clapham, J. H. (1944) *The Bank of England. A History.* 2 vols (Cambridge: Cambridge University Press)

Clapham, J. H. (1926) *An Economic History of Modern Britain. The Early Railway Age 1820–1850* (Cambridge: Cambridge University Press)

Clark, Dona Mae (1960) *The Rise of the British Treasury. Colonial Administration of the Eighteenth Century* (New Haven: Yale University Press)

Clark, J. C. D. (1985) *English Society 1688–1832. Ideology, Social Structure and Political Practice during the Ancien Regime* (Cambridge: Cambridge University Press)

Clayden, P. W. (1889) *Rogers and His Contemporaries* (London: Smith, Elder & Co.)

Clayton, George (1971) *British Insurance* (London: Elek Books)

Clayton, Michael & Walvin, James (1970) *A Jamaican Plantation. The History of Worthy Park 1670–1970* (Toronto: University of Toronto Press)

Cleal, Edward E. & Crippen, Thomas George (1908) *The Story of Congregationalism in Surrey* (London: J. Clarke & Co.)

Clowley, John E. (2011) *Imperial Landscape. Britain's Global Visual Culture* (New Haven: Yale University Press)

Cockburn, Henry (1856) *Memorials of His Time* (Edinburgh: Colston & Son)

Colby, Frederic Thomas ed. (1872) *The Visitation of the County of Devon in the Year 1620 by Henry St. George and Samson Lennard* (London: Harleian Society)

Colby, Frederic Thomas and Rylands, John Paul eds. (1888) *Addenda to the Visitation of the County of Dorset 1623 together with a Collection of Dorsetshire Pedigrees; From a Manuscript in the Dorchester Museum* (London: Harleian Society)

Coldham, Peter Wilson (1990) *Child Apprentices in America from Christ's Hospital, London, 1617–1778* (Surrey: Genealogical Publishing Co. Inc.)

Coleby, Andrew M. (1987) *Central Government and the Localities: Hampshire 1649 –1689* Cambridge: Cambridge University Press)

Coleman, D. C.(1963) *Sir John Banks: Baronet and Businessman* (Oxford: Clarendon Press)

Collinson, Patrick (1967) *Elizabethan Puritan Movement* (Oxford: Clarendon Press)

Constantine, Mary-Ann and Frame, Paul (2012) *Travels in Revolutionary France and A Journey across America. George Cadogan Morgan and Richard Price Morgan* (Cardiff: University of Wales Press)

Cooke, E. Cozens (1907) "The Sugar Convention and the West Indies", *Economic Journal* 17 (67), 315–29.

Cooper, William Durrant ed. (1862) *A List of Foreign Protestants and Aliens Resident in England, 1618–1688 from Returns in the State Paper Office* (London: Camden Society)

Corner, David (1991) "The Tyranny of Fashion: The Case of the Felt-Hatting Trade in the Late Seventeenth and Eighteenth Centuries", *Textile History* 22 (2), 153–78.

Courtney, William Prideaux (1906) "The King of Clubs", in Seymour, Lady Elizabeth Romily, ed. *The Pope of Holland House* (London: T. F. Unwin), pp. 333–40.

Cox, John Edmund (1876) *The Annals of St. Helen's Bishopsgate, London* (London: Tinsley Brothers)

Crittall, Elizabeth ed. (1962) *A History of the County of Wiltshire: Wilton, Old Salisbury, New Salisbury, and Underditch Hundred, Vol. 6* (London: Oxford University Press)

Croft, Pauline (1973) *The Spanish Company* (London: London Record Society)

Cromwell, Oliver (1820) *Memoirs of the Protector, Oliver Cromwell, and of his eons Richard and Henry, illustrated by original Letters and other Family Papers*, 2 vols (London: Longman, Hurst, Rees, Orme and Brown)

Cumming, Mark ed. (2004) *The Carlyle Encyclopedia* (Madison: Fairleigh Dickinson University Press)

Cust, Reginald John (1865) *A Treatise on the West Indian Incumbered [sic] Estates Acts: 17 and 18 Vict., C. 117–21 and 22 Vict., C. 96; 25 and 26 Vict., C. 45–27 and 28 Vict., C. 108. with an Appendix, Containing the Acts, General Rules, Forms, and Directions, Additional Forms, Local Act, Tables of Fees, Solicitor's*

Fees and Charges and Reports of Cases, Second Edition (London: William Amer)
Dale ed.(1931) *The Inhabitants of London in 1638*(London: Society of Genealogists)
Davies, John (1853) *An Account of the Old Gravel Pit Meeting House, Hackney, with Notices of its Various Ministers since its Erection in the Year 1716* (London: Jackson & Walford)
Davies, K. G. (1957) *The Royal African Company* (London: Longmans)
Davis, David Brion (1966) *The Problem of Slavery in Western Culture* (Ithaca: Cornell University Press)
Davis, Ralph (1954)"English Foreign Trade 1660-1700", *Economic History Review*, 2nd Ser. 7 (2), 150-66.
Davis, Ralph (1967) *Aleppo and Devonshire Square. English Traders in the Levant in the Eighteenth Century* (London: Macmillan)
Davis, Ralph, (1970)"English Imports from Middle East, 1580-1780", Cook, M. A. ed., *Studies in the Economic History of the Middle East, from the Rise of Islam to the Present Day* (Oxford: Oxford University Press)
Davis, Richard W.(1971) *Dissent in Politics 1780-1830. The Political Life of William Smith MP* (London: Epworth Press)
Davis, Thomas W. ed.(1978) *Committees for Repeal of the Test and Corporation Acts. Muniutes 1786-90 and 1827-28* (Chatam: London Record Society)
Deerr, Noel (1949-50) *The History of Sugar*, 2 vols (London: Chapman and Hall)
De Krey, Gary Stuart (1978)"Trade, Religion, and Politics in London in the Reign of William III" (unpublished doctoral dissertation, Princeton University)
De Krey, Gary Stuart (1985) *A Fractured Society. The Politics of London in the First Age of Party 1688-1715* (Oxford: Clarendon Press)
De Krey, Gary Stuart (2005) *London and the Restoration 1659-1683* (Cambridge: Cambridge University Press)
Delson, Roberta M. (1984)"Sugar Production for the Nineteenth Century British Market: Rethinking the Roles of Brazil and the British West Indies", in Bill Albert and Adrian Graves eds. *Crisis and Change in the International Sugar Economy 1860-1914* (Norwich: ISC Press), pp. 59-82.
Denslow, David A. Jr. (1975)"Sugar Production in Northeastern Brazil and Cuba, 1858-1908", *Journal of Economic History* 35 (1) *The Tasks of Economic History*, 260-63.
De ruysscher, Dave (2016)"Antwerp 1490-1590. Insurance and Speculation", in Leonard, Adrian B. ed. *Marine Insurance. Origins and Institutions 1300-1820*

(Basingstoke : Palgrave Macmillan)

Dickson, P. G. M. (1967) *The Financial Revolution in England. A Study in the Development of Public Credit 1688-1756* (London : Macmillan and Company)

Donnan, Elizabeth (1930-35) *Documents Illustrative of the History of the Slave Trade to America* 4 vols (Washington, Carnegie Institution of Washington)

Draper, Nicholas (2008) "City of London and Slavery. Evidence from First dock Companies, 1795-1800", *Economic History Review*, 61 (2), 432-66.

Draper, Nicholas (2010) *The Price of Emancipation. Slave-ownership, Compensation, and British Society at the End of Slavery* (Cambridge : Cambridge University Press)

Drysdale, A. H. (1889) *History of the Presbyterians in England ; Their Rise, Decline, and Revival* (London : Butler & Tunner)

Dunn, Mary Maples and Dunn, Richard S. eds. (1981) *The Papers of William Penn. Vol. 1 1644-1679* (Philadelphia : University of Pennsylvania Press)

Dunn, Richard S. (1973) *Sugar and Slaves. The Rise of the Planter Class in the English West Indies, 1624-1713* (London : Jonathan Cape)

Durston, Christopher (2001) *Cromwell's Major-Generals. Godly Government During the English Revolution* (Manchester : Manchester University Press)

Earl of Ilchester (1923) *The Journal of Henry Edward Fox* (London : Thornton Butterworth)

Earl of Ilchester (1937) *Chronicles of Holland House, 1820-1900* (London : John Murray)

Earl of Ilchester (1946) *Elizabeth, Lady Holland to Her Son 1821-45* (London : John Murray)

Earle, Peter (1977) *Monmouth's Rebels. The Road to Sedgemoor 1685* (New York : St. Martin's Press)

Earle, Peter (1989) *The Making of the Middle Class. Business, Society and Family Life in London, 1660-1730* (London : Methuen)

Earwaker, J. P. (1890) *History of Ancient Parish of Sandbach, Co. Chester, including the Two Chapelries of Holmes Chapel and Goostrey* (privately printed)

Edwards, Bryan (1793) *History, Civil, Commercial, of the British Colonies in the West Indies*. 2vols (London : John Stockdale)

Erickson, Amy Louise (1993) *Women and Property in Early Modern England* (London : Routledge)

Fakhri, Michael (2014) *Sugar and the Making of International Trade Law* (Cambridge : Cambridge University Press)

Fetherston, John, ed.(1877)*The Visitation of the County of Warwick in the Year 1619* (London: Harleian Society)

Foster, Joseph (1887a), *London Marriage Licenses 1521-1869* (London: Bernard Quaritch)

Foster, Joseph (1887b) *Pedigrees recorded at the visitations of the county palatine of Durham made by William Flower, Norroy king-of-arms, in 1575, by Richard St. George, Norroy king-of-arms, in 1615, and by William Dugdale, Norroy king-of-arms, in 1666* (London: privately printed)

Foster, William (1899) *The Embassy of Sir Thomas Roe to the Great Mogul, 1615-1619 as Narrated in His Journal and Correspondence*, 2 vols (London: Hakluyt Society)

Francis, A. D. (1972) *The Wine Trade* (London: Adam & Charles Black)

Freshfield, Edwin ed. (1887) *Vestry Minute Book of the Parish of St. Margaret Lothbury in the City of London, 1571-1677* (London: Rixon and Arnold)

Galloway, J. H. (1989) *The Sugar Cane Industry. An Historical Geography from its Origins to 1914* (Cambridge: Cambridge University Press)

Gascoigne, John (1996) "Anglican Latitudinarianism, Rational Dissent and Political Radicalism in the Late Eighteenth Century", in Knud Haakonssen ed., *Enlightenment and Religion. Rational Dissent in Eighteenth-Century Britain* (Cambridge: Cambridge University Press), pp. 219-40.

Gentles, Ian (1983) "The Struggle for London in the Second Civil War", *Historical Journal* 26 (2), 277-305.

Gentles, Ian (1992) *The New Model Army. In England, Ireland and Scotland 1645-1653* (Oxford: Blackwell)

Fitzgerald-Uniacke, R. G. (1916) "Appendix G. Protectorate House of Lords, Commonly Known as Cromwell's 'Other House' 1657-59", in Cokayne, George Edward, Gibbs, Vicary eds. *The Complete Peerage of England, Scotland, Ireland, Great Britain and United Kingdom. Extant or Dormant.* by G. E. C, New Edition, revised and much enlarged (London: St. Catharine Press), vol. 4, pp. 585-648.

Gibb, D. E. W. (1957) *Lloyd's of London* (London: Macmillan)

Gibbs, Philip (1737) *A Letter to the Congregation of Protestant Dissenters at Hackney, amongst whom the Author now statedly ministers. With a postscript to all others to whom he has formerly preach'd* (London: Thomas Cox)

Girtin, Thomas (1958) *The Golden Ram. A Narrative History of the Clothworkers' Company 1528-1958* (Aylesbury: Hunt, Barnard & Co.)

Gipson, Lawrence Henry (1956) *The British Empire Before the American Revolution. Vol. 9. The Triumphant Empire, 1763–66* (New York: Alfred A. Knopf)

Glass, D. V. (1966) "Introduction" in Kellaway, William ed. *London Inhabitants within the Walls 1695 with introduction by D. V. Glass* (Chatam: W.&J. Mackay & Co.), pp. IX–XL.

Goodwin, Tim (1996) *Dorset in the Civil War, 1625–1665* (Tiverton: Dorset Books)

Gordon, Alexander (1917) *Freedom after Ejection, A Review (1690–92) of Presbyterian and Congregational Noncomformity in England and Wales* (Manchester: Manchester University Press)

Gordon, Bolam, C. (1968) *The English Presbyterians from Elizabethan Puritanism to Modern Unitarianism* (London: George Allen & Unwin)

Goring, Jeremy (1968) "The Break-up of the Old Dissent", in Bolam, C. G. et al., *The English Presbyterians from Elizabethan Puritanism to Modern Unitarianism* (London: George Allen & Unwin), pp. 175–218.

Grassby, Richard (1995) *The Business Community in Seventeenth-century England* (Cambridge: Cambridge University Press)

Grassby, Richard (1994) *The English Gentleman in Trade. The Life and Works of Sir Dudley North, 1641–1691* (Oxford: Clarendon Press)

Grassby, Richard (2001) *Kinship and Capitalism. Marriage, Family, and Business in the English-Speaking World, 1580–1740* (Cambridge: Cambridge University Press)

Greeves, Ivan S. (1980) *London Docks 1800–1980. A Civil Engineering History* (London: Thomas Telford)

Grell, Ole Peter (2011) *Brethren in Christ. A Calvinist Network in Reformation Europe* (Cambridge: Cambridge University Press)

Gunning, Lucia Patrizio (2009) *The British Consular Service in the Aegean and Collection of Antiquities for the British Museum* (Farnham: Ashgate)

Haakonssen, Knud, ed. (1996) *Enlightenment and Religion. Rational Dissent in Eighteenth-Century Britain* (Cambridge: Cambridge University Press)

Hall, Douglas (1964) "Absentee-Proprietorship in the British West Indies, to about 1850", *Jamaica Historical Review* 4, 15–35.

Hall, Douglas (1971a) *Five of the Leewards. The Major Problems of the Post-emancipation Period in Antigua, Barbuda, Montserrat, Nevis and St. Kitts* (Barbados: Caribbean Universities Press)

Hall, Douglas (1971b) *A Brief History of the West India Committee* (Barbados: Caribbean Universities Press)

Hancock, David (1995) *Citizens of the World. London Merchants and the Integration of the British Atlantic Community 1735-1785* (Cambridge: Cambridge University Press)

Hancock, David (2002) *The Letters of William Freeman, London Merchant, 1678-1685* (Loughborough; Q3 Print Project Management)

Hans, Nocholas (1951) *New Trends in Education in the Eighteenth Century* (London: Routredge & Kegan Paul)

Haraksingh, Kusha (1984) "Labour, Technology and the Sugar Estates in Trinidad, 1879-1914", in Bill Albert and Adrian Graves eds. *Crisis and Change in the International Sugar Economy 1860-1914* (Norwich: ISC Press), pp. 133-46.

Harper, Lawrence A. (1939) *The English Navigation Laws. A Seventeenth-Century Experiment in Social Engineering* (New York: Columbia University Press)

Harris, Tim (1987) *London Crowds in The Reign of Charles II. Propaganda and Politics from the Restoration until the exclusion Crisis* (Cambridge: Cambridge University Press)

Harris, William (1762) *An Historical and Critical Account of the Life of Oliver Cromwell, Lord Protector of the Commonwealth of England, Scotland, and Ireland* (London: A. Miller)

Harvey, W. J. (1969) *List of the Principal Inhabitants of the City of London 1640*, second edition, ed. with an index by Evans (Bath: C. F. H., Pinhorns) (first edition published 1886)

Hawke, David (1966) *The Colonial Experience* (Indianapolis: Bobbs-Merrill Co.)

Haycock, Lorna (1991) *John Anstie of Devizes. An Eighteenth Century Clothier* (Stroud: Alan Sutton)

Higgins, W. Robert (1976) "Charleston: Terminus and Entrepôt of the Colonial Slave Trade", in Martin L. Kilson ed. *The African Diaspora. Interpretive Essays* (Cambridge Mass.: Harvard University Press), pp. 114-31.

Higmam, C. S. S. (1921) *The Development of Leeward Islands under the Restoration 1660-1688* (Cambridge: Cambridge University Press)

Hill, Christopher (1958) *Oliver Cromwell 1658-1958* (London: Routledge and K. Paul)

Hoare, Richard Colt (1824) *The History of Modern Wiltshire. vol. I. II. Hundred of Heytesbury* (London: John Nichols and Son)

Holmes, Geoffrey (1986) *Politics, Religion and Society in England 1679-1742* (London: Hambledon Press)

Holmes, Geoffrey (1987) *British Politics in the Age of Anne*, revised edition (London:

Hambledon Press)

Horn, D. B. ed. (1932) *British Diplomatic Representatives 1689–1789*. Camden Third Series, vol. 46 (London: Royal Historical Society)

Horwitz, Henry ed. (1981) *London Politics 1713–1717. Minutes of a Whig Club 1714–17* (Bristol: London Record Society)

Howard, Joseph Jackson and Chester, Joseph Lemuel, eds. (1880–83) *The Visitation of London, A. D. 1633, 1634 and 1635 made by Sir Henry St. George Kt., Richmond Herald and Deputy and Marshal to Sir Richard St. George, Kt., Clarenceux King of Arms*, 2 vols (London: Harleian Society)

Howe, Anthony (1984) *The Cotton Masters 1830–1860* (Oxford: Clarendon Press)

Howe, Anthony (1997) *Free Trade and Liberal England, 1846–1946* (Oxford: Clarendon Press)

Howell, Roger Jr. (1993) "Cromwell, the English revolution and Political Symbolism in Eighteenth Century England", in Richardson, R. C. ed. (1993) *Images of Oliver Cromwell. Essays for and by Roger Howell, Jr.* (Manchester: Manchester University Press), pp. 63–73.

Hughes, Ann (1987) *Politics, Society and Civil War in Warwickshire, 1620–1660* (Cambridge: Cambridge University Press)

Hughes, Ann (1991) *The Causes of the English Civil War* (London: Routledge)

Hunt, Jeremiah (1736) *A Sermon Preached at Pinners-Hall, January 4, 1735-6: Occasioned by the Death of John Hollis, Esq.* (London: T. Cox)

Hunt, Margaret R. (1996) *The Middling Sort. Commerce, Gender and the Family in England, 1680–1780* (Berkley: University of Carolina Press)

Hunter, Joseph (1843) *The Rise of the Old Dissent: Exemplified in the life of Oliver Heywood, One of the Founders of the Presbyterian Congregations in the County of York, 1630–1702* (London: Longman, Brown, Green & Longmans)

Hunter, Joseph (1894–96) *Familiae Minorum Gentium*, Part 1, 2, 3, 4 ed. by John W. Clay (London: Harleian Society)

Hutchins, John (1861–70) *The History and Antiquities of the County of Dorset*, (4 volumes. 3rd edition. Westminster: J. B. Nichols)

Hutchinson, William (1785) *The History and Antiquities of the County Palatine of Durham* (Carlisle: privately printed)

Hyde, Edward, Earl of Clarendon, Seaward, Paul selected and edited (2009) *The History of the Rebellion. A New Selection* (Oxford: Oxford University Press)

Innes, A. D. (1912) *A History of the British Nation* (London: T. C. & E. C. Jack)

Inkster, Ian (2012) " 'Under the Eye of the Public': Arthur Aikin (1773-1854), the

Dissenting Mind and the Character of English Industrialization", in James, Felicity and Inkster, Ian eds., *Religious Dissent and the Aikin-Barbauld Circle 1740–1860* (Cambridge: Cambridge University Press), pp. 126-55.

James, Felicity (2012) "Lucy Aikin and the Legacies of Dissent", in James, Felicity and Inkster, Ian eds., *Religious Dissent and the Aikin-Barbauld Circle 1740–1860* (Cambridge: Cambridge University Press), pp. 183-204.

James, Felicity and Inkster, Ian eds. (2012) *Religious Dissent and the Aikin-Barbauld Circle 1740–1860* (Cambridge: Cambridge University Press)

Jarvis, J. Eleck (2014) "Chapter One. Green Ribbon and Width. The Broken Methaphors of New Social Forms, c. 1680 and c. 2013", in Baird, Ileana ed., *Social Networks in the Long Eighteenth Century : Clubs, Literary Salons and Textual Coteries* (Newcastle upon Tyne: Cambridge Scholars Publishing)

Jennings, Judith (1997) *The Business of Abolishing the British Slave Trade 1783–1807* (London: Portland)

Jeremy, Walter D. (1885) *The Presbyterian Fund and Doctor Daniel Williams' Trust : with Biographical Notes of Trustees and Some Account of Their Academies, Scholarships and Schools* (London: Williams & Norgate)

Jewson, Charles Boardman (1975) *Norwich the Jacobin City A Portrait of Norwich in Its Reaction to the French Revolution* (Norwich: Blackie)

John, A. H. (1958) "The London Assurance Company and the Marine Insurance Market of the Eighteenth Century", *Economica* 25, 126-41.

Jolliffe, Hylton George Hylton (1892) *The Jolliffes of Staffordshire and Their Descendants Down to the Year 1835* (London: privately printed)

Jones, D. W. (2007) "London Merchants and the Crisis of the 1690s", in Clark, Peter and Slack, Paul, eds. *Crisis and Order in English Towns, 1500–1700 : Essays in Urban History* (London: Routledge)

Jones, J. R. (1956) "Green Ribbon Club", *Durham University Journal*, 49, 17-20.

Jones, J. R. (1970) *The First Whigs. The Politics of the Exclusion Crisis 1678–1683* (Oxford: Oxford University Press)

Jones, P. E. and Judges, A. V. (1935) "London Population in the Late Seventeenth Century", *English Historical Review* 6 (1), 43-65.

Jones, R. Tudur (1962) *Congregationalism in England, 1662–1962* (London: Independent Press)

Kadi, İsmail Hakki (2012) *Ottoman and Dutch Merchants in the Eighteenth Century. Competition and Cooperation in Ankara, Izmir, and Amsterdam* (Leiden: Brill)

Kahl, William F. (1960) *The Development of London Livery Companies. An Historical*

Essay and a Select Bibliography (Boston, Mass.: Harvard University Printing Office)

Kellaway, William (1961) *The New England Company 1649-1776, Missionary Society to the American Indians* (London: Longmans, Green & Co.)

Kellaway, William ed. (1966) *London Inhabitants within the Walls 1695 with introduction by D. V. Glass*, (Chatam: W.&J. Mackay & Co.)

Kellett, J. R. (1958) "The Breakdown of Gild and Corporation Control over the Handicraft and Retail Trade in London", *Economic History Review* 10 (3), 381-94.

Kimber, Isaac (1724) *The Life of Oliver Cromwell, Lord Protector of the Commonwealth* (London: Brotherton)

Kistler, Don, ed. (1997) *The Puritans on Loving One Another, compiled from the writings of Ralph Venning, Thomas Manton, Joseph Caryle and John Ball* (Morgan, PA.: Soli Deo Gloria)

Kitson, Peter K. (2009) " 'Not a Reforming Patriot but an Ambitious Tyrant'. Representations of Cromwell and the English Republic in the Late Eighteenth and Early Nineteenth Centuries", in Morton, Timothy and Smith, Nigel eds. *Radicalism in British Literary Culture, 1650-1830 : From Revolution to Revolution* (Cambridge: Cambridge University Press)

Knapman, David (2003). *Conversation Sharp : the Biography of a London Gentleman, Richard Sharp (1759-1835) in letters, prose and verse* (Dorchester: Dorset Press)

Knight, G. W. (1973) *Nonconformist Churches in Enfield* (Edmonton Hundred Historical Society)

Kurmuş, Orhan (1987) "The Cotton Famine and Its Effects on the Ottoman Empire", in İslamoğlu-İnan, Huri, *The Ottoman Empire and the World-Economy* (Cambridge: Cambridge University Press), pp. 160-69.

Lacey, Douglas R. (1969) *Dissent and Parliamentary Politics in England 1661-1689. A Study in the Perpetuation and Tempering of Parliamentarianism* (New Brunswick: Ratgers University Press)

Laidlaw, Christine (2010) *The British in the Levant. Trade and Perceptions of the Ottoman Empire in the Eighteenth Century* (London: Tauris Acacemic Studies)

Landon, Michael (1970) *The Triumph of the Lawyers. Their Role in English Politics 1678-1689* (Alabama: University of Alabama Press)

Lang, R. G. (1974) "Social Origins and Social Aspirations of Jacobean London Merchants", *Economic History Review*, 2nd series 27 (1), 28-47.

Langford, Helena (2010)"John Forster as a Biographer. A Case Study in Nineteenth-Century Biography". Ph. D. Dissertation, University College London.

Latimer, John (1903) *The History of the Society of Merchant Venturers of the City of Bristol ; with some account of the anterior Merchants' Guilds* (Bristol: Arrowsmith)

Lee, C. H. (1972) *A Cotton Enterprise, a History of M'cConnel and Kennedy. Fine Cotton Spinners* (Manchester: Manchester University Press)

Lee, Grace Lawless (1966) *The Story of Bosanquets* (Canterbury: Philimore & Company)

Leigh, Samuel (1823) *Leigh's New Picture of London Or a View of the Political, Religious, Medical... Literary, Municipal, Commercial, and Moral State of the British Metropolis : Presenting a Luminous Guide to the Stranger, on All Subjects Connected with General Information, Business Or Amusement* (London: Samuel Leigh)

Lingelbach, William E. (1902) *The Merchant Adventurers of England : Their Laws and Ordinances with Other Documents* (Philadelphia: Longmans, Green & Co.)

Little, Patrick and Smith, David L. (2007) *Parliaments and Politics during the Cromwelliam Protectorate* (Cambridge: Cambridge University Press)

Liu, Tai (1973) *Discord in Zion : The Puritan Divines and the Puritan Revolution 1640-1660* (Hague: Martinez Nijhoff)

Liu, Tai (1986) *Puritan London. A Study of Religion and Society in the City Parishes* (Newark: University of Delaware Press)

Lobdell, Richard (1972) "Patterns of Investment and Sources of Credit in the West Indian Sugar Industry, 1838-97", *The Journal of Caribbean History*, 4, 31-53.

Locke, Richard (1782) *The Western Rebellion* (Taunton: H. Norris)

Lowndes, A. G. (1956) *South Pacific Enterprise. The Colonial Sugar Refining Company Limited* (Sydney: Angus and Robertson)

Lowes, Susan (1994)"The Peculiar Class: The Formation, Collapse, and Re-formation of the Middle Class in Antigua, West Indies, 1843-1940", Ph. D Dissertation, Colonbia University.

Luke, Harry Charles (1921) *Cyprus under the Turks 1571-1878. A Record based on the Archives of the English Consulate in Cyprus under the Levant Company and after* (London: Oxford University Press)

MacGillivray, R. C. (1974) *Restoration Historians and the English Civil War* (Hague: Martinus Nijhoff)

MacLachlan, H. (1931) *English Education under the Test Acts. Being the History of the*

Non-conformist Academies, 1662–1820 (Manchester: Manchester University Press)

Maddison, A. R. (1902–6) *Visitation of Lincolnshire*, 4 vols. (London: Harleian Society)

Malleson, Andrew (2012) *Discovering the Family of Miles Malleson 1888 to 1969* (privately printed)

Mander, David (1998) *Strengh in the Tower. An Illustrated History of Hackney* (Stroud: Sutton Publishing)

Manning, B. L. (1952) *The Protestant Dissenting Deputies*, ed. by Ormerod Greenwood after the Author's death (Cambridge: Cambridge University Press)

Marshall, George W. ed.(1882) *Visitation of Wiltshire taken 1623 by Hen. St. George, Richmond and Sampson Lennard, Bluemantle, Marshalls & Deputies to William Camden, Clarenceux King of Armes* (London: George Bell & Sons)

Martineau, George (1889) *Free Trade in Sugar: A reply to Sir Thomas Farrer* (London: Cassell & Co.)

Mason, Keith (1993)"The World an Absentee Planter and His Slaves Made: Sir William Stapleton and His Nevis Sugar Estate, 1722–1740", *Bulletin of the John Rylands University Library of Manchester*, 75 (1), 103–31.

Matthews, Williams ed. (1939) *The Diary of Dudley Ryder, 1715–1716* (London: Methuen & Co.)

Matthews, A. G. (1934) *Calamy Revised. Being a Reversion of Edmund Calamy's Account of the Ministers and Other Ejected and Silenced, 1660–2* (Oxford: Clarendon Press)

Matthews, A. G.(1948) *Walker Revised. Being a Reversion of John Walker's Sufferings of the Clergy during the Grand Rebellion, 1642–60* (Oxford: Oxford University Press)

Mayo, Charles Herbert ed. (1902) *Minute Books of the Dorset Standing Committee, 23rd Sept., 1646, to 8th May, 1650* (Exeter: William Pohlard & Co.)

Metcalfe, Walter C. ed. (1883) *The Visitation of the County of Worcester, Begin by Thomas May, Chester and Gregory King, Rouge Dragon, in Trinity Vacacon [sic] 1682, and Finished by Henry Dethick, Richmond, and the Said Rouge Dragon, Pursuivant, in Trinity Vacacon [sic] in Virtue of Several Deputations from Sir Henry St. George, Clarenceux Kinge [sic] of Armes [sic]. With Additions by the Late Sir Thomas Phillipps, Bart.* (Exeter: William Pohlard)

Milevsky, Moshe A. (2015) *King William's Tontine. Why the Retirement Annuity of the Future Should Resemble Its Past* (Cambridge: Cambridge University Press)

Mitchell, Alex. F. and Struthers, John (1874) *Minutes of the Sessions of the Westminster Assembly of Divines while engaged in preparing their Directory for Church Government, Confession of Faith, and Catechisms. (November 1644 to March 1649). From Transcripts of the Originals produced by a Committee of the General Assembly of the Church of Scotland* (Edinburgh: William Blackwood and Sons)

Mitchell, Alex. F. (1883) *The Westminster Assembly. Its History and Standards being tha Baird Lecture for 1882* (London: James Nisbet & Co.)

Mitchell, L. G. (1971) *Charles James Fox and the Disintegration of Whig Party, 1782–1794* (Oxford: Oxford University Press)

Mitchell, L. G. (1992) *Charles James Fox* (Oxford: Oxford University Press)

Morgan, Kenneth (1993) *Bristol and the Atlantic Trade in the Eighteenth Century* (Cambridge: Cambridge University Press)

Morgan, Kenneth, ed. (2007) *The Bright-Meyer Papers. A Bristol-West India Connection, 1732–1837* (Oxford: Oxford University Press)

Neal, Daniel (1817) ed. by Toulmin, Joshua, *The History of the Puritans: or, Protestant Nonconformists from the Reformation in 1517 to the Revolution in 1688*, 5 vols (London: William Baynes & Son)

Namier, Sir Lewis (1961) *The Structure of Politics at the Accession of George III*. 2nd edition (London: St. Martin's Press)

Noble, Mark (1787) *Memoirs of the Protectoral-House of Cromwell*. 2 vols (Birmingham: Pearson & Rollason)

Nuttall, Geoffrey F. (1957) *Visible Saints. The Congregational Way 1640–1660* (Oxford: Basil Blackwell) (2nd Edition, Weston Rhym: Quinta Press 2001)

Nuttall, Geoffrey F. (1963) "Dissenting Churches in Kent before 1700", *Journal of Ecclesiastical History*, 14 (2), 175–89.

Okie, Laird (1986) "Daniel Neal and the 'Puritan Revolution'", *Church History*, 55 (4), 456–67.

Oldmixon, John (1735) *The History of England: During the Reigns of King William and Queen Mary, Queen Anne, King George I. Being the Sequel of the Reignes of the Stuarts* (London: Thomas Cox)

Oliver, Vera Langford (1894) *History of Antigua*, 3 vols (London: Michell & Hughes)

Oliver, Vera Langford (1914) *Caribbeana*, 8 vols (London: Michell & Hughes)

Orme, William (1820) *Memoirs of the Life, Writings, and Religious Connexions of John Owen* (London: T. Hamilton)

Orme, William (1823) *Remarkable Passages in the Life of William Kiffin, written by Himself and edited from Original manuscript with Notes and Additions by William Orme* (London: Burton and Smith)

Ottaway, Susannah R. and Tague, Ingrid (2009) "George Boddington", *Personal Narratives of Ageing. The History of Old Age in England, 1600–1800*, vol. 8 (London: Pickering & Chatto), pp. 147–56.

Page, Anthony (2011) "'A Species of Slavery': Richard Price's Rational Dissent and Antislavery", *Slavery and Abolition*, 32 (1), 53–75.

Palmer, Sarah (1984) "The Indemnity in London Marine Insurance", in Westall, Oliver M. ed., *The Historian and the Business of Insurance* (Manchester: Manchester University Press), pp. 74–94.

Paltock, Robert (1751) *The Life and Adventures of Peter Wilkins* (London: J. Robinson and R. Dodsley) (邦訳, 高橋和久訳『ピーター・ウィルキンズの生涯と冒険』(ユートピア旅行記叢書7) 岩波書店, 1999 年)

Papillon, Alexander Frederick William and Papillon, Thomas (1887) *Memoirs of Thomas Papillon, of London, Merchant (1623–1702)* (Reading: Joseph J. Beecroft)

Paravisini-Gebert, Lizabeth (1996) *Phyllis Shand Allfrey. A Caribbean Life* (New Brunswick: Rutgers University Press)

Pares, Richard (1950) *A West-India Fortune* (New York: Longmans, Green & Co.)

Pares, Richard (1956a) "A London West-India Merchant House 1740–1769", in Pares, Richard and Taylor, A. J. P. eds. *Essays Presented to Sir Lewis Namier* (London: Macmillan), pp. 75–107.

Pares, Richard (1956b) "The London Sugar Market, 1740–1769", *Economic History Review*, 2nd Ser., 9, 254–70.

Parker, Irene (1914) *Dissenting Academies in England. Their Rise and Progress and their Place among the Educational Systems of the Country* (Cambridge: Cambridge University Press)

Pearl, Valerie (1961) *London and the Outbreak of the Puritan Revolution. City Government and National Politics, 1625–43* (Oxford: Oxford University Press)

Penson, Lillian M. (1924) *The Colonial Agents of the British West Indies. A Study in Colonial Administration, mainly in the Eighteenth Century* (London: University of London Press)

Pierce, W. (1924-6) "The Contributions of the Nonconformists to the Building of the Mansion House", *Transactions of the Congregational Historical Society*, 9, 146–69.

Pike, Godefrey Holden (1870) *Ancient Meeting-Houses ; or Memorial Pictures of Non-*

conformity in Old London（London : Passmore & Alabaster）
Pincus, Steven C. A.（1996）*Protestantism and Patriotism. Ideologies and the Making of English Foreign Policy, 1650-1668*（Cambridge : Cambridge University Press）
Pittman, Frank Wesley（1917）*The Development of the British West Indies, 1700-1763*（New Haven : Yale University Press）
Platt, D. C. M.（1971）*The Cinderella Service. British Consuls Since 1825*（London : Longman）
Platt, D. C. M.（1972）*Latin America and British Trade 1806-1914*（London : Adam & Charles Black）
Porter, Roy（1982）*English Society in the Eighteenth Century*（London : Penguin Books）（邦訳, 目羅公和訳『イングランド18世紀の社会』法政大学出版局, 1996年）
Price, F. G. Hilton（1876）*A Handbook of London Bankers with Some Account of Their Predecessors the Early Goldsmiths, together with List of Bankers, from the Earliest One Printed in 1677 to that of the London Post-Office Directory of 1876*（London : Chatto and Wyndus）
Price, Jacob, M.（1992）*Perry of London. A Family and a Firm on the Seaborne Frontier 1615-1753*（Cambridge Mass : Harvard University Press）
Price, Richard, Peach, W. Bernard and Thomas, D. O. eds.（1991）*The Correspondence of Richard Price.* 3 vols（Durham, N. C. : Duke University Press）
Ragatz, Lowell J.（1928）*The Fall of the Planter Class in the British Caribbean, 1763-1833 : a Study in Social and Economic History*（New York : Octagon Books 1963）（1st published in 1928）.
Ramsey, G. D.（1943）*The Wiltshire Woolen Industry in the Sixteenth and Seventeenth Centuries*（London : Oxford University Press）
Ramsey, G. D.（1957）*English Overseas Trade during the Centuries of Emergence. Study in Some Modern Origines of the English-Speaking World*（London : Macmillan & Co.）
Rawley, James A.（2003）*London. Metropolis of the Slave Trade*（Clumbia : University of Missouri Press）
Raynes, Harold E.（1948）*A History of British Insurance*（London : Sir Isaac Pitman & Son）
Reese, R. Trevor（1963）*Colonial Georgia. A Study in the British Imperial Policy in the Eighteenth Century*（Athens : University of Georgia Press）
Richards, R. D.（1965）*The Early History of Banking in England*（New York : Frank

Cass & Co.) (original Edition 1929)

Richardson, Bonham C. (1986) *Panama Money in Barbados. 1900-1920* (Knoxville : University of Tennessee)

Richardson, R. C. ed. (1993) *Images of Oliver Cromwell. Essays for and by Roger Howell, Jr.* (Manchester : Manchester University Press)

Robbins, Caroline (1961) *The Eighteenth-Century Commonwealthman. Studies in the Transmission, Development and Circumstance of English Liberal Thought from the Restoration of Charles II until the War with the Thirteen Colonies* (Cambridge, Mass. : Harvard University Press)

Robert, Rudolph (1969) *Chartered Companies. Their Role in the Development of Overseas Trade* (London : G. Bell & Sons)

Robinson, Elizabeth (1989) *Lost Hackney* (London : Hackney Society)

Robinson, William (1820) *The History and Antiquities of the Parish of Stoke Newington* (London : John Nichols & Son)

Robinson, William (1842) *The History and Antiquities of the Parish of Hackney in the County of Middlesex* (London : John Nichols & Son)

Roberts, R. Ellis (1910) *Samuel Rogers and his Circle* (New York : E. P. Dutton & Co.)

Robinson, Alexandra (2016)"'Citizens of the World'; The Earle Family's Leghorn and Venetian Business, 1751-1808", in Brahm, Felix and Rosenhaft, Eve, *Slavery Hinterland, Transatlantic Slave Trade and Continental Europe 1680-1850* (Woodbridge : Boydell Press) pp. 45-64.

Rogers, Nicholas (1979)"Money, Land and Lineage : the Big Bourgeoisie of Hanoverian London", *Social History* 4 (3), 437-54.

Root, John William (1899) *The British West Indies and Sugar Industry* (publishers unshown)

Rose, Mary B.(1986) *The Gregs of Quarry Bank Mill. The Rise and Decline of a Family Firm, 1750-1914* (Cambridge : Cambridge University Press)

Rose, R. B. (1960)"The Priestley Riots of 1791", *Past and Present* 18, 68-88.

Rose, Jacqueline (2014) *Godly Kingship in Restoration England : The Politics of the Royal Supremacy 1660-1688* (Cambridge : Cambridge University Press)

Roseveare, Henry (1973) *The Treasury. 1660-1870. The Foundations of Control* (London : Allen and Unwin)

Roseveare Henry ed. (1987) *Markets and Merchants of the Late Seventeenth Century. The Marescoe-David Letters 1669-1680* (Oxford : Oxford University Press)

Ruston, Alan R. (1980) *Unitarianism & Early Presbyterianism in Hackney* (privately printed)

Rutt, John Towill, ed. (1828) *Diary of Thomas Burton Esq : Volume 2, April 1657–February 1658* (London : H. Colburn)

Rylands, John Paul ed. (1885) *The Visitation of the County of Dorset Taken in the Year 1623 by Henry St. George, Richmond and Sampson Lennard, Bluemantle Pursuivant, Marshals & Deputies to William Camden, Clarenceux King of Armes* (London : Harleian Society)

Rylands, John Pahl ed. (1888) *A List of Persons Who Were Disclaimed as Gentlemen of Coat-Armour by Heralds at the Visitations of the Various Counties of England*, with introduction (Guildford : Billing and Sons)

Rylands, W. Harry ed. (1911) *The Visitation of the County of Warwick 1682–83* (London : Harleian Society)

Rylands, W. Harry ed. (1913) *Pedigrees from the Visitation of Hampshire 1530 Enlarged with the Visitation of the Same County anno 1575, Both Which Continued with the Visitation Anno 1622, 1634 as Collected in Harleian Manuscript No. 1544* (London : Harleian Society)

Sacks, David Harris (1991) *The Widening Gate. Bristol and the Atlantic Economy, 1450–1700* (Berkeley : University of California Press)

Schnakenbourg, Christian (1984) "From the Sugar Estate to Central Factory : The Industrial Revolution in the Caribbean (1840–1905)", in Bill Albert and Adrian Graves eds. (1984) *Crisis and Change in the International Sugar Economy 1860–1914* (Norwich : ISC Press), pp. 83–94.

Schofield, Robert E. (1997) *The Enlightenment of Joseph Priestley. A Study of His Life and Work from 1733 to 1773* (Philadelphia : Pennsylvania State University Press)

Schumpeter, Elizabeth Booty (1960) *English Overseas Trade Statistics, 1697–1808* (Oxford : Clarendon Press)

Scott, W. R. (1910–12) *The Constitution and Finance of English, Scotish and Irish Joint Stock Companies,* 3 vols (Cambridge : Cambridge University Press)

Shephard, Charles (1831) *An Historical Account of the Island of St. Vincent* (London : W. Nichol)

Sheridan, Richard B. (1973) *Sugar and Slavery. An Economic History of the British West Indies, 1623–1775* (Baltimore : Johns Hopkins University Press)

Sheridan, Richard B. (1999) "Sir William Young (1749–1815) : Planter and Politician, with Special Reference to Slavery in the British West Indies", *Journal of Caribbean History* 33, 1–26.

Sheridan, Richard B. (1961) "The West India Sugar Crisis and British Slave Emancipation, 1830-1833", *Journal of Economic History* 21, 539-51.

Short, H. L. (1968) "Chapter VI. Presbyterians under a New Name", in Bolam, C. G. et al., *The English Presbyterians from Elizabethan Puritanism to Modern Unitarianism* (London: George Allen & Unwin), pp. 219-86.

Shortt, Adam and Arthur G. Doughty selected and edited (1918) *Documents Relating to the Constitutional History of Canada 1759-1791* (Ottawa: J. de L. Taché)

Simms, J. G. (1986) *War and Politics in Ireland, 1649-1730* (London: Hambledon Press)

Sitwell, Sir George Reresby (1894) *The First Whig: An account of the parliamentary career of William Sacheverell ; the origin of the two great political parties and the events which led up to the Revolution of 1688* (Scarborough: Sitwell)

Smart, Thomas William Wake (1841) *A Chronicle of Cranborne ; Being an Account of the Ancient Town, Lordship, and Chase of Cranborne, in the County of Dorset* (London: Nichols & Son)

Smiles, Samuel (1868) *The Huguenots. Their Settlements, Churches and Industries in England and Ireland* (London: John Murray, 1905) (first published 1868)

Smith, S. D. (2006) *Slavery, Family and Gentry Capitalism in The British Atlantic. The World of the Lascelles, 1648-1834* (Cambridge: Cambridge University Press)

Smith, T. Harper and Smith, A. Harper (1994) *Thomas Boddington and the Stained Glass in St. Mary's, Ealing* (London: T. & A. Harper Smith)

Speck, W. A. and Gray, W. A. eds. (1981) *London Pollbooks 1713* (Bristol: London Record Society)

Speck, W. A. (1993) "Cromwell and the Glorious Revolution", in Richardson, R. C. ed., *Images of Oliver Cromwell. Essays for and by Roger Howell, Jr.* (Manchester: Manchester University Press)

Squibb, G. D. ed. (1953-54) *Wiltshire Visitation Pedigrees, 1623, with Additional Pedigrees and Arms Collected 1628* (London: Harleian Society)

Stace, Marcell (1810) *Cromwelliana. A Chronological Detail of Events in which Oliver Cromwell was Engaged. From the year 1642 to his Death 1658* (Westminster: Marcell Stace)

Stahl, Kathleen (1951) *The Metropolitan Organization of British Colonial Trade. Four Regional Studies* (London: Faber and Faber)

Stone, Lawrence (1984) *An Open Elite? England 1540-1880* (Oxford: Oxford Uni-

versity Press)
Strachan, Michael (1989) *Sir Thomas Roe 1581-1644. A Life* (Guilford : Michael Russell)
Supple, Barry (1970) *The Royal Exchange Assurance. A History of British Insurance 1720-1970* (Cambridge : Cambridge University Press)
Sutton, Anne F. (2005) *The Mercery of London : Trade, Goods and People, 1130-1578* (Farnham : Ashgate)
Taylor, John H. (1995) "The Congregational Fund Board 1695-1995", *Y Cofiadur : sef cylchgrawn Cymdeithas Hanes Annibynwye Cymru* (*The recorder : Magazine of the Welsh Independents' Historical Society*) 59a, 2-36.
Thackeray, Anthony (1974) "Natural Knowledge in Cultural Context : the Manchester Model", *American Historical Review* 79 (3), 672-709.
Thomas, D. O. (1976) *Richard Price 1723-1791* (Cardiff : University of Wales Press)
Thomas, Beryl deciphered and with an introduction and note by Thomas, D. O. (1980) "Richard Price's Journal for the Period 25 March 1787 to 6 February 1791", *The National Library of Wales Journal*, 21 (4), 366-413.
Thomas, Roger (1958) "Presbyterians, Congregationals and the Test and Corporation Acts", *Transactions of the Unitarian Historical Society*, 117-27.
Thomas, Roger (1968a) "Parties in Nonconformity", in Bolam, C. G. et al., *The English Presbyterians from Elizabethan Puritanism to Modern Unitarianism* (London : George Allen & Unwin Ltd.), pp. 93-112.
Thomas, Roger (1968b) "Chapter IV. Presbyterians in Transition", in Bolam, C. G. et al., *The English Presbyterians from Elizabethan Puritanism to Modern Unitarianism* (London : George Allen & Unwin Ltd.), pp. 113-74.
Thoms, D. W. (1969) "The Mills Family : London Sugar Merchants of the Eighteenth Century", *Business History* 11, 3-10.
Thornbury, Walter (1878) *Old and New London*, 6 vols (London : Cassell, Petter & Galpin)
Thorncroft, Michael (1958) *Trust in Freedom : The Story of Newington Green Unitarian Church 1708* (privately printed for church trustees)
Tinniswood, Adrian (2007) *The Verneys. A True Story of Love, War and Madness in Seventeenth-Century England* (New York : Riverhead Books)
Tolmie, Murray (1977) *The Triumph of the Saints. The Separate Churches of London 1616-1649* (Cambridge : Cambridge University Press) (邦訳, 大西晴樹, 浜林正夫訳『ピューリタン革命の担い手たち. ロンドンの分離教会1616-1649』ヨ

ルダン社, 1983 年)

Tomalin, Claire (1975) *The Life and Death of Mary Wollstonecraft* (London: Weidenfeld & Nicolson)

Topham, Edward (1802) *John Elwes. The remarkable life of John Elwes esq. ; Followed by Life of William Fuller* (London: T. Maiden)

Toulmin, Joshua (1814) *An historical view of the state of the Protestant dissenters in England, : And of the progress of free enquiry and religious liberty, from the revolution to the accession of Queen Anne* (London: R. Cruttwell)

Tyacke, N. (1981) "Arminianism and English Culture', in Duke, A. C. and Tamse, C. A. eds., *Britain and The Netherlands : Volume VII Church and State Since the Reformation* (Hague: Martinus Nijhoff)

Ubbelohde, Carle (1968) *The American Colonies and the British Empire, 1603-1763* (New York: Routledge & Kegan Paul)

Unwin, George (1904) *Industrial Organization in the Sixteenth and Seventeenth Centuries* (Oxford: Clarendon Press)

Unwin, George (1908) *The Guilds and Companies in London* (London: Methuen & Co)

Vanes, Jean ed. (1979) *Documents Illustrating the Overseas Trade of Bristol in the Sixteenth Century* (Kendal: Bristol Record Society)

Vaughan (1838) *Protectorate of Oliver Cromwell*, 2 vols (London: H. Colburn)

Vaughan, Thomas (1709) *A Grammar of the Turkish Language* (facsimile edition, 1968)

Vaughan, William (1793) *On Wet Docks, Quays and Warehouses for the Port of London with Hints Respecting Trade* (London: printed for J. Johnson, and W. Richardson)

Vaughan, William (1797) *A Collection of Tracts on Wet Docks for the Port of London, with Hints on Trade and Commerce and on Free-Ports* (Publishers unknown)

Walker, Christopher J. (2010) *Reason and Religion in Late Seventeenth-Century England. The Politics and Theology of Radical Dissent* (London: I. B. Tauris)

Wadsworth and Mann (1931) *The Cotton Trade and Industrial Lancashire, 1600-1780* (Manchester: Manchester University Press)

Walker, C. (1926) *The Honorable Artillery Company. With an Additional Chapter covering 1947-87 written by Colonel G. R. Armstrong* (London: Honorable Artillery Company)

Wales, T. C. and Hartley, C. P. eds. (2004) *The Visitation of London Begun in 1687*, Part 1 & 2 (London: Harleian Society)

Wallis, Patrick ed. (2010) *London Inhabitants outside the Walls 1695* (Bristol: London Record Society)

Walvin, James (2005) "The Colonial Origins of English Wealth; the Harewoods of Yorkshire", *Journal of Caribbean History* 39 (1), 38–50.

Wastell, R. E. P. (1933) "The History of Slave Compensation, 1833–1845", unpublished Master's thesis, University of London.

Waters, Ivor (1964) *The Unfortunate Valentine Morris* (Chepstow: Chepstow Society)

Watson, J. Steven (1963) *A History of the Salters' Company* (London: Oxford University Press)

Watts, Francis (1906) *Report on the Sugar Industry in Antigua and St. Kitts-Nevis 1881 to 1905* (London: His Majesty's Stationary Office)

Watts, Michael R. (1978) *The Dissenters. From the Reformation to the French Revolution* (Oxford: Clarendon Press)

Watts, Michael R. (1995) *The Dissenters. Volume II. The Expansion of Evangelical Nonconformity 1791–1859* (Oxford: Clarendon Press)

Waylen, James, revised by John Gabriel Cromwell (1897) *The House of Cromwell. A Genealogical History of the Family and Descendants of the Protector* (London: Elliot Stock)

Webb, R. K. (1996) "The Emergence of Rational Dissent", in Knud Haakonssen, ed., *Enlightenment and Religion. Rational Dissent in the Eighteenth-Century Britain* (Cambridge: Cambridge University Press), pp. 42–63.

Wells, Robert V. (1975) *The Population of the British Colonies in America before 1776. A Survey of Census Data* (Princeton: Princeton University Press)

Westall, Oliver M. ed. (1984) *The Historian and the Business of Insurance* (Manchester: Manchester University Press)

Westerfield, Ray B. (1915) *Middlemen in English Business. Particularly between 1660 and 1760* (New Haven: Yale University Press)

Whitebrook, John Cudworth, ed. (1910) *London Citizens in 1651* (London: Hutchings & Romer)

Whiting, C. F. (1931) *Studies in English Puritanism 1660–1688* (New York: Frank Cass)

Whitworth, Charles (1776) *State of the Trade of Great Britain in Its Imports and Exports Progressively from the Year 1697* (London: G. Robinson et al.)

Wigfield, W. MacDonald compiled (1985) *The Monmouth Rebels 1685* (Gloucester: Alan Sutton)

Wilberforce, Robert Isaac and Wilberforce, Samuel eds. (1838) *Life of William Wilberforce*, 5vols (London: John Murray)

Wilkins, Mira (1989) *The History of Foreign Investment in the United States to 1914* (Cambridge Mass.: Harvard University Press)

Williams, Eric (1944) *Capitalism and Slavery* (Chapel Hill: University of North Carolina Press)

Williams, William Retlaw (1898) *The Parliamentary History of the County of Gloucester, Including the Cities of Bristol and Gloucester, and the Boroughs of Cheltenham, Cirencester, Stroud, and Tewkesbury, from the Earliest Times to the Present Day, 1213-1898* (Hereford: privately printed)

Willis, Browne (1750) *Notitia Parliamentaria, Or, An History of the Counties, Cities, and Boroughs in England and Wales That Send Members to Parliament* (London: privately printed)

Wilson, Charles (1941) *Anglo-Dutch Commerce & Finance in the Eighteenth Century* (Cambridge: Cambridge University Press)

Wilson, R. G. (1971) *Gentleman Merchants. The Merchant Community in Leeds 1700-1830* (Manchester: Manchester University Press)

Wilson, Walter (1808-14) *The History and Antiquities of the Dissenting Churches*, 4 vols (London: W. Button & Son)

Wilson, Walter (1830) *Memoirs of the Life and Time of Daniel Defoe*, 3 vols (London: Hurst)

Wolden, Blair (1974) *The Rump Parliament 1648-1653* (Cambridge: Cambridge University Press)

Wood, A. C. (1935) *A History of the Levant Company* (Oxford: Oxford University Press)

Woodhead, J. R. (1965) *The Rulers of London, 1660-1689* (London: London & Middlesex Archaeological Society)

Wright, William Ball (1908) *Genealogical Memoirs of the Ball Families of Great Britain, Ireland and America* (York: privately printed)

Wren, Mervin, C. (1949) "The Disputed Elections in London in 1641", *English Historical Review*, 64 (250), 34-52.

Wykes, David L. (1996) "The Contributions of the Dissenting Academy to the Emergence of Rational Dissent", in Haakonssen, ed., *Enlightenment and Religion. Rational Dissent in the Eighteenth-Century Britain* (Cambridge: Cambridge University Press), pp. 99-139.

Zacek, Nathalie A. (2010) *Settler Society in the English Leeward Islands, 1670-1776*

(Cambridge: Cambridge University Press)
Zerbe, Richard (1969) "The American Sugar Refinery Company, 1887-1914: The Story of a Monopoly", *Journal of Law and Economics*, 12 (2), 339-75.
Ziff, Larzer ed. (1962) *John Cotton on the Churches of New England* (Cambridge, Mass.: The Belknap Press)
Zook, Melinda S. (1999) *Radical Whigs and Conspiratorial Politics in Late Stuart England* (Philadelphia: Pennsylvania State University Press)
Zook, Melinda S. (2013) *Protestantism, Politics, and Women in Britain, 1660-1714* (London: Palgrave Macmillan)

[邦語]

池田稔 (1984)「イギリス王政復古期の宗教政策と非国教徒の教育活動．『非国教徒アカデミー』の開設とその当初形態」『教育研究』28, 1-34 頁．

宇田進 (1991)『新キリスト教辞典』いのちのことば社．

金澤周作編 (2013)『海のイギリス史――闘争と共生の世界史』昭和堂．

川分圭子 (1990)「近代英国のレヴァント貿易――18 世紀の衰退について」『史林』73 巻 4 号, 74-114 頁．

川分圭子 (1992)「ロンドン商人の社会的上昇――ボディントン家の場合」『西洋史学』165 号, 1-18 頁．

川分圭子 (1993)「一八―一九世紀転換期のウィッグと非国教徒――ホランド・ハウスの人々」『史林』76 巻 3 号, 1-35 頁．

川分圭子 (1995)「一八世紀のロンドン商人ボウズンキット家の事業展開」『史林』78 巻 5 号, 1-41 頁．

川分圭子 (2000)「旧非国教徒の時代――ある貿易商一族の信仰」『京都府立大学学術報告　人文・社会』52 号, 13-38 頁．

川分圭子 (2001)「近代イギリスの委託代理商――ジョージ・フィリップスと海上保険営業」『経営史学』36 巻 2 号, 1-26 頁．

川分圭子 (2002)「ロンドン商人とイギリス海外貿易」深沢克己編『国際商業』(近代ヨーロッパの探究) ミネルヴァ書房, 105-140 頁．

川分圭子 (2004)「植民地の土地販売と王・官僚・商人――七年戦争後における新英領西インド諸島の場合」『洛北史学』第 6 号, 50-74 頁．

川分圭子 (2005)「英領西インド貿易とロンドン委託代理商業の成長」『京都府立大学学術報告　人文・社会』57 号, 57-75 頁．

川分圭子 (2006a)「ロンドン港の変貌と商人たち――二つのドッグ建設計画をめぐって」シリーズ『港町の世界史』青木書店, 325-54 頁．

川分圭子 (2006b)「英領大西洋植民地における国王の課税――免役地代と 4.5% 税」『国

境を越える「公共性」の比較史的研究』2002-2005 年度科学研究費補助金（基盤研究（B）（2）研究課題番号 14310180），118-51 頁．

川分圭子（2008a）「1830-32 年英領西インド経済危機と奴隷賠償制度」『史林』91 巻 6 号，33-69 頁．

川分圭子（2008b）「英領西インドと砂糖税」『京都府立大学学術報告　人文・社会』60 号，99-124 頁．

川分圭子（2011）「奴隷貿易廃止期のイギリス議会と西インド利害関係者」『京都府立大学学術報告　人文・社会』63 号，57-110 頁．

川分圭子（2013）「歴史学と現代社会——近代大西洋奴隷制についてのイギリスの謝罪・償い・記憶形成」『「異文化共生学」の構築——異文化の接触・交渉・共存をめぐる総合的研究』平成 24 年度京都府立大学重点戦略研究成果報告書，141-55 頁．

川分圭子（2014）「研究動向：イギリス家族史・個人史の伝統と現在——アマチュアと企業の進出する歴史学」『京都府立大学学術報告　人文』66 号，107-30 頁．

川分圭子（2015）「第 9 章イギリス議会と奴隷制廃止をめぐる議論 1823-33 年」『イギリス近世・近代史と議会制統治』吉田書店，223-49 頁．

木村栄一（1985）『ロイズ・オヴ・ロンドン——知られざる世界最大の保険市場』日本経済新聞社．

坂本優一郎（2015）『投資社会の勃興．財政金融革命の波及とイギリス』名古屋大学出版会．

薩摩真介（2013）「海軍——木の楯から鉄の矛へ」，金澤周作編『海のイギリス史——闘争と共生の世界史』昭和堂，50-76 頁．

三時眞貴子（2012）『イギリス都市文化と教育．ウォリントン・アカデミーの教育社会史』昭和堂．

鈴木良隆（1982）『経営史』同文舘出版．

田中章喜（1989）「産業資本像の転換のためにマンチェスタの綿紡績業者フィリップス＆リー」『国士舘大学政経論叢』69 号，27-48 頁．

田中英夫編集代表（2008）『英米法辞典』東京大学出版会（初版 1991 年）．

チャイルド，ジョシュア（1967），杉山忠平訳『新交易論』東京大学出版会．（原著：Child, Sir Josiah, *A New Discourse of Trade*, 1668）

長澤勢理香（2012）「イギリス奴隷貿易手形の引受人に関する分析．18 世紀後半リヴァプール奴隷貿易商社の受取手形記録から」『経済学論叢』（同志社大学）64（1），179-214 頁．

西川杉子（2006）「イングランド国教会はカトリックである——17, 18 世紀のプロテスタント・インタナショナルと寛容問題」深沢克己・高山博編『信仰と他者．寛容と不寛容のヨーロッパ宗教社会史』東京大学出版会．

日本基督改革派教会／信条翻訳委員会訳（1964）『ウェストミンスター信仰告白』日本

基督改革派教会.

濱　俊幸（2014）「英雄論のなかのオリヴァ・クロムウェル──ジョン・バンクスのクロムウェル伝を中心に」『恵泉女学園大学紀要』26, 65-86頁.

林田敏子（2013）「港──繁栄の光と影」金澤周作編『海のイギリス史──闘争と共生の世界史』昭和堂, 102-24頁.

ハリス, ロン（2013）, 川分圭子訳『近代イギリスと会社法の発展──産業革命期の株式会社1720-1844年』南窓社.（原著：Harris, Ron（2000）*Industrializing English Law. Entrepreneurship and Business Organization, 1720–1844*（Cambridge: Cambridge University Press））

マクグラス, A・E（2002）, 神代真砂実訳『キリスト教神学入門』教文館.（原著：McGrath, Alister E.（2001）*Christian Theology. An Introduction*. 3rd edition（Oxford & Cambridge: Wiley-Blackwell））

松浦高嶺（1962）「清教徒革命における『宗教上の独立派』」『史苑』23（1）, 1-34頁.

向井清（2005）『カーライルの人生と思想』大阪教育図書.

矢崎正徳（1981）「非国教徒集会法」『国士舘大学政経論叢』37/38合併号, 145-63頁.

米山高生（1997）「ロンドン保険市場の再編成」入江節次郎編著『世界経済史』ミネルヴァ書房.

リグビー, エドワード（2009）, 川分圭子訳『フランス革命を旅したイギリス人──リグビー博士の書簡より』春風社.（原著：Lady Eastlake ed. *Dr. Rigby's Letters from France*（London: Longman, Green & Co., 1880））

リース, J・H（1997）, 今井献訳『改革派神学の光と影．ウェストミンスター信仰基準の成立』新教出版社.（原著：Leith, John H.（1973）*Assembly at Westminster. Reformed Theology in the Making*（Westminster: John Knox Press））

ロジャース, ジェイムズ・スティーヴン（2011）, 川分圭子訳『イギリスにおける商事法の発展──手形が紙幣となるまで』弘文堂.（原著：Rogers, James Steven（1995）*The Early History of the Law of Bills and Notes. A Study of the Origins of Anglo-American Commercial Law*（Cambridge: Cambridge University Press））

URLs ; Online Articles

Allen, Chris（no date）"Gunnersbury Lodge. the Lost House of West London".
https://www.academia.edu/20215275/Gunnersbury_Lodge_the_lost_house_of_West_London

Ancestry. com. *England & Wales, Prerogative Court of Canterbury Wills, 1384-1858*［database on-line］. Provo, UT, USA: Ancestry. com Operations, Inc., 2013.
http://search.ancestry.com/search/db.aspx?dbid=5111

Ancestry. com. *London, England, Wills and Probate, 1507–1858* [database on-line]. Provo, UT, USA: Ancestry. com Operations, Inc., 2011
http://search.ancestry.co.uk/search/db.aspx?dbid=1704

Arts and Humanities Research Council
http://theclergydatabase.org.uk/

BBC programme: British Forgotten Slave Owners
http://www.bbc.co.uk/programmes/b063db18

Boddington Family Looking for Our Past
http://www.boddington-family.org.uk/index.htm

Burke's Peerage
http://www.burkespeerage.com/

De Hochepied Ancestry. Counts of De Hochepied in Smyrna
http://www.waeve.co.uk/genealogy/deHochepied/deHochepiedIndex.html

Directors of Bank of England for 1694
http://www.bankofengland.co.uk/archive/Documents/archivedocs/directorsannuallists/dal071694041838b1.pdf

Directors of Bank of England for 1695
http://www.bankofengland.co.uk/archive/Pages/digitalcontent/archivedocs/directorsannuallists.aspx

Dissenting Academy Online
http://www.qmulreligionandliterature.co.uk/research/the-dissenting-academies-project/dissenting-academies-online/

Findmypast
http://www.findmypast.co.uk/

Harleian Society
http://www.harleian.org.uk/

Legacy of Slave Ownership
https://www.ucl.ac.uk/lbs/

Livorno Merchants and Consuls
http://leghornmerchants.wordpress.com/2009/10/25/hbm-consuls-at-leghorn/Levantine Heritage

Levantine Heritage Foundation
http://www.levantineheritage.com/

Members of Parliament Online
http://www.historyofparliamentonline.org/research/members

Nominees of the first British tontine of 1693

http://freepages.history.rootsweb.ancestry.com/~frpayments/MA1693/Sources.htm

Prerogative & Exchequer Courts of York Probate Index, 1688-1858

http://search.findmypast.co.uk/search-world-records/prerogative-and-exchequer-courts-of-york-probate-index-1688-1858

Records of London's Livery Companies Online

http://www.londonroll.org/home

Society of Genealogist

https://www.thegenealogist.co.uk/

Surman Index Online

http://www.qmulreligionandliterature.co.uk/research/surman-index-online/

Wahby, Jean (2000) "George Boddington Director: 1694-95. Thomas Boddington Director: 1782-1809"

http://www.levantineheritage.com/Boddington-family-history-jean-wahby.pdf

Wills for London, Middlesex and Surrey before 1858. London Metropolitan Archives Research Guide 6

https://www.cityoflondon.gov.uk/things-to-do/london-metropolitan-archives/visitor-information/Documents/06-wills-for-london.pdf

Wilson, David (2011), *List of British Consular Officials in the Ottoman Empire and the former Territories, from the Sixteenth century to about 1860*

http://www.levantineheritage.com/pdf/List_of_British_Consular_Officials_Turkey(1581-1860)-D_Wilson.pdf

初出一覧

序　　文　　第1, 2, 3節　書き下ろし
　　　　　　第4節　川分（2014）の加筆修正
第 1 章　　第1節　川分（2002）第2節を一部使用
　　　　　　第2, 3, 4, 5, 6, 7, 8節　書き下ろし
第 2 章　　書き下ろし
第 3 章　　書き下ろし
第 4 章　　第1節　書き下ろし　データは川分（1990）を使用
　　　　　　第2, 3, 4, 5, 6, 7節書き下ろし
第 5 章　　第1節　川分（2002）第2節を加筆
　　　　　　第2節, 第3節, 第8節　川分（2002）第3節を加筆
　　　　　　第4, 5, 6, 7節　書き下ろし
第 6 章　　書き下ろし
第 7 章　　川分（2000）をもとに再調査, 再構成を行い加筆
第 8 章　　川分（2000）, 川分（1993）をもとに再調査, 再構成を行い加筆
第 9 章　　書き下ろし
第 10 章　　第1, 2, 3, 5節　書き下ろし
　　　　　　第4節　川分（2005）第2, 3節の要約・加筆
第 11 章　　川分（2004）の加筆修正
第 12 章　　第1, 2節　川分（2001）の要約・加筆
　　　　　　第3, 4節　書き下ろし（川分（2011）のデータを一部使用）
　　　　　　第5節　川分（2006a）の要約・加筆
第 13 章　　書き下ろし
第 14 章　　書き下ろし
終　　章　　書き下ろし
コラム 1–3　書き下ろし
系図は全て本書のために作成した

本書の出版にあたっては，独立行政法人日本学術振興会平成 28 年度科学研究費補助金（研究成果公開促進費・学術図書　課題番号 16HP5102）の交付を受けた．

　また，本書の本文作成にあたっては，以下の研究助成金の支援を受けた．

- （代表者）研究課題「18-19 世紀転換期イギリスの貿易金融——フィリップス＝ボディントン商会の活動——」（課題番号 08710257）1996 年度科学研究費補助金奨励研究（A）
- （代表者）研究テーマ「1800 年代イギリスの商人兼製造業者フィリップス家の事業活動」1997 年度永井特別研究奨励金（研究奨励）
- （分担者）研究課題「18 世紀イギリスの貿易と商人」（代表者　玉木俊明）2000 年度研究プロジェクト助成金，財団法人学術振興野村基金
- （代表者）研究課題「1800 年代イギリスの委託代理商ジョージ・フィリップス商会の営業」（課題番号 12710205）2000-2001 年度科学研究費補助金奨励研究（A）
- （分担者）研究課題「イギリス史における議会制統治モデルの限界」（課題番号 23520912　研究代表者　青木康）2011-13 年度科学研究費補助金基盤研究（C）
- （代表者）研究課題「イギリスの奴隷制廃止と奴隷所有者への賠償問題」（研究課題番号 26370864）2014-16 年度（予定）科学研究費補助金基盤研究（C）

あとがき

　私が家族史を研究活動の一つの柱とするようになったのには，いくつか契機がある．ひとつは，私の父方の家系が近江商人であり，私の祖母の生家，川島宗兵衛家は，現在も滋賀県東近江市五個荘塚本に文政2年に建設された家を残しており，一族の末裔で私の又従兄弟にあたる川島民親氏とも子供の頃から親しくさせていただいていることがある．現在，川島宗兵衛家文書は滋賀大学経済学部附属史料館に寄託されており，滋賀大学と民親氏を中心に研究調査が進められている．また，同じく五個荘にある浄光山乾徳寺（臨済宗妙心寺派）は江戸時代からの川島家の墓を残しており，毎年父に連れられて行った墓参は私の子供時代の重要な思い出となっている．現在の住職中野正堂師にも，またその父君であった先代にも，子供時代からたいへんにかわいがっていただくとともに，現在まで親しいおつきあいが続いていることは誠にありがたいことである．

　この私の一族は，商売に大成功したわけでもなく，また政治的にも文化的にも傑出した人物を出したわけではない無名の中産階級の一族である．しかしそんな普通の家族であっても，家族が記憶し続ければかなり昔までたどることができる．川島家の場合も，系統によっては16世紀末までさかのぼることができる．可能なら，外国史においてもそのような無名の家族の歴史をたどり，その人々が生き抜いてきた蓄積としてその国の歴史を理解し，その国の人々を親身に感じてみたい，それが私の考えたことであった．

　私は，自身の家族的記憶や，子供時代読んだパールバックの『大地』やトマス・マンの『ブッデンブローク家の人々』などの作品から，一つの家族に観測地点を定めてそこから長い時間を眺めると，時間の経過が人間や社会に何をもたらすのかが明瞭になるという印象を持っていた．同じ家族で連綿と考え方や暮らしを伝えてきたはずなのに，人間の価値観や生活は時間の経過とともに大きく変容する．それこそが歴史であり，この人間社会の経年変化

の過程は一つの家族という定点から観察したときもっともわかりやすくなるのである．一般には，学術的な歴史研究は，短い時間枠の中でテーマも限定し詳細に調査するという手法をとる．その方法では，ある時代の思想や社会は明らかになっても，それがいったいどのような変化を遂げて現代の社会になっていくのかということはわからない．筆者が本書で試みたのは，一つの家族を定点として近世から現代をつなぐ試みである．

　筆者は，卒業論文では，イギリスのレヴァント会社の設立過程，特にオスマン帝国との交渉にあたったウィリアム・ハーボーンという人物の活動を取り上げた．これは，何をどうしたらいいかわからなくなっていた私を見かねて，越智武臣先生が貸してくださった史料集をとにかく読んでまとめたものであった．大学院に進学した後も相変わらず途方に暮れていた私に服部春彦先生が貸してくださったのは，ラルフ・デイヴィスの『アレッポとデヴォンシャア・スクェア』であった．これは，ロンドンのレヴァント貿易商ラトクリフ家についてのモノグラフであるが，経済史の大家デイヴィスが，貿易統計調査のかたわらでこのような商人研究を行っていることが私には新鮮な驚きだった．その後，私は同じような研究ができないかと考えはじめ，1990年の夏ロンドンのギルドホール・ライブラリで，レヴァント商人で最も長期にわたる史料が残っているボディントン家史料を読み始めた．

　最初の1，2日は，ただ画像としてマニュスクリプトの文字をひたすら書き写していたが，三日目ぐらいから文字として認識できるようになり，ジョージ・ボディントン2世の実に興味深い手記の内容を理解できるようになった．2ヶ月ほどかかってできる限りの史料を筆写したが，その時のノートが現在でも役に立っている．

　読み進んでいるうちに，残念ながらボディントン家は，18世紀になるとレヴァント貿易をやめて西インド貿易をやるようになったことがわかった．西インド貿易は，私がもっとも研究したくないものであった．奴隷制の悲惨さと向き合う自信がなく，またその研究を通して他国の過去を非難するのも嫌だった．しかしちょうどその頃，大学では服部春彦先生が18世紀フランスの西インド貿易について講義をなさっていた．私は，どうして先生はこの

分野を研究なさるのだろうと漠然と思っていたのだが，徐々に18世紀経済における西インド貿易のプレゼンスの大きさを理解できるようになり，18世紀の貿易史からこの分野を外すことなどあり得ず，また18世紀西欧世界の貿易商社でこの貿易に関わらなかったものなどほとんどないということがわかってきた．

　西インド貿易に向き合いはじめたときに，大学院で同級の本田毅彦君が川北稔先生の家にお邪魔しようと誘ってくれた．たぶんその機会に，川北先生が貸してくださったのがリチャード・ペアーズの『ある西インド資産』である．これは，アンティグアのプランター兼ブリストル商人であったピニー家のモノグラフである．18世紀の大西洋世界全体を研究したペアーズがこうしたモノグラフを書いていることも，私に勇気を与えた．モノグラフ研究は，決して歴史の矮小化ではなく，歴史全体を見渡す上で欠かせない手段だという意味に感じられたからである．

　ボディントン家史料にはいろいろな人名が出てくる．最初は，まさかこんな史料に出てくる人々が突き止められるとは思わなかったが，試しにDNBのような人名辞典で調べると驚くほど多くの人間が特定できることがわかってきた．イギリスの汪溢な家族史・個人史研究の伝統に，私はだんだん気づきはじめていた．少しそういう作業が進んで大学院でボディントン家の信仰について発表したとき，藤縄謙三先生が杉山忠平の『理性と革命の時代を生きて』という本があることを教えてくださった．これはボディントン家と交流のあったユニテリアン聖職者で科学者のジョセフ・プリーストリの評伝である．古代ギリシア史の先生からこのような本を紹介していただいたことに深謝し先生の視野の広さに感服するとともに，ボディントン家の手稿史料に出てくる人物がこれほど有名な人物であり，私が子供の頃愛読した筑波常治・大沼正則の『失敗の科学史』に出てきたあのプリーストリであったということにもようやく気づいた．

　ボディントン商会の商社活動の中で得意分野は，海上保険仲介業であった．ジョージ・フィリップス商会営業史料を入手して読み進んでいくうち，そのことに気づいたが，肝心な保険業がよくわからない．そのとき，長年の研究仲間玉木俊明氏が，保険経営史研究の第一人者である米山高生先生を紹介し

てくださった．全く縁もゆかりもない，そのうえすでに有職者にもなっていた私の原稿を何度も読んでくださり，丁寧に朱まで入れてくださった米山先生にはどんなに感謝しても感謝したりない．

奉職する京都府立大学から1年間ロンドンに行かせていただいた時に私が中心的に調査したのは，ロンドン大学英連邦研究所所蔵の西インド委員会議事録である．ここにあるのはマイクロフィルムで，原本はエリック・ウィリアムズが初代大統領となったトリニダード・トバゴの独立の際に同国へ寄贈されている．私は，この調査を通して，18, 19世紀に活動した西インド利害関係者の全貌を知るとともに，奴隷貿易・奴隷制廃止問題だけでなく，戦争への対応，ロンドン港の改修，砂糖関税，西インド経済衰退などに関わって西インド利害関係者が真摯に精力的に活動したことを理解するようになった．このころから私の研究の中心は，ボディントン家より，イギリス本国＝西インド植民地関係になっていった．

2014年新設されたばかりの京都府立大学サバティカル制度の最年長対象者となったとき，私は遅まきながらも何とか自分の研究をまとめたいと考えたが，そのときには私はもはやボディントン家史を書くのを断念しつつあり，近著を中心に本国貿易商と西インドの関係史でまとめようと考えていた．そのとき相談した何人かの方々，河村貞枝先生，渡邊伸先生，南川高志先生，小山哲先生，そして深沢克己先生は，皆さんそれぞれに「ボディントンで書かないんですか？」と言ってくださった．そこから，ボディントン家史の再調査が始まった．ただかつて調査したところの再調査はほとんどできずに，それらは再構成とリライトにとどまっている．新たに調査したのは，おもにスキナー家研究と，奴隷制廃止以降の西インド経済である．

科研費（課題番号26370864）を得て2014年と2016年にバルバドスとアンティグア＝バーブーダ，セント・キッツ＝ネヴィスを訪問したことも，研究の進歩と本書著述において大きな意味を持っている．特に2回目の訪問においては，京都府立大学の同僚で英語学研究者の山口美知代氏と同行調査し，イギリスでの歴史史料調査にとどまっていては発見することのできなかったさまざまな事実や現象を認識することができた．本書に掲載した西インドの写真の多くは，その折に筆者が撮影したものである．山口氏にも御礼申し上

げたい.

　たった一つの家なのに，書いても書いても書き終わらない，本書はそんな本になってしまった．ボディントン家史料が与える情報は，決して統一的なものではない．彼らは何の意図もなく，ただ自分たちの体験を書き残した．そこには，2世紀にわたる宗教，政治，社会，経済，多方面に関わる情報が少しずつ入っている．それぞれの情報の意味を正確に理解し，適切な分野に当てはめ，それぞれの分野で学術的と言える水準で語ろうと苦闘するうち，本書はこれほど長くなってしまった．しかしそれでも，ボディントン家史について語り切れたとは言えないし，彼らの本当の姿を描けたとも言えない．真に良い家族史を書くには，歴史家としてたいへんな技量と知識が必要であるが，私はまだまだである．

　上に言及した方々，言及できなかったがご恩あるたくさんの研究仲間の方々に，感謝申し上げる．恩師越智武臣先生，藤縄謙三先生，服部春彦先生には特別の感謝を捧げたい．越智先生と藤縄先生はすでに鬼籍に入られてから久しいが，先生方の墓前にようやく本書をお示しできることに心から安堵している．また服部春彦先生には，先生のご健筆に励まされて，今日まで研究を続けて来ることができたことに，深謝したい．南川高志先生には，京都大学学術出版会への紹介の労をとってくださったことに，御礼申し上げる．学部から同級だった北村昌史，佐々木博光両君にも今までいろいろお世話になったこと，研究上たくさんの励ましの言葉をもらったことに感謝する．

　縁あって職を得た京都府立大学女子短期大学部英語科，文学部国際文化学科，歴史学科その他の諸先生方，職員の方々，これまで私の授業を受講してくれた京都府立大学女子短期大学部および京都府立大学の学生院生諸君，その他非常勤に招いていただいた京都教育大学や京都大学文学部と総合人間学部の全ての学生や大学院生の皆さんにも，特別の感謝の気持ちを述べておきたい．安原梨花子さんには，本書の索引作成や校正のお手伝いをして下さったことに感謝する．

　身内のこととなるが，私の職業と家庭の両立は，夫の父故川分勇の寛大な心と，夫の母川分敏子の長年にわたる無私の暖かい協力の上に，ようやく成り立ったものである．また私自身の母川島せつ子も，黙って多くのことを助

けてくれた．企業人として長年のキャリアを築く夫の二人の姉妹たち，また父を継いで実家で医業を続けてくれている私の姉も，私を理解し支えてくれた．そして夫と二人の娘たちには，常に苦闘の中にあった私を妻または母として，四半世紀の時をともに過ごしてくれたことに，ただただ感謝している．

　本書は，私に先祖の歴史だけでなく，日本・外国，理系・文系などつまらぬ隔てをせずに，歴史，文学，美術，音楽，自然科学あらゆることに損得抜きの関心を持つことを教えてくれた亡父川島史郎に捧げることとしたい．

　京都大学学術出版会の國方栄二氏には，尋常でないご面倒をおかけしたことと思う．本書がこのようなかたちで刊行できたのは，ひとえに氏のお力による．もちろん本書にある不備は，全て私の責任である．最後に，氏に厚く御礼申し上げることで，このあとがきを結びたい．

川分　圭子

索　引

人名索引

A

Abbot, George（カンタベリ大主教）　89
Abbot, Morris　89
Abny, Thomas　227, 301, 302,
Ackhurst, Alexander　178-183, 189, 200, 202, 210, 221, 223
Aikin 家　237, 636
Ainsworth, Henry　88
Allen, Dr. John　369, 373
Allen, Dr. John（c. 1701-74, 聖職者）　376, 629, 641
Allen, William　501
Allfrey, Phyllis, Shand　575
Ames, William　88
Amory, Dr. Thomas　376, 630, 636, 641
Anderson, John William　517
Andrews, Thomas（d. 1659）　74-75
Anstie 家（Devizes）　332
Ashley-Cooper, Anthony（初代 Shaftesbury 伯）　248, 257, 258, 265, 276, 277, 544　Hooper 家系図
Ashburner 家　359, 527　Boddington 系図 No. 3, Price = Morgan 家系図
Ashe, Simon　120
Ashurst, Sir Henry　305-07
Aspland, Robert　353, 395, 635
Audain, Abraham　454, 580
Austen, Jane（1775-1817）　412, 443　Maitland 家（パートナー）系図

B

Babington 家　246　Ball = Lavender 家系図
Babington, John　113-14, 245, 246, 248, 281
Babington, Abraham　108-09, 113-14, 245, 248
Baillie 家 / Baillie 商会　435-39, 441, 507-09, 512

Ball 家　327-334　Ball = Lavender 家系図
Ball, Benjamin　332, 410, 425, 429, 430, 433, 440
Ball, Papillon　410, 425, 428, 429
Ball, Samuel（c. 1641-1741）　330, 425-27, 431
Baltimore, Lord　91
Bampfylde　ドーセット州地主通婚相関図
Bankes　ドーセット州地主通婚相関図
Bancroft, John（カンタベリ大主教）　89
Barbauld, Anna Letitia née. Aikin　237, 636
Bareborne, Prays-God　90
Baring, Alexander　231, 369, 494-95, 507-08
Baring, Francis　287
Barker 家（グロスタシャア，フェアフォード）　290
Barker, John　289, 346-47, 349
Barnardiston　177, 178, 179, 180, 182, 354, 356, 390　Raymond = Barker 家系図
Barrow, Henry　88
Bartlet 家　Hooper 家系図
Baskett 家　239, 246
Bates, William　120, 311, 345, 362, 635
Baxter, Richard　93, 106, 120, 132, 136, 307, 309, 311, 342, 376, 378, 397-98, 627
Beaufoy 家　354
Beaumont, Thomas（Viscount Beaumont）Disney = Staniforth 家系図
Beckford, Francis John Bramston　544
Bell, John Captain　424
Bembridge　Ball = Lavender 家系図
Bembridge, Joseph　329
Bendysh, Bridget　129　Cromwell 家系図
Bennet, James　401
Bennet, Joseph　319, 376-77, 630, 636, 640
Berry, James　130
Berry 家　244-45　Skinner 家系図

701

Berry, John　244-45, 300

Bertie 家　536　Maitland 家（パートナー）系図

Bettesworth　454, 481, 483, 495-96, 626

Big / Bigs, John　329

Big, Smallhope　329

Billingsley, John　376-77, 631

Billingsley, Nicholas　641

Billio, Robert　267, 279, 321, 345-46, 635, 640

Bingham 家　272-77　Skinner 家系図，ドーセット州地主通婚相関図

Bingham, John（1615-75）　248, 252, 258, 274-77

Blackman, Jeremy　75

Boddington, Arthur Cavendish Onslow　392

Boddington, Benjamin I　176, 206, 215-18, 229, 284, 317, 318, 328-31

Boddington, Benjamin II　228, 287, 318, 355, 358, 366-67, 411-12, 455, 483, 494, 496, 507

Boddington, Benjamin III　26, 319, 359, 392, 495-96

Boddington, Daniel　38

Boddington, Eleanor（1719-93）　284

Boddington, Elizabeth（1701-45）née. Ball　327

Boddington, George I　35-36, 52, 107-12, 114-115, 118-19, 126, 154-56, 178

Boddington, George II　26, 34, 44-47, 53, 75, 113-15, 119, 126-30, 154-57, 167, 177-85, 227-231, 298, 303-07, 312, 316, 318, 322-26, 418, 419, 639

Boddington, George III　141-42, 178, 185-92, 202-05, 221, 223, 231, 316, 317

Boddington, George IV　211-12, 317

Boddington, George V　212

Boddington, Grace née. Ashburner　359, 392, 483

Boddington, Isaac（1668-1712）（仕立工）　38-39

Boddington, Isaac（1681-1732）　183-84, 189-90, 193-94, 199, 224, 229, 231, 284, 317

Boddington, James（1653-1732）　47-49, 115, 186-87, 230, 245, 318

Boddington, Henry（1677-1718）　145-46, 315, 319-20, 640

Boddington, John　184, 202, 205-12,

Boddington, Joseph（b. 1708）　146, 316

Boddington, Joseph William　47, 212-13

Boddington, Mary（1700-79）　284

Boddington, Reginald Stewart　25-27, 35, 212, 328, 392-93, 420

Boddington, Samuel　57, 228, 357, 359, 370-374, 412, 481, 483, 495-96, 498, 505, 515, 517-18, 522-34, 641

Boddington, Susannah（b. 1695）née. Skinner　284

Boddington, Thomas I　126, 173-75, 194-95

Boddington, Thomas II　141-42, 188, 231, 316, 318

Boddington, Thomas III　317, 366

Boddington, Thomas IV　26, 290, 318, 319, 334, 355, 359, 367, 388, 391-92, 433, 453-54, 474, 494, 496, 517

Boddington, Thomas V　319, 394

Boddington, Thomas VI　57, 394, 484, 523-530, 543

Boddington, Thomas Fremeaux　392

Boddington, Thomas Francis　392

Boddington, William（c. 1580-1647）　31

Boddington, William（b. 1619）　37

Boddington, William（1647-1719）　37

Boddington, William（c. 1677-1703）　37

Boddington, Valentine　213

Bogle-French, Nathaniel　231

Bogue, David　380, 382, 401, 633

Bond 家　Bourne 家系図

Booth, Daniel（fl. 1777-81）　227, 290　Raymond＝Barker 家系図

Borrell, Henry Perigal　213　Boddington 家系図 No. 2

Bosanquet 家　159, 227, 390, 495, 507　Raymond＝Barker 家系図

Bosanquet, Charles　496

Bourchier, Sir John（c. 1595-1660）　248, 258, 281　Marshall 家系図

Bourne 家　269-70　Skinner 家系, Bourne 家系図

Bourne, Ann（d. 1715）née. Skinner　269, 321, 640

Bourne, Nehemiah（海軍少将） 248, 252, 255, 269-70, 279
Bourne, Nehemiah（1640-1709） 269-70
Bouverie-Pusey, Edward（1800-82） 389-90 Raymond = Barker 家系図
Bowden, John 641
Bradley, John 348, 634
Bradbury, Peter / Thomas 316, 339, 380, 381, 628, 630, 637, 640
Bragge, Robert（親子） 46, 127, 131, 316, 318, 382-83, 631, 640
Brassey 家 25, 142, 183 Boddington 家系図 No. 2
Brewer 家 329-30 Ball = Lavender 家系図
Bridge, William 90, 98, 103, 106
Brinley / Brinsley 家 262-66, 278, 321, Skinner 家系図, Brinley = Jackson = Treby 家系図
Brinley / Brinsley, Laurence 248, 264, 411, 639
Brinley / Brinsley, Richard 231, 264, 265
Brinley / Brinsley, Samuel 639
Brougham, Henry 369, 501, 504
Browne, Arnold / Hannah Bourne 家系図
Browne 家（Frampton）ドーセット州地主通婚相関図
Browne, Robert（d. 1633） 87
Browne, Simon 377, 630, 640
Browning, Thomas 321, 639
Brackenbury Marshall 家系図
Brocas Raymond = Barker 家系図
Brune ドーセット州地主通婚相関図
Bucer / Butzer, Martin 83, 84
Buckley 家（レヴァント商人） 215, 220, 222
Buckley, Edward 177, 178, 184
Buckley, William Smith 440
Bullinger, Johaan Heinrich 83
Bunyan, John 326
Burges, Cornelius 103
Burgess, Daniel 362, 379-80, 630
Burke, Edmund 352
Burlamachi 330 Papillon 家系図
Burne, Sarah née. Boddington 40
Burroughs, Jeremiah（異を唱える兄弟たち） 90, 95, 98

Burroughs, Jeremiah 145, 376, 628
Burton, Henry 90
Bush, William 318, 348-49, 634, 641
Byam Maitland 家（パートナー）系図
Byley / Biley Swayne（ウィルトシァ）系図

C
Calamy, Edmund（1600-66） 93, 120, 122
Calamy, Edmund（d. 1685） 93, 126, 264, 265
Calamy, Edmund（1671-1732 歴史家） 23, 93, 123-25, 130, 137, 265
Calamy, Edmund（c. 1697-1755） 93
Camacho, J. 569
Came, Thomas（d. 1679） 330
Cann 家 582
Carandrini 家 330 Papillon 家系図
Carlyle, Thomas 254, 405
Carryl, Joseph 106, 301
Cartwright, Thomas 86, 87, 88
Case, Thomas 120
Chadwell 家 Hooper 家系図
Chafyn 家 ドーセット州地主通婚相関図
Chamberlain, Joseph（植民地大臣） 559, 561, 566-568
Chambrelan 家 Papillon 家系図
Champion, Alexander 518
Chandler, Samuel 50, 146, 316, 376, 630, 637, 641
Chester, John 125
Child, Sir Caesar 286
Child, Sir Josiah 420-21
Claiborne, William 75, 91
Clarendon, Earl of 131, 257, 260, 397
Clark, William 261, 640
Clarke, Samuel（1675-1729） 338-39
Clayton, John（画家） 286, 412
Clayton, Nicholas 286, 641
Clayton, Samuel 286, 641
Cloberry, William 75
Coates, William（m. 1770） 290
Cockcroft, Caleb 111
Coddrington, William Swayne（ウィルトシァ）系図

Coke, Sir John（1563-1644） Cromwell 家系図
Coker 家　ドーセット州地主通婚相関図
Coker, Robert　247-48, 251-52, 258, 275
Cole, Benjamin　179-82
Cole, Thomas（d. 1697）309, 320
Collett, Elizabeth（c. 1672-1758） née. Skinner　285-86, 288, 293, 320
Collett, Sir James（1645-1711）285-86, 300, 320, 639-41
Collier 家　25, 144, 145, 424　Boddington 家系図 No. 2
Collier, Ebenzer（d. 1722）144-45, 316-17, 357
Collier, Sarah（d. 1738）144-45, 229, 315-17
Collier, George（1732-95）145
Collins, John（親子）122, 126-30, 191, 316, 382, 411, 630-39, 639-40
Comerford 家　Boddington 家系図 No. 3
Conder, John　267, 381, 641
Coney, Bicknell　227, 334, 393
Coney, Mary（d. 1822）ex. Skinner née. Petrie　333-34, 393, 642
Cooke 家　214　Cromwell 家系図
Corbet, Miles　98
Cottam, Charles Milford　544
Cottam & Mortan　544
Cotton, John　89, 96, 110
Coward, William　353-54
Cowley, A. P.　569
Craddock, Matthew　73-75, 77, 93
Cramond, William（Philadelphia）487-89
Cranmer, Thomas（カンタベリ大主教）83, 84
Crerar→Lee Crerar & Co.
Crispe, Nicholas　フーパー家と近郊州地主相関図
Crispe, Tobias　310-11
Cromwell 家　243, 254, 288, 326, 356, 403-04
Cromwell, Henry　252
Cromwell, Henry（d. 1711）268, 269
Cromwell, Mary（1711-1813）née. Skinner　286-88
Cromwell, Oliver（第一護国卿）100, 101, 103, 105, 106, 113, 114, 117, 128, 129, 135, 136, 255, 262, 264, 281, 402-04

Cromwell, Oliver（d. 1821）269, 287, 404, 407
Cromwell, Richard　105-06, 117, 243, 302
Cromwell, Thomas（1699-1748）286-88
Cromwell, Thomas Kitson　405
Crooke, Sir Thomas（c. 1573-1630）264　Brinley = Jackson = Treby 家系図
Crouch, Charles（親子）410, 455

D

Dagnall, Richard　266, 267　Skinner 家系図
Dashwood, Sir Samuel　268
Dashwood, William　248-49, 268-69, 283, 299-300, 639　Skinner 家系図, Cromwell 家系図
Davenport & Co.　418, 438-39, 442
Davenport, John　110
Davis, Richard　484-85, 496-97, 523, 543
Davis, Thomas Adams　495-97
Davis, Thomas Cable（親子）485
Defoe, Daniel　302, 323-24, 326
Death, Thomas　243
Dethick, Thomas　331　Papillon 家系図
Dewar, George / David　454　Maitland 家（パートナー）系図
Disney 家　247, 291-92, 321　Disney = Staniforth 家系図
Disney, Daniel（1656-1734）292
Disney, John（ユニテリアン聖職者）292, 356, 378
Doddridge, Philip（1702-50）347-48
Doolittle, Thomas　128
Downes 家　Hooper 家系図
D'oyly / D'Oyley, John　248, 258-59, 276　ドーセット州地主通婚相関図
Drummond, Alexander　211
DuBuisson 家→Henckell & DuBuisson
Duckett 家　293-94　Skinner 家系図, ドーセット州地主通婚相関図
Duckett, Sir George（1684-1732）293
Duckett, Grace（1688-1753）née. Skinner　293
Dugard, Thomas　126
Dugard, William　126
Dunch, Edmund　165, 177, 179-81
Dundas, Henry　503

E

Earning, Anthony（d. 1674）Bourne 家系図
Ede, John　452
Edwards, Thomas（1599-1647）（清教徒革命期長老派著述家）　98
Edwards, William（レヴァント商人）　155, 157, 167
Edwin, Sir Humphrey　301
Ellis, Charles Rose（1st Baron Seaford）　508-09, 512
Ellis, George　508
Eliot 家　Fleming＝Willis 家系図
Esdale, Sir James　332　Richards＝Hadfield＝Maitland 家系図
Estwick 家　418
Evans, John　313, 324, 362, 376-77, 399 629
Eyles, John　301
Eyre 家　Hooper 家系図，フーパー家と近郊州地主通婚相関図

F

Farel, Guillaume　83
Farmer, Hugh　628, 632, 642
Feake, Christopher　285
Felgate, William　73
Field, John　87
Fleetwood 家　344, 637　Cromwell 家系図
Fleming 家　254　Fleming＝Willis 家系図, Cromwell 家系図
Fleming, Edward　250-51, 254-55
Fleming, Sir Oliver　255
Flower, Christopher　111
Foote, John Freeland　567, 569, 573-74
Foote, Thomas D.　569
Ford, Robert（d. 1727）　47, 49-50, 316
Ford, Sarah（1653-1741）　49-50, 192-93, 314, 316
Fordyce, Dr. James　376, 629, 641
Forster, John　404
Foster, Edward　517
Foster-Barham, Joseph　508
Fox, Edward, Charles　360, 367-68, 371, 374, 501, 505

Franklyn, Robert　125
Freeman, Ann née. Marshall　282
Freeman, Arthur / Byam　453
Freeman, Richard　282
Fremeaux 家　214　Boddington 家系図 No. 3, Cromwell 家系図
Fry 家　249, 258
Fryer & Co.　570, 575
Fuller, Lydia née. Hadfield　633, 642
Fuller, John　350, 376, 642
Fuller, Thomas　287
Fuller, William　287, 356-57, 507, 509, 511　Cromwell 家系図
Fuller-Maitland, Ebenezer　287, 496　Richards＝Hadfield＝Maitland 家系図

G

Gale, Theophilus（1628-78）　323-24, 326, 629
Gauntlett, John　306-07
Gibbs, Philip　318, 347, 349, 382-83, 631, 635, 641
Gilby, Anthony　84
Gledhill 家　Raymond＝Barker 家系図
Godfrey, Edward Berry　133　Papillon 家系図
Goodman, Christopher　84
Goodwin, John　89, 98, 103, 110, 380-81, 382
Goodwin, R. S. D.　569
Goodwin, Thomas（親子）　89-90, 95, 98, 101-06, 127, 131, 255, 380, 628, 630
Gorges, John / Thomas　258
Gorges　ドーセット州地主通婚相関図, Fleming＝Willis 家系図
Gould 家　25, 214　Cromwell 家系図
Gould, Nathaniel　227, 356
Grace 家　332, Boddington 家系図 No. 3
Grace, Elizabeth（1728-1788）née. Boddington 322
Grace, William（1727-1775）　332
Grant & Oswald　435-36, 442
Gray 家　230, 245, 284　Boddington 家系図 No. 1
Gray, Henry（d. 1683）　47-48, 113, 245, 299-300　Skinner 家系図

人名索引 | 705

Greatheed 家　536-38
Greatheed, Bertie（1759-1826）　412
Greeme, Alexander　459
Greenhill, William　74, 103-04, 106, 113
Greenwood, John（分離派）　88
Gregg 家　486, 498
Grenville, George（首相）　463
Greville, Robert（2nd Baron Brooke）　126
Grimes　125
Gurney, Richard　80

H
Hadfield 家　287, 352-53　Richards = Hadfield = Maitland 家系図
Hall, John（マサチューセッツ, ソールズベリ）　278　Swayne 家（ウィルトシャ）系図
Hanham, Sir John Alexander　544
Harley, Robert　306
Harris, James（初代マルムズベリ伯爵）Hooper 家系図
Harris, William（伝記作家）　403
Harrison, Robert　87
Hartopp 家　130, 136, 637　Cromwell 家系図
Harvey, William（1578-1657）（医師）Boddington 家系図 No. 2
Hatfield, Dr. Thomas　50, 315, 318, 637, 641
Hawkins-Browne 家　25, 391-92　Boddington 家系図 No. 3
Hawles, Sir John　306-07
Hays 家　184-85
Hays, Lewis　178, 184-85
Hedges, William（1632-1701）　iv, 53, 132, 144, 189, 190, 195-199, 217, 227
Henckell & DuBuisson　567-73, 584
Hewling 家　269, 275, 300　Cromwell 家系図
Heywood, Oliver　291
Hibbert 家　231, 486, 498
Hibbert, George　413, 498, 517, 519
Hill, Thomas（セント・キッツ島総督）Maitland 家（パートナー）系図
Hochepied 家　214　Cromwell 家系図
Hoghton, Sir Henry　290, 356-57, 411　Raymond = Barker 家系図

Holborow, Frank　569
Holland, Lady（Fox, Elizabeth, ex. Webster, née. Vassall）　368, 372-73, 394, 506, 509, 524, 529
Holland, Lord（3rd Baron, Vassall-Fox, Henry Richard）　7, 367-74
Holles 家　182
Holles, Denzil（182）Earl of Clere　182
Hollis 家　237
Hooper 家　238-39, 244-60, 271-72, 275, 444, 544　Skinner 家系図, Cromwell 家系図, Fleming = Willis 家系図, ドーセット州地主通婚相関図, Hooper 家系図, フーパー家と近郊州地主通婚相関図
Hooper, Edward（ドーセット州）　250-57
Hooper, Edward（ハンプシャ）　250-59, 260
Hooper, Dr. Jeremiah　501
Hooper, Thomas（c. 1572-1638）　253
Hooper, Thomas（d. 1654）　253-54
Hooper, Thomas（ウィルトシャ）　253
Hooper, Thomas（d. 1694）　257, 269, 274
Horner, Francis　369
Horsey, Sir John　ドーセット州地主通婚相関図
Howe, John　136, 263, 302-03, 308-11, 376, 633
Hubbard, John（非国教牧師）　293, 641
Hughes, Obadiah　262,-63, 321, 376, 378, 633, 639
Hughes, George（d. 1667）　263
Hunt, Jeremiah　382-83
Hunt, John（植民地官僚）　459
Hunt, William　318, 347-49, 635
Hunter, Dr. Henry　641
Hunter, Joseph（家族史家）　23, 238, 401,
Hunter, Robert　501, 518-19
Huntington, Lady　288, 379, 383, 388
Hutchins, John　24, 238-40

I
Ireton, Henry（1611-51）　113, 287　Cromwell 家系図
Ireton, John　113
Ives 家（ノリッジ）　142, 390　Raymond = Barker

家系図
Ives 家（ボディントン家姻戚） 142, 318-19 Boddington 家系図 No. 2

J

Jackson, Arthur 264, 321, 639 Brinley = Jackson = Treby 家系図
Jackson, Catherine (m. 1688) née. Skinner 277-78
Jackson, H. W. 567-68
Jackson, John 264, 321, 639
Jackson, Joseph (m. 1688)（Westbury, Bristol）277-78 Skinner 家系図
Jackson, Joseph（ブリストル市長） 250-51, 277
Jackson-Duckett, Sir George 294 ドーセット州地主通婚相関図
Jacob, Henry 88, 90
Jacomb, Robert 632, 642
Janeway, James 125
Jeffrey, Francis 369
Jennings, David 351, 380, 629
Jessey, Henry 103
Jessop, Edward 430, 452 Maitland 家（パートナー）系図
Johnson, Francis 88
Jollie, Timothy 286, 380, 635, 641
Jolliffe 家 221, 331 Papillon 家系図
Jones, Peter（冒険組合商人） 154, 156
Jones, Samuel 49, 347-48

K

Keck, Sir Anthony 282
Kennedy 家（ボディントン家姻戚）Richards = Hadfield = Maitland 家系図
Kennedy 家（フィリップス家姻戚） 486
Kiddle, John 355
Kiffin, William 103, 136, 193, 267-69, 293, 300, 314 Cromwell 家系図
Kinnaird, Lord 501, 504
Kippis, Andrew 354-55, 376, 501, 504
Knox, John 84-85
Knight, Sir Ralph (c. 1619-91) 291 Disney = Staniforth 家系図

L

Lamb / Lambe 家 289-90 Raymond = Barker 家系図
Lambe, James 289, 356, 366, 411,
Lambert, Allan 544-55
Langley, John（レヴァント商人） 174
Lannoy, Samuel 58, 165, 220-21
Lansdowne, Marquis 369, 504
Lardner, Nathaniel 263, 266, 321, 325, 376, 631, 640
Laski, Jan（Johannes Alasco） 83, 84, 145
Lathrop, John 90
Laud, William（カンタベリ大主教） 89-93, 96, 110, 126, 241
Laugher, Timothy 286, 350, 634, 641 Skinner 家系図
Laurens, Henry 432-37, 442
Lavender 家 328-330
Ledeatt, W. H. 569
Lee, Ann née. Boddington 31, 40
Lee, Arthur Morier 567, 570
Lee, Crerar & Co. 570, 575
Lee, George 486
Leigh 家 Fleming = Willis 家系図
Lilburne, John 79
Lindsey, Theophilus 343, 354, 369, 378
Lloyd 家 Cromwell 家系図
Locke, John 338-39, 577
Lockwood, John Cutts 391
Long 家（ジャマイカ，セント・キッツ） 493
Long 家（セント・キッツ，ネヴィス） 523, 527, 532-33
Long, Beeton 231, 493
Long, Charles 506-07, 510-11
Love 家 フーパー家と近郊州地主通婚相関図
Lunsford, Thomas（ロンドン塔司令官） 79
Lushington, William 517, 519
Luthington, William 501
Lyon 家 Maitland 家（パートナー）系図

M

Macaulay, Zachary 368, 501
Mackintosh, James 369

McMahon, William 526
Maitland 家（パートナー） 25, 412, 430, 442-43, 536 Maitland 家（パートナー）系図
Maitland 家（親戚） 287, 332-33, 393 Richards ＝ Hadfield ＝ Maitland 家系図
Maitland & Boddington 438-39, 440, 580-581
Maitland, Alexander 495, 356, 496-97
Maitland, Ebenzer 227, 356, 366, 396, 496-97, 507
Maitland, John 367, 496-97, 507, 510
Maitland, Richard（パートナー） 410, 412, 430-43, 452-54, 457, 472-77, 495-97, 536
Maitland, Robert 356, 496-97
Malleson, Miles 26, 210, 213 Boddington 家系図 No. 2
Malory, Thomas 131
Maltby, William / Rowland 357-58
Malthus, Thomas Robert 368
Manning 商会 446, 494, 496, 507
Manning, William 231, 494, 507, 510, 512, 517
Manton, Dr. Thomas 120, 378
Marryat, Joseph 518-19
Marshall 家（ダラム州） 280-82
Marshall, Catherine (d. 1703) ex. Skinner née. Hooper 260-61, 280-82, 321, 639-40, 642
Marshall, Richard 280-82
Marshall, Luxmoore Ernest (d. 1947) 544-45, 562-65
Marshall, Stephen 102
March, John（ロンドン印刷業者）Raymond ＝ Barker 家系図
Martin 家 ドーセット州地主通婚相関図
Martyn 家 Hooper 家系図
Mason 家 Hooper 家系図
Mather, Increase 411
Mather, Nathaniel 130, 309-12, 316, 326, 382, 411, 631, 639
Mathew 家 430, 432, 440-41, 443, 454 Maitland 家（パートナー）系図
Mathew, Daniel (d. 1777) 437
Mathew, William (d. 1752) 430
Martineau, George 559
Mayo, Daniel / Richard 346, 376-77, 501, 632-34
Mead, Mathew 280, 637
Melvill, Robert (Gov. of Grenada) 459, 469
Meriweather, Richard (d. 1714) 444
Metcalf, William (d. c. 1790) 351, 635
Meyer 家 144-45, 357, 424 Boddington 家系図 No. 2
Milikin, James 578-79
Milton, John 126
Minor 家（ネヴィス他） 427, 444, 452, 580-81
Mitchell 家 276 ドーセット州地主通婚相関図
Mitchell, John 250, 276
Mitchell, Penelope (1658-1723) née. Bingham 276
Mitchell, Rowland / William 231
Molesworth 家 237
Molford 家（デヴォンシャア） ドーセット州地主通婚相関図
Molyneux 家 Disney ＝ Staniforth 家系図
Monck, George (Duke Albemarle) 117, 128, 291
Monson 家 Disney ＝ Staniforth 家系図
Moody-Stuart, George 572
Moore, Thomas 261, 272, 639
More 家 Hooper 家系図
More, John (c. 1578-1638)（Southhampton）Hooper 家系図
Morgan 家 27 Morgan ＝ Price 家系図
Morgan, George Cadogan 348, 351, 355, 358-59, 394
Morgan, William 360
Morris, Valentine 462
Morse 家 287
Morse, Morgan 288
Morse, Nicholas 287 Cromwell 家系図
Mortan, Frederic 544
Mould, Bernard 140
Mussell 家 Hooper 家系図
Mylles 家 Hooper 家系図
Mylles, Francis (d. 1618) 254

N

Neal, Daniel 262-63, 266, 285, 293, 321, 324,

326, 340, 357, 382-83, 399-400, 407, 633
Neave 商会／Neave 家　231, 447, 570
Needham 家　486
Nichol 家（レヴァント商人）　215-16
Nichols, William　302
North, Dudley　14, 193, 196
North, Lord（首相）　463
Nye, Philip　89-90, 95, 99, 101-02, 104, 105-06, 130, 255, 382, 632, 635

O
Oakes, John　126-30, 376, 629, 639
Oates, Titus　133
Oldfield, Joshua　324-25, 378-79
Oliver, Richard　430-31
Oliver, Vere Langford　25, 420-21, 430, 431
Owen, John　101-04, 106, 129, 132, 262, 276, 285
Owen, Thomas（c. 1637-1708）　266-67
Owen, Mary ex.Worth née. Dagnall　266-67

P
Palmer, Samuel　318, 348-49, 377, 398, 400, 635, 642
Paltock 家　Skinner 家系図
Paltock, Ann（c. 1702-1767）née. Skinner　294
Paltock, Robert（1697-1767）　294
Papillon 家　330-40　Papillon 家系図
Papillon, George　330, 331
Papillon, Philip　331, 411, 578
Papillon, Thomas　330, 331, 411, 577-78
Peel, Horace　572
Peel, Robert（首相）　572
Pennington, Isaac　76-80, 90, 98, 111, 198
Pennoyer, William　71, 74
Penry, John　88
Peter／Peters, Hugh　90, 98, 104, 262, 278, 403
Petrie 家　333, 393, 633, 642
Philips & Lee　486-487
Philips, Sir George　370, 393, 483-92, 495
Pickburn, James　357, 641
Pinney 家　27, 135, 433, 442, 452, 507
Pitt, William（首相）　501-502, 509, 511

Plowman 家　191, 210-211
Polhill, Nathaniel　356, 642　Richard＝Hadfield＝Maitland 家系図
Polhill 家　Cromwell 家系図
Portington, Henry　Boddington 家系図 No. 3
Price, Richard　326, 343, 345, 348, 351-52, 355, 359, 377, 405, 412-13, 630-31, 635-37, 641
Priestley, Joseph　343, 348, 359-361, 379, 405, 635, 641
Prince, Thomas　75
Prynne, William　90
Pussey→Bouverie-Pussey
Pym, John　79

R
Raymond-Barker 家　29, 294, 388-91　Raymond＝Barker 家系図
Raymond, Sir Jonathan　300
Raymond, John　289, 290, 349, 356, 366, 389, 390, 640
Raymond, Samuel　289, 389
Raynond-Barker, John　228, 289-291, 356, 367, 389, 391, 411, 507
Rotheram 家　Hooper 家系図
Rees, Abraham　354, 355, 407
Reid, John Rae　231
Reynolds, Dr. Edward　122
Ricardo, David　368-69
Rice, Francis William（5th Baron Dynevor）　389
Richards 家　Boddington 家系図 No. 3, Richards＝Hadfield＝Maitland 家系図
Richards, Samuel／Thomas　228, 332, 351, 353, 366, 393, 432, 495, 640-42
Richardson, John　318, 383, 631, 641
Rigby, Edward　358-59
Rimmer 家　330
Roberts, Elias　73
Robinson, Benjamin　640
Robinson, John　88
Robinson, Leonard　285, 286, 320, 639
Roe, Owen　111, 198
Rogers, Samuel／Thomas　228, 353, 357, 358, 370, 371, 372, 507

人名索引 | 709

Rosewell, Samuel　146, 315, 320, 376-77, 631, 633, 635, 640
Ross, William Munro　544
Rossiter, Edward　182
Rossiter, Horatio　178-82
Rothschild, Nathan Mayer　361
Rowe, Benoni　628, 634, 640
Russell, Richard　145, 288, 320, 640　Boddington家系図 No. 1
Rutt, Henry（1729-1802）　406
Rutt, Henry Twill　254, 395, 406, 408

S

Sadler, John（c. 1615-74）　250, 258　Cromwell家系図
Sadler, Thomas（c. 1630-85）画家　Cromwell家系図
Sainthill, Philip　Bourne家系図
Salmasius, Claudius（1588-1653）　126
Sambrooke, Jeremy　198　Boddington家系図 No. 2
Sancroft, William（Archbishop of Canterbury）　138
Sansom, Philip　501, 517-19
Saunders, John　318, 638, 641
Saunders, William（1743-1817）　333
Scarlett家（ジャマイカ）　523, 526-27
Scarlett, James（1st Baron Arbinger）　369
Sedgeley　Boddington家系図 No. 1
Sharp, Grenville　500-01
Sharp家　27, 213, 484-85, 626　Sharp＝Davis家系図
Sharp, Richard　369-71, 373, 393, 483-88, 496, 504-06, 512, 543
Shaw, John（fl. 1662）　291　Disney＝Staniforth家系図
Sheppard, Thomas（d. 1749）　579, 581
Sheppard, J.（レヴァント商人）　154, 157, 179
Shower, John（d. 1715）　316, 323-4, 376, 630, 633, 640　Papillon家系図
Short, John　321, 635, 640
Shorter, Sir John　301
Silvester, Nathaniel / Peter　Brinley＝Jackson＝Treby家系図
Simpson, John　74
Simpson, Sydrach（親子）　74, 90, 95, 98, 105, 380, 637
Singleton, John　262, 267, 285, 382, 632, 640
Skinner家　236-295　Skinner家系図
Skinner, Ann（d. 1657）née. Berry　244, 281
Skinner, Benjamin（d. 1686）　271, 279
Skinner, Brinley（1696-1764）　283-84
Skinner, Eleanor（1698-1741）　284
Skinner, George（1699-1753）　284
Skinner, Grace née. Bingham　275, 293
Skinner, John（c. 1640-1701）　230, 262-66, 283-85, 320-21, 639-40, 642
Skinner, John（1671-1741）　231, 283
Skinner, Joshua（d. 1719）　271, 280
Skinner, Mary（d. 1723）née. Worth　266-67, 289, 641
Skinner, Mary（d. 1738）　292-93, 320, 640-41
Skinner, Mary（m. 1673）née. Dashwood　267-69, 292
Skinner, Mathew（b. 1648）　267-69, 292
Skinner, Nicholas（d. 1670）　113-14, 237-46, 260, 271, 280-82, 288, 299, 320-21
Skinner, Nicholas（d. 1706）　266-67, 289, 409, 640
Skinner, Nicholas（1675-1763）　283, 286-87
Skinner, Rachel, née. Morse　286-87
Skinner, Samuel（c. 1660-1713）　271-72, 642
Skinner, Susanna（d. 1707）née. Brinley　262-63, 640
Skinner, Thomas（1662-1732）　254, 272-76, 293, 639
Skinner, Thomas（d. 1756）　293
Skinner, Zachary（d. 1723）　289
Skinner, Ephraim　242
Sloane, Sir Hans Bt.（大英博物館寄贈者）Hooper家系図
Sloane（非国教牧師）　279
Smith家（Manchester）Boddington家系図 No. 3
Smith家（西インド）Maitland家（パートナー）系図
Smith, John（分離派）　88

Smith, Robert Percy 369
Smith, Sidney 369
Smith, William 370, 504
Soames, Thomas 76-77
Solly 家 / Solly, Isaac 228, 355-56, 357, 518, Boddington 家系図 No. 2
Spateman 家 Disney＝Staniforth 家系図
Speed 261, 640
Speke 家 ドーセット州地主通婚相関図
Spilsbury, Francis (d. 1782) 351, 376, 632, 641
Spooner 家 369-70
Spurstow, William 120
Staniforth 家 321 Skinner 家系図, Disney＝Staniforth 家系図
Staniforth, Disney 291-292
Staniforth, Jonathan / Timothy 291
Staniforth, Mary (m. 1698) née. Skinner 289
Stanley 家 Hooper 家系図
Steele, Richard (1672-1729) 46 Boddington 家系図 No. 2
Steele, William 46, 250-52, 255, 258-59 Boddington 家系図 No. 2
Stennet, Joseph 136, 261, 314, 640
Stewart, Dugald 370
Stewart, Robert 459
Strangways 家 276-77 ドーセット州地主通婚相関図
Strengfellow, Frances née. Boddington 37-38, 424 Boddington 家系図 No. 1
Strengfellow, William 37-38
Stretton, Richard（非国教牧師） 136
Strong, William 103-04, 380, 628
Swaine / Swayne（ドーセット州） フーパー家と近郊州地主通婚相関図
Swathe（鉄器商） Disney＝Staniforth 家系図
Swayne / Swaine（ウィルトシァア） 278-79 Swayne（ウィルトシァア）系図
Swayne, Bennett 250, 278-79, 321-22, 640
Swayne, Elizabeth (m. 1694) née. Skinner 278-79
Swayne, Thomas 322
Sydenham, William 250, 258 ドーセット州地主通婚相関図

Sykes / Sikes 231 Ball＝Lavender 家系図
Sylvester, Matthew 376, 397, 627
Symonds, Samuel（1595-1678） 278-79 Swayne 家（ウィルトシァア）系図

T
Tate & Lyle 572
Tatnal, Robert 639
Taybor, Humphrey, 111
Taylor, Richard（会衆派牧師） 309
Thomas, Thomas 333, 633, 642
Thomlinson, John（アンティグア） 430
Thomson / Thompson, George / Maurice / Robert / William 73-75
Thornton 家 Cromwell 家系図
Tidcomb, Jeremiah 632, 640
Tobin 家 440, 446-50
Toller, Thomas 629, 642
Topp 家 フーパー家と近郊州地主通婚相関図
Toulmin, Josiah 342, 400-01
Tovey, Margaret 578-79
Towgood 332, 353, 356, 366 Richard＝Hadfield＝Maitland 家系図
Townsend 家 31, Boddington 家系図 No. 1
Treby 家 265, 321, 407 Brinley＝Jackson＝Treby 家系図
Treby, Lady Mary 286, 325, 640
Treby, Sir George 229, 262, 265-66, 273-74, 399
Trenchard 家 272, 331 ドーセット州地主通婚相関図, Papillon 家系図
Trenchard, George 271-72, 642
Trenchard, Sir John 135, 250-51, 258-59, 272, 274, 275
Tucker, William 73-75
Turberville 家 272 ドーセット州地主通婚相関図
Turberville, Mary (d. 1739) née.Trenchard 271-272
Turner, John 125
Turner, J. M. W.（画家） 358

人名索引 | 711

V

Valentine, Thomas　321, 634, 640
Vanaker 家　198
Vassall 家（ジャマイカ）　526
Vassall, Samuel　77
Vaughan 家　25　Boddington 家系図 No. 1
Vaughan, Ann née. Boddington　37, 140
Vaughan, Benjamin / William　507, 510-14, 517-18
Vaughan, James（d. 1683）　47-49, 140, 418-24, 428
Vaughan, Thomas（d. 1728）　37, 47, 49, 140-41, 176, 178, 183-87, 193, 195, 215, 412
Vaughan, Robert（1795-1868）（歴史家）　404
Venables 家　Hooper 家系図
Venn, John　77-78
Venning, Ralph（d. 1674）　46, 75, 122, 127-31, 235, 382, 631, 639　Boddington 家系図 No. 2
Vere, Elizabeth　182
Vernede（オランダ商会）　437
Vincent, Thomas　125-30, 316, 376, 629, 631, 638-39
Voguell, Frederick　38, 140, 440, 424
Voguell, Henry（d. 1746）　140, 424

W

Wakeman, George　178, 202-09, 315, 317, 322, 469
Wakeman, Hannah（d. 1714）　317, 322-23
Wakeman, Robert（d. 1708）　53, 62, 143-44, 175-76, 184, 189, 195-201, 221-223
Walker, Sayer　333, 349, 634, 642
Wansey, John（m. 1772）　290, 356　Raymond = Barker 家系図
Warren, John（d. 1742, Coventry 非国教牧師）　290, 640
Warren, John（m. 1771）　290, 390　Raymond = Barker 家系図
Watts, Francis　568
Watts, Isaac　324, 380-81, 627
Webster, Grace née. Boddington　372-73, 394, 524, 529

Webster, Godfrey（d. 1800）　368, 529
Webster, Godfrey Vassall（1789-1836）　529
Webster, Henry　372-73, 527　Boddington 家系図 No. 3
Wedgwood, Josiah　501, 504
Wesley, John　324
Wesley, Samuel　324
Whare 家　Bourne 家系図
Whiddon, Jacob　270-71
Whiddon, Sarah（d. 1739）née. Skinner　270-71, 321
Whitaker 家　Hooper 家系図
Whitaker, Henry（c. 1622-95）　250-51, 258-59
Whitaker, William（1580-1646）　250-51, 258-59
White, Nathaniel（1730-83）　376, 630, 635
Whitefield / Whitfield（レヴァント商人）　179, 223, 189-90, 199-200, 224
Whitgift, John（カンタベリ大主教）　86, 88-89
Whitingham, William　84
Wilberforce, William　411, 500-01, 509
Williams, Benjamin　329
Williams, Daniel　22, 130, 136, 137, 310-12, 362, 398-99
Williams, Elic　575
Williams, John　93
Willis 家　Fleming = Willis 家系図
Willis, Browne（1682-1760）　Fleming = Willis 家系図
Wine, Richard　261, 640
Wilson, Walter　314, 375-78, 401
Winthrop, John　278
Wolseley, Charles　245
Wolstoncraft, Mary　407
Wood, James　316, 381, 630, 641
Woodhouse 家　358-59　Price = Morgan 家系図
Woodhouse, John　376
Woodley 家　527, 539-40
Worcester, William（d. 1662）　278　Swayne（ウィルトシャア）系図
Worth, Zachary（d. 1664）　266
Worthington, Hugh　351, 353, 376-77, 632, 636, 642
Wright, John　288

Wright, Robert　629
Wright, Samuel　628, 640
Wroth 家　330
Wyme, Robert　459
Wyndham, Sir Hugh（c. 1603-84）Hooper 家系図，Fleming＝Willis 家系図

Y
Yate, Robert　278, 578, 582

Yerbury 家　332　Richards＝Hadfield＝Maitland 家系図
Yerbury, John　228, 356, 641-42
Young, William（d. 1788）　457-82, 581
Young, William（1749-1815）　463, 479-81, 496, 506, 510, 512

Z
Zwingli, Huldrych　82

事項索引

[ア]
アブニ・パーク墓地　301
アリウス主義　338, 341, 342, 346, 351, 377, 379, 383, 385, 407
アリカンテ水道会社　545
アルミニウス主義　89, 93, 310, 311, 341, 342, 346, 388, 400
安全委員会（市民軍委員会）　47, 73, 74, 79-81, 252
イーストランド会社　57, 155, 156, 331
一致項目（国教と長老派，長老派の，1691 年）　308, 309, 311
一般祈祷書　76, 78, 85, 87, 91, 93, 121-124, 134, 338
一般洗礼派　88, 340, 341, 384, 402
異を唱える兄弟たち　98, 101, 145, 262, 324
イングランド銀行　9, 26, 34, 35, 110, 197, 199, 214, 228, 229, 231, 232, 271, 290, 334, 390, 393, 412, 413, 498, 499, 509, 511, 518
インダストリアル・エクイティ　573
ウィリアムズ・テーゼ　575
ウィリアムズ博士図書室　23, 130, 333, 353, 355, 357, 378, 398, 399
ウースタ・ハウス宣言　121
ウェストミンスタ・アセンブリ　81, 91-97, 100, 101, 103, 119, 123, 127, 270
ウェストミンスタ信仰告白　81, 95, 119, 309
ヴェネツィア会社　149
ウォリントン・アカデミ　286, 353-355, 433, 518
馬貿易　75

エクセタ・アカデミ　353, 354
エセックス・ストリート礼拝所　292, 368, 375, 378, 393
エラストス主義　96
エンフィールド長老派礼拝所　319, 333, 349, 350, 642, 649, 650
王位（継承）排除法案　134, 182, 257, 260
王立アフリカ会社　16, 420-422, 425
オールド・ジュウリ長老派礼拝所　93, 146, 264, 315, 317, 319, 351, 354, 376, 638, 647-649

[カ]
カーター・レイン長老派礼拝所　145, 290, 320, 376, 397, 635, 648, 650
改革派（カルヴァン派）　44, 61, 82-85, 87, 89, 94, 95, 119, 137, 145, 198, 330, 340, 341
会衆派基金　306, 311, 312, 323, 324, 410
カピチュレーション　160, 197
カリブ（黒カリブ）族　460-462, 467, 468, 481, 482, 587
監督制（主教制，司教制）　76, 82, 86, 89-91, 94, 95, 120, 123, 137
寛容法（1689 年）　137-139, 297, 298, 313, 399
騎士議会　121, 124, 131-133, 277, 331
貴族身分失墜 derogation　42
共同基金（長老派基金）　48, 306, 309, 311-324, 343, 347, 348, 357, 375, 376, 379, 383, 397, 410
キング・オヴ・クラブス　369, 370, 504
クェーカー教徒　105, 128, 142, 183, 267, 422, 423, 500

事項索引 | 713

クライスト・ホスピタル　410, 411
グラヴェル・ピット礼拝所（ハクニ）　54, 345, 346, 348-353, 355, 359, 375, 376, 395, 405, 407, 642-643
グリーンランド会社　141, 231
グリーン・リボン・クラブ（キングズ・ヘッド・クラブ）　243, 260, 265, 266, 273
クロスワーカー　33, 34, 39, 44, 47, 50, 52, 55, 58, 107, 141-143, 145, 146, 154, 157, 165, 167, 173, 175, 177, 211, 264
クロムウェルの上院　45
契約労働者（契約移民）（インド人，中国人）　542, 565
「厳粛なる制約と同盟」（厳粛同盟）　92, 134, 297, 325
公正貿易（Fair Trade）同盟　557
高等宗務裁判所　85
幸福なる連盟（1692年）　309, 311
国王至上法　85
黒人貧民救済委員会　412
5マイル法　125, 134
米　436, 437, 441, 442, 456, 516, 518
『娯楽の書』　90
コワード財団（トラスト）　353, 354

[サ]
サヴァタリアン洗礼派　261
サヴォイ・カンファレンス（アセンブリ，1658年）　91, 100, 101, 105-107, 129, 262
サヴォイ・カンファレンス（1661年）　121-122
サヴォイ宣言（1658年）　106, 129, 262, 309
39箇条信仰告白　95, 339
残部議会　77, 97, 100, 102, 103, 182, 258, 275
シェリフ訴訟　365
ジャントー　301
10分の1税（tithe）　42, 99
主教戦争　76, 94
「純粋なる商人」（mere merchant）　58, 70, 157, 164, 166, 167
ジョイント・ストック・カンパニー（株式会社）　157, 158
商人講義　308, 310
ジョージア植民地　429, 430, 457

書籍協会（対貧民宗教知識普及協会）　412
シルヴァー・ストリート会衆派礼拝所　262, 263, 267, 285, 293, 320, 321, 377, 382, 632-633, 647, 648, 650
シルヴァー・ストリート長老派礼拝所　301, 302, 317, 376, 633, 648
真空釜（製糖用）　550, 551, 563, 570
信仰自由宣言（1672, 87, 88年）　129, 131-134, 136-138, 280, 299-301, 308, 313, 345
信仰統一法（1558年）　85
信仰統一法（1662年）　23, 46, 122-124, 129, 131, 263, 264, 302, 398, 585
スクワイヤ・ペーパーズ　405-406
スコットランド長老派　61, 377, 379, 381-385, 387, 401, 402
スコットランド分離派　378
スペイン会社　57, 240, 241
制規会社（レギュレイティド・カンパニ）　59, 157, 158, 170
聖者議会（ベアボーン議会）　100, 101, 103, 104, 259
製糖業（イギリス）　49, 420
石灰　449
洗礼派　13, 45, 88, 90, 96, 97, 103, 122, 131-133, 136, 142, 193, 252, 261, 268, 293, 314, 321, 323, 339, 340, 341, 354, 362, 379, 381-384, 386-388, 396, 399, 400, 402
相殺関税（甜菜糖に対しての）　18, 558, 559-561, 565, 568
俗人管理教会財産受領者　90, 110
ソッツィーニ主義　93, 311, 342, 343
ソルターズ・ホール（塩商組合会館）　310, 311, 337, 339-346, 348, 351, 353, 363, 377, 378, 381, 385-387, 397, 399
ソルターズ・ホール合同会議（1719年）　337, 340, 342, 344-346, 348, 378, 386, 387, 399
ソルターズ・ホール長老派礼拝所　351, 353, 376, 632, 650

[タ]
第二祈祷書　83, 84, 85
大抗議文（大諫奏）　77, 79, 93
第五王国派　98, 100, 102-104, 130, 131, 285

大西洋蒸気船会社　357
ダヴェントリ・アカデミ　351, 354, 355
多重債務領地裁判所（西インド）　534, 535, 536–538, 540
多重債務領地整理法（アイルランド）　534
タバコ貿易　73, 75
短期議会　69, 76, 77, 92, 110, 252, 258
中央製糖所（アンティグア，ガンソープ）　18, 24, 25, 49, 108, 140, 411, 420–424, 428, 430, 431, 433–435, 439, 443, 444, 453, 455, 457, 463, 468, 471–476, 525, 534, 547, 550, 551, 560–575, 579, 584
中央製糖所（セント・キッツ）　18, 545, 550, 551, 560, 561, 566–574, 584
セント・キッツ　411, 426, 427, 429, 430, 435, 436, 437, 441, 442, 449, 452, 453, 454, 457, 524, 528, 532, 534, 536, 538–540, 543, 547, 550, 551, 560, 562–565, 568, 571–575, 580
中産階級年収　42
長老制　81–84, 86, 87, 89, 91, 92, 94–100, 111, 112, 120, 121, 124, 127, 137, 139, 379, 387
テイト＆ライル　18, 572
テイト・ギャラリ　572
甜菜糖　8, 17, 18, 548, 549, 551–561, 564–566, 568, 569
刀剣会社　143
ドーチェスタ会社　241
特定洗礼派　90, 193, 268, 293, 340, 341, 381, 384
徒弟奉公料　42, 54, 164, 181
ドルト会議　341
奴隷制廃止委員会（ロンドン）　500, 504, 505, 518, 519
────メンバー　504, 505, 518
奴隷制廃止法（奴隷解放法，イギリス，1833年）　521, 522
奴隷貿易　3, 7, 15–17, 56, 277, 294, 334, 370, 372, 418, 420–422, 433, 435, 436, 442, 463, 480, 482, 484, 492, 494, 495, 497, 498, 500–503, 505–509, 511, 512, 519, 521, 542, 575, 576, 587
トンチン年金　230

[ナ]
南海会社　9, 229, 231, 332, 391, 413
西インド委員会　16, 334, 480, 481, 492–496, 498, 500, 502, 503, 505, 506, 508, 512–515, 518, 519, 535, 544, 559, 570, 573
西インド・ドック　7, 514, 516, 517, 519
鰊　449
ニューイングランド会社（ニューイングランド協議会）　109, 241, 245, 252, 331, 411
ニューイングランド会社（福音伝道協会）　331, 411, 412
ノーサンプトン・アカデミ　286, 351
ノーマン委員会（英領西インド砂糖生産苦境，政府調査委員会，1896年）　558, 559, 561
ノンジューラー　138, 384

[ハ]
ハーヴァード・カレッジ　75, 128, 129
バーミューダ会社　91
バーミンガム鉄道会社　357
バーミンガム暴動　360
ハクニ・アカデミ　353
ハクニ・カレッジ　353
ハクニ・ニュー・カレッジ　290, 292, 351–360, 367, 370, 377, 391, 393, 394, 407, 410, 504, 507, 518
ハクニ・ユニテリアン・アカデミ　353
パッカー　33, 52, 154, 166, 167
バリ・ストリート会衆派礼拝所（セント・メアリ・アクス）　129, 301, 320, 380, 635, 647, 649
ハンド・アリ長老派礼拝所　93, 312, 313, 317, 318, 376, 637, 647
バンヒル・フィールズ　270, 288, 326
反輸出奨励金同盟　557, 558
反律法主義　99, 310, 311
PDD（新教非国教徒代表団）　290, 343, 354–356, 362–367, 370, 391, 393, 395, 396, 410, 412, 507, 512, 518, 519
東インド会社　2, 10, 57, 70, 71, 74, 76, 77, 142, 157, 158, 196, 198, 229, 331, 334, 420, 513
非国教人口　61
ピナーズ・ホール（ピン製造業者組合会館）

308, 310, 311, 324
秘密礼拝法　124
ピュータラーズ・ホール（錫器製造業者組合会館）　46, 127, 128, 131, 293, 302
ピルグリム・ファーザーズ　88
フェッター・レイン会衆派礼拝所　339, 317, 380, 636, 648
ブッカー＆マコンネル　572, 573
ブッカー賞　573
プライドのパージ　74, 77, 81, 92, 97, 100, 250, 258, 275
ブラウニスト　87
ブラックウェル・ホール　33
　　——ファクター　33
ブラジル中央製糖所株式会社　545
フランス会社　57
プリマス会社　74
ブレダ宣言　117, 120
プロヴィデンス島会社　79
分離派　82, 83, 87-90, 96, 98, 101, 110, 111, 131, 377, 378, 379, 381, 384, 385
ヘア・コート会衆派礼拝所　267, 380, 649
ペイヴド・アリ会衆派礼拝所　130, 188, 312, 315, 317, 319, 349, 353, 382, 412, 638, 647-649
ベイカー・ストリート礼拝所（エンフィールド会衆派）　348, 633-642, 647, 650
ヘイスティングズ弾劾裁判　360
ペスト流行（ロンドン、1665年）　127, 326
ベルベデーレ製糖所（アンティグア）　570, 571
便宜的国教遵奉　6, 228, 298, 301-304
ヘンケル＆デュ・ビュイソン商会　570-573
ベンダルズ製糖所　571
ホィッグ　3, 11, 12, 134-137, 182, 237, 265-267, 272-274, 276, 277, 282, 285, 289, 293, 294, 301, 304-306, 331, 397, 399, 406, 407, 577, 585
包含政策法案（1689年）　134, 139
冒険商人組合（マーチャント・アドヴェンチャラーズ）　41, 57-60, 70, 71, 76, 77, 108, 155, 156, 328, 329, 418
砲兵組合　47
ホクストン・アカデミー　353, 354, 357

干しブドウ貿易
ホマトン・アカデミー　293
ホランド・ハウス　368-374

[マ]
マーチャント・テイラーズ校　126
マイルズ・レイン礼拝所　321, 643-636, 649
マサチューセッツ湾会社　77, 91, 241
マリン・ソサイエティ　412
ミリオン・バンク　9, 228-230, 334
身分改め　21, 42, 52
無免許（もぐり）貿易／業者（interloping / interloper）　72-75, 108, 175
メア・ストリート礼拝所（ハクニ）　279, 319, 346, 347, 349-351, 355, 362, 376, 398, 400, 642-643, 648-650
メソディスト　288, 324, 364, 377, 379, 381, 383, 384, 387, 388
モンマス（公）反乱　11, 131, 135, 137, 269, 272-275, 279, 443

[ヤ]
ユグノー　60, 61, 184, 185, 328, 330, 331, 333, 353, 354, 357, 390, 433, 571, 577
ユダヤ人　60, 201, 218
ユニオン石油製造所株式会社　545
ユニテリアン　6, 23, 292, 337, 342, 343, 345, 348, 352, 353, 356, 359, 361, 368, 369, 375, 377-379, 382-385, 388, 393, 394, 400, 404, 486
ヨーマンリ　54, 55
42箇条信仰告白　84, 85, 95, 122, 137, 138, 309, 338, 339

[ラ]
リヴァリ・カンパニ　34, 38-40, 50, 51, 53-60, 66, 68, 107, 164, 168, 169, 171, 172, 302, 328
　　——のメンバーシップ　53, 54, 56, 171
リヴァリマン　51, 54, 55, 68
律法主義　99, 310, 311
ルーツ＆ブランチ請願
レヴァント会社　6, 9, 10, 13, 38, 47, 57, 58, 60, 70, 71, 76, 77, 108, 143, 149, 152-176, 179, 181, 184, 188, 190, 193, 196-198, 200, 202-

206, 210, 212, 214, 218, 331, 469
レヴェラーズ　75
レキュザント　199
レモンストラント派　341
ロイズ　200, 450, 490, 491, 518
ロイズ銀行　390
ロイヤル・エクスチェインジ・アシュアランス　9, 231, 232
聾唖児童支援教育施設　412
ロシア会社　57, 71, 77
ロード派　121
ロンドン
　——街区　66, 67, 69, 74, 78, 80, 109, 110, 112
　——教区　42, 99, 101
　——コモン・ホール（コングレゲイション）　68
　——シェリフ　68, 69, 72, 74, 78, 102
　——市会・市会議員（コモン・カウンシル・マン）　67, 68, 79, 80, 97, 111
　——市裁判官（Recorder）　45, 69
　——市参事会・オルダーマン（市参事会員）　34, 53, 74
　——市長　33, 34, 74, 77, 110
　——市民権　54, 59
　——収入役　40, 69
　——備忘役　69
　——プレシンクト　67
ロンドン・アシュアランス　38
ロンドン人口　50, 51
ロンドン大火（1666年）　36, 55, 113
ロンドン・ドック　7, 9, 335, 357, 514, 515, 516, 517, 518, 519, 570

[ワ]
ワイン　35, 38, 50, 71, 84, 93, 107, 119, 163, 241, 261, 297, 428, 436, 445, 516
ワロン系　61
ワンズワース・オーダー　87, 88

地名索引

[ア]
アイルランド　45, 60, 78, 95, 109, 129, 142, 187, 188, 248, 249, 252, 259, 264, 282, 329, 394, 434, 446, 449, 452, 456, 534
アクレ　162, 206
アサダ（西アフリカ）　74
アッコ→アクレ
アーネム（アルンヘム）　90, 96
アミアン　489
アルゼンチン　548, 549
アレクサンドレッタ→イスケンデルン
アレッポ　46, 141, 143, 154-157, 160, 162, 163, 170, 173-180, 183, 184, 186-190, 193-195, 197-207, 212, 215-217, 220, 224-225
アンカラ　162, 214
アンゴラ→アンカラ
アンティグア（バーブーダ含む）　18,, 49, 108, 140, 410, 420-424, 428, 430, 431, 433-435, 439, 440-441, 443, 444, 453, 455, 463, 468, 471-476, 523, 525-526, 534, 547, 550, 551, 560-575, 579, 584
アントウェルペン　52, 70, 86, 118, 119, 489
イスケンデルン　162, 174, 186-190, 193, 194, 197, 200, 201, 215-217, 221-225
イスタンブル　160, 162, 163, 170, 196, 201-204
イズミル　14, 140, 160, 162, 163, 170, 176-178, 180, 183, 184, 186, 189, 192, 193, 202-205, 209, 211-214, 216, 217
インド　152, 287, 359, 548-51
ヴァージニア　73, 75, 124
ヴァージン諸島　534
ウィルトン（ウィルトシャの）　304-307
ウェストムアランド　307
ヴェラ・クルス　491
ウースタシャア　196, 307
エクセタ　62, 251, 339, 340, 353-355, 363
エセックス　129, 185, 265, 329, 437, 452
エディンバラ　323, 333, 349, 369-370
エナム（ハンプシャーの）　463
エルサレム　194
エンフィールド　48, 143, 262, 263, 267, 284, 286, 292, 314, 321, 326, 333, 334, 344, 348-350,

417

[カ]
ガイアナ　18, 491, 530, 535, 539, 541-543, 545, 547, 549-551, 554, 558, 562, 563, 573, 575
カイロ　160, 161, 202
カディス　187, 191, 217, 489, 491
カナダ　16, 410, 458, 462, 556
カンバーランド　307
キオス島→ヒオス島
キドミンスタ　307
キプロス　144, 160, 163, 181, 184, 199-202, 205-211, 215, 217
キューバ　548-550, 554-556, 561, 564, 566
クィーンズランド（オーストラリアの）　550
クレタ　149
グアドループ　549
グレナダ（ウインドウォード諸島の）　436, 458, 459, 460, 467, 468, 473, 509, 519, 534, 547, 550, 551
グレナーディン諸島　436, 458, 459, 471, 472, 480
ゲインズバラ　88
ケファロニア島　161
ケベック　458, 461
ケント州　249, 252, 269, 328, 329
コヴェントリ　31, 40, 120, 290
コーンウォル　443

[サ]
サイダ→シドン
サウスハンプトン　216, 252, 256
サウス・カロライナ　432, 433, 435-437
サザック　46, 55, 66, 74, 88, 90, 97, 314, 324, 375, 376, 378, 384, 385, 401, 513, 631-632
サマセットシャア　251, 268, 269, 400, 544
サン・ドマング（ハイチ）　498, 499, 502, 550, 555
ザキントス島　161
ザンテ島→ザキントス島
シェフィールド　291
シエラ・レオネ　411
シドン　162, 206

シュトラスブール　83
シュロップシャア　391, 392
ジャマイカ　18, 108, 154, 156, 279, 353, 368, 369, 372, 418, 420, 425, 428, 434, 493, 497-499, 506, 509, 511, 514, 519, 525, 528, 529, 534, 547, 550, 551, 562, 563, 572, 583
ジャワ　548, 550
ジュネーブ　84
スィンダビ　291
スカンデルン→イスケンデルン
スクルービ　88
スタフォードシャア　263, 264, 486
ストーク・ニュウィントン　136, 236, 344
セント・ヴィンセント　186, 436, 458-460, 462, 467, 468, 470, 471, 475-481, 512, 525, 534, 536, 547, 550, 551
セント・キッツ（セント・クリストファー）　411, 426, 427, 429, 430, 435-437, 441, 442, 449, 452-454, 457, 524, 528, 532, 534, 536, 538-540, 543, 547, 550, 551, 560, 562-565, 568, 571-575, 580
セント・キッツ＆ネヴィス　550, 560, 563, 573
セント・クリストファー→セント・キッツ
セント・ルシア　424, 445, 478, 480, 535, 547, 550, 551

[タ]
台湾　548, 550
ダラム州　251, 280-281
チェシャア　46, 92, 308, 353, 485
チェスハント　287, 288
チャネル諸島　86
チャールストン（サウス・カロライナの）　435-437, 442
チューリヒ　83
ティヴァートン　240, 241, 282
テュウクスベリ　48, 49, 253, 420
ディヤルバクル　197
デヴォンシャア　145, 237, 238, 240-242, 251, 263, 265, 270, 271, 274, 353
ドーセット州　24, 238, 239, 241, 246, 250-257, 261, 271-277, 282, 294, 321, 333, 443
トバゴ　436, 437, 458, 459, 460, 463, 468, 471,

472, 477-479, 480, 493, 511, 534, 547, 550
トランシルヴァニア　83, 343, 407
トリニダード　18, 493, 530, 535, 541, 542, 547, 549, 550, 551, 563, 572
トリポリ（シリアの）　160, 162, 163, 194, 202
ドミニカ　436, 454, 458-460, 462, 463, 467, 468, 471, 472, 477, 480, 511, 534, 547, 550, 551, 575
ドミニカ共和国　548, 549
ドルトレヒト　156
トーントン　135, 400

[ナ]
ナタール（南アフリカ）　550
ニネベ　197
ニュウィントン・グリーン　324, 329, 344, 345
ニューヨーク　461, 560
ニース　208, 212
ネヴィス　421, 426, 427, 429, 434, 440, 443, 444, 446, 448, 449, 450, 452, 457, 523, 526, 534, 550, 560, 562, 563, 573, 578
ノッティンガムシャ　88, 251
ノリッジ　62, 87, 142, 236, 347, 358, 390
ノヴァ・スコシア　461

[ハ]
ハイチ→サン・ドマング
バークシャ　37, 249, 484
ハクニ　48, 66, 134, 146, 184, 212, 229, 232, 236, 237, 254, 267, 278, 279, 284, 289-292, 315, 321, 322, 326, 327, 331-333, 344-347, 349-359, 360, 362, 367, 370, 375, 377, 383, 391, 393-396, 398, 400, 405-407, 410, 412, 420, 504, 507, 511, 518
バグダード　197
バッキンガムシャ　471
バーミンガム　62, 357, 360
パリ　455, 489
ハリファックス　489
ハル　489, 490
バルバドス　48, 49, 108, 177, 418-422, 425, 428, 465, 468, 478, 534, 547, 549-551, 560, 563, 564, 566

ハワイ　548, 550, 555, 556, 561, 564
ハンブルク　52, 141, 144, 156, 328-331, 357, 418, 489, 491, 571
ハンプシャ　238, 246, 247, 250-252, 254-257, 260, 282, 332, 401, 454
ヒオス島　161-163
フィジー諸島　550
フィラデルフィア　487-489, 579
フィリピン　548, 550, 555, 556, 561
フェルマーシャム　330
フロリダ　458, 461
ブラジル　18, 191, 545, 548, 549, 550, 554
ブリストル　15, 16, 17, 48, 58, 59, 62, 231, 241, 250, 251, 277, 278, 323, 363, 418, 427, 433, 437, 438, 442-450, 452, 509, 512, 578, 582
ブレーメン　38, 489
プエルトリコ　548, 549, 554-556, 561, 566
ヘルフォルト　38
ヘレフォードシャ　392
ベッドフォードシャ　330
ベンガル　196, 197, 369
ペッカム　47, 50, 314, 315, 318, 375, 376, 644-645
ボストン（マサチューセッツの）　270
ボルチモア　489
ボヴァリッジ　253, 255

[マ]
マデラ（マディラ）　418, 427, 428, 457
マルセイユ　198, 208, 212
マルティニク　480, 549, 550
マンチェスタ　7, 142, 236, 332, 355, 370, 393, 483, 486-489, 495
ミデルブルフ　86, 87, 201
メイドストン　216, 328, 329
メキシコ　548, 549
モーリシャス諸島　550, 555, 556
モンセラート　534, 547, 551

[ヤ]
ユトレヒト　399
ヨークシャ　41, 88, 248, 249, 291, 294

[ラ]
ライ　329
ライデン　88, 323, 399
ラタキア　208
ラルナカ　163
ランカシャア　92, 163, 236, 485, 559
リヴァプール　16, 286, 363, 489, 490, 559, 573
リヴォルノ　160, 162, 190, 191, 193, 201, 210, 211, 240, 242, 243, 283, 489
リーズ　41, 42, 62,
リスボン　334, 427

リンカンシャア　88, 182, 291, 292
ルーアン　489
ルアーブル　489, 491
ルイジアナ州　548, 555, 556, 564
ルッカ　330
ロザラム　291
ロッテルダム　74, 88, 90, 96, 110, 127, 489
ロンドンデリー　78

[ワ]
ワッピング　270, 514, 515

著者略歴

川分　圭子（かわわけ　けいこ）

1963 年生．1992 年京都大学大学院文学研究科博士後期課程単位取得満期退学
現在，京都府立大学文学部教授

主な著作
『イギリス近世・近代史と議会制統治』（青木康編著，吉田書店，2015 年）（共著），『港町の世界史』（深沢克己編著，青木書店，2006 年）（共著）．翻訳として，E・リグビー著『フランス革命を旅したイギリス人——リグビー博士の書簡より』（春風社，2009 年），J・S・ロジャーズ著『イギリスにおける商事法の発展——手形が紙幣となるまで』（弘文堂，2011 年）．

ボディントン家とイギリス近代
——ロンドン貿易商 1580–1941

2017 年 2 月 28 日　初版第一刷発行

著　者	川　分　圭　子	
発行人	末　原　達　郎	
発行所	京都大学学術出版会	

京都市左京区吉田近衛町 69
京都大学吉田南構内（〒606-8315）
電話　075(761)6182
FAX　075(761)6190
URL　http://www.kyoto-up.or.jp
振替　01000-8-64677

装　幀　　谷　なつ子
印刷・製本　亜細亜印刷株式会社

ⓒ Keiko Kawawake 2017　　　　　　　　Printed in Japan
ISBN978-4-8140-0070-8　　　定価はカバーに表示してあります

本書のコピー，スキャン，デジタル化等の無断複製は著作権法上での例外を除き禁じられています．本書を代行業者等の第三者に依頼してスキャンやデジタル化することは，たとえ個人や家庭内での利用でも著作権法違反です．